Helmut Irmen

Stasi und DDR-Militärjustiz

Der Einfluss des Ministeriums für Staatssicherheit auf Strafverfahren und Strafvollzug in der Militärjustiz der DDR

Juristische Zeitgeschichte

Abteilung 5, Band 22

Juristische Zeitgeschichte
Hrsg. von Prof. Dr. Dr. Thomas Vormbaum

Abteilung 5:
Juristisches Zeitgeschehen –
Rechtspolitik und Justiz aus zeitgenössischer Perspektive
Hrsg. von Prof. Dr. Dr. Thomas Vormbaum
in Zusammenarbeit mit
Gisela Friedrich (DER SPIEGEL)
RA Prof. Dr. Franz Salditt

Band 22

Redaktion: Benedikt Beßmann

De Gruyter

Helmut Irmen

Stasi und DDR-Militärjustiz

Der Einfluss des Ministeriums für Staatssicherheit auf Strafverfahren und Strafvollzug in der Militärjustiz der DDR

De Gruyter

ISBN 978-3-11-031664-3
e-ISBN (PDF 978-3-11-031676-6
e-ISBN (EPUB) 978-3-11-037812-2

Bibliografische Information der Deutschen Nationalbibliothek

Die Deutsche Nationalbibliothek verzeichnet diese Publikation in der Deutschen Nationalbibliografie; detaillierte bibliografische Daten sind im Internet über http://dnb.d-nb.de abrufbar.

Druck: Hubert & Co. GmbH & Co. KG, Göttingen
∞ Gedruckt auf säurefreiem Papier

Printed in Germany

www.degruyter.com

FSC www.fsc.org MIX Papier aus verantwortungsvollen Quellen FSC® C016439

Vorwort

Die Arbeit hat im Wintersemester 2012/2013 der FernUniversität in Hagen als Dissertation vorgelegen.

Mein besonderer Dank gilt Herrn Professor Dr. Dr. Thomas Vorbaum, meinem Doktorvater, für die freundliche Betreuung und Unterstützung und den Mitarbeiterinnen und Mitarbeitern des Instituts für Juristische Zeitgeschichte an der FernUniversität Hagen, allen voran Frau Anne Gipperich für die Hilfe und redaktionelle Mitarbeit. Herrn Professor Dr. Dr. Günter Bemmann danke ich für die Erstellung des Zweitgutachtens.

Danken möchte ich weiterhin den Mitarbeiterinnen und Mitarbeitern der Behörde des Bundesbeauftragten für die Unterlagen des Staatssicherheitsdienstes in Berlin, insbesondere Herrn Dickow, für die fachgerechte Beratung und Hilfe.

Nicht zuletzt danke ich meiner Familie für die Geduld und Unterstützung, meiner Tochter Katja Tanzer für die redaktionelle Mitarbeit und die Hilfe bei der Erstellung des Manuskriptes. Ganz besondere danke ich meiner Frau Barbara, der ich diese Arbeit widme.

Merzenich, im Juli 2013 *Helmut Irmen*

Inhaltsverzeichnis

ANHANG

Abkürzungsverzeichnis

Abt.	Abteilung
ADN	Allgemeiner Deutscher Nachrichtendienst (DDR)
ASV	Armeesportvereinigung
AGR	Arbeitsgruppe Recht
AIM	Archivierter IM-Vorgang
AKK	Archiviertes Material zu einer über Kerblochkartenerfassung erfassten Person
AOP	Archivierter operativer Vorgang
AP	Allgemeine Personenablage
AS	Allgemeine Sachablage
ASR	Akademie für Staats- und Rechtswissenschaft
Art.	Artikel
Aufl.	Auflage
AU	Archivierter Untersuchungsvorgang
B-Kader	Berechnungskader
BArch	Bundesarchiv
Bd.	Band
BdL	Büro der Leitung
Bdl	Bündel
BdVP	Bezirksbehörde der Deutschen Volkspolizei
Bl.	Blatt
BRD	Bundesrepublik Deutschland
BStA	Bezirksstaatsanwaltschaft
BStU	Der Bundesbeauftragte für die Unterlagen des Staatssicherheitsdienstes der ehemaligen Deutschen Demokratischen Republik
BV	Bezirksverwaltung
BVerfGE	Entscheidungen des Bundesverfassungsgerichtes
ca.	circa
DA	Dienstanweisung
DASR	Deutsche Akademie für Staats- und Rechtswissenschaften
DB	Durchführungsbestimmung
DDR	Deutsche Demokratische Republik
Ders.	derselbe
Diss.	Dissertation
Dok.	Dokument
DSF	Gesellschaft für Deutsch-Sowjetische Freundschaft

DSt.	Dokumentenstelle
DTSB	Deutscher Turn- und Sportbund
DV	Dienstvorschrift
DVW	Dienststellen der NVA mit Gesamtzuständigkeit
FDGB	Freier Deutscher Gewerkschaftsbund
FDJ	Freie Deutsche Jugend
ff.	folgende
FSU	Friedrich-Schiller-Universität
FN	Fußnote
FIM	Führungs-IM
GA	Gerichtsakte
GA	Gefangenenakte
GBl.	Gesetzblatt
GI	Geheimer Informator
GH	Geheime Hauptablage
GH-Akte	Geheim zu haltende Hauptakte
GHI	Geheimer Hauptinformator
GM	Geheimer Mitarbeiter
GMS	Gesellschaftlicher Mitarbeiter für Sicherheit
GST	Gesellschaft für Sport und Technik
GStA	Generalstaatsanwaltschaft
GVG	Gerichtsverfassungsgesetz
GVS	Geheime Verschlusssache
HA	Hauptabteilung
HAMG	Hauptabteilung Militärgerichte beim Ministerium der Justiz
HIM	Hauptamtlicher-IM
HU	Humboldt Universität
Hrsg.	Herausgeber
HVA	Hauptverwaltung Aufklärung
IM	Inoffizieller Mitarbeiter
IME	Inoffizieller Mitarbeiter im besonderen Einsatz
IMK/DT	Inoffizieller Mitarbeiter zur Sicherung der Konspiration und des Verbindungswesens / Decktelefon
IMS	Inoffizieller Mitarbeiter zur Sicherung
JD	Justizdienst
JHS	Juristische Hochschule des MfS
KD	Kreisdienststelle
KgU	Kampfgruppe gegen Unmenschlichkeit
KI	Kriminalistisches Institut

KL	Kreisleitung
KMU	Karl-Marx-Universität Leipzig
KRD	Kontrollratsdirektive
KS	Kadersache
KVP	Kasernierte Volkspolizei
KW	Konspirative Wohnung
LDPD	Liberal-Demokratische Partei Deutschlands
LG	Landgericht
LVD	Luftverteidigungsdivision
MdJ	Ministerium der Justiz
MdI	Ministerium des Innern
MfAA	Ministerium für Auswärtige Angelegenheiten
MfNV	Ministerium für Nationale Verteidigung
MfS	Ministerium für Staatssicherheit
MG	Militärgericht, Militärgerichte
MGO	Militärgerichtsordnung
MK	Militärkollegium
MKOG	Militärkollegium beim Obersten Gericht der DDR
MLU	Martin-Luther-Universität Halle
MOB	Mobilmachung
MOG	Militärobergericht, Militärobergerichte
MOsTA	Militäroberstaatsanwaltschaft
MSD	Motorisierte Schützendivision
MStA	Militärstaatsanwaltschaft
MZA	Militärisches Zwischenarchiv Potsdam
NJ	Neue Justiz
NJW	Neue Juristische Wochenschrift
Nr.	Nummer
NS	Nationalsozialismus
NSDAP	Nationalsozialistische Deutsche Arbeiterpartei
NSW	Nichtsozialistisches Wirtschaftsgebiet
NVA	Nationale Volksarmee
NVR	Nationaler Verteidigungsrat
OD	Objektdienststelle
OG	Oberstes Gericht
OGSt	Entscheidungen des Obersten Gerichts in Strafsachen
OibE	Offizier im besonderen Einsatz
OP	Operativ
OPK	Operative Personenkontrolle

OSL	Oberstleutnant
OV	Operativer Vorgang
PD	Panzerdivision
RGBl.	Reichsgesetzblatt
RN	Randnummer
RS	Rechtsstelle
SAA	Schriftliche Archivauskunft, Strategische Aufklärung
SAPMO	Stiftung Archiv der Parteien und Massenorganisationen der DDR
SBZ	Sowjetische Besatzungszone
SED	Sozialistische Einheitspartei Deutschlands
SdM	Sekretariat des Ministers
SfS	Staatssekretariat für Staatssicherheit
SMAD	Sowjetische Militäradministration in Deutschland
SMT	Sowjetisches Militärtribunal
SOV	Sonder(operativ)vorgang
Stat.	Station
StGB	Strafgesetzbuch
StPO	Strafprozessordnung
StVG	Strafvollzugsgesetz
SVWG	Strafvollzugs- und Wiedereingliederungsgesetz
S.	Seite
TA	Teilablage
u.a.	unter anderem
Verf.	Verfassung
VdJ	Vereinigung der Juristen der DDR
Vgl.	Vergleiche
VP	Volkspolizei
VVS	Vertrauliche Verschlusssache
z.B.	zum Beispiel
ZA	Zentrale Ablage
ZAIG	Zentrale Auswertungs- und Informationsgruppe
ZI	Zelleninformator
ZK	Zentralkomitee
ZMA	Zentrale Materialablage
ZPA	Zentrales Parteiarchiv (SED)
ZPKK	Zentrale Parteikontrollkommission
Zugl.	Zugleich

1. Kapitel: Grundlagen

A) Ziel der Untersuchung

I. Gegenstand der Untersuchung

Die vorliegende Arbeit untersucht und vertieft rechtsgeschichtliche Fragen aus dem Zeitraum, in dem die Deutsche Demokratische Republik (DDR) bestand. Hierbei ist die Untersuchung auf den Bereich des Strafrechts beschränkt und dort wiederum konzentriert auf die „Militärjustiz“.

Sie gründet auf umfassende und grundlegende Vorarbeiten,[1] die wesentliche Systeme der Rechtsgeschichte der DDR dargestellt und aufgezeigt, jedoch die spezielle Thematik der Arbeit nicht vertieft untersucht haben.

Die Geschichte des Strafrechts und Strafprozessrechts der DDR ist zwar in Grundzügen, nicht aber in allen Bereichen umfassend wissenschaftlich aufgearbeitet und erforscht. Die nachstehende Arbeit untersucht im Detail die Militärjustiz der DDR und hierbei wiederum, ob, in welchem Umfang und mit welchen organisatorischen, personellen oder operativen Methoden das Ministerium für Staatssicherheit (MfS) auf Verfahren und Entscheidungen Einfluss genommen hat. Die Untersuchung wäre unvollständig, wenn aufgearbeitete Ergebnisse nicht anhand zahlreicher Kaderakten der im Bereich der (Militär-) Justiz und des MfS handelnden Personen nachvollzogen und überprüft worden wären.

Ziel der Untersuchung ist die kritische Erörterung der Frage, ob die politischen Strukturen der Exekutive, hier vor allem das MfS, Einfluss auf den Verfahrensgang und die Entscheidungen der militärischen Gerichtsbarkeit genommen haben. Die Frage liegt für den Bereich der Militärjustiz nahe, nachdem für den Komplex des allgemeinen Strafrechts die politische Instrumentalisierung der Justiz bereits weitgehend untersucht und bewiesen ist.[2]

1 Vgl. Literaturbericht, 1. Kapitel, Abschnitt B I.

2 *Rottleuthner*, Steuerung; *Werkentin*, Politische Strafjustiz; *Fricke*, Politik und Justiz; Bundesministerium für Justiz, Im Namen des Volkes? S. 12 f.: „Schrifttum zum allgemeinen und politischen Strafrecht der DDR“; *Birthler*, Stasi-Akten, S. 36, spricht von der Verfälschung des Rechts, der Gesetzgebung und der Rechtsprechung im Dienste der Macht, von der Indienstnahme des Rechts durch das MfS, das in den Akten des Bundesbeauftragten dokumentiert wird.

Bisher sind Aspekte der Militärjustiz der DDR wenig erforscht. Insbesondere liegt eine Detailuntersuchung und Prüfung anhand noch vorhandener Akten, insbesondere des Bundesbeauftragten für die Unterlagen des Staatssicherheitsdienstes der ehemaligen Deutschen Demokratischen Republik (Bundesbeauftragter), bisher nicht vor. Vor allem wurde das Verhältnis zwischen Militärjustiz und Staatssicherheit bisher kaum oder gar nicht thematisiert.[3] Die Gründe hierfür liegen einerseits in der Aktenlage und andererseits darin, dass dieser Bereich des Justizwesens zu DDR-Zeiten besonders stark abgeschottet war.[4]

Innerhalb der untersuchten Militärstrafverfahren stehen die Deliktgruppen des 2. Kapitels (Staatsverbrechen), des 8. Kapitels (Straftaten gegen die staatliche Ordnung) und des 9. Kapitels (Militärstraftaten) im Besonderen Teil des DDR-StGB 1968[5] nämlich: Spionage (§§ 97, 98), Öffentliche Herabwürdigung (§ 220), Staatsfeindliche Hetze (§ 106), Fahnenflucht (§ 254), Unerlaubte Entfernung (§ 255), Wehrdienstverweigerung (§ 256) und Terror (§§ 101, 102) im Vordergrund.

Letztlich wird der Strafvollzug von Militärgerichtsurteilen untersucht. Er ist juristisch kaum erforscht und bedarf einer Klärung.[6] Denn neben der Tätigkeit des MfS und politischer Justiz war der Strafvollzug ein wichtiger Teil des Repressionsapparates des Regimes. Der Name „Schwedt"[7] war für Angehörige der NVA negativer Mythos und Drohung zugleich. Dort wurden die Disziplinar- und Haftstrafen im Militärstrafvollzug bis zu einer maximalen Dauer von zwei Jahren vollstreckt. Die Arbeit wird auch klären, wie und wo der Strafvollzug gegen Militärpersonen, die zu höheren Freiheitsstrafen als zwei Jahren verurteilt wurden, durchgeführt wurde.

---

3 *Wenzke*, Staatsfeinde in Uniform, S. 25.

4 Bericht der Enquete-Kommission „Aufarbeitung von Geschichte und Folgen der SED-Diktatur in Deutschland" vom 31.5.1994, Deutscher Bundestag, 12. Wahlperiode, Drucksache 12/7820, S. 99.

5 Strafgesetzbuch der Deutschen Demokratischen Republik vom 12. Januar 1968 GBl. I Nr. 1 S. 1 in der Fassung des 1. Strafrechtsänderungsgesetzes vom 19. Dezember 1974 GBl. I Nr. 64 S. 591, des 2. Strafrechtsänderungsgesetzes vom 7. April 1977 GBl. I Nr. 10 S. 100 und des 3. Strafrechtsänderungsgesetzes vom 28. Juni 1979 GBl. I Nr. 17 S. 139.

6 Bericht der Enquete-Kommission „Aufarbeitung von Geschichte und Folgen der SED-Diktatur in Deutschland" vom 31.5.1994, Deutscher Bundestag 12. Wahlperiode Drucksache 12/7820, S. 103; Theorie und Praxis des Strafvollzuges werden als Forschungsdesiderat bezeichnet.

7 Schwedt/Oder, Industriestadt mit heute ca. 34.500 Einwohnern im Kreis Uckermark, Land Brandenburg, seinerzeit Standort der Strafvollzugsanstalt für Militärstrafgefangene.

Die bisher veröffentlichen rechtshistorischen Werke zur Militärjustiz nehmen zum Strafvollzug gar nicht oder nur beiläufig Stellung. Die Arbeit untersucht die Verantwortung für den Militärstrafvollzug als „politisch-operative“ Sicherung des vorangegangenen Verfahrens.

II. Methodik der Untersuchung

Zur systematischen Untersuchung der Fragestellung wurden die im Archiv des Bundesbeauftragten vorhandenen Akten der Hauptabteilungen I, IX und XX des MfS und Gerichtsakten ausgewertet.[8] Sie sind für die Frage der Unabhängigkeit der Justiz ebenso relevant wie spiegelbildlich bei der Untersuchung, ob grundsätzlich und falls ja, in welchem Umfang Strafurteile und -verfahren durch den Einfluss der Politik und der Exekutivorgane präjudiziert und beeinflusst worden sind.

Ein weiterer Schwerpunkt ist die Frage, ob – ohne jedwede Einbeziehung des Betroffenen oder seines Verteidigers – konkrete Einflussnahmen und nachteilige Absprachen zwischen MfS und Militärgericht auf Verfahrensabläufe und Entscheidungsfindungen erfolgt sind.

Denknotwendig setzt eine mögliche Beeinflussung voraus, dass sie von natürlichen Personen gegenüber anderen natürlichen Personen vorgenommen wird. Die Annahme, dass gezielte Personalpolitik zum zentralen Führungsinstrument kommunistischer Politik gehört, ist anderweitig schon umfassend untersucht worden.[9] Sowohl die Vorgangsakten als auch die Kaderakten aus dem Archiv des Bundesbeauftragten sind unter dieser Fragestellung auch im Zusammenhang mit dem untersuchten Spezialbereich umfassend überprüft und ausgewertet worden. Insbesondere wird der Frage nachgegangen, wie die im Bereich der Militärjustiz der DDR tätigen Juristen rekrutiert und ausgebildet wurden.

In Verfahren, die mit der Verhängung der Todesstrafe gegen den Angeklagten endeten, kann sowohl im Allgemeinen als auch aus der besonderen Interessenlage der Staatsorgane a priori eine besondere Wichtigkeit der Thematik unterstellt werden. In allen Rechtssystemen haben die jeweils höchsten Strafen auch einen präventiven Abschreckungscharakter. Im Bereich des Militärs gilt dies erst Recht. Hieraus folgt die Vermutung, dass insbesondere in denjenigen Verfahren, die mit dem Ausspruch der Höchststrafe endeten, der Versuch der Einflussnahme, Steuerung und Manipulation besonders nahe lag. Der Verfas-

8 Zum Aktenbestand und Aktenführung, vgl. Kapitel 1, Abschnitt B II.

9 *Müller*, „Parteiministerien,“ S. 348; *Schwarzenbach*, Kaderpolitik der SED, S. 45; *Strempel*, Steuerung der Justiz, S. 30; *Rottleuthner*, Steuerung, S. 29; *Behlert*, Generalstaatsanwaltschaft, S. 306 f.; *Fricke*, Kaderpolitik und Staatssicherheit, S. 47 ff.

ser hat im Archiv des Bundesbeauftragten acht Todesurteile gegen Angehörige der bewaffneten Organe in der Zeit von 1953–1963 – bis zur Einführung der Militärgerichtsbarkeit – recherchiert. Im gleichen Zeitraum sind neun Todesurteile gegen MfS-Offiziere ergangen. Schließlich wurden insgesamt acht Todesurteile der Militärgerichte nach 1963 gegen Militärpersonen und MfS-Angehörige besonders ausgewertet.

III. Politik und Recht in der DDR

Grundsätzlich gesehen ist die Rechtsordnung – insbesondere das Strafrecht – keine völlig zweckfreie Einrichtung.[10] Politik tendiert dahin, sich des Rechts – auch des Strafrechts – zur Durchsetzung und Absicherung der jeweils herrschenden politischen Auffassung zu bedienen. Die Justiz in der DDR war nicht lediglich von der Mehrheit der Legislative und deren Gesetzgebung beeinflusst, sondern eine unmittelbar „politische Justiz", weil gerichtsförmige Verfahren politischen Zwecken dienstbar gemacht wurden.[11] „Jedes Urteil ist eine politische Tat."[12] Die Politik hatte Primat vor dem Recht.[13]

Der Begriff des „politischen Strafrechts" zählt zu den umstrittensten auf dem Gebiet des Rechts überhaupt, und eine allseits anerkannte Definition ist bis heute nicht erreicht. Die Begriffsbestimmung ist abhängig vom jeweiligen Zusammenhang, in dem der Begriff „politisches Strafrecht" gebraucht wird.[14] Im weiteren Verlauf der Arbeit soll der Begriff diejenigen Strafvorschriften kennzeichnen, die dem Aufbau und der Sicherung des politischen Systems in der sowjetischen Besatzungszone und in der DDR dienten, insbesondere Taten mit Strafe bedrohten, durch die das DDR-Regime sich in seiner Existenz gefährdet sah.[15]

Der Definition liegt eine Überlegung Kirchheimers zugrunde, nach der politisches Strafrecht durch eine mehr oder weniger starke staatspolitische Zweckgebundenheit und Zweckgerichtetheit gekennzeichnet ist. Politisches

10 *Vormbaum*, „Politisches" Strafrecht, S. 735.

11 *Kirchheimer*, Politische Justiz S. 606.

12 Direktive des Sekretariats der SED vom 6. September 1961, in: Stiftung der Parteien und Massenorganisationen der ehemaligen DDR (SAPMO-B-Arch.) ZPA IV 2/5/14, S. 11.

13 *Heusinger*, DDR-Minister für Justiz, in: Neues Deutschland vom 9./10. Dezember 1989.

14 *Marxen / Werle*, DDR-Unrecht, S. 40.

15 *Schuller*, Geschichte, S. 7.

Strafrecht in diesem Sinne schützt nicht nur Rechtswerte, sondern auch politische Machtlagen.[16]

Erfasst wird insoweit sowohl das Staatsschutzrecht im engeren Sinne als auch der Schutz ideologischer Wert- und Ordnungsvorstellungen der politisch herrschenden Gruppen in der DDR gegen jegliche Art der Opposition.[17] Jeder Staats- und Rechtsordnung ist immanent, ihren Bestand grundsätzlich mit strafrechtlichen Mitteln zu verteidigen. Dieser Schutz ist legitime Aufgabe eines jeden Staates. Wenn gegenüber der Rechtswirklichkeit der DDR Vorwürfe erhoben werden, so müssen sich diese entweder gegen die vom Strafrecht geschützten Werte und Institutionen oder aber gegen die besonderen Methoden richten, mit denen dieser strafrechtliche Schutz erfolgte.[18]

Die Justiz in der DDR hatte eine Doppelfunktion. Dies formulierte Josef Streit, später Generalstaatsanwalt der DDR, im Jahre 1959 wie folgt:

> „Die Rechtsprechung und auch die Aufsichtstätigkeit der Staatsanwaltschaft eines sozialistischen Staates dienen nicht nur dem Schutz der Gesellschaftsordnung, sondern haben im Besonderen als wichtige Hebel für die gesellschaftliche Umwälzung zu wirken."[19]

Aus diesem Gestaltungswillen resultierte, dass es im politischen System der DDR keine Rechtsbereiche gab, die für die SED-Spitze prinzipiell als unantastbar galten. In der DDR formte die Politik die Justiz nicht nur nach ihren Bedürfnissen, sondern setzte sich bei Bedarf sogar über die von ihr erlassene Rechtsordnung hinweg.[20] Das Recht war eine der Politik untergeordnete Kategorie.[21]

Die Autonomie eines Rechtssystems, wie es den westlichen Verfassungssystemen zugrunde liegt, hätte einem politischen System widersprochen, das sich der bewussten Planung, Gestaltung und Lenkung aller gesellschaftlichen Entwicklungen durch eine zentrale Instanz verpflichtet hat. Die systembedingt völlig andere Dimension politischer Justiz in der DDR, die zu den so eindeutigen Unterschieden zwischen der Bundesrepublik und der DDR in der Zahl der

---

16 *Kirchheimer*, Politische Justiz, S. 606–608.

17 *Diedrich*, Widerstandsverhalten, S. 50; *Marxen / Werle*, DDR-Unrecht, S. 40.

18 *Schroeder*, Strafrecht, S. 56.

19 *Streit*, Justizorgane, S. 789; vgl. auch *Werkentin*, Politische Strafjustiz, S. 47 f.

20 *Wentker*, Justiz und Politik, S. 126.

21 *Laufs*, Recht und Unrecht der DDR, S. 17.

Betroffenen führte, ist evident[22] und erscheint weniger in einem speziell kommunistischen, als vielmehr in einem totalitären Sinn.

B) Forschungsstand

I. Literaturbericht

1. Schrifttum zum allgemeinen und politischen Strafrecht der DDR

Dem Strafrecht der DDR wurde schon in der damaligen bundesrepublikanischen Fachliteratur vor 1989/1990 große Beachtung geschenkt. Insbesondere sind die Untersuchungen von Friedrich-Christian Schroeder,[23] Karl-Wilhelm Fricke[24] und Wolfgang Schuller[25] hervorzuheben. Die Militärjustiz wurde allerdings nur beiläufig erwähnt.

Berücksichtigt man die neuen Forschungsergebnisse nach Öffnung der Archive, erweist sich die Literatur aus jener Zeit als erstaunlich treffend.[26]

Auf der Grundlage der ab 1990 zugänglichen Akten ist in der Folgezeit eine Vielzahl von Einzelaspekten untersucht worden. Auf dem Feld der politischen Justiz der DDR hat ein Autorenteam um Hubert Rottleuthner[27] im Auftrag des Bundesjustizministers die Lenkung und Instrumentalisierung des Rechts in der DDR eingehend dargestellt. Im Mittelpunkt stand die Frage, wie die Konformität der mit der Justiz befassten Personen hergestellt wurde. Das Autorenteam beschreibt die Anleitung des Justizapparates durch allgemeine Mechanismen und solche der speziellen Personalpolitik. Die Arbeit behandelt aber nicht die Militärjustiz. Rottleuthner spricht insoweit an anderer Stelle von „weißen Flecken in der Forschungslandschaft."[28]

---

22 *Werkentin*, Reichweite politischer Justiz, S. 181.

23 *Schroeder, Friedrich-Christian*, Das Strafrecht des realen Sozialismus. Eine Einführung am Beispiel der DDR. Opladen 1983.

24 *Fricke, Karl Wilhelm*, Politik und Justiz in der DDR. Zur Geschichte der politischen Verfolgung 1945–1968. Bericht und Dokumentation. 2. Aufl. Köln 1990.

25 *Schuller, Wolfgang*, Geschichte und Struktur des politischen Strafrechts der DDR bis 1968. Ebelsbach 1980.

26 *Strempel*, Steuerung der Justiz, S. 27.

27 *Rottleuthner, Hubert* (Hrsg.), *Wentker, Hermann, Werkentin, Falco*, Steuerung der Justiz in der DDR, Köln 1994.

28 *Rottleuthner*, Lenkung der Justiz, S. 179.

In den Materialien der Enquete-Kommission „Aufarbeitung von Geschichte und Folgen der SED-Diktatur in Deutschland“[29] arbeitete der Deutsche Bundestag die DDR-Geschichte auf. Dies war ein Novum. Eine gleichartige Aufarbeitung der NS-Justiz hat auf dieser Ebene nie stattgefunden. In den Materialien beschreibt Kaschkat[30] die allgemeine Struktur der Militärjustiz, ohne auf eine Lenkung durch dritte Institutionen einzugehen. Eine weitergehende Behandlung der Militärjustiz fand nicht statt. Der Abschlussbericht der Enquete-Kommission spricht insoweit von einem Forschungsdesiderat.[31]

Zu erwähnen ist auch die Ausarbeitung des Bundesministeriums der Justiz (Hrsg.): „Im Namen des Volkes?“,[32] insbesondere der Aufsatz von Geiger.[33] Der Autor belegt, dass wesentliche Strafakten in den MfS-Archiven des Bundesbeauftragten verwahrt werden. Er stellt dazu fest:

> „Die Strafjustizakten in den Archiven des Ministeriums für Staatssicherheit, die jetzt vom Bundesbeauftragten verwahrt werden, stellen einen wichtigen historischen Quellenbestand dar, der für die Aufarbeitung der Geschichte des MfS wie der DDR-Geschichte von großem Wert ist. Diese Quellen dokumentieren nicht nur den repressiv-geheimpolizeilichen und unrechtsstaatlichen Charakter des MfS; sie erlauben auch Einsichten in die Verzahnung von Staatssicherheit und Justiz sowie in den Einfluss des MfS auf die Anwendung des Strafrechts in der DDR.“

Das Buch von Werkentin[34] schildert und belegt die Lenkung der politischen Justiz der DDR und die Durchsetzung politischer Ziele mit juristischen Mitteln.

Schließlich muss der Hinweis auf das umfangreiche Werk von Marxen und Werle[35] erfolgen. Die Rechtshistoriker an der Humboldt-Universität Berlin

29 *Materialien der Enquete-Kommission*, 12. Wahlperiode des Deutschen Bundestages, herausgegeben vom Deutschen Bundestag, Band IV, Recht, Justiz und Polizei, Baden-Baden, Frankfurt am Main 1995.

30 *Kaschkat*, Militärjustiz in der DDR, S. 585–603.

31 *Materialien der Enquete-Kommission*, ebenda, S. 103.

32 *Über die Justiz im Staat der SED.* Ausstellung des Bundesministeriums für Justiz I. Katalogband, II. Dokumentenband, III. Wissenschaftlicher Begleitband, Leipzig 1994.

33 *Geiger*, Justizakten in den Beständen des ehemaligen Ministeriums für Staatssicherheit (MfS) der DDR, in Wissenschaftlicher Begleitband, S. 37–43.

34 *Werkentin*, Politische Strafjustiz in der Ära Ulbricht, Berlin 1995.

35 *Klaus Marxen* und *Gerhard Werle* (Hrsg.), Strafjustiz und DDR-Unrecht, Dokumentation, Folgende Bände sind erschienen: Band 1, Wahlfälschung, unter Mitarbeit von Müller, Jan, Schäfter, Petra, Berlin, New York, 2000 Band 2, Gewalttaten an der Deutsch-deutschen Grenze, unter Mitarbeit von Rummler, Toralf, Schäfter, Petra, Teilband 1, Berlin, New York, 2002, Teilband 2, 2002 Band 3, Amtsmissbrauch und Korruption, unter Mitarbeit von Fahnenschmidt, Willi, Schäfter, Petra Berlin, New York, 2002 Band 4, Spionage, unter Mitarbeit von Schäfter, Petra, Thiemrodt, Berlin, New

haben seit 1996 die deutsche Strafjustiz in ihrem Umgang mit DDR-Unrecht begleitet. Das Projekt hat sämtliche Verfahren, in denen es zu einer Anklage gekommen ist, erfasst und ausgewertet. Aufbau, Struktur, Funktion und Prinzipien der politischen Strafjustiz der DDR und die Rolle des MfS in diesem Bereich der Justiz werden unter Hinweis auf die höchstrichterliche Rechtsprechung behandelt, ohne aber näher auf die Militärjustiz einzugehen.

Den Einfluss der Staatssicherheit auf die Justiz untersuchen auch neuere Veröffentlichungen von Gieseke und der Behörde des Bundesbeauftragten.[36]

2. DDR-Literatur zur Militärjustiz

Die DDR-Literatur zur Militärjustiz ist rar gesät, was darauf zurückzuführen ist, dass die Militärjustiz insgesamt der Öffentlichkeit verborgen blieb. Es gibt einige wenige Aufsätze, die sich mit dem Thema befassen.[37] Die Autoren postulieren eine Gerichtsbarkeit, die die Kampfkraft der NVA erhalten und vor Angriffen des Klassengegners schützen soll.[38] Einflussnahmen von und Kooperationen mit dem MfS finden jedoch keine ausdrückliche Erwähnung.

3. Schrifttum zur DDR-Militärjustiz nach der Vereinigung

Auch das Schrifttum zur Militärjustiz nach 1990 ist überschaubar. Erwähnenswert sind drei neuere Abhandlungen:

Steike[39] beschreibt die Geschichte, die Struktur, den Aufbau und die Zuständigkeiten der Militärjustiz, ohne auf konkrete Fälle oder auf Verflechtungen mit dem MfS einzugehen. Die Unterlagen des Bundesbeauftragten wurden

---

York, Teilband 1, 2004 und Teilband 2, 2004 Band 5, Rechtsbeugung, unter Mitarbeit von Burghardt, Boris, Hohoff, Ute, Schäfter, Petra, Berlin, New York, Teilband 1, 2007 und Teilband 2, 2007 Band 6, MfS-Straftaten, unter Mitarbeit von Schissau, Roland, Schäfter, Petra, Berlin, New York, 2006 Band 7, Gefangenenmisshandlung, Doping und sonstiges DDR-Unrecht, unter Mitarbeit von Piel, Mario, Schäfter, Petra, Berlin, New York 2009.

36 *Gieseke*, Die Stasi; *Engelmann / Florath / Heidemeyer / Münkel / Polzin / Süß* (Hrsg.), MfS-Lexikon; BStU, Feind ist wer anders denkt.

37 *Sarge*, Die sozialistische Militärgerichtsbarkeit in der DDR, NJ, Nr.12/1963, S. 364–367. *Benjamin*, Neue Bestimmungen zum Schutze der Kampfkraft der Nationalen Volksarmee. NJ 1973, S. 109–110. *Sarge / Kalwert*, Die Entwicklung der Militärgerichtsbarkeit in der DDR, NJ 1973, S. 190–194; *Penndorf / Kalwert*, Sozialistische Gesetzlichkeit und Landesverteidigung. Interview zur 25jährigen Wiederkehr des Gründungstages der Militärgerichte, NJ 1988, S. 141–144.

38 *Benjamin*, Kampfkraft der Nationalen Volksarmee, S. 109; *Penndorf / Kalwert*, Militärgerichte, S. 141.

39 *Steike, Jörn*, Die Steuerung der Militärjustiz der DDR. Rechtswissenschaftliche Forschung und Entwicklung, Band 571, zugl. Diss. Berlin 1997, München 1997.

nicht eingesehen, da die Strafjustizakten seinerzeit noch nicht zugänglich waren. Den Militärstrafvollzug behandelt die Arbeit nicht.

In einer umfangreichen zweibändigen Abhandlung untersucht Wagner[40] die Militärjustiz der DDR. Der Verfasser hat ca. 3000 Urteile sowie ca. 700 Verfahrensakten aus dem Bundesarchiv – Militärarchiv – in Freiburg ausgewertet. Die Militärjustiz wird gründlich aufgearbeitet. Der Einfluss des MfS und die Prüfung möglicher Einflussnahmen und Absprachen zwischen Justiz und MfS im Militärstrafverfahren werden jedoch nicht umfassend behandelt. Die Akten des Bundesbeauftragten wurden nicht eingesehen.[41]

Bookjans[42] beschreibt die Historie, die Rechtsgrundlagen und die Strukturen der Militärjustiz im genannten Zeitraum.

Weitere Publikationen[43] behandeln das Zusammenspiel zwischen Staatssicherheit und Militärjustiz und betonen die führende Rolle des MfS in der politischen Justiz.

4. Literatur zum Strafvollzug in der Militärjustiz der DDR

Die Literatur zum Militärstrafvollzug ist nicht sehr umfangreich. Es gibt einige – auch neuere – Abhandlungen, die den Militärstrafvollzug und den Einfluss des MfS auf den Militärstrafvollzug und den Strafvollzug im Besonderen beschreiben.[44] Sie sind bei der konkreten Untersuchung berücksichtigt.

---

40 *Wagner, Heinz Josef*, Die Militärjustiz der DDR. Unter besonderer Berücksichtigung der Rechtsprechung der Militärgerichte, Bände I und II, Berlin 2006.

41 *Wagner*, Militärjustiz S. 470 ff.

42 *Bookjans, Jan Henrik*, Die Militärjustiz in der DDR 1963–1980 – eine empirisch gestützte strafrechtliche Untersuchung, Juristische Dissertation, Clausthal-Zellerfeld 2006.

43 *Engelmann, Roger / Vollnhals, Clemens* (Hrsg.), Justiz im Dienste der Parteiherrschaft. Rechtspraxis und Staatssicherheit in der DDR. Berlin 2000; *Wenzke*, Rüdiger (Hrsg.), Staatsfeinde in Uniform? Widerständiges Verhalten und politische Verfolgung in der NVA. Berlin 2005; *Bästlein, Klaus*, Der Fall Mielke. Die Ermittlungen gegen den Minister für Staatssicherheit der DDR. Baden-Baden 2002; *Sälter, Gerhard*, Interne Repression. Die Verfolgung übergelaufener MfS-Offiziere durch das MfS und die DDR-Justiz (1954–1966). Dresden 2002. *Raschka, Johannes*, Justizpolitik im SED-Staat. Anpassung und Wandel des Strafrechts während der Amtszeit Honeckers. Köln, Weimar, Wien 2000.

44 *Se'litrenny, Rita*, Doppelte Überwachung. Geheimdienstliche Ermittlungsmethoden in den DDR-Untersuchungshaftanstalten. Berlin 2003; *Fricke, Karl-Wilhelm*, Zur Menschen- und Grundrechtssituation politischer Gefangener in der DDR, Köln 1988; *Fricke, Karl-Wilhelm / Klewin*, Bautzen II. Sonderhaftanstalt unter MfS-Kontrolle 1956 bis 1989. Bericht und Dokumentation. Dresden 2007; *Budde, Heidrun*, Willkür! Die Schattenseite der DDR. Rostock 2002; *Polzin, Arno*, Mythos Schwedt, in: Horch und Guck

II. Aktenlage

1. Aktenbestände

Die vom Verfasser durchgeführten Aktenrecherchen konzentrierten sich auf die bei dem Bundesbeauftragten in Berlin zur Militärjustiz der DDR gelagerten Aktenbestände.[45] Dort sind die Akten der Hauptabteilungen I, IX und XX des MfS archiviert. Zu diesen Akten gehört eine Vielzahl von Strafjustizakten, -karteien und -materialien.[46] Sie sind wesentliche Grundlage für die Erforschung der politischen Justiz und deren justizielle Aufarbeitung,[47] insbesondere soweit das MfS Instrument der Unterdrückung war.[48]

Die Akten der Strafjustiz, die sich in den Archiven des Bundesbeauftragten befinden, lassen sich nach ihrer Herkunft in zwei Gruppen unterteilen:

Einerseits handelt es sich um Bestände, die auf der Grundlage der originären Zuständigkeit des MfS als Teil der Strafrechtspflege entstanden sind; zum anderen liegen Bestände von Akten, Karteien und anderen Unterlagen vor, die in der Vergangenheit nach Abschluss der Verfahren zur weiteren Aufbewahrung vom MfS übernommen worden sind.[49] Wenn auch ein Teil der Akten im Zuge der Wende vernichtet bzw. gelichtet wurden, hat der vorhandene Bestand für die Aufarbeitung der Militärjustiz hinreichende Aussagekraft.

Im Zentralarchiv der Bundesbeauftragten befindet sich ebenfalls der Aktenbestand der Hauptabteilung XIV, die für den Strafvollzug zuständig war. Er ist

4/2010, S. 10–15; *Wenzke*, Rüdiger, NVA-Soldaten hinter Gittern. „Schwedt" und der militärische Strafvollzug in der DDR, in: *Klewin, Silke / Reinke, Herbert / Sälter, Gerhard* (Hrsg.), Hinter Gittern. Zur Geschichte der Inhaftierung zwischen Bestrafung, Besserung und politischem Ausschluss vom 18. Jahrhundert bis zur Gegenwart. Leipzig 2010, S. 219–240; *Wenzke*, Ab nach Schwedt! Die Geschichte des DDR-Militärstrafvollzugs, Berlin 2011.

45 Das Archiv des Ministeriums für Staatssicherheit hat eine Länge von 178 Kilometern. Jeder Kilometer umfasst 10 Millionen Blatt Papier. Es enthält Informationen über vier Millionen DDR-Bürger und zwei Millionen Westdeutsche, vgl. *Gauck*, Stasi-Akten S. 11. *Gieseke*, Die Stasi, S. 18, spricht von rund 180 km, *Weber*, DDR, S. 125 von über 200 km.

46 *Geiger*, Justizakten S. 37.

47 *Engelmann*, Quellenwert, S. 23–25; *Suckut / Weber*, Stasi-Akten S. 197,199; *Weber*, DDR, S. 125.

48 BStU, Bericht für das Jahr 2010, S. 19.

49 *Geiger*, Justizakten S. 37.

vollständig erschlossen.[50] Akten zum Militärstrafvollzug in Schwedt/Oder sind nur marginal vorhanden.[51]

2. Zentralarchiv

Das MfS hat zu jeder Zeit die eigene Aktenführung zusammengehalten und abgeschottet. Eine vertrauliche Dienstanweisung aus dem Jahre 1952, vom damaligen Staatssekretär Erich Mielke selbst verfasst, ordnete an:

> „Es ist wiederholt vorgekommen, dass von Dienststellen der Staatssicherheit bei der Übergabe abgeschlossener Untersuchungsvorgänge an die zuständigen Gerichte Unterlagen mitgereicht wurden, aus denen die Arbeitsmethoden, der Geschäftsgang und andere Zusammenhänge der Arbeit des Ministeriums zu ersehen sind. Zur Wahrung der Konspiration der Arbeitsmethoden des Ministeriums für Staatssicherheit ist mit einer derartigen fahrlässigen Bearbeitungsweise Schluss zu machen.“[52]

Weiter wurde ausgeführt, dass interne Unterlagen des MfS nur selektiv und gefiltert der Staatsanwaltschaft und den Gerichten übergeben werden durften. Solche, aus denen das konspirative Vorgehen des MfS sichtbar war, sollten nicht weitergegeben werden. Überdies wurden die Kontrolle und der Verbleib derjenigen Vorgänge geregelt, die dem Gericht vorgelegt werden sollten.[53]

Die Grundlagen der Archivierung des politisch-operativen Schriftgutes wurde in späterer Zeit durch die Dienstanweisung DA 2/81 vom 1. Juli 1981 ausdrücklich fortgeschrieben[54] und somit die frühere Praxis bestätigt.

3. Aktenbestände der Militärstaatsanwaltschaft

Die Aktenbestände der Staatsanwaltschaften der DDR sind ebenfalls im Archiv des MfS, Hauptabteilung XII, aufbewahrt. Aufgrund mangelnder Archivierungskapazitäten bei den eigentlich zuständigen Staatsarchiven der DDR akzeptierte die Generalstaatsanwaltschaft Ende der 60iger Jahre ein Angebot des MfS, das Archivgut der Staatsanwaltschaften zu übernehmen.

---

50 Vierter Tätigkeitsbericht des Bundesbeauftragten, Berlin 1999, S. 109.

51 *Polzin*, Mythos Schwedt, S. 10,11; Arno Polzin ist Leiter eines beim Bundesbeauftragten laufenden Forschungsprojektes zu Schwedt. Aus dem Zwischenbericht wird zitiert.

52 BStU, MfS, BdL.-Dok. 2032, S. 1.; vgl. 3. Kapitel, Abschnitt H II.

53 BStU, ebenda, S. 80 f.

54 BStU, MfS, BdL -Dok. Nr. 004210. vgl. auch *Se'litrenny*, Hinterlassenschaften, S. 801–804.

Ausschlaggebend war vermutlich das politisch-operative Interesse des MfS an den Akten der Strafjustiz.[55]

Im Jahre 1989 begann das MfS damit, im Zentralarchiv in Berlin aus den archivierten Untersuchungsvorgängen in der operativen Hauptablage diejenigen Unterlagen herauszufiltern, die ursprünglich und originär nicht vom MfS, sondern von den Staatsanwaltschaften stammten. Ziel der Trennung sollte es sein, die Rückgabe der Akten an die Justizbehörden vorzubereiten, wie dies noch durch die DDR-Regierung beschlossen worden war.[56]

4. Aktenordnung

Die Justizakten der Hauptabteilung IX hatten eine besondere nung,[57]die sich wie folgt beschreiben lässt:

Die jeweilige Handakte der Hauptabteilung IX – Untersuchungsorgan – beginnt mit einem Inhaltsverzeichnis über die Untersuchungsdokumente[58] oder aber mit einem „Nachweis über den Verbleib ausgefertigter Untersuchungsdokumente".[59] Regelmäßig werden die Dokumente in fünf- oder sechsfacher Ausfertigung aufgelegt. Die erste Ausfertigung wird in die Gerichtsakte (GA) übernommen. Die zweite Ausfertigung ist für die Handakte (HA) des Untersuchungsorgans bestimmt. Eine dritte Ausfertigung ist – allerdings nicht mit allen Dokumenten – für die Militärstaatsanwaltschaft oder die Militäroberstaatsanwaltschaft vorgesehen. Die anderen Ausfertigungen gehen an andere Hauptabteilungen des MfS, vorwiegend die Hauptabteilung I, aber auch die HVA oder die Hauptabteilung Kader und Schulung. Dabei bestimmte das Untersuchungsorgan des MfS, wer – welche – Dokumente erhält bzw. ob Dokumente ggf. zurückgehalten oder vernichtet werden.

Nach Abschluss der Ermittlungen erließ die Untersuchungsabteilung der Hauptabteilung IX regelmäßig eine „Abverfügung", mit folgendem Wortlaut:

---

55 Vgl. *Geiger*, Justizakten , S. 38; *Engelmann / Florath / Heidemeyer / Münkel / Polzin / Süß*, MfS-Lexikon S. 282 f.

56 Vgl. *Geiger*, Justizakten, S. 39.

57 BStU, MfS, HA IX, 1457. Es wird im Einzelnen beschrieben, welchen Aktenaufbau und -inhalt die Gerichtsakte und die Handakte haben sollen (S. 76–86); vgl. auch Anordnung zur ordnungsgemäßen Aufbewahrung und Verwaltung der im Aktenplan der HA als Archivmaterial gekennzeichneten Unterlagen – Archivordnung vom 31.12. 1958, BStU, MfS, BdL-Dok. Nr. 051029; vgl. auch Aktenordnung Gerichtsakte in BStU, MfS, HA IX 18259 und Aktenordnung Handakte BStU, MfS, HA IX 20918 sowie BStU, MfS HA IX 2208, S. 1–7.

58 Vgl. Akte S., Egon, BStU, MfS, AU 40/55, Bd. 1, S. 2–3.

59 Vgl. Akte T., Hans-Jürgen, BStU, MfS, AU 14985/72, Bd. 1, S. 8–15.

„Abverfügung:
1. Der Gerichtsvorgang gegen [...] wurde am 15.06.1984 an die Staatsanwaltschaft MOSTA zur Anklageerhebung übergeben.
2. Der U-Vorgang ist bei der Abt. XII zu archivieren und zum Zwecke der Auswertung weiterzuleiten an [...].
3. Bei Anforderung der Unterlagen durch andere Abteilungen ist es unbedingt erforderlich, die Zustimmung der Abteilung Hauptabteilung IX/1 einzuholen.“[60]

Die Gerichtsakte wurde nach rechtskräftigem Abschluss des Verfahrens ebenfalls der HA XII des MfS zur Archivierung zugeführt, so dass – mit Ausnahme der Handakte der Militärstaatsanwaltschaft bzw. der Militäroberstaatsanwaltschaft – alle den Sachverhalt betreffenden Akten, gleichviel ob sie dem Gericht vorgelegt worden waren, wieder zentral beim MfS zusammengefasst und aufbewahrt wurden.[61]

Grundsätzlich wurden alle Justizvorgänge des MfS als „GH-Akte“ (Geheim zu haltende Akte) oder „GVS“ (Geheime Verschlusssache) deklariert.

Bei der Sicherung der Justizakten blieb es, solange die DDR existierte. Auf Grund einer Vereinbarung zwischen MfS und Generalstaatsanwaltschaft wurden alle Justizakten bei der Staatssicherheit archiviert.[62] Auch die Akten der Militäroberstaatsanwaltschaft wurden in das Archiv des MfS übernommen.[63] Dies führt dazu, dass im Bundesarchiv Freiburg – Militärarchiv – wenn überhaupt – nur die Handakten der Militärstaatsanwaltschaft aufbewahrt werden. Die Gerichtsakten, die sämtliche Ermittlungsvorgänge, Vermerke, Anklageschriften, Hauptverhandlungsprotokolle, Urteile etc. enthielten, gingen an die Staatssicherheit zurück und wurden dort gelagert.[64]

Im Unterschied zu den Beständen des Militärarchivs in Freiburg enthalten die beim Bundesbeauftragten archivierten Akten daher die vollständigen Unterlagen des Strafverfahrens, beginnend mit dem Untersuchungsvorgang, über die Gerichtsakte, teilweise die Handakte der Staatsanwaltschaft und – zum Teil – die Strafvollzugsakte.

60 Vgl. Akte S., Jörg-Ulrich, BStU, MfS, GA 10/87, Bd. I S. 495.

61 Gemeinsame Anweisung MdJ und OG über die Behandlung von Strafakten der Untersuchungsorgane des MfS vom 31.7.1968, BStU, MfS, BdL-Dok. Nr. 009668, S. 2.

62 *Geiger*, Justizakten, S. 40, 41; vgl. auch BStU, MfS, 11025 S. 1–7.

63 BStU ebenda S. 27; dies wurde z. Bsp. festgestellt im Verfahren Godehard, Horst wegen Spionage pp., BStU, MfS, GH 11/87, Bd 5. Jeder Band beginnt mit einem Inhaltsverzeichnis.

64 *Wagner*, Militärjustiz S. 40 f., 52 f.; vgl. BStU, MfS, BdL./ .Dok. Nr. 009668, S. 2.

Dem Wunsch der Staatssicherheit auf Sicherung der Akten des MfS trug auch das Ministerium für Justiz Rechnung: Mit Rundverfügung Nr. 12 vom 13. November 1978 erließ der damalige Minister für Justiz Heusinger, abweichend von den Regelungen der Verfahrensaktenordnung RV 27/75 als „Vertrauliche Dienstsache" Anordnungen zum Umgang mit Verfahrensakten, die von den Untersuchungsorganen des MfS ermittelt wurden.[65] Die Maßnahme zeugt von der absoluten Absicherung der Geheimhaltung der Tätigkeit des MfS, von der auch an anderer Stelle noch die Rede sein wird.[66]

5. Aktenauswertung

Aus den oben genannten Gründen erfolgte die für die Untersuchung des Themas notwendige umfassende Einsicht und Aktenauswertung hauptsächlich und schwerpunktmäßig im Archiv des Bundesbeauftragten in Berlin. Ein Teil des Aktenbestandes ist derzeit noch nicht bzw. noch nicht wesentlich erschlossen. Es erscheint jedoch nicht wahrscheinlich, dass sich aus den noch nicht detailliert eingesehenen Akten abweichende Erkenntnisse zur untersuchten Fragestellung ergeben können. Der Verfasser hat bei dem Bundesbeauftragten insgesamt 313 Archivsignaturen (Akten) mit insgesamt 611 Bänden und 114498 Seiten eingesehen. Aus den tatsächlich behandelten Akten folgt eine aussagekräftige Empirik. Einige eingesehene Akten wiesen erhebliche Lücken auf, ohne dass diese aus sich heraus erklärbar waren. Die Recherche der Akten wurde dadurch erschwert, dass nur zum Teil Findbücher existieren. Die bestehenden Datenbanken sind darauf ausgerichtet, nach Personennamen zu suchen. Die Sachverhaltssuche steht teilweise noch in den Anfängen.[67]

Weitere Recherchen zur Ergänzung und Absicherung der Ergebnisse sind in den Akten des Bundesarchivs – Militärarchiv – in Freiburg/Breisgau erfolgt. Letztlich wurden bei dem Generalstaatsanwalt Berlin die Akten der Ermittlungsverfahren eingesehen, die nach 1990 gegen Militärrichter der DDR durchgeführt wurden.

Schließlich führte der Verfasser persönliche Gespräche bzw. Korrespondenz mit Dr. Falco Werkentin, Dr. Karl-Wilhelm Fricke, Arno Polzin, Rüdiger Wenzke, Christian Booß, Frank Joestel, Dr. Erardo Rautenberg, Klaus Auerswald und Werner Godehard, die als Betroffene eines Verfahrens, Zeitzeugen oder Sachverständige zur Verfügung gestanden haben.

---

65 BStU, MfS, HA IX 2153 Bl. 28 f. (Überschrift: Strafverfahrensakten Sicherung und Wachsamkeit).

66 Vgl. 3. Kapitel, Abschnitt H.

67 Vgl. *Mampel*, Ideologiepolizei, Vorbemerkung S. 11.

C) Übersicht über den Gang der Darstellung

Im Kapitel 2 wird die Militärjustiz innerhalb des Rechtssystems der DDR beschrieben. Ausgehend von Justizsystem und – praxis im Allgemeinen, folgt ein kurzer historischer Abriss der DDR-Militärjustiz; anschließend werden die Rechtsgrundlagen, Aufgaben und Strukturen der Militärjustiz sowie die Organe der Militärrechtspflege dargestellt.

Im Kapitel 3 werden der Einfluss und die Einwirkungen des Ministeriums für Staatssicherheit auf die Militärjustiz der DDR untersucht. Zunächst werden das MfS, seine Entstehung, seine Aufgaben und seine Organisation beschrieben. Im Vordergrund stehen dabei die Hauptabteilungen I, IX und XX des MfS und deren Zuständigkeiten und Aktionen. Es folgen Ausführungen zu den allgemeinen und besonderen Steuerungsmethoden, über die übergeordneten Militärjustizorgane und deren Anleitung der Militärjustiz. Empirisch wird die These belegt, dass das MfS neben der ordentlichen Justiz auch die Militärjustiz systematisch steuerte. Das System der Stasi-Beeinflussung griff in jedem Stadium des militärgerichtlichen Verfahrens; es nahm Einfluss auf die am gerichtlichen Verfahren Beteiligten und die Urteilspraxis der Militärgerichte. Die DDR-Staatssicherheit beeinflusste und regelte – wie insbesondere die Auswertung der Akten des Bundesbeauftragten zeigen wird – jederzeit alle Stadien der Militärjustiz insbesondere über Kaderauswahl, aber auch über konspirative Vorgänge und der Staatssicherheit nahestehende Personen. Im Zentrum der Untersuchung steht daher insbesondere die Personalpolitik als wichtiger Bestandteil der Lenkung und Steuerung der Militärjustiz. Es wird aufgezeigt, mit welchen Mechanismen und Methoden die bereitwillige Mitarbeit der Justiz erreicht worden ist.

Kapitel 4 erläutert die im vorangegangenen Kapitel dargestellte, systematische Steuerung der DDR-Militärjustiz durch das MfS an Hand von Einzelfällen und Delikten. Verfahren, die mit der Verurteilung des Angeklagten zum Tode beendet worden sind, werden gesondert beschrieben.

Kapitel 5 behandelt den Strafvollzug der Militärgerichtsbarkeit und zeigt den Zugriff des MfS auch auf diesen Bereich auf. Dieser Komplex wird erstmals anhand der Akten des Bundesbeauftragten einer ausführlichen Darstellung und Prüfung unterzogen. Die Arbeit belegt, dass das MfS seinen Einfluss und seine Entscheidungen bis in die einzelnen Bereiche des Strafvollzuges durchsetzte. Die Untersuchung der Haftbedingungen in den MfS-Haftanstalten sind ein weiterer Schwerpunkt der Arbeit. Ein besonderer Abschnitt widmet sich der Disziplinareinheit und dem Strafvollzug in der Haftanstalt in Schwedt/Oder.

Kapitel 6 schließt die Arbeit mit einer zusammenfassenden Wertung der Lenkung der Militärjustiz der DDR durch das MfS ab.

Im Anhang 1 werden die Kurzbiographien der verantwortlichen Personen für die Lenkung der Strafjustiz, insbesondere der Militärjustiz, vorgestellt. Im Anhang 2 – Dokumente – werden wichtige Dokumente der Militärjustiz präsentiert.

D) Resümee

Die Beschäftigung mit den Aufgaben und Arbeitsweisen des Ministeriums für Staatssicherheit der DDR[68] anhand dessen eigener Aktenbestände ist ein wesentlicher Bestandteil der notwendigen rechtlichen Auseinandersetzung mit den repressiven Verhältnissen der Lebenswirklichkeit in der DDR. Mit ebenso banalen wie rücksichtslosen und hinterhältigen Mitteln wurden Bürger ausgespäht, bespitzelt, erpresst und korrumpiert. Neue Forschungen sind erforderlich und vertiefend.[69]

Das MfS gehört zu den Institutionen der DDR, die das sozialistische System maßgebend gestützt haben. Es war offizielles Untersuchungsorgan als strafrechtliche Ermittlungsbehörde mit allen entsprechenden Befugnissen. Es war Teil der Justiz, auch der Militärjustiz. Die Arbeit soll zeigen, dass die Staatssicherheit als Akteur für die Justizgeschichte der DDR von großer Bedeutung war.

Die bisherigen Arbeiten, die sich mit der Strafjustiz befasst haben, klammern die Lenkung und den Einfluss des MfS auf die Militärjustiz weitgehend aus. Die Rolle – insbesondere – der Hauptabteilungen I, IX und XX des MfS bei der Einflussnahme auf die Militärjustiz blieb bisher weitgehend unaufgearbeitet.[70] Dies scheint vor allem darauf rückführbar, dass die Akten des Bundesbeauftragten nicht ausreichend berücksichtigt wurden. Ohne diese Akten lässt sich die Lücke in der Bearbeitung des gesamten Einfluss-Spektrums des MfS auf die Vorgänge der Justiz nicht aufarbeiten.

Die Heranziehung der Akten des Bundesbeauftragten ist für die Untersuchung zudem notwendig, um eigenständige Entwicklungen in der Militärjustiz gegenüber der zivilen Strafjustiz zu ermitteln. Dabei ist das im militärischen Bereich geltende Befehlssystem in die Betrachtung mit einzubeziehen.

---

68 Kurz bezeichnet als „MfS“, „Stasi“, „Schild und Schwert der Partei“, landläufig auch „Firma“ und „Horch und Guck“.

69 *Strempel*, Steuerung der Justiz, S. 28.

70 *Se'litrenny*, Doppelte Überwachung, S. 25, 27.

Stand der heutigen Forschung ist die Erkenntnis, dass das MfS in Gesetzgebung, Rechtsprechung und Justizkaderpolitik eine weitaus bedeutendere Rolle spielte, als bis dahin vom „Mainstream“ der Forschung angenommen worden war.[71] So sind bis heute der konspirative Teil der Untersuchungen des MfS, die drehbuchartige Vorbereitung der Strafprozesse und die mündlichen und schriftlichen Absprachen mit Gericht und Staatsanwaltschaft nur unzureichend untersucht worden. Auch dies ist eine bestehende Forschungslücke. Für den Bereich der Militärjustiz will die vorliegende Arbeit einen Beitrag zur Aufarbeitung dieser Fragen leisten.

Resümierend ist festzustellen, dass bei den Themen DDR-Militärjustiz und DDR-Strafvollzug in der Militärjustiz noch weitere Forschungsdesiderate[72] bestehen und Fragen offen sind. Dies erfordert eine neue, weitergehende Beschäftigung mit den Themenbereichen.

---

71 *Weinke*, Stasi und Strafrecht, S. 141 – auch als versteckte Kritik an *Rottleuthner*, Aufbau S. 25, der erklärt: Das MfS wird, wie es der Justizwirklichkeit der DDR entspricht, nur am Rande vorkommen; zur Erklärung verweist Fricke (Interview am 18.11.2010) darauf, dass im Zeitpunkt der Untersuchung Rottleuthners die Stasi-Akten noch nicht zugänglich waren; vgl. auch *Wentker*, Justiz und Politik S. 127: „Vernachlässigt wurden die justizfremden Institutionen, wie das MfS, die auf der Hinterbühne der Justiz die entscheidende Rolle in politischen Verfahren spielte“.

72 Bericht der Enquete-Kommission „Aufarbeitung von Geschichte und Folgen der SED-Diktatur in Deutschland“ vom 31.05.1994, Deutscher Bundestag, 12. Wahlperiode Drucksache 12/7820, S. 103.

2. Kapitel: Das MfS und die Militärjustiz der DDR

A) Gründung, Grundlagen und Aufbau des MfS

I. Einleitung

Das Ministerium für Staatsicherheit fungierte als Auslandsnachrichtendienst und militärischer Abschirmdienst der DDR und hatte auch die Kompetenzen einer Strafverfolgungsbehörde. Darüber hinaus war das MfS politische Geheimpolizei und als solche für die Überwachung und Bekämpfung Missliebiger und Andersdenkender zuständig. Sie war nur der Spitze der SED rechenschaftspflichtig.[1]

> „Uns kommt es darauf an, jeden Pulsschlag, jede Regung und Bewegung, die nicht zur Stärkung und Festigung unserer sozialistischen DDR beiträgt, unter Kontrolle zu halten."[2]

Mit dieser eindeutigen Formulierung umschrieb Erich Mielke, der Minister für Staatssicherheit, im Mai 1968 auf einer zentralen Dienstkonferenz des MfS eine Vision totalitärer Überwachung, die weit über die Bespitzelung und Verfolgung des politischen Gegners hinausging. Die Staatssicherheit sollte, so die Forderung Mielkes, die gesamte Gesellschaft im Sinne vorbeugender Prävention fest im Griff haben. Sie sollte gewissermaßen als Frühwarnsystem fungieren und mit rechtzeitiger Information zur manipulativen Sozialsteuerung beitragen.[3]

In diesem Zusammenhang ist auf die Dienstanweisung des MfS Nr. 16/57 vom 30. Mai 1957 zu verweisen.[4] Mit dieser Dienstanweisung wurden die Mitarbeiter des MfS verpflichtet, die Verantwortlichkeit für die Sicherheit wichtiger

---

1 *Engelmann / Florath / Heidemeyer / Münkel / Polzin / Süß*, MfS-Lexikon, S. 213., BStU, Feind, S. 44; vgl. auch *Gieseke*, Die Stasi, S. 18 f.

2 Referat Mielkes bei der Dienstbesprechung mit verantwortlichen Leitern und Parteifunktionären der Hauptabteilung / Abteilungen und Bezirksverwaltungen des MfS am 24.5.1968, in: BStU, MfS, DSt 10 2130, S. 139.

3 *Vollnhals*, Denunziation und Strafverfolgung, S. 113.

4 BStU, MfS, Bdl.-Dok 2152: Maßnahmen zur Verbesserung der operativen Arbeit in den Betrieben, Ministerien und Hauptverwaltungen, Universitäten, Hochschulen und wissenschaftlichen Instituten sowie in den Objekten der Landwirtschaft.

Objekte zu erhöhen, das Niveau der operativen Arbeit zu steigern, um durch vorbeugende Maßnahmen jede Feindtätigkeit unmöglich zu machen.[5]

Eine besondere Bedeutung für die Organisation und Tätigkeit des MfS hatten in den fünfziger Jahren die sowjetischen Berater.[6] Das MfS stand in der Tradition der sowjetischen Geheimpolizei Tscheka.[7] Die Mitarbeiter des MfS bezeichneten sich selbst als Tschekisten als Ausdruck von Elitebewusstsein und Korpsgeist.[8] Offiziere des KGB bauten das MfS auf und legten in den ersten Jahren Aufgaben, Strategien und praktische Einzelheiten fest.[9]

Das MfS war nach militärischem Vorbild organisiert und verwendete zur Amtsbezeichnung militärische Ränge. Die hauptamtlichen Mitarbeiterinnen und Mitarbeiter des MfS waren, von wenigen Zivilangestellten abgesehen, Berufsoffiziere oder Offiziere auf Zeit[10] mit eigener Besoldungs-,[11] Versorgungs-[12] und Disziplinarordnung.[13] Sie hatten einen Fahneneid zu leisten mit der Verpflichtung, die DDR unter Einsatz der ganzen Persönlichkeit gegen jeden Feind zu schützen und ständig nach Höchstleistungen im Dienst und im gesellschaftlichen Leben zu streben. Wesentlich war die militärische Disziplin. Die Angehörigen des MfS wurden zur widerspruchslosen Durchführung der dienstlichen Bestimmungen und Befehle sowie zur strikten Wahrung der Geheimhaltung und militärischen Disziplin verpflichtet.[14]

---

5 Ebenda III. Ziffer 2., 3. und 4.

6 *Gill / Schröter*, Ministerium, S. 76.

7 BStU, Feind, S. 10; die im Jahre 1917 gegründete sowjetische Geheimpolizei Tscheka, russ.: Außerordentliche all-russische Kommission zur Bekämpfung von Konterrevolution, Spekulation und Sabotage, *Engelmann / Florath / Heidemeyer / Münkel / Polzin / Süß*, MfS-Lexikon, S. 152 f.

8 Ebenda.

9 *Gill / Schröter*, Ministerium, S. 76.

10 BStU, MfS, SdM 2619; Statut vom 30.7.1969, § 14: „Die Angehörigen des MfS führen militärische Dienstgrade entsprechend der Dienstlaufbahnverordnung".

11 *Engelmann / Forath / Heidemeyer / Münkel / Polzin / Süß*, MfS-Lexikon, S. 141.

12 Ordnung vom 1.7.1968 über die soziale Versorgung der Soldaten auf Zeit und Berufssoldaten des Ministeriums für Staatssicherheit in der Fassung der 6. Änderung vom 1.12.1976, BStU, MfS, DSt 103419, Abschnitt 5; vgl. auch BStU, MfS BdL-Dok. Nr. 004592: Maßnahmen zur sozialen Sicherstellung im Zusammenhang mit dem Amt für Nationale Sicherheit.

13 Ordnung 14/85 vom 5.7.1985 über die Disziplinarbefugnisse und disziplinarische Verantwortung im MfS (Disziplinarordnung), BStU, MfS, DSt 103201; vgl. auch BStU, MfS BdL- Dok. Nr. 0051 S. 19–20.

14 BStU, MfS, BdL.-Dok. 3213 Ziffer 1.3 sowie Ziffer 2; Grundsätze für den Dienst im Ministerium für Staatssicherheit vom 13.07.1972 (Dienstordnung).

Das MfS war kein Staat im Staate, sondern unbedingtes Herrschaftsinstrument der SED.[15] Das blieb so bis zum Ende der DDR. Auf der SED-Aktiven-Tagung im MfS erklärte Mielke noch im Jahre 1987: „Wir erfüllen als Soldaten der Revolution unseren Parteiauftrag."[16]

II. Gründung

Das Ministerium für Staatssicherheit wurde im Jahre 1950 gegründet. Hervorgegangen war die Staatssicherheit aus der politischen Polizei, die auf Kreis- und Landesebene 1947 als Kommissariat 5 (K 5) der Deutschen Volkspolizei tätig war, und der Hauptverwaltung zum Schutz der Volkswirtschaft. Am 8. Februar 1950 trat die DDR-Volkskammer zu ihrer 10. Sitzung zusammen. Punkt 4 der Tagesordnung sah die Beratung und die Beschlussfassung über ein Gesetz zur Bildung eines Ministeriums für Staatssicherheit vor.[17]

Der damalige DDR-Innenminister Steinhoff begründete den Gesetzesentwurf im Plenum wie folgt:

> „Die hauptsächlichsten Aufgaben dieses Ministerium werden sein, die volkseigenen Betriebe und Werke, das Verkehrswesen und die volkseigenen Güter vor Anschlägen verbrecherischer Elemente sowie gegen alle Angriffe zu schützen, einen entschiedenen Kampf gegen die Tätigkeit feindlicher Agenten, Diversanten, Saboteure und Spione zu führen, einen energischen Kampf gegen Banditen zu führen, unsere demokratische Entwicklung zu schützen und unserer demokratischen Friedenswirtschaft eine ungestörte Erfüllung der Wirtschaftspläne zu sichern."[18]

Das Gesetz wurde einstimmig angenommen.[19] Es hatte folgenden Wortlaut:

„Gesetz über die Bildung eines Ministerium für Staatssicherheit vom 8. Februar 1950.
§ 1
Die bisher dem Ministerium des Innern unterstellten Hauptverwaltung zum Schutze der Volkswirtschaft wird zu einem selbständigen Ministerium für Staatssicherheit umgebildet. Das Gesetz vom 7. Oktober 1949 über die provisorische Regierung der Deutschen Demokratischen Republik (GBl. Seite 2) wird entsprechend geändert.
§ 2
Dieses Gesetz tritt mit seiner Verkündung in Kraft.
Berlin, den 8. Februar 1950."[20]

---

15 *Engelmann*, Aktenlage, Einleitung S. 14.

16 Erich Mielke, Referat am 17. September 1987, BStU, MfS, KL – SED 82, S. 965–978, hier S. 971.

17 *Fricke*, Die DDR-Staatssicherheit, Kapitel 2, S. 24.

18 *Fricke*, ebenda.

19 *Fricke*, MfS intern, S. 11.

20 GBl. I, Nr. 15, Seite 95; am 18.7.1953 beschloss das Politbüro, das MfS-Ministerium zu einem Staatssekretariat – SfS – zurückzustufen und in das Ministerium des Innern

III. Aufbau, Grundlagen und Aufgaben

Am 15.Oktober 1953 erging das erste, geheime Statut des MfS. Zur Rechtsgrundlage seiner Arbeit erklärte es nicht die Verfassung der DDR, sondern

> „die Beschlüsse und Direktiven des ZK bzw. des Politbüros der SED, die Gesetze und Verordnungen bzw. die Anweisungen des Ministerpräsidenten sowie die Befehle und Anordnungen des Ministers des Innern.“[21]

Dieses Statut beschreibt ganz allgemein die Aufgaben des MfS: die Verhaftung von feindlichen Spionen, die Bekämpfung feindlicher Tätigkeit, Untersuchungsorgan in Strafsachen und Geheimdienst.[22] Bereits in diesem Statut wird unter Ziffer 7 festgestellt, dass zur Erfüllung der Aufgaben des MfS die strikte Einhaltung der Disziplin und eine strenge Konspiration notwendig sind.[23]

Im Protokoll über die geheime Dienstbesprechung vom 31. Mai 1957 und 1. Juni 1957 wurde die Zuständigkeit des MfS auf einen einfachen Nenner gebracht: „Alle Feindtätigkeit ist durch das MfS zu bearbeiten.“[24]

Der Aufgabenbereich der Staatssicherheit ist wesentlich später aus dem Wortlaut der Richtlinie Nr. 1/58 vom 1. Oktober 1958 indirekt ableitbar. Dort heißt es:

> „Das Ministerium ist beauftragt, alle Versuche, den Sieg des Sozialismus aufzuhalten oder zu verhindern – mit welchen Mitteln und Methoden es auch sei –, vorbeugend und im Keim zu ersticken.“[25]

Erstmals ausdrücklich und öffentlich erwähnt wurde das MfS als Untersuchungsorgan im Rechtspflegeerlass des Staatsrates der DDR vom 4. April 1963.[26] Dort findet man die kurz darauf im Staatsanwaltschaftsgesetz[27] und später in § 88 Abs. 2 StPO 1968 übernommene Aufzählung der staatlichen Untersuchungsorgane.

---

unter der Leitung von Willi Stoph einzugliedern. Diese Maßnahme war Folge des Aufstandes vom 17. Juni 1953; erst im Jahre 1955 wurde das SfS wieder in den Rang eines Ministeriums – MfS – erhoben.

21 BStU, MfS, SdM, 1574, S. 1 f. Statut von 1953; *Engelmann*, Staatssicherheitsjustiz S.135.

22 BStU, MfS, SdM, 1574, S. 1 f.

23 Ebenda, Ziffer 7.

24 BStU, MfS, SdM, 1921, S. 9; vgl. auch *Eisenfeld*, Widerständiges Verhalten, S. 159.

25 Es handelt sich um die Richtlinie des MfS für die Arbeit mit inoffiziellen Mitarbeitern im Gebiete der Deutschen Demokratischen Republik, BStU, MfS, DSt 101113, Präambel, S. 1.

26 Erlass des Staatsrates der DDR über die grundsätzlichen Aufgaben und die Arbeitsweise der Organe der Rechtspflege vom 4.4.1963 – Rechtspflegeerlass – GBl. I S. 21, Teil 2, Abschnitt 3, II. A. 2. S. 36.

27 § 16 des Gesetzes über die Staatsanwaltschaft der DDR vom 17.4.1963, GBl. I, S. 587.

Letztmals genauer beschrieben werden die Funktion und die Aufgaben des MfS in dem geheimen Statut vom 30. Juli 1969.[28] Gemäß § 1 dieses Statutes sollte das MfS als Sicherheits- und Rechtspflegeorgan die staatliche Sicherheit und den Schutz der Deutschen Demokratischen Republik gewährleisten.

> „Danach war das Ministerium für Staatssicherheit das konstitutive Herrschaftsinstrument der SED-Führung. Es vereinte innerhalb eines nach militärischen Grundsätzen geführten Apparates Überwachung- und Unterdrückungsfunktionen mit Spionage und Diversion; es war die politische Geheimpolizei mit exekutiven Befugnissen.[29] Darüber hinaus hatte es als 'Sicherheits- und Rechtspflegeorgan die staatliche Sicherheit und den Schutz' der DDR zu gewährleisten. Zu seinen Hauptaufgaben zählte die 'Sicherung der sozialistischen Errungenschaften und der Staatsgrenze'. Im Einzelnen hatte es 'feindliche Agenturen zu erschlagen', 'geheime Pläne und Absichten des Gegners aufzudecken", „militärische Anschläge und Provokationen' gegen die DDR zu verhindern, bestimmte Straftaten zu untersuchen und über all dies die Parteiführung umfassend zu informieren. Darüber hinaus musste es die Sicherheit innerhalb der NVA und den 'bewaffneten Organen" gewährleisten'."[30]

Während des Bestehens der DDR gab es nur eine einzige gesetzliche Vorschrift, in der Befugnisse des MfS niedergelegt wurde, nämlich § 20 des Volkspolizeigesetzes vom 11. Juni 1968. Es enthielt den Passus:[31] *Die Angehörigen des Ministeriums für Staatssicherheit sind ermächtigt, die in diesem Gesetz geregelten Befugnisse wahrzunehmen.* Die Vorschrift lässt sich als umfassende Ermächtigungsgrundlage zu nahezu jedem beliebigen Handeln verstehen, solange vorgegeben wurde, es sei zur Erfüllung des Gesetzes notwendig gewesen.

Darüber hinaus gab es kein Gesetz oder öffentliche Deklaration, das die Aufgaben und Zuständigkeiten des MfS legalisierte[32] oder aber seine Einordnung in die Staats- und Rechtsverfassung der DDR festmachte.[33]

---

28 BStU, MfS, SdM 2619, S. 1–11.

29 Ebenda; vgl. auch Minister Wollweber auf der Dienstkonferenz des MfS am 16.5.1957 in der Bezirksverwaltung Erfurt. In: BStU, MfS, SdM 1921, S. 250.

30 Ebenda.

31 GBl. I S. 232.

32 *Fricke*, Die DDR-Staatssicherheit, S. 14.

33 *Fricke*, „Schild und Schwert der Partei" S. 3; erst als das MfS in seinem Bestand bereits in Frage gestellt war, sprach sich Egon Krenz, Generalsekretär der SED, am 8.11.1989 für die Erarbeitung eines Gesetzes über die staatliche Sicherheit aus

IV. Organisation des MfS

Zur innerdienstlichen Regelung des Apparates des MfS wurden Dienstordnungen erlassen:

- Vorläufige Geschäfts- und Büroordnung des Ministeriums für Staatsicherheit vom 18. April 1950,[34]
- Dienstordnung des Sekretariats für Staatssicherheit vom 17. September 1954,[35]
- Grundsätze für den Dienst im Ministerium für Staatssicherheit (Dienstordnung) vom 13. Juli 1972.[36]

Diese Dienstordnungen regelten die interne Organisation des MfS. Von der Festlegung der Arbeitszeit, über Dienstreisen bis zu Regelungen des Umgangs mit vertraulichen und geheimen Verschlusssachen wurden in diesen Dienstordnungen Vorgaben gesetzt. Das Verhältnis zwischen Vorgesetzten und Unterstellten, die militärische Disziplin, die Einzelleitung als das grundlegende Führungsprinzip im Ministerium für Staatssicherheit, wurden dokumentiert. In der Dienstordnung vom 17. September 1954 heißt es in der Vorbemerkung wörtlich: „Der Kampf gegen diese feindlichen Organisationen und Personen ist konsequent und unversöhnlich zu führen." In der Dienstordnung vom 13. Juli 1972 wird festgestellt, dass das MfS als bewaffnetes Organ wichtige „politisch-operative und militärische Aufgaben" übernommen hat.[37]

Das MfS stützte sich auf 15 Bezirksverwaltungen – einschließlich der Bezirksverwaltung Berlin sowie auf 209 Kreis- und sieben Objektdienststellen. Mit Stand von 1989 verfügte es über 13 Hauptabteilungen, 20 selbständige Abteilungen sowie mehrere Arbeitsgruppen. Ihre Arbeitsfelder erstreckten sich auf alle gesellschaftlichen Bereiche, Institutionen, Organisationen und Parteien – mit Ausnahme der SED – in der DDR und – in nicht unerheblichem Maße – der Bundesrepublik; alle Informationen liefen zuletzt bei der zentralen Auswertungs- und Informationsgruppe (ZAIG) zusammen. Zudem überwachte die Geheimpolizei einige wichtige Betriebe und Hochschulen durch Objektdienststellen.[38]

Parallel zur immer stärkeren Präsenz in der Fläche nahm die Mitarbeiterzahl des MfS stetig zu. Von Anfang der 1950er Jahre bis zum Jahr 1989 wuchs der

---

34 BStU, MfS, BdL.-Dok. 2635.

35 BStU, MfS, BdL.-Dok. 3098.

36 BStU, MfS, BdL.-Dok. 3213.

37 Ebenda, S. 1.

38 BStU, Feind, S. 18.

Bestand an hauptamtlichen Mitarbeitern von ca. 2.700 auf rund 91.000.[39] Auf jeden 180. Einwohner der DDR kam ein MfS-Mitarbeiter.

Die SED verfügte im MfS über eigene Parteiorganisationen, geführt von einer zentralen Kreisleitung in Berlin, die direkt dem Zentralkomitee unterstellt war.

Im einzelnen waren die Hauptabteilungen und Abteilungen zuständig für NVA und Grenztruppen (HA I), Spionageabwehr (HA II), Funküberwachung (HA III) Passkontrolle und Tourismus (HA VI), Deutsche Volkspolizei und Ministerium des Innern (HA VII), Untersuchungs- und Ermittlungsverfahren (HA IX), Internationale Verbindungen (HA X), Chiffrierwesen (HA XI), Archiv (HA XII), Datenverarbeitung (HA XIII), Strafvollzug (HA XIV), Besucherbüro West-Berlin (HA XVII), Wirtschaft (HA XVIII), Verkehrs- und Nachrichtenwesen (HA XIX), Staatsapparat, Kirche, Kader, Kultur und Opposition (HA XX), Terrorabwehr (HA XXII), Personenschutz, Kader und Schulung, Finanzen, Post – und Telefonkontrolle und weiteres. Darüber hinaus verfügte das MfS über ein Wachregiment mit knapp 12.000 Angehörigen.[40]

B) Die Militärjustiz der DDR

I. Einleitung

Nach Art. 92 DDR-Verf. 1974[41] übten in Militärstrafsachen das Oberste Gericht, die Militärobergerichte und die Militärgerichte die Rechtsprechung im Instanzenzug aus.

Die Militärgerichtsbarkeit war keine Sonder- oder Ausnahmegerichtsbarkeit oder eine Institution der Militärbehörden, sondern gliederte sich als Teil des einheitlichen, sozialistischen Gerichtssystems völlig in die für die Gerichte der DDR allgemein bestehenden gesetzlichen Grundlagen ein. Ihre Stellung und Befugnisse gingen nicht über die der allgemeinen Strafjustiz hinaus. Die Prinzipien des sozialistischen Strafrechts und der sozialistischen Strafrechtspflege sowie des Strafprozesses hatten für die Militärgerichtsbarkeit die volle Gültigkeit.[42] Diese Feststellung des Vizepräsidenten des Obersten Gerichts der DDR (OG) und Vorsitzenden des Militärkollegiums des Obersten Gerichts (MKOG) Lothar Penndorf im Jahre 1988 in einem Interview anlässlich des 25. Jahrestages des Erlasses der Militärgerichtsordnung (MGO) wurde nicht nur

39 Ebenda; vgl. auch *Gieseke*, Stasi-Akten, S. 226; *ders.* Die Stasi, S. 106 f.

40 *Gieseke*, Die DDR-Staatssicherheit, S. 55.

41 GBl. I, S. 432–456.

42 *Penndorf / Kalwert*, Militärgerichte, S. 141; vgl. auch Militärgeschichtliches Institut der DDR, Militärgeschichte, Bd. 2, S. 585.

durch die Bestimmung des § 1 Abs. 2 MGO erklärt, sondern auch in der militärrechtlichen Literatur einhellig bestätigt.[43]

Bevor die Methoden der Anleitung und Steuerung der Militärjustiz untersucht werden, soll kurz über die historischen Vorbilder sowie über die Geschichte der DDR- Militärjustiz berichtet werden.

II. Das Strafrecht der sowjetischen Militärtribunale

Die sowjetischen Militärtribunale (SMT) in der SBZ, deren Zuständigkeit sich auch auf deutsche Zivilpersonen erstreckte, wirkten zunächst in allen größeren sowjetischen Militäreinheiten ab Divisionsstärke. Wahrscheinlich ab 1946/47 stellten sie schrittweise ihre Tätigkeit ein. In den 50er Jahren hatten SMT nur noch in Berlin, Potsdam, Schwerin, Dresden, Weimar und Halle ihren Sitz.[44]

Darüber hinaus wurden ab 1948/49 sowjetische Tribunale tätig, die den Status von Sondergerichten hatten. Allein das Gericht mit der Nummer 48240, das in Berlin stationiert war, fällte über 600 Urteile in Potsdam, Chemnitz, Dresden und Berlin.[45]

Das Verfahren vor den sowjetischen Militärtribunalen war in der „Ordnung über die Militärtribunale und die Militärstaatsanwaltschaft vom 20. August 1926" geregelt. Diese verwies weitgehend auf das Strafprozessrecht der einzelnen Unionsrepubliken. Es wurden zwei Verfahrensstadien unterschieden, nämlich die Voruntersuchung und die Hauptverhandlung.[46] Die Voruntersuchungen und die Rechtsprechung der SMT waren häufig willkürlich; es fehlten rechtsstaatliche Verfahrensregeln.[47]

Die Tribunale setzten sich in der Regel zusammen aus einem Militärrichter als Vorsitzendem und zwei weiteren Militärangehörigen als Beisitzern. Zudem waren jeweils ein Sekretär und ein Dolmetscher anwesend. In Verfahren der zweiten Instanz wurden die Militärtribunale aus drei Militärrichtern gebildet. Verteidiger und Ankläger waren in der Regel nicht vorhanden, da das sowjeti-

---

43 *Fricke*, Politik und Justiz, S. 472; *Wagner*, Militärjustiz, S. 8; *Bookjans*, Militärjustiz S. 28; *Czismas*, Militärjustiz S. 72; *Rühmland*, Militärgerichtsbarkeit S. 44; *Giese*, SED und ihre Armee S. 234 FN 92, vertritt die Auffassung, dass die Militärgerichte zwar nicht formal, so jedoch faktisch über einen signifikanten Sonderstatus verfügten. Eine gesonderte Arbeit wäre die Prüfung wert, ob es sich bei den Militärgerichten der DDR um Ausnahmegerichte handelte.

44 *Erler*, Besatzungsjustiz S. 16.

45 Ebenda, S. 16; vgl. auch *Hilger / Petrow*, Sowjetische Militärjustiz S. 27.

46 *Bookjans*, Militärjustiz S. 22.

47 *Bookjans*, ebenda.

sche Recht vorsah, dem Gericht die Funktion beider Rechtsorgane mit zu übertragen.[48]

Im Wesentlichen können die Delikte, die vor den SMT gegen Deutsche verhandelt wurden, in vier Gruppen eingeteilt werden:

- NS- und Kriegsverbrechen,
- Verstöße gegen das Besatzungsregime,
- kriminelle Handlungen und
- konterrevolutionäre Verbrechen.[49]

Nach sowjetischen Angaben sollen bis zum 1. Januar 1947 insgesamt 17.175 ehemalige Angehörige der SS und des SD, der Gestapo und des politischen Führercorps der NSDAP verurteilt worden sein.[50]

Überlieferte Einzelschicksale dokumentieren allerdings, dass zahlreiche Verurteilte aus diesem Kreis weder aktive Anhänger der NS-Bewegung waren noch in den genannten Strukturen wirkten, sondern durch unglückliche Verquickung der Umstände oder durch verleumderische Denunziationen in die Mühlen der Militärjustiz gerieten.[51]

Ab 1947 hatten die Verurteilungen in ihrer übergroßen Mehrheit einen politischen Hintergrund. So wurden Parteigänger der CDU, Liberaldemokraten, vor allem aber die Sozialdemokraten und Angehörige studentischer Widerstandsgruppen angeklagt. Bei einer nicht näher bestimmbaren aber eher geringen Anzahl von Personen führte die aktive Spionage für westliche Besatzungsmächte zur Festnahme und Verurteilung. Von Verurteilungen der sowjetischen Militärtribunale waren auch allgemeine Straftäter „gewöhnlicher" Verstöße ohne politischen Hintergrund betroffen.[52]

Die Grundlage für die Rechtsprechung der SMT bildete hauptsächlich die Bestimmung des § 58, der nach einer Verordnung über Staatsverbrechen vom 25. Februar 1927 in das Strafgesetzbuch der russischen sozialistischen föderativen Sowjetrepublik eingefügt worden war, sowie Art. 2 des Kontrollratsgesetzes Nr. 10 und der Erlass des Präsidiums des Obersten Sowjets der UdSSR vom 19. April 1943.[53]

---

48 *Müller*, Terror S. 68; *Hilger / Petrow*, ebenda S. 28.

49 *Fricke*, Politik und Justiz S. 113; *Erler*, Besatzungsjustiz S. 18.

50 Ebenda.

51 *Müller*, Terror S. 89 f.; *Erler*, Besatzungsjustiz S. 19.

52 *Erler*, Besatzungsjustiz S. 20.

53 *Erler*, ebenda, S. 22.

Diese Ermächtigung wurde extensiv angewendet und führte zu umfassenden Internierungen und vielfachen Bestrafungen, zu langjähriger Zwangsarbeit oder Deportationen in die Sowjetunion.[54] In den Jahren 1945–1955 verhängten die sowjetischen Tribunale insgesamt 2.943 Todesurteile.[55]

Die Tätigkeit der SMT im sowjetischen Besatzungsgebiet dauerte über die Gründung der DDR hinaus und endete mit dem Vertrag über die Beziehungen zwischen der Deutschen Demokratischen Republik und der Sowjetunion vom 20. September 1955, durch welchem der DDR „völlige Gleichberechtigung und Souveränität" zuerkannt wurde.[56] Nach dem 20. September 1955 sind keine Verurteilungen deutscher Staatsbürger durch sowjetische Gerichte in der DDR mehr bekannt geworden.[57]

III. Zur Geschichte der DDR-Militärjustiz

Die sowjetische Militäradministration in Deutschland (SMAD) hatte bis 1952/53 das Justizwesen in der SBZ/DDR tiefgreifend umgestaltet. Die Justizverwaltung, die zuvor Ländersache gewesen war, wurde zentralisiert; das Personal der Justiz wurde entlassen und durch linientreue sog. Volksrichter ersetzt. In das juristische Normensystem wurden Elemente des sowjetischen Justizwesens aufgenommen.[58]

Ein Politbürobeschluss vom 11. Dezember 1951 schuf die Voraussetzung für die sukzessive vollständige Übernahme der politischen Strafjustiz durch die DDR-Organe. Unter Anleitung von sowjetischer Besatzungsmacht und ZK-Apparat der DDR durchleuchteten spezielle Überprüfungskommissionen Anfang 1952 Staatsanwaltschaften, Gerichte und Justizministerien. Dies betraf in besonderem Maße die für die politischen Strafverfahren zuständigen Senate der Gerichte und die Abteilungen I der Staatsanwaltschaften, obwohl zu diesem Zeitpunkt erstere schon weitgehend und letztere durchweg mit SED-Mitgliedern besetzt waren. Bei der Überprüfung spielten politische Zuverlässigkeit, fachliche Qualifikation sowie Einhaltung der demokratischen Gesetz-

54 *Müller-Enbergs*, Garanten, S. 432; *Vormbaum*, Strafrechtsgeschichte, S. 250, stellt fest, dass die DDR so zu einem Staat wurde, der schon frühzeitig durch die erwähnten Internierungen, Deportierungen und Unterdrückung weitgehend an Zustimmung in der Bevölkerung verlor.

55 *Hilger / Petrow*, Sowjetische Militärjustiz S. 31.

56 *Bookjans*, Militärjustiz S. 23; anderer Ansicht ist Fricke, der feststellt, dass die Justizgewalt der SMT erst durch das Abkommen über die zeitweilige Stationierung sowjetischer Streitkräfte vom 12.3.1957 beendet wurde, vgl. *Fricke*, Politik und Justiz S. 104.

57 *Fricke*, ebenda, S. 104.

58 *Wagner*, Militärjustiz S. 13.

lichkeit sowie Wachsamkeit und die Beachtung der Geheimschutzvorschriften eine Rolle, denn es sollte verhindert werden, dass aus diesem heiklen Bereich „wichtiges Material in die Länder der Feinde unserer demokratischen Ordnung gerät.“[59]

Als Beispiel für das Vorgehen der Kommission sei der Vorsitzende des 1. Strafsenates des Bezirksgerichts Magdeburg genannt, der 1953 zeitweilig die Haftbefehle für das MfS ausstellte, ohne dafür vom MfS bestätigt zu sein, und der nach Ansicht der Hauptabteilung IX des MfS „in keiner Weise die Interessen des Ministeriums“ vertrat. Der damalige Leiter des MfS-Untersuchungsorgans, Alfred Karl Scholz,[60] bat die für die Überwachung der Justiz zuständige MfS-Abteilung VII alternative Personalvorschläge der Bezirksverwaltung Madgeburg für „zwei neue Haftrichter zu überprüfen und durch das Oberste Gericht bestätigen zu lassen“.[61]

Ein anderes Beispiel aus der Staatsanwaltschaft der Volkspolizei (VP) von 1956 ist ebenso aufschlussreich: Die Staatsanwaltschaft der VP war seinerzeit für Straftaten von militärischen Kadern, u.a. auch der hauptamtlichen MfS-Mitarbeiter, verantwortlich. Der Oberstaatsanwalt der VP, Max Berger, war des Öfteren durch MfS-kritische Äußerungen aufgefallen. Regelmäßig ermahnte er seine Mitarbeiter, sich „nicht den Standpunkt des MfS zu Eigen zu machen.“ Er stand im Dauerkonflikt mit dem in seiner Behörde für Straftaten von MfS-Mitarbeitern zuständigen Staatsanwalt, Max Haberkorn, der im Rahmen seiner offiziellen Verbindung zur Staatssicherheit auch Berichte mit inoffiziellem Charakter lieferte.[62] Im Zusammenhang mit der von Haberkorn verfügten Einstellung eines Ermittlungsverfahrens gegen einen MfS-Mitarbeiter, der bei einer Kontrollfahrt eine Person erschossen hatte, eskalierte Anfang 1956 der Streit. Berger hielt Haberkorn vor, „diese Entscheidung sei höchstwahrscheinlich nur auf das Betreiben des MfS zurückzuführen“ und als dieser entgegnete, er „sei von der Unschuld des MfS-Mitarbeiters selbst überzeugt“, soll Berger mit der Bemerkung reagiert haben: „Dann müssen sie selbst erschossen werden“. Die für die Überwachung dieses Bereichs zuständi-

59 BStU, MfS, AS 24/55, S. 198; vgl. *Engelmann*, Staatssicherheitsjustiz S. 138.

60 *Alfred Karl Scholz*, 11.2.1921–11.8.1978, Diplomjurist, Generalleutnant, zuletzt Stellvertreter des Ministers für Staatssicherheit; vgl. *Engelmann / Florath / Heidemeyer / Münkel / Polzin / Süß*, Das MfS-Lexikon, S. 256 f.

61 Vgl. *Scholz* (Alfred Karl Scholz, seinerzeit Leiter der Untersuchungsabteilung des MfS) in seinem Schreiben an Abt. VI vom 20.2.1953, BStU, AS 212/56, Band 1, Bl. 72; *Engelmann*, Staatssicherheitsjustiz, S. 141.

62 Berichte des Majors der Justiz Haberkorn an das MfS vom 10.3.1956 und 19.3.1956, BStU, MfS, AP 2357/55, S. 17–36. Zu *Haberkorn* vgl. 3. Kapitel, Abschnitt C II, 3.

ge MfS Hauptabteilung I/1, die Berger operativ „bearbeitete“, stellte fest, dieses Beispiel sei kennzeichnend für seine Einstellung zur Staatssicherheit. Haberkorn wechselte im November 1956 zum MfS, wo er in der Abt. V des zentralen Untersuchungsorgans – zuständig für Ermittlungsverfahren gegen Mitarbeiter der Staatssicherheit – zunächst stellvertretender Leiter und 1958 Leiter wurde.[63]

Die Geschichte der Militärjustiz begann nicht erst mit der Gründung der Nationalen Volksarmee (NVA) im Jahre 1956. Der Aufbau der Militärjustizorgane war eng verbunden mit der Entwicklung der militärisch ausgebildeten Polizeiformationen, der Kasernierten Volkspolizei (KVP), aus denen dann auch die NVA hervorging.[64]

Bereits 1949 hatte es die Parteiführung der SED verstanden, unter Ausnutzung ihrer politischen Vormachtstellung und mit Unterstützung der sowjetischen Besatzungsmacht, sich die alleinige Verfügungsgewalt über die Polizeikräfte zu sichern.

Erste praktische Schritte zum Aufbau von speziellen Justizorganen im Ministerium des Innern (MdI) erfolgten Anfang 1953. So wurde am 1. März 1953 ein Untersuchungsbüro – als Vorgänger der Militärstaatsanwaltschaft – im MdI gebildet. Im Oktober 1953 wurde diese Dienststelle dann umbenannt in „Staatsanwalt der Volkspolizei“. Das Untersuchungsbüro als erstes Justizorgan der bewaffneten Kräfte hatte die Aufgabe, Strafsachen bis zur Fertigstellung der Anklageschrift zu bearbeiten. Die Strafverfahren teilte man dabei in die Sachgebiete Staatsverbrechen, Wirtschaftsverbrechen und allgemeine Verbrechen ein. Die Untersuchungsvorgänge wurden an die zivile Staatsanwaltschaft abgegeben, die die Fälle vor einem zivilen Gericht verhandeln ließ. Bis Ende 1953 konnte somit zumindest erreicht werden, dass die Ermittlungsverfahren statt zum Beispiel von der Kripo eines Volkspolizeiamtes nunmehr in eigener Zuständigkeit durchgeführt wurden.

Zugleich hatte man begonnen, geeignet erscheinende junge Offiziere für eine juristische Laufbahn zu gewinnen und sie in speziellen Lehrgängen auszubilden.[65] Der erste von drei Lehrgängen zur Ausbildung von Richtern und Staats-

---

63 Vgl. *Engelmann*, Staatssicherheitsjustiz S. 142, 143; in einem Vermerk der Hauptabteilung V/IV A (Vorläuferin der Hauptabteilung XX) vom 17.8.1954, BStU, MfS, AP 2357/55, S. 47, heißt es noch, dass gegen den Oberstaatsanwalt Max Berger kein belastendes Material vorliege.

64 *Eisert*, Militärjustiz S. 113. Gefordert hatte eine Polizei-Gerichtsbarkeit schon im Jahre 1950 der damalige Generalinspekteur der Hauptverwaltung für Ausbildung, Hoffmann, dem der militärische Zweig der DVP unterstand (vgl. *Steike*, Militärjustiz S. 40).

65 Vgl. *Eisert*, Militärjustiz, S. 115 f.

anwälten der bewaffneten Kräfte fand vom 5. Juli bis 16. Dezember 1953 in Dresden statt. Er bestand aus 41 Teilnehmern, fast die Hälfte von ihnen nahm später leitende Funktionen in den Militärjustizorganen der DDR ein.[66] Die Ausbildung umfasste ab 1954/55 im Wesentlichen drei Abschnitte: Ein Direktstudium in Lehrgangsform, an das sich ein Fernstudienabschnitt anschloss. Während dieser Zeit waren die künftigen Militärrichter bereits als Militärstaatsanwälte, Untersuchungsführer oder als Richter an zivilen Gerichten eingesetzt. Danach musste nochmals ein Direktstudienlehrgang absolviert werden, der schließlich mit der juristischen Staatsprüfung abschloss.[67]

Die Staatsanwaltschaft der Volkspolizei bildete den Grundstock für die am 17. November 1956 formell gebildeten Militärstaatsanwaltschaften.[68] Als aus der Kasernierten Volkspolizei im Januar 1956 die NVA hervorging,[69] konnte beim Aufbau der Militärstaatsanwaltschaften auf die vorhandenen, arbeitsfähigen Staatsanwaltschaften der KVP zurückgegriffen werden. Einen entsprechenden Vorschlag unterbreitete der Verteidigungsminister auf der Sitzung der Sicherheitskommission des ZK, dem Vorgänger des Nationalen Verteidigungsrates, am 20. April 1956.[70]

Im Dezember 1957 erhielt die DDR besondere Strafrechtsnormen, die sich auf das Militär bezogen und im Dritten Teil des Gesetzes vom 11. Dezember 1957 zur Ergänzung des Strafgesetzbuches niedergelegt wurden.[71] Unter der Überschrift „Verbrechen gegen die militärische Disziplin" waren in den §§ 32 bis 38 „strafbare Handlungen" umrissen, die „im besonderen Maße gegen die militärische Disziplin, die Ausbildung oder die Einsatzfähigkeit der Truppe verstoßen".

Zuständig für die Rechtsprechung gegen Militärangehörige waren die ordentlichen Strafgerichte der DDR. Spezielle Militärgerichte gab es noch nicht.

Nach Einführung der allgemeinen Wehrpflicht durch Gesetz vom 24. Januar 1962[72] ergingen unter dem gleichen Datum ein Militärstrafgesetz[73] sowie ein

---

66 *Diedrich / Wenzke*, Die getarnte Armee, S. 479.

67 Vgl. *Steike*, Militärjustiz S. 40 f.; zur Ausbildung der Militärjuristen in den späteren Jahren vgl. 3. Kapitel, Abschnitte A, III, 4. und C, D.

68 *Kaschkat*, Militärjustiz S. 587; *Wentker*, Justiz im Übergang, S. 175–176.

69 Gesetz vom 18. Januar 1956 über die Schaffung der Nationalen Volksarmee und des Ministeriums für Nationale Verteidigung, GBl I, S.81.

70 *Eisert*, Militärjustiz, S. 117.

71 Gesetz zur Änderung des Strafgesetzbuches (Strafrechtsergänzungsgesetz) vom 11.12.1957, GBl I, S. 643.

72 Wehrpflichtgesetz, GBl. I Nr. 1 S. 2.

73 Zweites Gesetz zur Ergänzung des Strafgesetzbuches (Militärstrafgesetz) vom 24.1.1962, GBl. I S. 28.

Gesetz zur Ergänzung des Gerichtsverfassungsgesetzes.[74] Mit letzterem wurde die Bildung spezieller Militärgerichte sowie einer Militärstaatsanwaltschaft verfügt. In der Analyse des Obersten Gerichts – Kollegium für Militärstrafsachen – zur Rechtsprechung der allg. Gerichte der DDR in Strafsachen gegen Militärpersonen im Jahr 1962 vom 10. Februar 1963 wird dazu ausgeführt:

> „Die Rechtsprechung der allg. Gerichte gegen Angehörige der NVA und der Organe des Wehrersatzdienstes im Jahr 1962 kann nicht befriedigen. Die Richter und Schöffen kennen und berücksichtigen zu wenig die Bedingungen des militärischen Lebens. Es ist an der Zeit, dass nach dem organisatorischen Aufbau der Militärgerichtsbarkeit nunmehr die Rechtsprechung in Militärstrafsachen durch baldigen Erlass der Militärgerichtsordnung von Militärrichtern und Militärschöffen übernommen wird.“[75]

Allerdings wurden Aufbau und Zuständigkeiten der Militärgerichte konkret erst durch die vom Staatsrat am 4. April 1963 beschlossene Militärgerichtsordnung[76] geregelt, auf die § 44 des Gerichtsverfassungsgesetzes vom 17. April 1963[77] verweist: „Die Stellung und die Aufgaben der Militärobergerichte und Militärgerichte bestimmen sich nach der Militärgerichtsordnung“.

Ihre Tätigkeit nahmen die neu geschaffenen Militärgerichte der DDR am 1. Juli 1963 auf,[78] wobei die Militärgerichtsordnung vom 4. April 1963 bis zum 31. Oktober 1974 in Kraft blieb. Danach wurde sie durch eine neue, vom Nationalen Verteidigungsrat der DDR am 27. September 1974 erlassene Militärgerichtsordnung ersetzt,[79] die aber keine wesentlichen Neuerungen vorsah.[80]

Der Aufbau der Militärgerichte vollzog sich unter Orientierung am Vorbild der sowjetischen Militärtribunale[81] auf der Grundlage der vom Militäroberstaats-

---

74 Gesetz zur Ergänzung des Gerichtsverfassungsgesetzes der Deutschen Demokratischen Republik vom 24.1.1962, GBl. I S. 28.

75 Oberstes Gericht / Dr. Sarge / Vertrauliche Verschlusssache / Analyse der Rechtsprechung der allgemeinen Gerichte der Deutschen Demokratischen Republik in Strafsachen gegen Angehörige der nationalen Volksarmee und der Organe des Wehrersatzdienstes im Jahr 1962 vom 10. 2.1963, BArch., DVW 9/69645, S. 18.

76 Erlass des Staatsrates der Deutschen Demokratischen Republik über die Stellung und Aufgaben der Gerichte für Militärstrafsachen (Militärgerichtsordnung) vom 4.4.1963, GBl. I S. 71–75.

77 Gesetz über die Verfassung der Gerichte der Deutschen Demokratischen Republik vom 17.4. 1963, GBl. I S. 45.

78 Vgl. § 29 Abs. 2 MGO; bevor die Militärgerichte tätig wurden, waren die ordentlichen Gerichte für Militärstrafsachen zuständig; vgl. auch *Weck*, Wehrverfassung, S. 89.

79 GBl. I, S. 481–486.

80 Vgl. *Fricke*, Politik und Justiz S. 475.

81 Vgl. *Sarge / Baier*, Militärgerichtsbarkeit, S. 758.

anwalt in Zusammenarbeit mit dem Ministerium für Staatssicherheit ausgearbeiteten und vom Nationalen Verteidigungsrat der DDR bestätigten Konzeption vom 12. Januar 1962 sowie der vom Militäroberstaatsanwalt entwickelten Grundsätze zum Aufbau und der Arbeit der Militärgerichte vom 30. April 1962.[82] Hiernach waren die Militärgerichte Bestandteile des einheitlichen Gerichtssystems der DDR. Sie hatten im Rahmen ihrer Möglichkeiten die Sicherheit der DDR zu gewährleisten, die Kampfkraft und Einsatzbereitschaft der bewaffneten Organe der DDR sicherzustellen, die Angehörigen der bewaffneten Organe zur gewissenhaften Einhaltung der sozialistischen Gesetzlichkeit und der militärischen Disziplin zu erziehen.[83] Dabei war das Zusammenspiel von Disziplinierung, politischer Erziehung im Sinne der SED und strafrechtlicher Verfolgung ein wirksames Instrumentarium zur Repression der bewaffneten Organe.[84]

Mit Befehl über Kadernummer 80/62 des Ministers für Nationale Verteidigung der DDR vom 4. August 1962 wurden die Militärstaatsanwälte beim Militär-Oberstaatsanwalt der DDR, Oberstleutnant im Justizdienst Dr. Kalwert und Oberstleutnant im Justizdienst Dr. Sarge mit der Leitung des kadermäßigen und organisatorischen Aufbaus der Militärgerichte und der HAMG beauftragt.[85] Die Arbeitsfähigkeit der neu zu errichtenden Militärjustizorgane war im Zeitpunkt des Erlasses der Militärgerichtsordnung am 4. April 1963 im Wesentlichen hergestellt. Ebenfalls am 4. April 1963 wurden die Militärrichter der Militärgerichte und Militärobergerichte vom Staatsrat gewählt. Es handelte sich um Offiziere der NVA, die die Qualifikation eines Diplom-Juristen besaßen. Wie alle DDR-Richter wurden auch sie für die Dauer von vier Jahren gewählt.[86] Die Militärrichter des OG wurden auf Vorschlag des Staatsrates durch die Volkskammer ebenfalls für vier Jahre gewählt.[87] Im Zeitraum von April bis Juni 1963 wurden in den militärischen Einheiten ca. 1500 Militärschöffen gewählt.[88] Nach einem vertraulichen Bericht der HAMG, der Generalstaatsanwaltschaft – Militäroberstaatsanwalt – und des OG – Militärkol-

---

82 Grundsätze zur Bildung der Militärgerichte der Deutschen Demokratischen Republik vom 12.1. 1962 sowie Grundsätze zum Aufbau und zur Arbeit der Militärgerichte vom 30.4.1962, zitiert nach *Steike* Militärjustiz S. 45.

83 *Steike*, Militärjustiz S. 45; *Wenzke*, Ab nach Schwedt, S. 11.

84 *Wenzke*, Ab nach Schwedt, S. 28.

85 Zitiert nach *Steike*, Militärjustiz, S. 46.; zu den Personen Sarge und Kalwert vgl. 3. Kapitel, Abschnitt D, II.

86 § 10 Abs. 2 MGO 1963; vgl. *Forster*, NVA S. 356.

87 § 10 Abs. 1 MGO 1963.

88 MKOG, Analyse der Rechtsprechungstätigkeit der Militärgerichte der DDR im 2. Halbjahr 1963, Verf.: Günter Sarge, BArch., DVW 9/69645, S. 204–231.

legium – umfassten die Militärjustizorgane nach dem VIII. Parteitag der SED – 1971 – insgesamt 43 Dienststellen mit 206 operativen Mitarbeitern und 230 technischen Kräften. Sie waren in 24 Parteigrundorganisationen gegliedert. 77 % aller in der Militärstaatsanwaltschaft und bei den Militärgerichtsorganen tätigen Angehörigen der Nationalen Volksarmee sind Mitglieder der SED. Von den operativen Kadern entstammen 86,8 % der Arbeiterklasse. Alle Militärstaatsanwälte und Militärrichter gehören der Partei an und sind Hochschulkader. Die Mitarbeiter der Militärjustizorgane aller Ebenen sind fest in das Parteileben und in die politische Arbeit der NVA einbezogen.[89]

IV. Die Rechtsgrundlagen der DDR-Militärjustiz

1. Wehrverfassung der DDR

a) Verfassung der DDR von 1949

Die Verfassung der DDR von 1949[90] (DDR-Verf.1949) enthielt zunächst keinerlei Bestimmungen zur Landesverteidigung. Durch § 2 des Gesetzes vom 26. September 1955[91] wurden Art. 112 Abs. 2, 4, 5 in die DDR-Verf. 1949 eingefügt, die die Wehrpflicht als Dienst zum Schutze des Vaterlandes deklarierten und die „ausschließliche Gesetzgebung der Republik“ um die Gesetzgebungskompetenz für den „militärischen Schutz der Heimat“ erweiterte. Damit war die Grundlage der Wehrverfassung der DDR geschaffen.[92]

Die Rechtsgrundlage für den Aufbau der Nationalen Volksarmee (NVA) selbst bildete das Gesetz über die Schaffung der Nationalen Volksarmee und des Ministeriums für Nationale Verteidigung vom 18. Januar 1956,[93] wonach die NVA mit den für die Verteidigung der DDR notwendigen Land-, Luft- und Seestreitkräften aufgestellt werden sollte (§ 1 Abs. 2). Militärischer Oberbefehlshaber der NVA war der Minister für Nationale Verteidigung.

---

89 MKOG: Bericht über die von Major (JD) Schütze gesammelten Erfahrungen bei der Durchführung der Rechtsprechung unter Einsatzbedingungen, BArch., DVW 8/71024, S. 30–33.

90 GBl. I, S. 5.

91 GBl. I, S. 653.

92 *Wenzke*, Wehrpflicht, www.wissenschaft-und-frieden.de/seite.php?ArtikelD= 1031; *Weck*, Wehrverfassung, S. 28.

93 GBl I, S. 81.

b) Verfassung der DDR von 1968 (DDR-Verf. 1968)

In der Verfassung der DDR vom 6. April 1968[94] – Art. 92 – wurde die dreistufige Gliederung des DDR-Gerichtssystems ausdrücklich auf die Militärstrafsachen erstreckt: „In Militärstrafsachen üben das Oberste Gericht, die Militärobergerichte und die Militärgerichte die Rechtsprechung aus."

c) Verfassung der DDR von 1974 (DDR-Verf. 1974)

Die Verfassung der DDR vom 7. Januar 1974[95] brachte keine inhaltlichen Änderungen in den Bestimmungen über die Landesverteidigung. Allerdings definierte sich der Verfassungsauftrag der NVA nunmehr dahingehend, dass die „Staatsorgane die territoriale Integrität der Deutschen Demokratischen Republik und die Unverletzlichkeit ihrer Staatsgrenzen [...] zu gewährleisten hatten" (Art. 7 Abs. 1 DDR-Verf.1974).

d) Verteidigungsgesetze der DDR von 1961 und von 1978

Eine einfach gesetzliche Grundlage zur Organisation der Landesverteidigung der DDR wurde erst 1961, fünf Wochen nach dem Bau der Berliner Mauer (13. August 1961) mit dem Gesetz zur Verteidigung der Deutschen Demokratischen Republik vom 20. September 1961[96] geschaffen. Der Wehrdienst in der NVA wurde als Dienst zum Schutz des Vaterlandes und der Errungenschaften der Werktätigen zu einer ehrenvollen nationalen Pflicht der Bürger der DDR erklärt (§ 3 Abs. 1 DDR-VerteidigungsG.)

Das Verteidigungsgesetz von 1961 wurde durch das „Gesetz über die Landesverteidigung der Deutschen Demokratischen Republik" (DDR-VerteidigungsG 1978) vom 13. Oktober 1978[97] aufgehoben. Der gesamte Bereich der Zivilverteidigung wurde neu geregelt.

Die Militärrichter des Obersten Gerichts Baier und Breitenstein stellen hierzu fest: „Hier wird der Verfassungsgrundsatz des Rechts und der Ehrenpflicht des Schutzes des sozialistischen Vaterlandes konkretisiert. Rechtssicherheit und Verteidigung stehen in engen Wechselbeziehungen."[98]

---

94 GBl I, S. 199.

95 GBl. I, S. 432.

96 GBl. I, S. 175.

97 GBl. I, S. 377.

98 *Baier / Breitenstein*, Rechtssicherheit, S. 46.

e) Gesetz über die Bildung des Nationalen Verteidigungsrates der DDR vom 10. Februar 1960[99]

Da die Stellung der Streitkräfte im Verhältnis zum Staat ein wesentliches Moment der Wehrverfassung ist,[100] stellte das Gesetz über die Bildung des Verteidigungsrates eine weitere, später eingeführte gesetzliche Grundlage wehrverfassungsrechtlicher Art dar. Wie aus der Präambel hervorgeht, war es angesichts der aggressiven imperialistischen Pläne Westdeutschlands notwendig, bis zur Wiedervereinigung Deutschlands durch die Bildung eines Nationalen Verteidigungsrates eine einheitliche Leistung der Sicherheitsmaßnahme der DDR zu schaffen.

f) Gesetz zum Schutze des Friedens

Ein weiteres Staatsschutzgesetz war das Gesetz zum Schutze des Friedens vom 15. Dezember 1950.[101] Es schützte den „Frieden als solchen".[102] § 6 Abs. 2 des Gesetzes wurde als Strafbestimmung auch gegen innere Feinde angewendet, da der Frieden nach der Auffassung des Obersten Gerichts der DDR eine der Grundlagen des Regimes darstellte.[103]

g) Gesetz über die allgemeine Wehrpflicht vom 24. Januar 1962[104]

Die NVA war zunächst eine reine Freiwilligenarmee gewesen, die einzige im gesamten Gebiet des Warschauer-Paktes. Die freiwillige Anwerbung von Soldaten erwies sich aber schwieriger als erwartet. Wegen der wenig attraktiven Dienst- und Besoldungsbedingungen meldeten sich nicht genügend Freiwillige zum Dienst in der NVA. Zur Erreichung der von der UdSSR geforderten Stärke, ohne zunächst eine allgemeine Wehrpflicht einzuführen, mussten sogar Betriebe Mitarbeiter zum Dienst in der NVA „abordnen".[105]

h) Wehrdienstgesetz von 25. März 1982

Das Wehrpflichtgesetz 1962 wurde abgelöst durch das Gesetz über den Wehrdienst in der DDR (Wehrdienstgesetz) vom 25. März 1982.[106] Grundsätzliche

99 GBl. I, S. 89.

100 *Weck*, Wehrverfassung S. 21, S. 29.

101 GBl. I, S. 1199.

102 Oberstes Gericht der DDR, Urteil vom 14.5.1952, NJ 1952, 370.

103 Ebenda; vgl. auch den bei *Fricke*, Politik und Justiz S. 491 f. geschilderten Fall.

104 GBl. I S. 2

105 *Forster*, NVA, S. 25.

106 GBl. I S. 221

Änderungen waren mit der Einführung des Wehrdienstgesetzes nicht verbunden, allerdings verschärften sich mit der Einführung des Wehrdienstgesetzes die Pflichten, die den Jugendlichen und Heranwachsenden in der DDR auferlegt wurden. Besondere Erwähnung bedürfen in diesem Zusammenhang die im Wehrdienstgesetz geregelten vorbereitenden Maßnahmen auf den Wehrdienst, die einen Rückschluss auf den Grad der Militarisierung der gesamten Gesellschaft der DDR zulassen (vgl. §§ 5–17 Wehrdienstgesetz).[107]

Das Gesetz enthielt einen umfassenden Katalog von Aufgabenzuweisungen für die Durchführung der vormilitärischen Ausbildung und Sicherung des Nachwuchses an Berufssoldaten (§ 5 Wehrdienstgesetz).

Zuständig für die Erfassung der Wehrpflichtigen war nicht die Verwaltung der NVA oder das Ministerium für Nationale Verteidigung, sondern die Deutsche Volkspolizei (§ 6 Wehrdienstgesetz). Die Musterung führten die Wehrkreiskommandos in Zusammenarbeit mit den Räten der Kreise oder Stadtbezirke durch (§ 7 Abs. 3 Wehrdienstgesetz). Bereits bei der Musterung war das MfS vertreten. Ein Offizier des MfS war Mitglied der Musterungskommission.[108]

2. Materielles Strafrecht – Militärstrafgesetzgebung

a) Reichsstrafgesetzbuch vom 15. Mai 1871 und alliiertes Recht

Das Reichsstrafgesetzbuch von 1871[109](StGB) galt nach 1945 auch in der SBZ/DDR zunächst weiter.

Es galten aber auch die Vorschriften des Alliierten Kontrollrats über die Aufhebung strafrechtlicher Bestimmungen.[110] Mit diesem Gesetz wurden insbesondere rassistisch und politisch bedingte Vorschriften der Zeit bis 1945 aufgehoben.

Mit dem SMAD-Befehl Nr. 201 wurde eine wesentliche Voraussetzung für die politische Strafjustiz geschaffen. Dieser Befehl führte eine Strafnorm in das politische Strafrecht ein, die bis 1955 Grundlage für zahlreiche Verurteilungen

107 *Wenzke*, Wehrpflicht, www.wissenschaft-und-frieden.de/seite.php?Artikel D=1031

108 § 10 Musterungsordnung vom 8.1.1965, GBl I S. 75.

109 Strafgesetzbuch vom 15.5.1871, RGBl.195.

110 Kontrollratsgesetz Nr. 11 vom 30.1.1946. Amtsblatt des Kontrollrats Nr. 3, S. 55, abgedruckt bei *Vormbaum / Welp*, Strafgesetzbuch. Supplementband 2, S. 1–3 sowie Kontrollratsgesetz Nr. 55 vom 20.6.1947, zitiert nach *Vormbaum / Welp*, ebenda, S. 4–5.

bildete: Art. 3 A III des Abschnitts 2 der Kontrollratsdirektive Nr. 38 (KRD 38)[111]

Neben der KRD 38 wurde von der Militärjustiz vor der Einführung eines eigenen Militärstrafrechtes auch Art. 6 der DDR-Verf. 1949 als materielle Rechtsgrundlage für Strafverfahren herangezogen. Art. 6 Abs. 2 der Verfassung lautet:

> „Bei Boykotthetze gegen demokratische Einrichtungen und Organisationen, Mordhetze gegen demokratische Politiker, Begründung von Glauben, Rassen-, Völkerhass, militaristische Propaganda sowie Kriegshetze und alle sonstigen Handlungen, die sich gegen die Gleichberechtigung richten, sind Verbrechen im Sinne des Strafgesetzbuches. Ausübung demokratischer Rechte im Sinne der Verfassung ist keine Boykotthetze."

Dieser Artikel war ein im Selbstverständnis der DDR-Justiz „unmittelbar anzuwendendes Strafgesetz".[112] Für den militärischen Bereich wurde dabei auch § 113 StGB (Reichsstrafgesetzbuch) angewendet. Da das Berufsbeamtentum in der DDR aufgehoben worden war, verstand man unter Beamten im Sinne von § 113 StGB Staatsfunktionäre, zu denen auch die militärischen Vorgesetzten gezählt wurden. Es galt das Prinzip von Befehl und Gehorsam. Der Vorgesetzte hatte mittels entsprechender Befehle den Volkswillen, der in der Politik der SED zum Ausdruck kommen sollte, umzusetzen, war somit Funktionär des Arbeiter- und Bauernstaates.[113]

Seit dem Jahre 1955 ahndete die DDR missliebige Äußerungen auch nach § 131 StGB (Staatsverleumdung). Diese Bestimmung kam in weniger schwerwiegenden Fällen zur Anwendung.[114]

b) Strafrechtsergänzungsgesetz vom 11. Dezember 1957

Im Jahre 1957 – nach Gründung der NVA – erging ein Gesetz zur Ergänzung des Strafgesetzbuchs (StEG).[115] Im Bereich des Besonderen Teils wurde ein umfangreiches politisches Strafrecht in Kraft gesetzt (§§ 13 ff.). Dazu gehörten

---

111 Die Bestimmung hat folgenden Wortlaut: „Aktivist ist auch, wer nach dem 8.5.1945 durch Propaganda für den Nationalsozialismus oder Militarismus oder durch Erfindung und Verbreitung tendenziöser Gerüchte den Frieden des deutschen Volkes oder den Frieden der Welt gefährdet hat oder möglicherweise noch gefährdet"; vgl. Amtsblatt des Kontrollrates in Deutschland, Nr. 11 vom 31.10.1946, S. 188.

112 Oberstes Gericht der DDR, Urteil vom 4.10.1950, OGSt 1, S. 33 ff.; vgl. *Wagner*, Militärjustiz S. 15, 16; vgl. auch *Schroeder*, Übernahme, S. 15: Art. 6 Verf. DDR wurde zu einem der uferlosesten und übelsten Strafgesetze aller Zeiten aufgebaut

113 *Prinz*, Heeresverfassung und Militärstrafrecht, S. 223.

114 *Raschka*, Justizpolitik S. 36; vgl. auch *Wagner*, Militärjustiz S. 209.

115 GBl. I S. 643.

die Tatbestände des Staatsverrates (§ 13), der Spionage (§ 14), der „Staatsgefährdenden Propaganda und Hetze" und der „Staatsverleumdung" (§§ 19, 20), Verleitung zum Verlassen der DDR, Diversion, Schädlingstätigkeit und Sabotage (§§ 21–23). Neu eingeführt wurde ein Abschnitt über „Verbrechen gegen gesellschaftliches Eigentum" (§§ 28–31).

Schließlich und für die Militärjustiz von besonderer Bedeutung normierte ein weiterer Abschnitt (§§ 32–38) Verbrechen gegen die militärische Disziplin. Dazu bestimmte § 32 StEG:

> „Verbrechen im Sinne der nachstehenden Vorschriften sind strafbare Handlungen, die im besonderen Maße gegen die militärische Disziplin, die Ausbildung oder die Einsatzfähigkeit der Truppe verstoßen und von Angehörigen der bewaffneten Kräfte der DDR, die eine Verpflichtung unterzeichnet haben, begangen werden."

Folgende weitere Bestimmungen wurden normiert:

§ 32 – Verbrechen gegen die militärische Disziplin
§ 33 – Fahnenflucht
§ 34 – Unerlaubte Entfernung
§ 35 – Befehlsverweigerung
§ 36 – Angriff auf Vorgesetzte
§ 37 – Missbrauch der Dienstbefugnisse
§ 38 – Verletzung des Dienstgeheimnisses

Zuständig für die Verhandlung und Entscheidung in Militärstrafsachen waren die Kreis- und Bezirksgerichte und das Oberste Gericht.[116]

Von Seiten der Partei und der Justiz hieß es zur Erklärung des StEG, Art. 6 der DDR-Verfassung 1949 sei „während einer bestimmten Entwicklung ein gutes Instrument" gewesen: „Jetzt allerdings ist der Punkt erreicht, wo an die Stelle des allgemeinen Instruments zum Schutze unseres Staates speziellere, feinere Instrumente treten können".[117]

Das Strafrechtsergänzungsgesetz bedeutete dementsprechend eine Spezifizierung des Art. 6 Abs. 2 der Verfassung 1949 in Einzeltatbestände[118] und für das politische Strafrecht ein gewisses Maß an Formalisierung.[119]

Gleichwohl blieb Art. 6 der Verfassung 1949 zur Abdeckung möglicher Lücken im neuen Gesetz weiterhin in Kraft.[120]

---

116 Vgl. *Rühmland*, Militärgerichtsbarkeit, S. 43.

117 *Giese*, Die SED und ihre Armee, S. 113.

118 Ebenda

119 *Raschka*, Justizpolitik, S. 37.

120 *Schroeder*, Strafrecht, S. 30 f.

c) Militärstrafgesetz vom 24. Januar 1962

Durch das Zweite Gesetz zur Ergänzung des Strafgesetzbuches – Militärstrafgesetz – vom 24. Januar 1962[121] – nach Einführung der Allgemeinen Wehrpflicht im Januar 1961 – wurden die Vorschriften über die militärischen Straftaten erneuert und verschärft.[122] Gleichzeitig wurden die bisherigen Vorschriften aufgehoben.

Nach Aussage des Militärjuristen und späteren Präsidenten des Obersten Gerichts der DDR, Günther Sarge, hatte das Militärstrafgesetzbuch zwei Hauptfunktionen: Zum einen die

> „Abwehr und rücksichtslose Bekämpfung der sich in schwerwiegenden Militärstraftaten widerspiegelnden Angriffe des Gegners auf die Kampfkraft der Armee und Bekämpfung schwerer Verstöße einzelner rückständiger Armeeangehöriger auf die militärische Disziplin und Ordnung"

und zum anderen die

> „Beseitigung bürgerlicher Denk- und Lebensgewohnheiten bei zurückgebliebenen Armeeangehörigen, wie Disziplinlosigkeit, Ungehorsam und andere negative Verhaltensweisen" sowie „die Erziehung zum sozialistischen Bewusstsein."[123]

Das Militärstrafgesetz 1962 enthielt insgesamt 30 Bestimmungen und basierte „auf der sozialistischen Strafrechtstheorie und berücksichtigte die in den vergangenen Jahren bei der Anwendung der Strafrechtsnormen für Militärstraftaten gewonnenen Erfahrungen."[124] Neben den bereits im Strafrechtsergänzungsgesetz aufgeführten Tatbeständen Fahnenflucht (§ 4) und Unerlaubte Entfernung (§ 6) war jetzt auch das „Nichtanzeigen der Fahnenflucht" (§ 5) unter Strafe gestellt. Als neue Delikte wurden „Dienstentziehung" und „Dienstverweigerung" (§ 7) sowie „Feigheit vor dem Feind" (§ 8) in das Militärstrafgesetz aufgenommen. Die Straftatbestände „Befehlsverweigerung" (§ 9) und „Nichtdurchführung" eines Befehls (§ 10), die im Strafrechtsergänzungsgesetz noch in einem Paragraphen zusammen gefasst waren, zerfielen in zwei gesonderte Ungehorsamstatbestände. Das Delikt „Angriff auf Vorgesetzte, Wachen oder Streifen" (§ 11) stellte eine Erweiterung der bisherigen Regelung um die letzten beiden Personenkreise dar. Straftaten gegen die militärische Disziplin und Ordnung waren zudem „Beleidigung Vorgesetzter oder Unterstellter" (§ 12) sowie „Missbrauch der Dienstbefugnisse und Verletzung der Dienstpflichten" (§ 13), wobei § 13 gegenüber dem Strafrechtsergän-

---

121 GBl. I, S. 25.

122 *Fricke*, Politik und Justiz, S 430.

123 *Sarge*, Militärstrafgesetz, S. 526.

124 *Giese*, SED und ihre Armee, S. 231.

zungsgesetz inhaltlich um den zweiten Tatbestand ergänzt worden war. Darüber hinaus enthielt das Militärstrafgesetz als Straftatbestände „Verletzung des Beschwerderechts“ (§ 14), „Verletzung militärischer Geheimnisse“ (§ 15), „Verletzung der Vorschriften über den Wachdienst“ (§ 16), „Verletzung der Vorschriften des funktechnischen und Bereitschaftsdienstes“ (§ 17), „Verletzung der Vorschriften über den Grenzdienst“ (§ 18), „Verletzung der Vorschriften über den Flugbetrieb“ (§ 19), „Beeinträchtigung der Einsatzbereitschaft der Kampftechnik und militärischen Ausrüstung“ (§ 20) sowie „Verletzung der Meldepflicht“ (§ 21).[125]

Im Übrigen wurde der Strafrahmen für einige Militärstraftaten mit dem Militärstrafgesetz 1962 verschärft. So wurde gemäß § 4 Abs. 1 MStG die „einfache Fahnenflucht“ mit Zuchthaus bis zu acht Jahren bestraft. Nach § 33 Abs. 1 StEG wurde die einfache Fahnenflucht lediglich „mit Gefängnis“ bestraft. Auch für die unerlaubte Entfernung wurde der Strafrahmen erhöht. Gem. § 6 Abs. 1 MStG wurde die „Unerlaubte Entfernung“ „mit Gefängnis bis zu drei Jahren oder mit Strafarrest bestraft“. § 34 Abs. 1 StEG sah als Strafrahmen dagegen nur „Gefängnis bis zu sechs Monaten“ vor. Wesentliche Änderung war auch, dass § 4 MStG die Fahnenflucht als Unternehmensdelikt regelte.[126]

Durch das Strafgesetzbuch der DDR 1968[127] ergaben sich hinsichtlich der Tatbestände im Vergleich zum Militärstrafgesetz 1962 keine wesentlichen Änderungen. Sie wurden weitestgehend in das StGB 1968 übernommen und systematisch blieb das Militärstrafrecht Teil des StGB.

Als Grund für die der deutschen Rechtstradition zuwiderlaufenden Aufnahme der Militärstraftatbestände in das StGB wurde „die Notwendigkeit der Dokumentation dieser Straftaten als Bestandteil eines einheitlichen sozialistischen Strafrechts“ angeführt, das auch für Militärpersonen gelte. Tatsächlich spiegelt die Einbeziehung des Militärstrafrechts in das allgemeine Strafgesetzbuch den hohen Grad der Militarisierung der Gesellschaft der DDR wieder.[128]

Allerdings wurden mit dem DDR-StGB 1968 die angedrohten Strafen im Vergleich zu dem Militärstrafgesetz 1962 deutlich angehoben. Dies wurde begründet mit der „verstärkten Aggressionsvorbereitung des Imperialismus,

---

125 Vgl. *Giese*, ebenda, S. 231, 232;

126 Vgl. *Wagner*, Militärjustiz, S. 236 f.

127 GBl. I, S. 1.

128 *Schroeder*, Strafrecht, S. 77.

dem die Tatbestände im Verteidigungsfall den erhöhten Anforderungen gerecht werden müssten".[129]

d) Strafgesetzbuch vom 1. Juli 1968

Am 1. Juli 1968 trat – wie bereits dargestellt[130] ein neues Strafgesetzbuch in Kraft,[131] welches das Reichstrafgesetzbuch von 1871 außer Kraft setzte.

Im Allgemeinen Teil wurden gemäß § 1 Abs. 2 und Abs. 3 DDR-StGB 1968 vorsätzliche Vergehen und Verbrechen unterschieden. Schwere Vergehen ziehen eine Freiheitsstrafe bis zu zwei Jahren nach sich (§ 1 Abs. 2 Satz 2). Verbrechen im Sinne des § 1 Abs. 3 bedingen eine Freiheitsstrafe von mindestens zwei Jahren bzw. über zwei Jahre hinaus.

Die zunächst mit dem Reichsstrafgesetzbuch übernommene mögliche Verurteilung zur Todesstrafe wurde im neuen Strafgesetzbuch beibehalten, und zwar u.a. für acht Militärstraftaten (§ 60 DDR-StGB 1968).[132]

Zwischen 1974 und 1979 sind insgesamt drei Strafrechtsänderungsgesetze erlassen worden, mit denen jeweils der Bereich strafbaren Verhaltens ausgedehnt und die Sanktionen verschärft wurden. Im Einzelnen handelt es sich um folgende Änderungen:

Bekanntmachung der Neufassung des Strafgesetzbuches der DDR vom 19. Dezember 1974 1. Strafrechtsänderungsgesetz, GBl. I 1975, S. 13.

Gesetz zur Änderung und Ergänzung straf- und strafverfahrensrechtlicher Bestimmungen (2. Strafrechtsänderungsgesetz) vom 7. April 1977, GBl. I 1977, S. 100.

Gesetz zur Änderung und Ergänzung straf- und strafverfahrensrechtlicher Bestimmungen und des Gesetzes zur Bekämpfung von Ordnungswidrigkeiten (3. Strafrechtsänderungsgesetz) vom 28. Juni 1979, GBl. I, S. 139.

Die SED wollte damit einerseits der steigenden Kriminalitätsrate entgegen treten, die nur schwerlich mit der ideologischen Vorgabe einer besseren sozialistischen Gesellschaft zu vereinbaren war. Andererseits dienten die Verschärfungen der Bekämpfung politisch missliebigen Verhaltens. Bereits im 1. Strafrechtsänderungsgesetz wurde im politischen Strafrecht die Möglichkeit erweitert, auch bei leichteren Verstößen („Renitenz") Haftstrafen zu verhängen. Mit dem 2. Strafrechtsänderungsgesetz von 1977 wurden die Höchststra-

---

129 *Prinz*, Heeresverfassung und Militärstrafrecht, S. 226.

130 Vgl. 2. Kapitel, Abschnitt B, IV, 2 c.

131 Strafgesetzbuch der Deutschen Demokratischen Republik vom 12.1.1968, GBl. I, S. 1, zitiert nach *Vormbaum / Welp*, Supplementband 2, Nr. 4, S. 18 ff.; DDR-StGB 1968.

132 *Vormbaum*, Strafrechtsgeschichte S. 254; erst durch § 1 des 4. Strafrechtsänderungsgesetzes vom 18.12.1987 – GBl. I, 301 – schaffte die DDR die Todesstrafe ab.

fen für politische Straftatbestände wie Fluchthilfe („staatsfeindlicher Menschenhandel“ § 105 und „staatsfeindliche Hetze“ § 106) empfindlich angehoben. Das 2. Strafrechtsänderungsgesetz schaffte eine Reihe von veralteten Gesetzen ab, die in der Rechtsprechung kaum eine Rolle gespielt hatten, darunter etwa das Gesetz zum Schutz des Friedens aus dem Jahre 1950.[133]

Das 3. Strafrechtsänderungsgesetz von 1979 ist beispielhaft nicht nur für die Instrumentalisierung des Rechts, sondern auch für die Verschärfung, Ausweitung und die Militarisierung des politischen Strafrechts.[134]

Am 18. Dezember 1987 wurde das 4. Strafrechtsänderungsgesetz[135] ausgefertigt und am 14. Dezember 1988 folgte das 5. Strafrechtsänderungsgesetz, das am 31. Januar 1989 bekannt gemacht wurde.[136]

Systematisch blieb das Militärstrafrecht als Neuntes Kapitel weiterhin Teil des StGB. Tatbestandlich blieben die militärstrafrechtlichen Vorschriften unverändert.

Nach den Wahlen vom 18. März 1990 wurde das Strafgesetzbuch durch das 6. Strafrechtsänderungsgesetz vom 29. Juni 1990[137] demokratisch-rechtsstaatlichen Verhältnissen angepasst. Ausnahmslos wurden alle Bezugnahmen auf die „sozialistische Gesetzlichkeit“ gestrichen. Die Mindest- und Höchststrafandrohungen für alle Delikte wurden erheblich gesenkt. Mit dem Beitritt der DDR zum Geltungsbereich des Grundgesetzes am 3. Oktober 1990 trat das StGB-DDR außer Kraft. Damit endete auch die Geschichte des DDR-Militärstrafrechts.

3. Strafverfahrensrecht

a) Strafprozessordnung und Gerichtsverfassungsgesetz von 1952

Im Jahre 1952 erließ die DDR eine neue Strafprozessordnung (DDR-StPO 1952)[138] und ein Gerichtsverfassungsgesetz (DDR-GVG 1952).[139] Im DDR-GVG 1952 ist in § 2 Abs. 1 festgelegt, dass die Rechtsprechung dem Aufbau

---

133 Vgl. 2. Kapitel, Abschnitt B, IV, 1 f.

134 *Raschka*, Justizpolitik S. 125; *Bookjans*, Militärjustiz S. 39.; *Schroeder*, Entwicklung, S. 110; vgl. auch *Sarge*, in: BStU, MfS, HA IX, Nr. 3920, S. 9 f.

135 GBl. I S. 301.

136 GBl. I S. 335.

137 GBl. I S. 526.

138 Gesetz über das Verfahren in Strafsachen in der Deutschen Demokratischen Republik (Strafprozessordnung) vom 2.10.1952, GBl. I S. 996 ff.

139 Gesetz über die Verfassung der Gerichte der Deutschen Demokratischen Republik (Gerichtsverfassungsgesetz) vom 2.10.1952, GBl. I S. 983 ff.

des Sozialismus zu dienen habe. Daneben schrieb das DDR-GVG 1952 die Kompetenzen des Obersten Gerichts als Leitungsorgan der Rechtspflege fest.

b) Strafprozessordnung von 1968

Die Strafprozessverordnung von 1968 (DDR-StPO 1968)[140] legte in § 10 Abs. 1 zwar fest, dass die Hauptverhandlung vom zuständigen Gericht öffentlich und mündlich durchgeführt werde, aber § 211 DDR-StPO 1968 schränkte die Öffentlichkeit unter bestimmten Voraussetzungen ein. Hierzu gehörte auch die Gefährdung der Sicherheit nach Abs. 3.: „Das Gericht kann weiterhin die Öffentlichkeit ausschließen, wenn die öffentliche Verhandlung die Sicherheit des Staates gefährden würde oder wenn es die Notwendigkeit der Geheimhaltung bestimmter Tatsachen erfordert". Der Ausschluss kam in erster Linie bei der politischen Strafrechtsrechtsprechung zur Anwendung und damit auch bei der Militärjustiz. Andererseits konnte nach § 211 Abs. 4 die Anwesenheit einzelner Personen bei nicht öffentlichen Verhandlungen gestattet werden, was im weiteren Verlauf der Arbeit die Teilnahme von Mitarbeitern des MfS und anderer Beteiligten an Hauptverhandlungen in militärgerichtlichen Verfahren zeigen wird.

c) Gerichtsverfassungsgesetz von 1963

Das neue Gerichtsverfassungsgesetz (DDR-GVG 1963) vom 17. April 1963[141] regelte unter anderem die Stellung des Obersten Gerichts und das Verhältnis der Gerichte untereinander.

d) Staatsanwaltschaftsgesetze von 1963 und 1977

Im Staatsanwaltschaftsgesetz der DDR vom 17. April 1963[142] wurde erstmals offenkundig, dass das MfS in Gestalt seiner Hauptabteilung IX auch die Befugnis eines staatlichen Untersuchungsorgans besaß.

Im Staatsanwaltschaftsgesetz von 1977[143] wurde die politische Lenkung der Justiz durch die SED rechtlich verankert. Das Staatsanwaltschaftsgesetz 1977 nahm ausdrücklich Bezug auf die Beschlüsse der SED. Die Staatsanwaltschaft wacht in Verwirklichung der Beschlüsse der Partei der Arbeiterklasse auf der Grundlage der Verfassung, der Gesetze und anderer Rechtsvorschriften der

---

140 GBl. I, S. 97.

141 Gesetz über die Verfassung der Gerichte der Deutschen Demokratischen Republik (Gerichtsverfassungsgesetz) vom 17.4.1963, *GBl.* I, S. 45–56.

142 GBl. I, S. 57 ff.; vgl. auch Staatsanwaltschaftsgesetz vom 23.5.1952, GBl. I, S. 408.

143 Gesetz über die Staatsanwaltschaft der Deutschen Demokratischen Republik vom 7.4.1977, GBl. I, S. 93–98.

Deutschen Demokratischen Republik über die strikte Einhaltung der sozialistischen Gesetzlichkeit (§ 1 Abs. 1 Staatsanwaltschaftsgesetz 1977).

e) Militärgerichtsordnungen von 1963 und 1974

Durch den „Erlass des Staatsrates der Deutschen Demokratischen Republik über die Stellung und die Aufgaben der Gerichte für Militärstrafsachen" (MGO 1963) vom 4. April 1963[144] wurde ein neuer Gerichtszweig unter der Leitung des Obersten Gerichts geschaffen. Es enthielt Regelungen über die Stellung und Aufgaben der Militärrichter und Militärschöffen (§§ 7 bis 18) sowie die Struktur und örtliche Zuständigkeit der Militärobergerichte und Militärgerichte (§§ 19 bis 28). Die Militärgerichtsordnung war somit quasi die Gerichtsverfassung für die Militärgerichte, die dann zum 1. Juli 1963 ihre Tätigkeit aufnahmen.

Die Militärgerichtsordnung wurde am 27. September 1974 neu gefasst,[145] ohne allerdings weitreichende inhaltliche Änderungen vorzunehmen.

Grundlage für die im Jahre 1963 erlassenen Gesetze bildete der Rechtspflegeerlass vom 4. April 1963.[146] Dieser Erlass bestimmte die grundsätzlichen Aufgaben und Arbeitsweisen der Organe der Rechtspflege. Struktur und Organisation, Kompetenzen und Funktionen der Justiz wurden neu geregelt. Neben Grundsätzen und Bestimmungen und Schlussbestimmungen wurde auch das Zusammenwirken zwischen der Justiz und den Staatsorganen sowie den gesellschaftlichen Organisationen neu bestimmt. In der Präambel wurden die fortan stärker geltenden „politisch-erzieherischen Aufgaben" der Strafjustiz in der DDR und die „repressiv-sichernde Funktion" deutlich hervorgehoben, was erkennen ließ, dass es keine Liberalisierung geben würde. Weitere wesentliche Neuerung der Justizverfassung, auch im Rechtspflegeerlass vorgegeben, war die Verlagerung der Leitungskompetenz vom Justizministerium auf das Oberste Gericht.

V. Die Aufgaben und die Struktur der DDR-Militärjustiz

1. Aufgaben

§ 2 Abs 1 MGO bestimmte: „Die Gerichte für Militärstrafsachen verwirklichen durch ihre Tätigkeit Aufgaben der sozialistischen Rechtspflege in der Nationa-

---

144 GBl. I, S. 71.

145 GBl. I, S. 481.

146 Erlass des Staatsrates der DDR über die grundsätzlichen Aufgaben und die Arbeitsweise der Organe der Rechtspflege vom 4.4.1963, GBl. I, S. 21.

len Volksarmee und den Organen des Wehrersatzdienstes.[147] Sie führen im Rahmen ihrer Zuständigkeit den Kampf gegen die Angriffe auf die militärische Sicherheit und die Kampfkraft und Gefechtsbereitschaft dieser Organe.“ Und in § 2 Abs. 2 Militärgerichtsordnung hieß es: „Durch ihre Rechtsprechung erziehen die Gerichte für Militärstrafsachen die Angehörigen der Nationalen Volksarmee und der Organe des Wehrersatzdienstes zur gewissenhaften Einhaltung der Gesetze, der militärischen Bestimmungen und der militärischen Ordnung und Disziplin entsprechend dem geleisteten Fahneneid.“ Für die Militärgerichte wurde eine militärische Verantwortlichkeitspyramide dergestalt installiert, dass die Leiter der Militärgerichte bezüglich ihrer Aufgaben dem jeweiligen Leiter des Militärobergerichtes gegenüber verantwortlich und rechenschaftspflichtig waren; die Leiter der Militärobergerichte waren ihrerseits dem Leiter der HAMG und – im Rahmen seiner Leitungszuständigkeit – auch dem MKOG gegenüber verantwortlich und rechenschaftspflichtig.[148]

Dieser Leitungsmechanismus stand im Gegensatz zur zivilen Gerichtsbarkeit. Die Militärgerichtsbarkeit bediente sich einer ununterbrochenen, auf die zentrale Führungsebene bezogenen Leitungspyramide, verbunden mit der persönlichen Verantwortung nachgeordneter Leiter gegenüber ihren Vorgesetzten.[149]

2. Entwicklung und Strukturen

a) Aufbau und örtliche Zuständigkeit der Militärgerichte

Die Militärgerichte wurden am 14. Januar 1962 in das Gerichtssystem der DDR eingeführt. § 1 des Gesetzes zur Ergänzung des Gerichtsverfassungsgesetzes der DDR bestimmt insofern: „Die Rechtsprechung in Strafsachen gegen Militärpersonen und gegen Teilnehmer an Straftaten, die gegen die militärische Sicherheit gerichtet sind, wird von Militärgerichten ausgeübt. Die Gerichte sind Organe der einheitlichen volksdemokratischen Staatsmacht.“[150]

147 Der Dienst im MfS, in den kasernierten Einheiten des Ministeriums des Innern, in der Zivilverteidigung und in den Baueinheiten des Ministeriums für Nationale Verteidigung nach § 2 Abs. 3 des Wehrdienstgesetzes entspricht der Ableistung des Wehrdienstes (Bekanntmachung über den Dienst, der der Ableistung des Wehrdienstes entspricht, vom 25. März 1982, GBl. I Nr. 12, S. 268); vgl. auch Kommentar zum Strafgesetzbuch, Anm. 2 zu § 251 StGB.

148 Vgl. *Steike*, Militärjustiz, S. 62; vgl. auch §§ 9, 12 MGO 1974.

149 Vgl. *Steike*, ebenda.

150 GBl. I, S. 28.

Die Militärgerichte waren Bestandteile des einheitlichen Gerichtssystems der DDR; ihre Tätigkeit basierte auf der Grundlage der oben[151] beschriebenen Rechtsquellen.[152]

Das Militärgerichtssystem der DDR war dreigliedrig und nach dem Territorialprinzip strukturiert. Die Gliederung der Gerichtsbezirke nach dem Territorialprinzip war aufgrund der Erfahrungen aus der UDSSR als kräfte- und mittelsparend übernommen worden und wich von der Verbandsgliederung der Militärstaatsanwaltschaft ab. Das Territorialprinzip bedeutete, dass den Militärgerichten bestimmte Gerichtsbezirke (Territorien) zugeordnet wurden. Deren Rechtsprechung unterlagen die jeweils in diesem Territorium stationierten Einheiten.[153]

Auf der untersten Ebene waren zunächst neun, später zehn Militärgerichte (MG) eingerichtet worden, je eines in Neubrandenburg, Rostock und Schwerin, in Berlin, Magdeburg (Sitz Stendal) und Cottbus sowie in Halle, Dresden und in Erfurt. Am 15. Juli 1964 kam das MG Potsdam hinzu, welches aus dem Bestand des Militärgerichtes Berlin gebildet wurde.

Die örtliche Zuständigkeit der Militärgerichte wird im Einzelnen im Anhang 2, Dokument Nr. 1, dargestellt:[154]

Den Militärgerichten übergeordnet waren drei Militärobergerichte (MOG), je eines in Neubrandenburg, Berlin und Leipzig. Beim Obersten Gericht der DDR (OG) war ein Kollegium für Militärstrafsachen, später Militärkollegium (MKOG), gebildet worden.

Militärkollegium des Obersten Gerichts

MOG Berlin	MOG Leipzig	MOG Neubrandenburg
MG Berlin	MG Dresden	MG Neubrandenburg
MG Cottbus	MG Erfurt	MG Schwerin
MG Magdeburg (ab 1.12.1987 Stendal)	MG Halle	MG Rostock
MG Potsdam (1.7.1964–31.12.1971)		MG Potsdam (ab 1.1.1972)

151 Vgl. 2. Kapitel, Abschnitt B, IV.

152 Vgl. auch BStU, MfS, BV Cottbus, OD Schwarze Pumpe 8405; streng geheimes Schulungsmaterial des MfS, HA Kader und Schulung, zum Thema: „Die Bedeutung und der Inhalt der sozialistischen Militärgerichtsbarkeit und der Militärstrafgesetze für den Angehörigen des Ministeriums für Staatssicherheit“, Ausfertigung aus September 1967. Das Schulungsmaterial diente als Grundlage des Einführungslehrgangs für neu eingestellte Angehörige des MfS. S. 1–41, hier S. 5, 16.

153 *Steike*, Militärjustiz S. 48.

154 Zuständigkeit der Militärgerichte, Stand 1971, zitiert nach *Wenzke*, Ab nach Schwedt, S. 82, 83; Anhang 2, Dokument Nr. 1.

Die Militärgerichte gliederten sich in Militärstrafkammern, die mit je einem Militärrichter und zwei Militärschöffen besetzt waren (vgl. § 26 Abs. 3 MGO 1963); die Spruchkörper der MOG waren die Militärstrafsenate, die, wenn sie erstinstanzlich entschieden, mit einem Militärrichter und zwei Militärschöffen besetzt waren (vgl. § 22 Abs. 3 MGO 1963) zuständig. Erstinstanzlich waren die MOG für Staatsverbrechen, vorsätzliche Tötungsverbrechen und Strafsachen von besonderer Bedeutung (§ 23 Abs. 1 MGO 1963). In Rechtsmittelentscheidungen waren die Senate der MOG mit einem Militäroberrichter als Vorsitzendem und zwei Militärrichtern als Beisitzern besetzt (vgl. § 22 Abs. 4 MOG 1963). In dieser Besetzung entschieden auch die beiden Militärstrafsenate des MKOG (§ 20 Abs. 3 MOG 1963). Der 1. Militärstrafsenat war zuständig für Verbrechen wie Landesverrat, Diversion, Sabotage, Spionage, die die militärische Sicherheit gefährdeten und Straftaten gegen die staatliche und öffentliche Ordnung, die von Militärpersonen begangen wurden. Der 2. Militärstrafsenat befasste sich u.a. mit den Militärstraftaten des 9. Kapitels des StGB und mit von Militärpersonen begangenen anderen Straftaten.[155]

In ihrem Aufbau entsprach die Militärgerichtsbarkeit der Kommandostruktur der Nationalen Volksarmee. Sie wurde nach Angaben des Nationalen Verteidigungsrates „in Anlehnung an die gesetzlichen und praktischen Erfahrungen der Militärgerichtsbarkeit der UdSSR und der Volksrepublik Polen“ geschaffen.[156]

Mit dem Aufbau der Militärgerichtsbarkeit der DDR waren, wie bereits oben dargestellt, die Offiziere im Justizdienst Dr. Kalwert und Dr. Sarge beauftragt.[157]

In ihrem Bericht über den Aufbau, die Entwicklung und die Rechtsprechung der Militärgerichte der Deutschen Demokratischen Republik (1. Juni 1962 bis 30. Juni 1964) – ohne Datum und als vertrauliche Verschlusssache gekennzeichnet – wurden die einzelnen Etappen des Aufbaus der Gerichtsbarkeit dargestellt. Beschrieben wurden unter anderem die Rechtsgrundlagen der Militärjustiz, die Auswahl der für die Wahl als Militärrichter vorgesehenen Kader aus den Bereichen der nationalen Volksarmee, den Wehrersatzdiensten, der Justiz und anderen Bereichen sowie die grundsätzliche Schulung der künftigen Militärrichter auf dem Gebiet der Militärstrafrechtsprechung. Zu

155 Autorenkollektiv, Das Oberste Gericht, S. 40.

156 *Giese*, SED und ihre Armee, S. 235 FN 94.

157 Vgl. 2. Kapitel, Abschnitt B, III.

diesem Zweck wurde im Oktober 1962 in Boitzenburg ein Grundsatzlehrgang durchgeführt.[158]

Die zweite Etappe – 18. April bis 30. Juni 1963 – wurde wie folgt beschrieben:

> „Diese Etappe ist gekennzeichnet von der aktiven Teilnahme der gewählten Militärrichter an der Erläuterung des Rechtspflegeerlasses in der Truppe. Die Militärrichter nahmen an insgesamt 256 Rechtspropagandamaßnahmen teil und sprachen dabei 19.986 Angehörige der „Nationalen Volksarmee“ und der Organe des Wehrersatzdienstes an.“[159]

Für die „Dritte Etappe“ – 1. Juli 1963 bis 30. Juni 1964 – wurde festgestellt:

> „In diese Zeit fällt die Konsolidierung der Militärgerichte, die Ausarbeitung guter Leitungsmethoden, die Schaffung eines einheitlichen Schulungssystems, die Herausbringung einer fruchtbringenden Koordinierung der Arbeit mit den Kommandeuren und Politorganen und der Übergang der Organe der Militärgerichtsbarkeit von der unmittelbaren Zugehörigkeit zur NVA zu der Verwaltung durch die Zentrale und Rechtspflegeorgane auf der Grundlage eines entsprechenden Ministerratsbeschlusses.“[160]

Die Gründung der Militärgerichte ist im Bericht als richtig herausgestellt worden. Abschließend wurde festgestellt, dass die gesamte Tätigkeit der Militärgerichte noch mehr in Gleichklang zur Militärpolitik unserer Partei, zur Entwicklung im Militärwesen und zu den Belangen der militärischen Erziehung und einer hohen Gefechtsbereitschaft stehen müsse.

b) Strukturen

aa) Militärkollegium des OG

Das MKOG gliederte sich ab dem 1. Januar 1964 in folgende Planstellen:[161]

–Vorsitzender des MKOG
–Stellvertretender Vorsitzender des MKOG und Senatsvorsitzender
–Stellvertretender Senatsvorsitzender
–Zwei Militärrichter
–Sekretär
–technisches Personal[162]

158 MKOG, Analyse der Rechtsprechungstätigkeit der Militärgerichte der DDR im 2. Halbjahr 1963, Verf. Günter Sarge, Bericht S. 2, BArch, DVW 9/69645, S.204–231.

159 Ebenda, Bericht S. 3.

160 Ebenda, S. 3.

161 Ebenda, S. 20.

162 Vgl. Stellenplan für das Kollegium für Militärstrafsachen des Obersten Gerichts, gültig ab 1.1.1964, MZA, ÜP 01/90Z-2217, M-14/90, Nr. 6, zitiert nach *Steike*, Militärjustiz, S. 50.

Es hatte einen Gesamtpersonalbestand in Friedenszeiten von einem General, fünf Offizieren, drei Unteroffizieren und einem Zivilbeschäftigten. Ab 1. Februar 1965 wurde die Zivilplanstelle gestrichen. Am 1. Januar 1966 kamen zwei Offiziersplanstellen für juristische Mitarbeiter hinzu. Am 1. April 1969 wurde dem MKOG eine weitere Offiziersplanstelle (Oberoffizier für Grundsatzfragen) zugeordnet. Ab dem 15. Mai 1971 wurde beim MKOG ein zweiter Senat gebildet; die Planstellen für die beiden juristischen Mitarbeiter wurden in Militärrichterplanstellen umgewandelt. Ab Mai 1971 hatte das MKOG bis zum Ende der DDR folgenden Personalbestand:

- Vorsitzender des MKOG
- zwei stellvertretende Vorsitzende des MKOG und Senatsvorsitzende
- zwei stellvertretende Senatsvorsitzende
- zwei Militärrichter
- Oberoffizier für Grundsatzfragen
- Sekretär
- technisches Personal

Zuletzt hatte das MKOG somit sieben Richterplanstellen.

bb) Militärobergericht – Berlin[163]

Der MOG – Bereich Berlin gliederte sich ab 1. Januar 1964 wie folgt:

- MOG Berlin (0 Generale / 5 Offiziere / 3 Unteroffiziere / 0 Soldaten / Zivilbeschäftigte: 0)
- Leiter des MOG
- Stellvertretender Leiter des MOG
- 2 Militärrichter
- technisches Personal MG Magdeburg (0/2/2/0/Z:1)
- Leiter des MG
- Militärrichter
- technisches Personal MG Cottbus (0/1/2/0/Z:1)
- Leiter des MG
- technisches Personal MG Berlin (0/3/4/0/Z:1)
- Leiter des MG
- Stellvertretender Leiter des MG
- Militärrichter
- technisches Personal

Nach dem 1. Dezember 1981 hatte der MOG – Bereich Berlin folgende Struktur:

- MOG Berlin (0/5/4/0)
- Leiter des MOG
- Stellvertretender Leiter des MOG
- 2 Militäroberrichter
- Militärrichter

---

163 Ebenda, S. 52 f.

- technisches Personal MG Berlin (0/3/4/0)
- Leiter des MG
- Stellvertretender Leiter des MG
- Militärrichter
- technisches Personal
- MG Cottbus und MG Magdeburg (Sitz Stendal) (je 0/2/3/0)
- Leiter des MG
- Militärrichter
- technisches Personal

Zuletzt waren im MOG – Bereich Berlin somit zwölf Militärrichter tätig.

cc) Militärobergericht – Leipzig[164]

Der MOG – Bereich Leipzig gliederte sich ab 1. Januar 1964 wie folgt:

MOG Leipzig (0/5/3/0)
- Leiter des MOG
- Stellvertretender Leiter des MOG
- 2 Militärrichter
- technisches Personal

MG Dresden (0/2/2/0/Z:1)
- Leiter des MG
- Militärrichter
- technisches Personal

MG Erfurt (0/3/4/0/Z:1)
- Leiter des MG
- Stellvertretender Leiter des MG
- Militärrichter
- technisches Personal

MG Halle (0/1/1/0/Z:1)
- Leiter des MG
- technisches Personal

Zuletzt waren im MOG – Bereich Leipzig somit zehn Militärrichter tätig.

dd) Militärobergericht – Neubrandenburg[165]

Der MOG – Bereich Neubrandenburg gliederte sich ab 1. Januar 1964 wie folgt:
- MOG Neubrandenburg (0/5/3/0)
- Leiter des MOG
- Stellvertretender Leiter des MOG
- 2 Militärrichter
- technisches Personal

MG Neubrandenburg (0/2/2/0/Z:1)

---

164 Ebenda.

165 Ebenda.

- Leiter des MG
- Militärrichter
- technisches Personal
- MG Schwerin (0/1/2/0/Z:1)
- Leiter des MG
- technisches Personal

MG Rostock (0/2/2/0/Z:1)
- Leiter des MG
- Militärrichter
- technisches Personal

Zuletzt waren im MOG – Bereich Neubrandenburg dreizehn Militärrichterstellen festzustellen.

Oberstleutnant Kalwert, der Leiter der HAMG, hatte die vorläufige personelle Struktur der Militärjustiz mit dem MfS abgesprochen. Er teilte der HA IX am 6. Juni 1962 folgende Personalvorschläge zur Überprüfung mit:

„Militärsenat beim Obersten Gericht:
Leiter Oberstleutnant Sarge,
Oberstleutnant Wagenbrett,
Oberstleutnant Ruf.

Hauptabteilung Militärjustiz:
Oberstleutnant Kalwert,
Arlt,
Öhmke,
Gerlach,
Probst.

Drei Militärobergerichte: Besetzt mit je vier Richtern in den Städten Leipzig, Berlin und Neubrandenburg.

Militärobergericht Berlin:
Folgende Militärgerichte sind unterstellt:
Berlin – drei Richter,
Potsdam – drei Richter,
Cottbus – zwei Richter,
Magdeburg – zwei Richter.

Militärobergericht Leipzig:
Folgende Militärgerichte sind unterstellt:
Erfurt – drei Richter,
Halle – zwei Richter,
Dresden – zwei Richter.

Militärobergericht Neubrandenburg:
Folgende Militärgerichte sind unterstellt:
Neubrandenburg – zwei Richter,
Schwerin – zwei Richter,
Rostock – zwei Richter.

Zur Besetzung des Militärobergerichtes und des Militärgerichtes Berlin, welche auch zu strafbaren Handlungen Angehöriger des MfS Recht sprechen, bat Kalwert ggf. um andere Vorschläge.

> „Weiterhin bat uns Genosse Kalwert zu beachten, dass bei den Militärobergerichten ein Richter für Strafsachen der Abteilung I der MOStA zuständig ist. Hinsichtlich der Besetzung der einzelnen Dienststellen mit Statistikern, Sachbearbeitern, Schreibkräften und Kraftfahrern besteht zur Zeit weder zur Struktur, noch hinsichtlich der vorgesehenen Kader, Klarheit. Genosse Oberstleutnant Kalwert teilte noch mit, dass er einige Kader, welche von der MOStA für seinen Aufgabenbereich vorgeschlagen wurden (Schaller, Pröll, Sussmann, Günter) abgelehnt hat, da diese entweder nicht geeignet sind bzw. da sie wegen Unfähigkeit aus der MOStA abgeschoben werden sollen. Oberstleutnant Kalwert führte die Unterhaltung auf parteilicher, sachlicher und objektiver Basis. Er erwähnte noch, dass er mit General Kleinjung für den 11.6.1962 um 08.00 Uhr eine Aussprache vereinbart hat, wobei jedoch vermutlich von beiden Seiten nicht beachtet wurde, dass auf dieses Datum ein Feiertag fällt. Er bat abschließend um schnelle Überprüfung der Kadervorschläge, da diese der Volkskammer bzw. dem Verteidigungsrat zur Bestätigung vorgeschlagen werden müssen."[166]

Als Fazit ist festzuhalten, dass das MfS schon bei Entscheidungen über die personelle Besetzung in der Gründungsphase der Militärgerichte mit eingebunden war.

3. Die sachliche Zuständigkeit der Militärgerichte[167]

Die Militärgerichte waren zuständig für alle Straftaten, die von Militärpersonen begangen worden waren. Die Zuständigkeit begann mit dem im Einberufungsbefehl bezeichneten Tag oder dem Einstellungstag, jeweils 0.00 Uhr.[168] Unter Militärpersonen waren Soldaten, Unteroffiziere, Offiziere und Generale zu verstehen, die aktiven Wehrdienst, Wehrersatzdienst[169] oder Reservistenwehrdienst leisteten. Auch aus dem Militärdienst bereits entlassene Personen unterfielen der Militärgerichtsgerichtsbarkeit, wenn sie während ihrer Dienstzeit Straftaten begangen hatten (vgl. §§ 4 Abs. 1 b MGO 1963 und § 4 Abs. 1 Nr. 2 MGO 1974).

Der Zuständigkeit der Militärjustiz unterfielen auch Zivilpersonen, die gegen die militärische Sicherheit gerichtete Verletzungen von Verpflichtungsverhält-

166 BStU, MfS, HA IX 13645, S. 19–20.

167 Vgl. Überblick über die Zuständigkeit der Militärgerichte im Anhang 2, Dokument Nr. 1.

168 1. Durchführungsbestimmung zur Militärgerichtsordnung der DDR vom 12.5.1975, GBl I, S. 454.

169 Zum Wehrersatzdienst gehörte auch der Dienst im Ministerium für Staatssicherheit, vgl. 1. Durchführungsbestimmung zur Militärgerichtsordnung der DDR vom 12.5.1975, GBl. I, 454 f.; zum Wehrersatzdienst gehörten weiterhin der Dienst in den Volkspolizei-Bereitschaften, in den Kompanien der Transportpolizei, in den Baueinheiten im Bereich des Ministeriums für Nationale Verteidigung.

nissen[170] (aktuelle oder nachwirkende Pflichten aus Dienst- und Arbeitsrechtsverhältnissen mit den bewaffneten Organen und auch sonstigen Verträgen) begingen, auch Private – gleichgültig ob DDR-Bürger oder Ausländer – die durch Spionage, Diversion und Sabotage oder (zwischen dem 1. Juli 1968 und dem 1. August 1979) durch landesverräterischen Treubruch die militärische Sicherheit gefährdeten sowie Zivilpersonen, die an Militärstraftaten teilnahmen (vgl. § 4 Abs. 1 c bis e MGO 63 und § 4 Abs. 1 Nr. 3 bis 5 MGO 74). Die militärische Sicherheit war tangiert, wenn sich die Handlung gegen die bewaffneten Organe oder „in sonstiger Weise gegen die Interessen der Landesverteidigung"[171] richtete.

Seit dem 1. August 1979 waren die Militärgerichte auch für die Straftaten, die Angehörige der Zivilverteidigung – Rotes Kreuz, Feuerwehr, Luftschutz und Katastrophenschutz der DDR – begingen, zuständig.[172]

Im Verteidigungszustand sollte die Zuständigkeit der Militärgerichte erweitert werden auf alle Straftaten, die die Angehörigen des Ministerium des Innern der DDR, dienstverpflichtete Personen und Angehörige von Bereichen der Volkswirtschaft und von Staatsorganen, die unmittelbare Verteidigungsaufgaben zu erfüllen hatten, begingen. Auch alle Kriegsgefangenen würden der Militärjustiz unterfallen. Unter besonderen Lagebedingungen wäre die Zuständigkeit der Militärgerichte auf die gesamte Zivilbevölkerung bestimmter Gebiete, z.B. frontnahe Gebiete, ausgedehnt worden.[173]

Im Jahre 1989 hatte die DDR 16.434.000 Einwohner. Die arbeitende Bevölkerung belief sich auf 8.547.000.[174] Berücksichtigt man die Bürger, die haupt- oder nebenberuflich, freiwillig- oder dienstverpflichtet in den Schutz- und Sicherheitsorganen der Landesverteidigung beschäftigt bzw. in den bewaffneten Organen tätig waren, ergibt sich eine beachtliche Zahl von Personen, die potentiell der Militärgerichtsbarkeit unterworfen waren. Dabei geht der Verfasser von folgenden Bereichen aus:[175]

---

170 Vgl. auch zu IM: *Kaschkat*, Militärjustiz, S. 591, 592.

171 Beschluss des Präsidiums des OG der DDR vom 9.10.1968, NJ 1968, 698.

172 Vgl. § 2 Abs. 1 der Anordnung des Nationalen Verteidigungsrates vom 28.6.1979 über die Änderung der Militärgerichtsordnung, GBl. I, S. 155.

173 *Steike*, Militärjustiz, S. 59.

174 Statistischen Amt der DDR, Statistisches Jahrbuch 1990, S. 1, 17; (Berufstätige ohne Auszubildende).

175 Alle Zahlenangaben beruhen auf Zahlen und Daten, die nach 1990 erhoben wurden oder auf Schätzungen; in den DDR-Statistiken haben derartige Zahlen keinen Zugang gefunden. Es ist auch davon auszugehen, dass sich die Zahlen teilweise überschneiden oder doppelt berechnet sind.

NVA einschließlich Grenztruppen	222.500[176] ca.
Kampfgruppen der Arbeiterklasse	450.000[177] ca.
VP-Bereitschaften	18.000[178] ca.
Deutsche Volkspolizei	73.000[179] ca.
Transportpolizei	8.000[180] ca.
MfS und MfS-Wachregiment „Felix Dzierzy`nski“	91.000[181] ca.
Inoffizielle Mitarbeiter des MfS	189.000[182] ca.
Reservisten (für den Kriegsfall)	500.000[183] ca.

Dazu kommen die Angehörigen des Bereichs der Zivilverteidigung – Sanitätseinheiten und -züge des Deutschen Roten Kreuzes, Luftschutz, Feuerwehr und Katastrophenschutz – über deren Stärke keine verlässlichen Angaben gemacht werden können. Im Protokoll des Nationalen Verteidigungsrates vom 3. Juni 1988 ist von 1685 Sanitätszügen und 1436 Sanitätsgruppen mit insgesamt 73507 Kräften (Rotes Kreuz) die Rede.[184]

Für diese Vielzahl an Personen und die oben genannten Privatpersonen waren die Militärgerichte zuständig, wenn es um die Aburteilung strafwürdigen Verhaltens im Dienst oder im privaten Bereich ging. Der Zuständigkeitsbereich der Militärjustiz war nach allem durchaus beachtlich, wenn auch der Personalbestand relativ klein war.

Eine Besonderheit bestand darin, dass Militärpersonen je nach Rang und Stellung dreistufig anzuklagen waren. Ab Dienstgrad Oberst / Kapitän zur See bzw. Dienststellung Regimentskommandeur oder Gleichgestellte war das Militärobergericht erstinstanzlich zuständig (§ 11 Abs. 2 Ziffer 4 MGO 1974) ab Generalmajor / Konteradmiral bzw. ab Dienststellung Divisionskommandeur oder Gleichgestellter aufwärts war das Militärkollegium des Obersten Gerichts erst- und letztinstanzlich zuständig (§ 14 Abs. 1 Ziffer 2 MGO 1974).

---

176 *Schlechte*, Militärwesen, S. 174 f.; vgl. auch *Wenzke*, Die Nationale Volksarmee, S. 494.

177 *Schlechte*, ebenda.

178 Ebenda.

179 Ebenda.

180 Ebenda.

181 *Engelmann, Roger / Florath, Bernd / Heidemeyer, Helge / Münkel, Daniela / Polzin, Arno / Süß, Walter*, Das MfS-Lexikon, Dokumentenanhang, S. 365 f.

182 Ebenda, S.158 (Stand 1989).

183 *Wenzke*, Die Nationale Volksarmee, S. 484.

184 *Heitmann*, Sozialistische Landesverteidigung, S. 673.

4. Rechtsprechungsstatistik

Eine fundierte, zeitlich durchgängige, quantitative, systematische und statistische Auswertung der Ermittlungsverfahren in der Militärjustiz sowie der Entscheidungen der Militärgerichte nach Straftatengruppen liegt bislang nicht vor. Die vom Verfasser eingesehenen Statistiken haben sämtlich inhaltliche oder zeitliche Lücken.

Dies ist darauf zurückzuführen, dass in der DDR alle Quellen, Statistiken und Berichte in der Militärjustiz streng geheim waren.[185]

Am Beispiel des Statistischen Jahrbuches der DDR 1979 wird deutlich, dass zwar die Straftaten nach ausgewählten Straftatengruppen aufgeführt werden. Es fehlen aber die für die Militärjustiz maßgeblichen Straftaten nach dem 1. und 2. Kapitel, Besonderer Teil StGB sowie die Militärstraftaten nach dem 9. Kapitel, Besonderer Teil StGB.[186]

Gleiches gilt für das Statistische Jahrbuch 1990. Auch in diesem Band fehlen die Ermittlungsverfahren, die Staatsverbrechen und die Militärstraftaten.[187]

Statistiken zum Thema Ermittlungsverfahren und Rechtsprechung in der Militärjustiz, aus den Akten des Bundesarchivs bzw. des Bundesbeauftragten erarbeit, sind unvollständig und sind nicht systematisch.[188]

In der Literatur ist nach Recherche von Berichten des MKOG für die Zeit von 1969 – 1988 eine Übersicht über die Anzahl der Verurteilten im Bereich der Militärjustiz erarbeitet worden. Diese Aufstellung wird nachstehend dokumentiert:

Jahr	**Verurteilte (insgesamt)**	**davon Offiziere**
1969	1438	keine Angabe
1970	1571	66
1972	1225	69
1973	1461	71
1974	1607	95
1975	1657	100
1976	1460	71
1977	1294	71

185 *Schröder / Wilke*, Politische Strafgefangene, S. 4.

186 Staatliche Zentralverwaltung für Statistik, Statistisches Jahrbuch 1979, S. 379 f.

187 Statistisches Amt der DDR, Statistisches Jahrbuch 1990, S. 437 f.

188 *Wagner*, Militärjustiz, S. 204 ff., 279 ff., 345 ff.,hat erstmals nach den Akten des Bundesarchivs – Militärarchiv – eine Rechtsprechungsstatistik erstellt, die eine profunde Aktenrecherche beweist, aber zeitlich, weil Akten fehlen oder vernichtet sind, unvollständig bleibt.

1978	1326	59
1979	1426	85
1980	1447	keine Angabe
1981	1273	69
1982	1197	50
1983	896	54
1986/87	571	22
1987/88	498	30

(Abbildung *Rüdiger Wenzke*, Staatsfeinde in Uniform, S. 336.)

An anderer Stelle wird die Anzahl der Ermittlungsverfahren des MfS aufgeführt. Auch diese Aufstellung wird nachstehend dokumentiert:

Jahre	**Anzahl der Ermittlungsverfahren**
1950–51	(707)
1952–59	25.834
1960–69	23.517
1970–79	17.013
1980–88	22.554

(Abbildung: BStU, ZA, HA IX-5512, S. 223ff.; zitiert nach *Suckut / Süß*, Staatspartei und Staatssicherheit, S. 219)

Eine andere Liste belegt, dass der Hauptteil der Tätigkeit der Linie IX nicht in der offiziellen Strafverfolgung – Ermittlungsverfahren –, sondern in der geheimdienstlichen Vorgangsbearbeitung, gefolgt von der Kontrolle bei anderen staatlichen Untersuchungsorganen (Polizei, Zoll) lag. Die Liste der Aufgabenverteilung der HA IX 1985–1988 ist ebenfalls nachstehend aufgeführt:

	1985	**1986**	**1987**	**1988**
Ermittlungsverfahren (EV)	2.264	2.347	2.196	3 668
Vorkommnisuntersuchung (VKU)	2.303	1.878	1.729	0 661
Verdachtsprüfungshandlungen (VPH)	1.863	2.394	2.706	3 838
Mitarbeit im operativen Stadium (MA)	10.293	11.090	8.662	6 418
Einsatz bei anderen Untersuchungsorganen (UO)	2. 813	3.529	7.341	3 546

(Abbildung *Rita Sélitrenny*, Doppelte Überwachung, S. 206)

Der Verfasser hat bei der Behörde des Bundesbeauftragten die Berichte und Analysen der HA IX recherchiert. In der statistischen Übersicht vom 1. Februar 1971 werden die Ermittlungsverfahren dokumentiert, die im Jahre 1970 auf der Grundlage der Arbeitsergebnisse der HA I und auf Grund von Festnahmen durch NVA-Grenze eingeleitet wurden, sowie über Ermittlungsverfahren, die von der Militärstaatsanwaltschaft eingeleitet und zur weiteren Bearbeitung übernommen wurden. Es ergeben sich insgesamt 72 Verfahren, die wegen Staatsverbrechen und anderer Delikte gegen die DDR eingeleitet worden sind.

Insgesamt werden hier unter anderem 12 Fälle der mündlichen Hetze, 7 Fälle der Spionage, 2 Fälle des § 213 StGB und 23 Militärstraftaten aufgeführt.[189]

Von der HA IX, Verwaltung Groß-Berlin wurden gemäß Bericht vom 24. Februar 1964 im Jahre 1963 Ermittlungsverfahren gegen insgesamt 370 Personen durchgeführt.[190] Die Bezirksverwaltung Cottbus berichtete über 101 Ermittlungsverfahren im Jahre 1963.[191] Bei der Bezirksverwaltung Leipzig waren es insgesamt 104 Verfahren anhängig.[192] Die Bezirksverwaltung Neubrandenburg berichtete am 24. Februar 1964 über 56 Ermittlungsverfahren im Jahre 1963.[193] Bei der Bezirksverwaltung Frankfurt/Oder waren nach dem Bericht vom 23. Januar 1967 63 Ermittlungsverfahren im Jahre 1966 (1.1.–30. November) anhängig.[194]

Sehr aussagekräftig ist die statistische Gesamtübersicht über die bearbeiteten Ermittlungsverfahren der Untersuchungsabteilungen des MfS in 1981. Es wurden Ermittlungsverfahren gegen 2.008 Personen in Bearbeitung genommen. Dies war gegenüber dem Jahre 1980 (2.121 Personen) ein Rückgang von 5,63 %. Im Einzelnen werden die Ermittlungsverfahren nach Straftatengruppen aufgeführt.[195]

Eingehend hat auch Joestel[196] an Hand des letzten Jahresberichtes der HA IX für 1988 die Zahl der Ermittlungsverfahren ermittelt und statistisch ausgewertet, ohne aber die genauen Zahlen für die Militärjustiz nennen zu können.

Schließlich hat das Zentralarchiv für Empirische Sozialforschung, Abteilung Zentrum für Historische Sozialforschung, Köln, Statistiken zu den Ermittlungsverfahren dokumentiert. Die im Anhang enthaltenen Tabellen Nr. 5, 6, 20, 21 und 23 werden im Dokumentenanhang wiedergegeben.[197]

Abschließend sei bemerkt, dass das statistische Material der HA IX des MfS umfangreich und noch nicht systematisch, wissenschaftlich ausgewertet ist.

---

189 BStU, MfS, HA IX 1892, S. 1 f; vgl. auch die Statistik bei *Eisenfeld*, Spiegel von Statistiken, S. 161 f.

190 BStU, MfS, AS 140/69, Bd. 2a, S. 275.

191 BStU, MfS, AS, 140/69, Bd. 2b, S. 125.

192 Ebenda, Bd. 3a, S. 88.

193 Ebenda, Bd. 3b, S. 1 f.

194 Ebenda, Bd. 4, S.11.

195 BStU, MfS, HA IX 2806, Bd. 2, S. 7 f.

196 *Joestel*, Strafrechtliche Verfolgung politischer Gegner durch die Staatssicherheit im Jahre 1988, S. 21 ff. und Anhang.

197 *Schröder / Wilke*, Politische Strafgefangene, Anhang, Tabellen 5, 6, 20, 21 und 23.

5. *Die Organe der Militärrechtspflege*[198]

a) Vorbemerkung

Die Militärjustizorgane der DDR umfassten im Jahre 1971 43 Dienststellen mit 206 Mitarbeitern und 230 technischen Kräften. Alle Militärrichter und Militärstaatsanwälte gehörten der SED an.[199] Im Jahre 1986 gab es in der DDR 1330 Richter, davon 42 Militärrichter.[200] Im November 1989 standen in der DDR insgesamt 1114 Staatsanwälte, einschließlich Militärstaatsanwälte, im Dienst. Die Ist-Zahl betrug 1120.[201] Es heißt in der Akte: „Freie Planstellen der Militärgerichte werden gesondert zugestellt."[202]

Ebenso werden in dieser Akte die fördernden Mitglieder des BFC Dynamo Berlin vorgestellt; es finden sich hier alle Namen der hochrangigen Militärrichter, Militärstaatsanwälte und der staatsnahen[203] Anwälte, die offensichtlich in der Militärjustiz tätig waren.[204]

Beschrieben wird auch die personelle Strukturübersicht der Militäroberstaatsanwaltschaft Berlin:

Führung	3
AG-Grundsatzarbeit	2
Kader und Bildung	4
Stationierungsabkommen befreundeter Armeen	4
Staatsverbrechen I A	1
Unterabteilung Staatsverbrechen	5
AG-Sicherheitsorgane	3
Militärstrafsachen II	1
Unterabteilung Militärstraftaten	5
AG Allgemeine Kriminalität	3

198 Vgl. zu den Militärjustizorganen auch die Struktur- und Personalstellenübersichten bei *Steike*, Militärjustiz, Übersichten 1–29, S. 229 ff.

199 Vgl. 2. Kapitel, Abschnitt B, III.

200 *Wenzke*, Staatsfeinde in Uniform. S. 333, 334; wegen der Zahl der Verurteilten, ebenda, S. 336, 337; wegen der Statistik im Einzelnen bei den Straftaten, ebenda, S. 339 f.; vgl. auch *Steike*, Militärjustiz, S. 72; *Ders.*, Die DDR-Militärjustiz, S. 2576 f.

201 BStU, MfS HA IX 10724, S. 26 ff.

202 Ebenda S. 29.

203 Zum Begriff vgl. *Booß*, Christian, Aufsatzkonzept: Sündenfall der organisierten Rechtsanwaltschaft, Stand 22.9.2011, S. 16 f; Privatarchiv des Verfassers.

204 Ebenda S. 57 f. Man findet hier die anwaltliche „Prominenz" der DDR, u.a. Gregor Gysi.

Abteilung Gesetzlichkeitsaufsicht/ Öffentlichkeitsarbeit (IV)	2
Unterabteilung Gesetzlichkeit/Aufsicht	4

Bereich Versorgung, Technischer Dienst, Schreibdienst und Kfz-Gruppe.[205]

Bemerkenswert ist das Schreiben des Generalstaatsanwaltes, Leiter der Abteilung Ia, vom 4. September 1969 an das MfS.[206] Es werden diejenigen Militärstaatsanwälte benannt, die für die ständige Zusammenarbeit mit den Untersuchungsabteilungen der Bezirksverwaltungen des Ministeriums für Staatssicherheit verantwortlich sind. Das MfS wird um Überprüfung gebeten. Diese Urkunde belegt, dass für die HA IX des MfS nur handverlesene Staatsanwälte – Militärstaatsanwälte – tätig wurden. Das Schreiben lautet wörtlich wie folgt:

> „Hiermit übergebe ich eine Aufstellung derjenigen Militärstaatsanwälte, die für die ständige Zusammenarbeit mit den Untersuchungsabteilungen der Bezirksverwaltungen des Ministeriums für Staatssicherheit verantwortlich sind, mit der Bitte um Überprüfung.
>
> 1.
> Bezirksverwaltung Schwerin
> Militärstaatsanwalt der 8. MSD
> Oberstleutnant Hampl, Helmut, geb. 16.10.1914
>
> 2.
> Bezirksverwaltung Magdeburg
> Militärstaatsanwalt der 7. Grenzbrigade
> Oberstleutnant Werner,[207] Manfred, geb. 29.7.1929
>
> 3.
> Bezirksverwaltung Erfurt
> Militärstaatsanwalt der 9. Grenzbrigade
> Oberstleutnant Hofmann, Henry, geb. 16.2.1931
>
> 4.
> Bezirksverwaltung Suhl
> Major Weismantel, Horst, geb. 9-7-1933
>
> 5.
> Bezirksverwaltung Gera
> Militärstaatsanwalt der 13. Grenzbrigade
> Oberstleutnant Bichlmeier, Rolf, geb. 20.7.1930

205 Ebenda S. 63 f.

206 BStU, MfS, HA IX 17726, Seite 46 f.

207 Vgl. 3. Kapitel, Abschnitt D, II 7 c.

6.
Bezirksverwaltung Dresden
Militärstaatsanwalt der 7. PD
Oberstleutnant Hessel, Harry, geb. 3.4.1931

7.
Bezirksverwaltung Cottbus
Militärstaatsanwalt der 1. LVD
Oberstleutnant Löffler, Günter, geb. 13.3.1930

8.
Bezirksverwaltung Halle
Militärstaatsanwalt der 11. MSD
Major Girt, Karl-Heinz, geb. 18.8.1933

9.
Bezirksverwaltung Potsdam
Militärstaatsanwalt der 1. MSD
Major Qinger, Eberhard, geb. 21.7.1929

Die nicht aufgeführten Bezirksverwaltungen des MfS arbeiten unmittelbar mit Militärstaatsanwälten der Abteilung I a zusammen."

Der Leiter der HA IX, Fister, vermerkt zu diesem Schreiben:

> „Die mit den zuständigen Abteilungen IX betreffend der im Schreiben der Hauptabteilung XX genannten Staatsanwälte ergaben keinerlei Einwände hinsichtlich deren Bestätigung für die Abteilung I A."[208]

b) Hauptabteilung Militärgerichte des Ministeriums der Justiz

Parallel zum Aufbau der Militärgerichte erfolgte die Einrichtung einer Hauptabteilung Militärgerichte (HAMG) beim Ministerium der Justiz der DDR (MdJ) entsprechend den Grundsätzen zur Bildung der Militärgerichte der DDR vom 12. Januar 1962.[209] Dieses zunächst als selbständige Abteilung im Ministerium der Justiz konzipierte Organ sollte ursprünglich für die gesamte Lenkung der Militärgerichte – einschließlich der Leitung ihrer Rechtsprechung – zuständig sein.[210] Durch den Rechtspflegeerlass,[211] das GVG 1963 und die MGO 1963[212] wurde die Zuständigkeit der HAMG entsprechend der Zuständigkeit des MdJ hinsichtlich der Gerichtsbarkeit in ihrer Gesamtheit auf die Anleitung der nicht Recht sprechenden Tätigkeit der Militärgerichte, die

208 Ebenda, S. 49.

209 *Steike*, Militärjustiz S. 73.

210 *Diedrich*, Widerstandsverhalten, S. 159.

211 Erlass des Staatsrates der Deutschen Demokratischen Republik über die grundsätzlichen Aufgaben und die Arbeitsweise der Organe der Rechtspflege vom 4.4.1963, GBl. I, S. 21.

212 *Steike*, Militärjustiz S. 74.

Kaderarbeit und die materielle, organisatorische und die finanzielle Sicherheit der Tätigkeit der Militärgerichte reduziert. (vgl. § 5 Abs. 1 MGO 1963).[213]

Die Leitung der Rechtsprechung der Militärgerichte oblag entsprechend der neuen Machtverteilung nunmehr dem Kollegium für Militärstrafsachen (MKOG) als Organ des OG, welches für die Leitung der Rechtsprechung in ihrer Gesamtheit zuständig war (§ 3 Abs. 1 MGO 1963).

Die Mitarbeiter der HAMG waren Angehörige der Nationalen Volksarmee. Für sie galten militärische Bestimmungen und in militärischen Fragen waren sie unmittelbar dem Minister für Nationale Verteidigung unterstellt.(§ 16 MGO 1963).[214]

Leiter der HAMG war seit dem Jahre 1977 Dr. jur. Günter Kalwert, Generalmajor im Justizdienst der NVA.[215] Der Leiter war militärischer Vorgesetzter der Mitarbeiter der Abteilung und der Richter der MOG und MG (§ 5 Abs. 2 MGO 1963).

Die HAMG arbeitete weitgehend selbständig und war vom übrigen Ministerium relativ unabhängig. Sie operierte eng mit anderen Militärjustiz- und Sicherheitsorganen zusammen (vgl. § 5 Abs. 4 MGO 1963), insbesondere mit dem MKOG und dem MfS.[216]

c) ZK – Abteilung für Sicherheitsfragen sowie ZK – Abteilung für Staats- und Rechtsfragen

Für die Beschlüsse der Partei, die die Justiz betrafen, war die ZK – Abteilung Staats- und Rechtsfragen eine wichtige Schaltstelle. Leiter war seit 1953 Dr. Klaus Sorgenicht.[217] Zu den wichtigsten Kompetenzen der ZK – Abteilung zählte die kaderpolitische Überprüfung und Bestätigung der höheren Justizfunktionäre im Rahmen der Nomenklatur.[218]

Für die Militärgerichtsbarkeit, die Ausarbeitung grundsätzlicher Beschlüsse zu militärpolitischen Fragen und überhaupt für die Lenkung der bewaffneten

---

213 *Forster*, NVA, S. 356; vgl. auch BStU, MfS, BV Cottbus, OD Schwarze Pumpe 8405, S. 12.

214 *Frank*, Justizministerium, S. 177; wegen des Personalbestandes vgl. auch *Steike*, Militärjustiz, S.76 f.

215 Vgl. 3. Kapitel, Abschnitt D, II 7 e.

216 *Frank*, ebenda, S. 212.

217 Zur Person *Sorgenicht* vgl. Anhang 1, Abschnitt A II.

218 *Rottleuthner*, Steuerung, S. 39; zum Begriff „Nomenklatur“ siehe unten; Die Strukturen der Abteilung ergeben sich aus den Übersichten bei *Steike*, Militärjustiz, Nr. 25–29, S. 268 f.

Organe war die Abteilung für Sicherheitsfragen des ZK der SED – Sektor MfS – zuständig.[219] Sekretär war seit dem Jahre 1956 Erich Honecker, der dieses Amt auch nach seiner Berufung zum Generalsekretär noch ausübte. Erst im Jahre 1983 übergab Honecker die Leitung an Egon Krenz.

Seit Mitte der 60er Jahre veränderte sich der Schwerpunkt der Arbeit der Abteilung für Sicherheitsfragen. Vorrangig konzentrierte sich die Abteilung auf die politisch-ideologische Arbeit, die Wehrerziehung und die Kaderarbeit.[220] Die Mitarbeiter des dortigen Sektors Sicherheitsfragen waren abgeordnete MfS-Offiziere.[221]

d) Kollegium für Militärstrafsachen beim OG

Beim Obersten Gericht der DDR wurde ein Kollegium für Militärstrafsachen (MKOG) gebildet, welches sich in verschiedene Strafsenate gliederte. Die Militärstrafsenate des Kollegiums verhandelten und entschieden in Militärstrafsachen in erster Instanz:

- über Strafsachen, in denen entsprechend den gesetzlichen Bestimmungen Anklage beim Obersten Gericht erhoben wird (§ 21 Abs. 1 a) MOG 1963, § 14 Abs. 1 Ziff. 1, MGO 1974),
- über strafbare Handlungen, die von Militärpersonen ab Dienstgrad Generalmajor/Konteradmiral oder Dienststellung Divisionskommandeur und gleichgestellte begangen wurden (§ 21 Abs. 1 Buchstabe a) und b) MGO 1963, § 14 Abs. 1 Ziff. 2 MGO 1974).

In zweiter Instanz verhandelten und entschieden die Militärstrafsenate des Kollegiums über Rechtsmittel des Protestes, der Berufung und Beschwerde gegen Entscheidungen der Militärobergerichte (§ 21 Abs. 2 MGO 1963, § 14 Abs. 2 MGO 1974).

Die beiden Militärstrafsenate des Militärkollegiums verhandelten und entschieden über Anträge auf Kassation von rechtskräftigen Entscheidungen der Militärobergerichte und Militärgerichte (§ Abs. 3 MGO 1963, § 14 Abs. 3 MGO 1974). Sie verhandelten und entschieden in der Besetzung mit einem Militäroberrichter als Vorsitzenden und zwei Militärrichtern als Beisitzende (§ 20 Abs. 3 MGO 1963, § 13 Abs. 2 MGO 1974).

Dem 1a-Militärstrafsenat beim Militärkollegium oblagen vor allem folgende Aufgaben:

---

219 *Steike*, Militärjustiz, S. 89; die Strukturübersicht und die Entwicklung der Abteilung Sicherheit ergeben sich aus den Übersichten im Anhang Nr. 21–24, S. 264 f.

220 Ebenda, S. 101, 102.

221 *Gieseke*, Genossen erster Kategorie, Seite 203.

- die Leitung der Rechtsprechung auf dem Gebiet der 1a-Strafsachen im Militärgerichtsbereich;
- die unmittelbare Anleitung und Kontrolle der 1a-Militärstrafsenate der Militärobergerichte (einschließlich 1b-Senat beim MOG Berlin);
- die Zusammenarbeit mit dem 1a- und 1b-Strafsenaten des Obersten Gerichts, der Abteilung 1-A des Militäroberstaatsanwalts und den entsprechenden Bereichen des Untersuchungsorgans des MfS;
- die Ausübung der Rechsprechung in erster und zweiter Instanz auf dem Gebiet der 1a-Strafsachen;
- die Vorbereitung von Vorlagen, Beschlüssen, Analysen, Standpunkten usw. auf dem Zuständigkeitsgebiet für das Präsidium, den Präsidenten, den zuständigen Vizepräsidenten, das Militärkollegium, das Ministerium für Nationale Verteidigung oder andere Organe;
- die Kassations- und Eingabentätigkeit auf dem Gebiet der 1a-Strafsachen;
- die Zuarbeit zur „Information" und zu anderen Dokumentationen des Militärkollegiums.[222]

Der Vorsitzende des MKOG war zugleich Vize-Präsident des Obersten Gerichts der DDR. Diese Leitungsfunktionen hatten während der Existenz des MKOG folgende Militärjuristen inne:

1963–1977	Dr. Günter Sarge
1977–1990	Lothar Penndorf
1.4.–30.9.1990	Dr. Lothar Baier

e) Militärobergerichte

In der DDR wurden entsprechend der Struktur der Militärbezirke Militärobergerichte geschaffen. Die Militärstrafsenate der Militärobergerichte verhandelten und entschieden in erster Instanz[223] über:

- Staatsverbrechen,
- Verbrechen gegen die Deutsche Demokratische Republik,
- vorsätzliche Tötungsverbrechen,
- Strafsachen, in denen wegen ihrer Bedeutung, Folgen oder Zusammenhänge von zuständigen Militärstaatsanwälten beim Militärobergericht angeklagt werden oder die vom Leiter des Militärobergerichts vor Eröffnung des Hauptverfahrens an das Militärobergericht herangezogen werden,
- strafbare Handlungen, die von Militärpersonen ab Dienstgrad Major / Korvettenkapitän oder ab Dienststellung Regimentskommandeur und Gleichgestellte begangen werden.[224]

---

222 Oberstes Gericht – Militärkollegium / Ministerium der Justiz der DDR/HAMG: Gemeinsame Anordnung Nr. 1/71 über die künftige militärgerichtliche Tätigkeit auf dem Gebiet der 1a-Strafsachen vom 22.12.1971, VVS-Nummer: B 32800, BArch., DVW 8/71023, S. 130.

223 Vgl. BStU, MfS, BV Cottbus, OD Schwarze Pumpe 8405, S. 13, 14.

224 Vgl. § 23 MGO 1963, § 11 Abs. 1 MGO 1974.

In zweiter Instanz verhandelten und entschieden die Militärstrafsenate des Militärobergerichts über Rechtsmittel des Protestes, der Berufung und der Beschwerde gegen Entscheidungen der Militärgerichte (§ 23 Abs. 2 MGO 1963, § 11 Abs. 2 MGO 1974).

Als Kassationsgericht entschied das Militärobergericht über rechtskräftige Entscheidungen der Militärgerichte (§ 23 Abs. 3 MGO 1963, § 11 Abs. 4 MGO 1974).

In erster Instanz verhandelten die Militärstrafsenate des Militärobergerichts in der Besetzung mit einem Militäroberrichter oder Militärrichter als Vorsitzendem und 2 Militärschöffen (§ 22 Abs 3 MGO 1963, § 10 Abs. 3 MGO 1974).

Für die Militärobergerichte wurden folgende Aufgaben definiert:

- die Leitung der Rechtsprechung auf dem Gebiet der 1a-Strafsachen im Zuständigkeitsbereich;
- die Rechtsprechung 1. Instanz auf dem Gebiet der 1a-Strafsachen, soweit gemäß § 23 NWO die sachliche Zuständigkeit begründet ist;
- die Anleitung und Kontrolle der Militärgerichte, soweit diese über 1a-Strafsachen verhandeln und entscheiden;
- die enge und kameradschaftliche Zusammenarbeit mit allen auf dem Gebiet der 1a-Strafsachen anklagenden Militärstaatsanwälte und dem für die jeweilige Strafsache zuständigen Untersuchungsorgan des MfS;
- die Vorbereitung von Vorlagen, Analysen, Standpunkten usw. auf dem Gebiet der 1a-Strafsachen für das Militärkollegium, das Plenum und den Leiter des Militärobergerichts sowie für politische und militärische Führungsorgane ihres Bereichs;
- die Anregung von Kassationen und die Bearbeitung von Eingaben entsprechend der Zuständigkeit;
- die spezifische Öffentlichkeitsarbeit nach den Grundsätzen der Arbeitsordnung.[225]

f) Militärgerichte

Die Militärstrafkammern der Militärgerichte verhandelten und entschieden in allen Militärstrafsachen, soweit nicht die Zuständigkeit für die Militärobergerichte und Militärstrafsenate beim Obersten Gericht gegeben waren (§ 27 MGO 1963, § 8 MGO 1974). Sie entschieden in der Besetzung mit einem Militärrichter als Vorsitzendem und 2 Militärschöffen (§ 26 Abs. 3 MGO 1963, § 7 Abs. 3 MGO 1974). „Getragen vom Vertrauen der sozialistischen Kollektive und der militärischen Leitungen werden die Militärgerichte ihre Rechtsprechung zur vollen Durchsetzung der von Partei und Regierung der Arbeiterklasse gestellten Aufgaben zur Verteidigung unseres Landes anwenden“.[226]

225 BArch., ebenda.

226 Vgl. BStU, MfS, BV Cottbus, OD Schwarze Pumpe 8405, S. 17.

g) Militäroberstaatsanwaltschaft und Militärstaatsanwälte

Nach der Gründung der NVA am 18. Januar 1956 wurde aus dem Bestand der Oberstaatsanwaltschaft der Volkspolizei mit Anordnung des Generalstaatsanwaltes der DDR vom 17. November 1956 die Militärstaatsanwaltschaft der DDR zur „Festigung der sozialistischen Gesetzlichkeit in allen Organen und Einheiten des Ministeriums für Nationale Verteidigung (MfNV) und des Ministeriums für Staatssicherheit" gebildet.[227]

Geleitet wurde sie vom Militäroberstaatsanwalt. Dieser war sowohl Vertreter des Generalstaatsanwaltes der DDR als auch Mitglied des Kollegiums des Ministeriums für Nationale Verteidigung.[228] Die Militärstaatsanwaltschaft hatte vor allem die Aufgabe, die „Festigung der sozialistischen Gesetzlichkeit in der NVA", die „Gewährleistung der gesetzlichen Rechte aller Militärangehörigen" und die „Unterstützung der Kommandeure der Einheiten und Verbände und Chefs der Verwaltungen bei der Festigung der inneren Ordnung und Disziplin und im Kampf gegen die Kriminalität" zu garantieren".[229] Auf der Staatsanwaltstagung am 6. Februar 1967 führte hierzu Oberstaatsanwalt Feuls aus, dass zur Herausbildung einer parteilichen Haltung des Staatsanwaltes in erster Linie die Ausprägung der persönlichen Verantwortung und eine große politische Weitsicht gehören. Und weiter führt er aus:

> „Noch einmal möchte ich hervorheben, dass ich darunter die Fähigkeit des Staatsanwalts verstehe, solche Entscheidungen zu treffen, die im umfassendsten Sinne mit der Politik der Partei übereinstimmen und für die er auch die Verantwortung als Kommunist zu tragen bereit sein muss."[230]

Dem Militäroberstaatsanwalt unterstanden ihrerseits die Militärstaatsanwälte der Militärbezirke, Divisionen und Standortbereiche der Nationalen Volksarmee sowie die Militärstaatsanwälte der Luftstreitkräfte, der Luftverteidigungskräfte, der Seestreitkräfte und die Militärstaatsanwälte für die kasernierten Einheiten des Ministeriums für Staatssicherheit.[231]

Als Militäroberstaatsanwälte fungierten in der DDR:

1956–1958	Max Berger
1958–1960	Alfred Schille
1960–1966	Alfred Leibner

---

227 BStU, MfS, Rechtsstelle, Nr. 1072; vgl. Anhang 2, Dokument Nr. 2.

228 *Steike*, Militärjustiz S. 82.

229 *Giese*, SED und ihre Armee, S. 118 f.

230 BStU, MfS, HA XX, Nr. 2953, S. 62.

231 *Giese*, ebenda, S. 118 f.; ab dem 1.12.1976 bis zum Ende der DDR standen 317 Planstellen zur Verfügung, vgl. *Steike*, Die DDR-Militärjustiz, S. 2576.

1966–1967	Fritz Strauch
1967–1987	Alfred Leibner
1987–1990	Ernst Girke
1990	Karl-Heinz Bösel

In der Militärstaatsanwaltschaft selbst war die Abteilung I. für die „Bekämpfung der Verbrechen gegen den Staat und die staatlichen Organe" verantwortlich, insbesondere für die Anleitung und Kontrolle bei der Bekämpfung von Fahnenfluchten, unerlaubten Entfernungen und Geheimnisverrat.[232]

Die Abteilung II. befasste sich u.a. mit der Überprüfung aller Strafverfahren gegen NVA-Offiziere, die Anklageerhebung und Anklagevertretung in der ersten Instanz sowie die Einleitung der Strafvollstreckung.[233]

Im Einzelnen oblag es der Militärstaatsanwaltschaft vor allem, die Aufsicht darüber zu führen, dass in der NVA die Gesetze der DDR eingehalten wurden und militärische Befehle und Anordnungen mit diesen im Einklang standen. Dabei sollten die Militärstaatsanwälte ihre Tätigkeit im „engsten Kontakt mit den Kommandeuren und Politorganen der von ihnen zu betreuenden Einheiten und Verbände" durchführen.[234] All diese Aufgaben hatte der Militärstaatsanwalt aber nur „in den Fällen, in denen er die Untersuchung geführt bzw. die Anklage erhoben" hatte.[235] Denn die Bearbeitung einer Reihe von Straftatbeständen fiel nicht in die Zuständigkeit der Militärstaatsanwaltschaft. Insoweit stellte das MfS 1958 in einer internen Schrift unmissverständlich klar:

> „Sämtliche Staatsverbrechen werden von der HA IX untersucht. Die Bearbeitung von Straftaten nach dem dritten Teil des StEG erfolgt durch die Militärstaatsanwaltschaft."

Sollte diese im Zusammenhang mit ihren Untersuchungen ein Staatsverbrechen feststellen, habe dementsprechend eine Übergabe an die Organe des MfS zu erfolgen.[236] Daraus ergibt sich und wird deutlich, dass die Bestimmung, der Militärstaatsanwaltschaft obliege „die Aufsicht über alle Untersuchungen der Untersuchungsorgane", ausschließlich formaler Natur war.[237]

232 *Giese*, ebenda, S. 119.

233 Ebenda.

234 BStU, MfS, Rechtsstelle 1072: Anordnung des Generalstaatsanwaltes der DDR vom 17.11.1956 über die Schaffung der Militärstaatsanwaltschaft der DDR; vgl. Anhang 2, Dokument 2.

235 *Giese*, ebenda, S. 122.

236 BStU, MfS, JHS Sicherheitsfilm Z 214/58, S. 97 f.: Die Abwehrarbeit des MfS in den bewaffneten Formationen der DDR, Schulungsmaterial, Dezember 1958.

237 *Giese*, ebenda, S. 120, 122.

Tatsächlich entschieden offenbar von vorne herein die Verbindungsoffiziere des MfS in den Einheiten und Dienststellen der NVA, welche Qualität ein Delikt hatte und durch wen die Untersuchung zu führen war.[238] Die MfS-Offiziere haben darüber hinaus auch selbständig Untersuchungen angestellt, ohne dass die Militärstaatsanwaltschaft im Vorfeld eingeschaltet wurde oder davon Kenntnis erlangte. Im Hinblick darauf konstatierte man von Seiten des MfS:

> „Von der Inhaftierung einer Person erhält der Militärstaatsanwalt dadurch Kenntnis, indem ihm entsprechendes Beweismaterial bzw. in verschiedenen Fällen nach der durchgeführten Vernehmung das Protokoll vorgelegt wird und er daraufhin den Haftbefehlsantrag bei dem zuständigen Gericht stellt."[239]

Alle Offiziere und Soldaten der Militärstaatsanwaltschaft unterlagen den Dienstlaufbahnbestimmungen und der Disziplinarvorschrift der Nationalen Volksarmee. Der Aufbau war hierarchisch: Jeder Staatsanwalt war dem ihm übergeordneten Staatsanwalt unterstellt und verantwortlich.

Wie die juristische Ausbildung der Militärstaatsanwälte zu Beginn der DDR erfolgte, wird an anderer Stelle beschrieben.[240] Später wurden die Militärstaatsanwälte an der Friedrich-Schiller-Universität in Jena ausgebildet, wo die Sektion Militärjustizdienst und Militäradministrativer Dienst bestand. Während des vierjährigen Studiums erhielten die Offiziersanwärter auch eine militärische Ausbildung.[241]

h) Militärschöffen

Militärschöffen wurden als ehrenamtliche Militärrichter in den erstinstanzlichen Verfahren vor den Militärgerichten und Militärobergerichten eingesetzt.

In Militärverfahren vor den 1a Senaten der Militärobergerichte (und des 1b Senates des MOG Berlin) mussten auch die Schöffen aus dem Bereich des MfS bestellt werden. Insoweit bestand eine „Gemeinsame Anordnung" des Militärkollegiums des OG und der HAMG. Danach waren MfS-Schöffen in folgenden Fällen einzusetzen:

– a – bei Staatsverbrechen, wenn die Angeklagten Ausländer sind,

---

238 *Fricke*, MfS intern, S. 61 f.

239 *Giese*, ebenda, S. 120.

240 Vgl. 2. Kapitel, Abschnitt B, III. und 3. Kapitel, Abschnitt A, III.

241 *Wagner*, Militärjustiz S. 30 FN. 141 unter Hinweis auf *Rühmland*, Militärgerichtsbarkeit, S. 41,47; vgl. auch BStU, MfS, HA XX 2953. OG-MKOG/HAMG, „Gemeinsame Anordnung" vom 22.12.1971, BArch., DVW 8/71023, S. 133, 135; *Steike*, Militärjustiz, S. 68.

– b – bei allen Strafverfahren, in denen Angehörige, ehemalige Angehörige oder
freiwillige Mitarbeiter des MfS angeklagt sind;

– c – bei Strafverfahren, die sich gegen die Tätigkeit des MfS richten;

– d – bei Strafverfahren, die in besonderem Maße gegen die Sicherheit unseres Staates gerichtet sind.

Auch in Verhandlungen vor den Militärgerichten waren unter den Vorraussetzungen der Buchst. b–d ebenfalls vorrangig Militärschöffen des MfS einzusetzen.[242]

Repräsentanten des MfS waren Mitglieder des Spruchkörpers und nahmen so Einfluss auf das Verfahren – und zwar unabhängig von den Berufsrichtern, auf die später noch eingegangen wird –. Über die MfS-Schöffen heißt es im Bericht über den Aufbau der Militärgerichte:

> „Hervorzuheben sind in diesem Zusammenhang auch die Militärschöffen des Ministeriums für Staatssicherheit, die vor allem in den Verfahren gegen Militärspione politische Klarheit und Sachlichkeit bei den Entscheidungen bewiesen haben."[243]

Auch ansonsten nahm das MfS Einfluss auf die Auswahl der Militärschöffen: Die zu wählenden Schöffen wurden in einer Dienstversammlung der jeweiligen Diensteinheiten vorgestellt und durch offene Abstimmung gewählt, wobei jeder Angehörige des MfS das Recht hatte, vorher bzw. noch während der Vorstellung der Schöffen Fragen zu stellen bzw. Abänderungen zu fordern.[244] Sie wurden auch regelmäßig auf ihre politische Zuverlässigkeit überprüft.[245]

Zu den Aufgaben der Militärschöffen heißt es:

> „Die Militärschöffen an den Militärobergerichten und Militärgerichten üben gemeinsam mit den Militärrichtern die Rechtsprechung in Militärstrafsachen aus. Sie haben das gleiche Stimmrecht wie die Militärrichter selbst. Die Schöffen arbeiten mit den Kommandeuren und Leitern der NVA und den Organen des Wehrersatzdienstes eng zusammen, um insbesondere durch die Erläuterung der Gesetze und Auswertung geeigneter Verfahren zur Erhöhung der Kampfkraft und Gefechtsbereitschaft, des politisch-moralischen Zustandes und der militärischen Disziplin der Angehörigen der NVA und der Organe des Wehrersatzdienstes mit beizutragen."[246]

---

243 OG-MKOG/HAMG, Bericht über den Aufbau, die Entwicklung und die Rechtsprechung der Militärgerichte der Deutschen Demokratischen Republik (1. Juni 1962 bis 30. Juni 1964), unterzeichnet von Sarge und Kalwert, BArch., DVW 9/69645, S. 14.

244 Vgl. BStU, MfS, BV Cottbus, OD Schwarze Pumpe 8405, S. 17.

245 *Vollnhals*, Nomenklatur und Kaderpolitik, S. 223.

246 BStU, ebenda S. 15; vgl. auch. BStU, MfS, HA IX, 3813, Militärschöffenkonferenz. Seit dem Jahre 1976 wurden die Militärschöffen für eine Dauer von 4 Jahren gewählt; vgl. *Rühmland*, Militärgerichtsbarkeit, S. 54.

Als Militärschöffen konnten Angehörige der NVA und der Organe des Wehrersatzdienstes gewählt werden, die das 21. Lebensjahr vollendet und mindestens bereits drei Monate Wehr- bzw. Wehrersatzdienst geleistet hatten. Hierbei ist jedoch zu beachten, dass für die Militärobergerichte Stabsoffiziere gewählt werden mussten, da die Schöffen jeweils einen höheren Dienstgrad – jedoch zumindest den gleichen Dienstgrad haben mussten – wie die Angeklagten. Die Militärschöffen wurden für die Dauer von zwei Jahren gewählt.[247]

i) Militärrichter

Die Militärrichter des Obersten Gerichts der DDR wurden auf Vorschlag des Staatsrates der DDR durch die Volkskammer auf die Dauer von vier Jahren gewählt (§10 Abs. 1 MGO 1963).[248]

Die Militärrichter der Militärobergerichte und Militärgerichte wurden auf Vorschlag des Nationalen Verteidigungsrates vom Staatsrat der DDR ebenfalls auf die Dauer von vier Jahren gewählt (§ 10 Abs. 2 MGO 1963).[249]

Militärrichter des Militärgerichts oder des Militärobergerichts konnten auf Vorschlag des Ministers für Nationale Verteidigung abberufen werden. Ein Militärrichter des Obersten Gerichts war auf Vorschlag des Nationalen Verteidigungsrates von dem Organ abzuberufen, das ihn gewählt hat. (vgl. § 23 MGO 1974, § 13 MGO 1963). Zur Unabhängigkeit der Militärrichter und der Militärschöffen führt die Hauptabteilung Kader und Schulung des MfS aus:

> „Die Unabhängigkeit der Militärrichter und Militärschöffen in der Rechtsprechung bedeutet jedoch keinesfalls Unabhängigkeit von den objektiven Gesetzmäßigkeiten des umfassenden Aufbaus des Sozialismus von dem militärischen Leben und den militärischen Bedingungen. Die Rechtsprechung der Militärgerichte hat unter genauer Beachtung einer einheitlichen Rechtsprechung immer der konkreten militärischen Situation und der sich hieraus ergebenden Erfordernisse und der Gewährleistung der militärischen Sicherheit und Durchsetzung der militärischen Disziplin und Ordnung zu dienen. Die Unabhängigkeit in der Rechtsprechung setzt ein hohes Staats- und Rechtsbewusstsein, ein hohes Pflichtbewusstsein, einen umfassenden Blick, militärisches Können, eine gute Menschenkenntnis aller Militärrichter und – Schöffen voraus."[250]

---

248 Vgl. BArch. NVR, DVW 1/39539; DVW 1/39524.

249 Die MGO 1974 führte insoweit eine Änderung ein, als nunmehr die Richter für die Dauer der Wahlperiode der Volkskammer bzw. des Nationalen Verteidigungsrates (vgl. § 10 Abs. 3 MGO 1974) gewählt wurden, mithin nunmehr auf die Dauer von 5 Jahren; vgl. auch BArch. NVR DVW 1/39474; DVW 1/39485.

250 BStU, MfS, BV Cottbus, OD Schwarze Pumpe 8405, S. 19.

Die Militärrichter wurden rigide angeleitet und streng und konsequent geschult.[251] So organisierte die HAMG alle zwei Monate zweitägige Schulungsveranstaltungen für alle Militärrichter zur Durchführung von 52 Stunden juristischer Fachschulung und 20 Stunden Psychologie. Vor den Militärobergerichten fanden jeden zweiten Monat eintägige Schulungen zur Durchführung von 24 Stunden militärischer Grundlagenausbildung statt. Diese Tage waren auch für Richterdienstbesprechungen zu nutzen.[252]

Die Vorgaben an Militärobergerichte und Militärgerichte bestanden darin, selbständig die Durchführung von Unterricht – 30 Stunden Russisch, 96 Stunden Sport und viermal jährlich Schießen mit persönlicher Waffe, zu organisieren. Hundert Stunden der Dienstzeit sollten für die Teilnahmen an der gesellschaftswissenschaftlichen Weiterbildung zur Verfügung stehen, mehrwöchige Qualifizierungslehrgänge an der Akademie für Staats- und Rechtswissenschaft „Walter Ulbricht" und an anderen schulischen Einrichtungen der Rechtspflegerorgane wurden vorgegeben.[253]

Die Zahl der Planstellen für Militärrichter stieg von 35 ab 1964 auf 43 ab 1977. Die Zahl der Strafverfahren stieg von 1120 im Jahr 1964 auf 2423 im Jahr 1969. Im Jahr 1988/1989 lag die Zahl der Verfahren bei 723. Die durchschnittliche Verfahrensbelastung der Militärrichter lag 1964 bei drei bis vier Verfahren pro Monat, stieg 1969 auf sechs Verfahren pro Monat und sank ab 1977 auf drei bis einem Verfahren pro Monat.[254]

Alle Militärrichter waren Offiziere der NVA, die ihre Funktion auf Grund ihrer politischen Befähigung, ihrer juristischern und militärischen Ausbildung ausübten. Der Militärjustizdienst war eine Dienstlaufbahn der NVA gemäß Dienstlaufbahnordnung.[255]

Aus der doppelten Unterstellung folgte auch die Anwendung der Disziplinarvorschrift der NVA bei Verletzung militärischer Pflichten, während bei Verletzung von Pflichten in Ausübung der Rechtspflegetätigkeit die entsprechenden Disziplinarvorschriften galten, für Militärrichter war das die Disziplinarordnung für

---

251 BStU, MfS HA IX Nr. 3813, S. 21 f.; *Wenzke*, Hetze, S. 345.

252 MKOG/HAMG, Perspektivplan der Tätigkeit der Militärgerichte im Jahr 1964 vom 2.12.1963, Vertrauliche Verschlusssache, unterzeichnet von Dr. Sarge und Dr. Kalwert, BArch., DVW 9/ 969649, S. 30, 31.

253 Ebenda, S. 31.

254 *Steike*, Die DDR- Militärjustiz, S. 2577.

255 *Rühmland*, Militärgerichtsbarkeit, S 139, 35; vgl. § 9 Abs. 2 Buchstabe g) Dienstlaufbahnordnung vom 24.1.1962 – GBl. I., 6.

Richter vom 21. April 1978.[256] Die militärische Befehlsstruktur war ein wichtiges Steuerungsinstrument der NVA.

256 GBl. I, S. 129.

3. Kapitel: Die Mechanismen der Steuerung der DDR-Militärjustiz durch das MfS

A) Grundlagen der Steuerung

I. Die sozialistische Gesetzlichkeit

In vielen Judikaten finden sich zeitgeschichtlich bedeutsame Feststellungen zum Justizsystem der DDR. Gegenstand dieser Arbeit kann nicht eine detaillierte Beschreibung der Stellung der Justiz im Staats- und Gesellschaftssystem der DDR sein, wie sie in verschiedenen Gerichtsentscheidungen und einer Vielzahl von Publikationen Ausdruck gefunden hat. Vormbaum spricht zu Recht von der weitgehend abgeschlossen vorliegenden Strafrechtsgeschichte der DDR.[1] Es erfolgt daher eine Beschränkung auf allgemeine Strukturprinzipien, die die Grundlage für die Steuerung der Justiz in der DDR bieten. Der Bundesgerichtshof hat diese Grundlagen in seiner Entscheidung vom 13. Dezember 1993 als offenkundig dargestellt:

> „In der DDR gab es keine Gewaltenteilung. Die Rechtsprechung hatte neben anderen staatlichen Organen die Funktion, die 'staatliche Macht der Arbeiterklasse' auszuüben. Sie war aber 'fest in das einheitliche System der Machtausübung eingegliedert'. Nach § 3 des Gerichtsverfassungsgesetzes der DDR gehörte es zwar zu den Aufgaben der Justiz, die 'gesetzlich garantierten Rechte der Bürger zu schützen, zu wahren und durchzusetzen'. Die Rechte des Einzelnen wurden in der DDR jedoch nicht als Gegensatz zum staatlichen Belangen gesehen, vielmehr herrschte die Auffassung, dass alles, was der Entwicklung und Festigung der sozialistischen Gesellschaft diene, zugleich dem Interesse des Einzelnen entspreche. Die in Art. 19 DDR-Verfassung 1974 garantierte 'sozialistische Gesetzlichkeit' gewährleistete daher einen umfassenden Schutz vor Rechtsbeeinträchtigungen durch den Staat. Durch den Zusatz 'sozialistisch' fand eine Orientierung an dem Staatsziel des Art. 1 Abs. 1 DDR-Verfassung, der Verwirklichung eines sozialistischen Staates statt. Die SED wurde in Art. 1 Abs. 1 der Verfassung als die 'politische Organisation der Werktätigen in Stadt und Land, die unter Führung der Arbeiterklasse und ihrer marxistisch-leninistischen Partei den Sozialismus verwirklicht' bezeichnet. Die Führung durch die SED hatte somit Verfassungsrang und stand nach dem Text der Verfassung gleich geordnet neben anderen staatlichen Funktionen, also auch der Justiz. Tatsächlich war die SED der Rechtsprechung insoweit übergeordnet, als sie Inhalte des Sozialismus und damit die staatliche Komponente der Gesetzlichkeit definiert hatte. Folglich entsprach es dem Staats- und Verfassungssystem der DDR,

---

1 V*ornbaum*, Strafrechtsgeschichte, S. 250.

> dass die Entscheidungen der Justiz mannigfaltigen Einflüssen unterlagen, die letztlich auf die SED zurückzuführen waren."[2]

Der Staat DDR hatte eine sozialistische Gesellschafts- und Staatsordnung. Der Sicherung dieser Ordnung diente auch das Recht. Das Recht war unmittelbares Instrument der Politik. Es hatte als Teil der einheitlichen Staatsgewalt den jeweils von der Parteiführung vorgegebenen politischen und gesellschaftlichen Zwecken zu dienen. In der DDR hatte die Politik den Primat vor dem Recht. Und das war von Anfang an so beabsichtigt: „Es muss demokratisch aussehen, aber wir müssen alles in der Hand haben."[3] Und zur Justiz formulierte der spätere Generalstaatsanwalt der DDR, Melsheimer, im Jahre 1949:

> „Man soll beherzigen, dass es ein alter revolutionärer und demokratischer Grundsatz ist, dass man einen Staat dann umwandelt, wenn man zwei Dinge in der Hand hat: die Polizei und die Justiz. Polizei hat man in der Hand, die Justiz noch nicht. Dass wir sie in die Hand bekommen, sollte unser Ziel sein."[4]

Das DDR-Rechtssystem war Teil der Gewalteneinheit. Die SED hatte sich nach und nach einen Staat aufgebaut, dessen Struktur den Erfordernissen ihrer Herrschaft angepasst war, so dass die Verknüpfung von Politik- und Justizsystem immanent war. Das sozialistische Gericht diente den Aufgaben der politischen Macht. Seine Richter waren politische Funktionäre des Staates der DDR.[5]

> „'Die Macht ist das allererste'.[6] Diesen Auftrag haben unsere Gerichte verstanden und auch unter den komplizierten Bedingungen des Klassenkampfes sich als zuverlässiges Element der Arbeiter- und Bauernmacht erwiesen."[7]

---

2 BGHSt. 40, 30, 34ff.; 40, 169, 174ff.; vgl. auch *Marxen / Werle*, Rechtsbeugung, Bd V, 1. Teilbd., S. XXX; *Roggemann*, Lenkungsmechanismen der DDR-Justiz, S. 214 ff.; *Vollnhals*, Nomenklatur und Kaderpolitik, S. 213.

3 Direktive von Walter Ulbricht, Berlin 1945, zitiert nach *Leonhard*, Revolution, S. 358.

4 Melsheimer auf der 3. Tagung des Ausschusses für Rechtsfragen beim ZK der SED am 3./4.1.1948, zitiert nach „Im Namen des Volkes", Katalog, S. 15; *Strempel*, Steuerung der Justiz, S. 29.

5 *Winkel*, MfS und Justiz, S.14; *Kirchheimer*, Politische Justiz, S. 440; vgl. auch *Mierau*, Juristenausbildung, S. 71, 195.

6 Erich Mielke, zitiert nach *Vollnhals*, Die Macht ist das Allererste, S. 227; BStU, MfS, ZAIG, 4784 b, S. 4; Sarge, zitiert nach *Vollnhals*, ebenda, S. 228; BStU , MfS, BV Halle, Abteilung IX, S. 329.

7 Erich Honecker auf dem IX. Parteitag der SED im Jahre 1977, zitiert nach *Meinerzhagen*, Rechtsbeugung, S. 117.

II. Die Unabhängigkeit des Richters

Der Grundsatz der Parteilichkeit beherrschte das sozialistische Rechtsverständnis der kommunistischen Systeme. Es durchzog das Recht und beherrschte die Auswahl der Richter. Unparteilichkeit und Unabhängigkeit der Rechtsprechung im Sinne der Gewaltenteilung und als Bollwerk gegen ungebremste politische Herrschaft und Willkür galten als Relikte bürgerlicher Gedankenwelten.[8]

Maßgebendes Prinzip der zentralistisch strukturierten DDR-Justiz war nach damaligem Verständnis die Führung durch die SED-Staatspartei. „Für die Tätigkeit der Rechtspflegeorgane der DDR bilden die Beschlüsse der SED die unabdingbare Grundlage.“[9] Gemäß Art. 96 der Verfassung der DDR 1974 waren die Richter formell in ihrer Rechtsprechung zwar unabhängig und nur an die Gesetze und die anderen Rechtsvorschriften gebunden. Entsprechend dem Prinzip der Gewalteneinheit, der bloßen Funktionentrennung innerhalb des einheitlichen Systems der SED-Staatsmacht sowie der geforderten „Einheit zwischen Volk und Rechtspflege“ war dieser Grundsatz von vorne herein aber auf die sachliche Unabhängigkeit beschränkt. Institutionelle, persönliche, innere und vor allem politische Unabhängigkeit waren weder gewollt noch realisiert.[10]

Die Richter des OG wurden seit dem Jahre 1949, die Richter der Kreis- und Bezirksgerichte seit dem Jahre 1960 gewählt. Alle Richter waren gegenüber den sie wählenden Volksvertretungen verantwortlich, rechenschafts- und berichtspflichtig (Art. 95 Verfassung DDR 1974; § 17 DDR-GVG 1974). Sie hatten den Volksvertretungen, die sie gewählt hatten, Bericht über die Erfüllung ihrer Pflichten zur Durchführung der sozialistischen Gesetzlichkeit und zur gesellschaftlichen Wirksamkeit der Rechtsprechung zu erstatten. Ein Richter in der DDR konnte vor Ablauf seiner Amtsperiode aus verschiedenen Gründen abberufen werden (§ 53 DDR-GVG 1974). Dem Richterstatus in der DDR fehlten also nicht nur die Elemente der Unabsetzbarkeit und Unversetzbarkeit. Ihm lag auch kein besonderes Richterverhältnis, das ihn grundsätzlich von den übrigen Staatsbediensteten unterscheiden würde, zu Grunde. Der in der DDR vertretene Status des Richters entsprach der von Walter Ulbricht

8 *Herrmann-Schüsseler* Unabhängigkeit des Richters, S. 129.

9 Autorenkollektiv, Rechtspflege, S. 22.

10 Landgericht Frankfurt/Oder, 3 KLS 36/94 – 63 Js 1291/93, Urteil vom 30.09.1997 im „Havemann-Verfahren“, zitiert nach *Marxen / Werle*, Rechtsbeugung, 2. Teilband, S. 583.

schon im Jahre 1947 vorgenommenen Wertung des Privilegs der Unabsetzbarkeit der Richter als „anti-demokratische-Institution".[11]

Eine richterliche Unabhängigkeit „an sich" gab es demnach nicht.[12] Die Unabhängigkeit der Richter nach dem Verständnis der DDR war wesentlich anders geartet und hatte prinzipiell andere Funktionen zu erfüllen als das gleichlautende Prinzip des Grundgesetzes der BRD. Bestimmende Faktoren für das Verständnis und die Ausgestaltung der richterlichen Unabhängigkeit in der DDR waren Staat und Recht, die als Organisatoren bei der Gestaltung der sozialistischen Gesellschaftsverhältnisse erfasst werden mussten. Das bürgerliche Prinzip der richterlichen Unabhängigkeit hingegen begrenzte sich auf den Rahmen der bürgerlichen Staatlichkeit. „Es bringt die Trennung von der Justiz von den Volksmassen zum Ausdruck und steht voll und ganz im Dienste des Kapitals, dessen fortschrittsfeindliche Macht Rechtsprechung zu sichern hat". Die Unabsetzbarkeit der Richter in der BRD sei identisch mit deren Nichtverantwortlichkeit vor dem Volk und demzufolge identisch mit der Isolierung der Richter vom Volk.[13]

Die richterliche Unabhängigkeit in der DDR bedeutete demnach, dass die Richter

> „von niemandem daran gehindert werden (durften), den in den Normativakten ausgedrückten Willen des Volkes durchzusetzen und überall den Aufbau des Sozialismus zu fördern".[14] Sie erforderte die 'bewusste, schöpferische Mitwirkung aller Richter an der Ausgestaltung und Durchsetzung der gesellschaftlichen Umwälzung auf Grund zentral festgelegter Leitungsmaßnahmen'."[15]

Es galt der Satz:

> „Solange der Richter in der DDR seine Rechtsprechung auf die Einhaltung von Gesetz und Verfassung ausrichtet und so die Durchsetzung der objektiven Gesetzmäßigkeiten, die der Politik der marxistisch-leninistischen Partei und der sozialistischen Staatsmacht inne wohnt, zu einer planmäßigen, gesellschaftsgestaltenden Kraft macht, wird ihm die Volksvertretung dabei jede Unterstützung geben. Es versteht sich von selbst, dass sie ihn immer und überall vor jeder unzulässigen Einmischung schützt."[16]

11 *Ulbricht*, Arbeiterbewegung, Band III, S. 182.

12 *Herrmann / Schüsseler*, Unabhängigkeit des Richters, S. 129.

13 Ebenda.

14 Ebenda.

15 Ebenda, S. 130.

16 Ebenda, S. 134.

Das bedeutet im Ergebnis: Für den Fall, dass der Richter sich nicht nach den politisch vorgegebenen Gesetzmäßigkeiten verhielt, konnte er auch keine richterliche Unabhängigkeit für sich in Anspruch nehmen.

Dass eine so verstandene „richterliche Unabhängigkeit" nicht mit der richterlichen Unabhängigkeit, wie sie in der Bundesrepublik verstanden wurde, vergleichbar ist, dürfte im Wesentlichen unstreitig sein.[17] Zwar war die richterliche Unabhängigkeit in der DDR verfassungsrechtlich normiert; eine nachhaltige Sicherung zum Beispiel durch Beschränkung der Abberufbarkeit und Versetzbarkeit der Richter existierte jedoch nicht. Der weitgehenden Unabsetzbarkeit der bundesdeutschen Richter war die (Ab)Wählbarkeit der Richter in der DDR entgegengesetzt worden.[18]

Ferner ist zu beachten, dass alle Militärrichter Mitglied der SED waren und auch in ihrer Dienstdurchführung den Vorgaben dieser Partei unterlagen.[19] Sie trugen im Richterdienst Uniformen und unterlagen der Befehlsstruktur des Militärs.[20] Sie hatten sich dem Fahneneid nach verpflichtet, der DDR treu zu dienen und sie „auf Befehl der Arbeiter- und Bauern-Regierung gegen jeden Feind zu schützen."[21]

Letztlich ist die „richterliche Unabhängigkeit" auch unter der Prämisse der Gewalteneinheit in der DDR zu sehen.[22] Der Justizapparat der DDR war Teil der einheitlichen Staatsmacht und nahm die Aufgaben der Rechtsprechung wahr.[23] Rottleuthner spricht davon, dass man die Judikative der DDR aus bundesdeutscher Sicht am besten versteht, wenn man sie als Teil der Verwaltung interpretiert. Hier wird deutlich, dass die richterliche Unabhängigkeit in Definition und Ausgestaltung kein „Weniger" gegenüber der richterlichen Unabhängigkeit in der Prägung der Bundesrepublik war, sondern etwas völlig anderes, ein aliud. Gleiche Begriffe hatten mithin einen völlig unterschiedlichen Bedeutungsinhalt.[24]

Die Richter der DDR waren de facto nicht unabhängig. Sie befanden sich generell nicht in einem der bundesdeutschen Rechtsordnung entsprechenden

17 *Rottleuthner*, Steuerung, S. 228; *Fricke*, Staatssicherheit und Justiz, S. 167, 174 f.

18 *Rottleutner*, Havemann-Verfahren, S. 22.

19 Ebenda, S. 8 f.; S.16 ff.

20 Vgl. oben.

21 Vgl. *Rühmland*, NVA, S. 47.

22 *Rottleuthner*, ebenda, S. 22.

23 Ebenda, S. 2, 6.

24 *Werkentin*, Politische Strafjustiz, S.14 ff.

öffentlich-rechtlichen Dienst- und Treueverhältnis, sondern in einem sozialistischen Arbeitsverhältnis; die Richter am Obersten Gericht konnten jederzeit, die Richter an den Kreis- und Bezirksgerichten bei einem Verfassungs- oder Gesetzesverstoß oder bei gröblicher Pflichtverletzung abberufen werden und waren zur Rechenschaftslegung verpflichtet.[25]

Von den Richtern unterer Instanzen wurde erwartet, dass sie sich in Zweifelsfällen vor der eigenen Entscheidung an die übergeordnete Instanz, gegebenenfalls direkt an das Oberste Gericht wendeten. Diese Art von „Konsultationen" war üblich. So heißt es beispielsweise:

> „Sehr eindringlich wurde vom Genossen Sorgenicht[26] darauf hingewiesen, dass der demokratische Zentralismus die unbedingte Beachtung der Weisungen übergeordneter Gerichte erfordere. Bevor ein falsches Urteil gefällt werde, sollten die Richter Rückfrage beim Obersten Gericht halten."[27]

Schon im Studienplan der Juristischen Fakultäten wird klar geregelt, welche Grundtendenzen bei der Ausbildung von Juristen zu beachten waren:

> „Die Juristischen Fakultäten haben Staatsfunktionäre auszubilden, die der Arbeiterklasse treu ergeben und fähig sind, die Ziele und Aufgaben der Arbeiter- und-Bauern-Macht auf höchstem wissenschaftlichen Niveau zu verwirklichen."[28]

Der Präsident des OG hat in einem Referat vor den Leitungskräften der Gerichte in Wustrau am 2. September 1986 zu dem Thema „Die Leitung der Rechtsprechung durch das Oberste Gericht in Auswertung der Beschlüsse des XI. Parteitages der SED" referiert. Er erklärte:

> „Ich brauche in diesem Kreis nicht besonders zu betonen, dass wir im Verhältnis zur bürgerlichen Staats- und Rechtsauffassung eine Unabhängigkeit der Richter anderer Art haben, die von der hohen Verantwortung des Richters für die Belange der sozialistischen Gesellschaft ausgehen. Bei uns gilt auch in der Rechtsverwirklichung das Primat der Politik. Und das setzen wir durch. Im tagtäglichen praktischen Gerichtsleben geht es uns darum, der Unabhängigkeit der Richter dadurch Ausdruck zu verleihen, dass in jeder Sache das politische Engagement, das juristische Können, eine hohe Berufsethik sowie Eigenverantwortung und Entscheidungsfreundlichkeit des Richters sichtbar werden. Entscheidungen des Richters, die den gesetzlichen Rahmen nicht verlassen, uns aber nicht gefallen, sind keine Disziplinarangelegenheiten oder Gegenstand von Auseinandersetzungen in Leiter-

25 So die Charakterisierung des Richterbildes in der DDR durch das Bundesverfassungsgericht. In BVerfGE 87, 68 (86 f.).

26 Vgl. zur Person Sorgenicht Anlage 1, Abschnitt A II.

27 *Rottleuthner*, Aufbau, S. 33 unter Hinweis auf SAPMO-BArch IV A2/13/166.

28 Studienplan für das Fach Rechtswissenschaft, entworfen von der Deutschen Akademie für Staats- und Rechtswissenschaft „Walter Ulbricht", zitiert nach Bundesministerium für Gesamtdeutsche Fragen, Parteijustiz, S.11.

> beratungen im Territorium, sondern werden im Rechtsmittel- oder Kassationswege bereinigt."[29]

Bei politisch missliebigen Entscheidungen waren Richter vielfältigen Repressionen ausgesetzt. Sie wurden zwar nicht wegen einer gesetzwidrigen, also das Recht beugenden Entscheidung, belangt, aber als „nicht konforme" Richter im Wege der Abwahl oder mittels Disziplinarverfahren kaltgestellt.[30] In anderen Fällen mussten Richter sich parteiintern verantworten.[31]

In frühen Jahren finden sich Rundverfügungen des Ministeriums der Justiz, in denen Richter angehalten wurden, Anträgen der Staatsanwaltschaft im Strafprozess weitestgehend zu entsprechen.[32]

Das MfS war schon seit den frühen 50er Jahren und danach bestrebt, den Einfluss auf die Justiz zu wahren. In einem Dokument des Bundesbeauftragten, Bezirksverwaltung Erfurt, heißt es in einem Schlusswort des damaligen Ministers Ernst Wollweber auf der Dienstkonferenz am 16. Mai 1957 wie folgt:

> „Weil die Staatsanwaltschaft und ein Teil der Richter anständig einen auf den Kopf bekommen haben, sind sie jetzt bereit, alles zu unterschreiben, was wir ihnen geben."[33]

III. Der Einfluss auf die Gesellschaft und deren Militarisierung

1. Einführung

Wenn man die Grundlagen der Steuerung der Justiz im Allgemeinen und der Militärjustiz im Besonderen darstellen will, wären diese nicht verständlich, würde man nicht die besondere Situation der Gesellschaft in der DDR beschreiben. Denn das Maß an persönlicher Freiheit bedingt auch die rechtlichen Strukturen. Je freier das Individuum in einer Gesellschaft agieren kann, umso unabhängiger muss die Justiz zur Einhaltung des Gleichgewichts der persönlichen Freiheit sein. Je unfreier das Individuum agieren darf, umso strikter und enger ist der vorgegebene Rahmen der Rechtsordnung. Gesellschaftsstrukturen „machen" das Recht.

---

29 *Grote*, Die DDR-Justiz vor Gericht, S. 63; Das Referat ist Beweismittel in der Anklageschrift der Staatsanwaltschaft bei dem LG Berlin vom 30.12.1993 – 76 Js 1042/93, dort: Urkundenmaterial Nr. 17.

30 *Rottleuthner*, Steuerung, S. 52; *Werkentin*, Politische Strafjustiz, S. 153, 316.

31 Vgl. *Herrmann / Schüsseler*, Unabhängigkeit der Richter, S. 133.

32 *Werkentin*, Politische Strafjustiz, S. 313 unter Berufung auf eine Rundverfügung Nr. 10/50 des MdJ vom 10.8.1950.

33 BStU, MfS, SdM, 1921, S. 350.

Die Gesellschaft der DDR musste sich mit der Zeit, vor allem nach dem Bau der Mauer, die die Massenflucht[34] unmöglich machte, mit dem politischen System auf irgendeine Weise arrangieren. Waren vor dem Mauerbau Repression, Druck und Willkür gängige Mittel der Politik, ging dieses „Arrangement der Erziehungsdiktatur“[35] ab den sechziger Jahren als „Teilanpassung“ vor sich. Über Beruf, Leistung und soziale Aufstiegsmöglichkeiten passten sich die im Arbeitsprozess stehenden sozialen Gruppen an das System partiell an – vielfach ohne sich mit der Politik der SED, der Institutionalisierung des Misstrauens, der bürokratischen Kontrolle und dem neuen Privilegiensystem für die politischen und gesellschaftlichen Eliten abzufinden.[36]

2. Das Recht in der sozialistischen Gesellschaft[37]

Die DDR hatte eine sozialistische Gesellschafts- und Staatsordnung. Das Recht diente der Sicherung dieser Ordnung. Es war nicht Maß, sondern Mittel der Politik[38] und politisches Instrument. Es identifizierte sich als der zum Gesetz erhobene Wille der SED.[39] Die parteipolitischen Entscheidungen formten die Justiz nicht nur nach ihren Bedürfnissen, sondern setzten sich auch über die von ihr erlassene Rechtsordnung hinweg.[40]

Das Recht spielte in der DDR eine andere Rolle als es das gemeinhin in den demokratischen Staaten zu tun pflegt. Zwar dient das Recht auch in der parlamentarischen Demokratie westlicher Prägung der Gestaltung gesellschaftlicher und sogar ökonomischer Verhältnisse. Es ist der Rahmen, innerhalb dessen sich die verschiedenen Widersprüche, die in einer Gesellschaft entstehen, entfalten und bewegen können. In der DDR war das Recht das Instrument, mit dessen Hilfe solche Widersprüche gerade abgeschafft werden sollten. Es

---

34 *Sywottek*, Selbstverständnis der DDR, S. 30, spricht von „Westwanderung“, S. 30.

35 Ebenda, S. 27.

36 *Ludz*, DDR-Gesellschaft, S. 19; eingehend beschreibt *De Bruyn*, 40 Jahre, Seite 185, 186 den damaligen Zustand der Gesellschaft in der DDR: „Verglichen mit Ulbricht's Zeiten waren die materiellen Lebensverhältnisse zu Zeiten Honeckers besser, die Überwachungsmethoden zwar perfekter, aber jedoch leiser geworden. Die Beherrschten hatten gelernt, sich in Genügsamkeit zu bescheiden und auch die Herrschenden begannen, sich mit dem Volk abzufinden [...]. Es gab eine Art Stillhalteabkommen zwischen oben und unten. Wer die bestehende Machtkonstellation anerkannte und ihre Regeln befolgte, wurde weitgehend in Ruhe gelassen“.

37 Vgl. 1. Kapitel, Abschnitt A III.

38 *Marxen*, Recht, S.15.

39 *Fricke*, Zur Menschen- und Grundrechtssituation, S. 24, *Kirchheimer*, Politische Justiz, S. 606.

40 *Wentker*, Justiz und Politik, S. 126.

wurde als das Hauptinstrument der von der Arbeiterklasse geführten Werktätigen bei der Gestaltung der entwickelten sozialistischen Gesellschaft und auf dem Wege zum Kommunismus bezeichnet und eingesetzt.[41] Das Recht diente also der Gestaltung gesellschaftlicher Verhältnisse[42] und die Rechtspflege wurde als eine spezifische Form der Leitung der sozialistischen Gesellschaft verstanden.[43]

Subjekt des Rechts sollte ein neuer, ein sozialistischer Mensch sein; dieses sozialistische Menschenbild war Maßstab für die Bildung und Erziehung,[44] für eine „gebildete sozialistische Nation und für die Sozialisierung nach dem politisch-ideologischen Vorgaben der DDR“ (vgl. §§ 1, 25 BildungsG).[45]

Die DDR-Gesellschaft verhielt sich – bis auf oppositionelle Ausnahmen[46] – in großer Mehrheit nicht regimefeindlich, sondern „gleichgültig unpolitisch“ bis „angepasst“.[47] Sie hatte sich „sozialistisch“ entwickelt. Wie sich zeigen wird, galt dies auch für die Richter, insbesondere in der Militärjustiz.

3. Die „Militarisierung“ und „Teilanpassung“ der sozialistischen Gesellschaft

Die DDR sah sich selbst als Gegenteil des „Militarismus“. Diesem Vorwurf unterfielen nur Gegner des Systems. Der Begriff „Militarisierung“ wurde wie folgt definiert:

> „Allseitige Durchsetzung des Militarismus als System, Unterwerfung des gesamten gesellschaftlichen Lebens eines imperialistischen Landes (bzw. einer imperialistischen Koalition) unter die Politik der imperialistischen Kriegsvorbereitung, z.B. heute in Westdeutschland. Sie umfasst die Militarisierung der Wirtschaft, der Politik, der Ideologie, der Wissenschaft und Kultur und des Militärwesens.“[48]

---

41 *Heuer*, Die Rechtsordnung der DDR, S. 611; IX. Parteitag. Programm der SED, Berlin 1976, S. 40.

42 *Mampel*, Recht und Rechtspflege, S.151.

43 Ebenda.

44 *Siebert*, Auf dem Weg zum neuen Menschen, S. 208.

45 Gesetz über das einheitliche Sozialistische Bildungssystem vom 25.2.1965, GBl. I, S. 84.

46 *Fricke*, Opposition und Widerstand, S. 171, stellt fest, dass das oppositionelle Potential durch Flucht und Abwanderung bis zur Errichtung der Mauer im Jahre 1961, danach auch durch Flucht, durch Freikauf politischer Häftlinge und zum Ende der DDR auch durch genehmigte Übersiedlungen in wachsender Zahl verringert wurde.

47 Ebenda.

48 Kollektiv der Militärakademie der NVA „Friedrich Engels“, Deutsches Militärlexikon, Berlin 1962, S. 272.

An anderer Stelle heißt es, dass der Militarismus alle Sphären des gesellschaftlichen Lebens durchdringt und die gesamte Gesellschaft seinen reaktionären und aggressiven Zielen unterordnet.[49]

Die DDR reklamierte sich selbst als Staat des Friedens. Der Alltag eines jeden Bürgers war aber dennoch stark von Verbindungen zum Militärischen geprägt.

Auch die Verbindung zwischen „Militär“ und „Justiz“ war in der DDR keine Besonderheit, weil Militär, Staat und Gesellschaft in der DDR eng verbunden waren. Etwa 400.000 hauptamtliche Mitarbeiter arbeiteten in den bewaffneten Organen der NVA – einschließlich – Grenztruppen, der Deutschen Volkspolizei, der Transportpolizei, der Zollverwaltung, des Luftschutzes und der Zivilverteidigung, der Kampfgruppen der Arbeiterklasse, der Gesellschaft für Sport und Technik und natürlich des Ministeriums für Staatssicherheit. Jeder zehnte Erwerbstätige wurde in das sogenannte System der Landesverteidigung institutionell eingebunden und war damit potentiell betroffener Adressat der Militärjustiz. Gemessen an der Einwohnerzahl gehörte die DDR damit zu den militärisch am stärksten mobilisierten und letztlich auch militarisierten Gesellschaften im kalten Krieg.[50]

Die ideologische Durchdringung reichte von der Leitidee der „sozialistischen Wehrerziehung“ in Kindergarten, Schule, Berufsausbildung und Universität über die gesteuerte Präsenz in den Medien bis zur historischen Instrumentalisierung des „Antifaschistischen Kampfes“ und der „Befreiung durch die Sowjetarmee“.[51] Der junge Mensch in der DDR sollte zum sozialistischen Staatsbürger erzogen werden (§ 1 JugendG).[52] Die Vorbereitung auf den Wehrdienst setzte früh ein. In der DDR waren staatliche Organe, Betriebe, Schulen und Bildungseinrichtungen gesetzlich verpflichtet, die Bürger, insbesondere Jugendliche, auf den Wehrdienst vorzubereiten, um die Verteidigungsbereitschaft der Bevölkerung zu erhalten. (§ 5 WehrdienstG)[53]

Die Wehrerziehung begann schon im Kindergarten, wo der Besuch von Kindern in Kasernen vorgesehen war. In den ersten Schuljahren stimmten „kind-

---

49 Wörterbuch zur Deutschen Militärgeschichte, Bd. 2, S. 576.

50 *Diedrich / Ehlert / Wenzke* Im Dienste der Partei, S. IX,X,1,49 f.; *Ehlert / Rogg*, Militär, Staat und Gesellschaft, S 257, 263; *Rogg*, Militärgeschichte, S. 1 ff.

51 Vgl. *Rogg*, ebenda; *Diedrich / Ehlert / Wenzke*, ebenda.

52 Gesetz über die Teilnahme der Jugend an der Gestaltung der entwickelten sozialistischen Gesellschaft und über ihre allseitige Förderung in der Deutschen Demokratischen Republik – JugendG der DDR – vom 28.1.1974 (Gbl. I, S. 45).

53 Gesetz über den Wehrdienst in der DDR – WehrdienstG – vom 25.3.1982 (GBl. I, S. 221).

gemäße“ Wehrpropaganda und Begegnungen mit NVA-Angehörigen auf den späteren Wehrdienst ein. Schon der Erstklässler erlernte im Sportunterricht einfache militärische Kenntnisse und Fähigkeiten im Geländespiel, die in der zweiten und dritten Klasse mit steigendem Niveau ausgebaut wurden. In der fünften bis sechsten Klasse erfolgte die wehrpolitische Arbeit im Geschichts- bzw. Staatsbürgerkundeunterricht. In späteren Klassen war das Fach Wehrkunde für alle Schüler obligatorisch.[54] Zuständig für die vormilitärische Ausbildung, die Wehrbereitschaft und Wehrfähigkeit der Bevölkerung, insbesondere der jungen Menschen, war die „Gesellschaft für Sport und Technik“ (GST). Die GST hatte im Jahr 1988 insgesamt 679.820 Mitglieder und organisierte die vormilitärische Ausbildung.[55]

Auch während des Studiums war die wehrerzieherische Arbeit ein Element der Erziehung. Dazu gehörten Vorlesungen zur Militärpolitik, der Wehrsport sowie für männliche Studenten in der Regel die militärische Qualifizierung.[56]

Die Militarisierung der Gesellschaft, der Rechtspflege und auch der Gesetzgebung war Teil der Militarisierung von Staat und Gesellschaft der DDR.[57] Militarisierung bedeutete insoweit, dass die Gesellschaft der DDR nach militärischen Prinzipien organisiert und mit militärischen Wertvorstellungen durchdrungen war.[58]

Unter rein empirischen Gesichtspunkten zeigt diese gesellschaftliche Struktur, dass eine Vielzahl der Staatsbürger Adressaten der militär-strafrechtlichen Normen des Gesetzes und damit Betroffene der Militärjustiz sein konnten. Diese war damit kein exotisches Randgebiet der Justiz, sondern von staatspolitischer Bedeutung.

Die Gesellschaft der DDR war nicht nur „teilangepasst“ und hatte sich mit dem Leben in der DDR „arrangiert“, die Gesellschaft war auch erheblich „militarisiert“.[59] Wehrerziehung war „Programm“. An diesem „Programm“ wirkte auch das MfS an entscheidender Stelle mit, wie die weiteren Untersuchungen zeigen werden.

54 *Judt*, DDR-Geschichte, S. 443; *Diedrich / Ehlert / Wenzke*, ebenda, S. 50, 51.

55 Bundesministerium für Innerdeutsche Beziehungen, DDR-Handbuch, Bd. 1, S. 547; *Heider*, Gesellschaft für Sport und Technik, S. 190; Verordnung über die Gesellschaft für Sport- und Technik vom 10.9.1968, GBl. II, S. 779.

56 *Heider*, ebenda, S. 194; *Bröckermann*, Landesverteidigung und Militarisierung, S. 438 f.; *Wolle*, Diktatur, S. 260.

57 *Raschka*, Justizpolitik im SED-Staat, S. 301.

58 *Raschka*, ebenda, S. 138.

59 *Diedrich Ehlert / Wenzke*, S. 1, 13 f.

4. Der Einfluss des MfS auf die Juristenausbildung

Das MfS war Teil der DDR, auch deshalb, weil es offen oder verborgen selbstverständlicher Lebenshintergrund im Alltag der Gesellschaft und damit Teil der Lebenswelt aller war.[60] Es entwickelte sich von einer klassischen politischen Geheimpolizei sowjetischen Typs etappenweise zu einem allgemeinen, flächendeckend angelegten Überwachungs- und Kontrollorgan, das neben seinen herkömmlichen repressiven Aufgaben intensive Stabilisierungs- und Steuerungsfunktionen ausbildete.[61] Aus dieser Aufgabenstellung stand zu erwarten, dass ein fundamentaler Einfluss auf die Justiz als Teil der ordnenden Gewalt in Rede steht

Die Teilanpassung der Gesellschaft, deren sozialistische Entwicklung, deren Militarisierung und die Schaffung der parteilichen, sozialistischen Gesetzlichkeit führten auch zu einschneidenden Veränderungen der Ausbildung der Juristen in der DDR. Sie war im Umfang begrenzt, streng reglementiert und durch ideologische Vorgaben gesteuert.[62]

Hilde Benjamin[63] hat sich zum „Bild des sozialistischen Richters" wie folgt geäußert:

> „Dabei geht es nicht um die Fotografie eines einzelnen oder einer Reihe von Volksrichtern, sondern gleichsam um das Leitbild, das zugleich politische Forderung an den Richter ist, wobei natürlich auch die Diskrepanz zwischen Sollen und Sein im Konkreten nicht übersehen werden darf und wird. In diesem Bild spiegelt sich die Entwicklung unserer Gesellschaftsordnung und unseres Staates, der Rechtspflege, des sozialistischen Menschen und des Staatsfunktionärs wieder."[64]

Es sollte ein neuer Typus Richter geschaffen werden, der gleichzeitig Staatsfunktionär sein sollte.

Nach dem Ende des Krieges kam es in weiten Teilen des untergegangenen Deutschen Reiches zum „Stillstand der Rechtspflege" (§§ 203 BGB, 245 ZPO).

Während in den Westzonen nach 1945 an die Juristenausbildung aus der Zeit vor 1933 angeknüpft wurde, gingen die SBZ und später die DDR in der Erzie-

60 *Wierling*, Die Stasi in der Erinnerung, S. 207; *Wenzke*, Wehrpflicht, S. 7, spricht von einer real-sozialistischen Gesellschaft; vgl. auch *Wolle*, Diktatur, S. 257 f.

61 *Engelmann / Florath / Heidemeyer / Münkel / Polzin / Süß*, MfS-Lexikon, S. 98 f.

62 *Stolleis*, Sozialistische Gesetzlichkeit, S. 17.

63 Justizministerin der DDR, vgl. Anlage 1, Abschnitt A I.

64 Zitiert nach *Gängel*, Das Oberste Gericht der DDR, S. 395.

hung der Justizkader entsprechend ihrem sozialistischen Rechtsverständnis andere Wege.

In der SBZ sollte das sozialistische Rechtssystem, die sozialistische Gesetzlichkeit, durchgesetzt werden. Dabei war der sowjetische Einfluss sehr groß. Unter den Prämissen der sozialistischen Gesetzlichkeit wurde die gesamte Rechtspflege in der SBZ/DDR Schritt für Schritt umgestaltet. Ehemalige Mitglieder der NSDAP bzw. Personen, die irgendwie mit dem NS-Staat in Verbindung gestanden haben sollen, wurden entlassen. Das wurde derart gründlich umgesetzt, dass nach heutiger Ansicht etwa 95% der akademisch gebildeten Juristen sowie der größte Teil der Verwaltungsjuristen aus ihrem Amt entfernt wurden.[65]

An ihre Stelle traten Juristen und Nichtjuristen unterschiedlichster Herkunft als Richter und Staatsanwälte „im Soforteinsatz", zum Teil waren dies herkömmlich ausgebildete, aber politisch unbelastete Richter oder Rechtsanwälte, teilweise wurden nicht juristisch ausgebildete, aber im „Klassenkampf" erfahrene Arbeiter, also Kommunisten, vor Ort eingesetzt. Man nannte sie „Richter im Ehrendienst". Bis zum Jahre 1952 waren die meisten allerdings wieder ausgeschieden.[66]

Da auf diese Weise eine funktionsfähige Justiz nicht aufzubauen war, schuf man für „bewährte Antifaschisten" Schnellkurse für Volksrichter. Ziel war die tiefgreifende Veränderung der Klassenstruktur der Justiz.[67] Die Volksrichter sollten die politische wie die fachliche Kontrolle über die Rechtspflege ausüben.[68]

In der Literatur wurden die begleitenden internen Debatten ebenso beschrieben wie der Verlauf der zwischen 1946 und 1952 von sechs Monaten auf zwei Jahre, dann auf drei und schließlich (1955/1956) auf ein Vollstudium von vier Jahren anwachsenden Kurse.[69]

Zusätzlich zur Hochschulbildung wurde mit dem Beschluss des Politbüros der SED vom 11. Dezember 1951 über die Arbeit der Justizorgane die Einrichtung eines Fernstudiums initiiert, das vor allem der Weiterbildung der in den Lehrgängen der früheren Richterschulen ausgebildeten Richter und Staatsanwälte dienen sollte. Grundsätzlich alle Absolventen der Volksrichterlehrgänge nahmen ein Fernstudium auf, um weiterhin als Richter, Staatsanwalt, Notar

65 *Stolleis*, ebenda, S. 31.

66 *Stolleis*, ebenda.

67 *Stolleis*, ebenda.

68 *Hattenauer*, Volksrichterkarrieren, S. 13.

69 *Stolleis*, ebenda, S. 32.

oder Justizfunktionär tätig sein zu können. Anfang der 60er Jahre war diese Aktion abgeschlossen. Beendet wurde das Fernstudium mit einem Staatsexamen sowie einem Diplom.[70]

Volksrichterkurse wandelten sich so stufenweise in eine reguläre Juristenausbildung.[71]

Parallel zur Volksrichterausbildung bildeten auch die juristischen Fakultäten der Universitäten in der DDR wieder Juristen aus. Die Hochschulausbildung nahm nach der Beendigung der Volksrichterlehrgänge den zentralen Stellenwert in der Ausbildung der Justizjuristen ein. Aufgabe der Juristischen Fakultät war die Ausbildung hochqualifizierter sozialistisch denkender und handelnder Staatsfunktionäre.[72]

Die Universitätsausbildung musste jedoch auf den nun gewünschten „neuen Juristen" und politisch auf den Marxismus-Leninismus ausgerichtet werden. Das Ziel der Ausbildung wurde immer wieder unmissverständlich formuliert:

> „Antifaschistisch-demokratische Ordnung verlangt einen anderen Juristen als der kapitalistische Staat. Der Jurist, der in unserem Staat eine Funktion einnimmt, muss sich jederzeit bewusst sein, dass er die Interessen der Werktätigen wahrnimmt und die antifaschistisch-demokratische Ordnung vor ihren Feinden zu schützen hat. Das Jurastudium muss deshalb dem Studenten völlige Klarheit über den Staat und seine Aufgaben in den verschiedenen Perioden der menschlichen Gesellschaft geben. Es muss das Recht als den zum Gesetz erhobenen Willen der herrschenden Klasse lehren und erkennen lassen; es muss den Studenten zu einem entschlossenen Verteidiger der antifaschistisch-demokratischen Republik, zu einem Kämpfer für den Frieden erziehen."[73]

Am 10. Oktober 1963 fasste das Präsidium des Ministerrates einen Beschluss über Inhalt und System der Ausbildung juristischer Kader.[74] Es ging insoweit um die Verbindung von Theorie und Praxis. Die juristischen Kader sollten vor dem Studium mindestens zwei Jahre als Facharbeiter tätig gewesen sein und nach Möglichkeit bereits gesellschaftliche Funktionen, insbesondere in den gesellschaftlichen Organen der Rechtspflege, ausgeübt haben. In dieser Ausprägung neu war der Gedanke der Spezialisierung. Nach einem einheitlichen Grundstudium wurde in der Ausbildung nun klarer zwischen Rechtspflege-

70 *Mierau*, Juristenausbildung, S. 24, 25 f.

71 *Hattenauer*, ebenda, S. 31, merkt dazu an, dass die Volksrichter „nachsitzen" mussten, um im Amt brauchbar zu sein. Er stellt fest: „Nichts kann schlagender beweisen, dass sich mit den Schnellkursen keine Richter produzieren lassen [...]."

72 *Mierau*, ebenda, S. 71, 195.

73 *Graefrath*, Das juristische Studium, S. 291 f.; vgl. auch Mierau, ebenda, S. 67 f., 69.

74 *Haferkamp / Wudtke*, Richterausbildung, RN 90 f.

und Wirtschaftsjuristen differenziert. Damit wurde die Konzeption des Einheitsjuristen verabschiedet und mit dem Wirtschaftsjuristen ein neues Berufsbild geschaffen. Die Ausbildung der Rechtspflegejuristen erfolgte nun ausschließlich an den Fakultäten in Leipzig und Berlin, während die Wirtschaftsjuristen auf Jena und Halle verteilt wurden.[75]

In diesem Zusammenhang ist das Aufkommen sogenannter „Vertragsstudenten" ab Mitte der 60er Jahre von Interesse.[76] Das MdJ[77] schloss mit SED-Mitgliedern Verträge über ihren künftigen Einsatz bei den Rechtspflegeorganen. Gegen ein erhöhtes Stipendium und die Garantie, bei erfolgreichem Abschluss übernommen zu werden, verpflichtete sich der künftige Student nicht nur zu einem konsequenten Studium, sondern auch zu partei- und gesellschaftspolitischem Engagement und dazu, „die Beschlüsse von Partei und Regierung stets zu beachten und sich im eigenen Handeln von ihnen leiten zu lassen" sowie „sich überall und jederzeit für die Ziele und Interessen der Arbeiter- und Bauernmacht einzusetzen".[78]

In den Jahren 1967 bis 1971 wurde die dritte Hochschulreform umgesetzt. Wichtigstes Ziel war dabei eine größere Nähe der Forschung zur Volkswirtschaft. Die Fakultäten und die Institute wurden durch Sektionen ersetzt. Die Ausbildung der Justizjuristen übernahmen nun die Humboldt-Universität in Berlin für Richter, Rechtsanwälte und Notare und die Friedrich-Schiller-Universität in Jena für Staatsanwälte.[79] Die ideologische Durchdringung des Studiums setzte sich fort. In jedem Semester wurden aufgrund ihrer Leistung im politischen Grundstudium auch einzelne Studenten als Nachwuchskader für den Staatssicherheitsdienst angeworben und dienten ab diesem Zeitpunkt als IM teilweise als Kontrollorgan ihrer Kommilitonen.[80]

Bemerkenswert sind in diesem Zusammenhang die Feststellungen zum Wirken des MfS an den genannten Universitäten An der FSU Jena waren über die Jahre hinweg – auch in der Sektion Staat – Recht – Marxismus-Leninismus – diverse Professoren, wissenschaftliche Mitarbeiter, Kader der Verwaltung und

75 *Haferkamp/Wudtke*, ebenda, RN. 95; *Mierau*, ebenda, S. 78, 91.

76 *Gräf*, Rekrutierung und Ausbildung, S. 405; *Lochen*, „Nachwuchskader, S. 127.

77 Im Bereich der Militärgerichtsbarkeit die HAMG.

78 *Gräf*, Rekrutierung und Ausbildung, S. 406.

79 *Haferkamp*, ebenda, RN. 100; vgl. Friedrich-Schiller-Universität zu Jena für Staatsanwälte: BStU, MfS, HA XX, 2953.

80 *Gräf*, ebenda, S. 429.

Studenten als IM für das MfS tätig.[81] Es wurde herausgearbeitet, dass an der FSU Jena seit etwa dem Jahre 1960 ständig 150–200 IM im Einsatz waren.[82]

Ähnliche Verhältnisse bestanden an der Humboldt-Universität Berlin. Als hauptamtliche Mitarbeiter standen 85 Angestellte der HU auf den Gehaltslisten des MfS, darunter 5 OibE.[83] Von allen Sektionen der Humboldt-Universität hatte die Sektion Rechtswissenschaften mit 14 hauptamtlichen Staatssicherheits-Kadern auf den MfS-Gehaltslisten die mit Abstand größte MfS-Durchdringung aller Sektionen.[84]

Bereits die Zulassung zum Studium und die Absolventenvermittlung unterlagen dem Einflussbereich des MfS. Im Direktorat EA befanden sich immer einflussreiche informelle Mitarbeiter, über die das MfS Immatrikulationen oder Exmatrikulationen durchsetzen konnte.[85]

Die dritte Hochschulreform hatte auf die Rekrutierungspraxis erhebliche Auswirkungen. Ein internes Merkblatt des MdJ aus dem Jahr 1970 stellte fest, dass als Student nur geeignet sei, wer „vorbehaltslos die Beschlüsse der Partei- und Staatsführung anerkennt und bereit und fähig ist, sich unter Einsatz seiner ganzen Persönlichkeit für ihre Verwirklichung einzusetzen".[86]

Für wichtige IM wurde durch das MfS sogar die Verfolgung von Straftaten verhindert. Auch um den Erwerb akademischer Grade mancher IM kümmerte sich das MfS.[87]

Bedurfte es zumindest theoretisch vor 1965 noch einer besonderen Befürwortung durch einen Betrieb oder einer Massenorganisation, um Rechtswissen-

---

81 Vgl. *Kluge / Meinel*, Das Wirken des Ministeriums für Staatssicherheit an der Friedrich-Schiller-Universität Jena, IM-Verzeichnisse S. 216 ff. und Übersicht der Bezirksverwaltung Gera vom 13.12.1988 zu IM/GMS, die an der FSU tätig sind, S. 213 f.

82 Ebenda, S. 212.

83 *Jordan*, Kaderschmiede Humboldt-Universität, S. 226; Aufstellung der Offiziere des MfS, S. 228 ff.

84 *Jordan*, ebenda, S. 227.

85 *Kluge / Meinel*, ebenda, Treffbericht S. 35 und Anmerkung S. 37; zu den Absolventenvermittlungen vgl. S. 39–41.

86 Merkblatt über Anforderung an Studienbewerber für das Studium in der Grundrichtung Rechtswissenschaft / Rechtspflege, in: Verfügungen und Mitteilungen des MdJ 1970, S. 52; vgl. auch *Frank*, Justizministerium, S. 194 f.; *Brand*, Der Rechtsanwalt, S. 195.

87 *Kluge / Meinel*, ebenda, S. 44 ff.

schaft zu studieren, bestand später die Möglichkeit, sich für das Jurastudium direkt zu bewerben.[88]

Vorraussetzung für eine erfolgreiche Bewerbung war nach dem Gesetzeswortlaut,

- die aktive Mitwirkung an der Gestaltung der sozialistischen Gesellschaft und die Bereitschaft zur aktiven Verteidigung des Sozialismus,
- der Nachweis hoher fachlicher Leistungen, verbunden mit dem Streben, das Wissen und Können ständig zu vervollkommnen,
- die Bereitschaft, alle Forderungen der sozialistischen Gesellschaft vorbildlich zu erfüllen und nach Abschluss des Studiums ein Arbeitsverhältnis entsprechend der Absolventenordnung vom 3. Februar 1971 aufzunehmen.[89]

Bereits bei der Zulassung zum Jurastudium war die Staatssicherheit in die Entscheidungsfindung einbezogen. Über das Verfahren, wie es seitens des Justizministeriums praktiziert wurde, gibt ein MfS-Vermerk aus dem Jahre 1977 knapp, aber deutlich, Auskunft: „Auswahl der Studenten durch Bezirksgerichte einschließlich Überprüfung und Abstimmung mit den zuständigen Organen (MfS)." Wer bereits negativ auffällig geworden war, hatte keine Aussicht auf Zulassung zum Studium. In solchen Fällen hieß es dann in den Akten: „Wir bitten operativ darauf Einfluss zu nehmen, dass der B. zur Bewerbung und zur Delegierung zum Jurastudium nicht zugelassen wird. Die Ablehnung könnte dem B gegenüber mit Kontingentsgründen legendiert werden."[90]

Das MfS richtete sein besonderes Augenmerk auf die Wahrnehmung seiner Interessen bei der Sicherung und Lenkung der Nachwuchskader für die verschiedensten Bereiche der Justiz. Es war dem Fachreferat des MfS vorbehalten, hierzu die entsprechenden Wege über ihre Partner in den zentralen Justizorganen zu ebnen. So sah die Planorientierung des MfS für die Abteilungen XX der Bezirksverwaltungen im Jahre 1981 u.a. vor: „Für die perspektivische operative Arbeit in zentralen Organen der Justiz sind geeignete Jurastudenten auszuwählen, anzuwerben und langfristig – perspektivisch – für Leitungsaufgaben zu qualifizieren. Insbesondere sind IM unter Absolventen, die eine perspektivische Orientierung auf die Tätigkeit in den zentralen Justizorganen haben, zu werben. Dies gilt für die BV Leipzig – KMU (Karl-Marx-

---

88 § 56 Abs. 1 des Gesetzes über das einheitliche sozialistische Bildungssystem vom 25.2.1965, GBl I, S. 83 ff.

89 § 1 Abs. 1 der Anordnung über die Bewerbung, die Auswahl und Zulassung zum Direktstudium an den Universitäten und Hochschulen vom 1.7.1971 (GBl. II S. 486 ff).

90 BStU, MfS, HA XX Bdl. 1018; Schreiben des Leiters der Abteilung XX der BV-Leipzig an HA XX/1 vom 15.8.1988; *Vollnhals*, Die Macht ist das Allererste, S. 237. BStU, MfS, HA XX Bdl. 1007 Verfahren zur Auswahl der Studenten durch MdJ und Überprüfung und Abstimmung mit MfS; *Vollnhals*, ebenda.

Universität) – Leipzig, BV Berlin – HU (Humboldt-Universität) – Berlin, KD Jena – FSU (Friedrich-Schiller-Universität) – Jena."[91]

Ebenso war es die Aufgabe des Fachreferates des MfS, anderen Diensteinheiten zu Studienplätzen an den Sektionen Rechtswissenschaft der zivilen Universitäten zu verhelfen.[92]

Auch bei der Auswahl von Forschungsstudenten beanspruchte die Staatssicherheit ein Mitspracherecht. So lehnte sie beispielsweise im Jahre 1979 von vier Kandidaten, die als Forschungsstudenten an der Humboldt-Universität in Frage kamen, drei ab. Offensichtlich spielten hier Westverbindungen eine entscheidende Rolle.[93]

Im Laufe der Zeit wurden eine Reihe politischer Hürden aufgebaut, die es immer schwerer machten, ohne außergewöhnliche politische Bekenntnisse eine juristische Laufbahn zu beschreiten. So wurde seit 1975 „konsequent" das Prinzip verwirklicht, an der Humboldt-Universität nur künftige Justizkader zu immatrikulieren, „die vom Ministerium der Justiz delegiert werden".[94] Die „Grundforderungen hinsichtlich politisch-ideologischer Haltungen" – wie beispielsweise die Stellung zur SED oder zu West-Kontakten – würden, so hieß es, „kompromisslos durchgesetzt".[95] Danach verlief die Juristenausbildung weiter in inzwischen eingespielten Bahnen.

Insgesamt sorgten der Aufbau eines immer engmaschigeren Auswahlnetzes, die Vorprägung in der Schule sowie das sich wandelnde Berufsbild des Richters bereits in den 60er Jahren dafür, dass politische Abweichler im juristischen Studium zur großen Ausnahme wurden. Wer damals eine juristische Ausbildung begann, wusste, was von ihm erwartet wurde. Nur dem im Grundsatz „linientreuen" Studenten wurde ein ruhiges Studium ermöglicht. Das Studium war somit ein wichtiger Teil der allgemeinen Kaderpolitik.[96]

Abschließend kann festgestellt werden, dass die Ausbildung der Justizjuristen in der DDR zu den politisch sensiblen Bereichen der Gesellschaft gehörte. Juristische Ausbildung war, in unterschiedlicher Intensität, gleichbedeutend

---

91 BStU, MfS, HA XX, Bdl. 1048, S. 3: Planorientierung der HA XX/1 für die Abteilungen XX der Bezirksverwaltungen zur Jahresplanung 1981 vom 13.10.1980; vgl. auch *Eisenfeld*, Das Ministerium für Staatssicherheit, S. 37.

92 *Eisenfeld*, ebenda.

93 *Eisenfeld*, ebenda.

94 *Eisenfeld*, ebenda.

95 *Eisenfeld*, ebenda.

96 *Zimmermann*, Geschichte der Kader und der Kaderpolitik, S. 322, 335 ff.

mit politischer Ausbildung. Dies hatte das MfS erkannt und nahm gezielt Einfluss auf die Ausbildung der Juristen.[97]

IV. Die Auswahl und Rekrutierung der Militärrichter

Der Verfasser hat die Kaderakten diverser Militärrichter, soweit beim Bundesbeauftragten vorhanden, im Hinblick auf die Herkunft, die politische Zuordnung und Ausbildung ausgewertet. Die Ergebnisse wurden in der nachstehenden Tabelle festgehalten:

Name	Militärgericht	Ausbildung / Studium	Partei / Verbände
Arlt, Walter,[98] geb. 12.3.1929	Leiter MOG Leipzig Neubrandenburg	Juristenlehrgänge, Berlin-Treptow, Fernstudium DASR 50er Jahre	SED, FDGB, DSF, VdJ, FDJ
Breitenstein, Rolf-Dieter,[99] geb. 22.9.1952	MG Erfurt	HU-Berlin, 1978–1982	SED, FDJ, DSF, FDGB
Junge, Gerd-Peter,[100] geb. 22.6.1961	MG Berlin	HU-Berlin, 1984–1988	SED, FDJ, DSF, ASV
Krumrey, Hans-Peter,[101] geb. 22.9.1948	MilStA 7. PD	HU-Berlin, 1970–1974	SED, FDJ, ASV, VdJ
Ginnow, Michael,[102] geb. 24.11.1950	MilStA GKM	FSU Jena, 1975–1979	

97 Vgl. 3. Kapitel, Abschnitt A III 4.

98 BStU, MfS, SAA, AP 8571/88.

99 BStU, MfS, HA IX, 17726, S.1 f.; Breitenstein war Baufacharbeiterlehrling mit Abitur; am 28.08.1972 trat er in die bewaffneten Organe ein. Breitenstein war von 1976–1978 für die NVA als Militärschöffe tätig.

100 Ebenda, S. 5 f.; Junge trat nach dem Abitur in die NVA ein. Für das Studium hatte er sich für bei der Hauptabteilung Militärgerichte als Offiziershörer beworben. Bis zum Beginn des Studiums erfolgte ein Einsatz als Praktikant am Militärgericht Neubrandenburg. Vater und Bruder Junge waren Angehörige des MfS. Junge zeigte seine Schwiegereltern an, weil diese offensichtlich die Absicht bekundet hatten, die DDR illegal zu verlassen.

101 Ebenda, S. 24 f.; Krumrey war von Beruf Agrartechniker. Am 1.11.1967 trat er in die NVA ein.

102 Ebenda, S. 26 f.; vor seinem Studium war Ginnow Kraftfahrer, Lagerarbeiter und nach Eintritt in die NVA vor dem Studium Vorpraktikant bei der Staatsanwaltschaft Greifswald.

Landes, Jörg,[103] geb. 8.3.1958	MG Neubrandenburg	HU-Berlin, 1983–1987	SED, FDJ, DSF, FDGB, DTSB, GST
Neubert, Roland[104]	MG Cottbus	HU-Berlin, 1980–1985	SED, FDJ, DSF, DTSB, FDGB, GST, ASV
Scholz, Udo[105], geb. 5.5.1941	MOG Leipzig	MLU Halle, 1961–1965	SED, FDJ, DSF, FDGB, DTSB, GST
Schröder, Karl-Heinz[106], geb. 10.3.1956	MG Cottbus	HU-Berlin, 1983–1987	SED, FDJ, ASV
Petzoldt, Hans,[107] geb. 24.8.1924	MG Dresden	DASR, 1956-1960	FDGB, SED, VdJ, GST, DSF, Kulturbund
Philipp, Joachim,[108] geb. 10.4.1950	MG Berlin	HU-Berlin, 1978–1982	SED, DSF, GST, DTSB, FDGB, FDJ
Pinnow, Arthur,[109] geb. 19.10.1919	MOG Neubrandenburg	Fernstudium HU-Berlin	SED, FDGB, ASV, DSF, VdJ
Plonus, Helmut,[110] geb. 26.2.1932	MOG Neubrandenburg	DASR Sonderlehrgang, 1961–1962; Fernstudium HU-	SED, FDGB, DSF, VdJ, FDJ

103 Ebenda, S. 28 f.; Landes absolvierte ein Ingenieurstudium als Maschinenbauer. Nach Eintritt in die NVA studierte Landes an der HU-Berlin.

104 Ebenda, S. 33 f.

105 Ebenda, S. 37 f. Scholz war Facharbeiter für Rinderzucht. Vom 1.9.1958–31.8.1961 war er Student der Arbeiter-Bauern-Fakultät I, Halle. Anschließend studierte er Jura an der Martin-Luther-Universität Halle. Zuletzt war er Stellvertretender Leiter des MOG Leipzig.

106 Ebenda, S. 43 f.; Schröder absolvierte die Offiziershochschule „Ernst-Thälmann“. Er studierte Ingenieurwissenschaften für das Fach Elektronik. Auf das Juristische Studium bereitete er sich vom 1.12.1982–31.3.1983 am Militärgericht Schwerin vor. Anschließend war er dann Offiziershörer Sektion Rechtswissenschaft vom 1.9.1983–31.8.1987 an der HU-Berlin.

107 BStU, MfS, HA IX, 13644, S. 15 f.

108 Ebenda, S. 19 f.; nach dem Abitur trat Philipp in Bewaffneten Organe ein. Danach war er Offiziersschüler der OHS „Ernst-Thälmann“. Vom 1.9.1978–31.8.1982 studierte er als Offiziershörer für die HA Militärgerichte an der HU-Berlin.

109 Ebenda, S. 53 f.; Pinnow war Militärrichter am Militärobergericht Neubrandenburg. Nach dem Eintritt in die Bewaffneten Organe am 3.6.1952 war er zunächst Offiziersschüler. Er absolvierte ein Fernstudium vom 1.9.1964–1.9.1970 an der HU-Berlin. Er hatte den Abschluss Diplomjurist.

110 Ebenda, S. 68 f.; Plonus war vom 1.11.1968–30.11.1973 Wissenschaftlicher Mitarbeiter beim MKOG. Seit 1.12.1973 war er Militärrichter bzw. Militäroberrichter beim MOG Neubrandenburg.

		Berlin, 1964–1969	
Staab, Manfred,[111] geb. 14.2.1930	MOG Leipzig	Off. Hörer Berlin-Treptow, 1954–1956; DASR Fernstudium, 1955-1960	FDGB, FDJ, SED, DSF, DTSB, VdJ
Stichling, Joachim,[112] geb. 27.4.1947	MG Berlin	HU-Berlin, 1969–1973	SED
Stodczyk, Wolfgang[113], geb. 25.6.1934	MG Magdeburg, Sitz Stendal	HU-Berlin, 1955-1959	SED, FDJ, GST, DTSB, FSGB, DSF, VdJ, ASV
Männel, Wolfgang,[114] geb. 13.6.1953	MG Magdeburg, Sitz Stendal	HU-Berlin, 1979-1983	SED, FDJ, ASV, DSF, VdJ
Neumann, Gerhard,[115] geb. 2.6.1951	HAMG	HU-Berlin, 1974-1978	SED, FDJ, FDGB, DSF
Schade, Wolfgang,[116] geb. 15.12.1934	MG Schwerin	K-M-U Leipzig, 1956-1960	SED, FDGB, DSF
Scharf, Gunter,[117] geb. 26.5.1957	MG Berlin	HU-Berlin, 1981-1985	SED, FDJ, DST, DSF, FDGB

111 Ebenda, S. 99 f.; Staab hat den Beruf des Bäckers erlernt; am 1.8.1949 trat er in die Bewaffneten Organe ein. Von Juni 1954 bis 1.6.1955 nahm er als Offiziershörer am II. Juristenlehrgang Berlin-Treptow teil. Danach war er Richter am Kreisgericht Leipzig-Land und ab 1957 Militärstaatsanwalt. Seit dem 1.11.1975 war er als Militäroberrichter am MOG Leipzig tätig. Von 1955–1960 absolvierte er ein Fernstudium an der DASR Fachrichtung Jura.

112 Ebenda, S. 136 f.; abgeschlossener Beruf: Werkzeugmacher. Seit 2.11.1966 NVA.

113 Ebenda, S. 152 f.; 16.10.1952: Eintritt in die Bewaffneten Organe; 1.9.1955–30.8.1959 HU-Berlin, Sektion Rechtswissenschaft.

114 BStU, MfS, HA IX, 13118, S. 1 f.; abgeschlossener Beruf: Baufacharbeiter; seit 1.9.1973 Eintritt in die Bewaffneten Organe, Offiziersschüler.

115 Ebenda, S. 13 f.; Beruf: Kühlanlagenbauer; 2.11.1970 Eintritt in die NVA; 1.9.1974–31.8.1978 HU-Berlin, Sektion Rechtswissenschaft.

116 Ebenda, S. 23 f.; erlernter Beruf: Werkzeugmacher; Rechtswissenschaftliches Studium an der Karl-Marx-Universität Leipzig vom 1.9.1956–31.8.1960; seit 1963 Leiter des MG Schwerin.

117 Ebenda, S. 52 f.; Scharf hatte zunächst eine Fahrzeugschlosserlehre absolviert und trat dann im Jahre 1975 in die NVA ein. Vom 1.9.1980–31.8.1981 war Scharf Praktikant bei der HAMG. Vom 1.9.1981–31.1.1985 Studium Sektion Rechtswissenschaft HU-Berlin.

Schleif, Heinz,[118] geb. 19.6.1920	MOG Neubrandenburg	ASR 1950–1952	SED, FD, FDGB, DSF, DTSB, VdJ, Kulturbund, Volkssolidarität
Schlesinger, Rolf,[119] geb. 30.11.1936	MOG Neubrandenburg	DASR, 1971–1972	SED, FDGB, DSF, ASV, VdJ, FDJ
Schönemann, Hans,[120] geb. 15.2.1927	MOG Leipzig	II. Juristenlehrgang Berlin-Treptow, 1954–1955; DASR Fernstudium, 1955-1959	KPD, SED, FDGB, DSF, DTSB, VdJ
Schütze, Manfred,[121] geb. 25.9.1929	MKOG	II. Juristenlehrgang 1954–1955; Fernstudium DASR	FDJ, FDGB, SED, DSF, VdJ, Urania

Die Auswertung der Personalakten zeigt, dass die Militärrichter der DDR mit unterschiedlicher Ausbildung in ihre Funktion gewählt wurden. Die älteren Militärrichter absolvierten Juristenlehrgänge bzw. ein Fernstudium, teilweise an der Hochschule, teilweise an der DASR.[122] Bereits in den 50er und 60er Jahren konnte aber auch ein Direktstudium an einer Hochschule absolviert werden. Es ist ersichtlich, dass ab Ende der 70er Jahre fast alle Richter an der Humboldt – Universität zu Berlin ausgebildet wurden.

Alle in der vorstehenden Liste aufgeführten Militärrichter waren Mitglied der SED und verschiedener Massenorganisationen. Hieraus darf auf die aktive, jedenfalls widerspruchslose Einbindung in die politischen Strukturen gefolgert werden. Viele waren als Offiziersschüler für das Studium ausgewählt worden.

118 Ebenda, S. 83 f.; erlernter Beruf: Klempner; vom 1.7.1949–30.4.1950 Instrukteur der FDJ Kreisleitung Leipzig. Vom 1.5.1950–30.5.1952 Student Akademie für Staats- und Rechtswissenschaft Potsdam-Babelsberg. Seit 1.12.1962 Militäroberrichter MOG Neubrandenburg; Stellvertretender Leiter, Oberstleutnant; 1.8.1954–30.11.1962 Militärstaatsanwalt bei der Militäroberstaatsanwaltschaft; Seit 1.12.1962 MOG Neubrandenburg.

119 Ebenda, S. 110 f.

120 Ebenda, S. 123 f.

121 Ebenda, S. 129 f.

122 Deutsche Akademie für Staats- und Rechtswissenschaften.

B) Besondere Steuerungselemente: Die Anleitung der Militärjustiz durch das Militärkollegium (MKOG) des Obersten Gerichts der DDR (OG)[123]

I. Das Oberste Gericht der DDR – Leitungsorgan der Rechtsprechung

Das Oberste Gericht der DDR wurde am 8. Dezember 1949 durch das Gesetz über die „Errichtung des Obersten Gerichtshofes und der Obersten Staatsanwaltschaft der Deutschen Demokratischen Republik“ gegründet.[124]

Das OG war das höchste Organ der Rechtsprechung in der DDR. Ihm oblag zugleich auch die Leitung der Rechtsprechung aller Gerichte,[125] was darauf zielte, die Einheitlichkeit der Rechtsprechung aller Gerichte zu sichern.[126]

Dem OG war damit eine entscheidende Funktion bei der Durchsetzung der neuen Gesetzlichkeit bei der Politisierung der Justiz im Sinne fortschrittlicher Parteilichkeit zugewiesen. „Der Klassenkampf“, zitierte die Festschrift zum 20-jährigen Bestehen des Obersten Gerichts,

> „findet seine deutliche Widerspiegelung auch in der Rechtsprechung des Obersten Gerichts der DDR, insbesondere auf dem Gebiet der Staatsverbrechen und der antidemokratischen Delikte.“[127]

Im Arbeitsplan des OG aus dem Jahre 1958 hieß es: „Die gesamte Rechtsprechung muss noch mehr durchdrungen werden von der Erkenntnis, dass sie eine wichtige Methode zur Durchsetzung und Realisierung der Politik von Partei und Regierung ist.“[128] Die Festschrift zu seinem 40-jährigen Bestehen attestierte dem OG, dass es „von Anbeginn seines Wirkens Einfluss auf die Fortführung der bis 1949 bereits eingeleiteten revolutionären Erneuerung der Rechtsprechung“ genommen habe mit dem Ziel, „jene Entwicklungen mit den

---

123 Zur Struktur des MKOG: vgl. 2. Kapitel, Abschnitt B, V. 2 a.

124 Gesetz über die Errichtung des Obersten Gerichtshofes und der Obersten Staatsanwaltschaft der Deutschen Demokratischen Republik vom 8.12.1949, GBl I, S. 111.

125 Vgl. Art. 93, Abs. 1, 2 S. 1 der DDR-Verf. 1968; § 20 DDR-GVG 1974; vgl. *Vormbaum*, Strafrechtsgeschichte, S. 251.

126 Vgl. Art. 93 Abs. 2 S. 2 der DDR-Verf. 1968; § 20 Abs. 2, §§ 36 ff. DDR-GVG 1974.

127 *Ziegler*, „Die Rechtsprechung des Obersten Gerichts auf dem Gebiet der Staatsverbrechen“, S. 42; vgl. auch *Fricke*, Strafrechtsprechung des Obersten Gerichts, S. 2.

128 Zitiert nach *Fricke*, ebenda, S. 1.

Mitteln der Rechtsprechung zu fördern und zu schützen, die für die Herausbildung des neuen Lebens entscheidend waren."[129]

Mithin wurde in der DDR zu keiner Zeit verschleiert, dass auch die Rechtsprechung des OG als Vehikel einer stalinistischen „Revolution von oben" zu dienen hatte.[130]

Gleichzeitig mit der Institution wurden auch die personellen Voraussetzungen, unter denen das OG zum Herrschaftsinstrument der Partei werden konnte, geschaffen. Die Auswahl der Kader erfolgte nach politischen, nicht nur nach fachlichen Gesichtspunkten; gemäß dem nachmaligen DDR-Generalstaatsanwalt Josef Streit musste der Richter in der DDR ein „verlässlicher politischer Funktionär sein."[131]

Formal wurden die Richter am OG von der Volkskammer gewählt. Die zur Abstimmung stehenden Personalvorschläge wurden jedoch stets zuvor im Politbüro der SED beschlossen, wobei auch das MfS mitwirkte, das die Wahlvorschläge überprüfte und seine Zustimmung oder Ablehnung deutlich machte. Ohne die Zustimmung des MfS konnte niemand Richter am OG werden.[132]

II. Leitung und Anleitung der militärgerichtlichen Rechtsprechung durch das Militärkollegium des Obersten Gerichts

1. Leitung

Das Militärkollegium des OG hatte die Aufgabe, „die dem OG obliegende Leitung der Rechtsprechung der MOG und MG zu verwirklichen."[133] Dies war „eine politische Führungsaufgabe ersten Ranges".[134] Am 23. Dezember 1971 erging die „Ordnung über die Aufgaben und die Arbeitsweise des Militärkollegiums des Obersten Gerichts der DDR (AOMK)",[135] die die Leitungsverantwortung des MKOG gegenüber dem MOG und MG näher ausgestaltete und die Formen der Leitung der Rechtsprechung festlegte.

129 Autorenkollektiv, Das Oberste Gericht, S. 24.

130 Vgl. *Fricke*, ebenda, S. 3.

131 *Streit*, „Richterwahl", S. 37.

132 BStU, MfS, HA XX Bdl 1010; vgl. 3. Kapitel, Abschnitte C 4 und D.

133 *Wagner*, Militärjustiz, S. 32; *Steike*, Militärjustiz, S. 68; vgl. § 15 MGO 1974.

134 *Sarge*, Aufgaben der Rechtsprechung, S. 352.

135 Vgl. MZA, ÜP, 01/90, Z-2209, M-09/90, Nr. 6; zitiert nach *Steike*, Militärjustiz, S. 64.

Das MKOG bestand aus zwei Strafsenaten, war Teil des OG, unterstand fachlich dem Justizministerium, aber in militärischen Fragen und disziplinarisch unmittelbar dem MfNV.[136]

Die Nichtbeachtung der in einem Urteil des MKOG ausgesprochenen Weisungen galt als ein Verstoß gegen eine entscheidende Grundlage der Rechtsordnung.[137] Die Militärgerichte der DDR waren an diese Weisungen gebunden.[138]

Zu den Leitungsdokumenten zählten zunächst die Entscheidungen des OG, genauer die „Rechtsätze". Sie waren verbindlich für die unteren Instanzen über den Einzelfall hinaus.[139]

Die dem OG übertragene „Leitung" erfolgte nicht nur über die Rechtsprechung in Einzelfällen, sondern durch eine Fülle weiterer „Leitungsakte" oder „Leitungsentscheidungen" mit normativem Charakter. Verbindlich für die unteren Instanzen waren auch die im Gesetzblatt veröffentlichen Richtlinien des Plenums[140] des OG (§§ 17 GVG 1963, 39 Abs. 1 GVG 1974) sowie die nicht im Gesetzblatt veröffentlichten Beschlüsse des Präsidiums des OG (§ 40 Abs. 1 GVG 1974).[141]

Diese Leitungsbefugnisse waren mit der Unabhängigkeit des Richters[142] und die Bindung nur an das Gesetz nicht vereinbar.[143] Bemerkenswert ist auch die Anordnung des OG, dass die MG ein verbindliches, vom OG vorgeschriebenes, Muster eines Urteils unbedingt zu beachten hatten.[144]

Schließlich gab es das Institut der Rechenschaftslegung, wonach die Militärobergerichte vor dem MKOG Rechenschaft über ihre Rechtsprechung und sonstige Tätigkeit abzulegen hatten.

---

136 *Bookjans*, Militärjustiz, S. 53; *Wenzke*, Staatsfeinde in Uniform, S. 334.

137 OG, NJ, 1950/6, S. 211 mit Anmerkung Benjamin, S. 215.

138 Das Oberste Gericht der DDR, Rechtsprechung im Dienste des Volkes, S. 26 „das gilt bis heute".

139 Vgl. OG vom 6.11.1960, NJ 1961, S. 104.

140 *Gängel*, Das Oberste Gericht der DDR, S. 278: es ergingen insgesamt 34 Richtlinien; vgl. auch *Fricke*, Strafrechtsprechung des Obersten Gerichts, S 5.

141 *Bookjans*, Militärjustiz, S. 51; *Rottleuthner*, Steuerung, S. 26 f.

142 Vgl. zu dieser Problematik, 3. Kapitel, Abschnitt A II.

143 *Schröder / Gräf*, Geheime Rechtsprechungsanweisungen, S. 291.

144 BStU, MfS, HA IX 19965.

2. Anleitung und Leitungsmittel des MKOG

Daneben gab es weitere normative Dokumente, „orientierende Anleitungen“ etc. in Schriftform, für die eine Grundlage im Gerichtsverfassungsgesetz (GVG DDR 1974) nicht festzustellen ist.[145]

Im Einzelnen handelt es sich um folgende Anleitungen:

- Inspektionen als Mittel der allumfassenden und detaillierten Kontrolle der Militärgerichte. Die Instrukteure aus dem Kreis der gewählten Richter des MKOG hatten die ständige Anleitung und Verbindung zu den MOG sicherzustellen. Die MG hatten den MOG Rechenschaft zu legen;[146]
- Beschlüsse des Präsidiums des OG oder seiner Kollegien;[147]
- Die Berichterstattung – Rechenschaftslegung – vor dem Präsidium des OG;[148]
- Standpunkte der Kollegien und der Senate des OG;[149]
- Konsultationen;[150]
- Gemeinsame Standpunkte der obersten Rechtspflegeorgane MKOG, HAMG, GStA und MdJ mit den Sicherheitsorganen, insbesondere dem MdI und MfS[151]
- Zentrale Abstimmungen und Festlegungen;[152]
- Anordnungen des Vorsitzenden des MKOG;[153]

---

145 *Rottleuthner*, Steuerung, S. 33, 619 ff. *Gängel*, ebenda, S. 276.

146 *Steike*, Militärjustiz, S. 140, 147,149; *Beckert*, Glücklicher Sklave, S. 98 f.

147 Vgl. Beschluss des OG vom 9.10.1968 über die allgemeine Zuständigkeit der Gerichte in Militärsachen (§ 4 MGO), NJ 1968, S. 698–700 – I Pr 1-112-5/68; vgl. zur Verbindlichkeit von Beschlüssen des Präsidiums des OG, deren Nichtbeachtung eine Gesetzesverletzung darstellte: OG-Informationen 4/87, S. 37; OG Urteil vom 25.5.1987 – 2 OSK 5/87.

148 *Steike*, ebenda, S. 141.

149 *Grote*, Die DDR-Justiz vor Gericht, S. 44,45,66; BStU, MfS, HA IX, 2153: „Gemeinsamer Standpunkt“ MKOG, MfS HA IX; BStU, MfS, HA I 15893: „Gemeinsamer Standpunkt“ MfS- MKOG zu § 98 StGB -Spionage; vgl. auch BStU, MfS HA IX 10148, S. 172 ff. zu § 43 Wehrdienstgesetz, zu § 254 StGB – Fahnenflucht – sowie ebenda S. 237 f. zu § 213 StGB; zu §§ 98, 105, 132, 100, 219, 101, 213, 214, 215, 216 StGB vgl. ebenda S. 55 f.; BStU, MfS, HA IX 2208, S. 15 ff.zu §§ 254, 97 StGB.

150 *Rottleuthner*, Steuerung, S. 33.

151 BStU, MfS,HA IX 536: „Gemeinsamer Standpunkt MKOG, Militäroberstaatsanwaltschaft, HAMG und MfS, HA IX zu § 98 StGB; BStU, MfS, HA IX, 13185, S.1–16; zu § 213 – Unerlaubter Grenzübertritt –; ebenda, S. 33 ff. zur Wehrdienstverweigerung.

152 BStU, MfS, HA IX, 8340, S 89.

153 BStU, MfS, HA IX, 13185, S. 1–16: Anordnung Sarge Nr. 2/71 über die Ladung von MfS-Angehörigen zur Hauptverhandlung; BStU, MfS, HA IX 669, S 39–41; Anordnung MKOG Nr. 4/63: Hauptverhandlungen in den Objekten der NVA und der Organe des Wehrersatzdienstes.

- Gemeinsame Beratungen des MfS, der Abt I a der MilOStA, des I. Militärstrafsenates des OG sowie der HA IX/1 und IX/5.[154]
- Orientierungen für die unteren Gerichte in speziellen Fallkomplexen;[155]
- OG- Informationen OP IV. MKOG und HAMG HA IX 3813, S 9, 66, 138 OP4[156]
- Gemeinsame Tagungen Militärrichter-Militärstaatsanwälte[157]
- Gemeinsame Leiterberatungen auf allen Ebenen,[158] etwa zwischen dem Präsidenten des OG oder dessen Vize-Präsidenten. Auf dieser Ebene wurden auch Kontakte zum MfS (Leiter der HA IX) gepflegt. Richterliche Unabhängigkeit schrumpfte in diesem System der Vernetzungen und Einbindungen zu einer Restgröße zusammen.[159]

C) Der Einfluss des MfS auf die Personalpolitik in der Strafjustiz

I. Die Kader entscheiden alles

Neben der militarisierten und der sozialistisch angepassten Gesellschaft wurde die Steuerung der DDR-Justiz, insbesondere der Militärjustiz, durch personelle Maßnahmen unter Regie des MfS durchgeführt.[160]

„Die Kader entscheiden alles.“[161] Dieser Ausspruch Stalins definiert eine gezielte Personalpolitik als zentrales Führungsinstrument kommunistischer Machtpolitik.[162]

---

154 BStU, ZA, MfS HA IX 3920, S. 1 f.: Gemeinsame Beratungen zu Staatsverbrechen und zum 3. Strafrechtsänderungsgesetz; *Steike*, Militärjustiz, S. 118, 119; vgl. auch BStU, MfS, HA IX 10148, S. 126 ff.: Sonderdruck zum 3. Strafrechtsänderungsgesetz.

155 BStU, MfS 1838/83; BStU, ZA, MfS, 40/89; BStU, MfS HA IX 9188: die Orientierung dient dem Ziel, durch die weitere Qualifizierung der Rechtsanwendung Aufgaben komplex zu lösen; vgl. auch BStU, MfS HA IX, 2208, S. 11; vgl. auch BStU, MfS HA IX 17165, S. 62 ff.: vorläufige Orientierung des MKOG vom 26.9.1989 zur Strafbarkeit von Fahnenfluchten in der gegenwärtigen politischen Lage.

156 BStU, MfS, HA IX 18130, Nr. 5/87; 5/89.

157 Ebenda.

158 *Winkel*, MfS und Justiz, S. 10; *Raschka*, Entwicklung des politischen Strafrechts, S. 279; BStU, MfS, HA IX, 2153 MKOG, S 214–217.

159 *Baer*, Die Unabhängigkeit der Richter, S. 254.

160 *Mette*, Materialien der Enquete-Kommission „Aufarbeitung von Geschichte und Folgen der SED-Diktatur in Deutschland, Band IV, Recht, Justiz, Polizei, S. 216; *Fricke*, Strafrechtsprechung des Obersten Gerichts, S. 1 ff.; *Schwarzenbach*, Kaderpolitik, S. 45.

161 Stalin, Josef, Rede im Kremlpalast vor den Absolventen der Akademien der Roten Armee am 4. Mai 1935, zitiert nach *J. Stalin*, Fragen des Leninismus, Dietz Verlag Berlin, 1950, S. 590–596, (594) – www.ml-werke.de, S. 8.

162 *Müller*, Parteiministerien, S. 348; *Glaeßner*, Kader, S. 76; vgl. auch *Benjamin*, Die Kader entscheiden alles, S. 262 ff.; vgl. *Frank*, Justizministerium, S. 136 f.

In der DDR wurden Kader als Menschen definiert, die aufgrund ihrer fachlichen Kenntnisse und Fähigkeiten geeignet und beauftragt sind, andere Menschen bei der Verwirklichung der gestellten Aufgaben zu führen bzw. in einem Leitungskollektiv zu wirken.[163]

Wichtigstes Instrument der Kaderarbeit war das System der sogenannten „Nomenklatur". In ihm waren alle bedeutsamen Leitungspositionen in Partei, Staatsapparat und verstaatlichter Wirtschaft erfasst. Hier war festgelegt, welche übergeordnete Instanz über die personelle Besetzung der jeweiligen Position zu entscheiden bzw. eine entsprechende Entscheidung zu bestätigen hatte. Mit der Nomenklatur war ein aufwendiger Planungsmechanismus zur Bildung einer Kaderreserve, Aufstellung von Kaderprogrammen, Kaderperspektivplänen und Kaderentwicklungsplänen verknüpft, durch den eine kontinuierliche Rekrutierung von Nachwuchskräften gesichert werden sollte.[164] Die Nomenklatur war damit der „Stellenplan" für sozialistische Führungskräfte.[165]

Erich Mielke, damals Vizepräsident der Deutschen Verwaltung des Innern, hat auf der ersten staatspolitischen Konferenz der SED in Werder/Havel am 23./24. Juli 1948 – also sehr frühzeitig – ein Referat gehalten, das sich als Programm für die Personalpolitik in der Verwaltung, die Kader- und Nomenklatur für den Aufbau der DDR verstehen lässt:

> „Durch eine entsprechende Personalpolitik muss also der Staatsapparat zu dem Instrument gemacht werden, das die Mobilisierung der Kräfte ermöglicht und die Durchführung des Planes gewährleistet. [...] In erster Linie kommt es darauf an, die Positionen der fortschrittlichen Kräfte im Verwaltungsapparat durch die Aufnahme von Betriebsarbeitern, werktätigen Bauern und Angehörigen der fortschrittlichen Intelligenz zu verstärken. Sie sind die Kräfte, die uns die Garantie für die politische Zuverlässigkeit und die moralische Eignung geben....Der Staatsapparat muss von Agenten, von Spionen und Saboteuren gereinigt werden, die sich eingeschlichen haben, um unsere Arbeit zu stören und die versuchen, die Verwaltung von innen her zu zersetzen [...]. Mit der Entfernung von untragbaren Elementen und direkten Feinden aus der Verwaltung muss, sofern es sich um Mitglieder unserer Partei handelt, gleichzeitig deren Ausschluss aus der Partei erfolgen."[166]

Diese Aussagen Mielkes definieren Kader und Nomenklatur. Sie erklären, wie die Säuberung der Verwaltung von Agenten etc. vonstatten gehen soll. Sie geben Aufschluss über die weitere Personalentwicklung und den kadermäßigen Aufbau des kommunistischen SED-Staates. Durch Kader, durch Stellen-

163 *Schwarzenbach*, Kaderpolitik, S. 46.

164 FDGB-Lexikon, Berlin 2009; http:/library.fes.de/FDGB-Lexikon/texte/sachteil/k/Kaderpolitik.html; *Boyer*, Kader, S. 35 f.; *Frank*, Justizministerium, S. 93 f.

165 Der Spiegel, Wer bestimmt den Kreml-Kurs? 7/1980, S. 124.

166 *Mielke*, Sozialismus und Frieden, S. 19 ff.

planbesetzungen und durch die Säuberung des Personals von Feinden sollte die Macht der SED unter Aufsicht des MfS in allen Bereichen des Staates – auch in der Militärjustiz – gesichert werden.

II. MfS und Kaderpolitik

1. Vorbemerkung

Das MfS spielte im Auftrag der SED eine entscheidende Rolle in der Kaderpolitik. Kaderabteilungen waren geheime Zentralen des Staatssicherheitsdienstes.[167]

Ohne Zustimmung des MfS wurde keine wichtige Stelle vergeben, kein Arbeitsplatz gewechselt, gelang keine Zulassung zur Oberschule, zu Abitur/ Examens-, Doktor- und Habilitationsprüfungen. Ohne Einwilligung wurde keine Reise in das nicht sozialistische Ausland, kein Forschungsprojekt, keine wichtige Publikation, kein Wohnortwechsel, keine Baugenehmigung, kein Kauf eines Hauses bzw. eines Grundstückes und auch kein Bezug westlicher Schriften genehmigt. Kurz: keine die Interessen der SED berührende Handlung und schon gar nicht wichtige Kaderentscheidungen erfolgten ohne Zustimmung oder gegen den Widerspruch des MfS. Überdies lag – vor allem im Kaderbereich – a priori schon ein wesentlicher Teil von Maßnahmen direkt in der Hand des Staatssicherheitsdienstes. Dabei galt u.a. die Regel: je höher das vorgesehene Amt oder der angestrebte akademische Abschluss waren, umso größer wurde die Einflussnahme des geheimen Sicherheitsdienstes. Das MfS konnte – ohne dabei selbst in Erscheinung zu treten – praktisch fast alles: Die Grenze stellten diejenigen SED-Führer dar, in deren Auftrag dieser Geheimdienst handelte.[168] Karl Wilhelm Fricke[169] führt treffend aus: „Ein Buch über Herrschaft und Kader, das die Staatssicherheit unerwähnt lässt, analysiert eine DDR, die es nicht gibt – und die DDR, die es gibt, wird nicht analysiert."

Mit der Kadernomenklatur sicherte sich die SED auch im Justizwesen den entscheidenden personalpolitischen Durchgriff. Nur politisch Zuverlässige sollten in den Justizdienst aufsteigen.[170] Dies gilt im besonderen Maße für die Richter, da sie ihr Amt nur für die Dauer der Wahlperiode ausübten und somit in ihrer beruflichen Existenz völlig von der erneuten Aufstellung auf die „Wahlliste" abhängig waren. Richter konnte gemäß § 1 Abs. 1 des Gesetzes

---

167 *Gieseke*, Genossen erster Kategorie, S. 208 ff.; *Sorgenicht*, Die SED, S. 126.

168 *Gieseke*, ebenda.

169 *Fricke*, Strafrechtsprechung des Obersten Gerichts, S. 47.

170 *Raschka*, Entwicklung des politischen Strafrechts, S. 273; *Vollnhals*, Die Macht ist das Allererste, S. 236.

zur Änderung und Ergänzung des Gerichtsverfassungsgesetzes vom 1. Oktober 1959[171] nur sein, wer „sich vorbehaltlos für den Sieg des Sozialismus in der Deutschen Demokratischen Republik einsetzt und der Arbeiter- und Bauernmacht treu ergeben ist".

Dem nach militärischen Vorbildern gegliederten Bereich in den Justizorganen gab die Parteispitze einen politischen Beauftragten bei, der die Prinzipienfestigkeit der B-Kader zu überwachen hatte. Die Anweisung zur Einsetzung dieser Politkommissare stammte von Honecker selbst, der sich der zentralen Rechtspflegeorgane 1978 persönlich annahm. In den Justizapparaten konnte er sich auf die politisch zuverlässigsten Kader stützen. Im OG zählte die militärische Struktureinheit zum Bereich des 1. Vize-Präsidenten Günter Sarge, in der Generalstaatsanwaltschaft unterstand sie dem Stellvertreter des Generalstaatsanwalts, vermutlich Karl-Heinrich Borchert. Im Justizministerium war sie Staatssekretär Herbert Kern zugeordnet.[172]

2. Sicherheitsüberprüfungen

Das MfS nahm Einfluss auf personalpolitische Entscheidungen im Justizwesen[173] und unterhielt die besten Beziehungen zu den zentralen Justizorganen der DDR.

Bei der Überprüfung der Justizfunktionäre wirkte das MfS an entscheidender Stelle mit. Die personalpolitische Überwachung der Justizorgane wurde allerdings nicht vom Untersuchungsorgan des MfS (HA IX) vorgenommen, sondern vom Fachreferat I der Abteilung 1 der Hauptabteilung XX (HA XX/1/I) bzw. den Referaten I der Abteilungen XX auf Ebene der MfS-Bezirksverwaltungen.

Zur kaderpolitischen Überprüfung und „Sicherung" unterhielt die Linie XX/1 ein eigenes IM-Netz in den Justizorganen; sie konnte jedoch bei Bedarf auch auf die Erkenntnisse anderer MfS-Dienststellen zurückgreifen.[174]

Maßgebend für die Personenprüfung war die Richtlinie des MfS Nr. 1/82 vom 17. November 1982 zur Durchführung von Sicherheitsüberprüfungen.[175] Diese sollten dazu dienen, dass nur zuverlässige Personen in sicherheitspolitisch bedeutsame Positionen der DDR im In- und Ausland eingesetzt wurden. Dabei

---

171 GBl. I, S. 753.

172 *Raschka*, Militarisierung der Strafgesetzgebung, S. 423 f.

173 *Vollnhals*, Die Macht ist das Allererste", S. 235, 236.

174 *Vollnhals*, Nomenklatur und Kaderpolitik, S. 219; *Winkel*, MfS und Justiz, S. 13.

175 BStU, MfS, DSt. 102990.

hatte das MfS durch den zielgerichteten Einsatz der erforderlichen operativen Kräfte und Mittel, durch die Zusammenführung im MfS gespeicherter Informationen und durch die Auswertung der von anderen Organen und Einrichtungen bzw. gesellschaftlichen Organisationen erarbeiteten Ergebnisse die Überprüfung der sicherheitspolitischen Eignung der Personen (Sicherheitsüberprüfungen) vorzunehmen. Es sollte die Frage „wer ist wer?" geklärt werden, um sicherheitspolitisch richtige Entscheidungen für oder gegen den vorgesehenen Einsatz bzw. die Erteilung einer Erlaubnis oder Genehmigung treffen zu können. Alle Entscheidungen waren immer im Interesse der erfolgreichen Durchsetzung der Politik der Partei- und Staatsführung zu treffen. In der Richtlinie war festgehalten – Ziffer 3.1 –, dass unabhängig vom Grund der Einleitung der Überprüfung einer Person, wenn sie den sicherheitspolitischen Anforderungen nicht gerecht wird, keine Zustimmung zu erteilen ist.[176]

In den Akten des Bundesbeauftragten hat der Verfasser diverse Sicherheitsüberprüfungen bzw. Kaderentscheidungen zu Militärrichtern und Militärstaatsanwälten recherchiert. Folgende Einzelfälle sollen genannt werden:

BStU, MfS, HA IX, 13646:

Im ersten Fall wird Hans Breitbarth, geb. 24. September 1928, überprüft. Breitbarth war Oberrichter am Bezirksgericht Erfurt.[177]

Der nächste Fall betrifft Werner Funk, Stellvertreter des Generalstaatsanwaltes. Neben seiner Überprüfung wird u.a. vorgeschlagen, Funk mit der Verdienstmedaille der NVA in Silber auszuzeichnen.

> „Genosse Funk hat im Prozess gegen Agenten imperialistischer Geheimdienste und Untergrundorganisationen vor dem OG der DDR sowie in vorherigen Prozessen gegen Menschenhändler als Anklagevertreter gewirkt. In kollektiver und kameradschaftlicher Zusammenarbeit mit dem Untersuchungsorgan leistete er bei der Vorbereitung, Durchführung und Auswertung dieser Prozesse einen wesentlichen Beitrag zur Erhöhung der Massenwachsamkeit der Bevölkerung der DDR gegen feindliche Anschläge und zur gemeinsamen Durchsetzung der Rechtspflegebeschlüsse des Staatsrates der DDR."[178]

Die Akte enthält weiterhin die Kurzbiografie und Überprüfung vom 12. Februar 1986 zu Hertzberg, Georg, geb. 4. Oktober 1947. Damalige Tätigkeit: Leiter der Abteilung IV beim Staatsanwalt des Bezirkes Potsdam. Zu verweisen ist auf den Vermerk vom 7. Mai 1986 der Hauptabteilung IX/AKG Grundsatzfragen vom 7. Mai 1976, Seite 103 f. Da heißt es bezüglich Hertzberg:

---

176 Ebenda, Ziffer 3.1.

177 BStU, MfS, HA IX, S. 62 f.

178 Ebenda, S. 76 f.

„Am 24.4.1986 gab es einen inoffiziellen Hinweis, dass Genosse Hertzberg zwecks Qualifizierung als Nachfolger des Genossen Wendland zur Dienststelle des Generalsstaatsanwaltes abgeordnet ist.

Die Hauptabteilung XX/1 Oberstleutnant Berge wurde von mir gebeten zu prüfen, ob es Erkenntnisse und Dossiers des Genossen Hertzberg bei der Bezirksverwaltung Potsdam gibt. Es wurde auf den hohen Vertraulichkeitsgrad hingewiesen. Das Ergebnis liegt noch nicht vor.

Aufgrund eines weiteren inoffiziellen Hinweises, dass eine Sicherheitsprüfung läuft, wurde vom mir am 7.5.1986 Genosse Nistler, Hauptabteilung XX/10 angerufen. Diese Anfrage ergab, dass er im April 1986 im Auftrage der Abteilung Kader des ZK eine Sicherheitsüberprüfung durchführte. Die Hauptabteilung IX wurde von der Hauptabteilung XX nicht informiert, da es sich nicht um einen I A Staatsanwalt handelt.

Genosse Hertzberg absolvierte von 1982–1984 die Parteihochschule in Moskau und war danach als Leiter der Abteilung IV WSTA Potsdam tätig. Von der Bezirksverwaltung Potsdam wird er als klassenbewusst, zuverlässig und der Partei treu ergeben eingeschätzt. Über das Verhältnis zum MfS und eine eventuelle Zusammenarbeit soll sich die Bezirksverwaltung Potsdam nicht geäußert haben.“[179]

Die Hauptabteilung XX, Leiter, schätzt in einem Vermerk vom 1. November 1978 die Bestätigung als Reservekader für die Abteilung I und den 1. Strafsenat ein. Wörtlich heißt es:

„Nachstehend aufgeführte Richter bzw. Staatsanwälte sollen als Reservekader für die Abteilung I bzw. den 1. Strafsenat bestätigt werden:

Reimer, Gerhard, geb. 3.10.1923, Staatsanwalt des Bezirkes Leipzig, Abteilung III
Einsatz: Reservekader für Abteilung I beim Staatsanwalt des Bezirkes Leipzig;

Schläfert, Manfred, geb. 13.10.1948, Staatsanwalt des Bezirkes Halle
Einsatz: Reservekader für Abteilung I beim Staatsanwalt des Bezirkes Halle;

Voß, Klaus-Michael, geb. 22.8.1951, Staatsanwalt beim Staatsanwalt des Stadtbezirkes Berlin-Weißensee
Einsatz: Reservekader für Abteilung I beim Generalstaatsanwalt;

Heilfort, Ingbert, geb. 9.1.1944, Richter am Bezirksgericht Dresden
Einsatz: Ständiger Vertreter des Vorsitzenden des 1. Strafsenates am BG Dresden.

Wir bitten um Ihre Stellungnahme bis zum 20.11.1978.

Kienberg
Generalmajor“

Gerichtet ist das Schreiben der Hauptabteilung XX an die Hauptabteilung IX. Diese teilt am 20. November 1978 mit, dass gegen den vorgesehenen Einsatz der genannten Genossen keine Einwände bestehen. Es heißt, dass die Abstim-

179 Ebenda, S. 97 f., 103 f.

mung erfolgte mit der HA IX/4. Unterzeichnet ist das Schreiben von Dr. Fister, Generalmajor.[180]

Die Akte enthält ferner das Schreiben der Hauptabteilung IX an die Hauptabteilung XX vom 25. März 1975:

> „Gegen die Bestätigung der Staatsanwälte für das Arbeitsgebiet Staatsverbrechen gibt es seitens der Hauptabteilung IX keine Einwände:
>
> Kraus, Siegfried, Staatsanwalt beim Staatsanwalt der Stadt Halle,
> Richter, Hanna, Staatsanwalt beim Generalstaatsanwalt der DDR."[181]

Überprüft wird auch Plonus, Helmut, geb. 26. Februar 1932, Militäroberrichter am MOG Neubrandenburg. Seine Kurzbiografie:

Ende 1950 Eintritt in die bewaffneten Kräfte und Qualifizierung in der Berufsoffizierslaufbahn;
1.10.1961–30.12.1962 Student (Sonderlehrgang Babelsberg) danach Richter;
1.11.1968–30.11.1973 Wissenschaftlicher Mitarbeiter beim Militärkollegium des Obersten Gerichtes der DDR;
Seit 1.12.1973 Militärrichter bzw. Militäroberrichter beim Militärobergericht Neubrandenburg.

Nach dem Direktstudium in Babelsberg absolvierte Plonus noch ein Fernstudium vom 24. September 1964–1969 an der Akademie für Staats- und Rechtswissenschaft Babelsberg und an der Humboldt-Universität Berlin, Abschluss: Dipl.-Jurist.

Mit Schreiben vom 13. November 1974 ersucht die Hauptabteilung Militärgerichte, Dr. Kalwert, Oberst, das MfS, Genosse Lohmann um die Bestätigung des Genossen Plonus für die Bearbeitung von I a-Strafsachen. Bestätigungsersuchen erfolgt in Absprache mit Generalmajor Dr. Sarge. Die Zustimmung soll laut Genosse Lohmann nur erfolgen, wenn Genosse Schleif wichtige Verfahren selbst weiter bearbeitet.[182]

Das MfS, Genosse Oberst Fister, überprüft den vorgesehenen Einsatz des Genossen Reinbacher als allgemeiner Stellvertreter des Leiters der Militäroberstaatsanwaltschaft. Angefragt wird bei der HA I in Rostock. Die HA I Rostock hat gegen den Einsatz des Reinbacher keine Einwände. Es wird ausgeführt, dass Reinbacher seit 1961 inoffiziell mit „unserem Organ" zusammenarbeitet.[183]

---

180 Ebenda, S. 160.

181 Ebenda, S. 181.

182 Ebenda, S. 68 f., 74, 75.

183 Ebenda, S. 83.

Überprüft wird auch Leutnant Peter Sauer. Er ist tätig im Wehrkreiskommando Mitte, Berlin, Abteilung Organisationsplan. Sauer ist der „GMS Karl Schneider." In der Schlusseinschätzung vom 6. Februar 1970 wird ausgeführt:

„Der IM verfügt über hohes politisches Wissen und steht darüber hinaus im Studium an der Humboldt-Universität (Juristische Fakultät)."[184]

Der Militäroberrichter am MOG Leipzig, Staab, Manfred, geb. 14. Februar 1930 wird ebenfalls überprüft. Staab hat den Beruf des Bäckers erlernt und den Abschluss als Dipl.-Jurist.

Studium: 1.8.1949 – Eintritt in die bewaffneten Organe
Juni 1954–1.6.1955 Offiziershörer II. Juristenlehrgang Berlin-Treptow
Danach Richter am Kreisgericht Leipzig-Land und danach ab 1957 Militärstaatsanwalt;
Seit 1.11.1975 Militäroberrichter MOG Leipzig
Von 1955–1960 Fernstudium an der DASR, (Walter-Ulbricht) Fachrichtung Jura.
Mai–Juni 1964, Mai–Juni 1969 und Februar–März 1974 Führungskaderlehrgänge an der DASR „Walter Ulbricht".[185]

Aufschlussreich für das Vorgehen des MfS ist die Überprüfungsakte des Stichling, Joachim, geb. 27. April 1947, Militärrichterassistent MG Berlin seit dem 1. August 1973.

Abgeschlossener Beruf: Werkzeugmacher; seit 2.11.1966 NVA, Soldat auf Zeit und vom 1.11.1969–31.7.1973 – Humboldt-Universität, Sektion Rechtswissenschaft. Die Ehefrau Stichling ist ebenfalls Dipl.-Juristin und als Notarin tätig.

In der Beurteilung vom 8. Januar 1974 des Leiters des Militärgerichts Berlin, Oberstleutnant Hans, wird festgestellt, dass Stichling nach dem erfolgreichen Abschluss des juristischen Studiums auf der Grundlage eines vom Leiter des Militärobergerichts Berlin bestätigten Ausbildungsplanes als Militärrichter eingewiesen und vorbereitet wurde. Die Einweisung erfolgte beim Militärobergericht Berlin – dreitägig –, ein sechswöchtiger Einsatz beim Militärstaatsanwalt Grenzkommando Mitte und eine Unterweisung und Mitwirkung in allen Arbeitsgebieten des MG-Berlin folgte.

Laut Vermerk des MfS HA IX/8-AGR vom 24. Oktober 1975 ist Genosse Stichling jetzt als Sachbearbeiter für Planung beim Rat des Stadtbezirkes Berlin-Pankow angestellt. Seine Ehefrau ist leitende Mitarbeiterin im Wohnungswesen des Stadtbezirkes Berlin Prenzlauer Berg. Grund hierfür ist offensichtlich der Bericht über den Abschluss der Vorlaufakte Operativ der Hauptabteilung I vom 16. Juni 1975. In dieser Vorlaufakte wurde festgestellt, dass die Ehefrau des beim Militärgericht tätigen und an Haftbefehlverkündun-

184 Ebenda, S. 95.

185 Ebenda, S. 99.

gen beim MfS eingesetzten Leutnant Stichling eine negative Einstellung zu den gesellschaftlichen Verhältnissen in der DDR besitzt.

„Aus Gründen der Sicherheit wurde im Auftrage der Leitung der Hauptabteilung IX als Sofortmaßnahme über den Leiter des Militärkollegiums beim Obersten Gericht der DDR, Genosse Generalmajor Sarge, veranlasst, dass Stichling von der Verkündung von Haftbefehlen beim MfS ferngehalten wird und in Akten, die vom MfS kommen, keinen Einblick erhält. Außerdem wurden umfangreiche weitere Maßnahmen festgelegt, die der weiteren zügigen operativen Bearbeitung des Vorganges und dessen Realisierung dienen sollten."

Laut Bericht bekundete Stichling in einer Kaderaussprache gegenüber Oberst Kalwert, dass er sich unverzüglich scheiden lassen wolle. Es heißt dann abschließend im Bericht:

„es ist vorgesehen, Genosse Leutnant Stichling nach der durchgeführten Ehescheidung gegen einen anderen Richter des Militärgerichtes Potsdam auszutauschen und das vorhandene operative Material gegen Frau Stichling an die Abteilung XX der Verwaltung Groß-Berlin zuständigkeitshalber zur weiteren operativen Bearbeitung zu übergeben."[186]

Der Vermerk der Abteilung IX, Rostock, vom 5. November 1975 enthält die Ablehnung eines Richters für den Einsatz in der Militärjustiz (Einsatz beim MOG oder als Haftrichter):

Betrifft: „Genosse Stoll, Hartmut, Richter am Kreisgericht Grimmen

Der Leiter des KG Grimmen schätzt ein, dass Genosse Stoll für eine solche Funktion nicht geeignet ist, da es in der Vergangenheit bei ihm Schwierigkeiten in der parteimäßigen Bewertung strafrechtlicher Probleme gab, wobei auch festgestellt wurde, dass er in fachlichen Fragen keine genügende Qualifikation besitzt."[187]

BStU, MfS, HA IX, 13118:

Die Abteilung XX befasst sich in einem Vermerk vom 28. November 1975 mit der Bewerbung des Herbert Friedrich und des Wolfgang Neugebauer als Militärrichter. Beide werden gemäß Schreiben vom 29. November 1975 der Abteilung XX an die Abteilung IX als Militärrichter abgelehnt.

Als Begründung heißt es im Falle Friedrich, dass dieser im Jahre 1970 durch das MfS angesprochen wurde und eine „Unterstützung" konsequent abgelehnt hat.

186 Ebenda, S. 136 f., 147 f.

187 Ebenda, S. 160.

Bezüglich Neugebauer wird sein arrogantes und unhöfliches Auftreten im Wohngebiet dokumentiert. „Auftreten in der Öffentlichkeit und seine Diskussionen entsprechen nicht den Anforderungen an einen Genossen.“[188]

Eine weitere Akte enthält Einschätzungen der Militärjustiz zu Kader der MOStA und des MG Berlin.

Ahn, Volkmer, in der Abteilung I a eingesetzt, soll am 1. Dezember 1983 das Arbeitsgebiet des Oberstleutnant Lohse (Staatsverbrechen) übernehmen.

Genosse Major Hertzlieb, Werner soll ab 1. Dezember 1983 die Planstelle des Genossen Oberstleutnant Jähnichen besetzen.

Des Weiteren wird mit Schreiben vom 19. Oktober 1983 an die HA I gebeten, der HA IX eine ausführliche operative Einschätzung über den künftigen Leiter des MG Berlin, Hauptmann Gerhard Neumann, zuzusenden. Weitere Einschätzungen bzw. Stellungnahmen befinden sich nicht in der Akte. Allerdings geht aus der Erklärung der Hauptabteilung I vom 16. April 1984 hervor, dass die entsprechenden Einschätzungen positiv gewesen sein müssen, da die vorgesehenen Stellen besetzt worden sind.[189]

Die Akte enthält ferner Vermerke über die Nachfolge des Oberstleutnant Schäfer, dem ein Hausausweis ausgestellt werden soll. Schäfer wurde vom Militäroberstaatsanwalt als Aufsichtsführender Militärstaatsanwalt für Strafverfahren der HA IX, 1, 5 und 6 eingesetzt. Er tritt die Nachfolge des ausgeschiedenen, aufsichtsführenden Militärstaatsanwaltes Uslbock an.[190]

Bemerkenswert ist der Vermerk über die Ausstellung eines Hausausweises für Scharf, Gunter, geb. 26. Mai 1957. Der Hausausweis soll für die Tätigkeit als Haftrichter ausgestellt werden und zwar für die Objekte des MfS

UHA, Berlin-Hohenschönhausen, Freienwalder Straße
UHA, Berlin-Lichtenberg, Magdalenenstraße
HA Kader und Schulung, Bereich Disziplinar
Wachregiment Feliks Dzierzynski.

Laut Anweisung hat die Sicherheitsüberprüfung durch die Hauptabteilung I stattgefunden.[191]

Scharf hat zunächst eine Fahrzeugschlosserlehre absolviert und trat dann im Jahre 1975 in die NVA ein. Vom 1. September 1980 bis 31. August 1981 war

---

188 BStU, ZA, MfS, HA IX, 13118, S. 10 f.

189 Ebenda, S. 22 f.

190 Ebenda, S. 30 f.

191 Ebenda, S. 52 f.

Scharf Praktikant bei der HAMG. Vom 1. September 1981 bis 31. August 1985 erfolgte das Studium an der Humboldt-Universität Berlin. Seit dem 1. September 1985 war Scharf Militärrichterassistent am MG Berlin.

Ein hochrangiger Militärjurist war Oberst Alfred Schille, geb. 11. Oktober 1915. Er wurde durch das MfS im Februar 1970 mit dem Erinnerungsabzeichen „20 Jahre MfS der DDR" dekoriert.

In der Einschätzung des Genossen Schille der HA I vom 22. Dezember 1965 wird der Werdegang von Schille wie folgt beschrieben:

Vor dem Krieg: Expedient
Nach dem Krieg 1947 – 1949 Instrukteur (SED-Landesleitung)
1949–1950 Hörer am VI. Ausbildungslehrgang für Richter und Staatsanwälte in Bad Schandau
1950 Landrichter
1950–1952 Instrukteur für Justiz, Bezirksleitung Dresden
1952–1953 Staatsanwalt beim Staatsanwalt des Bezirkes
1953 Offizier der bewaffneten Kräfte
1955–1956 Staatsanwalt der Volkspolizei
Seit 1956 Militärstaatsanwalt

In der Beurteilung des Genossen Schille vom 30. Juli 1962 durch den Leiter der Rechtsabteilung im Ministerium für Nationale Verteidigung wird der „Jurist für Militärrecht" Schille wie folgt eingeschätzt:

> „Genosse Schille hat sowohl in dieser Funktion als auch bereits in seiner Tätigkeit als Militärjurist beim Hauptstab eine umfangreiche und wertvolle Arbeit auf dem Gebiet der Militärgesetzgebung geleistet. Die bisher erlassenen gesetzlichen Bestimmungen über die Wehrpflicht wurden in erster Linie von ihm hinsichtlich ihrer juristisch einwandfreien Abfassung geprüft oder miterarbeitet. Die von ihm dabei unterbreiteten Hinweise und Vorschläge sind politisch und rechtlich gut fundiert, wobei ihm seine langjährigen praktischen Erfahrungen und seine guten politischen und juristischen Kenntnisse zugute kommen (er ist seit Mai 1950 in verantwortlichen und leitenden Stellungen als Jurist tätig)."

In der Einschätzung vom 30. Juli 1962 heißt es dann weiter, dass Genosse Schille auf seinen Wunsch hin als Militärrichter gewählt werden sollte. Er ist als Leiter eines Militärobergerichtes geeignet. Der Inhalt der Beurteilung fand die Zustimmung der Parteileitung.[192]

Eine Überprüfung betrifft Schleif, Heinz, geb. 19. Juni 1920, seit dem 1. Dezember 1962 Militäroberrichter und Vertreter des Leiters des MOG Neubrandenburg

Berufliche Entwicklung: Klempner, Wehrmacht, Kriegsgefangenschaft

---

192 Ebenda, S. 59 f.

1.7.1949–30.4.1950 Instrukteur der FDJ Kreisleitung Leipzig
1.5.1950–30.5.1952 Student an der Akademie für Staats- und Rechtswissenschaft Potsdam-Babelsberg.[193]

Mit Schreiben vom 9. November 1977 bittet die Hauptabteilung Militärgerichte das MfS um die Bestätigung verschiedener Militärrichter. Das Schreiben ist überschrieben mit „Bestätigungsliste Nr. 4/77“.

Bestätigt werden sollen Oberstleutnant Schlesinger, Oberleutnant Wagenknecht, Lothar Weck, Richter am Kreisgericht Arnstadt, Helmut Hein, Richter am Kreisgericht Heiligenstadt, und diverse andere Zivilrichter für den Einsatz als Militärrichter.[194]

Abschließend wird in dieser Akte über Schütze, Manfred, Oberst, geb. 25. September 1929, seit dem Jahre 1982 Militärrichter beim OG, berichtet. Seite 135 wird im Vermerk der HA IX / AKG vom 13. Dezember 1982 zu Schütze festgestellt:

„Kadersituation MK/MOG/MG Berlin

Auf das Vorhaben des Genossen GM Penndorf, OSL-Schütze im 1. Strafsenat einzusetzen und die Anfrage, ob Genosse GM Fister damit einverstanden ist, äußerte GM Fister:

‘Wir mischen uns in seine Personalfrage nicht ein. Uns kommt es darauf an, dass die Qualität, die Konspiration und Geheimhaltung gewährleistet wird. Wenn das gewährleistet ist und wenn er es für richtig hält, kann er OSL-Schütze im 1. Strafsenat zum Einsatz bringen’.

[...] Genosse Major Weiser äußerte am 10.12.1982 (ohne vom Gespräch Fister Kenntnis zu haben), dass der Antrag des MKOG, OSL-Schütze eine MOB-Bestätigung zu geben, abgelehnt wurde.

[...] die vorgeschlagene Minimalvariante für Genosse Oberstleutnant Penndorf, Verbleib bei HAMG und Einsatzmöglichkeit als Richter beim MOG in Berlin in Personalunion soll angestrebt werden.“[195]

Schließlich ist die Akte Scholz, Erhard, geb. 25. November 1930, sehr bemerkenswert. Er war zuletzt Abteilungsleiter bei dem Generalstaatsanwaltschaft der DDR. In seinem Lebenslauf heißt es:

> „Auf Vorschlag der Partei- und Betriebsleitung begann ich am 5.10.1950 mit dem Studium an der Arbeiter- und Bauern-Fakultät in Halle, das ich im Juli 1953 mit dem Abitur abschloss.“

Es heißt dann weiter:

193 Ebenda, S. 89 f.

194 Ebenda, S. 112 f.

195 Ebenda, S. 135 f.

> „Als am 17.6.1953 der konterrevolutionäre Putsch stattfand, wurde ich auf Vorschlag der SED und FDJ-Fakultätsleitung in der Waggon-Fabrik Halle-Immendorf zur Agitation eingesetzt und bewies zu einem Zeitpunkt, wo der Klassenfeind die Errungenschaften der Arbeiter- und Bauernmacht zunichte machen wollte, die Treue zur Partei und zum Staat, indem ich die mir übertragenden Aufgaben konsequent erfüllte."

Die Überprüfung stellt fest, dass gegen den Einsatz des Erhard Scholz für eine zeitweilige Tätigkeit im ZK der SED keine Bedenken bestehen. Außerdem wurde Scholz gemäß Bericht vom 22. Juni 1977 als GVS-B-Kader bestätigt.[196]

3. Das MfS und die Staatsanwälte

Einer besonderen Überprüfung unterlagen seit den 50er Jahren alle Staatsanwälte, die in den politischen, den sog. I a Verfahren mitwirkten. Ihr Einsatz bedurfte der ausdrücklichen Zustimmung des MfS. So heißt es in einem Aktenvermerk vom 17. August 1954 unter dem Betreff „Bestätigung von Staatsanwälten zur Bearbeitung und Anklageerhebung von Vorgängen gegen Angehörige der KVP":

> „Eine Überprüfung durch die Hauptabteilung [...] hat ergeben, dass der Staatsanwalt Schille, Alfred, geb. 11.10.1915 von uns als Haftstaatsanwalt für die Bezirksverwaltung Dresden am 24.8.1953 bestätigt wurde.[197] Der Staatsanwalt Enskat, Gustav, geb. 29.10.1894 ist von uns als Haftstaatsanwalt für die Bezirksverwaltung Schwerin am 4.12.1952 bestätigt worden. Gegen den Oberstaatsanwalt Berger, Max und die Staatsanwälte Wagenbreth, Pietsch und Krazel liegt kein belastendes Material vor."[198]

Weiterhin wird im Vermerk vom 5. August 1954 der Einstellung des Staatsanwaltes Max Haberkorn, mit dem das MfS schon offiziell zusammenarbeitete, als Staatsanwalt der VP/Staatssekretariat zugestimmt.[199]

Haberkorn war von 1946–April 1949 Bürgermeister der Gemeinde Strellen. Von April 1949 bis Mai 1950 besuchte er die Richterschule Halle. Von Mai 1950 bis 1. November 1951 war er Richter am Landgericht Torgau. Vom 2. November 1951 bis 24. Februar 1952 besuchte er den Qualifizierungslehrgang als Richter in Kienbaum in Berlin. Haberkorn wurde von der Oberstaatsanwaltschaft der Volkspolizei am 1. November 1956 vom MfS übernommen und in der HA X eingestellt. Er war stellvertretender Leiter der Abteilung V. Sein

---

196 BStU, MfS, 30894, S. 13 f.

197 Vgl. 3. Kapitel, Abschnitt C, II 2.

198 BStU, MfS, AP 2357/55, S. 47: Vermerk der HA V/4/A (Vorläuferin der Hauptabteilung XX) vom 17.8.1954.

199 BStU, ebenda, S. 3.

letzter Dienstgrad war Oberstleutnant. Aus gesundheitlichen Gründen wurde Haberkorn am 30. Oktober 1962 vorzeitig in den Ruhestand versetzt.[200]

Bei wichtigen Schlüsselpositionen wurden solche Beurteilungen direkt an Mielke zur Bestätigung weitergeleitet.[201]

Der Umgang mit abweichenden Auffassungen zeigt sich exemplarisch im Fall des stellvertretenden Generalstaatsanwaltes Bruno Haid. In einem Bericht der HA V/5/I vom 3. April 1957 wird ausgeführt:

> „Schon seit längerer Zeit wird eine Diskussion gegen die Arbeit der Organe der Staatssicherheit von führenden Justizfunktionären geführt bzw. lebhaft unterstützt. Als Beweis sollen folgende Beispiele dienen:
>
> 1. Vor mehreren Monaten erfuhr Genosse Haid, dass der Genosse Wolf einen Mitarbeiter unserer Bezirksverwaltung in Gera eine Liste der damals zu entlassenden inhaftierten SPD-Mitglieder zur Einsicht überlies. Daraufhin rügte Genosse Haid den Genossen Wolf heftig und äußerte sinngemäß, dass er sich entschieden verbitte, dass das MfS in der Staatsanwaltschaft geheime Mitarbeiter besitzt.
>
> 2. Kurze Zeit später fand eine Arbeitsbesprechung aller Staatsanwälte der Obersten Staatsanwaltschaft statt, wobei Genosse Haid erneut betonte, dass er sich eine geheime Zusammenarbeit mit dem MfS energisch verbittet. Er nannte hier den Ausdruck GI wörtlich.
>
> 3. Vor ca. einem halben Jahr äußerte der Genosse Haid im Besein des Genossen Streit (ZK) und des Genossen Wolf, dass nun die Zeit vorbei sei, wo sich das MfS in die Personalpolitik der Staatsanwaltschaft einmischen konnte und bezog sich dabei [...].“[202]

Im weiteren Text des Vermerks wurden weitere Einzelheiten der Äußerungen des Staatsanwaltes Haid gegen die Organe des MfS ausgeführt. Zum Schluss des Vermerks wird festgestellt: „Im Interesse weiterer Informationen bitten wir Sie, auf keinen Fall den Namen des Genossen Wolf bei der Auswertung dieses Berichtes zu nennen.“[203]

Haid war von 1954–1958 der Stellvertreter des Generalstaatsanwaltes der DDR. Aus seiner Kaderakte folgt, „ein solches Verhalten führte zu schwerwiegend politischen Fehlern in der Arbeit des Genossen Haid bei der Obersten Staatsanwaltschaft. Diese Fehler bewegten sich auf der Linie der Gruppe Schirdewan, ohne dass festgestellt werden konnte, dass Genosse Haid zu dieser Gruppe gehörte. Das gegen ihn bei der ZPKK deswegen durchgeführte Parteiverfahren endete mit einer Rüge und seiner Abberufung als Stellvertreter

200 BStU, MfS, BV Leipzig, KS II 113/85, S. 4 ff.

201 Ebenda, S. 42.

202 BStU, MfS, AP, 40637/92, S. 22 f.

203 Ebenda.

des Generalstaatsanwaltes sowie zu seiner Entpflichtung als Staatsanwalt. Er wurde versetzt als Justiziar beim VVB Werkzeugmaschinen Karl-Marx-Stadt". In den 60er Jahren machte er wieder Karriere im Ministerium für Kultur, Abteilung Literatur und Buchwesen.[204]

Der Vorgang zeigt, welche Möglichkeiten der „Personellen Säuberung" das MfS hatte. Denn es ist nach der Akte offenkundig, dass das MfS bei der Entlassung des stellvertretenden Generalstaatsanwaltes Haid mitgewirkt hat, auch wenn parteiinterne Gründe für die Abberufung angegeben wurden.

Es gab inoffizielle Mitarbeiter und Zuträger des MfS bei der Generalstaatsanwaltschaft der DDR. Als Parteisekretär der SED bei der GStA fungierte der IM „Leonhard." Von 1982–1985 setzte ihn das MfS für besondere Aufgaben ein. Später gab es eine kontinuierliche Zusammenarbeit. „Leonhard" hatte sich schon 1960, als er bei der NVA diente, dem MfS verpflichtet. Bei „Leonhard" handelt es sich um Hans Bauer, der zuletzt als stellvertretender Generalstaatsanwalt der DDR tätig war.[205]

Enge Verbindungen bestanden zwischen der Staatssicherheit und der Generalstaatsanwaltschaft (GStA), die in wichtigen MfS-Verfahren vor dem OG die Anklage zu vertreten hatte. Viele Angelegenheiten wurden direkt mit dem Generalstaatsanwalt Josef Streit[206] abgesprochen, der in den früheren Jahren – wie Staatssekretär Kern im Justizministerium – den Sektor Justiz in der ZK-Abteilung geleitet hatte. Anlässlich seines 70. Geburtstages verlieh Mielke Streit in Anerkennung „seiner aktiven jahrelangen Unterstützung der Tätigkeit der Organe des Ministeriums für Staatssicherheit" den Ehrentitel: „Verdienter Mitarbeiter der Staatssicherheit."[207]

Besonders aufgeschlossen stand den Anliegen des MfS der stellvertretende Generalstaatsanwalt Karl-Heinrich Borchert gegenüber,[208] dem u.a. die Abtei-

---

204 Ebenda; Haid war später – 1965–1973 – Stellv. Minister für Kultur, vgl. *Müller-Enbergs*, Wer war wer, S. 306.

205 BStU, MfS, AP 36630/92; Vermerk HA XX/1 vom 10.11.1988; vgl. auch *Staadt*, Furchtbare Juristen, S. 76,77.

206 Vgl. zur Person Streit Anhang 1, Abschnitt A, IV.

207 BStU, MfS, HA IX 2189, S. 108; vgl. Verordnung über die Stiftung des Ehrentitels „Verdienter Mitarbeiter der Staatssicherheit" vom 16.12.1969, GBl. II, S. 703; gemäß § 1 der Verordnung wurde der Ehrentitel in Würdigung und Anerkennung besonderer Dienste im Schutz und bei der Sicherung der sozialistischen Gesellschaftsordnung vor Angriffen der imperialistischen Mächte und deren Geheimdienste und bei der Stärkung und Festigung des Ministeriums für Staatssicherheit für hervorragende Einzelleistungen und langjährige vorbildliche persönliche Einsatzbereitschaft vergeben.

208 Vgl. auch Anhang 1, Abschnitt A, IV.

lung I A unterstand, die für alle vom MfS geführten Ermittlungsverfahren zuständig war, mit Ausnahme jener Verfahren, die in die Kompetenz der Militärstaatsanwaltschaft fielen. Borchert war „in jeder Situation“ der Mann „bei dem das MfS anrief, wenn es etwas Bestimmtes erreichen wollte“.[209] Die enge Verbindung zum MfS ergab sich aus der früheren Tätigkeit Borcherts als GI „Esche“.[210] Er verpflichtete sich dem MfS als GI am 13.Juni 1952. Zwar wurde die Verbindung mit Borchert am 26. Mai 1953 durch die Abt. VI des MfS Leipzig abgebrochen, weil Borchert zur Bezirksstaatsanwaltschaft Frankfurt/Oder versetzt wurde und aufgrund seiner Stellung als Staatsanwalt „offizielle Verbindung mit den Organen des Ministeriums für Staatssicherheit hat.“[211] Aus der GI-Akte folgt aber, dass in den Folgejahren weiterer Kontakt zwischen dem GI Esche und dem MfS Frankfurt/Oder bestand. Borchert sollte vom GI zum GHI für die aufzubauende GHI-Gruppe in den Objekten der Justiz qualifiziert werden.[212] In einer Kurzauskunft der Hauptabteilung XX/1 Berlin vom 8. Dezember 1976 heißt es zur Person Borchert:

> „Genosse Borchert ist Stellvertreter des Generalstaatsanwaltes der DDR. In dieser Funktion untersteht ihm der Bereich Staatsverbrechen in der Generalstaatsanwaltschaft der DDR. Genosse Borchert ist Mitglied der SED. Genosse Borchert besitzt ein überdurchschnittliches fachliches und politisches Wissen, sowie langjährige Erfahrungen in den zentralen Justizorganen, die es ihm ermöglichen, seinen Aufgaben gewissenhaft und mit einem hohen politischen Verantwortungsbewusstsein zu erfüllen. Von Seiten unserer DE besteht zum Genossen Borchert ein ausgezeichneter offizieller Kontakt. Aufgrund seiner Tätigkeit und seinen fachlichen und politischen Fähigkeiten ist er in der Lage, als Lektor an der juristischen Hochschule tätig zu werden. Vom politisch-operativen Standpunkt gibt es keine Bedenken. Dem Einsatz wird von unserer Diensteinheit zugestimmt.“[213]

In einem handschriftlichen Vermerk vom 15. Januar 1976 wird zu Borchert weiter ausgeführt:

> „Erneute Verbindungsaufnahme – Ziel: Einsatz als GMI in der Justiz – war mit diesem Einsatz einverstanden. Während seiner Tätigkeit als stellvertretender Bezirksstaatsanwalt (1961) wurde die Zusammenarbeit aktiviert [...] dem MfS ergeben, einsatzbereit, intelligent. Ablage 23.12.1964, weil er hauptamtlicher Mitarbeiter des Parteiapparates wurde und dadurch die inoffizielle Zusammenarbeit entfällt.“[214]

---

209 *Behlert*, Generalstaatsanwaltschaft, S. 300 f.

210 BStU, MfS, BV Frankfurt (Oder), AIM 53/65 Teil I S.49 f. (Film).

211 Ebenda, S. 37.

212 Ebenda, S. 42, 43.

213 BStU, MfS, HA XX Nr. 2942, Teil 1 von 2, S. 50.

214 Ebenda, S. 52.

4. Das MfS und die Richter

Neben den Staatsanwälten überprüfte die Staatssicherheit auch die Richter auf ihre politisch-ideologische Linientreue, bevor sie von der SED zur Wahl aufgestellt wurden. Diese Praxis galt selbst für das OG, dessen Richter der Verfassung nach allein von der Volkskammer zur wählen waren. So ist in einem Vermerk vom 17. Juni 1958 festgehalten:

> „Gegen die zur Neuwahl anstehenden 9 Richter des Obersten Gerichts liegt kein belastendes operatives Material vor. Aus diesem Grunde bestehen seitens der Hauptabteilung V/1/I keine Bedenken gegen die Wahl bzw. Wiederwahl der genannten als Richter des Obersten Gerichts der DDR.“[215]

Wie das MfS bereits in den 50er Jahren zu Werke ging, verdeutlicht anschaulich ein Auskunftsersuchen der MfS-Bezirksverwaltung Magdeburg. Sie beauftragte die Kreisdienststelle W. im Frühjahr 1959 folgende Erkundigungen über einen Richter einzuziehen, der zuvor als Direktor am dortigen Kreisgericht amtiert hatte:

> „1. Wie war die gesellschaftspolitische Arbeit des M. in W.? 2. Wie ist M. in moralischer Hinsicht in W. aufgetreten, gibt es negative Erscheinungen? 3. Wie waren die fachlichen Arbeiten als Kreisgerichtsdirektor? 4. Mit welchen Personen verkehrte M. in W.? 5. Ist bekannt, das M. dort viel Alkohol zu sich genommen hat und in welchen Gaststätten verkehrte er? 6. Gibt es Hinweise über Verbindungen nach WD (West-Deutschland) und WB (West-Berlin)? 7. Gibt es Hinweise, ob M. mit ehemaligen Häftlingen oder bürgerlichen Menschen verkehrte oder verkehrt?“[216]

Nach dem Inhalt der Akte handelt es sich dabei um den Direktor am KG Wanzleben, Herbert Mochow, geb. am 7. August 1931. Dieser wurde am 5. August 1959 von der BV Magdeburg, Abteilung V 1 angeworben, verpflichtete sich als GI „Jubilar“, berichtete regelmäßig über Richter und Rechtsanwälte an Kreisgerichten und avancierte später zum Richter am OG.[217] Die Akte schließt mit dem Hinweis, dass der IM nach seiner Versetzung zum OG von MfS Berlin „übernommen“ werde.[218]

Das MfS überprüfte und „bestätigte“ nicht nur. Es schlug auch selbst genehme Richter für den Einsatz in politischen Strafsachen vor. So heißt es beispielsweise in einem Schreiben der Abteilung XX/1 der Bezirksverwaltung Dresden

---

215 BStU, MfS, HA XX Bdl. 1010; Vermerk der HA V/1/I vom 17.6.1958.

216 BStU, MfS, AIM 22633/80, Teil I, Band 1, S. 13; *Vollnhals*, Nomenklatur und Kaderpolitik, S. 221; vgl. auch BStU, MfS, HA XX Bdl. 1010.

217 BStU, MfS, AIM 22633/80, Bd 2, S 47, 49.

218 Ebenda.

an die Hauptabteilung XX/1 vom 17. Januar 1966 unter dem Betreff „Einsatz von Richtern für den Strafsenat I a“:

> „Der Oberrichter des Bezirksgericht Dresden, Genosse Müller, Hans wird von uns vorgeschlagen für die Tätigkeit im 1a Strafsenat. Wir bitten um Bestätigung durch die Hauptabteilungen und entsprechende Veranlassung beim Ministerium für Justiz.“[219]

Dies bedeutet mit anderen Worten, dass die MfS-Bezirksverwaltungen genehme Richter für eine günstige Tätigkeit in den 1a Senaten der Bezirksgerichte vorschlagen konnten, deren Einsatz dann vom Justizministeriums formell umzusetzen war („entsprechende Veranlassung“).

In der Praxis häufiger war jedoch der umgekehrte Fall, dass das MfS im Auftrag der SED die Richter und Staatsanwälte bei Neueinstellung oder anstehender Wiederwahl unter sicherheitspolitischen, d.h. stets auch unter ideologischen Gesichtspunkten überprüfte und dann „bestätigte“, respektive die Bestätigung verweigerte.

Wurde die betreffende Person vom MfS nicht bestätigt, so hatte dies berufliche Konsequenzen. So heißt es 1979 über einen Richter in einem Schreiben des Leiters der HA XX, Generalmajor Kienberg:

> „teilen wir ihnen mit, dass oben genannte Person aus dem Perspektivkader für das Ministerium für Justiz gestrichen wurde. Der K. besitzt politisch-ideologische Unklarheiten, die sich bei seiner Tätigkeit als Richter negativ auswirken, insbesondere bei Straftaten nach § 213 StGB (ungesetzlicher Grenzübertritt). Da bis zum heutigen Zeitpunkt keine Änderung seiner politischen Einstellung vorliegt, wurde er von der zuständigen Kreisleitung der SED nicht wieder zur Wahl als Richter bestätigt.“[220]

Die systematisch betriebene Kaderpolitik verfestigte sich im Laufe der Zeit stetig und begann bereits bei der Rekrutierung des juristischen Nachwuchses. Hier plante das MfS langfristig. So heißt es in der Planorientierung der HA XX/1 für das Jahr 1981:

> „für die perspektivische operative Arbeit in den zentralen Organen der Justiz sind geeignete Jurastudenten auszuwählen, anzuwerben und langfristig – perspektivisch für Leitungsaufgaben zu qualifizieren. Insbesondere sind IM unter Absolventen, die eine perspektivische Orientierung auf die Tätigkeit in den zentralen Justizorganen haben, zu werben. Dies gilt für die BV Leipzig-KMU (Karl-Marx-Universität), BV Berlin-HU (Humboldt-Universität), KD (Kreisdienststelle Jena – FSU – Friedrich-Schiller-Universität, Jena).“[221]

---

219 BStU, MfS, HA XX Bdl. 1010.

220 BStU, MfS, HA XX Bdl. 1008.

221 BStU, MfS, HA XX Bdl. 1048.

So gab es in der DDR – zumindest für das Fach Rechtswissenschaft – keine freie Studienwahl. Das Jurastudium setzte zumeist eine entsprechende Delegierung voraus.[222]

Über das Verfahren, wie es seitens des Justizministeriums praktiziert wurde, gibt es einen MfS-Vermerk aus dem Jahre 1977. Hier wird formuliert: „Auswahl der Studenten durch Bezirksgerichte einschließlich Überprüfung und Abstimmung mit den zuständigen Organen (MfS).“[223]

Es lässt sich nach allem festhalten, dass der Einsatz aller Staatsanwälte, Haftrichter und Richter in den 1a Verfahren einer vorherigen Bestätigung durch das MfS bedurfte. Die Staatssicherheit führte mit dem IM-Netz der Linie XX/1 und anderer Diensteinheiten eine permanente Sicherheitsüberprüfung durch und kontrollierte auf diese Weise nicht nur den Staatsanwalt, der die „Gesetzlichkeitsaufsicht“ über die Untersuchungsorgane ausführen sollte, sondern auch die Richter, die in MfS-Verfahren das Urteil zu fällen hatten.[224]

5. Das MfS und die zentralen Justizorgane, Ministerien und Organisationen

Personelle Verknüpfungen bestanden auch zwischen dem Ministerium für Staatssicherheit und dem Justizministerium. Das MdJ wurde nach dem Ausscheiden von Hilde Benjamin, die in ihrer Person die auf Repression beruhende Justiz der 50er Jahre verkörperte,[225] seit 1967 von Kurt Wünsche (1967-1972) und danach von Hans-Joachim Heusinger (1972–1990) geleitet. Wünsche war von 1954 bis Ende 1965 als GI „Wendler“ tätig. Heusinger von 1955 bis 1962 als GI „Knebel“.[226]

Wesentlicher Entscheidungsträger im MdJ war Staatssekretär Herbert Kern (1974–1987). Er hatte zuvor (seit 1966) in der ZK-Abteilung Staats- und Rechtsfragen den Sektor Justiz geleitet, besaß das Vertrauen der SED-Führung und wurde den Ministern, die der LDPD angehörten, gewissermaßen als Aufpasser beigeordnet.[227]

---

222 *Lochen*, Nachwuchskader, S. 126 ff.

223 *Vollnhals*, Nomenklatur und Kaderpolitik, S. 225; *ders.*, Die Macht ist das Allererste, S. 237; BStU MfS, HA XX Bdl. 1007.

224 *Weinke*, Stasi und Strafrecht, S.161.

225 *Vollnhals*, Nomenklatur und Kaderpolitik, S. 226.

226 BStU, MfS, AIM 12982/63 Teil I, S. 109, 110 (Wünsche); BStU, MfS, AIM 346/63, Teil I, S. 139 (Heusinger).

227 *Vollnhals*, ebenda, S. 226.

Kern war der bevorzugte Ansprechpartner des MfS, wenn es auf hoher Ebene Sach- und Personalentscheidungen „abzustimmen“ galt. Für seine Verdienste wurde er mehrfach vom MfS ausgezeichnet. In einem Vorschlag der Hauptabteilung XX zur Auszeichnung des Staatssekretärs anlässlich seines 60. Geburtstages im Jahre 1985 heißt es zusammenfassend: „Gen. Dr. Kern unterstützt in seiner Funktion in vorbildlicher Weise die vielfältigen Aufgaben des MfS und zeigte eine hohe Einsatzbereitschaft und konsequente Haltung im Prozess des politisch-operativen Zusammenwirkens.“[228]

Mit dem MfS arbeitete auch Erich Wirth, geb. 12. November 1923, eng zusammen. Er war Oberrichter am BG Leipzig und später Sektorenleiter Kadersicherung im MdJ. Wirth war der FIM „Ewald“.[229]

D) Die Kaderpolitik in der Militärjustiz – die personelle Unterwanderung der Militärjustiz durch das MfS

I. Vorbemerkung

Es liegt nahe, insbesondere bei den Militärgerichten einen nachdrücklichen Einfluss des MfS zu vermuten. Die besonders enge Einbindung in die Kontrollstrukturen des MfS und die langfristige Personalplanung wurde oben dargestellt.

II. Personelle MfS-Strukturen in der Militärjustiz, dargestellt an Einzelpersonen

1. Dr. Alfred Hartmann

Von 1962 bis Ende 1972 amtierte als stellvertretender Vorsitzender des Militärkollegiums am Obersten Gerichts mit Alfred Hartmann ein MfS-„Offizier im besonderem Einsatz“[230] (OibE), der von der Hauptabteilung IX geführt wurde. Hartmann war seit 1955 Mitarbeiter des MfS.[231] Damit stellte das ermittelnde Untersuchungsorgan zugleich einen der höchsten Richter in der Militärjustiz. In der MfS-Kaderkarteikarte ist hierzu vermerkt:

---

228 BStU, MfS, HA XX, Bdl. 1004.

229 BStU, MfS, HA II 6577/74 Bd. 1. Wirth war im Übrigen auch für die Anleitung und die Kontrolle der Rechtsanwaltskollegien zuständig; vgl. auch *Eisenfeld*, Rechtsanwälte, S. 359; zu Wirth vgl. auch *Beckert*, Glücklicher Sklave, S 43, der über einen Schauprozess vor dem BG Leipzig unter dem Vorsitz von Wirth berichtet. Wirth leitete auch den Prozess gegen Lichtwark, vgl. 3. Kapitel, Abschnitt G, II 3 a.

230 Vgl. Anhang 1, Abschnitt A, V.

231 BStU, MfS, BV Potsdam, KS II 215/77, S. 7, 168, 190 f.

> „1.9.1962 wird Major H. von seiner Funktion als Instrukteur der HA IX entbunden und für die Funktion als Stellvertreter des Leiters des Militärsenats beim Obersten Gerichts freigestellt. Genosse Major H. verbleibt als Offizier im bes(onderen) Einsatz mit allen Rechten und Pflichten in der Kaderreserve des MfS.“[232]

Dr. Hartmann (Jahrgang 1925), der seine Karriere bei der Volkspolizei begonnen hatte, wirkte seit 1949 als Volksrichter, zuletzt als Oberrichter am Bezirksgericht Karl-Marx-Stadt. 1955 übernahm er dann den „Lehrstuhl für Staat und Recht“ an der MfS-Hochschule in Potsdam-Eiche. 1959 schloss er ein Fernstudium als Diplom-Jurist ab und wechselte im selben Jahr zur Hauptabteilung IX. 1962 als OibE an das Oberste Gericht versetzt, wirkte Hartmann als einer der Stellvertreter Sarges und führte in dieser Funktion auch den Vorsitz in einem der beiden Militärstrafsenate. Ende 1971 verließ er nach heftiger Kritik an seinem Arbeits- und Führungsstil und auf Betreiben des Vorsitzenden des Militärkollegiums, Dr. Sarge, das Oberste Gericht und wirkte anschließend als Rechtsanwalt und IM in Potsdam.[233]

2. Friedrich Feistkorn

Friedrich Feistkorn war seit dem Jahre 1954 Richter am 1. OG Strafsenat. Er wurde im September 1958 von der HA V/1/I des MfS als IM angeworben. Im Januar 1963 brach das MfS die inoffizielle Zusammenarbeit ab. Diese wurde im Jahre 1968 wieder aufgenommen. Zur Begründung hieß es, mehrere inoffizielle Mitarbeiter seien aus dem OG ausgeschieden, wodurch die Notwendigkeit bestehe, diese durch einen qualifizierten Richter zu ersetzen. Feistkorn war als GHI „Fred“ tätig. Er sollte für die operative Absicherung der Strafsenate des OG, später die des Militärsenats – Feistkorn sollte im September / Oktober 1962 zum Richter am Obersten Militärstrafsenat ernannt werden – sowie die Berichterstattung und Analysierung bestimmter Probleme der Rechtsprechung an den Bezirksgerichten tätig sein.[234]

3. Fritz Nagel

Hartmanns Nachfolger beim OG wurde Fritz Nagel, geb. 30. Januar 1929, der bereits in den Jahren 1952 bis 1974 als GI „Otto“ mit dem MfS zusammengearbeitet hatte. Er hatte seine Laufbahn als Militärstaatsanwalt begonnen und

---

232 BStU, MfS, KS 215/72.

233 BStU, MfS, BV Potsdam, KS II 215/77, S. 194.

234 BStU, MfS, AIM 2763/63, zitiert nach *Weinke*, Stasi und Strafrecht, S. 154 f.

wurde 1962 vor seinem Einsatz als Militärrichter am Militärobergericht Berlin erneut als GI verpflichtet.[235]

Nagel berichtete gemäß einem Vermerk des MfS vom 1. Februar 1964 über Tendenzen der Liberalisierung bei der Militärstaatsanwaltschaft. Im Vermerk wird ausgeführt:

> „Entgegen den Forderungen des Staatsratserlasses, die Feinde der DDR und Gewaltverbrecher für die von ihnen begangenen Verbrechen streng zur Verantwortung zu ziehen, gibt es im Apparat des Militärstaatsanwaltes zum Teil eine solche Tendenz, sich im Gegensatz zum Gericht bis zum letzten Mittel für die Verbrecher einzusetzen. [...] Eine solche Tendenz geht nach meiner Einschätzung von dem Leiter der Militärstaatsanwaltschaft, Genossen Oberst Leibner, und von dem Leiter der Abteilung I, Genossen Major Richter, aus. Abschließend werden von Nagel einige Beispielsfälle angeführt."[236]

Ab 1966 arbeitete Nagel als Militärrichter am OG und rückte 1978 zum 1. Stellvertreter des Vorsitzenden des Militärkollegiums auf. Als Vorsitzender des 1. Militärstrafsenats führte er unter anderem die Verfahren gegen die MfS-Mitarbeiter Trebeljahr und Teske, die 1979 bzw. 1981 wegen angeblicher Spionage im besonders schweren Fall hingerichtet worden sind.[237]

In der Abschlusseinschätzung vom 15. Oktober 1968 heißt es: „Er (Nagel) hat alle Voraussetzungen, den Personalbestand des Militärkollegiums inoffiziell abzusichern."[238]

4. Bernd Wagenknecht

Auch die Nachfolge von Nagel wurde sorgsam geplant: Bernd Wagenknecht, geb. 20. Dezember 1940, war als IME der HA I/ MfNV erfasst und amtierte seit Ende 1983 als Richter am 2. Militärstrafsenat des MOG Berlin. Vorher war er Leiter des Militärgerichts und Haftrichter in Berlin. Perspektivisch sollte er die Nachfolge Nagels als OG-Richter antreten. Zu diesem Zweck wurde er am 12. November 1982 von der Hauptabteilung IX als Offizier im besonderen Einsatz verpflichtet. In der handschriftlichen Verpflichtungsurkunde erklärt Wagenknecht u.a.:

> „Ich verpflichte mich: a) alle meine Kräfte und Fähigkeiten einzusetzen, um die ehrenvollen Pflichten und Aufgaben eines Angehörigen des Ministeriums für Staatssicherheit, die Beschlüsse der Sozialistischen Einheitspartei Deutschlands

235 BStU, MfS, AIM 7544/69; vgl. Anhang 1, Abschnitt A V.

236 BStU, MfS, RS 118, S. 88 ff.

237 Vgl. 4. Kapitel, Abschnitt B, IV.

238 BStU, MfS, AIM 7544/69, S. 39. Die Ehefrau des Nagel, Rosalie Nagel, arbeitete seit 1977 als IMK der HA I, vgl. BStU, MfS, AIM 3872/91.

und die Verfassung, die Gesetze und Beschlüsse der Volkskammer, die Erlasse und Beschlüsse des Staatsrates, die Verordnungen und Beschlüsse des Ministerrates, die Beschlüsse und Anordnungen des Nationalen Verteidigungsrates sowie die dienstlichen Bestimmungen und Befehle des Ministers für Staatssicherheit und der anderen zuständigen Vorgesetzten einzuhalten und mit schöpferischer Initiative durchzusetzen."[239]

Im Einstellungsvorschlag als OibE wird Wagenknecht wie folgt charakterisiert:

> „In seiner Tätigkeit als Richter beim Militärgericht Berlin, als Haftrichter in der HA IX und der Abteilung IX der BV für Staatssicherheit Berlin und in der inoffiziellen Zusammenarbeit mit dem MfS, HA I – MfNV – UA PHV/MAFE hat er stets Parteilichkeit und ein tiefes Verständnis für die von der jeweiligen Klassenkampfsituation bestimmten Probleme in den durch das MfS ermittelten Strafverfahren gezeigt. Es erfolgte eine konstruktive, von den Interessen der Partei und den Parteibeschlüssen geleitete Zusammenarbeit bei strikter Anwendung der sozialistischen Gesetzlichkeit und Wahrung der Konspiration und Geheimhaltung."[240]

Wagenknecht, der seit 1979 als IM „Wolfgang Helbich" für die Staatssicherheit arbeitete und auch in seiner früheren Tätigkeit als Kreisgerichtsdirektor eine „gute offizielle Zusammenarbeit" gepflegt hatte, „bekundete", so der Einstellungsvorschlag der MfS Hauptabteilung Kader und Schulung, „den Willen, den gestellten höheren Anforderungen als Berufssoldat im MfS stetig nachzukommen". Als OibE unterstand er seit dem 1. November 1982 der vollen Disziplinargewalt des MfS, auch wenn er nach außen weiterhin als Berufssoldat der NVA auftrat.

Mit dieser Konstruktion und der langfristigen Kaderplanung als Nachfolger Nagels, der 1982 erst 53 Jahre alt war, sollte der 1. Militärstrafsenat am Obersten Gericht, der alle I-a-Verfahren verhandelte und zugleich die entsprechenden Senate der nachgeordneten Militärgerichte anleitete, einer noch stärkeren Konspiration und Geheimhaltung unterworfen werden. Da an den Militärgerichten ohnehin nur besonders ausgesuchte Richter zum Einsatz kamen, kann dies wohl nur als Ausfluss einer hypertrophen Sicherheitsdoktrin interpretiert werden, die selbst linientreuen Genossen nur bedingt vertraute und auf den Aufbau eines geschlossenen Systems für alle MfS-Verfahren abzielte.[241]

---

239 BStU, MfS, KS 5004/90, S. 70–75.

240 BStU, MfS, KS 5004/90. S. 17; *Vollnhals*, Die Macht ist das Allererste, S. 236 f.

241 *Vollnhals*, ebenda, S. 237.

5. Dr. Günter Sarge

Auch die Kaderakte des Dr. Günter Sarge,[242] geb. am 30. Dezember 1930, zeigt Verbindungen zum MfS. Sarge war Vorsitzender des MKOG, Vizepräsident und später Präsident des OG. Seine Ehefrau war Offizier – Referatsleiterin HA VIII – des MfS.[243] Sarge wurde in einer Personalakte der HA I/1 geführt.[244] Dort findet sich der Eintrag vom 8. April 1959:

> „In letzter Zeit ist Genosse Sarge nicht negativ in Erscheinung getreten, im Gegenteil er arbeitet positiv mit den Organen des MfS zusammen (Durch seine Tätigkeit als Kontrollorgan der Justiz)."[245]

In der Akte Sarge befindet sich der Bericht des OG-Richters Dr. Hartmann[246] vom 25. Oktober 1962 über eine – angeblich – außereheliche Beziehung des Dr. Sarge zu einer Sekretärin des Senats des MKOG. Hartmann erklärt:

> „Die Partei fordert von allen ihren Mitgliedern, besonders jedoch von den in leitenden Funktionen eingesetzten Genossen, dass sie die Gebote der sozialistischen Moral und Ethik beachten und sich vorbildlich führen. In besonderem Maße gilt dies für einen Richter in den höchstrichterlichen Funktionen."[247]

Aufgrund dieses Berichtes erstellte die HA I/ MfNV am 27. Oktober 1962 einen Maßnahmeplan. Dem Genossen Sarge wurde danach erläutert, dass „unsererseits im Interesse des Aufbaus seiner Dienststelle ausnahmsweise keine Auswertung der uns bekannten Vorkommnisse erfolgt. Ohne eine Werbung vorzunehmen, soll damit ein enges Vertrauensverhältnis des General Obstleutnant Dr. Sarge zu unserem Organ erreicht werden."[248] Weiter heißt es in diesem Maßnahmeplan:

> „Das Militärkollegium des OG für Militärstrafsachen wird nach Beendigung des Aufbaus eine Stärke von 8 Personen erreichen. Unter den für diese Dienststelle vorgesehenen Kadern befindet sich ein weiblicher IM, mit welchem schon jahrelang gearbeitet wird. Da außerdem mit Gen. Major Hartmann und für bestimmte Fragen der Dienststelle auch zu Obstleutnant Sarge ein enges Vertrauensverhältnis hergestellt wird, ist zur Zeit, die Dienststelle ist kadermäßig noch nicht aufgefüllt, das Absicherungsverhältnis ausreichend."[249]

---

242 Zu den Personalien vgl. auch Anhang 1, Abschnitt A, III.

243 BStU, MfS, AP 34045/92, S. 5; vgl. auch *Vollnhals*, ebenda, S. 241.

244 BStU, ebenda, S. 10.

245 Ebenda, S. 29.

246 Vgl. 3. Kapitel, Abschnitt D II 1.

247 BStU, ebenda, S. 40 f.

248 Ebenda, S. 45.

249 Ebenda, S. 45, sowie Bericht vom 31.10.1962, S. 46–48; *Sarge* berichtet gemäß Vermerk vom 8.12.62 dem MfS über Kalwert, Leiter der HAMG, S.49 f.

Am 15.4 1977 wird Sarge als leitender Kader von der HA I wie folgt eingeschätzt:

> „Generalmajor Dr. Sarge ist am Ausbau eines vertrauensvollen Verhältnisses zum zuständigen operativen Mitarbeiter der HA I bemüht. Er sucht von sich aus Möglichkeiten zu Beratungen und Informationen sowohl über Probleme seines Kollektivs als auch der nachgeordneten Militärgerichte und der Rechtsprechung in Militärstrafsachen. Ein besonders gutes Verhältnis besteht seitens des Gen. Sarge zum Untersuchungsorgan des MfS. Häufig finden vor Verhandlungen über Staatsverbrechen, deren Vorsitz Generalmajor Dr. Sarge selbst übernahm, Absprachen mit den Genossen des Untersuchungsorgans statt. Die getroffenen Vereinbarungen werden durch Gen. Sarge stets eingehalten."[250]

6. Lothar Penndorf

Lothar Penndorf, Dipl.-Jurist, Generalmajor, geb. 8. Dezember 1928 in Cretzschwitz,. Eintritt in die SED: 1947; Studium 1947–1951 Universität Jena; 1952 Wissenschaftlicher Assistent Halle; 1952–1953 Gerichtsreferendar, Staatsanwaltschaft Bezirk Leipzig; 1953–1954 Referent MdJ; Eintritt bewaffnete Organe: 1. Juli 1954; Referent MdI, 1954–1957 Staatsanwalt; 1957–1959 Wissenschaftlicher Oberassistent bei der Militäroberstaatsanwaltschaft; 1959–1962 Militärstaatsanwalt; 1962–1966 Leiter Abteilung IIb Militäroberstaatsanwalt; 1967-1971 Leiter Abteilung Ib Militäroberstaatsanwalt; 1971–1976 Militäroberrichter, Vorsitzender Militärstrafsenat; 1976–1977 Parteihochschule KPDSU/UdSSR; 1977–1990 Vize-Präsident des Obersten Gerichts und Vorsitzender des Militärkollegiums.

Über Penndorf existiert die Personalakte MfS ZA AP 11666/56, die der Verfasser eingesehen hat; diese Akte umfasst Sicherheitsüberprüfungen bzw. Berichte über Penndorf nur bis zum Jahre 1954. Für die anschließende Zeit sind keinerlei Berichte mehr festzustellen. Dies erscheint angesichts der anschließenden beruflichen Karriere mehr als ungewöhnlich, gibt Anlass zu der Vermutung, dass die Unvollständigkeit der Akte weder Zufall noch bürokratisches Versehen ist.

7. Sonstige personelle Verknüpfungen

a) Hans Ziller

Es gab weitere personelle Verknüpfungen zwischen dem MfS und der Militärjustiz:

250 Ebenda, S. 84.

So existiert die AIM-Akte „Walter Starke“; hinter diesem Decknamen verbirgt sich der Oberstleutnant im Justizdienst Hans Ziller. Dieser war von 1963 bis 1973 als stellvertretender Leiter des Militärobergerichts Berlin tätig.[251]

Die Verpflichtung als AIM datiert vom 9. Dezember 1973. Nach seiner hauptberuflichen Tätigkeit als Militärrichter wurde Ziller als FIM „Walter Starke“ verpflichtet. Eine Einschätzung der Hauptabteilung I vom 6. März 1975 wird ausgeführt:

> „Einschätzung des FIM 'Walter Starke' Registriernummer XVIII 779/74
> Der FIM Walter Starke wurde am 20.3.1974 vom unterzeichnenden Mitarbeiter als IMS mit der Perspektive FIM geworben. Nach systematischer Vorbereitung für die Aufgaben eines FIM wurde er am 1.12.1974 umgruppiert, und er arbeitet derzeitlich mit einem IMS zusammen. Es ist vorgesehen, den FIM im Verlaufe des Jahres mit weiteren drei IMS auszulasten, so dass zunächst ein Auslastungsverhältnis von 1 zu 4 erreicht wird. Der FIM ist hauptamtlich für unser Organ tätig, und sein Einsatz erfolgt in Richtung Absicherung der Umgebung militärischer Objekte im Verantwortungsbereich der Unterabteilung Stab.“[252]

b) Martin Wagner

Ein besonderes Vertrauensverhältnis zum MfS hatte auch der Oberstleutnant (JD) Martin Wagner. Wagner war seit dem 1. Oktober 1952 Staatsanwalt und war in der Zeit vom 1. Mai 1955 bis 14. April 1957 Praktikant zur Ausbildung als Militärrichter; anschließend war Wagner als Militärstaatsanwalt tätig, bevor er am 2. Oktober 1962 Leiter des Militärgerichts Halle wurde. In der Zeit vom 1. Mai 1967 bis 31. Mai 1967 war er als Militärrichter zum OG – Militärkollegium – abgeordnet und seit dem 1. Juni 1967 fungierte er bis zu seiner Versetzung in die Reserve im Februar 1986 als Leiter des MOG Berlin. In einer Einschätzung der Hauptabteilung I/ MfNV, UA I, vom 24. August 1976 wurde formuliert:

> „Oberst Wagner ist seit dem 1.6.1967 als Leiter des Militärobergerichtes Berlin eingesetzt [...]. Hervorzuheben ist seine persönliche Einsatzbereitschaft zur Leitung und Durchführung von Maßnahmen der politisch-ideologischen Arbeit in den militärischen Einheiten seines Verantwortungsbereiches. Unter seiner Leitung konnte die Zusammenarbeit des Militärobergerichtes mit den militärischen Führungsorganen entscheidend verbessert werden. Oberst Wagner zeigt eine gute Einstellung zum Zusammenwirken mit den Untersuchungsorganen des MfS.“

In der Abverfügung zur Archivierung heißt es: „In seiner Dienststellung war W. für die Bearbeitung von Strafsachen des Sachgebietes I verantwortlich und

251 BStU, MfS, AIM 9844/77.

252 Ebenda.

MOB-bestätigt. [...] war bemüht, ein gutes offizielles Zusammenwirken mit dem zuständigen Mitarbeiter des MfS zu gewährleisten".[253]

c) Manfred Werner

Geheimer Informator des MfS war Manfred Werner. Er verpflichtete sich am 25. Juni 1957, führte den Decknamen „Horst" und wurde zur operativen Bearbeitung eines Mitarbeiters der Staatsanwaltschaft eingesetzt. Die Verbindung wurde am 11. April 1958 mit der Begründung abgebrochen, dass sich der Auftrag erledigt habe. Außerdem sei Werner zwischenzeitlich in einer leitenden Stellung bei der Staatsanwaltschaft tätig, weshalb „keine Notwendigkeit mehr für eine inoffizielle Zusammenarbeit bestehe."[254]

Werner war in der Militärstaatsanwaltschaft tätig und seit Dezember 1976 Leiter der Unterabteilung Staatsverbrechen bei der MOStA. Seit dem Jahre 1983 war er Militärrichter bei dem MOG Berlin.[255] Werner war Vorsitzender in der Sache Godehard.[256]

d) Walter Wagner

Eine enge Beziehung zum MfS hatte Walter Wagner als GI „Willi Müller", der sich freiwillig am 23. Dezember 1960 gegenüber dem MfS verpflichtete.

Wagner war seit 1954 Staatsanwalt bei der Bezirksstaatsanwaltschaft Halle. Mit Wirkung vom 1. Februar 1961 wurde Wagner zur Obersten Staatsanwaltschaft nach Berlin versetzt; dort wurde er als Haftstaatsanwalt in der Untersuchungsabteilung des MfS eingesetzt.[257]

Der Vorgang wird am 22. März 1961 mit der Begründung eingestellt, dass Wagner eine Tätigkeit im Auftrage des MfS durchführe und auf vollkommen offizieller dienstlicher Basis mit dem operativen Mitarbeiter – soweit zuständig – aufgrund seiner Dienststellung zusammen arbeite.[258]

e) Dr. Günter Kalwert

Die Staatssicherheit arbeitete auch mit Dr. Günter Kalwert, zuletzt Generalmajor und stellvertretender Minister der Justiz, Leiter der Hauptabteilung Militär-

253 BStU, MfS, AP 7649/87.

254 BStU, MfS, AIM 1421/58 P, S. 70 f.

255 BStU, MfS, HA IX, 16348, S. 4 f.; BStU, MfS, HA IX, 16350, S. 15.

256 Vgl. 4. Kapitel, Abschnitt A, II.

257 BStU, MfS, BV Halle, AIM 196/61; Vermerk vom 4.3.1961, S. 67.

258 Ebenda, S. 69.

gerichte, eng zusammen.[259] Die Kader für die Militärjustiz stimmte Kalwert mit dem MfS ab.

Am 9. April 1980 schlug Generalmajor Dr. Fister, Leiter der HA IX, vor, dem Generalmajor Dr. Kalwert anlässlich seines 50igsten Geburtstages am 15. Juli 1980 mit einem Sachgeschenk im Werte von 700,00 Mark auszuzeichnen. In der Begründung wird ausgeführt:

„Genosse Generalmajor Dr. Kalwert ist langjährig leitender Mitarbeiter der Militärjustiz. Durch zielgerichtete und schwerpunktmäßige Entwicklung der Militärgerichte hat er persönlich wesentlichen Anteil an der Verwirklichung des sozialistischen Militärstrafrechts und damit an der Festigung der Kampf- und Verteidigungsbereitschaft der bewaffneten Organe der DDR und an der Gewährleistung der Sicherheitsinteressen des MfS durch die Tätigkeit der Militärgerichte. Genosse Generalmajor Dr. Kalwert hat Zuverlässigkeit und Standhaftigkeit bewiesen und arbeitet kameradschaftlich mit den Organen des MfS zusammen. Der Vorschlag wurde mit dem Leiter der HA I abgestimmt. Der Minister für Justiz ist mit der vorgesehenen Auszeichnung einverstanden."[260]

f) Karl-Heinz Knoche

Ein leitender Offizier der Militärjustiz war Karl-Heinz Knoche. Er war seinerzeit Militäroberrichter im 1. Senat des OG; dort wurden die Strafverfahren verhandelt, die durch das MfS ermittelt wurden. Knoche hatte unmittelbaren Kontakt zu den Leitern und Mitarbeitern der HA IX des MfS. Zum MfS hatte Knoche eine klare parteiliche Haltung, die insbesondere in seiner Verhandlungsführung zum Tragen kam. „Er hatte Kenntnis über bestimmte konspirative Mittel und Methoden des MfS. Die gesamtstaatlichen Interessen wurden in der Verhandlungsführung durch Genosse Knoche stets berücksichtigt".[261]

Aus gesundheitlichen Gründen schied Genosse Knoche im Jahre 1983 aus dem aktiven Wehrdienst aus. Als Rentner verpflichtete er sich gemeinsam mit seiner Ehefrau als MK/KW „Tierpark".[262]

g) Sonstige

Der Richter – Vorsitzender des 1. Strafsenats – am OG, Dr. Fritz Mühlberger, wurde aus Anlass seines 60igsten Geburtstages am 18. Januar 1982 mit einem

259 Vgl. FN 157 sowie Anhang 1, Abschnitt A II.

260 BStU, ebenda, S. 46.

261 BStU, MfS, AIM, 4784/91, Bd.1, S. 23 f.

262 Ebenda, S. 20–41.

Sachgeschenk im Wert von 600 Mark ausgezeichnet. In der Würdigung wird ausgeführt:

> „In Anerkennung und Würdigung seines langjährigen Zusammenwirkens mit dem Ministerium für Staatssicherheit bei der Lösung gemeinsamer Aufgaben und der dabei gezeigten hohen Einsatzbereitschaft und Zuverlässigkeit sowie seines persönlichen Anteils an der Vervollkommnung entsprechender Strafgesetze und deren einheitlichen Durchsetzung im Interesse einer hohen politischen und rechtlichen Wirksamkeit unter Beachtung der Sicherheitsinteressen unseres Organs."[263]

Der Militärrichter Herbert Warnatzsch, geb. am 10. Februar 1923 in Neukersdorf, war Militäroberrichter am MOG Berlin. Nach seinem aktiven Dienst verpflichtete er sich am 22. April 1987 gemeinsam mit seiner Ehefrau Helga, geborene Geidel, als IMK/DT unter dem Decknamen „Wilhelm". Sie erklärten bei ihrer Verpflichtung, sie hätten auch in der Vergangenheit oft mit dem MfS zu tun gehabt und ein gutes Verhältnis aufbauen können.[264] Die Akte Warnatzsch enthält den Vermerk vom 26. Oktober 1989, der vollständig zitiert wird:

> „Zum Treff am 25.10.1989 mit dem IMK/DT 'Wilhelm' wurde bekannt, dass der IM die gegenwärtige innenpolitische Entwicklung nicht mehr im vollem Umfang aufnehmen und verarbeiten kann. Die zum jetzigen Zeitpunkt in der DDR angesprochenen Probleme und Erscheinungen führen bei ihm zu einer gewissen Resignation. Er hegt Zweifel daran, ob die in seiner langjährigen Tätigkeit als Richter an einem Militärgericht vertretenen Positionen immer gerechtfertigt waren. So habe er sich in seinem Leben als Militärrichter stets für die Durchsetzung und Einhaltung der geltenden gesetzlichen Bestimmungen eingesetzt. Gerade aus diesem Grund ist ihm unklar, warum der ehemalige Stellvertreter des Ministers für Staatssicherheit Wolf heute mit einer der führenden Initiatoren des 'Neuen Forum', der Bohley, sich an einem Tisch am 24.10.1989 im Haus der Jungen Talente zur innenpolitischen Fragen, die gegenwärtig in der DDR stehen, äußert. Der Widerspruch beim IM besteht darin, dass Wolf und er ja im gewissen Sinne gemeinsam in der Vergangenheit die gesamte Kraft dafür einsetzten, dass es zu solchen Erscheinungen, wie sie sich derzeit in der DDR abspielen, gekämpft haben. Deshalb ist es für ihn jetzt schmerzhaft und unverständlich, warum gerade ein Wolf zum gegenwärtigen Zeitpunkt den öffentlichen Meinungsstreit sucht. Im gewissen Sinn fühlt sich der IM für die gegenwärtige entstandene Lage mit verantwortlich."[265]

III. Fazit

Es ist damit erwiesen, dass das MfS durch gezielte Personalpolitik linientreue Militärrichter an den Schaltstellen der Militärjustiz einsetzte.

---

263 BStU, MfS, HA IX 15958, S. 49.

264 BStU, MfS, 606/91 „Streng Geheim, S. 27 f.

265 BStU, MfS, HA VIII 6682, S. 27 f.

E) Der Einfluss des MfS auf Gesetzesvorhaben

I. Vorbemerkung

Die Volkskammer verabschiedete zwar Gesetze, war aber reines Akklamationsorgan. In Wahrheit wurden die Gesetze im politisch-militärischen Bereich durch das MfS mit gestaltet. Es war bei der Beratung von politischen, polizeilichen und militärjuristischen Gesetzen und Verordnungen ab Mitte der fünfziger Jahre zu Zeiten der Regierung Ulbricht beteiligt. Die Arbeit wird zeigen, dass sich dies während der Ära Honecker nicht geändert hat.

II. Strafrechtsergänzungsgesetz (StEG)

Für die Untersuchungstätigkeit des MfS hatte das Strafrechtsergänzungsgesetz (StEG) vom 11. Dezember 1957[266] besondere Bedeutung. Das MfS hatte an der Formulierung des Gesetzes mitgewirkt.[267] So gehen die Bestimmungen im StEG „Verleiten zum Verlassen der Republik"(§ 21) und die Spionageparagraphen (§§ 14–16) teilweise auf die Staatssicherheit zurück, die in der Gesetzgebungskommission durch den damaligen Leiter des Untersuchungsorgans, Kurt Richter, und den damaligen Persönlichen Referenten Mielkes, Hans-Georg Filin, vertreten war.[268]

III. Militärstrafgesetzbuch

Gemäß einem Vermerk des MfS HA I / MfNV I vom 11. November 1961 ergibt sich aus einem Hinweis des GI „Hans Bauer", dass die Genossen Strauch, Sarge und Hartmann das neue Militärstrafgesetzbuch erarbeiten. Die Genossen Wagenbreth, Jähnichen und Weyer sind mit dem Entwurf der Militärstrafprozessordnung befasst.[269] Tätig waren demnach exponierte Militärjuristen, die auch nach der Gründung der Militärgerichte an führender Stelle agierten, deren Einbindung in die Strukturen des MfS jedoch nach ihrem beruflichen Werdegang belegt ist.

IV. Strafrechtsänderungsgesetze

In den 70er Jahren folgten drei Strafrechtsänderungsgesetze, die zu einer Verschärfung des politischen Strafrechts führten. Damit war das System der politischen Justiz in der DDR weitgehend gefestigt. Wichtigstes Instrument zur

---

266 *GBl.* I., S. 532.

267 *Engelmann*, Staatssicherheitsjustiz, S. 157.

268 BStU, MfS, SdM, 1216, S. 164, 169; zitiert nach *Engelmann*, ebenda.

269 BStU, MfS, AP, 34045/92, S. 37.

Steuerung der Rechtsprechung unter der Regie des MfS war – wie oben eingehend dargestellt[270] – die Kaderpolitik, mit deren Hilfe nur politisch zuverlässiges Justizpersonal in den Justizdienst, vor allem den Militärjustizdienst, aufsteigen konnte. Aber das MfS war auch an der Militarisierung der Gesetzgebung beteiligt und übte insoweit seinen Einfluss aus. Eine wichtige Funktion für die systematische Abstimmung der Justiz- und Sicherheitsorgane besaßen die „Leiterberatungen". Auf der Tagesordnung dieser Leiterberatungen standen auch Beratungen zu Vorschlägen von Gesetzesänderungen.[271]

1. Erstes Strafrechtsänderungsgesetz

Die im Zusammenhang mit dem 1. Strafrechtsänderungsgesetz vom 19. Dezember 1974[272] erlassenen Justizgesetze stärkten den unmittelbaren Einfluss der Partei in der Rechtsprechung, die wieder im stärkeren Maß den gesellschaftspolitischen Zielen der SED-Spitze dienstbar gemacht werden sollte.[273]

Das MfS war an der Erarbeitung des 1. Strafrechtsänderungsgesetzes an führender Position beteiligt. Der Arbeitsgruppe, die vom Politbüro eingesetzt und im Juni 1973 zur Planung des 1. Strafrechtsänderungsgesetzes zusammengetreten war, stand Hans-Werner Heilborn, der Leiter der HA-Inspektion im Justizministerium vor. Der Gruppe gehörte seitens des MfS Konrad Lohmann, Leiter der 1972 gebildeten Arbeitsgruppe Recht HA IX und ein weiterer Offizier der Staatssicherheit an. Hinzu kamen Vertreter der Generalstaatsanwaltschaft, des Obersten Gerichts sowie Vertreter des Innenministeriums. Zudem nahmen noch Wissenschaftler der Akademie für Staats- und Rechtswissenschaften und der Humboldt Universität sowie zwei Bezirksgerichtsdirektoren teil.[274]

2. Zweites Strafrechtsänderungsgesetz

Das 2. Strafrechtsänderungsgesetz vom 7. April 1977[275] diente der Bekämpfung der Ausreisebewegung und bestand im Wesentlichen aus zwei Komponenten: Es passte das Strafgesetzbuch den veränderten außenpolitischen Bedingungen an und schaffte zu diesem Zweck eine Reihe überholter Gesetze

270 Vgl. 3. Kapitel, Abschnitte C, D.

271 *Vollnhals*, Die Macht ist das Allererste, S. 232 f.

272 Vgl. 2. Kapitel, Abschnitt B, IV 2 d.

273 *Raschka*, Entwicklung des politischen Strafrechts, S. 282.

274 Ebenda, S. 281.

275 Vgl. 2. Kapitel, Abschnitt B, IV 2 d.

ab. Zum anderen fügte die Novelle Paragraphen zur strafrechtlichen Verfolgung von Ausreiseantragstellern in das 8. Kapitel des StGB ein. Während sich eine Arbeitsgruppe beim Justizminister dem ersten Teil der Aufgabe widmete, übertrug Honecker Letzteres einem Stab aus Offizieren der Ministerien für Staatssicherheit und des Innern.[276]

Die Gesetzesänderungen basierten auf einer Vorlage zur „Unterbindung rechtswidriger Versuche von Bürgern der DDR, die Übersiedlung nach nicht sozialistischen Staaten zu erreichen", die von einer Arbeitsgruppe des MfS und des MdI ausgearbeitet worden war. Das Sekretariat des ZK behandelte das Papier schließlich am 16. Februar 1977 und machte es zur Grundlage der Bekämpfung der Ausreisebewegung.[277]

3. Drittes Strafrechtsänderungsgesetz

Das MfS nahm auch auf weitere Gesetzesvorhaben Einfluss. So war der Leiter der HA IX, Rolf Fister, Mitglied einer Arbeitsgruppe, die das Politbüro der SED am 18. Oktober 1978 einsetzte. Sie stand unter dem Vorsitz von Klaus Sorgenicht, der von 1957 bis zuletzt die ZK-Abteilung Staats- und Rechtsfragen leitete. In der Arbeitsgruppe waren die wichtigsten Spitzenfunktionäre aus dem Bereich der politischen Justiz beteiligt. Vertreter des Justizministeriums wurden nicht beigezogen. Es ging um die Erarbeitung des 3. Strafrechtsänderungsgesetzes vom 28. Juni 1979,[278] welches zu einer Verschärfung des politischen Strafrechts führte.[279]

V. Weitere Gesetzesvorhaben unter Beteiligung des MfS

Das MfS übte jedoch nicht nur bei der Ausgestaltung des militärischen Strafrechts einen entscheidenden Einfluss aus. Als konkrete Beispiele für die Bemühungen, „das sozialistische Recht entsprechend den veränderten politisch-operativen Lagebedingungen weiterzuentwickeln, als Machtinstrument auszubauen", nannte die Jahresanalyse 1979 der HA IX ferner die Mitwirkung bei der Erarbeitung des „Ausländergesetzes und der Ausländerverordnung, des neuen Passgesetzes sowie der Pass- und Visa-Anordnung, der Änderungen des Zoll-Devisen- und Ordnungswidrigkeitgesetzes sowie der Militärgerichtsord-

---

276 *Raschka*, ebenda, S. 283; *Ders*,. Justizpolitik im SED-Staat, S. 105 ff.

277 Ebenda; *Vollnhals*, Die Macht ist das Allererste, S. 259, berichtet von einer massiven Intervention des MfS gegenüber den Vorschlägen des MdJ.

278 Vgl. 2. Kapitel, Abschnitt B, IV 2 d.

279 Vgl. *Raschka*, Justizpolitik im SED-Staat, S. 146,164,165 *Vollnhals*, ebenda, S. 230, *Bookjans*, Militärjustiz, S. 39.

nung, der Neugestaltung der Aufgaben der Ämter für Arbeit sowie der Fürsorge, der Regelungen für die Realisierung der Aufnahme und Überwachung des Fernmeldeverkehrs sowie für die Verwirklichung des Ausweisungsgewahrsams".[280]

Die Arbeit des MfS – Rechtsstelle – betraf auch die Ausgestaltung und Umsetzung des Vertragswerkes zwischen beiden deutschen Staaten sowie mit West-Berlin. Die Rechtsstelle wirkte an der Durchsetzung des Verkehrsvertrages, des Transitabkommens, des Grundlagenvertrages und den Fragen der Grenzregelung mit.[281]

Das MfS war auch in die Beratungen zum neuen Zivilgesetzbuch der DDR – 1975 – eingebunden. Auch wirkte das MfS an der Ausarbeitung weiterer Gesetze auf dem Gebiet des Zivilrechts und des Strafrechts, sowie des Vollzugs- und Wiedereingliederungsgesetzes mit. Namentlich wurde das MfS einbezogen in die Formulierung des Kulturschutzgesetzes, des Vertragsgesetzes, des Grenzgesetzes, der Nachfolgeregelungen zum Verteidigungsgesetz, des Rechtsanwaltsgesetzes und weiterer rechtlicher Bestimmungen. Auch an den Regelungen in Zusammenhang mit der Erhöhung des Zwangsumtausches – 1980 – und der Einschränkung des Reiseverkehrs nach Polen war die Rechtsstelle beteiligt. Daneben war sie weiterhin in die Arbeit der gemeinsamen Transit- und, Grenz- und Verkehrskommission mit der Bundesrepublik eingebunden.[282]

Das MfS war also führend an der Gesetzgebung und der normativen Auslegung der Bestimmungen beteiligt und nahm so in der Doppelrolle als Geheimpolizei und Untersuchungsorgan Funktionen wahr, die weit über die Befugnisse einer strafrechtlichen Ermittlungsbehörde hinausgingen.[283]

In den Jahresanalysen der HA IX wird durchweg die gute Zusammenarbeit mit den „Rechtspflegeorganen" hervorgehoben, die eine problemlose Umsetzung der „politisch-operativen Erfordernisse" in neuen rechtliche Regelungen ermöglicht habe. Noch in der letzten überlieferten Analyse heißt es:

> „Auch 1988 (erfolgte) ihr enges Zusammenwirken auf hohem Niveau. Getragen von dem gemeinsamen Auftrag, beizutragen zur Durchsetzung der Politik der Par-

---

280 BStU, MfS, HA IX 3710.

281 BStU, MfS, RS 19, S. 39–45, hier: 39; zitiert nach *Knabe*, Rechtsstelle, S. 333.

282 *Knabe*, ebenda.

283 *Knabe*, ebenda S. 339. vgl. auch *Vollnhals*, Die Macht ist das Allererste, S. 231.

> tei, wurden in allen erforderlichen Fällen gemeinsame Standpunkte erarbeitet und deren wirksame Realisierung abgestimmt."[284]

Abschließend ist darauf hinzuweisen, dass das MfS nicht nur an Gesetzesvorlagen mitwirkte. Vielmehr geht aus einer vom Verfasser für die Jahre 1959-1961 recherchierten Akte des Sekretariats des Ministers Mielke hervor, dass das MfS auch bei der Verabschiedung von Anordnungen, Dienstanweisungen und Befehlen beratend und mit der Aufforderung um Zustimmung beteiligt wurde. So war das MfS im vorgenannten Zeitraum mit der Dienstanweisung „Überwachung des Umganges mit Sportwaffen und Munition", dem Antrag zur Herstellung einer Fernsprechverbindungen zwischen den Wasserstraßenverwaltungen der DDR und der Volksrepublik Polen, an Verordnungen im Rahmen der StVO und der StVZO, an einem Befehl des Ministers des Innern zum Strafvollzug, am Entwurf einer Anordnung über die Behandlung und Verwaltung von topographischen Karten und Luftbildern, am Entwurf der StVO, bei der Schaffung einheitlicher Tauglichkeitsrichtlinien für alle Angehörige der bewaffneten Organe, bei der Anordnung über die Beförderung staatlicher Postsendungen und die Behandlungen vertraulicher Dienstsachen, bei der Anordnung über die Überführung von Leichen über die Staatsgrenze, an der Einrichtung von Transitstrecken, an den Durchführungsbestimmungen zum Brandschutzgesetz, an der Anordnung über die Erteilung von Dienstaufträgen und der Mitführung von dienstlichen Unterlagen, bei der Anordnung über den Auslandsflugverkehr sowie an der Benutzungsordnung der staatlichen Archive beteiligt.[285]

Im Übrigen war das MfS nicht nur an den Gesetzesvorhaben beteiligt; die neuen Gesetze wurden nach Erlass innerhalb des MfS ausgewertet. Das Personal des MfS wurde intensiv angeleitet.[286]

Aus den Militärgerichtsakten, die beim Bundesbeauftragten gelagert sind, geht nämlich hervor, dass regelmäßige Abstimmungen zwischen dem MKOG, der Militäroberstaatsanwaltschaft und der HA IX über Fragen der Rechtsanwendung stattfanden. So heißt es in einem Beratungsprotokoll vom 16. Januar 1986, welches durch ein Diskussionspapier vom 8. Januar 1986 vorbereitet wurde, wie folgt:[287]

---

284 BStU, MfS, HA IX 420.

285 BStU, MfS, SdM, 11054.

286 BStU, MfS, ZAIG, 13698; das 2. Strafrechtsänderungsgesetz und das Strafvollzugsgesetz sind Gegenstand der Erörterung im MfS, Motive des Gesetzgebers, Politische Bedeutung etc.

287 BStU, MfS, HA IX, 3920, S. 3.

> „In einer gemeinsamen Beratung der Leitung der HA IX, der Abteilung 1a des Militäroberstaatsanwaltes, des 1. Militärstrafsenates des Obersten Gerichts, der Abteilungen IX/1 und IX/5 sowie des Bereiches Grundsatzfragen wurde am 15. Januar 1985 Übereinstimmung erzielt, langfristig die Rechtsanwendung zu den §§ 97, 98, 99, 110, 108 StGB zu analysieren, vorrangig zur Klärung folgender Fragen:
>
> – Sind Veränderungen der Rechtsanwendung erforderlich, wenn ja, welche?
> – Was sind geheime Nachrichten oder Gegenstände im Sinne der §§ 97, 98 StGB?
> – Was ist zu tun, um Unterbewertungen landesverräterischer Angriffe nicht zuzulassen?
> – Entspricht die gegenwärtige Rechtsanwendung dem mit dem 3. StÄG erteilten Strafverfolgungsauftrag?
> – Sind die Kriterien für die Anwendungen des § 110 StGB exakt genug?
> – Welche Anwendungsmerkmale sind zur einheitlichen Orientierung der Strafverfolgungsorgane zu den genannten Tatbeständen festzulegen?
> – Wie sind geheime Nachrichten in Strafverfahrensdokumenten auszuweisen und in der Hauptverhandlung zu erörtern?
> – Wie können Urteile als Hauptdokumente der Strafverfahren beweiskräftiger und überzeugender abgefasst werden?“

Es folgen dann Ausführungen zum Zweck der Änderung der Landesverratsdelikte mit dem 3. Strafrechtsänderungsgesetz 1979 und Auslegungsregelungen zu den einzelnen Bestimmungen.

Sarge, damals 1. Vizepräsident des OG wird alsdann wie folgt zitiert:

> „Mit dem 3. Strafrechtsänderungsgesetz hat das 2. Kapitel des Strafgesetzbuches – abgesehen von den § 96 und 110 – prinzipielle Änderungen bzw. Ergänzungen erfahren. Wie bereits im Grundsatzreferat des Genossen Sorgenicht betont, geht es dabei vor allem
>
> – aufbauend auf den bisherigen Erfahrungen unseres Kampfes gegen die Feinde des Sozialismus und ihrer Helfer darum, die gesetzlichen Möglichkeiten wirksamer zu gestalten;
> – darum, unsere Fähigkeiten zu erhöhen, noch flexibler und effektiver auf neue Methoden und Machenschaften gegnerischer Kräfte reagieren zu können;
> – auch darum, Gesetze zu haben und zu gebrauchen, die so gestaltet sind, dass wir auf alle künftigen Eventualitäten nachhaltig reagieren können;
> – um die Ausprägung der verfassungsmäßigen Treuepflicht der Bürger der DDR zu ihrem sozialistischen Staat unabhängig davon, wo sie sich befinden und in welcher Situation sie sich entscheiden müssen.“[288]

Anschließend nimmt Sarge zu den einzelnen Straftatbeständen des 3. Strafrechtsänderungsgesetzes Stellung und gibt Auslegungshinweise wie folgt:

> „Bei verhinderten Fahnenfluchten oder ungesetzlichen Grenzübertritten, bei denen die Täter noch keine geheim zuhaltende Nachrichten verraten haben, ist eine strafrechtliche Verfolgung wegen Spionage im Sinne des § 97 StGB möglich, wenn sie

288 Ebenda S. 9 ff.

zum Zwecke des Verrats zielgerichtet geheim zuhaltende Nachrichten gesammelt haben. Allein die Entschlussfassung, beispielsweise nach einem gelungenen ungesetzlichen Grenzübertritt geheim zuhaltende Nachrichten verraten zu wollen, erfüllt noch nicht den Tatbestand der Spionage. Es müssen in jedem Falle zumindest konkrete Vorbereitungshandlungen für das Sammeln bzw. Verraten nachweisbar sein."[289]

Auch der Vermerk der HA IX/8 vom 24. September 1981 belegt Beratungen und Absprachen der Justizorgane: (S. 1)

„Am 23.09.1981 fand beim Vorsitzenden des 1. Strafsenates des OG der DDR eine Beratung unter Teilnahme der Genossen Heyer, Leiter Abteilung Ia, GSTA der DDR und den Genossen Eschberger, Osterloh und Höber von der HA Untersuchung des MfS zu Problemen der Rechtsanwendung im Zusammenhang mit der Einfuhr von Schriften, Gegenständen und Symbolen aus der VR Polen statt."

Auszugsweise heißt es hier:

– „Zeigen der polnischen Staatsflagge
Das ist dann nach § 222 StGB strafbar, wenn der Täter damit Sympathie für die Konterrevolution bekundet. Beim Missbrauch dabei das Symbol des sozialistischen Polens, um in der Öffentlichkeit die verfassungsmäßige polnische Ordnung verächtlicht zu machen."

Und weiter:

„Solidarność ist eine ausländische Organisation im Sinne des § 97 StGB. Soll mit der Verbindungsaufnahme die Konterrevolution in Polen unterstützt werden oder die Konterrevolution in die DDR hineingetragen werden, liegt eine Schädigung der Interessen der DDR im Sinne des § 100 StGB vor."[290]

F) Der Einfluss des MfS auf den Gerichtsstand in Militärstrafsachen – Gesetzlicher Richter

Das justizielle Grundrecht, dass niemand seinem gesetzlichen Richter entzogen werden darf (Art. 101 Abs. 1 Satz 2 GG, § 16 Satz 2 GVG), soll ein faires Verfahren gewährleisten und dient dem Schutz vor willkürlichen Einflüssen auf die Rechtsprechung.[291] Dieses rechtsstaatliche Prinzip war auch in der DDR verfassungsrechtlich normiert.[292]

Tatsächlich war aber der gesetzliche Richter in der DDR manipulierbar. Die Bestimmungen der §§ 14 Abs. 3 StPO DDR 1952, 170, Abs. 3 StPO DDR

289 Ebenda S. 17 ff.

290 BStU, MfS, HA IX 5159, S. 1 ff.

291 Autorenkollektiv, Rechtslexikon, S. 154, 155.

292 Art. 134 DDR-Verf. 1949: „Kein Bürger darf seinen gesetzlichen Richtern entzogen werden"; vgl. auch Art. 101 Abs. 1, DDR-Verf. 1974.

1974 gaben dem MfS als Untersuchungsorgan die Möglichkeit der Steuerung des Prozesses und der Wahl zwischen mehreren gesetzlichen Richtern. Zwar war gemäß § 170 Abs. 1 StPO DDR für das Strafverfahren das Gericht örtlich zuständig, in dessen Bereich der Beschuldigte zur Zeit der Erhebung der Anklage seinen Wohnsitz hatte. § 170 Abs. 3 bestimmte aber darüber hinaus: „Örtlich zuständig ist auch das Gericht, in dessen Bereich der Beschuldigte auf Anordnung eines staatlichen Organs untergebracht ist.“

Auf Anordnung eines staatlichen Organs untergebracht war ein Beschuldigter oder ein Angeklagter zum Beispiel, wenn er sich in Untersuchungshaft oder in Strafhaft befand, in ein psychiatrisches Krankenhaus eingewiesen oder vorläufig festgenommen wurde.[293]

Da gemäß § 88 StPO in der DDR die Ermittlungen in Strafsachen durch die staatlichen Untersuchungsorgane des MfS durchgeführt wurden und dieses eigene Untersuchungshaftanstalten führte, konnte es durch entsprechende Anordnung dafür Sorge tragen, dass der Beschuldigte dort inhaftiert wurde, wo ein bestimmter Richter in Militärsachen tätig war. Durch die Zuständigkeitsbestimmung des § 170 StPO DDR konnte das MfS Einfluss auf den gesetzlichen Richter und die örtliche Zuständigkeit des ordentlichen Gerichts bzw. Militärgerichts nehmen. Das geschah auch.[294]

In den Jahren vor 1963, als die Militärgerichte noch nicht existierten, wurden Verfahren gegen Angehörige der bewaffneten Organe vor den ordentlichen Gerichten durchgeführt. Diese zivilen Gerichte waren eigens für diese Verfahren ausgesucht; sie fanden unter Ausschluss der Öffentlichkeit statt. Auch die Richter, die in Prozessen gegen Angehörige der bewaffneten Organe zu urteilen hatten, unterlagen einer speziellen Auswahl, die durch die Bestimmung der Zuständigkeit des Gerichts ausgeübt wurde.[295]

In den Archiven des Bundesbeauftragten finden sich hierfür diverse Beispiele. Einige seien genannt:

Der in Berlin wohnende L. spionierte für die Organisation Gehlen; die Anklage wurde aber nicht in Berlin erhoben; vielmehr wurde sie auf Veranlassung des MfS vor dem Bezirksgericht Rostock vorgebracht, nachdem L. in der dortigen Untersuchungshaftanstalt untergebracht wurde. Die Richterin am

293 Ministerium der Justiz, Kommentar zur Strafprozessordnung, § 170, Anm. 3.

294 *Wagner*, Militärjustiz, S. 22; *Winkel*, MfS und Justiz, S. 7; *Behlert*, Richter und Rechtsanwälte, S. 192; vgl. FN 623, 624, 625.

295 *Diedrich*, Widerstandsverhalten, S. 92; *Eisert*, Militärjustiz, S.117.

Bezirksgericht Schmidt verurteilte L. mit Urteil vom 20. November 1954 – I – KS 185/54 – zu einer Zuchthausstrafe von 15 Jahren.[296]

Der Hauptmann der KVP-Halle Horst T. war in Halle wohnhaft. Ihm wurde vorgeworfen, die Tätigkeit einer Agentin für den amerikanischen Geheimdienst und deren beabsichtigte Flucht nach Westdeutschland nicht angezeigt zu haben. Er wurde vor dem Bezirksgericht Schwerin angeklagt. Das Bezirksgericht verurteilte ihn unter Vorsitz von Richter Mai am 29. Oktober 1954 – Urteil StR I-19/54 (Schw.)-1 KS 169/54 – zu einer Zuchthausstrafe von 5 Jahren.[297]

Der türkische Staatsbürger A.-K. wohnte in Berlin-West. Er wurde in der S-Bahn schlafend im Ostsektor angetroffen und verhaftet. Die Anklage erfolgte nicht am Tatort, mitten in Berlin, vielmehr wurde auch A.-K. über die Untersuchungshaft der Richterin Schmidt in Rostock zugeführt. Diese verurteilte A.-K. mit Urteil vom 14. Dezember 1954 – I KS 205/54 – zu einer Zuchthausstrafe von 10 Jahren.[298]

G) Auswahl der Militärschöffen

Für Verhandlungen der Militärgerichte bestand hinsichtlich der Auswahl der Militärschöffen eine „gemeinsame Anordnung" des Militärkollegiums des OG und der HAMG. Danach waren in folgenden Fällen ausschließlich Militärschöffen des MfS einzusetzen:

- bei Staatsverbrechen, wo die Angeklagten Ausländer sind,
- bei allen Strafverfahren, in denen Angehörige, ehemalige Angehörige oder freiwillige Mitarbeiter des MfS angeklagt sind,
- bei Strafverfahren, die sich gegen die Tätigkeit des MfS richten,
- bei Strafverfahren, die im besonderen Maße gegen die Sicherheit unseres Staates gerichtet sind.[299]

In dem Bericht über den Aufbau der Militärgerichte wird zu den Militärschöffen folgendes festgestellt:

> „Von den 1.500 gewählten Militärschöffen sind bisher etwa 70 bis 80 % zum Einsatz bei den Militärgerichten gekommen. Etwa 10 % sind durch Entlassungen, Versetzungen, etc. ausgeschieden. Aus den möglichen Vergleichen zum zivilen Bereich ist feststellbar, dass das Wirken der Militärschöffen insgesamt besser und

296 BStU, MfS, AU 15/55, Urteil Bd. 2, S. 217 ff.

297 BStU, MfS, AU 60/55, Urteil vom 29.10.1954, Bd. 2, S. 64 ff.

298 BStU, MfS, AU 16/55, Urteil Bd. 4, S. 216 ff.

299 *Wagner*, Militärjustiz, S. 386.

> fruchtbarer als das der Schöffen allgemein ist. Hervorzuheben sind in diesem Zusammenhang auch die Militärschöffen des Ministeriums der Staatssicherheit, die vor allem in den Verfahren gegen Militärspione politische Klarheit und Sachlichkeit bei den Entscheidungen bewiesen haben."[300]

Im Übrigen unterlagen alle Schöffen einer verschärften Sicherheitsüberprüfung durch das MfS.[301]

H) Die Geheimnisabsicherung in der Militärjustiz als Kontrollmittel

I. Vorbemerkung

§ 3 Abs. 1 des Statutes des MfS vom 30. Juli 1979 bestimmte:

> „Das MfS hat zu gewährleisten, dass die staatlichen, wirtschaftlichen, dienstlichen und militärischen Geheimnisse allseitig gegen jede Form der Verletzung der Geheimhaltung geschützt und gesichert und deren personelle Träger in die Maßnahmen des allumfassenden Geheimnisschutzes einbezogen werden."[302]

In der Ordnung 1/80 war geregelt:

> „Dienstliche Bestimmungen müssen auf die umfassende und qualifizierte Durchsetzung der Konspiration, Geheimhaltung, Sicherheit und Ordnung in der Arbeit des MfS gerichtet sein."[303]

Damit waren die Grundprinzipien der geheimen Tätigkeit des MfS formuliert.

II. Geheime Anweisungen und Absprachen

1. Sicherung der Akten

Besonders wichtig für die Konspiration im Bereich des MfS war das „Zusammenhalten" der Akten der Militärjustiz. Es hieß hierzu in der Archivordnung: „Die Erfüllung der Aufgaben des MfS erfordert die Gewährleistung von Konspiration und Geheimhaltung."[304] Das kam u.a. dadurch zum Ausdruck, dass der Transport von Post im Bereich des MfS nur durch den Kurierdienst

300 OG, MKOG, HAMG, zitiert nach *Wagner*, Militärjustiz S. 383.

301 *Vollnhals*, Die Macht ist das Allererste, S. 238.

302 BStU, MfS, SdM, 2619, S. 1 ff.

303 BStU, MfS, Bdl.-Dok., 7179, zitiert nach *Engelmann / Joestel*, Grundsatzdokumente des MfS, S. 320 f.

304 BStU, MfS, HA XII, 3487; vgl. auch BStU, MfS, HA XII, 5817.

des MfS vonstatten zu gehen hatte.[305] In der Einleitung zur Archivordnung war bestimmt:

> „Die Archive des MfS sind wichtige Einrichtungen für die erfolgreiche Lösung der dem MfS gestellten politisch-operativen Aufgaben des Schutzes der Arbeiter- und-Bauernmacht und der Sicherung des umfassenden Aufbaus des Sozialismus in der DDR. Die Archive des MfS erfassen, verwalten und sichern insbesondere politisch-operativ wertvolles Schrift- und Dokumentationsgut, das von den operativen Diensteinheiten im Kampf gegen die Feinde der DDR erarbeitet wurde."[306]

2. Konsultativrat

In der Literatur wurde zwischenzeitlich herausgearbeitet, dass es neben den ausdrücklich normierten Richtlinien, Beschlüssen und Kassationsentscheidungen des MKOG herlaufende, bis in die Spätzeit der DDR in ihren Ausmaßen nahezu unbekannte, geheime Anleitungen durch Auslegungshinweise gab. Diese sind in ihrer Ausdehnung erst durch die justizielle Aufarbeitung der Rechtsprechungspraxis ans Licht gekommen und noch immer nicht vollständig rekonstruierbar. Man ist auf Zufallsfunde angewiesen.[307]

Für die Herausgabe von verbindlichen Erläuterungen zur Anwendung des neuen politischen Strafrechts der 70er Jahre zeichnete auch der „Konsultativrat der zentralen Justiz- und Sicherheitsorgane" verantwortlich. Dieses Gremium trat auch bei späteren Strafrechtsnovellen mit internen Anweisungen zur einheitlichen Rechtsanwendung in Erscheinung.[308]

Aus dem Dokument der HA IX/8-AGR vom 15. November 1979 geht eine Anmerkung zu den Standpunkten zur Anwendung des § 213 StGB hervor. Hier wird wörtlich ausgeführt:

> „Die Standpunkte sollen nicht als Material des Konsultativrates, sondern entweder als Material des Obersten Gerichts und des Generalstaatsanwalts der DDR, das mit den Sicherheitsorganen abgestimmt ist, oder als Material des Obersten Gerichts, der des Generalstaatsanwalts der DDR und der Sicherheitsorgane erscheinen.

---

305 BStU, MfS, BdL/Dok. 004210, S. 4, 10; vgl. BStU, MfS, HA IX 5817, S. 3 ff.; BStU, MfS, HA IX, 10148.

306 BStU, MfS HA XII 5817, S. 5.

307 *Schroeder / Gräf*, Geheime Rechtsprechungsanweisungen, S. 291 ff.

308 Im Bestand BStU, MfS, HA IX, 10148 sind die Informationen vom 26.7., 17.8. und 28.9.1979 überliefert. Im Bestand BStU, MfS, HA IX 5159 befinden sich die Informationen vom 4.12.1979 zur Anwendung des 3. Strafrechtsergänzungsgesetzes (muss wohl Strafrechtsänderungsgesetz (der Verf.) lauten); im gleichen Bestand befindet sich die Information Nr. 4 zum 3. Strafrechtsänderungsgesetz vom 25.9.1979, gekennzeichnet „Nur für den Dienstgebrauch."

Als Material des Konsultativrates sollen die Standpunkte deshalb nicht erscheinen, weil der Konsultativrat einerseits nicht die Aufgabe hat, so umfangreiches Material herauszugeben – zumal dieses Material überwiegend nicht auf Anfragen zurückgeht – und andererseits solche Standpunkte auch noch zu anderen Tatbeständen ergehen sollen, während der Konsultativrat nur noch eine begrenzte Zeit bestehen bleibt, so dass die folgenden Standpunkte der Konsultativrat sowieso nicht herausgeben kann. Die HA IX müsste sowohl offiziell (Vorschlag: dem Genossen Dr. Sarge gegenüber) erklären, dass sie die in den Standpunkten dargelegten Rechtsauffassungen teilt, bzw. welche Änderungen vorgenommen werden sollten und auch bekunden, in welcher Art ausgedrückt werden soll, dass die Standpunkte von der HA IX geteilt werden.

Von den Vertretern der HA IX (Genossen Höber / Osterloh) wurde am 15.11.1979 bei der Verabschiedung der Standpunkte in der Arbeitsgruppe beim Obersten Gericht erneut betont, dass es aus der Sicht der HA-Untersuchung zweckmäßig erscheint, generell auf die Anwendung des § 6 Grenzschutzverordnung im Zusammenhang mit Straftaten des ungesetzlichen Grenzübertritts zu verzichten. Dazu ist in der Arbeitsgruppe noch keine Entscheidung getroffen worden.“[309]

Daraus folgt, dass die Konsultativräte nur für eine begrenzte Zeit und mit besonderen Aufgaben eingerichtet wurden, was auch dadurch glaubhaft wird, dass anschließend wiederum gemeinsame Beratungen bzw. Standpunkte für die Einheitlichkeit der Rechtsprechung sorgten.[310]

Professor Walter Orschekowski, Universität Leipzig, erwähnt in seinem Lebenslauf die Mitgliedschaft im Konsultativrat des OG der DDR.[311]

Im Jahre 1989, als das 5. Strafrechtsänderungsgesetz in Kraft trat, war wiederum ein Konsultativrat in die Beratung eingebunden. In ihm waren das Justizministerium, die Generalstaatsanwaltschaft, das Oberste Gericht, das Ministerium des Innern, die Zollverwaltung und das MfS vertreten.[312]

309 BStU, MfS, HA IX, 9159, S. 31 f.

310 Ebenda, S. 33 ff.

311 http:/uni-leipzig.de/unigeschichte-professorenkatalog/leipzig/Orschekowski_1119/dru – S. 2.; vermutlich war er an den Beratungen des 5. Strafrechtsänderungsgesetz beteiligt.

312 *Vollnhals*, Die Macht ist das Allererste, S. 231; Standpunkte des Konsultativrates der zentralen Justiz- und Sicherheitsorgane sind auch zum 5. Strafrechtsänderungsgesetz festzustellen. Am 19.5.1989 wurden diese Standpunkte bekannt gegeben. Dies ergibt sich aus dem Dokument BStU, MfS, Rechtsstelle 833, S. 104 ff; vgl. auch Standpunkt vom 16.6.1989, ebenda, S. 113.

3. Geheime Anweisungen und Beratungen

In der Praxis dürften die als „Geheime“ oder „Verschlusssachen“ klassifizierten Analysen, Anordnungen und Referate des MKOG die entscheidenden Leitungsmittel gewesen sein.[313]

a) Verfahren Lichtwark

Der Verfasser hat zu diesen Anweisungen und Beratungen, die jeweils als geheim deklariert waren, ein neues, bemerkenswertes Dokument der HA I/9 des MfS recherchiert. Aus dieser Urkunde geht eindeutig hervor, dass zwischen dem MfS und den jeweiligen Gerichten der Militärjustiz Absprachen stattgefunden haben. Nur waren dies Absprachen geheim und fanden mündlich „unter vier Augen“ statt. Sie zeigen auch, dass die Prozesse in Militärstrafsachen bis in die Einzelheiten vom MfS vorbereitet, organisiert und abgeklärt wurden. Dies wird belegt durch den Bericht der Hauptabteilung I/9 über die vor dem 1. Strafsenat des Bezirksgerichtes Leipzig am 19. September 1957 vor erweiterter Öffentlichkeit durchgeführte Hauptverhandlung gegen Karl-Heinz Lichtwark, geb. 27. Dezember 1930.[314]

Lichtwark war Oberleutnant der KVP und angeblich Agent des Bundesnachrichtendienstes. Das Verfahren wurde vor dem 1. Strafsenat des Bezirksgerichtes Leipzig aufgrund der Anklage des zuständigen Militärstaatsanwaltes durchgeführt. Wäre im Jahre 1957 bereits eine gesonderte Militärjustiz installiert gewesen, hätte das Verfahren vor dem zuständigen Militärobergericht stattgefunden.

Der Bericht über die Hauptverhandlung der HA I/9 wird wegen der besonderen Bedeutung vollständig zitiert:

> „Da der Vorgang sehr gut zur propagandistischen Auswertung geeignet war, wurde er nach den entsprechenden Absprachen und Vorschlägen der Militärstaatsanwaltschaft zur Anklageerhebung mit dem Hinweis, die Hauptverhandlung vor Offizieren des [...] Stabes Leipzig der Nationalen Volksarmee durchzuführen, übergeben.[315] Am 17.9.1957 bin ich nach Leipzig gefahren, um dort die Vorbereitungen der Hauptverhandlung vorzunehmen. Es wurde meinerseits in Verbindung mit dem Genossen Major Pohl von der Hauptabteilung I/3 Absprachen mit dem Chef der Politabteilung des Militärbezirkes, Oberst Neitsch, geführt über an der Hauptverhandlung teilnehmende Offiziere. Ferner fanden Absprachen mit dem Operationschef der Bezirksverwaltung Leipzig statt, um den Prozessverlauf auf

313 *Wagner*, Militärjustiz, S. 33, 115 f, 123 *Schroeder / Gräf*, Geheime Rechtsprechungsanweisungen, S. 291 f.

314 BStU, MfS, AU 71/58 Bd. 1, S. 335 f.

315 Ebenda, S. 336 f.

Tonband aufzunehmen. Von der Bezirksverwaltung Leipzig wurden die entsprechenden Geräte zur Verfügung gestellt und aufgebaut.

Danach wurde der Beschuldigte auf den Prozess vorbereitet.

Am 18.9.1957 erfolgte die Vorbereitung der Zeugen [...] und [...], der Zeuge [...] wurde nicht angetroffen und konnte an der Verhandlung nicht teilnehmen, da er sich besuchsweise in Westdeutschland befindet.

Die Absprache mit dem Senatsvorsitzenden Genossen Oberrichter Wirth[316] konnte ich erst am 19.9.1957 zwei Stunden vor der Hauptverhandlung führen. Genosse Wirth erklärte mir, dass die Militärstaatsanwaltschaft entgegen einer vorherigen Vereinbarung ihm nicht mitgeteilt hat, dass vorgesehen ist, die Hauptverhandlung vor Offizieren der Nationalen Volksarmee durchzuführen. Da der Genosse Major Pohl[317] jedoch einige Tage zuvor mit dem Genossen Wirth gesprochen hat, wurde dieses geregelt. Daraufhin habe ich noch mit dem Senatsvorsitzenden abgesprochen, dass unsere Meinung noch besonders bei der Prozessführung herausgestellt werden muss. Da die Beweisführung im Untersuchungsvorgang lückenlos war, so dass eine Vernehmung der Zeugen sich nicht notwendig machte, wurde mit dem Senatsvorsitzenden festgelegt, dass die geladenen Zeugen lediglich bestätigen, dass sie Briefe von dem Angeklagten erhalten haben und dass Frau [...] von [...] seinem Auftraggeber zugeführt wurde. Durch diese Maßnahme war es nicht möglich, die operative Arbeit zu gefährden. In der zwischen mir und den Senatsvorsitzenden geführten Absprache brachte dieser seine Unzufriedenheit über die Arbeit der Militärstaatsanwaltschaft zum Ausdruck.

Die Hauptverhandlung gegen Lichtwark war für 9.00 Uhr angesetzt. Bis zu diesem Zeitpunkt war der Anklagevertreter des Militärstaatsanwaltes, Genosse Hauptmann Bock, noch nicht am Verhandlungsort. Um keine Verzögerung eintreten zu lassen, da der Angeklagte bereits vorgeführt war und die Prozessteilnehmer Platz genommen hatten, bat der Oberrichter Wirth dem Militärstaatsanwalt des Militärbezirks Leipzig, Genossen Major Ludwig, die Anklage zu erheben. Dabei machte er die Bemerkung, der ist sowieso besser als die aus Berlin. Der Genosse Ludwig erklärte sich dazu bereit und der Prozess begann pünktlich um 9.00 Uhr. Dem Angeklagten war ein Offizial-Verteidiger vom Kollegium Leipzig beigeordnet. An der Hauptverhandlung nahmen 50 Offiziere der Nationalen Volksarmee teil. Um 9.30 Uhr traf der eigentliche Anklagevertreter des Militäroberstaatsanwaltes, Hauptmann Bock, ein. Es wurde eine Verhandlungspause eingelegt, in der über die weitere Vertretung der Anklage beraten wurde. Nach der Verhandlungspause stellte der Genosse Staatsanwalt Ludwig beim Gericht den Antrag, den Genossen Bock als zweiten Staatsanwalt zur Verhandlung zuzulassen. Diesem Antrag wurde entsprochen. Die Beweisaufnahme durch das Gericht war sehr gut. Der Oberrichter Wirth verlas jeweils den Inhalt der verschiedensten Beweismittel, wozu der Angeklagte aussagen musste. Alle für die Auswertung wichtigen Momente wurden gut herausgestellt. Auch die der Verbindungsaufnahme des [...] zum Ministerium für Staatssicherheit wurde von dem Genossen Wirth sehr gut herausgestellt. Die Zeugen wurden anschließend nur in der von uns festgelegten Form befragt und es gab dazu

316 Vgl. zur Person Wirth, 3. Kapitel, Abschnitt C, II 5.

317 Offizier der HA I/3.

weder von den Staatsanwälten noch vom Verteidiger Fragen. Nach der Mittagspause folgte das Plädoyer des Staatsanwaltes Bock, welches nur ein allgemeines politisches Gefasel und nicht auf das Hauptziel des Prozesses gerichtet war. Der Genosse Bock zerschlug damit die vom Gericht geleistete Arbeit. Entgegen dem Untersuchungsergebnis und entgegen der Feststellung des Gerichts, dass der Beschuldigte beim Versuch der Herstellung einer Spionageverbindung zum Ministerium für Staatssicherheit festgenommen wurde, vertrat der Genosse Bock als Anklagevertreter die Meinung, dass der Beschuldigte die Falschheit seiner Handlungen eingesehen und sich den Organen des Ministeriums für Staatssicherheit gestellt habe. Sein Strafantrag lautete auf acht Jahre Zuchthaus unter Anrechnung der erlittenen Untersuchungshaft.

Das Plädoyer des Staatsanwaltes wurde von den anwesenden Offizieren der Nationalen Volksarmee mit Empörung aufgenommen. Es herrschte Unzufriedenheit unter den anwesenden Offizieren über den Strafvorschlag und es kam die Meinung auf, eine Resolution zu verfassen, in der die Offiziere ihre Unzufriedenheit zum Ausdruck bringen wollten. Diese Resolution wollten sie dem Gericht noch vor der Verkündung des Urteils zuleiten, damit es ein hartes aber gerechtes Urteil fällt.

Das Plädoyer des Verteidigers war gut. Er hatte wohl durch die Argumentation des Staatsanwaltes ein Entlastungsmoment erhalten, dieses aber nicht voll ausgenutzt, sondern erklärt, man könne dem Angeklagten nicht in das Herz sehen und wüsste demzufolge nicht, in welcher Absicht er die Verbindung zum Ministerium für Staatssicherheit hergestellt hat. Nach dem Plädoyer des Verteidigers hatte der Angeklagte das letzte Wort. Er hatte gemerkt, welchen Fehler der Staatsanwalt begangen hatte und verstand, diesen auch für sich auszunutzen. Er erklärte, dass das Gericht ein mildes Urteil sprechen solle, da er sich ja freiwillig den Sicherheitsorganen gestellt habe.

Die Urteilsverkündung wurde für den 20.9.1975, 15.00 Uhr, festgelegt. Der Anklagevertreter, Staatsanwalt Bock, war jedoch zur Urteilsverkündung nicht anwesend. Er hatte den Genossen Major Ludwig beauftragt, an der Urteilsverkündung teilzunehmen. Das Gericht erkannte nicht auf das vorgeschlagene Strafmaß des Staatsanwaltes, sondern verurteilte Lichtwark zu zehn Jahren Zuchthaus unter Anrechnung der erlittenen Untersuchungshaft. Der gesamte Prozessverlauf wurde auf Tonband aufgenommen und steht zur weiteren Auswertung zur Verfügung.

Nach Abschluss des ersten Verhandlungstages wurde von dem Politleiter des Militärbezirks Leipzig mit allen Offizieren, die am Prozess teilgenommen hatten, eine Auswertungsbesprechung durchgeführt. An dieser nahm ich teil und gab Hinweise zur Auswertung. Vor allem habe ich das Abgleiten des Staatsanwaltes in der Hauptverhandlung richtiggestellt. Ferner wurde meinerseits die Arbeit des Oberleutnant...als eine patriotische Tat gewürdigt, da verschiedene Offiziere der Meinung waren, dieser hätte sich ebenfalls schuldig gemacht."[318]

Das Dokument bedarf keines weiteren Kommentars. Es belegt mündliche Absprachen zwischen MfS und Gerichten in Militärsachen.

318 BStU, MfS, AU 71/58, Bd. 1, S. 335 ff.

b) Richtlinien

Dass die Sache Lichtwark kein Einzelfall war, vielmehr das System der internen Absprachen und Einflussnahmen offen legt und bestätigt, zeigt die Richtlinie 4/59 des MfS für die Arbeit der Untersuchungsabteilungen. Es wird ausgeführt:

> „Zur Gewährleistung einer überzeugenden Prozessführung sind die Beschuldigten, Zeugen und Sachverständigen auf die gerichtliche Hauptverhandlung sorgfältig vorzubereiten. In persönlichen Absprachen hat der Mitarbeiter der Untersuchungsabteilung dem zuständigen Anklagevertreter und Richter die Schwerpunkte und Besonderheiten des vorliegenden Verbrechens sowie andere für die Hauptverhandlung entscheidende Tatsachen zu erläutern. Der Leiter der Untersuchungshaftanstalt hat in Zusammenarbeit mit der Untersuchungsabteilung Maßnahmen zur Sicherung der Prozessräume zu treffen. Die Hauptverhandlung kann der politischen Bedeutung des Untersuchungsvorgangs entsprechend auf verschiedene Art in Gerichtsgebäuden durchgeführt werden.“[319]

4. Geheimhaltung und Geheimnisschutz

Neben der Geheimhaltung wesentlicher Teile der Abläufe des Rechtssystems der DDR[320] waren Informationen, Anleitungen, Abstimmungen, Festlegungen etc. in der Militärjustiz als VVS = vertrauliche Verschlusssache oder GVS = geheime Verschlusssache oder „Nur für den Dienstgebrauch“ deklariert.

So wurde die Geheimhaltung in der Militärjustiz auch strafrechtlich abgesichert. Waren Dokumente etc. mit einem Geheimhaltungsgrad versehen (z.B. GVS, VVS, vertrauliche Dienstsache) wurden sie von der Bestimmung des § 97 StGB DDR 1974 „Geheim zu halten“ erfasst.[321]

§ 272 StGB 1974 DDR stellte den vorsätzlichen und fahrlässigen Verrat militärischer Geheimnisse unter Strafe. Hierunter waren alle mit einer Geheimhaltungsstufe versehenen Dokumente, Druckereignisse, militärische Bestimmungen zu verstehen. Die vorgenannte Strafbestimmung richtete sich gegen alle Militärpersonen. Dazu zählte gemäß § 251 Abs. 2 StGB DDR 1974

---

319 BStU, MfS, HA IX 4981, S. 1 ff., 38; Die Richtlinie 4/59 ist in der Dokumentenstelle des Bundesbeauftragten nicht erfasst. Es steht daher nicht unzweifelhaft fest, dass diese Richtlinie von Mielke genehmigt wurde. Die ansonsten praktizierte Geheimnisabsicherung könnte gegen eine Genehmigung sprechen. Andererseits belegt das Dokument eindeutig die herrschende Praxis. „Abstimmungsprozesse vollzogen sich häufig in mündlicher Form und wurden aus Gründen der Geheimhaltung offenbar nur selten schriftlich belegt,“ so *Joestel*, Strafrechtliche Verfolgung politischer Gegner, S. 18 und in einem Gespräch mit dem Verfasser am 7.3.2012.

320 *Schroeder / Gräf*, Geheime Rechtsprechungsanweisungen, S. 293.

321 *Ministerium der Justiz / Akademie für Staats- und Rechtswissenschaft*, Kommentar zum Strafgesetzbuch, DDR- StGB, § 97, Anm. 2.

jeder, der aktiven Wehrdienst, Reservistenersatzdienst oder Wehrersatzdienst leistete[322]

Auf dieser Grundlage waren alle Akten und Abläufe der gesamten Militärjustiz als geheim einzustufen.[323]

Beim MfS wurde zur Absicherung der Geheimhaltung die zentrale „Arbeitsgruppe Geheimnisschutz" gegründet. Diese hatte die Kontrolle und die Einflussnahme auf die Gewährleistung des Geheimnisschutzes in den Staatsorganen, Betrieben und Einrichtungen durchzuführen und zu überwachen. Sie sorgte für die Kontrolle der Datensicherheit. Sie war generell zuständig für den Geheimnisschutz.[324]

Zum Geheimnisschutz hat der Verfasser eine Akte der HA XII recherchiert. Zunächst werden die Berichtspflichten behandelt. Es wird festgestellt, dass die Wochenmeldungen, Berichte etc. über Verfahren des MfS auf das Notwendigste und auf einen engen Personenkreis beschränkt werden sollen. Alsdann wird zum Aktenbestand durch den Leiter der Hauptabteilung XII am 12. Oktober 1978 festgestellt:[325]

„Wir übernehmen:
1. MfS ermittelte Verfahren, andere bedeutsame Dokumente, Urteile von 1945 bis 1960 (ab 1960 haben wir die Akten)
2. Akten und Dokumente über Zivilverfahren, an denen NSW-Bürger, beteiligt waren
3. Tonbänder, Filme usw.
4. Akten aus dem Militärbereich wie abgesprochen
5. Akten der allgemeinen Kriminalität aus den MStAW"

Mit Vermerk vom 19. September 1978 HA IX/8-AGR werden Maßnahmen zur Absicherung von Dokumenten der Gerichte, die im Zusammenhang mit Strafverfahren gefertigt wurden, die von den Untersuchungsorganen des MfS bearbeitet worden sind. beschrieben. Nach dem Inhalt des Vermerkes sollte dafür Sorge getragen werden, dass Akten des MfS Unbefugten oder größeren Personenkreisen nicht zugängig sein sollen.[326] Der Untersuchungsführer des MfS hatte zudem ständig darauf zu achten, dass sich in den Hauptakten (Ge-

322 Ebenda, § 272, Anm. 3.

323 *Fricke*, Vortrag, Strafrechtsprechung des Obersten Gerichts, S. 10; er bezeichnet dies als „Geheimniskrämerei."

324 Vgl. http://www.bstu.bund.de/DE/archive/bestandsinformationen/unterlagen-struktur/zag.

325 BStU, MfS, HA IX, 3866, S. 14 f.

326 Ebenda, S. 72.

richtsakten) keine Dokumente befinden, welche die konspirativen Arbeitsmethoden des Ministeriums für Staatssicherheit offenbaren.[327]

In einem weiteren Vermerk der HA IX/8-AGR wird beschrieben, welche Unterlagen über MfS-Verfahren sich bei der MOStA befinden. Es handelt sich insoweit um die Handakten des Staatsanwaltes, das Register in der Abteilung 1 und die Karteikarte in der Abteilung 1. Es wird im Einzelnen aufgeführt, welchen Inhalt die Handakte des Staatsanwaltes hat bzw. welche Dokumente sich in der Handakte befinden.[328]

Ein weiterer Vermerk der HA IX/8-AGR vom 13. September 1978 betrifft die Unterlagen über MfS-Verfahren beim Militärkollegium, MOG und MG. Es werden die Dokumente aufgeführt, die von den Militärgerichten gefertigt werden. Es wird über die unterschiedlichen Praktiken der Aufbewahrung von Urteilssammlungen berichtet. Das OG hatte danach sämtliche Sammlungen noch im Bereich des Militärkollegiums (Genosse Oberst Nagel bzw. VS-Stelle, Fähnrich Kirchner). Das MOG Berlin hatte die Sammlungen vollständig bis bzw. ab 1970[329].

Der Vermerk der Hauptabteilung IX AG Rechtsfragen vom 20. Oktober 1970 betrifft den „Geheimnisschutz im Bereich der Rechtspflegeorgane". Hier heißt es wörtlich:

> „Es besteht seit langem das Problem der Absicherung von geheimzuhaltenden Tatsachen im Strafverfahren. Das wird besonders in gerichtlichen Hauptverhandlungen praktisch, in denen VVS- und GVS-Material zum Gegenstand der Hauptverhandlung gemacht werden muss [...].
>
> Hieraus ergeben sich zwei Probleme:
> 1. Die Einschränkung des Kreises der Personen, die mit Hauptakte des jeweiligen Strafverfahrens zutun haben, auf ein Minimum einzuschränken.
> 2. Personen, die unbedingt Einsicht nehmen müssen, wie z.B. der Aufsichtsführende und anklagende Staatsanwalt, der Richter, die Schöffen und die Verteidiger zur Geheimhaltung (GVS, VVS) entsprechend der bestehenden gesetzlichen Bestimmungen zu verpflichten. [...].
>
> Maßnahmen:
> 1. Es sind entsprechende Konsultationen mit der zentralen Arbeitsgruppe Geheimnisschutz im MfS durchzuführen. Insbesondere ist im vorliegenden Entwurf zu prüfen, in wieweit die angeführten Probleme oder Teile davon mit berücksichtigt werden können.
> 2. Der Aktenumlauf in solchen Strafverfahren ist unter genauer Kontrolle zu halten. Die Unterlagen sind entweder persönlich durch die verantwortlichen

327 BStU, MfS, HA IX, 4981, S. 9.

328 BStU, MfS, HA IX, 3866, S. 81 f.

329 Ebenda, S. 87 f.

Staatsanwälte und Richter weiter zu geben, anderenfalls im versiegelten Kuvert, ggf. auf VVS- Weg.

3. In den gerichtlichen Hauptverhandlungen ist vom Ausschluss der Öffentlichkeit (§ 211 Abs. 3 StPO) Gebrauch zu machen. Der Vorsitzende des Gerichts muss die Anwesenden entsprechend zur Geheimhaltung verpflichten. (§ 211 Abs. 2 StPO). In den Protokollen ist entsprechend jeder Anwesende zu vermerken.
4. Die Richter sind entsprechend § 46 Abs. 3 GVG verpflichtet, in allen dienstlichen Angelegenheiten die erforderliche Verschwiegenheit zu wahren.
5. Ein besonderer Unsicherheitsfaktor besteht zur Zeit bei den Rechtsanwälten. Hier müssten Sofortmaßnahmen eingeleitet werden. Künftighin könnte die Verpflichtung zur Verschwiegenheit analog der des Richters in einer Gesetzesvorschrift aufgenommen werden, die vom Ministerium der Justiz geplant ist. Es steht fest, dass im Jahre 1971 eine Rechtsvorschrift über die Rechtsanwälte ausgearbeitet wird, möglicherweise mit Gesetzescharakter, ähnlich wie in der UdSSR.
6. Besondere Beachtung gilt den §§ 14, 16 und 17 der Anordnung über die Anfertigung, Behandlung, Aufbewahrung und Sicherung von Verschlusssachen vom 30.1.1964."[330]

Von besonderer Bedeutung ist der Vermerk der Hauptabteilung IX AG Rechtsfragen vom 4. Januar 1971 über die Geheimnisabsicherung im Bereich der Militärgerichte. Der Vermerk hält die Ergebnisse einer Aussprache mit dem Leiter der HAMG beim MdJ, Genosse Oberst (JD) Dr. Kalwert und dem Leiter des MKOG, Oberst (JD) Dr. Sarge, fest. Die Aussprache zwischen der HA IX und den genannten Personen hatte folgendes Ergebnis:

> „Die Militärobergerichte fertigen fünf Urteilsausfertigungen in den vom MfS bearbeiteten Verfahren an, die zurzeit wie folgt verteilt werden:
>
> 1. Exemplar Gerichtsakte, 2. Exemplar an den zuständigen Militärstaatsanwalt, 3. Exemplar zur Kenntnisnahme für den Angeklagten und danach zur Ablage in unserer Handakte, 4. Exemplar an das Militärkollegium beim obersten Gericht. Dieses Exemplar wird von der Leitung des OG unter Verschluss genommen und nur auf Weisung von Genossen Dr. Sarge herausgegeben. Das Militärkollegium benötigt dieses Exemplar als zweite Instanz für die Militärobergerichte und für die Anleitung der Rechtsprechung der Militärobergerichte. Es ist geplant, die Urteile mindestens zehn Jahre aufzubewahren. Danach gehen diese Urteile in das Militärarchiv nach Strausberg unter besonderer Absicherung, dass die Urteile nur auf Weisung von Dr. Sarge ausgeliehen werden können. Eventuell ist auch geplant, die Urteile nicht nur bis 1974, d.h. zehn Jahre, sondern noch länger beim Militärkollegium aufzubewahren. 5. Exemplar ging bisher an die HA Militärgerichte. Genosse Dr. Kalwert erklärte sich bereit, nach nochmaliger Prüfung, ab sofort auf die Anforderung dieses Exemplars zu verzichten. Für diesen Fall erklärte sich Genosse Dr. Sarge bereit, erforderliche Auskünfte an die HA Militärgerichte aus seinen Beständen zu geben. Die Ablage der bisherigen Exemplare von Urteilen könnte im Archiv des MfS erfolgen, da eine vollständige Sammlung beim Militärkollegium vorhanden ist.

330 Ebenda, S. 128, 129.

> Maßnahmen:
> Es ist mit Genosse Oberst Girke bzw. Genosse Oberst Leibner zu klären, ob die Militärstaatsanwaltschaft das Urteil benötigt und was mit dem Urteil weiterhin geschieht.“[331]

Ein weiterer Vermerk der Hauptabteilung IX AG Rechtsfragen vom 1. Oktober 1970 betrifft die „Geheimnisabsicherung in Strafverfahren bei Verteidigern“. Hier heißt es wörtlich:

> „Es ist unbedingt zu gewährleisten:
>
> 1. dass die Verteidiger, die in Strafsachen tätig sind, besonders in MfS-Verfahren, deren Inhalt VVS- und GVS-Charakter hat, zur besonderen Verschwiegenheit verpflichtet werden. In dieser Hinsicht sind mit dem Ministerium der Justiz, Sektor Rechtsanwälte, Genosse Wirth sowie mit dem Vorsitzenden des Kollegiums der Rechtsanwälte von Groß-Berlin, Genosse Häusler, entsprechende Verhandlungen zu führen.
>
> 2. Zur Absicherung besonders im Militärbereich sind besonders vertrauenswürde Anwälte, bei denen die Geheimhaltung bei ihnen zur Kenntnis gelangenden Tatsachen gewährleistet wird, zu ermitteln und auszuwählen. Für den Bereich Berlin sind das etwa vier bis fünf Anwälte. Die Auswahl müsste erfolgen in Zusammenarbeit mit der HA XX/1 sowie den Genossen Wirth und Häusler.
> 3. Nachdem der Punkt 2. für den Bereich Berlin geklärt ist, sind entsprechende Klärungen in den Bereichen der anderen Militärobergerichte in Zusammenarbeit mit der HA IX/4 durchzuführen.“[332]

In einem Vermerk der HA IX vom 23. Juni 1983 wird ausgeführt:

> „Aus gegebenem Anlass wurde zu Informationsregelungen in den Justizorganen über Verfahren, die von Untersuchungsorganen des MfS bearbeitet wurden, festgestellt:
> [...] Weder die Militärstaatsanwaltschaft noch die Militärgerichte berichten über die bei ihnen anhängigen Strafverfahren an Fachabteilungen des ZK der SED. (Für beide Organe ist die Abteilung Sicherheitsfragen zuständig.) Zu ihrem Zuständigkeitsbereich gehören von den Untersuchungsorganen des MfS geführte Ermittlungsverfahren gegen Mitarbeiter und inoffizielle Mitarbeiter des MfS, Spionageverbrechen sowie andere Delikte, soweit sie militärische Belange berühren. Für die Bereich der Gerichte haben der Minister der Justiz und der Präsident des Obersten Gerichts der DDR auf der Grundlage ihrer gemeinsamen Anweisung vom 24.11.1977 wöchentliche Berichtspflicht der Direktoren der Bezirksgerichte gegenüber dem Minister der Justiz und dem Oberstem Gericht festgelegt. Informationen über Strafverfahren besonders vertraulichen Charakters sowie Meldungen über besondere Vorkommnisse sind nicht in die Wochenmeldung aufzunehmen. Staatssekretär Dr. Kern hat auf dieser Grundlage mündlich angewiesen, dass alle vom MfS bearbeiteten Strafverfahren als besonders vertraulich zu behandeln und

331 Ebenda, S. 143, 144.

332 Ebenda, S. 147.

in eine gesonderte vertrauliche 'Leiterinformation', die das Justizministerium fertigt, aufzunehmen sind. Sie hat folgenden Verteiler:
– Abteilung Staats- und Rechtsfragen beim ZK der SED
– Der Generalstaatsanwalt der DDR
– Der Präsident des Obersten Gerichts
– Der erste Vizepräsident des Obersten Gerichts
– Der Minister der Justiz
– Der Staatssekretär der Justiz Dr. Kern

[...] Es ist einzuschätzen, dass die Justizorgane zu Strafverfahren des MfS auf die geschilderte Weise an das ZK der SED über solche Tatsachen informieren, zu welchen die Parteiführung durch den Minister für Staatssicherheit rechtzeitig und ausreichend unterrichtet wird."

Im Vermerk der HA IX/8-AGR vom 19. September 1978 wird ausgeführt:

„Durch die unter unmittelbarer Einwirkung der AGR entstandene RV 12/77 vom 7.11.1977 (Umgang mit Strafverfahrensakten, die von den U-Organen des MfS ermittelt wurden), konnte mit Wirkung vom 1.1.1978 erreicht werden, dass für MfS-Verfahren eine besondere (gleich von anderen Verfahren getrennte) Sammlung anzulegen ist (Ziff. 9), die beim Direktor oder beim zuständigen Richter des Kreisgerichts oder entsprechend den Festlegungen des Direktors der Bezirksgerichte (Ziff. II, III) zu erfolgen hat.
Der 1. Strafsenat übergibt nach Fristablauf sämtliche Urteilssammlungen an die zuständige Abteilung XII des DABVFS.
Urteilssammlungen in MfS-Verfahren sowie andere Sammlungen wie Haftbefehlssammlungen, Beschwerdesammlungen der MG, MOG und des MK (MK hat noch keine Urteile aus ihren Sammlungen an das Armee-Archiv abgeführt) sind nicht an das Armee-Archiv sondern an das Archiv des MfS abzuführen, entweder zur Archivierung oder zur Kassation.

[...] Genosse Oberst Nagel, MK, führt Überprüfungen bei einigen MOG durch im Zusammenhang mit geplanten Überprüfungen der MOG durch das MK.

Genosse OSL Penndorf, MOG Berlin, führt Überprüfungen beim MG Berlin zu diesen Fragen im Zusammenhang mit einer bereits vorgesehenen Überprüfung des MG Berlin durch.
[...]

Die HA I/MfNV müsste eine Überprüfung im Armee-Archiv der NVA in Strausberg durchführen, um festzustellen, welche Unterlagen aus MfS-Verfahren dort lagern. Gleichzeitig müsste recherchiert werden, welche Möglichkeit zur Übernahme dieses Archivmaterials durch das Archiv der Abteilung XII des MfS bestehen mit dem Ziel der Übernahme des gesamten Materials.

Über die Archive bei den Rechtsanwälten hat keine Dienststelle in der DDR Einblick oder Überblick. Das betrifft die Frage der sicheren Aufbewahrung der Unterlagen über die Verfahren, in denen die Rechtsanwälte Verteidigerfunktion ausüben, noch was sie inhaltlich alles festhalten und damit machen! Praktisch haben die Rechtsanwälte Zugang zu allem, was sich in der Sachakte (Gerichtsakte) befindet und was sich im Gerichtssaal abspielt. Hinzu kommt der Schriftwechsel mit dem Staatsanwalt, dem Gericht und anderen Beteiligten. Schriftsätze des

> Rechtsanwalts an das Gericht ergehen selbst bei den geheimsten Verfahren mit der öffentlichen Post!
>
> Vorschlag:
> Die komplexe Lösung dieses Problems ist nur langfristig möglich und muss konzeptionell vorbereitet werden. Diese Frage müssen mit in den Komplex von Fragen einbezogen werden, die im September / Oktober 1978 im Kollegium des MdJ im Zusammenhang mit einem Dokument über die Weiterentwicklung der Tätigkeit des Rechtsanwalts im Strafprozess, zu seinen generellen Aufgaben und Pflichten, diskutiert und erarbeitet werden."

Weitere Ausführungen befinden sich im Vermerk der HA IX, AGR vom 20. Oktober 1970 mit dem Titel „Geheimnisschutz im Bereich der Rechtspflegeorgane". Unter Ziffer 3 wird ausgeführt:

„In den gerichtlichen Hauptverhandlungen ist vom Ausschluss der Öffentlichkeit (§ 211 Abs. 3 StPO) Gebrauch zu machen. Der Vorsitzende des Gerichts muss die Anwesenden entsprechend zur Geheimhaltung verpflichten (§ 211 Abs. 2 StPO). In den Protokollen ist entsprechend jeder Anwesende zu vermerken. Die Richter sind entsprechend § 46 Abs. 3 GVG verpflichtet, in allen dienstlichen Angelegenheiten die erforderliche Verschwiegenheit zu wahren. Ein besonderer Unsicherungsfaktor besteht zur Zeit bei den Rechtsanwälten. Hier müsste Sofortmaßnahme eingeleitet werden. Künftig könnte die Verpflichtung zu Verschwiegenheit analog der des Richters in einer Gesetzesvorschrift aufgenommen werden, die vom Ministerium der Justiz geplant ist. Es steht fest, dass im Jahre 1971 eine Rechtsvorschrift über die Rechtsanwälte ausgearbeitet wird, möglicherweise mit Gesetzescharakter, ähnlich wie in der UdSSR."

Weiter heißt es:

„Besondere Beachtung gilt den § 14, 16 und 17 der Anordnung über die Anfertigung, Behandlung, Aufbewahrung und Sicherung von Verschlusssachen vom 30. Januar 1964."

III. Zentral ermittelte Militärgerichtsverfahren

Eine bedeutsame Maßnahme der Steuerung der Militärjustiz durch das MfS war das „Zentral ermittelte Verfahren". In der Konzeption der HA IX/8-AGR vom 3. Dezember 1975 wird dieses Verfahren beschrieben und geregelt. Im Einzelnen wird in dieser vom Verfasser im Archiv des Bundesbeauftragten gefundenen Urkunde folgendes ausgeführt:

> „1. Der bereits begonnene Aufbau der IA-Linie MG Berlin/MOG Berlin / Militärkollegium des Obersten Gerichts soll konsequent weiter und zu Ende geführt werden. Damit werden gleichzeitig Fragen der Erhöhung der Sicherheit unserer Verfahren und Fragen unmittelbarer Anleitung und Kontrolle durch den IA-Bereich des Militärkollegiums, des Militäroberstaatanwaltes sowie dem MfS gewährleistet. Unter Berücksichtigung neuer kaderpolitischer Maßnahmen in der NVA ergeben sich folgende Veränderungen.
>
> 2. Das MG Berlin wird allein für zentral ermittelte Verfahren zuständig. Das bedeutet, dass das MG Potsdam keine zentral ermittelten Verfahren mehr erhält und

eine Tätigkeit ausübt, wie alle anderen Militärgerichte. Kadermäßig verantwortlich für MfS-Verfahren ist der Gen. Benkenstein und der Gen. Osterloh, wobei einer von beiden Genossen hauptverantwortlich, der andere in Vertretung tätig wird. Der Leiter des Militärgerichts, Genosse Hans, ist nur im Rahmen seiner allgemeinen Aufgaben hinsichtlich seiner Leitungstätigkeit für die Genossen Benkenstein und Osterloh verantwortlich.

3. Beim MOG Berlin ist für die IA-Verfahren zurzeit der Genosse Keim und ab Jahresende 1976 an seiner Stelle der Genosse Penndorf (bisher MG Potsdam) sowie der Genosse Warnatzsch voll und allein verantwortlich. Obwohl beide Oberrichter eine gleichberechtigte Stellung haben, sollte einer dieser Genossen vorbereitet werden, der große komplizierte Prozesse durchführt; außerdem müsste klargestellt werden, wer Rechtsmittelsachen macht.

Der Leiter und der Stellvertreter des MOG Berlin haben sich aus den IA-Verfahren herauszuhalten und nur im Rahmen seiner Leitungstätigkeit zu engagieren.

4. Die politisch-operative und rechtspolitische Anleitung erhalten diese Genossen durch den IA-Strafsenat des Militärkollegiums des Obersten Gerichts, insbesondere durch den Genossen Nagel, der gleichzeitig die inhaltliche Anleitung für die Militärobergerichte Leipzig und Neubrandenburg auf der IA-Strecke macht. Die HA-Militärgerichte hat sich aus der inhaltlichen Anleitung und Kontrolle für die IA-Linie herauszuhalten und ist ausschließlich (und das nur mit Abstimmung des Militärkollegiums) für Kaderfragen verantwortlich.

5. Genosse Dr. Sarge ist bereit, zwecks Einarbeitung den Genossen Penndorf vier Wochen und den Genossen Osterloh sechs Wochen beim IA-Strafsenat des Militärkollegiums in Vorbereitung ihrer neuen Funktionen zu qualifizieren.

6. Das Vorhaben der HA-Militärgerichte und des Militärkollegiums zur Anhebung der Gehälter der IA-Kader um 50,- bis 100,- Mark sollte unterstützt werden.

Durch die vorstehend genannten Maßnahmen ist es möglich, ein in sich geschlossenes System im IA-Bereich zu erreichen und damit wichtige Teilfragen der Gewährleistung der Sicherheit zu lösen. Vom Zeitfaktor her gesehen sollten die vorgesehenen Maßnahmen binnen Jahresfrist abgeschlossen sein; bei gleichzeitiger Lösung der Frage 'Wer ist wer?' Es ist mit großer Sicherheit anzunehmen, dass der Genosse Dr. Sarge, der Genosse Dr. Kalwert und der Genosse Mehner bereit sind, einer solchen Konzeption zuzustimmen."[333]

Dass dies so umgesetzt wurde, zeigt die nachfolgende Personalie: Der Militärrichter Heinz Penndorf verpflichtete sich am 10. August 1959 als OibE der HA IX zum Dienst im MfS: Penndorf, geb. am 20. Juli 1930 war bis zum Jahre 1976 Leiter des MG Potsdam.[334] Anlässlich einer Beförderung entstand 1969 folgender MfS-Vermerk über den Leiter Heinz Penndorf, der hier ungekürzt zitiert sei:

333 BStU,, MfS, HA IX, 3866, S. 131,132; Anhang 2, Dokument Nr. 3.

334 BStU, MfS, KS 13260/90, S. 82–88.

> „Genosse Penndorf ist langjähriger Mitarbeiter der Sicherheitsorgane der DDR. Als Angehöriger der Untersuchungsabteilung wurde er beim Aufbau der Militärgerichte der DDR beauftragt, als Mitarbeiter im besonderen Einsatz die Tätigkeit der Militärgerichtsbarkeit zu unterstützen. Seit dieser Zeit fungiert Genosse Penndorf als Militärrichter, und über mehrere Jahre ist er Vorsitzender des Militärgerichts Potsdam. In seiner Tätigkeit ist er gewissenhaft, zuverlässig und bestrebt, die Interessen unseres Organs jederzeit zu vertreten. Im Interesse der Konspiration, Sachkundigkeit und Exaktheit wurde bisher der größte Teil der Strafverfahren gegen Mitarbeiter unseres Organs vor dem Militärgericht in Potsdam angeklagt, und die gerichtliche Hauptverhandlung fand stets unter Vorsitz des Genossen Penndorf statt. Soweit in derartigen Strafverfahren das Ziel, damit zur Reinheit und Festigung der Sicherheitsorgane beizutragen und begünstigende Bedingungen für Straftaten zu beseitigen, erreicht wurde, so hat Genosse Penndorf daran einen wesentlichen Anteil. Damit leistete er einen großen Beitrag zur Erhöhung und Festigung des Vertrauensverhältnisses der Werktätigen zu den Sicherheitsorgangen unserer Republik."[335]

Die Beurteilung verfasste Oberstleutnant Pätzel, der zu dieser Zeit die Hauptabteilung IX/5 führte und die Beförderung Penndorfs zum Hauptmann begründen sollte. Aus der Verpflichtung als OibE ergab sich die paradoxe Situation, dass der Leiter des Militärgerichts Potsdam MfS intern die Dienststellung eines Sachbearbeiters in der Hauptabteilung IX einnahm und dienstlich unmittelbar dem Leiter eben jener Untersuchungsabteilung unterstand, die die Ermittlungen gegen straffällige MfS-Mitarbeiter führte. Oder anders formuliert: Die Hauptabteilung IX führte die Ermittlungen, und ihr Offizier im besonderen Einsatz sprach anschließend das Urteil.

Mit der Versetzung Penndorfs ging die Zuständigkeit für zentral ermittelte MfS-Verfahren auf das MG Berlin und das MOG Berlin über, sofern nicht direkt Anklage vor dem OG erhoben wurde. Ab 1983 wirkte Heinz Penndorf dann als Militärrichter bei der HAMG und als stellvertretender Leiter der Unterabteilung Recht.[336]

Das MG Potsdam wurde in der Folgezeit aus der Zuständigkeit des MOG Berlin herausgenommen und in die Zuständigkeit des MOG Neubrandenburg übernommen.

Im Übrigen wurde beim MfS eine gesonderte Liste der personellen Besetzung des MOG Berlin, des MG Berlin und des MG Potsdam ab 1963 geführt.[337] Die

---

335 BStU, MfS, KS 13260/90, S. 56.

336 Ebenda, S. 62; seit 14.11.1983 Mitglied der Parteileitung der Grundorganisation der SED bei der HAMG.

337 BStU, MfS, HA IX 16350, S. 15.

meisten der in der Liste verzeichneten Militärrichter hatten – wie oben bereits dargestellt[338] – eine Verbindung zum MfS.

I) Das MfS und die Kontrolle bzw. Steuerung der Rechtsanwälte in der Militärjustiz

I. Die Advokatur in der DDR – Rahmenbedingungen und Praxis

1. Vorbemerkung

Es gab in der DDR keine freie Advokatur im klassischen Sinne. Eine solche wurde von der SED als systemwidrig angesehen.[339]

Die Stellung als Organ der Rechtspflege bedeutete für die Rechtsanwälte der DDR eine starke Einbindung in das gesellschaftliche und politische System der DDR.[340] Folgerichtig wurde die Anwaltschaft im Jahre 1963 im Rechtspflegeerlass des Staatsrates als gesellschaftliche Einrichtung der sozialistischen Rechtspflege charakterisiert.[341]

Die meisten Anwälte waren seit der Verordnung vom 15. Mai 1953[342] und dem späteren Gesetz über die Kollegien der Rechtsanwälte der DDR vom 17. Dezember 1980[343] (Kollegiengesetz) in Rechtsanwaltskollegien organisiert und wurden vom Justizministerium zentral angeleitet und beaufsichtigt. Durch die von den Revisionskommissionen ausgeübte Kontrolle waren anwaltliche Unabhängigkeit und Verschwiegenheitspflicht sehr eingeschränkt.[344] Diesen hatten die Rechtsanwälte umfassend Auskunft zu erteilen. Unterlagen mussten vorgelegt und konnten eingesehen werden; insoweit wurde das Anwaltsgeheimnis kaum gewahrt.[345]

Außerdem befreite die anwaltliche Schweigepflicht nicht von der Anzeigepflicht nach § 225 StGB, die auch für den ungesetzlichen Grenzübertritt in schwerem Fall bestand (§ 5 Kollegiengesetz). Die Befreiung von der Ver-

338 Vgl. 3. Kapitel, Abschnitt D, I und II.

339 *Fricke*, Praxis der Anwaltstätigkeit, S. 829.

340 *Lorenz*, Rechtsanwaltschaft in der DDR, S. 279.

341 GBl. 1963 I S. 41.

342 GBl. I, S. 725:.Verordnung über die Bildung von Kollegien der Rechtsanwälte vom 15.5.1953.

343 GBl. 1981 I, S. 1.

344 GBl. 1981 I, S.4: Musterstatut der Kollegien der Rechtsanwälte der DDR vom 17.12.1980.

345 *Brand*, Rechtsanwalt, S. 87; *Frank*, Justizministerium, S.155.

schwiegenheitspflicht war erwünscht, auf Nachteile bei fehlender Befreiung musste der Mandant hingewiesen werden (§ 18 Musterstatut).[346]

Im Übrigen war die Anwaltschaft in der DDR im Vergleich zur Rechtsanwaltschaft in der Bundesrepublik Deutschland sehr klein. Stand März 1990 gab es in der DDR 602 Anwälte in insgesamt 15 Kollegien sowie 19 Einzelanwälte, davon 12 in Berlin-Ost (6 zugleich Notare), 2 in Dresden (1 zugleich Notar), 2 in Leipzig, 1 in Magdeburg, 1 in Rostock und 1 in Suhl (zugleich Notarin).[347]

2. Der Rechtsanwalt als Strafverteidiger

Seit Beginn der 50er Jahre wurde in der DDR Druck auf die Strafverteidiger ausgeübt.

> „Wir verlangen, dass der Anwalt, der eine Verteidigung übernimmt oder übertragen erhält, sie in Verantwortung gegenüber dem Angeklagten führt, wobei seiner Tätigkeit Grenzen gezogen sind durch seine Stellung als Organ der Rechtspflege, durch die auch für ihn bestehende Verpflichtung zur Anerkennung unserer staatlichen Ordnung."[348]

Der Schutz des Angeklagten gegenüber dem Staat und die Berücksichtigung seiner Motive wurden relativiert. „Solche Momente müssen zurücktreten gegenüber der für unsere Strafjustiz entscheidenden Aufgabe des Schutzes unserer Ordnung und der Gesellschaft."[349] Statt Unabhängigkeit des Verteidigers war Parteilichkeit gefordert.[350]

II. Die Rechtsanwälte und das MfS[351]

Eine institutionelle Verbindung und rechtlich geregelte Verknüpfung der Anwaltschaft zum MfS bestand nicht. Trotz genereller Verpflichtung der Anwaltschaft zur Zusammenarbeit mit der Volksvertretung und ihren Organen (§ 1 Abs. 5 Kollegiengesetz) und ungeachtet der vielfältigen Zusammenarbeit des MfS mit den Militärgerichten, der Militärstaatsanwaltschaft und dem Ministerium der Justiz, teils in gesetzlich festgelegten Formen, teils auf informeller Basis[352] sowie der Funktion des MfS als Untersuchungsbehörde in den

---

346 Vgl. BVerfGE, 93, 213 ff.

347 Anwaltverzeichnis 1990.

348 *Fricke*, Praxis der Anwaltstätigkeit, S. 830; *Benjamin*, Fragen der Verteidigung, S. 51 f.

349 *Benjamin* zitiert nach *Fricke*, ebenda, S. 833.

350 *Fricke*, ebenda, S. 833, 834.

351 Derzeit wird in einem Projekt des Bundesbeauftragten, Abteilung Bildung und Forschung durch Christian Booß untersucht, inwieweit das MfS die Rechtsanwälte in der DDR kontrollierte oder sogar steuerte.

352 *Lorenz*, Zweigeteilt, S. 120 (122).

Staatsschutzdelikten, waren die Aufgabenbereiche der Rechtsanwaltschaft und des MfS deutlich getrennt. Insbesondere waren Rechtsanwälte nicht verpflichtet, sich dem MfS als IM zur Verfügung zu stellen. Aber nicht wenige Rechtsanwälte arbeiteten gleichzeitig als IM der Staatssicherheit zu, so dass der Angeklagte von dieser Seite verraten wurde.[353]

Das MfS sah Anwälte als Quelle der Einflussnahme auf einen breiten Kreis der Bevölkerung. Eingeschlossen waren die Mandanten, Berufskollegen und deren persönliches Umfeld sowie Bürger, die den Anwalt als kostenlosen Rechtsberater beanspruchten.

Dabei versprach eine inoffizielle Tätigkeit oder eine vertrauliche offizielle Zusammenarbeit mit dem MfS dem Anwalt mehrfache Vorteile: Mit dem MfS an der Seite ließen sich in der Regel Türen öffnen, die ansonsten verschlossen blieben. Das betraf die Verfahren, die in den Händen des MfS und der Militärstaatsanwaltschaft lagen. Auch konnten auf diesem Wege hochgradige Geheimnisträger als Klientel erschlossen werden. Dazu gehörte die rechtliche Beratung und Vertretung von Mitarbeitern der Staatssicherheit. In diesen Fällen scheute das MfS weder Mühe noch Geld, diesen Anwälten auch bei der nötigen materiellen Ausstattung ihrer Praxen unter die Arme zu greifen.[354]

In einem dokumentierten Fall wurde eine Rechtsanwältin vom MfS bevorzugt, damit sie für ihren Mandanten ein günstigeres Urteil erlangen könnte.[355]

Ein extremer Fall spielte sich 1986 ab, als ein Anwalt mit Kontakten zum MfS einen Kollegen wegen Fluchtverdacht denunzierte und danach den daraufhin inhaftierten und ahnungslosen Kollegen anwaltlich vertrat.[356]

Aus dem Zeitraum 1975/1976 liegen Unterlagen vor, die die Zusammenarbeit der Anwaltschaft mit dem MfS betreffen. Eine von der HA XX/1 erstellte Analyse[357] besagt, dass von den damals zugelassenen 495 Kollegiums- und 59 Einzelanwälten 34 als IM erfasst waren.[358]

---

353 *Vollnhals*, Die Macht ist das Allererste, S. 255.

354 BStU, MfS, Rechtsstelle, 900, S. 91 f. sowie BStU, MfS, AIM 16041/89, Teil I, Band 2, S. 63; vgl. auch *Booß*, Aufsatzkonzept: Sündenfall der organisierten Rechtsanwaltschaft, Stand 22.September 2011; Privatarchiv des Verfassers.

355 BStU, MfS, HA IX, 3721, S. 29 ff.; vgl. 3. Kapitel, Abschnitt L, IV.

356 BStU, MfS, BV Gera, IMS „Charly", Reg.-Nr.: X/217/81, Band II/I S. 299 f., Bericht vom 24.7.1986.

357 BStU, MfS, HA XX, Bdl. 1008 (ohne Seitenzahl); handschriftliche Aufstellung der HA XX/1 zur operativen Situation bei den in der DDR zugelassenen Rechtsanwälten (ohne Datum, Kontext 1975); Anhang 2, Dokument 4.

358 *Eisenfeld*, Rechtsanwälte, S. 362.

Eine Überprüfung der Rechtsanwälte, die Mitte der 80er Jahre die Vorstände, Vorstandskandidaten und Revisionsmitglieder in den Kollegien stellten, ergab, dass die Zahl der IM unter den Anwälten gegenüber den 70iger Jahren erheblich zugenommen hatte. Allein in diesen Funktionen paktierten von 148 Anwälten insgesamt 49, d.h. rund 33 % konspirativ mit dem MfS. Bei den Vorständen machte der Anteil sogar 39, bei den Vorsitzenden 53 % aus.[359]

Anwälte, die einen privilegierten Status besaßen, waren dem MfS besonders zugetan. Die Überprüfung von 63 Anwälten, die 1976 als Reisekader und / oder als Pflichtverteidiger in den politischen 1a Verfahren, den Militärgerichts- und internationalen Zivilrechtsverfahren vorgesehen waren,[360] ergab, dass 32, d.h. über 50 %, mit dem MfS paktierten.

Als bedeutsam für das MfS erwiesen sich die Empfänge, zu der die Rechtsabteilung der ständigen Vertretung der Bundesrepublik in Ostberlin auch regelmäßig Anwälte einlud. Bei dem Empfang im Oktober 1985 waren 28 Anwälte anwesend. Davon standen 13 dem MfS inoffiziell zu Diensten.[361]

Die Anwälte der DDR unterlagen auch ständigen Sicherheitsüberprüfungen durch das MfS.[362] Von im Jahre 1976 insgesamt überprüften 554 Anwälten ordnete das Fachreferat des MfS knapp 30 % der Kategorie „negativ erfasst" zu.[363] Derartige Einstufungen hatten unmittelbare Konsequenzen: So fielen beispielsweise 1976 insgesamt 16 der für einen Einsatz an Militärgerichten, an 1a-Verfahren und internationale Zivilrechtsverfahren vorgesehenen Anwälte in Folge von Sicherheitsüberprüfungen des MfS mit Begründungen aus wie: „Ungeklärte Verbindungen zu Republikflüchtigen", „Politisch schwankend", „Nicht bereit als IM zu arbeiten", „Keine Parteilichkeit", „Negativer Umgangskreis" und „Keine gesellschaftlichen Aktivitäten".[364]

Es ergibt sich nach allem, dass das MfS offiziell und inoffiziell Einfluss auf die Entwicklung der Anwaltschaft in der DDR nahm. In allen Phasen des Kaderaufbaues filterte es in der Regel erfolgreich die Anwaltskandidaten und Anwälte heraus, die aus politischen Gründen in ihrer Karriere entweder gefördert oder gestoppt werden sollten. Damit trug das MfS wesentlich dazu bei, die Anwaltschaft als Ganzes auf „Linie" zu bringen.

359 Ebenda, S. 363.

360 BStU, MfS, HA XX, Bdl.1 1008, S. 1–5; BStU, MfS, HA IX/8, AGR 1634: Aufstellung der HA IX/8 von Rechtsanwälten vom 1.9.1976; Anhang 2, Dokument Nr. 4.

361 BStU, MfS, HA II, ZMA 737, S. 164; Information der HA II.

362 *Eisenfeld*, Rechtsanwälte, S. 367.

363 BStU, MfS, HA XX, Bdl. 1008 (ohne Seitenzahl).

364 BStU, MfS, HA XX, Bdl. 1008 (ohne Seitenzahl).

Jurastudenten, die u.a. vom MfS zum Studium delegiert wurden und über das politische Erscheinungsbild von Kommilitonen berichteten, sorgten dafür, politisch unsicheren Kandidaten noch vor der Einsatzlenkung durch das Justizministerium den Weg in die Anwaltschaft zu verbauen.[365] Überhaupt wurde seit dem Jahr 1975 konsequent das Prinzip verwirklicht, an der Humboldt-Universität in Ost-Berlin nur noch Studenten zu immatrikulieren, die „vom MdJ delegiert wurden".[366]

Für die Überwachung des Justizapparates und der Rechtsanwaltskollegien war im MfS auf der zentralen Ebene die Hauptabteilung XX/1 zuständig. Besonders enge Kontakte pflegte diese Hauptabteilung mit dem Staatssekretär des Justizministeriums, Dr. Kern, sowie mit der Abteilung 4 bzw. der späteren Hauptabteilung VII des Justizministeriums, die für die direkte Anleitung und Kontrolle der Anwaltschaft verantwortlich war. Staatssekretär Dr. Kern. dem das MfS im Rahmen eines Auszeichnungsvorschlages bescheinigte, dass er in „vorbildlicher Weise die vielfältigen Aufgaben des MfS unterstütze" und „hohe Einsatzbereitschaft" sowie eine „konsequente Haltung im Prozess des politisch operativen Zusammenwirkens" zeigte,[367] trat in Verbindung zur Anwaltschaft zumeist dann in Erscheinung, wenn komplizierte Kaderfragen zu lösen waren. Die zuständige Fachabteilung des Ministeriums der Justiz war dem MfS insbesondere durch inoffizielle Mitarbeiter zugetan. Das betraf den Sektorenleiter Erich Wirth, alias „Ewald" sowie drei der sieben wissenschaftlichen Mitarbeiter.[368]

Im Bereich der Militärjustiz war die Bindung der Anwälte außerordentlich hoch. Das MfS verlangte die Geheimnisabsicherung in Verfahren, deren Inhalt VVS und GVS Charakter hatte. In seltener Klarheit stellt ein Dokument aus dem Archiv des Bundesbeauftragten, verfasst von der HA IX, AG Rechtsfragen am 1. Oktober 1970 fest:

> „Es ist unbedingt zu gewährleisten:
>
> 1. dass die Verteidiger, die in Strafsachen tätig sind, besonders in MfS-Verfahren, deren Inhalt VVS und GVS Charakter hat, zur besonderen Verschwiegenheit verpflichtet werden. In dieser Hinsicht sind mit dem Ministerium für Justiz, Sektor Rechtsanwälte, Gen. Wirth, sowie mit dem Vorsitzenden der Rechtsanwälte von Groß-Berlin, Gen. Häusler, entsprechende Verhandlungen zu führen.

---

365 *Eisenfeld*, Rechtsanwälte, S. 354.

366 Ebenda , S. 353.

367 BStU, MfS, HA XX, Bdl. 1004.

368 *Eisenfeld*, Rechtsanwälte, S. 359; BStU, MfS, 1746/79, BStU, MfS, AIM 6577/74, BStU, MfS, AIM 8741/81, BStU, MfS, AIM 9508/70; vgl. Anhang 2, Abschnitte A II (Kern) und 3. Kapitel, Abschnitt D II. (Wirth).

2. Zur Absicherung besonders im Militärbereich sind besonders vertrauenswürdige Anwälte, bei denen die Geheimhaltung der ihnen zur Kenntnis gelangenden Tatsachen gewährleistet wird, zu ermitteln und auszuwählen. Für den Bereich Berlin sind das etwa 4 bis 5 Anwälte. Die Auswahl müsste erfolgen in Zusammenarbeit mit der HA XX/1 sowie den Genossen Wirth und Häusler.

3. Nachdem der Punkt 2. für den Bereich Berlin geklärt ist, sind entsprechende Klärungen in den Bereichen der anderen Militärobergerichte in Zusammenarbeit mit der HA IX/4 durchzuführen."

Tatsächlich sind in der Folgezeit derartige Listen aufgestellt worden. Sie enthalten für die jeweiligen Gerichte ausgewählte Pflichtverteidiger in Militärstrafsachen. Einige von ihnen standen und stehen nach 1990 im Blickpunkt der Öffentlichkeit: Gysi, Vogel, Wolff, etc.[369]

Es steht danach fest, dass im Bereich der Militärjustiz handverlesene Anwälte als Pflichtverteidiger zum Einsatz kamen, bezüglich derer das MfS nicht den geringsten Zweifel hatte oder haben konnte, dass es sich bei ihnen um den gewünschten Typus des tätigen Juristen handelte. Sie waren ohne Einfluss auf das Verfahren, reine Staffage.

J) Steuerung – Einflussnahme – durch Erich Mielke, Minister für Staatssicherheit

I. Vorbemerkung

Die Geschichte und die Tätigkeit des MfS sind mit der Person ihres Ministers Erich Mielke eng verbunden. Seine Biographen bezeichnen ihn nicht ohne Grund als den „Mann, der die Stasi war."[370]

Ziel des Erich Mielke und des MfS war die Kontrolle der gesamten DDR-Gesellschaft.

Zeit seiner Existenz war das MfS konspirativ streng abgeschirmt. Alles war geheim. Seine Aktivitäten blieben gegenüber der Öffentlichkeit verdeckt. Die Macht des MfS wirkte anonym – was ihrem furchteinflößenden Nimbus zu Gute kam. Strukturen und Peronalbestand waren dementsprechend Staatsgeheimnis.[371]

---

369 BStU, MfS, HA IX /8 AGR 1634, Anhang 2, *Dokument* Nr. 4; Liste v. 1.9.1976.

370 *Schwan*, Erich Mielke. Der Mann, der die Stasi war. München 1997.

371 *Fricke*, MfS intern, S. 21.

II. Zur Person Mielke

Der Minister für Staatssicherheit, Erich Mielke, wurde am 28. Dezember 1907 in Berlin geboren. Sein Vater war Stellmacher. Mielke wurde schon sehr früh Mitglied des „Kommunistischen Jugendverbandes" Deutschland. Nach der Volksschule besuchter er bis zur zehnten Klasse das Köllnische Gymnasium in Berlin. Im Jahre 1924 begann er eine Lehre als Speditionskaufmann und arbeitete bis 1931 in diesem Beruf. Als Angehöriger des KPD-Parteiselbstschutzes nahm er am 9. August 1931 an der Ermordung von zwei Polizisten auf dem Berliner Bülow-Platz teil und floh anschließend in die Sowjetunion. Dort absolvierte er verschiedene Lehrgänge, u.a. 1932/33 an der internationalen Lenin-Schule, wo er 1935/36 Aspirant war. Er diente dann im Spanischen Bürgerkrieg. Anfang des Zweiten Weltkriegs war er überwiegend in der Emigration. Im Juni 1945 kehrte er nach Berlin zurück und profilierte sich umgehend als Polizeipolitiker und Experte kommunistischer Machtsicherung. Im November 1945 wurde er Leiter des Bereichs Polizei im ZK der KPD (ab April 1946 Parteivorstand der SED) und wechselte 1946 als Vizepräsident in die Deutsche Verwaltung des Innern. Als am 8. Februar 1950 das Ministerium für Staatssicherheit eingerichtet wurde, wurde Mielke Staatssekretär. Er genoss das Vertrauen Ulbrichts, der ihn schließlich am 1. November 1957 zum Minister für Staatssicherheit ernannte. 1959 wurde Mielke zum Generaloberst befördert.

In den folgenden Jahren stellte Mielke mit Ehrgeiz die Weichen für den massiven Ausbau des inneren Überwachungsapparates in der DDR. In den Reformdebatten der 60er Jahre verfocht er einen harten Kurs, zog eine Reihe von Aufgaben wie Grenzpasskontrollen und militärische Spezialeinheiten an sich und durchzog Staat und Wirtschaft mit einem dichten Informantennetz. Im zeitlichen Zusammenhang des Wechsels von Ulbricht zu Honecker stieg Mielke 1971 zum Kandidaten und 1976, als Höhepunkt seiner politischen Karriere, zum Mitglied des Politbüros auf. Er suchte sich stets als Garant der inneren Stabilität gegen die Westeinflüsse der Entspannungspolitik zu profilieren. 1980 wurde ihm der Dienstgrad Armeegeneral verliehen.

Im Zuge der Wende wurde Mielke am 3. Dezember 1989 aus der SED ausgeschlossen. Am 7. Dezember 1989 ließ ihn die Militärstaatsanwaltschaft der DDR verhaften und nahm ihn in Untersuchungshaft. In der Folge wurde er wegen seiner persönlichen Beteiligung an nicht verjährten Straftaten – Polizistenmorde vom Bülow-Platz in Berlin Anfang der 30er Jahre, nicht wegen

MfS-Vergehen – zu sechs Jahren Gefängnis verurteilt. Die Strafe verbüßte er teilweise. Mielke starb am 21. Mai 2000.[372]

III. Steuerung des MfS durch Mielke

Das MfS wurde nach militärischen Grundsätzen geführt. Es galten das Prinzip der militärischen Einzelleitung und das Befehlsprinzip; die Mitarbeiter standen in Dienstverhältnissen als Berufssoldaten und unterstanden damit militärischem Disziplinarrecht.[373]

Das Prinzip der militärischen Einzelleitung hatte im MfS eine besonders rigide Ausprägung. Der Leiter hatte die ausschließliche Verantwortung für seinen Zuständigkeitsbereich und war gegenüber allen Unterstellten politisch, fachlich und administrativ befehls- und kontrollbefugt.[374]

IV. Lenkung der Justiz

Im Politbüro hat Mielke nie Rechenschaft über seine Arbeit oder das MfS abgelegt. Tätigkeiten des MfS standen nicht auf der Tagesordnung. Entscheidende Fragen der Tätigkeit des MfS beriet Honecker mit Mielke in Vier-Augen-Gesprächen.[375] In gleicher Weise steuerte er auch die entscheidenden Maßnahmen im militärischen Justizbereich. In politisch brisanten Strafverfahren scheint die Entscheidungsfindung in den 70er und 80er Jahren im Übrigen so verlaufen zu sein, „dass die eigentlichen Entscheidungen im Zweiergespräch zwischen Honecker und Mielke gefällt wurden und das Politbüro zu deren Festlegungen nur noch seine formale Zustimmung gab“[376] – so weit es überhaupt damit befasst wurde. Wie aus verschiedenen Quellen[377] hervorgeht, haben sich der Generalsekretär der SED und der Minister für Staatssicherheit für gewöhnlich jeden Dienstag nach der Sitzung des Politbüros zu einem Vieraugen-Gespräch zurückgezogen. Es ist eine auf der Hand liegende Vermutung, dass bei dieser Gelegenheit auch politisch-relevante Strafverfahren, soweit solche anhängig waren, zur Sprache gekommen sind. Insofern war mit der Steuerung und Kontrolle jedes politischen Strafverfahrens durch die

372 *Engelmann / Florath / Heidemeyer / Münkel / Polzin / Süß*, MfS-Lexikon, S. 207 f.

373 *Gieseke*, Ministerium für Staatssicherheit, S. 372, 373.

374 *Engelmann* u.a., MfS-Lexikon, S. 70 f.; *Engelmann / Joestel*, Grundsatzdokumente des MfS, Dienstordnung vom 13.7.1972, Einzelleitung, S. 241 f.; *Fricke*, Schild und Schwert der Partei, S. 3.

375 *Gieseke*, ebenda, S 389; *Heger*, Kurt, Erinnerungen, Leipzig 1996, zitiert nach *Otto*, Erich Mielke, S. 353.

376 *Fricke*, Das MfS als Instrument, S. 210; *Behlert*, Generalstaatsanwaltschaft, S. 311.

377 *Schabowski*, Das Politbüro, S. 44.

Staatssicherheit zugleich die Einflussnahme der Politbürokratie und namentlich des Parteichefs gewährleistet.[378]

Die Informations- und Entscheidungsstränge in politischen Strafverfahren liefen stets bei Erich Mielke zusammen. Die HA IX war ihm unmittelbar unterstellt. Alle brisanten Vorgänge ließ er sich vorlegen. Er war stets allseits unterrichtet und konnte entsprechend eingreifen.[379]

Mielke hatte durch seine Stellung im Politbüro die Möglichkeit, in jedes Gesetzgebungsverfahren einzugreifen. „Für entsprechende Änderungswünsche seitens des MfS bedurfte es dann nur eines kurzen Gespräches zwischen Mielke und Honecker gelegentlich einer Politbüro-Sitzung."[380] So war er entscheidend an der Vorbereitung des Strafrechtsergänzungsgesetzes 1958 persönlich beteiligt[381] und übte in besonderer Weise seinen Einfluss auf die Kommission zur Ausarbeitung des 3. Strafrechtsänderungsgesetzes 1977 aus.[382]

K) Steuerung der Militärjustiz durch konspirative Vorgänge

I. Geheime Informanten und Mitarbeiter (Spitzel-Kundschafter-Denunzianten)

1. Offiziere im besonderen Einsatz (OibE)

Zur personellen Durchdringung der Militärjustiz setzte das MfS hauptamtliche Mitarbeiter als OibE ein. Sie agierten dort verdeckt und mit einer legendierten Biographie ausgestattet.[383]

Als OibE wurden Angehörige des MfS bezeichnet, die im Interesse der dem MfS übertragenen Verantwortung zur umfassenden Gewährleistung der staatlichen Sicherheit auf den Gebieten der Abwehr und der Aufklärung unter Legendierung ihres Dienstverhältnisses mit dem MfS auf der Grundlage eines Arbeitsrechts- oder Dienstverhältnisses auf sicherheitspolitisch bedeutsamen Positionen im Staatsapparat, der Volkswirtschaft oder in anderen Bereichen

---

378 *Fricke*, ebenda, S. 210.

379 *Bästlein*, Mielke, S. 74.

380 *Behlert*, Generalstaatsanwaltschaft, S. 333.

381 *Otto*, ebenda, S. 274.

382 *Behlert*, Generalstaatsanwaltschaft, S. 333; *Raschka*, Justizpolitik, S. 158.

383 MfS-Ordnung Nr. 6/86: "Die Arbeit mit Offizieren im besonderen Einsatz" vom 17.3.1986 – *OibE-Ordnung* –, Ziffer 2.1, 2.3 sowie 7.1, 7.5, zitiert nach *Fricke*, MfS intern, Seite 164 f.

des gesellschaftlichen Lebens – Einsatzobjekte – eingesetzt und wirksam wurden.[384]

Dabei konnte der Einsatz von OibE insbesondere erfolgen:

- „zur Erarbeitung von Informationen, um jene Bereiche, Prozesse, Personen und Personenkreise im Verantwortungsbereich zu erkennen und zu sichern, die für die allseitige Erfüllung der sicherheitspolitischen Aufgaben von besonderer Bedeutung sind,
- zur ständigen Koordinierung und Abstimmung von Maßnahmen sowie Sicherung störungsfreier Informationsbeziehungen zwischen dem Einsatzobjekt und dem MfS,
- zur Realisierung von Sicherungs- und Kontrollmaßnahmen im Zusammenhang mit operativ bedeutsamen Prozessen und Personen sowie weiterer sicherheitspolitischer Einzelaufgaben, die nicht direkt in Verantwortung des MfS übernommen werden können bzw. wurden."[385]

In der Ordnung Nr. 6/86 heißt es weiterhin:

> „OibE müssen sich 'durch bewiesene Treue und Ergebenheit zur Partei der Arbeiterklasse und feste Verbundenheit mit dem MfS auszeichnen'."[386]

Die OibE unterlagen der Disziplinarordnung des MfS. Gleichzeitig waren für die OibE die Grundsätze der Geheimhaltung und Konspiration maßgeblich.[387]

Bevor die Ordnung Nr. 6/86 am 1. Mai 1986 in Kraft trat, existierten die

> „Grundsätze zur Regelung des Dienstverhältnisses mit den auf dem Gebiet der Abwehr tätigen Offizieren im besonderen Einsatz des Ministeriums für Staatssicherheit und zur Regelung der Vereinbarungen mit den auf dem Gebiet der Abwehr tätigen inoffiziellen Mitarbeitern im besonderen Einsatz des Ministeriums für Staatssicherheit."[388]

Im Jahre 1983 gab es insgesamt 3.471 für das MfS tätige OibE, danach sank die Zahl. Im Jahre 1988 verfügten 27 Diensteinheiten der MfS-Zentrale über 1.856 OibE.[389] Es wäre eine gesonderte Untersuchung wert, wie sich die nahezu halbierte Zahl innerhalb von fünf Jahren erklären lässt.

---

384 Ebenda, Ziffer 2.1.

385 Ebenda, Ziffer 2.2.

386 Ebenda, Ziffer 2.4.

387 Ebenda, Ziffer 7.5 sowie 9.10.

388 BStU, MfS, 016-373/78; diese Grundsätze nebst verschiedenen Änderungen und Durchführungsbestimmungen sowie Anweisungen zu diesen Grundsätzen traten durch die Ordnung Nr. 6/86, vom 17.3.1986, in Kraft getreten am 4.5.1986, außer Kraft (vgl. Ordnung Nr. 6/86, zitiert nach *Fricke*, MfS intern, Seite 176, 177.

389 *Engelmann* u.a., MfS-Lexikon, S. 227.

Die OibE wurden in der Militärjustiz als „Elite-Informanten“ geführt und sollten nicht nur die Gewähr dafür bieten, Informationsverluste weitgehend zu vermeiden, sondern durch ihre Einbindung in die Befehlsstruktur des MfS die Möglichkeit eröffnen, auf direktem Wege Einfluss auf Entscheidungen an den Schaltstellen der Militärjustiz zu nehmen.[390]

2. Inoffizielle Mitarbeiter (IM)[391]

Ein weiteres Instrument im Kampf gegen die Feinde der DDR war der Einsatz und die Steuerung der IM.[392] Sie waren die geheime Verbindung zwischen dem MfS und der Gesellschaft.[393]

Im Einzelnen waren von der Gründung des MfS bis zur seiner Auflösung nacheinander fünf Richtlinien für die Arbeit mit IM gültig:

Jede Richtlinie war nummeriert, ihre Verteilung und jeglicher Gebrauch waren zu registrieren; aufbewahrt wurden sie in Panzerschränken der leitenden Mitarbeiter. Das institutionalisierte Misstrauen innerhalb des MfS erforderte Vorsichtsmaßnahmen auch für den Fall, dass eine dieser als „Geheime Verschlusssache“ klassifizierten Richtlinien vielleicht doch einmal dem „Klassenfeind“ in die Hände fiele. Diese aufwendige Geheimhaltungspraxis war nicht nur die Konsequenz konspirativer Besessenheit, die dem MfS eigen war, sondern auch Ausdruck der großen Bedeutung, die der Staatssicherheitsdienst den IM-Richtlinien beimaß.[394] Im Einzelnen gab es folgende Richtlinien:

- Richtlinie vom 20. September 1950 über die Erfassung der geheimen Mitarbeiter, der Informatoren und der Personen, die konspirative Wohnungen unterhalten;[395]
- Richtlinie über die Suche, Anwerbung und Arbeit mit Informatoren, geheimen Mitarbeitern und Personen, die konspirative Wohnungen unterhalten vom 20. November 1952;[396]
- Richtlinie 1/58 für die Arbeit mit inoffiziellen Mitarbeitern im Gebiet der Deutschen Demokratischen Republik vom 1. Oktober 1958;[397]

---

390 *Gill / Schröter*, Ministerium für Staatssicherheit, S. 118.

391 IM trugen bis zum Jahr 1968 die Bezeichnung GI und GM, vgl. *Diedrich*, Widerstandsverhalten, S. 157, FN 15.

392 *Fricke*, MfS intern, S. 39.

393 *Müller-Enbergs*, Inoffizielle Mitarbeiter, S. 11.

394 *Müller-Enbergs*, Inoffizielle Mitarbeiter, S. 152.

395 BStU, MfS, DSt 101091.

396 BStU, MfS, DSt 101097.

397 BStU, MfS, DSt 101113.

- Richtlinie 1/68 für die Zusammenarbeit mit gesellschaftlichen Mitarbeitern für Sicherheit und inoffiziellen Mitarbeitern im Gesamtsystem der Sicherung der Deutschen Demokratischen Republik vom 1. Januar 1968;[398]
- Richtlinie 1/79 für die Arbeit mit inoffiziellen Mitarbeitern und gesellschaftlichen Mitarbeitern für Sicherheit (GMS).[399]

IM wurden auf bestimmte Schwerpunkte angesetzt, von denen tatsächliche oder vermeintliche Gefahren ausgehen konnten. Diese Objekte und Territorien, Bereiche oder Personen waren so zahlreich, dass die geheimpolizeiliche Durchdringung tendenziell den Charakter einer flächendeckenden Überwachung annahm. Die Anzahl der vom MfS geführten IM umfasste im Jahre 1989 ca. 189.000 Personen. Auf 89 DDR-Bürger kam somit 1 IM.[400]

Im Übrigen war bei der Führung der IM die Wahrung der Konspiration von grundsätzlicher Bedeutung. Der Verfasser hat im Archiv des Bundesbeauftragten die IM-Verpflichtung eines Soldaten des Wachregimentes recherchiert. Dieser IM „Bernd“ wurde nach kurzer Zeit wieder entpflichtet. Im Beschluss über die Einstellung des IM-Vorganges heißt es:

> „Der GI arbeitete erst kurze Zeit mit uns zusammen. Im angetrunkenen Zustand dekonspirierte er sich vor mehreren Genossen seiner Einheit und eines anderen IM, in dem er über seine Zusammenarbeit in überheblicher Art und Weise sprach. Auf Grund dessen wird der GI abgeschrieben.“[401]

II. Die für die Kontrolle und Steuerung der Militärjustiz zuständigen Hauptabteilungen der Staatssicherheit[402]

1. Vorbemerkung

Die Hauptabteilungen I und IX waren speziell als Untersuchungsorgan und für die „Abwehrarbeit“ innerhalb der NVA und der Grenzgruppen zuständig. Beide Hauptabteilungen hatten also Bezug zum Militär bzw. zur Militärjustiz. Die HA XX war über Kaderpolitik mit der Justiz verbunden.

---

398 BStU, MfS, DSt 101126.

399 BStU, MfS, DSt 102658.

400 *Engelmann* u.a., MfS-Lexikon, S. 158; *Gieseke*, Stasi-Akten, S. 226, 227.

401 BStU, MfS, 8278/62.

402 Vgl. Organigramm des MfS 1989 Anhang 2, Dokument Nr. 5.

2. Hauptabteilung I (HA I)[403]

Mit dem Staatssicherheitsdienst – Hauptabteilung I – verfügte die SED bereits bei der Gründung der NVA über ein Instrument der politischen Überwachung und Durchdringung des Militärs.[404]

Die Hauptabteilung I des MfS war zuständig für die Abwehrarbeit innerhalb des Ministeriums für Nationale Verteidigung, in der NVA und den Grenztruppen.[405] Sie verfügte über ein umfangreiches IM-Netz. Für 1987 liegt eine tabellarische Übersicht über den Gesamtbestand an IM vor. Danach wurden von der HA I insgesamt 12585 Mitarbeiter geführt.[406]

Die Aufgaben der HA I waren: Abwehrarbeit in den Führungsorganen, Truppen und Einrichtungen der Nationalen Volksarmee (NVA) und den Grenztruppen der DDR zur Gewährleistung ihrer funktionellen und personellen Sicherheit sowie die Verhinderung von politischer Untergrundtätigkeit, die Organisation des Geheimnisschutzes, der Schutz der Militärausstattung und -technik, das Unterbinden feindlicher Hetze und Staatsverleumdung, die Verhinderung von Spionage, Fahnenfluchten und Verratsdelikten, die Durchführung von Sicherheitsüberprüfungen und die Untersuchung von Vorkommnissen in der Armee und den Grenztruppen.[407]

Die HA I war bereits bei der Musterung von Soldaten beteiligt: Insoweit wurde in der Dienstanweisung Nr. 2/85 vom 20. Februar 1985 als Aufgabe der HA festgestellt: „Anleitung und Unterstützung der selbständigen Referate Abwehr Wehrkommando der Bezirksverwaltungen und der Abwehroffiziere Wehrkreiskommando der Kreisdienststellen [...] zum Erkennen von Wehrpflichtigen bei den Musterungen und Einberufungsüberprüfungen, die bereits mit Aktivitäten im Sinne politischer Untergrundtätigkeit aufgefallen sind, und zur Einflussnahme auf deren Einberufung zu Truppen gemäß der Auffüllungsordnung der NVA, Teil B / Anhang 4/19."[408] Insoweit regelte § 7 der Musterungsord-

---

403 *Engelmann* u.a., MfS-Lexikon, S.217; Die HA I hatte einen Personalbestand von 2319 Mitarbeitern (2223 Planstellen für Berufsunteroffiziere, Fähnriche und Berufsoffiziere, 6 OibE, 40 HIM sowie 49 Unteroffiziere auf Zeit, 1 Planstelle für Zivilbeschäftigte). Leiter der HA I war zuletzt Generalleutnant Manfred Dietze.

404 *Giese*, SED und ihre Armee, S. 122.

405 Ebenda; vgl. auch *Diedrich*, Widerstandsverhalten, S. 156.

406 *Müller-Enbergs*, IM-Statistik, S. 49, Tabelle 3/11.

407 *Engelmann* u.a., MfS-Lexikon, S. 120, 121; *Wiedmann*, MfS-Handbuch, S. 217 f.

408 BStU, MfS, BdL.-Dok. 5083; Dienstanweisung 2/85 zur vorbeugenden Verhinderung, Aufdeckung und Bekämpfung politischer Untergrundtätigkeit, Ziffer 4.1.

nung vom 30. Juli 1969,[409] dass ein Vertreter des MfS Mitglied der Musterungskommission war. Gleiches war im Falle der Einberufung für die Einberufungskommission vorgesehen.[410] Schon zu diesem Zeitpunkt traf das MfS die Auswahl der Wehrpflichtigen für den eigenen Dienst (§ 21 Abs. 2 Einberufungsordnung).

3. Hauptabteilung IX (HA IX)[411]

Von besonderer Bedeutung für den geheimpolizeilichen Charakter des MfS war die Hauptabteilung IX, das Untersuchungsorgan der Staatssicherheit, welches durch die Strafprozessordnung der DDR mit Exekutivbefugnissen in der Strafverfolgung ausgestattet war (§§ 88 ff. DDR – StPO 1968). Sie war Teil des staatlichen Justizwesens. In der Militärjustiz war die HA IX für alle Ermittlungen zuständig.[412]

Die Hauptabteilung IX hatte als Untersuchungsorgan die Aufgabe,[413] die Verbrechen gegen die DDR, mithin die Staatsverbrechen zu bearbeiten. Aber auch Fälle der allgemeinen Kriminalität im Vorfeld von Staatsverbrechen sowie Straftaten von MfS-Angehörigen und IM sowie Militärstraftaten gehörten zum Aufgabengebiet. Sie war dem Minister für Staatssicherheit direkt unterstellt und verfügte am Ende der achtziger Jahre – einschließlich der Bezirksverwaltungen über ca. 1200 Mitarbeiter.[414]

4. Hauptabteilung XX (HA XX)[415]

Die HA XX war zuständig für die politische Repression und Überwachung. Sie kontrollierte die Justiz, das Gesundheits- und Bildungswesen sowie den Sport. Sieht man von der SED ab, die vom MfS nicht systematisch überwacht

---

409 GBl. I, S. 41.

410 § 16 der Anordnung des Nationalen Verteidigungsrates der DDR über die Musterung und Einberufung zum Wehrdienst – Einberufungsordnung – vom 25.3.1982, GBl. I, S. 230.

411 *Engelmann* u.a., MfS-Lexikon, S. 131 f.; Leiter der HA IX war zuletzt Generalmajor Dr. jur. Rolf Fister; die HA IX hatte zuletzt einen Personalbestand von 484 Mitarbeitern in der Zentrale in Berlin (471 Berufsunteroffiziere / Fähnriche, Berufsoffiziere, 8 OibE, 5 Zivilbeschäftigte.

412 *Gieseke*, Ministerium für Staatssicherheit, S. 401 f.

413 *Engelmann* u.a., MfS-Lexikon, S. 130 f.; *Wenzke*, Ab nach Schwedt, S. 76 f.

414 *Wenzke*, ebenda, S. 76, 77.

415 *Engelmann* u.a., ebenda, S. 193 f. Die HA XX hatte – Stand Herbst 1989 – 461 Mitarbeiter Berufsunteroffiziere / Fähnriche / Berufsoffiziere, 35 OibE, 13 HIM – darunter 202 IM-führende Mitarbeiter. Leiter war zuletzt Generalleutnant Paul Kienberg.

werden durfte, deckten die Hauptabteilung XX und ihre Zweige in den Bezirken und Kreisen praktisch das gesamte öffentliche Leben der DDR ab.[416]

Im Einzelnen hatte die Hauptabteilung XX folgende Aufgaben:

Federführung auf dem Gebiet der Verhinderung bzw. Aufdeckung und Bekämpfung politisch-ideologischer Diversion und politischer Untergrundtätigkeit.

Sicherung und Kontrolle zentraler Organe und Einrichtungen des Staatsapparates, insbesondere der Justiz.

Sicherung und Kontrolle der Führungsgremien der Parteien (ohne SED) und Massenorganisationen.

Aufklärung und Bearbeitung von Vorkommnissen staatsfeindlicher Hetze.

Sicherung zentraler Sporteinrichtungen und Abwehrarbeit im Leistungssport.

Aufklärung, Bearbeitung, Sicherung der Kirchen und Religionsgemeinschaften

Sicherung der zentralen Massenmedien.

Mitwirkung an der Durchsetzung der Kulturpolitik der SED und Sicherung zentraler Einrichtungen und Objekte auf dem Gebiet der Kultur.

Sicherung zentraler Einrichtungen des Bildungswesens (Ministerium für Volksbildung bzw. für Hoch- und Fachschulwesen).

Sicherung von Einrichtungen und Betrieben der SED.[417]

5. Andere Hauptabteilungen

Die Einheiten für Passkontrollen und Sicherung des Reiseverkehrs wurden 1970 zur Hauptabteilung VI zusammengelegt. Im Aufgabenbereich dieser Diensteinheit ergab sich eine enge Verzahnung mit den Grenztruppen der DDR, die unter anderem das Kommando an den Grenzübergangstellen führten.

Neben den unmittelbaren Grenzkontrollen und den damit zusammenhängenden geheimdienstlichen Aufgaben gehörten alle Fragen der Kontrolle des Reiseverkehrs in die und aus der DDR, einschließlich der Überwachung der Interhotels, zur Zuständigkeit der Hauptabteilung VI.

Die Zollverwaltung war noch enger an das MfS gebunden; ihr seit 1963 amtierender Leiter, Oberst Gerhard Strauch, war Offizier im besonderen Einsatz (OibE) des MfS.[418]

Ähnliche Funktion wie die Hauptabteilung I für das DDR-Militär hatte die Hauptabteilung VII für die Volkspolizei und die anderen dem Ministerium des Innern zugeordneten Institutionen, wie die Kampfgruppen der Arbeiterklassen,

416 *Gieseke*, Ministerium für Staatssicherheit, S. 398.

417 Vgl. http://www.bstu.bund.de/cln_028/nn_713802/DE/MfS-DDR-Geschichte/Hintergruende.

418 *Gieseke*, Ministerium für Staatssicherheit, S. 395; vgl. auch BStU, MfS, KS 9500/90.

den Stab der Zivilverteidigung oder die staatliche Archivverwaltung. Neben der allgemeinen Überwachungstätigkeit in diesen Apparaten ergaben sich einige besondere Einfluss- und Kooperationsbeziehungen: Häufig diente die Polizei als Hilfs- und Unterstützungsorgan im Rahmen des „politisch-operativen Zusammenwirkens". Das Arbeitsgebiet I der Kriminalpolizei (politische Kriminalität) arbeitete ohnehin permanent mit dem MfS zusammen.[419]

Im Rahmen der vorliegenden Untersuchung muss die Hauptabteilung XIV erwähnt werden, die unmittelbaren Bezug zum Strafvollzug hatte. Ihr Aufgabengebiet war die Durchführung der Untersuchungshaft und des Strafvollzuges im MfS. Leiter der HA XIV war zuletzt Oberst Dr. Siegfried Rataizick.[420]

6. Zuständigkeiten für Staatsverbrechen und Militärstrafsachen

Speziell für Militärstrafsachen und Staatsverbrechen waren die Abteilungen HA IX/1, IX/5 und IX/6 sowie HA I zuständig. Zu ihrem Aufgabenbereich gehörten die Untersuchung schwerer Kriminalität, die Bearbeitung von Spionage, Fahnenflucht und anderen Straftaten von Armeeangehörigen, von „Angriffen auf die Staatsgrenze" sowie Straftaten durch oder gegen Angehörige der sowjetischen Streitkräfte in der DDR sowie Straftaten von und gegen MfS-Angehörige und IM.[421]

Die Zuständigkeit des MfS in Militärstrafsachen beschreibt das unter „Vertrauliche Verschlusssache" herausgegebene Lehrheft des MfS und der Juristischen Hochschule Potsdam aus dem Jahr 1979 wie folgt:[422]

„Bei schwerwiegenden Straftaten, die von Militärpersonen begangen werden, erfolgt die Einleitung bzw. die Übernahme der Ermittlungsverfahren durch die Untersuchungsabteilungen des MfS. Das sind:

Staatsverbrechen, die von Militärpersonen begangen werden;

Fahnenfluchten, begangen durch Täter aller Dienstgrade, die bei der Straftat Waffen, Sprengmittel, Fahrzeuge und Kampftechnik mitführen bzw. die sich zum Zweck der Fahnenflucht im Besitz derartiger Gegenstände bringen;

Fahnenflüchtlinge, die im sozialistischen Ausland festgenommen werden oder die Kontakte zu diplomatischen Vertretungen nicht sozialistischer Staaten unterhielten;

Fahnenflüchtlinge, bei denen der Spionagevorsatz zu prüfen ist (ab Unteroffizier aufwärts oder bei besonderen Geheimnisträgern);

---

419 *Gieseke*, ebenda, S. 395, 397.

420 http://www.bstu.bund.de/cln_028/nn_713802/DE/MfS-DDR-Geschichte/Hintergründe.

421 *Wiedmann*, MfS-Handbuch, S. 131 f.; 217 f.

422 BStU, MfS, JHS 001-155/79; Lehrheft BStU, MfS, VVS, JHS 001-155/79, S. 12, 13.

Waffen- und Sprengmitteldiebstähle aus dem Bestand der NVA, der Grenztruppen bzw. der Organe des Wehrersatzdienstes;

Ermittlungsverfahren wegen schwerer Militärstraftaten gem. § 259 (Meuterei), § 267 (Angriff, Widerstand und Nötigung gegen Vorgesetzte, Wachen, Streifen oder andere Militärpersonen), § 272 (Verrat militärischer Geheimnisse) oder § 273 (Beeinträchtigung der Einsatzbereitschaft der Kampftechnik) StGB übernehmen die Untersuchungsabteilungen dann, wenn das eventuelle Vorliegen eines Staatsverbrechens zu prüfen ist oder wenn das ausgehend von der Bedeutung und den Zusammenhängen oder von der Person des Täters geboten erscheint."

In einer als „Geheime Verschlusssache" deklarierten Lektion des MfS, Hochschule Potsdam-Eiche, aus Oktober 1958 heißt es, dass sämtliche Staatsverbrechen von der HA IX untersucht werden. Die Bearbeitung von Straftaten nach dem 3. Teil des StEG erfolge durch die Militärstaatsanwaltschaft. Lediglich schwere Verbrechen laut Gesetz werden im Zeichen erhöhter Gefährdung der DDR von den Organen des MfS übernommen. Kriminelle Delikte werden von der Militärstaatsanwaltschaft bearbeitet. Stellt diese im Zusammenhang damit ein Staatsverbrechen fest, so erfolgt die Übergabe an die Organe des MfS. „Ein Austausch irgendwelcher Materialien zwischen den operativen Abteilungen und den Militärstaatsanwälten in den bewaffneten Kräften erfolgt nicht".[423]

Darüber hinaus wurden in Einzelfällen durch das Untersuchungsorgan des MfS auch solche Ermittlungsverfahren gegen Militärpersonen bearbeitet, wenn weitergehende politisch-operative Interessen des MfS bei der Gewährleistung der staatlichen Sicherheit vorlagen.[424] So konnte das MfS im Ergebnis alle Verfahren an sich ziehen, in denen „Feinde der DDR" vermutet wurden.

III. Operative Personenkontrollen (OPK)

> „Es gehörte zum Instrumentarium der Staatssicherheit, dass sie das Bild verbreitete: Ihr seid unter Kontrolle, ihr werdet überwacht, wir sehen alles."[425]

Waren die Vorbeugungsgespräche[426] die Vorstufe, so war die OPK das erste Instrument des Staatssicherheitsdienstes zur Sammlung von Informationen über eine als potenziell „feindlich-negativ" eingestufte Person. Grundlage der Bearbeitung operativer Personenkontrollen war die Richtlinie 1/81. Danach

423 BStU, MfS, JHS, 214/58, S. 97, 98.

424 Vgl. FN 744; *Marxen*, Recht, S. 18 f.

425 *Birthler*, Stasi-Methoden, S. 95.

426 BStU, MfS, HA I 14808.

sollte die OPK ein „wesentlicher Bestandteil der Klärung der Frage: 'Wer ist wer' sein."[427]

Die OPK sollte in aller Regel noch keine gerichtsrelevanten Beweise erbringen, sondern nur den „Verdacht der Begehung" einer Straftat verhärten oder entkräften. Sie diente meist dazu, Persönlichkeitsbild, Ansichten und Aktivitäten des Betroffenen aufzuklären und auf diese Weise „Personen mit feindlich-negativer Einstellung bzw. operativ bedeutsamen Verbindungen" zu ermitteln.[428]

Wichtigste Informationsquelle waren Berichte von IM und GMS (Gesellschaftlicher Mitarbeiter Sicherheit). Hinzu kamen Kenntnisse der Volkspolizei, der Abteilungen Inneres der örtlichen Räte sowie der Betriebe. Wenn sich im Laufe der Bearbeitung einer OPK Anhaltspunkte für einen Verstoß gegen das Strafrecht der DDR ergaben, legte die Staatssicherheit einen Operativen Vorgang (OP) an, die „höchste Stufe" konspirativer Überwachung und Verfolgung durch das MfS.[429]

IV. Operative Vorgänge (OP)

Operative Vorgänge wurden vom MfS auf der Grundlage von Eröffnungsberichten angelegt, die das Ausgangsmaterial sowohl strafrechtlich wie „politisch-operativ" einschätzen sollte. Solche Berichte enthielten die Personalien des Betroffenen, Angaben zu den Familienverhältnissen sowie zum schulischen und beruflichen Werdegang und die Paragraphen des Strafgesetzbuchs, für deren Verletzung Beweise gesammelt werden sollten. Schließlich hatte der Aktenführer dem MfS-Offizier detailliert darzustellen, in welcher Weise der Betreffende politisch auffällig geworden war. Eröffnungsberichte schlossen mit einer „politisch-operativen Zielstellung", die in den meisten Fällen kurz die weitere Vorgehensweise benannte. Maßgeblich war die Richtlinie 1/76 zur Entwicklung und Bearbeitung operativer Vorgänge aus Januar 1976.[430]

Grundlage der Bearbeitung Operativer Vorgänge waren sogenannte Operativpläne, die die angestrebten Ziele und die dafür notwendigen Maßnahmen

427 BStU, MfS, BdL-Dok. 6910; Richtlinie 1/81 über die Operative Personenkontrolle vom 25.2.1981.

428 Bundesbeauftragter, Wörterbuch der Staatssicherheit, S. 286.; BStU, MfS 10385/86, Bd. 1, S. 4; Anhang 2, Dokument Nr. 6 sowie Operativplan vom 22.7.1985 zum OV „Baron", ebenda, S. 14.

429 *Gill / Schröter*, Ministerium für Staatssicherheit, S. 131.

430 BStU, MfS, BdL-Dok. 3234; vgl.auch BStU, MfS, BV Erfurt, 310/71, Bd. 6, OP „Zwielicht" sowie den OP-Vorgang „Baron" in Sachen Godehard, 4. Kapitel, Abschnitt A, II.

präzisierten, die einzusetzenden IM und andere konspirative Methoden, ein geeignetes Vorgehen zur Beweisführung, Pläne zur Zusammenarbeit mit anderen Diensteinheiten sowie Termine und Verantwortlichkeiten benannten.[431]

Hauptinstrument bei der Bearbeitung Operativer Vorgänge war der Einsatz von IM und GMS, da diese nach Auffassung des MfS „am umfassendsten in die Konspiration des Feindes eindringen" konnten. Entscheidend für deren Erfolge im Sinne der Staatssicherheit war es, Zuträger aus der unmittelbaren Umgebung des Betroffenen zu finden. „Maßnahmepläne" wurden erarbeitet, um die „Feindpersonen" aus ihren persönlichen und beruflichen Zusammenhängen herauszureißen, um sie so zu destabilisieren und von ihren vermeintlich feindlichen Zielen abzubringen. Das geschah meist in unmittelbarem Zusammenwirken mit inoffiziellen Mitarbeitern.[432]

Die OPK in abgestufter Form, sicherlich aber der OV stellten ein konspirativ durchgeführtes Ermittlungsverfahren dar, welches jedoch außerhalb der Regelungen der Strafprozessordnung zur Durchführung kam.[433] Es waren außerrechtliche Instrumente der politischen Verfolgung.[434]

V. Maßnahmen der Zersetzung[435]

Mit der Richtlinie 1/76 wuchs operativen Vorgängen neben der Ermittlung strafrechtlich relevanter Informationen die Aufgabe zu, „vorbeugend ein Wirksamwerden feindlich-negativer Kräfte zu unterbinden.[436]

Mit der Richtlinie 1/76 führte die Staatssicherheit „Methoden der Zersetzung" ein, ohne auf die Anwendung des politischen Strafrechts zu verzichten.

431 Bundesbeauftragter, Wörterbuch der Staatssicherheit, S. 295–296.

432 An dieser Stelle soll der Sachstandsbericht der BV Erfurt, Abteilung IX/8 vom 10.3.1969 zitiert werden: Durch einen IM-Bericht wurde bekannt, dass ein in der NVA dienstverpflichteter Soldat „Hetze in der Truppe" betrieb. Die Vorgänge wurden ausführlich ausgewertet. Es wurde festgestellt, dass der Soldat seit Februar 1968 „Staatsfeindliche Hetze", die sich gegen die führende Rolle der SED, die Freundschaft zur Sowjetunion und gegen staatliche Maßnahmen richtete. Er diffamierte den Vorsitzenden des Staatsrates und verunglimpfte andere fortschrittliche Personen, insbesondere Mitglieder der SED. Abschließend wird in diesem Sachstandsbericht die weitere Zielstellung des Vorganges dargestellt. (BStU, MfS, BV Erfurt, 310/71, Bd. 6).

433 *Vollnhals*, Schein der Normalität, S. 136; *Engelmann*, Staatssicherheitsjustiz, S.134.

434 *Neubert*, Politische Justiz, S.386.

435 *Raschka*, Zwischen Überwachung und Repression, S. 25 f.; BStU, MfS, JHS, 21859, S 57.

436 *Raschka*, ebenda.

Zersetzungsmaßnahmen kamen sowohl als Abschluss operativer Vorgänge als auch im Rahmen der laufenden Bearbeitung zum Einsatz.

Die Bemühungen der DDR-Führung in der Zeit zwischen 1971 bis 1989 um internationale Anerkennung und die sprunghaft wachsenden Einflüsse durch Westkontakte von DDR-Bürgern schmälerten den Spielraum des MfS für offene Gewaltmaßnahmen. Die Staatssicherheit nahm diese Veränderung keineswegs zum Anlass, ihre Aktivitäten zu drosseln – im Gegenteil: sie steigerte den Grad der verdeckten Überwachung und modifizierte ihre Methoden.

Dazu wird in der Einschätzung der HA IX vom 29. Dezember 1984 zur politisch-ideologischen Entwicklung der Arbeit ausgeführt, dass die Fähigkeit der Angehörigen der Abteilung weiter zu entwickeln ist, auch unter „äußerst komplizierten politisch-operativen Lagebedingungen im Kampf gegen den Feind und feindlich-negative Kräfte jederzeit das sozialistische Recht einheitlich und konsequent sowie differenziert und flexibel anzuwenden."[437]

Die Zersetzung war eine Bestrafung ohne Urteil. Sie war ein vom Staat veranlasstes politisches „Intensiv – Mobbing" mit meist traumatisierenden Folgen. Diese Folgen halten bei manchen Betroffenen bis heute an. Bei ihnen wirkt die von der Stasi veranlasste „Zersetzung" immer noch nach. Manche Menschen wissen nicht, dass ihre seelischen Verletzungen oder ihr berufliches Versagen in einer Zersetzungsmaßnahme der Staatssicherheit begründet liegen.[438]

Im Januar 1976 setzte Mielke die „Richtlinie 1/76" in Kraft, die in ihrem wesentlichen Teil die „Zersetzungsmaßnahmen" begründet. Darin heißt es:

„Bewährte anzuwendende Formen der Zersetzung sind:

- Systematische Diskreditierung des öffentlichen Rufes, des Ansehens und des Prestiges auf der Grundlage miteinander verbundener wahrer, überprüfbarer und diskreditierender sowie unwahrer, glaubhafter, nicht widerlegbarer und damit ebenfalls diskreditierender Angaben;
- Systematische Organisierung beruflicher und gesellschaftlicher Misserfolge zur Untergrabung des Selbstvertrauens einzelner Personen;
- Örtliches und zeitliches Unterbinden bzw. Einschränken der gegenseitigen Beziehungen der Mitglieder einer Gruppe, Gruppierung oder Organisation auf der Grundlage geltender gesetzlicher Bestimmungen, z.B. durch Arbeitsplatzbindungen, Zuweisung örtlich entfernt liegender Arbeitsplätze usw.;

437 BStU, MfS, HA IX, 570, S. 93.

438 *Pingel-Schliemann*, Lebenswege, Vorwort S. 4; *Knabe*, Zersetzungsmaßnahmen, S. 26.

- Bei der Durchführung von Zersetzungsmaßnahmen sind vorrangig zuverlässige, bewährte, für die Lösung dieser Aufgaben geeigneter IM einzusetzen."[439]

Den Grundsatz der „lautlosen" Form der Repression formulierte Mielke, als er 1985 in einer Rede sagte:

> „Ihr wisst, dass wir aus politischen, aber auch aus operativen Gründen nicht alle Feinde sofort festnehmen, obwohl dazu die rein rechtlichen Voraussetzungen vorliegen. Wir kennen diese Feinde, haben sie unter Kontrolle und wissen, was sie vorhaben. Im Interesse der Durchsetzung der offensiven Politik der Partei wird der Zeitpunkt bestimmt, der politisch am zweckmäßigsten ist, um zuzuschlagen."[440]

Ende der 80er Jahre erlangten die unsichtbaren Repressalien in den strategischen Überlegungen der Staatssicherheit sogar das „Primat vor strafrechtlichen und anderen restriktiven Maßnahmen", weil man „das gewachsene Erfordernis" sah, „die Entstehung und das Wirksamwerden feindlich-negativer Personenzusammenschlüsse noch wirkungsvoller vorbeugend zu verhindern."[441]

Das „lautlose" Vorgehen ohne Einsatz des Strafrechtes wurde als „politisches Erfordernis" angesehen und zielte darauf ab, „durch verschiedene operative Maßnahmen eine subtile Einflussnahme auf die Psyche der operativ bearbeitenden Personen in der Weise vorzunehmen, dass deren operativ-relevante, handlungsmotivierende Einstellungen und Überzeugungen allmählich im Interesse der operativen Einflussnahme verändert werden."[442]

Im Ergebnis war das Ziel der Zersetzungsmaßnahmen des MfS, Menschen „seelisch, beruflich, sozial oder moralisch zu zerstören."[443]

VI. Systembedingte Nichtverfolgung

Der Verfasser recherchierte bei dem Bundesbeauftragten die Akte Michael S. Sie enthält den Befehl Nr. 81/77 des Chefs des Militärbezirkes, durch den S. am 30. August 1977 aus dem Wehrdienstverhältnis entlassen wird. Das Ermittlungsverfahren wird anschließend eingestellt, weil „die Untersuchungen ergeben haben, dass der Beschuldigte unter dem Einfluss des ihm persönlich

---

439 BStU, MfS, 0008 Nr. 100/76, S. 47–48; Richtlinie 1/76 zur Entwicklung und Bearbeitung operativer Vorgänge (OV).

440 Zitiert nach *Knabe*, Strafen ohne Strafrecht, S. 95.

441 *Knabe*, ebenda.

442 BStU, MfS, BV Erfurt, Abt. XX VVS-0024, BV Erfurt Nr. 30/89; *Knabe*, ebenda. BStU, MfS, HA I 104 S. 41 Mielke spricht von einer außerordentlichen Bewährungsprobe; *Gieseke*, Ministerium für Staatssicherheit, S. 389; BStU, MfS, DSt, 10 2209 S. 1. BStU, MfS, JHS 21859 S 60 f. Die Zersetzungsmaßnahmen im Fall Havemann werden im Detail beschrieben.

443 *Birthler*, Stasi-Methoden, S. 96.

bekannt gewordenen Wolf Biermann und zwei weiterer Personen sowie durch das Lesen antisozialistischer Schriften und den Empfang westlicher Rundfunk- und Fernsehsendungen eine ablehnende Haltung zu wesentlichen Teilbereichen der Staats- und Gesellschaftsordnung der DDR eingenommen hat.“ Es wird dann weiter ausgeführt, dass die Straftat des Beschuldigten in Folge der Entwicklung der sozialistischen Gesellschaftsordnung und der gefestigten politischen Grundhaltung der Werktätigen der DDR keine schädlichen Auswirkungen hatte. Dem zufolge sei die Einstellung des Ermittlungsverfahrens und das Absehen von Maßnahmen der strafrechtlichen Verantwortlichkeit begründet.[444]

Dies ist ein Beispiel für die Nichtverfolgung eines nach Auffassung des MfS strafrechtlich relevanten Verhaltens, und zwar offensichtlich aus politischen Gründen im Hinblick auf das Verfahren Biermann. Der Vorgang bestätigt ferner, dass die politische Verfolgung vom MfS in den 70er und 80er Jahren mit zunehmend „feineren“ Waffen als in den Jahrzehnten zuvor betrieben wurde. Um die Anwendung des politischen Strafrechtes zu vermeiden, sollten nach Möglichkeit weniger sichtbare, indirekte Disziplinierungsmaßnahmen zum Einsatz kommen. Ziel der geheimpolizeilich angeleiteten Repression war es, die betroffene Person zunächst in umfassender Weise transparent zu machen, um sie dann in erster Linie psychisch zu beeinflussen und zu steuern. Je nach Reaktion des Betroffenen auf die eingeleiteten Maßnahmen konnte das Ergebnis am Ende sowohl die Rückgewinnung als auch die Lähmung oder die Inhaftierung der Unbelehrbaren sein. Der umfassend organisierte und intensiv kontrollierte Einsatz nicht-strafrechtlicher Formen der Verfolgung stellt eine neue Qualität der Herrschaftssicherung durch das MfS dar.[445]

Der Verfasser recherchierte eine weitere Akte – OP-Vorgang –, die den Oberstleutnant Werner M. betrifft. Dieser hatte hetzerische Äußerungen im Zuge des Einmarsches der Truppen des Warschauer Paktes in die Tschechoslowakei getätigt. Er wurde zwar nicht angeklagt, aber fristlos aus den Reihen der NVA entlassen und zum Soldaten degradiert. Seine Auszeichnungen wurden ihm aberkannt.[446]

In die gleiche Kategorie der Neugestaltung der politischen Verfolgung ist auch der „Freikauf von Gefangenen“ einzuordnen. Zum Ende der DDR wurde dieses Modell der Devisenbeschaffung zur Methode. Die neue justizpolitische Linie wurde im Spätsommer 1987 wie folgt erläutert:

---

444 BStU, MfS, AU, Nr. 14868/78, Bd. 9, S. 219 f., 221 f.

445 *Knabe*, Strafen ohne Strafrecht, S. 108.

446 BStU, MfS, AOP 2310/69.

> „Der Genosse Minister hat am 12.2.1987 vor den Leitern der Bezirksverwaltungen, der Stellvertretende Minister, Genosse Generalleutnant Neiber, hat am 18.6.1987 in seinen Ausführungen zur Frage der Entlassung von Strafgefangenen in die BRD eindeutig Stellung genommen und konkrete Aufgaben gestellt. Heute noch einmal im Klartext folgendes: Angesichts der generellen niedrigen Übersiedlungszahlen (die Quote war zuvor von der Parteiführung auf dem niedrigen Niveau festgelegt worden, der Verfasser) – im Verhältnis zu 1986 sind es 70 % weniger – erhöht sich zwangsläufig die Notwendigkeit der Entlassung von Strafgefangenen in die BRD. Es geht um die Devisen für unsere Republik, die wir schnell und mit möglichst großer Hilfe benötigen. Das bedarf wohl sicher keiner weiteren Begründung.“[447]

Zum Schluss soll über das Verfahren Schälike, Rolf, geb. 13. September 1938, berichtet werden. Das Bezirksgericht Dresden – BS 28/84 – 211-170/84 verurteilte Schälike am 3. Dezember 1984 wegen planmäßiger staatsfeindlicher Hetze zu einer Freiheitsstrafe von 7 Jahren. Gegen das Urteil legte Schälike Berufung ein. Das Verfahren war anschließend bei dem OG – 1. Strafsenat 1 OSB 33/84 – anhängig und nahm eine unvorhergesehene Wende. Wie es heißt, wurde Schälike auf Grund einer „zentralen Entscheidung“ aus der Staatsbürgerschaft der DDR entlassen und in die BRD ausgewiesen.[448]

Das OG verkündete am 8. Februar 1985 den Beschluss, wonach das Strafverfahren gemäß § 248 Abs. 2 Zif. 4 StPO endgültig eingestellt wurde. Die Einstellung erfolgte, weil die Generalstaatsanwaltschaft die Anklage gegen Schälike zurückgenommen hatte.[449]

Offensichtlich aus persönlichen Gründen – der Vater des Schälike war politischer Funktionär – und aus politischen – Schälike hatte mit dem Fall Biermann zu tun – wurde im Ergebnis im Berufungsverfahren das Verfahren durch Rücknahme der Anklage erledigt und Schälike in den Westen abgeschoben.

VII. Methoden der Beweisführung

Die Abteilung HA IX achtete sehr streng darauf, in offiziellen Verfahren mit formal legalen Mitteln im Sinne der StPO zu operieren. Die Masse ihrer Informationen erhielt sie jedoch von anderen Diensteinheiten der Staatssicherheit, die diese im Wesentlichen mit geheimdienstlichen, also konspirativen und damit illegalen Methoden gesammelt hatten. Das bedeutete für die Staatssicherheit ein mit erheblichen Aufwand zu lösendes Dilemma: Während im eigentlichen Ermittlungsverfahren zumindest der Schein gesetzlichen Vorge-

---

447 Zitiert aus der Anklageschrift der Staatsanwaltschaft Berlin II zum Verfahren 28 Js 10/94, S. 82 ff.; zitiert nach *Weinke*, Stasi und Strafrecht, S. 149.

448 BStU, MfS, AU, 574/85; der Aktenvermerk vom 9.2.1985 befindet sich im Anhang 2, Dokument 7.; vgl. auch *Raschka*, Zwischen Überwachung und Repression, S. 104 ff.

449 BStU, *ebenda*, Bd. 7, S. 125 ff.

hens gewahrt bleiben musste, waren die wichtigsten, zuvor eingesetzten Ermittlungstechniken – und damit auch die erzielten Erkenntnisse – illegal und mit anderen Maßstäben gemessen: juristisch im Verfahren nicht verwertbar.

In einem Lehrheft des MfS hieß es dazu, gerade mit Hilfe ihrer „spezifischen tschekistischen Mittel und Methoden" sammle die Staatssicherheit ihre wesentlichen Beweismittel:

„Die wichtigsten Erkenntnisresultate über feindliche Pläne und Aktionen ..... werden in der operativen Praxis meistens durch den Einsatz der IM und anderer operativer Kräfte, Mittel und Methoden gewonnen." Allerdings brachte das MfS seinen zukünftigen Untersuchungsführern schon in der Ausbildung bei, dass dies keine vor Gericht brauchbaren Beweise waren: „Solche Informationsquellen sind inoffizielle Beweismittel [...] ausschließlich auf inoffizielle Informationsquellen gestützte Ergebnisse der operativen Vorgangsbearbeitung sind nur MfS-intern verwendbar."[450] Zudem verstieße eine solche Beweismethode gegen den Grundsatz der Gesetzlichkeit der Beweisführung im Strafverfahren.[451]

Daraus leitete sich die Forderung ab, inoffiziell beschaffte Beweismittel „offiziell verwendbar zu machen". Dies konnte durch „Wandlung" eines inoffiziellen Beweises in einen legalen geschehen, wobei streng darauf zu achten war, dass die „inoffizielle Art und Weise der Erlangung des Beweismittels in geeigneter Weise konspiriert" wurde. Das bedeutete z.B., dass ein „inoffiziell gesicherter" Brief, also ein Schreiben, das illegal von der Abteilung Postkontrolle des MfS geöffnet worden war, wegen eines fingierten Verstoßes gegen die Postordnung nachträglich von der Beförderung ausgeschlossen wurde. Nun durfte die Post den Brief öffnen und konnte ihn wegen der strafrechtlichen Relevanz des Inhalts dem MfS zuleiten. Das kannte den Brief zwar schon längst, konnte ihn aber nun als Beweis im Strafverfahren verwenden.[452]

Die zweite Möglichkeit, um eine konspirativ ermittelte Information zu einem gerichtstauglichen Beweis zu machen, bestand darin, das inoffizielle Beweisstück durch ein offizielles zu ersetzen. Wäre beispielsweise bei einer konspirativen Wohnungsdurchsuchung festgestellt worden, dass der Betroffene Durchschriften von Schreiben an eine bundesdeutsche Stelle verwahrte, so mussten diese bei einer offiziellen Wohnungsdurchsuchung im Rahmen des

---

450 BStU, MfS, JHS, 24318, S. 78: Grundfragen der Realisierung der Beweisführung im Ermittlungsverfahren und in der Untersuchungsarbeit des MfS.

451 Ebenda S. 79.

452 Vgl. den von *Raschka*, Zwischen Überwachung und Repression, S. 67, geschilderten Fall.

Ermittlungsverfahren am längst bekannten Ort aufgefunden und beschlagnahmt werden. Ein illegal abgehörtes Telefongespräch wurde zum offiziellen Beweis, indem einer der beiden Teilnehmer bei einer Befragung Aussagen über den Inhalt des Gesprächs machte usw.[453]

Wie oben erläutert wurde, erzielte die DDR-Staatssicherheit ihre Erkenntnisse in der Masse der Fälle formal illegal. Daher war das Geständnis des Inhaftierten von zentraler Bedeutung für die Staatssicherheit. In einem Lehrheft des MfS wird dazu ausgeführt: „Das Geständnis des Beschuldigten ist für die Beweisführung im Ermittlungsverfahren und im gesamten Strafverfahren, speziell in der Untersuchungsarbeit des MfS meist von ausschlaggebender Bedeutung."[454]

Das MfS musste also Aussagen passenden Inhalts erzielen, da praktisch jede Anklage in einem politischen Prozess auf dem Geständnis des Beschuldigten beruhte. Alles in der Untersuchungshaft der Staatssicherheit – die Verhörmethode, das Verhalten der Vernehmer, die Haftbedingungen – zielte auf die Gewinnung von belastenden Aussagen. Zu diesem Zweck setzte die Staatssicherheit ein wohldurchdachtes System psychischen Drucks ein, dessen wesentliche Elemente Isolation, Verunsicherung, systematische Desinformation und Zermürbung des Betroffenen waren.[455]

Die Verhöre folgten einem im Vorfeld erarbeiteten Vernehmungsplan: Dieser enthielt neben Fragen, die sich auf die Umstände der unterstellten Straftat bezogen, auch Punkte zur familiären Herkunft, zur gesellschaftspolitischen Entwicklung und zur Haltung zur sozialistischen Staats- und Gesellschaftsordnung der DDR. Der Untersuchungsführer sollte jeden Vernehmungsplan individuell auf die Einzelperson und den Fall abstimmen.[456]

Eine besondere Bedeutung kam den ersten Verhören zu. Die Vernehmer der Staatssicherheit waren bestrebt, bereits bei der ersten Vernehmung ein Geständnis zu erzielen, das den „Ausgangsort für den gesamten Beweisführungs-

---

453 Ebenda; vgl. BStU, MfS, GH 11/87, Bericht vom 9.9.1985 in der Spionagesache Godehard, Bd. 1, S.126 ff.: „Die Durchsuchung der Wohn- und Diensträume in Warschau erfolgt aus diesen Gründen konspirativ."

454 BStU, MfS, JHS 24318, S. 106.

455 *Werkentin*, Rechtsprechungseingriffe und Deliktfabrikate, S. 21.

456 BStU, MfS, HA IX 476, S. 38: Lektion der HA IX über die Vorbereitung der Beschuldigtenvernehmung und den Vernehmungsplan von Juni 1982.

prozess im Ermittlungsverfahren“ bildete.[457] Hierzu stellte die Richtlinie 4/59 des MfS fest:

> „Die wesentlichste Aufgabe der Untersuchung besteht in der sorgfältigen, lückenlosen und überzeugenden Beweisführung entsprechend den Gesetzen der Deutschen Demokratischen Republik und den Prinzipien der sozialistischen Beweislehre. Die Beweisführung ist ein entscheidendes Mittel zur Durchsetzung der sozialistischen Gesetzlichkeit in der Arbeit der Untersuchungsabteilungen des Ministeriums für Staatssicherheit. Die Erstvernehmung ist von ausschlaggebender Bedeutung für den gesamten Verlauf der Untersuchung. In der Erstvernehmung soll der Beschuldigte zur Abgabe eines Geständnisses über seine begangenen Verbrechen, über weitere feindlich tätige Personen und geplante Verbrechen veranlasst werden. Die Ausnutzung des Überraschungsmomentes des in die Haftanstalt eingelieferten Beschuldigten, seine Unkenntnis über die Art und den Umfang den gegen ihn vorliegenden Belastungen und der gegen ihn angewandten Taktik in der Vernehmung sind wesentliche Vorteile für den Mitarbeiter der Untersuchungsabteilung und Voraussetzung für eine schnelle Entlarvung des Beschuldigten. Erstvernehmungen sind unverzüglich nach der Einlieferung des Beschuldigten in eine Haftanstalt nur von Mitarbeitern der Untersuchungsabteilungen durchzuführen. Vernehmungen zur Nachtzeit können, wenn es die Sicherheit der Deutschen Demokratischen Republik dringend erfordert, mit Genehmigung des Leiters der Untersuchungsabteilung durchgeführt werden. Der zuständige Staatsanwalt ist davon zu unterrichten.“[458]

Aus diesem Grund waren die ersten Verhöre für die Mehrzahl der Inhaftierten diejenigen, die am meisten belasteten.[459] Kenntnisse wurden häufig durch subtile Methoden erzwungen.[460] Die Feststellungen des MfS wurden bei Gericht als offenkundige Tatsachen angesehen.[461] Vernehmungsprotokolle des MfS wurden richterlichen Vernehmungen gleich gestellt.[462] Sie konnten gemäß §§ 209 DDR-StPO 1952, 224 Abs. 2 DDR-StPO 1968 zum Zwecke des Beweises verlesen werden.[463] Beweisanträge gegen das MfS wurden nicht

457 BStU, MfS, VVS, JHS 1-313/81, S. 4–5: Anforderungen an die Durchführung von Erstvernehmungen zur Sicherung des Beweiswertes der Beschuldigtenaussage; *Vollnhals*, Denunziation und Strafverfolgung, S. 151.

458 BStU, MfS HA IX 4981 S. 17 ff.

459 *Raschka*, Zwischen Überwachung und Repression, S. 63 f.

460 *Marxen*, Recht, S. 23 unter Hinweis auf *Beckert*, Die erste und letzte Instanz.

461 *Winkel*, MfS und Justiz, S. 9; *Fricke*, Menschen und Grundrechtssituation, S. 54, 55: Verstoß gegen den Grundsatz der Unmittelbarkeit der Beweisaufnahme.

462 *Winkel*, ebenda, S. 10.

463 Das OG stellte hierzu in seiner Entscheidung vom 8.1.1957 – 1b USt 182/56 – einschränkend fest: „Ein Protokoll über die Vernehmung des Angeklagten im Ermittlungsverfahren ist ein Beweismittel, das das Gericht zur Erforschung der Wahrheit heranziehen kann, aber wie jedes andere Beweismittel kritisch würdigen muss“ (OGSt. 4, S. 201 ff.).

beachtet.[464] Schriftliche Auskünfte des MfS wurden als Beweismittel gem. §§ 24, 49 Abs. 2 DDR-StPO 1968 verwendet.[465] Eine der wesentlichen Grundlagen eines „fairen Verfahrens“, nämlich der Grundsatz der Unmittelbarkeit der Beweisaufnahme, wurde damit außer Kraft gesetzt.

Im Übrigen sollte bei der Beweisführung auf jeden Fall die Konspiration der IM gewahrt werden: Das MfS ordnete hierzu an:

> „Zur Gewährleistung der konspirativen Arbeit des Ministeriums für Staatssicherheit ist jeder Mitarbeiter der Untersuchungsabteilung verpflichtet, bei der Bearbeitung von Untersuchungsvorgängen die Konspiration der inoffiziellen Mitarbeiter und der bei der operativen Arbeit angewandten Mittel und Methoden strengstens zu wahren. Das rechtzeitige Herauslösen der inoffiziellen Mitarbeiter aus Untersuchungsvorgängen hat in jedem Fall zu erfolgen, wenn sich die der untersuchungsmäßigen Bearbeitung zu Grunde liegenden operativen Materialien auf Berichte inoffizieller Mitarbeiter aufbauen. Der Mitarbeiter der Untersuchungsabteilung hat deshalb vor Einleitung eines Untersuchungsverfahrens mit der für die operative Beurteilung verantwortlichen Abteilung zur vereinbaren, welche Maßnahmen zu Herauslösung der inoffiziellen Mitarbeiter oder zur Legalisierung inoffizieller Materialien einzuleiten sind, sofern diese nicht schon während der operativen Arbeit durch Ermittlung weiterer Zeugen, Beschaffung offizieller Materialien oder auf andere Art erfolgt ist.“[466]

L) Die Kontrolle des Ermittlungsverfahrens in der Militärjustiz – die Steuerung in der Praxis

I. Einleitung

In den bislang vorliegenden Arbeiten zur Militärjustiz wurden das eigentliche militärgerichtliche Verfahren und der Ablauf vom Beginn der Ermittlungen bis zum Urteil eingehend beschrieben.

Der Verfasser will diese Darstellungen aus Einzelfällen der Akten des Bundesbeauftragten ergänzen. Insbesondere soll anhand verschiedener militärgerichtlicher Verfahren aufgezeigt werden, dass das MfS Herr des Verfahrens war. Die Kontrolle und Steuerung des militärgerichtlichen Verfahrens soll anhand der tatsächlich in dieser Weise abgelaufenen Verfahren aufgezeigt werden.

Dabei waren konkrete Eingriffe oder Manipulationen in den 50er und 60er Jahren an der Tagesordnung, in den späteren Jahren aber nicht mehr erforder-

---

464 *Fricke*, ebenda, S. 227.

465 BStU, MfS, 9226.

466 BStU, MfS, HA IX, 4981 S. 14 f.: Richtlinie 4/59.

lich, da sich die Militärgerichtsbarkeit insgesamt als Teil des sozialistischen Systems im Sinne der SED etabliert und stabilisiert hatte. Eine direkte Einwirkung war in den meisten Fällen nicht mehr notwendig. Auch das Militärgerichtswesen hatte sich angepasst.[467]

II. Die Steuerung des vom MfS bearbeiteten Ermittlungsverfahrens

1. Vorbemerkung

Als Untersuchungsorgan besaß das MfS nicht nur Zugriff auf das Ermittlungsverfahren in politischen und militärischen Strafsachen, sondern es war in Folge dieser Funktion auch im Stande, justizielle Entscheidungen in einschlägigen Verfahren im Wesentlichen mitzubestimmen, zu manipulieren, zu instrumentalisieren und Strafurteile zu präjudizieren, ohne formell im Verfahren in Erscheinung zu treten.[468]

Bereits der operative Vorgang – und in abgestufter Form auch die operative Personenkontrolle – stellte ein konspirativ durchgeführtes Untersuchungsverfahren dar, das nicht den Regelungen der Strafprozessordnung unterlag und dessen Durchführung dem Staatsanwalt auch nicht mitgeteilt wurde.[469]

Speziell für Militärstrafsachen war – wie bereits ausgeführt – die Abt. 6 (HA IX/6) zuständig. Zu ihrem Aufgabenbereich gehörten die Untersuchung schwerer Kriminalität, die Bearbeitung von Fahnenfluchten und anderer Straftaten von Armeeangehörigen, von „Angriffen auf die Staatsgrenze" sowie Straftaten durch oder gegen Angehörige der sowjetischen Streitkräfte in der DDR.[470]

Nach der Strafprozessordnung sollte auch in der DDR die Staatsanwaltschaft Herr des Ermittlungsverfahrens in all seinen Phasen sein. In MfS-Verfahren hatte sie jedoch während der Untersuchung mehr die Rolle eines Statisten, der ebenso wie der Haftrichter vor allem die Einhaltung bestimmter formaljuristischer Verfahrensfragen zu attestieren hatte.[471] Die Richtlinie 4/59 des MfS stellte insoweit fest:

> „Das Untersuchungsverfahren ist der Teil der operativen Bearbeitung, der mit der Liquidierung eines Operativvorganges und der Einleitung des Ermittlungsverfah-

---

467 *Raschka*, Zwischen Überwachung und Repression, S. 79, 80.

468 *Fricke*, MfS als Instrument der SED, S. 200; *Ders*,. MfS intern, S. 62.

469 *Vollnhals*, Der Schein der Normalität, S. 223.

470 *Wiedmann*, MfS Handbuch, S. 134.

471 *Vollnhals*, ebenda, S. 222.

rens beginnt und mit der Übergabe des Untersuchungsergebnisses an den für das Ministerium für Staatssicherheit bestätigten Staatsanwalt endet."[472]

Herrin des konkreten Ermittlungsverfahrens war demnach nicht die Staatsanwaltschaft, sondern das MfS.[473]

2. *Zuständigkeitsermessen des MfS*

Das MfS zog alle aus eigener Sicht relevanten Ermittlungsvorgänge in die eigene unmittelbare Bearbeitung. Damit die Staatssicherheit jederzeit entscheiden konnte, ob sie ein Ermittlungsverfahren selbst durchführen wollte,[474] oder ob unter ihrer Beratung und Hilfe die Kriminalpolizei arbeiten durfte, überprüfte der vom Abteilungsleiter IX zum regionalen Dezernat der Kripo K II abgeordnete Verbindungsoffizier der Stasi laufend vor Ort alle Untersuchungsmaterialien.[475]

Mielke hatte hierzu einen Befehl erlassen, der wie folgt auszugsweise lautet: Es sollte geprüft werden:[476]

> „Ob der dringende Verdacht eines Staatsverbrechens oder andere Gründe vorliegen, die die Einleitung bzw. Übernahme des von der Deutschen Volkspolizei eingeleiteten Ermittlungsverfahrens durch das Ministerium für Staatssicherheit erforderlich machen. In solchen Fällen haben die Prinzipien der Übernahme von Verfahren, die bei der Deutschen Volkspolizei anhängig sind, durch das Ministerium für Staatssicherheit volle Gültigkeit."

Grundsätzlich wollte das MfS alle Unterlagen erhalten, wenn eine Person einer politischen oder einer wirtschaftlichen Straftat beschuldigt wurde.

Wurden Sachverhalte in Bereichen der sogenannten allgemeinen Kriminalität bearbeitet, prüfte das MfS deren mögliche Übernahme in eigene Zuständigkeit sowohl von der Polizei als auch vom Zoll. Entwickelte sich bei polizeilich durchgeführten Vernehmungen von Beschuldigten der Verdacht einer „Feindtätigkeit", musste unverzüglich die regionale Abteilung IX des MfS darüber informiert werden. Daneben konnte auch ein Ermittlungsverfahren das Interesse des MfS an einem „operativen Zusammenwirken" wecken, wenn es sich um Menschen handelte, die innerhalb des Staatsapparates eine leitende Funktion bekleideten oder in herausgehobener Stellung in der DDR-Wirtschaft oder in Parteien, Verbänden oder anderen Organisationen arbeiteten. Immer

472 BStU, MfS, HA IX 4981, S. 13.

473 *Vollnhals* ebenda, S. 224, 225; *Giese*, SED und ihre Armee, S. 236.

474 *Se'liitrenny*, Doppelte Überwachung, S. 380.

475 *Se'litrenny*, ebenda; BStU, MfS, JHS, 0001-240/85, S. 279.

476 Befehl 18/67, S. 3 f.

organisierte das MfS eigenen Handlungsbedarf, wenn die Polizei gegen Angehörige der bewaffneten Organe der DDR und gegen Bürger aus dem westlichen Ausland ermittelte.[477]

Die Richtlinie 4/59 beschrieb die im Ergebnis umfassende Zuständigkeit der HA IX für Ermittlungen in Strafsachen: Danach war die Untersuchungsabteilung zuständig für die Bearbeitung von Verbrechen gegen die Verfassung der DDR, das Friedensschutzgesetz sowie alle Formen der Staatsverbrechen wie Staatsverrat, Spionage, Sabotage und Diversion, staatsgefährdende Gewaltakte, Hetze und organisierte Republikflucht.

> „Die Untersuchungsabteilungen des Ministeriums für Staatssicherheit bearbeiten zur Sicherheit des Staates und zum Schutz der Volkswirtschaft weitere Delikte, wie Wirtschaftsstrafsachen, Brandstiftungen, Havarien, schwere Verbrechen gegen die militärische Disziplin, wenn ein besonders hoher Grad der Gesellschaftsgefährlichkeit vorliegt, oder deren Aufklärung von großer politisch-operativer Bedeutung für die Arbeit und Regierung ist. Vorgänge gegen Mitarbeiter oder solche, in denen die Gefahr einer Dekonspiration der Arbeitsweise des Ministeriums für Staatssicherheit besteht, sind von den Untersuchungsabteilungen des Ministeriums für Staatssicherheit zu bearbeiten."[478]

Das MfS übergab nach dem Abschluss der Ermittlungen den abgeschlossenen Untersuchungsvorgang der Militärstaatsanwaltschaft, die diesen üblicherweise zur Grundlage ihrer Anklage machte.

3. Einleitungsverfügung – § 106 DDR-STPO 1952, § 98 StPO/DDR 1968

Die Strafverfahrensakten der Militärjustiz enthalten als erstes in der Regel die Einleitungsverfügung gem. § 98 StPO.[479]

Nach dieser Vorschrift ordneten der Staatsanwalt oder das Untersuchungsorgan durch schriftliche, begründete Verfügung die Einleitung eines Ermittlungsverfahrens gegen eine bestimmte Person an, wenn der Verdacht einer Straftat bestand und die gesetzlichen Voraussetzungen der Strafverfolgung vorlagen. Die in den Akten vom Verfasser vorgefundenen Einleitungsverfügungen wurden ausschließlich vom MfS – und nicht von der Militärstaatsanwaltschaft – angeordnet. Auch dies ist ein Indiz für die Nachrangigkeit der formell zuständigen Stelle.

---

477 BStU, MfS, JHS, 0001-209/75, S. 87.

478 BStU, MfS, HA IX, 4981, S. 1 ff.

479 Vgl. Anhang 2, Dokument Nr. 8.

Gemäß § 98 Abs. 2 StPO waren die Untersuchungsorgane verpflichtet, die von ihnen eingeleiteten Ermittlungsverfahren unverzüglich dem Staatsanwalt zur Kenntnis zu bringen. Als Mitteilung an den Staatsanwalt wurde, wenn das MfS die Ermittlungen einleitete, in der Regel die Durchschrift der Einleitungsverfügung übersandt.[480]

Nach Anordnung der Einleitungsverfügung durfte der Verdächtige als Beschuldigter vernommen werden (§ 105 Abs. 1 StPO). Erst mit der Anordnung der Einleitung eines Ermittlungsverfahrens begannen die Rechte und Pflichten aller am Strafverfahren Beteiligten.[481]

Anstelle einer Einleitungsverfügung gem. § 98 StPO stand teilweise auch eine sogenannte „Einlieferungsanzeige“ am Beginn des Strafverfahrens, und zwar nach vorangegangener vorläufiger Festnahme des Verdächtigen.[482]

4. Richterliche Vernehmung

Gem. §§ 144 Abs. 1 StPO 1952 bzw. 126 Abs. 1 StPO 1968 war der Beschuldigte oder Angeklagte, der aufgrund eines Haftbefehls ergriffen wurde, unverzüglich, spätestens am Tage nach der Ergreifung, dem zuständigen Gericht vorzuführen. Die Vorführung diente dem Zweck, dem Beschuldigten den Haftbefehl zu verkünden und ihn zu der im Haftbefehl enthaltenen Beschuldigung zu vernehmen.[483]

Sowohl in den Sachakten – Gerichtsakten – als auch in den Handakten befindet sich das Protokoll über die richterliche Vernehmung.[484] Diese Protokolle sind kurz und beschränken sich auf wenige Sätze. Es wurde anscheinend keine eigenständige, vollständige Vernehmung durchgeführt. Die Vernehmung wurde in der Haftanstalt durchgeführt. Der Protokollführer war Angehöriger des MfS.[485]

5. Haftbefehl

Die Verhaftung des Verdächtigen erfolgte aufgrund eines schriftlichen Haftbefehls des Richters (§ 142 Abs. 1 StPO). Zuständig für den Erlass im militärgerichtlichen Strafverfahren war bis zum Inkrafttreten der StPO 1968 das

480 Ministerium der Justiz, Kommentar zur Strafprozessordnung, DDR-StPO, § 98 Anm. 2.

481 Ebenda, § Anm. 2 f.

482 *Wagner*, Militärjustiz, S. 60, Fußnote 240.

483 Ministerium der Justiz, Kommentar zur Strafprozessordnung, DDR-StPO § 126 Anm. 1.1.

484 Vgl. Anhang 2, Dokument Nr. 9.

485 *Beckert*, Glücklicher Sklave, S. 73.

Kreisgericht (§ 149 StPO DDR 1952), danach das Militärgericht gem. § 134 StPO DDR 1968 i.V.m. § 7 Abs. 2 EGStGB StPO DDR 1968.

In den ausgewerteten Akten befinden sich sowohl Haftbefehle der Kreisgerichte als auch der Militärgerichte.[486]

Im Haftbefehl waren der Beschuldigte genau zu bezeichnen und der Grund der Verhaftung anzugeben. Die eingesehenen Haftbefehle waren kurz und knapp gehalten. Die Texte im Haftbefehl entsprachen dem Text der vom MfS über die Militärstaatsanwaltschaft gestellten Haftbefehls-Anträge.

Die Ablehnung eines Antrages auf Erlass eines Haftbefehls konnte der Verfasser in dem von ihm untersuchten Material des Bundesbeauftragten in keinem einzigen Fall feststellen.

Nach dem Untersuchungsführer des MfS war der Haftrichter die erste Person, mit der der Beschuldigte in Kontakt kam. Vor allem Ausländer glaubten, dass der Richter wie in westlichen Ländern eine unabhängige und selbständige Instanz im Strafverfahren sei. Die damit verbundene Autoritätsaufwertung im Verhältnis zu den Untersuchungsführern wurde nicht selten von den Offizieren des MfS zielgerichtet ausgenutzt, um auch jene Beschuldigten zum Sprechen zu bringen, die sich während der Vernehmung durch das MfS in Schweigen gehüllt hatten.[487]

Durch eine gezielte Informationsübermittlung über den Haftrichter (z.B. den Austausch persönlicher Belange) sahen die Untersuchungsführer eine Chance, den Widerstand des Untersuchungshäftlings zu brechen.[488]

Die Untersuchungsführer der Abt. IX waren gehalten, ihre Arbeit unter rechtlichen Gesichtspunkten dahingehend zu verbessern, dass „in den Untersuchungsdokumenten die entsprechenden Strafrechtsnormen präziser beschrieben werden, auf die Haftrichter noch stärker Einfluss genommen wird zur Verhinderung von Provokationen bei Verkündung von Haftbefehlen."[489]

6. Untersuchungshaft

a) Grundlagen

Nach der gemeinsamen Anweisung über die Durchführung der Untersuchungshaft vom 22. Mai 1980 diente die Untersuchungshaft der ordnungsge-

486 Vgl. Anhang 2, Dokumente 10, 11, 12.

487 BStU, MfS, JHS 0001-234/86 S. 272.

488 Ebenda, S. 277.

489 *Se'litrenny*, Doppelte Überwachung, S. 368.

mäßen Durchführung des Strafverfahrens und damit zugleich dem wirksamen Schutz der sozialistischen Gesellschaft, ihres Staates und seiner Bürger. Mit dem Vollzug der Untersuchungshaft war zu gewährleisten, dass der Verhaftete sicher verwahrt wurde, sich nicht dem Strafverfahren entziehen und keine die Aufklärung der Straftat oder die öffentliche Ordnung und Sicherheit gefährdende Handlung begehen konnte. Für die Durchführung der Untersuchungshaft waren das Ministerium des Innern und das Ministerium für Staatssicherheit zuständig.[490]

Gleichzeitig erließ das MfS für die Untersuchungshaftanstalten eine Hausordnung.[491]

Die Hausordnung löste die Regelungen im Befehl des Ministers für Staatssicherheit Nr. 6/71 vom 1. März 1971 ab.[492]

Im Übrigen wurde in dem Schreiben der HA IX sowie der Abteilung XIV vom 30. Oktober 1980 zur Erläuterung der Untersuchungshaftvollzugsordnung vom 22. Mai 1980 folgendes aufgeführt:

> „Die ebenfalls vom Büro der Leitung zugesandte Ordnung Nr. 160/80 des Ministers des Innern und Chefs der Deutschen Volkspolizei über die Durchführung der Untersuchungshaft vom 4.7.1980 für die Organe des MdI als 'Untersuchungshaftvollzugsordnung' bezeichnet, beinhaltet die konkretisierten Weisungen des Ministers des Innern für den Untersuchungshaftvollzug der Organe des Ministeriums des Innern und ist deshalb in den Bereichen der Abteilung IX und XIV nicht anzuwenden, sollte aber beim Zusammenwirken mit den Organen des MdI Beachtung finden. Die mit Befehl Nr. 6/71 des Genossen Minister vom 1.3.1971 erlassenen 'Ordnungs- und Verhaltensregeln für Inhaftierte in den Untersuchungshaftanstalten' (Hausordnung) sind wie bisher durchzusetzen."[493]

b) Haftgründe

Gem. § 122 Abs. 1 DDR-StPO 1968 konnte ein Beschuldigter in Untersuchungshaft genommen werden, wenn dringende Verdachtsgründe gegen ihn vorlagen und

- Fluchtverdacht oder Verdunkelungsgefahr vorhanden war;
- ein Verbrechen den Gegenstand des Verfahrens bildete;

490 Gemeinsame Anweisung des Generalstaatsanwaltes, des Ministers für Staatssicherheit und des Ministers des Innern über die Durchführung der Untersuchungshaft vom 22.5.1980, BStU, MfS, HA XIV 63; vgl. auch BStU, MfS, HA IX, 2153.

491 Ordnungs- und Verhaltensregeln für in die Untersuchungshaftanstalt aufgenommene Personen – Hausordnung – vom 29.1.1986, BStU, MfS, HA XIV, 82.

492 BStU, MfS HA IX 2153, S.125 ff.

493 BStU, MfS, HA IX, 2153, S. 55.

- das Verhalten des Beschuldigten oder des Angeklagten eine wiederholte, gleichartige und erhebliche Missachtung der Strafgesetze darstellte und dadurch Wiederholungsgefahr begründet wurde, oder;
- die Tat, die den Gegenstand des Verfahrens bildet, mit Haftstrafe bedroht war.

Bei Militärpersonen konnte gem. § 7 Abs. 5 EGStGB DDR-StPO 1968 daneben auch dann Untersuchungshaft angeordnet werden, wenn der dringende Verdacht eines Vergehens der Befehlsverweigerung (§ 257 StGB 1968), der Meuterei (§ 59 StGB 1968) oder des Angriffs gegen Vorgesetzte (§ 167 StGB 1968) bestand und wegen dieses Vergehens Strafarrest zu erwarten war.

c) Benachrichtigung Angehöriger

Von der Verhaftung waren durch den Staatsanwalt innerhalb von 24 Stunden nach der richterlichen Vernehmung Angehörige des Verhafteten sowie dessen Arbeitsstelle zu benachrichtigen (§ 128 DDR-StPO 1968). Eine Benachrichtigung unterblieb, wenn der Zweck der Untersuchung dadurch gefährdet wurde. Nach den Akten der HA IX, die der Verf. beim Bundesbeauftragten eingesehen hat, war dies der Regelfall.[494]

d) Dauer der Untersuchungshaft

§§ 107 DDR-StPO 1952, 103 DDR-StPO 1968 sahen vor, dass alle Ermittlungsverfahren innerhalb einer Frist von höchstens drei Monaten, beginnend mit dem Tag der Einleitung, abzuschließen waren. Ermittlungsverfahren in denen gegen den Beschuldigten Untersuchungshaft angeordnet wurde, waren besonders beschleunigt durchzuführen (§§ 107 Abs. 1 S. 2 DDR-StPO 1952, 103 Abs. 1 S. 2 DDR-StPO 1968). War gem. § 107 Abs. 2 S. 3 DDR-StPO 1952 eine Überschreitung der Höchstfrist von drei Monaten nur mit Genehmigung des Generalstaatsanwaltes der DDR möglich, so bedurfte es gem. § 103 Abs 3 S. 3 DDR-StPO 1968 lediglich der Genehmigung des Militärstaatsanwaltes des zuständigen Militärobergerichts.

Eine mehrfache Fristverlängerung in den vom Untersuchungsorgan bearbeiteten Ermittlungssachen und den vom Verfasser ausgewerteten Akten war die Regel.

Bemerkenswert ist, dass das MfS zur Begründung seiner Fristverlängerungsanträge die noch durchzuführenden „Maßnahmen“ oder „Überprüfungshandlungen“ nicht im Einzelnen anführte. Die Anträge wurden größtenteils damit begründet, dass weitere „Beschuldigtenaussagen zu erarbeiten, Zeugen festzustellen und zu vernehmen“ seien, ohne dass seitens des MfS dargelegt wird, zu

---

494 Vgl. auch *Wagner*, Militärjustiz, S. 69 f.

welchen Fragen im Einzelnen Beschuldigtenaussagen „zu erarbeiten“ seien und um welche Zeugen es sich handelt, die noch zu vernehmen wären. Bezeichnend ist auch, dass der zuständige Militärstaatsanwalt diesen Fristverlängerungsanträgen in den vom Verfasser untersuchten Verfahren ohne weitere Nachfrage und Prüfung unbesehen stattgab.

7. Durchsuchung und Beschlagnahme

Neben vorläufiger Festnahme und Verhaftung konnte die Freiheit und das Eigentum eines Verdächtigen mit Durchsuchung der Person und der ihr gehörenden Räumlichkeiten sowie durch Beschlagnahme von Gegenständen, Aufzeichnungen, Postsendungen, Forderungen, Rechnungen, Grundstücken und des gesamten Vermögens beschränkt werden (§§ 133 ff. DDR-StPO 1952, 108 ff. DDR-StPO 1968).

8. Die Verteidigung im militärgerichtlichen Verfahren

a) Vorbemerkung

Ende der 60er Jahre gab der damalige Generalstaatsanwalt der DDR, Josef Streit, die Linie gegenüber den Anwälten bei Ermittlungsverfahren wie folgt vor: Ein Anwalt könne grundsätzlich vom Tage der Einleitung eines Ermittlungsverfahrens mit seinem Mandanten sprechen, im Falle von Staatsverbrechen könne die Sprecherlaubnis allerdings durch den Staatsanwalt verschoben werden.[495] Die Befugnis zur Akteneinsicht für den Verteidiger bestehe nach Abschluss der Ermittlungen und vor Erhebung der Anklage, aber auch vorher, „wenn dadurch die Untersuchungen nicht gefährdet werden“.[496]

An anderer Stelle heißt es sogar, dass die Anwälte Aufträge zur Verteidigung „in den meisten Fällen“ erst dann erhalten, „wenn die Anklage und der Eröffnungsbeschluss sowie die Ladung zur Hauptverhandlung bereits zugestellt wurden.“[497]

Dem Beschuldigten wurde vom Untersuchungsführer der HA IX eine Anwaltsliste vorgelegt. In Übereinstimmung mit dem MdJ lag es in den Händen des MfS, diese Listen mit entsprechend geeigneten Anwälten zu erstellen und damit eine Vorauswahl zu treffen.[498]

495 BStU, MfS, HA IX, 542, S. 64.

496 BStU, MfS, HA IX, 2146 S. 10 f.

497 *Eisenfeld*, Rechtsanwälte, S. 370.

498 Ebenda; vgl. auch Anhang 2, Dokument 4.

Der Sprechkontakt mit dem Anwalt sollte schnellstmöglich hergestellt werden, wenn er einem „effektiven Fortgang der Ermittlungen" förderlich erschien und „unnötige Konfrontationen" vermeiden half.[499] Allerdings geschah dies in den seltensten Fällen, und wenn Gespräche stattfanden, wurden sie in der Regel überwacht. Im Jahre 1984 hat das MfS insgesamt 763 Rechtsanwaltssprecher überwacht, d.h. ton- und bildmäßig aufgenommen.[500]

b) Verkehr mit dem Verteidiger

Die Gewährleistung des Rechts des Beschuldigten auf Verteidigung während des gesamten Strafverfahrens war auch in der DDR ein formulierter Verfassungsgrundsatz (Art. 102 Verfassung DDR, Art. 4 StGB 1968, § 13 GVG DDR, §§ 3, 15 DDR-StPO 1968).[501]

Der Verkehr mit dem Verteidiger war in den §§ 74, 80 DDR-StPO 1952 bzw. §§ 61, 64 DDR-StPO 1968 geregelt. Hiernach war der Beschuldigte grundsätzlich berechtigt, einen Rechtsanwalt mit der Wahrnehmung seiner Verteidigung zu beauftragen, und zwar in jeder Lage des Verfahrens, also bereits mit der Einleitung des Ermittlungsverfahrens. Die weiteren Ausführungen werden zeigen, dass dieser verfassungsrechtlich gesicherte Grundsatz im vom MfS geführten militärstrafrechtlichen Verfahren wenig beachtet wurde.[502]

c) Sprechgenehmigung

Die Möglichkeit des Beschuldigten, mit seinem Verteidiger zu verkehren, wurde in § 80 Abs. 3 DDR-StPO 1952 bzw. § 64 Abs. 3 DDR-StPO 1968 geregelt. Da verfassungsrechtlich garantiert war, dass der Beschuldigte sich in jeder Lage des Verfahrens eines Verteidigers bedienen konnte, ist es folgerichtig, dem Verteidiger auch in jeder Lage des Verfahrens die Möglichkeit einzuräumen, mit dem von ihm vertretenen Beschuldigten zu verkehren, und zwar unabhängig davon, ob sich dieser in Freiheit oder in Untersuchungshaft befand. Sprechen und korrespondieren könne der Verteidiger mit dem inhaftierten Beschuldigten – im gerichtlichen Verfahren – „jederzeit und ohne besondere Genehmigung."[503]

---

499 BStU, MfS, HA IX, 5540, S. 75.

500 BStU, MfS, HA IX, 570, S 45: Jahresanalyse mit einer Aufstellung der abgehörten Anwälte.

501 Ministerium der Justiz, Kommentar zur Strafprozessordnung, § 64 DDR-StPO, Anm. 1.

502 Vgl. im Einzelnen auch *Fricke*, Zur Menschen- und Grundrechtssituation, S. 38, 39, 48.

503 Ministerium der Justiz, ebenda, § 64 DDR-StPO Anm. 3.1.

Diese Aussage war insbesondere in militärstrafrechtlichen Verfahren nur bedingt gültig. Der Militärstaatsanwalt konnte Bedingungen festsetzen, „damit der Zweck der Untersuchung nicht gefährdet wird“. (§ 64 Abs. 3 S. 2 DDR-StPO 1968).

In der Praxis belegt der Inhalt der Strafakten, dass der Verteidiger zunächst einmal um „Sprecherlaubnis“ oder „Sprechgenehmigung“ nachsuchte.[504] Die daraufhin vom Militärstaatsanwalt erteilte Sprechgenehmigung für Verteidiger hat regelmäßig folgenden Wortlaut:

> „Sprechgenehmigung für Verteidiger
> Der Rechtsanwalt [...], Leipzig, ist Verteidiger für U-Häftling [...], geb. am [...]. Er hat das Recht, mit dem U-Häftling jederzeit ohne Aufsicht zu sprechen. Diese Bescheinigung gilt nur in Verbindung mit dem Rechtsanwalts- und dem Personalausweis.
> Bei Niederlegung der Verteidigung ist diese Sprechgenehmigung sofort zurückzugeben.
>
> Unterschrift.“

In den vom Verfasser untersuchten Fällen war es jedoch regelmäßig so, dass diese Erlaubnis erst erteilt wurde, als die Ermittlungen abgeschlossen waren. Dies galt jedenfalls für alle Sachen, in denen sich die Beschuldigten in Haft befanden, was wiederum ebenfalls in fast allen Verfahren von nur einiger Bedeutung der Fall war. Die meisten Gefangenen durften vor Abschluss der Untersuchungsverfahren keinen Rechtsanwalt sprechen.[505] Im Verlauf des Verfahrens war bis dahin naturgemäß eine Reihe von Vernehmungen erfolgt, die nicht in Anwesenheit oder mit Wissen eines Verteidigers durchgeführt waren. Wurde während der Ermittlungen eine Sprechgenehmigung erteilt, geschah dies mit der Auflage, nicht über die Tat zu sprechen.[506]

d) Akteneinsicht

Das Recht auf Akteneinsicht richtete sich nach § 80 Abs. 1, Abs. 2 DDR-StPO 1952 bzw. § 64 Abs. 2 DDR-StPO 1968. Der Verteidiger war nach Abschluss der Ermittlungen vor Erhebung der Anklage befugt, Einsicht in die Strafakten zu nehmen. Im laufenden Ermittlungsverfahren wurde dies dem Verteidiger dann gestattet, wenn es „ohne Gefährdung der Untersuchung geschehen kann“. (§ 64 Abs. 2 S. 2 DDR-StPO 1968). Die Rechtswirklichkeit ergibt sich aus den untersuchten Akten dahin, dass in keinem einzigen Fall die HA IX während eines Untersuchungsvorganges einem Anwalt Akteneinsicht oder eine Sprech-

504 *Wagner*, Militärjustiz, S. 79 f.

505 *Schuller*, Geschichte und Struktur, S. 308.

506 Anhang 2, Dokument Nr. 23.

genehmigung – wenn überhaupt nur eingeschränkt – bewilligt hätte. Es gab auch keine entsprechende Gestattungen des Militärstaatsanwaltes.[507]

9. Schlussbericht

Der Schlussbericht des Untersuchungsorgans gem. §§ 162 DDR-StPO 1952, 146 DDR-StPO 1968 beinhaltete eine „konzentrierte Darstellung des Ergebnisses der Ermittlungen".[508]

Obwohl das Gesetz bezüglich des Schlussberichts keine spezielle Form vorschrieb, hatte es sich insbesondere in der Praxis der Militärstrafsachen „als zweckmäßig erwiesen, ihn ähnlich wie eine Anklageschrift aufzubauen".[509]

Die Akten belegen, dass der Schlussbericht des MfS nicht nur das vom Gesetz geforderte zusammengefasste Untersuchungsergebnis, sondern zugleich auch beweis- und rechtliche Würdigungen vornahm; er unterbreitete sogar Vorschläge etwa zur Beantragung der Fortdauer der Untersuchungshaft oder der Einbeziehung gesellschaftlicher Kräfte, ja selbst zur Art der Verfahrenserledigung sowie zur Frage der Öffentlichkeit der Hauptverhandlung.[510]

So ist auch nachgewiesen, dass der Militärstaatsanwalt zumindest weite Passagen des Schlussberichts in die Anklageschrift übernahm.[511] Der Schlussbericht wurde Gegenstand der Anklage.[512]

Das MfS bewertete den Schlussbericht als

> „besonderen Höhepunkt, der die gesamte politisch-operative Tätigkeit des Mitarbeiters der Untersuchungsabteilung widerspiegelt. Der Schlussbericht ist die zusammenfassende politische und strafrechtliche Darlegung des von den Beschuldigten begangenen Verbrechens. Der Mitarbeiter der Untersuchungsabteilung hat den Schlussbericht so zu fertigen, dass er einen objektiven und detaillierten Aufschluss über das Ergebnis der geführten Untersuchung gibt und den Grad der Gesellschaftsgefährlichkeit des Verbrechens und des Beschuldigten aufzeigt."[513]

---

507 *Fricke*, Akten-Einsicht, S. 99; *Schuller*, ebenda, S. 283, 284, 306–308.

508 Ministerium der Justiz, ebenda, § 146 DDR-StPO, Anm. 1.2.

509 *Behlert*, Generalstaatsanwaltschaft, S. 287, 336.

510 Vgl. *Sektion Rechtswissenschaft*, Strafverfahrensrecht, S. 288 f. sowie folgende Verfahrensakten: BStU, MfS, AU 15/55, Bd. 2, S. 252 f.; AU 1996/75, Bd. 1, S. 218; AU 3392/83, Bd. 1, Horst Hering; AU 40/55, Bd. 1, S. 72 f.; sowie die im 4. Kapitel dargestellten Verfahren.

511 Vergleichsfälle bei *Wagner*, Militärjustiz, S. 92 f.; *Bookjans*, Militärjustiz, S. 106 f.

512 *Furian*, Der Richter und sein Lenker, S. 22, 25.

513 BStU, MfS HA IX 4981.

10. Vernehmung des Beschuldigten vor der Militärstaatsanwaltschaft

Im Gesetz war bestimmt, dass die Vernehmung des Beschuldigten im Ermittlungsverfahren von den Angehörigen des Untersuchungsorgans oder von einem Militärstaatsanwalt durchgeführt wird (§§ 109 S. 1 DDR-StPO 1952, 47,105 ff. DDR-StPO 1968).

In den vom MfS eingeleiteten Verfahren wurde die Vernehmung des Beschuldigten demgegenüber ausnahmslos vom Untersuchungsorgan durchgeführt; es übergab den Ermittlungsvorgang erst mit dem Schlussbericht an den Militärstaatsanwalt. Eine weitere Vernehmung des Beschuldigten vor der Militärstaatsanwaltschaft war in diesem Verfahren überflüssig und im Gesetz auch nicht vorgesehen. Dennoch enthalten die Militärstrafakten in solchen Fällen teilweise ein Protokoll über die Vernehmung des Beschuldigten vor der Militärstaatsanwaltschaft, und zwar insbesondere in den Verfahren, in denen Anklage zum Militärkollegium erhoben wurde. Die These ist erlaubt, dass dies allenfalls zur Vertuschung diente und lediglich den formellen Anschein originärer Zuständigkeit der Staatsanwaltschaft darstellen sollte.

Bei einer Überprüfung dieser Protokolle fällt auf, dass es sich nicht um eine ermittelnde Vernehmung des Beschuldigten handelte, die der Militärstaatsanwalt durchführte. Vielmehr bestätigte der Beschuldigte im Wesentlichen auf Vorhalt nur das, was zuvor bei den Vernehmungen vor dem Untersuchungsorgan protokolliert wurde. Aus diesem Grund sind diese Protokolle meist auch nur sehr kurz und enden damit, dass der Beschuldigte bestätigt, in seinem Ermittlungsverfahren wahrheitsgemäß Aussagen gemacht zu haben, dass er keine Ergänzungen mehr hinzufügen und keine Beweisanträge zu den gegen ihn erhobenen Beschuldigungen zu stellen wünscht. In vielen Fällen bestätigt der Beschuldigte dann abschließend noch, dass er während der Untersuchung korrekt behandelt wurde und keine Beschwerden vorzubringen hatte.[514]

III. Die Erhebung der Anklage

Die Erhebung der Anklage war eine das Ermittlungsverfahren abschließende Entscheidung.

Mit der Einreichung der Anklageschrift wurde das Verfahren bei Gericht anhängig. Die Anklageschrift enthält den Antrag, das Hauptverfahren zu eröffnen und die Hauptverhandlung anzuberaumen (§§ 169 Abs. 1 S. 1 DDR-StPO 1952, 155 Abs. 1 S. 1 DDR-StPO 1968). Die Einleitung der Anklageschrift hatte alle zur genauen Bezeichnung des Beschuldigten erforderlichen

514 *Wagner*, Militärjustiz, S. 87 f.

personellen Angaben und ggf. seine Vorstrafen zu erhalten, des Weiteren den Namen des Verteidigers des Beschuldigten sowie Angaben zur Dauer der U-Haft, ggf. einschließlich des Zeitpunkts einer vorläufigen Festnahme und zum Unterbringungsort.[515]

In den Richtlinien des MfS heißt es dazu:

> „Nach Abschluss der Vernehmungen, der Beschaffung von Beweismitteln, die zum Nachweis der Schuld des Täters erforderlich sind, ist die Hauptakte (Gerichtsakte) komplexmäßig oder chronologisch, das heißt übersichtlich zusammenzustellen. Die Hauptakten sind innerhalb der gesetzlichen Untersuchungsfrist mit dem Schlussbericht dem zuständigen Staatsanwalt zum Zwecke der Anklageerhebung zu übergeben. Mit dem Zeitpunkt des Eingangs dieser Unterlagen beim Staatsanwalt endet die Bearbeitungsfrist. Kann diese wegen des Umfanges der Strafsache nicht eingehalten werden, ist rechtzeitig, spätestens 10 Tage vor Ablauf der Frist, mit ausführlicher Begründung eine Fristverlängerung zu beantragen."[516]

§ 203 Abs. 2 DDR-StPO sah vor, dem Angeklagten die Anklageschrift zuzustellen. Dies unterblieb nach § 203 Abs. 3 DDR-StPO, wenn die Voraussetzungen für den Ausschluss der Öffentlichkeit gemäß § 211 DDR-StPO vorlagen. In diesen Fällen war die Anklageschrift lediglich zur Kenntnis zu bringen, was in den Militärstrafverfahren die Regel war.

IV. Die Steuerung des Urteils

1. Eröffnungsbeschluss

Das Gericht war gesetzlich verpflichtet, jede Strafsache unvoreingenommen zu untersuchen und zu entscheiden (§ 156 DDR-StPO 1968). Kam das Gericht nach dieser Untersuchung zu dem Ergebnis, dass wegen der in der Anklageschrift bezeichneten Straftat hinreichender Tatverdacht gegeben ist, beschloss es die Eröffnung des Hauptverfahrens (§§ 176 Abs. 1 StPO 1952, § 193 StPO 1968). Der Eröffnungsbeschluss enthielt die dem Angeklagten zur Last gelegte Straftat unter Hervorhebung ihrer gesetzlichen Merkmale, das anzuwendende Strafgesetz sowie die Bezeichnung des Gerichts, vor dem die Hauptverhandlung stattfinden sollte (§§ 177 Abs. DDR-StPO 1952, 194 Abs. DDR-StPO 1968).

Der Eröffnungsbeschluss musste so formuliert sein, dass er keine vorweggenommene Schuldfeststellung enthielt.[517] Die im Rahmen der Arbeit vom Verfasser überprüften Eröffnungsbeschlüsse der Militärstrafverfahren unter-

---

515 Ministerium der Justiz, Kommentar zur Strafprozessordnung, DDR- StPO § 155 Anm. 1.2.

516 BStU, MfS, HA IX, 4981 S.17.

517 Ministerium der Justiz, ebenda, DDR-StPO § 194, Anmerkung 1.1.

stellten aber regelmäßig den vom Untersuchungsorgan ermittelten Sachverhalt als wahr. Auf solche Weise gefasst, enthielten derartige Eröffnungsbeschlüsse eine vorweggenommene, vermutete Schuld. Sie würdigten auch vorab die Beweise und stellten den Sachverhalt, wie vom MfS ermittelt, als bindend dar.[518]

Wagner[519] schildert einen für die „unvoreingenommene Prüfung" der Anklage bezeichnenden Fall. Die 15-seitige Anklageschrift datierte vom 17. Februar 1968. Sie wurde dem MKOG, Oberrichter Hartmann,[520] am 19. Februar 1968 übergeben. Die Akten umfassten mindestens 500 Seiten. Der zweieinhalbseitige Eröffnungsbeschluss des MKOG stammte vom 21. Februar 1968. Das heißt, dass das MKOG sich für eine „unvoreingenommene" Prüfung keine zwei vollen Tage Zeit gelassen hatte.

2. Die Ladung zur Hauptverhandlung

An den Erlass des Eröffnungsbeschlusses schloss sich die Vorbereitung der Hauptverhandlung an. Zur Vorbereitung der Hauptverhandlung hatte sich das Gericht mit der Strafsache und ihren gesellschaftlichen Zusammenhängen vertraut zu machen (§ 199 StPO). Der Termin zur Hauptverhandlung war zum „baldmöglichen" Zeitpunkt anzuberaumen.[521] Die für die Hauptverhandlung erforderlichen Ladungen nahm das Gericht vor (§ 201 Abs. 1 Satz 1 StPO).

Die Handakten der Militäroberstaatsanwaltschaft enthalten – nur – der Militärstaatsanwaltschaft zugestellte Ladungen zur Hauptverhandlung.[522] Nachweise über die Zustellung der Ladungen zur Hauptverhandlung an andere Prozessbeteiligte befinden sich nicht in den vorgenannten Handakten.

Dagegen konnte der Verfasser in den Sachakten – Gerichtsakten – des Bundesbeauftragten auch die für das MfS und die Angeklagten bestimmten Ladungen feststellen.[523]

---

518 *Wagner*, Militärjustiz, S. 107; vgl. auch Anhang 2, Dokument Nr. 13.

519 *Wagner*, Militärjustiz, S. 102 (BArch. DVW 13/62613, Besetzung des MKOG: Dr. Sarge, Dr. Hartmann, Nagel; vgl. auch *Fricke / Klewin*, Bautzen II, S. 152, 153)

520 Zur Person Hartmann vgl. 3. Kapitel, Abschnitt D II 1.

521 Ministerium der Justiz, Kommentar zur Strafprozessordnung, DDR-StPO § 201, Anmerkung 1.1.

522 *Bookjans*, Militärjustiz, S. 132.

523 BStU, MfS, HA IX GH 148/86, Bd. 5 S. 32 ff.; Verfahren gegen Martina Kohl, geb. 28.12.1953, Einwohnerin von Berlin (West) und Angestellte der Senatsverwaltung. Sie wurde am 14.6.1979 für den Hauptverhandlungstermin am Donnerstag, den 12.7.1979, 8.00 Uhr, MOG Berlin, geladen. Ihr wurde die Ladung zugestellt, der Beschluss über

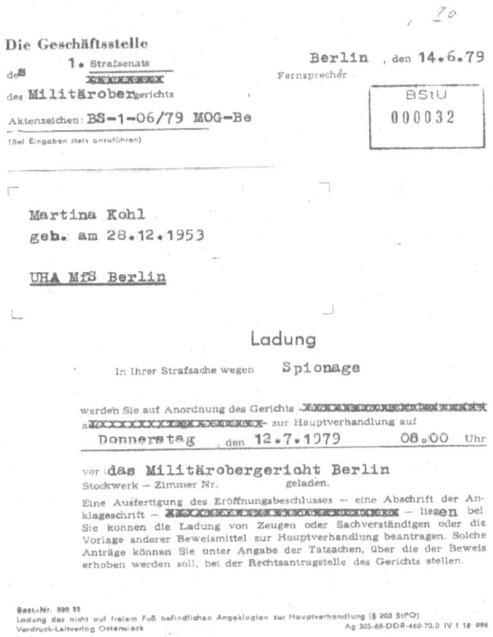

Zo

Die Geschäftsstelle
des 1. Strafsenats
XXXXXXXX
des Militärobergerichts

Aktenzeichen: BS-1-06/79 MOG-Be
(Bei Eingaben stets anzuführen)

Berlin, den 14.6.79
Fernsprecher

BStU
000032

Martina Kohl
geb. am 28.12.1953

UHA MfS Berlin

Ladung

In Ihrer Strafsache wegen Spionage

werdeb Sie auf Anordnung des Gerichts XXXXXXXXXXXXXXXX
aXXXXXXXXXXXXXXXX zur Hauptverhandlung auf
Donnerstag, den 12.7.1979 08.00 Uhr

vor das Militärobergericht Berlin
Stockwerk – Zimmer Nr. geladen.

Eine Ausfertigung des Eröffnungsbeschlusses – eine Abschrift der Anklageschrift – XXXXXXXXXXXXXXXXXXXX – liegen bei
Sie können die Ladung von Zeugen oder Sachverständigen oder die Vorlage anderer Beweismittel zur Hauptverhandlung beantragen. Solche Anträge können Sie unter Angabe der Tatsachen, über die der Beweis erhoben werden soll, bei der Rechtsantragstelle des Gerichts stellen.

Best.-Nr. 920 33
Ladung des nicht auf freiem Fuß befindlichen Angeklagten zur Hauptverhandlung (§ 203 StPO)
Vordruck-Leitverlag Osterwieck
Ag 305-68-DDR-460-70,0 IV 1 18 996

In der Erklärung vom 11. Juli 1979 heißt es weiterhin:[524]

> „Außerdem wurde mir erklärt, dass ich Einsicht in das Strafgesetzbuch und die Strafprozessordnung der DDR einnehmen kann, worauf ich verzichte, Martina Kohl.“

---

die Eröffnung der Hauptverhandlung; die Anklageschrift ist ihr zur Einsichtnahme vorgelegt worden; vgl. nachstehendes Dokument.

524 Ebenda, S. 34; vgl. nachstehendes Dokument.

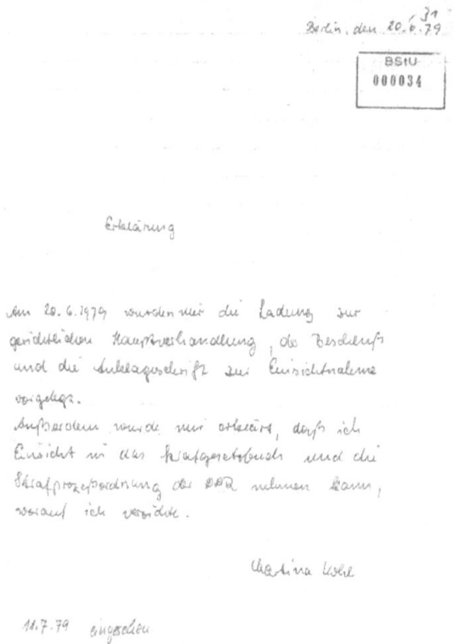
31
Berlin, den 20.6.79

BStU
000034

Erklärung

Am 20.6.1979 wurden mir die Ladung zur gerichtlichen Hauptverhandlung, der Beschluß und die Anklageschrift zur Einsichtnahme vorgelegt.
Außerdem wurde mir erklärt, daß ich Einsicht in das Strafgesetzbuch und die Strafprozeßordnung der DDR nehmen kann, worauf ich verzichte.

Martina Kohl

11.7.79 eingesehen

3. Die Pläne des Militärgerichts für die Hauptverhandlung

a) Vorbemerkung

Das Militärgericht hatte sich über die Auswirkungen der Handlung und die Möglichkeiten zur Überwindung der Faktoren, die die Begehung der Straftat begünstigten, Klarheit zu verschaffen und die erforderlichen Maßnahmen zur Durchführung einer gesellschaftlich wirksamen Hauptverhandlung (z.B. Durchführung von Verfahren vor erweiterter Öffentlichkeit, Informationen an Staats- und Wirtschaftsorgane) zu treffen.[525]

Über die erforderlichen Maßnahmen zur Erreichung einer wirksamen Hauptverhandlung musste sich das Militärgericht für jedes Verfahren eine klare Konzeption erstellen. Eine schriftliche Verhandlungskonzeption war erforder-

525 Ministerium der Justiz, ebenda, DDR- StPO § 199 Anm. 1.2.

lich, wenn es sich um eine bedeutende oder umfangreiche Strafsache handelte oder die Strafsache in tatsächlicher oder rechtlicher Hinsicht kompliziert war.[526] So finden sich in den vom Verfasser eingesehenen Akten des Bundesbeauftragten diverse Pläne für die Durchführung der Hauptverhandlung:

b) Die Verhandlungskonzeption

Verhandlungskonzeptionen sollten, wie bei Gericht üblich, im Rahmen der Vorbereitung der gerichtlichen Hauptverhandlung vom Gericht erstellt werden, da sie es „ermöglichen, komplexweise zu verhandeln, sich auf das wesentliche zu konzentrieren und ständig den Überblick zu behalten."[527]

c) Der Zeitplan für die Hauptverhandlung

Zeitpläne für die Hauptverhandlung waren Pläne, in denen der Ablauf der Hauptverhandlung von dem Beginn bis zur Verkündung und Verlesen des Urteils zeitlich geplant und festgelegt wurde. Diese Zeitpläne belegen, dass das Militärgericht die Hauptverhandlung sehr gründlich und geradezu minutiös vorbereitet hat.[528]

4. Beratungen des MfS mit der Militärstaatsanwaltschaft und dem Militärgericht – Prozessvorschläge – Absprachen – Strafvorschläge

a) Einleitung

In den Militärgerichtsakten, die beim Bundesbeauftragten archiviert sind, finden sich regelmäßig Prozessvorschläge des Untersuchungsorgans. Diese sind in der DDR-StPO nicht vorgesehen, sind meistens am Ende des Schlussberichtes formuliert und beziehen sich u.a. auf den Ausschluss der Öffentlichkeit aus Gründen der Sicherheit des Staates.

Zum einen handelt es sich bei diesen Prozessvorschlägen um ein internes Arbeitsinstrument des MfS, zum anderen waren die Prozessvorschläge ein besonderes Lenkungsinstrument des MfS. Die Prozessvorschläge waren – anders als die Schlussberichte – nicht in der Strafprozessordnung erwähnt.[529]

---

526 Ebenda, § 199, Anm. 1.3.

527 Vgl. Anhang 2, Dokument Nr. 21 ; vgl. auch *Wagner*, Militärjustiz, S. 112; *Bookjans*, Militärjustiz, S. 136; vgl. BArch. DVW 13/47717 MOG Berlin, Konzeption Wolfram und Walter Beck; vgl. auch BStU, MfS, HA/GA 635/79 Bd. 2, S. 223 ff.

528 Vgl. Anhang 2, Dokument Nr. 22.

529 *Wagner*, Militärjustiz, S 85.

In den Prozessvorschlägen war bis ins Detail formuliert, wie sich nach Ansicht des die Sache bearbeitenden Untersuchungsführers der Verfahrensfortgang bis hin zum Urteil zu gestalten hatte.

Der einzelne Vorschlag selbst war – in der Regel vom Minister oder zumindest seinem Stellvertreter – zu bestätigen. Diese Bestätigung war die Voraussetzung dafür, dass ein Verfahren an die Militärstaatsanwaltschaft abgegeben werden konnte.[530]

Aus den untersuchten Militärstrafakten können derartige Prozessvorschläge nachfolgend belegt werden.[531]

In der Regel wurden die Prozessvorschläge von der Untersuchungsabteilung erstellt. Es gab aber auch „Anregungen" der Generalstaatsanwaltschaft. So ist ein Schreiben des Generalstaatsanwaltes Streit an den Minister für Staatssicherheit Mielke vom 17. September 1969 dokumentiert. In diesem Schreiben nimmt Streit Bezug auf ein von der Bezirksverwaltung Magdeburg bearbeitetes Ermittlungsverfahren gegen Soldaten der Pionierkompanie Ilsenburg – Prozess gegen [redacted] – wegen staatsfeindlicher Hetze und terroristischer Gewaltakte. Dieses Verfahren sollte vor dem Militärobergericht Leipzig am 15. Oktober 1969 um 8.00 Uhr stattfinden. Streit führt in seinem Schreiben aus:

> „Dem Minister für Nationale Verteidigung habe ich vorgeschlagen, 35 Offiziere aus den Grenztruppen und dem Militärbezirk III zur Verhandlung zu befehlen, damit die notwendige Auswertung derartiger Erscheinungen über die Möglichkeiten der Militärjustizorgane hinaus vorgenommen werden kann. In der Hauptverhandlung soll herausgearbeitet werden, dass ein untrennbarer Zusammenhang zwischen der ideologischen Diversion des Gegners und dem Handeln feindlicher und negativer Kräfte innerhalb der Armee gegen die Disziplin und Einsatzbereitschaft besteht und dass der Gegner bestimmt negative und disziplinwidrige Erscheinungen bewusst für seine feindliche Zielstellung nutzt. Eine Auswertung mit den Offizieren der Grenztruppen sowie des Militärbezirkes III sollte darüber hinaus den Umstand erfassen, dass im konkreten Fall weder Offiziere noch Funktionäre gesellschaftlicher Organisationen die tatsächlichen Vorgänge in der Einheit kannten, noch die gefährliche Rolle des 'geistigen Kopfes' der Gruppe erkannten."[532]

Zu dieser Anregung bzw. zum „Anliegen" des Generalstaatsanwaltes im Prozess gegen [redacted] nahm das MfS am 29. September 1969 Stellung und stimmte dem Anliegen des Generalstaatsanwaltes, den Prozess vor erweiterter Öffentlichkeit durchzuführen, zu. In der Stellungnahme des

530 *Behlert*, Die Generalstaatsanwaltschaft, S. 332 ff.

531 Vgl. FN 863, 865, 873, 874, 875–877.

532 BStU, MfS, SdM Nr. 1443 S. 39 f.

MfS wurde der Tatvorwurf gegen die Beschuldigten, die im Übrigen geständig waren, erläutert. Dann wurden konkrete Strafvorschläge zwischen drei Jahren und viereinhalb Jahren Freiheitsentzug wegen Terror und Staatsfeindlicher Hetze festgelegt.[533]

Anschließend berichtete das MfS über die Hauptverhandlung im vorgenannten Strafverfahren. Es stellte fest, dass an der Hauptverhandlung 35 Offiziere teilnahmen. Darüber hinaus waren in der Hauptverhandlung anwesend: ein Mitarbeiter der politischen Hauptverwaltung der NVA, Vertreter vom Kollegium für Militärstrafsachen beim Obersten Gericht der DDR und der Militäroberstaatsanwaltschaft sowie zwei Mitarbeiter des MfS, Bezirksverwaltung Magdeburg, die die Untersuchungen geführt hatten.

Es wird dann weiter festgestellt, dass das Verfahren von Seiten des Gerichts ungenügend vorbereitet war. Auch waren die geladenen Zeugen, wie das MfS formuliert, „völlig unvorbereitet“ und erhielten keine Hilfestellung durch das Gericht bzw. den Staatsanwalt. Wörtlich heißt es im genannten Vermerk:

> „Das führt zum Beispiel dazu, dass der 2. Sekretär der FDJ-Grundorganisation, Soldat, der an den Beinen aufgehängt (im Originaltext: aufgehangen) worden war, sinngemäß aussagte, dass er diese Tat ‘als einen Jux’ aufgefasst habe. Alle drei Zeugen waren hilflos in ihrem Auftreten vor dem Gericht, und da der Tatbestand länger als ein halbes Jahr zurückliegt, konnten sie sich natürlich an Details nicht mehr konkret und genau erinnern.“

Abschließend wird ausgeführt: „Dieses Gerichtsverfahren war völlig ungeeignet, um als Beispiel für weitere Verfahren gleicher Art und erst recht nicht für eine Auswertung in der gesamten Nationalen Volksarmee zu dienen.“[534]

b) Prozessvorschläge des MfS und Beratungen mit dem Gericht und der Staatsanwaltschaft

In einer Analyse der HA IX – Bericht-Untersuchung – aus dem Jahre 1981, bezogen auf den Zeitraum Januar–September 1981, heißt es:

> „Mit dem Ziel der einheitlichen Rechtsanwendung und der strikten Durchsetzung der Gesetzlichkeit in der Linie IX werden alle Ermittlungsverfahren hinsichtlich der Rechtsanwendung bei ihrer Einleitung und bei ihrem Abschluss zentral geprüft. Die Abteilungen IX erhalten erforderliche Korrekturhinweise. Gravierende Fehler wurden bisher nicht festgestellt. In einigen Fällen machten sich auf Grund von Hinweisen der Linie IX durch die zentralen Rechtspflegeorgane Korrekturen von fehlerhaften Rechtsauffassungen von Staatsanwälten und Gerichten in den Bezirken notwendig. Über die Einzelfälle hinaus wurden dabei Probleme der Rechts-

---

533 Ebenda, S. 33 f.

534 BStU, MfS, SdM, 1443, S. 68 f.

anwendung erkannt, die Grundlage für deren generelle Klärung waren. Die Form, gemeinsam mit den anderen gemeinsamen Rechtspflegeorganen einheitliche Orientierungen zu erarbeiten, hat sich bewährt und ist fortzusetzen. Die Orientierung hat jedoch noch klarer und verständlicher zu erfolgen. Diese Orientierungen sind in der Untersuchungspraxis genau zu beachten."[535]

„Die Hauptabteilung IX arbeitete mit den Justizorganen 'reibungslos' und kameradschaftlich zusammen". So heißt es beispielsweise im Jahresbericht 1973:

> „Zwischen der Leitung der HA IX und den Dienststellen des Generalstaatsanwaltes der DDR von Groß-Berlin sowie des Militäroberstaatsanwaltes wurde bei exakter Abgrenzung der Verantwortung und strengster Wahrung der Konspiration kameradschaftlich zusammengearbeitet und sich gegenseitig unterstützt. Alle grundsätzlichen Probleme konnten in Beratungen, Absprachen und Konsultationen geklärt und die gemeinsamen Aufgaben gut gelöst werden. [...] Im Zusammenwirken mit dem Staatsanwalt im Ermittlungsverfahren sowie in der vorbeugenden Arbeit gab es 1973 keine wesentlichen Probleme. Auftretende unterschiedliche Meinungen konnten in Beratungen stets geklärt werden, sodass letztlich einheitliche Rechtsauffassungen vorhanden waren."

Zwei Jahre später war zu lesen:

> „Die Tätigkeit der Untersuchungsorgane des MfS wurde von der Staatsanwaltschaft und den Gerichten nicht kritisiert."[536]

Eine vom Verfasser eingesehene Akte des Bundesbeauftragten enthält den Prozessvorschlag der HA IX vom 10. Februar 1978 zur Durchführung des Prozesses mit zielgerichteter publizistischer Auswertung gegen den Spion und Saboteur des Bundesnachrichtendienstes...(Bürger der BRD). In diesem Strafvorschlag heißt es:

> „Die hohe Gesellschaftsgefährlichkeit der von...begangenen Verbrechen berechtigen, gegen ihn eine Strafe von 15 Jahren bzw. lebenslangen Freiheitsentzug auszusprechen. Der Stand der Vorbereitungen seitens des Militärstaatsanwaltes und des Militärobergerichtes Berlin lassen, zu einem politisch geeigneten Zeitpunkt, die kurzfristige Anberaumung und Durchführung der gerichtlichen Hauptverhandlung zu. Die Hauptverhandlung wird aus Gründen der Sicherheit staatlicher Interessen unter Ausschluss der Öffentlichkeit durchgeführt. In der DDR akkreditierten Journalisten sowie Vertretern der Ständigen Vertretung der BRD wird die Teilnahme aus Gründen geübter Praktiken in der BRD nicht gestattet."

Der Vermerk enthält dann weiterhin den Entwurf einer Presseerklärung über den Prozess und den abschließenden Vermerk des Leiters der HA IX Fister an Minister Mielke:

> „Nach Abschluss der Untersuchung gegen den Spion und Saboteur X. reiche ich Ihnen

535 BStU, MfS, HA IX, 2806, S. 91 ff. Abschnitt 2.2.8. Militärstraftaten.

536 Ebenda.

1. den mit dem Leiter der HA XVIII abgestimmten Prozessvorschlag

2. den mit dem Leiter der Abteilung Agitation und der HA XVIII abgestimmter Entwurf für eine Presseveröffentlichung.

Der Prozess könnte sofort anberaumt werden. Aus der Sicht der HA IX wird vorgeschlagen, ihn nach der Leipziger Messe, konkret in der Zeit vom 28.–31.3.1978, durchzuführen."

Der Strafvorschlag vom 6. Januar 1978 bezieht sich auf einen Prozess mit zielgerichteter publizistischer Auswertung gegen den BRD-Bürger X, „Spion und Saboteur des Bundesnachrichtendienstes".

Im Strafvorschlag wird ausgeführt:

„Die Schwere, die Intensität und der Umfang der von xxx begangenen Verbrechen berechtigen, gegen ihn eine Strafe von 15 Jahren bzw. lebenslangen Freiheitsentzug auszusprechen. Die gerichtliche Hauptverhandlung wird aus Gründen der sicherheitsstaatlichen Interessen unter Ausschluss der Öffentlichkeit durchgeführt. In Abstimmung mit der Agitationskommission beim ZK der SED und der Abteilung Agitation des MfS wird der Personenkreis zum Zwecke der publizistischen Auswertung ausgewählt."[537]

Ein besonderes Dokument recherchierte der Verfasser in der Akte des Bundesbeauftragten, Verfahren gegen Arff und Seebacher.[538]

Es handelt sich um die Konzeption vom 29. März 1971 zur weiteren Durchführung des Strafverfahrens gegen die Angeklagten. Aus diesem Dokument wird auszugsweise zitiert:

„Termin zur weiteren Verhandlung: Anfang Juli 1971. Es wird für richtig gehalten, das Strafverfahren nicht mehr vor dem VIII. Parteitag durchzuführen.

Es geht lediglich darum, dass das Bezirksgericht das bisherige Beweisergebnis aufgrund der Hinweise der Urteile des Obersten Gerichts erneut würdigt. Dazu sind die Schlussvorträge des Staatsanwalts und der Verteidiger neu zu halten. Die Verhandlungsdauer beträgt 2 Tage, da zwischen dem Schlussvortrag des Staatsanwalts und dem der Verteidiger eine angemessene Frist gegeben sein muss. Die Verkündung des Urteils des Bezirksgerichts erfolgt danach innerhalb einer Frist von 3 Tagen.

Vorgesehenes Ergebnis des Verfahrens: nach dem festgestellten Beweisergebnis erfüllen die Handlungen der Angeklagten sowohl auf der objektiven als auch auf der subjektiven Seite den Tatbestand der Sabotage (§ 104 StGB). Die staatsfeindliche Einstellung zur Schädigung der Deutschen Demokratischen Republik ist in Bezug auf die Angeklagten durch die Übereinstimmung von mehreren diesbezüglichen Zeugenaussagen, der Vernehmungen der Angeklagten vor dem Untersu-

537 BStU, MfS, 17779, S. 27 ff.

538 BStU, MfS, HA/GA 635/79, Bd. 2. S 229 ff.; *Raschka*, Zwischen Überwachung und Repression, S. 94 f.

> chungsorgan und ihre Einlassungen in der Beweisaufnahme sowie des objektiven Geschehens eindeutig nachgewiesen.
>
> Das Strafmaß für die Angeklagten muss so gewählt sein, dass es die Gesichtspunkte unter 4.2 berücksichtigt, gleichzeitig aber auch die Feststellungen unter 4.1 und die konsequente Anwendung unseres Strafgesetzes deutlich macht. Aus diesen Erwägungen heraus werden für Seeberger 12 Jahre und für Arff 8 Jahre Freiheitsstrafe als das unterste vertretbare Strafmaß angesehen.
>
> Die Verhandlung beim Bezirksgericht Halle ist unter sorgfältig vorbereiteter Anwesenheit eines geeigneten Zuhörerkreises öffentlich durchzuführen."

Bemerkenswert ist die folgende Feststellung in der Verhandlungskonzeption:

> „Sicherung der Anleitung. Eine Arbeitsgruppe aus Vertretern des Generalstaatsanwaltes und des Obersten Gerichts gewährleistet die ständige Koordinierung der Anleitung. Diese bezieht sich speziell auf folgendes:
>
> – BStA-Vorbereitung des Schlussvortrages
> – Vorbereitung des Einsatzes der Massenmedien
> – OG-Vorbereitung der Verhandlungsführung
> – Vorbereitung der Urteilsargumentation, einschließlich der für die ADN-Meldung geeigneten Urteilsausschnitte."

Schließlich wird abschließend auf Nachfolgeprozesse hingewiesen; in diesen Prozessen in der Nachfolge der Verfahren Seebacher sowie Arff wird dann folgendes zu berücksichtigen sein:

> „Zur Sicherung einer qualifizierten gerichtlichen Verhandlungsführung und aus Gründen des sachlichen Zusammenhangs wird in den Verfahren gegen xxx und xxx beim Bezirksgericht Erfurt und in Verfahren gegen xxx und xxx beim Bezirksgericht Karl-Marx-Stadt Anklage erhoben. Die Anleitung der betreffenden Staatsanwaltschaften und Bezirksgerichte wird rechtzeitig durch die gleiche Arbeitsgruppe gewährleistet."

Abschließend heißt es dann:

> „Die Strafe gegen X, der sowohl an den Straftaten von X als auch von X ganz besonders maßgeblich mitwirkte, soll voraussichtlich nicht unter 15 Jahren Freiheitsstrafe liegen. Zu den weiteren Einzelheiten dieser Verfahren (Inhalt, Öffentlichkeit, Massenmedien, usw.) wird nach Abschluss der Ermittlungen eine gesonderte gemeinsame Konzeption erarbeitet werden."[539]

Bevor die Pläne gegen Seeberger und Arff umgesetzt werden konnten, hob das BG Halle am 25. Mai 1971 die Haftbefehle gegen Seeberger und Arff auf. Das MfS entließ die beiden Beschuldigten aus der schon zwei Jahre dauernden Untersuchungshaft und schob sie nach West-Berlin ab.[540]

---

539 Ebenda, S. 229 ff., 234.

540 *Raschka*, ebenda.

Auch in der Literatur wird über die Absprachen des Parteiapparates und der ausführenden Organe des MfS mit den jeweiligen Richtern, über die „Betreuung" der Verhandlung und die Entscheidungen nach Antrag berichtet. Werkentin führt insoweit aus:

> „Für eine Vielzahl von Fällen zeigt der Dokumentenbeweis, dass auf allen Ebenen des strafrechtlichen Prozesses die Parteiführung und der ihr zuarbeitende zentrale Parteiapparat definitiven Einfluss auf den Verlauf und auf das Ergebnis strafrechtlicher Verfahren nahmen. Den 'verfassungsmäßig vorgesehenen Organen' verblieb nur die Aufgabe, Entscheidungen von Parteigremien, vollzogen über das MfS, als Beschlüsse der 'Verfassungsmäßig vorgesehenen Organe' nach außen zu legendieren. Sie hatten eine Fassade zu schaffen und aufrecht zu erhalten, hinter der gänzlich andere Entscheidungsverfahren abliefen als jene, die sie vorgaukelten. Der Aufwand, der betrieben wurde, um einen modernen Verfassungsstaat zu simulieren und die realen Entscheidungsstrukturen zu verdecken, war gewaltig. Schriftgut, welches reale Entscheidungsvorläufe sprachlich unverhüllt dokumentiert, hat meist nur in Verwaltungsregistraturen, die noch nicht zum Zwecke der archivalischen Fundierung eines bestimmten Geschichtsbildes gesäubert und gestaltet worden waren, den Untergang der SED-Diktatur überlebt. Die unverhüllte Wirklichkeit der SED-Diktatur ist vor allen festgehalten auf Papierfetzen, auf denen die mündlich-telefonisch vermittelte Botschaft notiert wurde."[541]

Festzuhalten ist, dass mit der Zeit die direkten Einflüsse auf die politische Justiz zurückgingen, die Kontrolle der Justiz durch das MfS aber permanent anhielt.[542] Das Rechtssystem funktionierte mit der Zeit ohne Eingriffe.[543] Letztlich verlagerten sich auch die präjudiziellen Einflussnahmen seit den 70er Jahren weg vom Politbüro hin auf das MfS.[544]

Wie eng das MfS mit der Militärstaatsanwaltschaft und den Militärgerichten zusammenarbeitete, belegen die Grundsätze der Zusammenarbeit zwischen dem MfS und dem MOG Neubrandenburg.[545]

Über einen Strafvorschlag nach erfolgter Absprache zwischen MfS, Generalstaatsanwaltschaft – Abteilung IA – und Bezirksgericht in einem Fall der Öffentlichen Herabwürdigung gem. § 220 StGB wird an anderer Stelle berichtet.[546]

Ein besonderer Fall wird von Fricke[547] überliefert. Die Untersuchungsabteilung des MfS bietet ein Beispiel für die Mechanik der Manipulation der

541 *Werkentin*, Souverän, S. 204.

542 *Werkentin*, Gelenkte Rechtsprechung, NJ 1991, 479 f.

543 *Behlert*, Generalstaatsanwaltschaft, S. 184, 192.

544 *Fricke*, Das MfS als Instrument der SED, S. 209.

545 BStU, MfS, HA IX 2951.

546 Bundesbeauftragter, Feind, S. 47.

547 *Fricke*, ebenda, S. 202.

Prozesse, indem für die Prozessführung im Fall Albrecht Tiemann Folgendes vorgeschlagen wird:

> „1. Mit Bezirksstaatsanwalt wurden alle Maßnahmen der Gewährleistung der strengsten Konspiration veranlasst.
> a. Verlässlicher Richter, Die besten Schöffen,
> b. die fortschrittlichsten Rechtsanwälte,
> c. keinerlei Auswertungen des Verfahrens innerhalb der Staatsanwaltschaft und des Gerichts,
> d. strengster Ausschluss der Öffentlichkeit
>
> 2. Mit Staatsanwalt wurden Absprachen geführt, um ihm Hinweis zur besseren Vernehmung und entsprechende Argumente gegen Tiemann zu geben.
>
> 3. In ähnlicher Form wurde dem Gericht entsprechende Hilfe gegeben.

Weitere Strafvorschläge befinden sich teilweise versteckt in den Akten, so beispielsweise der Strafvorschlag 4 ½ Jahre auf der Rückseite der Anklageschrift in der Gerichtsakte R., Harry wegen Spionage.“[548]

In der Akte Jonsek, Heinz, ist der Vorschlag der HA IX „Lebenslänglich“ festzustellen.[549]

Im Verfahren gegen Steffen S. – Anklageschrift v. 27. Oktober 1989 – wegen Spionage, Fahnenflucht fand am 27. November 1989 eine Dienstbesprechung mit Oberst Lohse mit einer Anweisung statt, eine Freiheitsstrafe von drei Jahren zu veranlassen.[550]

Im Verfahren B., Edgar geb. 12. Februar 1939 findet sich der Vermerk über ein Gespräch zwischen dem Militärrichter und dem Militäroberstaatsanwalt vom 22. Dezember 1972 über die zu verhängende Strafe.[551]

Der Vermerk über die Absprache vom 10. August 1983– MOG Berlin – Militärstaatsanwaltschaft – in der Sache E. legt ein Strafmaß „nicht über fünf Jahre“ fest.[552]

Über die Vorgänge in der Sache Lichtwark– BG Leipzig – wurde bereits ausführlich berichtet.[553] Der Fall belegt, dass Absprachen zwischen dem MfS und den für Militärstrafsachen zuständigen Richtern konspirativ und mündlich getroffen wurden.

---

548 BStU, MfS, AU 222/55 Bd 2, S 27, 27 R.

549 BStU, MfS, AU 19/63, Bd 2, S. 353.

550 BStU, MfS, AU 17692/89.

551 BArch. DVW 13/78082.

552 BArch. DVW 13/62171.

553 BStU, MfS, AU 71/58 Bd 1, S. 335 f.; vgl. 3. Kapitel, Abschnitt H, II 3 a.

Die Absprachen mit dem Militärkollegium, insbesondere unter Vorsitz von Günter Sarge, wurden bereits in der Literatur zitiert.[554] Sarge hatte seit 1963 das Militärkollegium des OG geleitet, zuletzt im Range eines Generalmajors. In einer Beurteilung der Hauptverwaltung I des MfS aus dem Jahre 1976 heißt es:

> „Generalmajor Dr. Sarge ist am Ausbau eines vertrauensvollen Verhältnisses zum zuständigen operativen Mitarbeiter der HA I bemüht. Es sucht von sich aus Möglichkeiten zur Beratungen und Informationen sowohl über Probleme seines Kollektivs als auch der nach geordneten Militärgerichte und der Rechtsprechung in Militärstrafsachen. Ein besonders gutes Verhältnis besteht seitens des Genossen Sarge zum Untersuchungsorgan des MfS. Häufig finden Vorverhandlungen über Staatsverbrechen, deren Vorsitz Generalmajor Dr. Sarge selbst übernahm, Absprachen mit den Genossen des Untersuchungsorgan statt. Die getroffenen Vereinbarungen werden durch Genossen Sarge stets eingehalten."[555]

Wagner bezieht sich auf einen Aktenvermerk vom 7. Januar 1977 im Verfahren vor dem MKOG– Ia OMS 02/76. Es findet eine erste Beratung in dieser Sache statt. Teilnehmer sind: Generalmajor Sarge (Vorsitzender des Militärkollegiums), Oberst Nagel (Militäroberrichter), Oberstleutnant Knoche (Militärrichter), Oberstleutnant Bischoff (MfS) und Oberleutnant Pätz (MfS), Oberstleutnant Lohse (Militärstaatsanwalt). Der Vermerk hat folgenden Wortlaut:

„Es wurde festgelegt:

1. Zeitplan
19.01.1977 – 9.00 Uhr – ca. 17.00 Uhr Beweisaufnahme
20.01.1977 – 8.00 Uhr – Mittag Beweisaufnahme, danach Plüdoyer
22.01.1977 – 10.00 Uhr – Urteil

2. Genauer Verhandlungsplan wird nach Studium der Akte durch General Sarge am 18.01.1977 übergeben.

3. Verhandlung findet in den Räumen des Militärkollegiums statt, offene Uniform, graues Hemd.

4. Geladen werden:
a) Ehefrau Erika H.
b) Gutachter MfS zum Gutachten vom 23. 7.1976
Vom U-Organ wurde eine Zeugin ermittelt, die vorgibt, das Ehepaar H. beim Fotografieren eines Flugplatzes gesehen zu haben. Sie wird gegenwärtig vernommen. Sie hat H. auf Foto erkannt. Wenn sie als Zeugin geeignet ist, wird MStA sie in der Verhandlung in Form eines Beweisantrages als Zeugin anbieten.

---

554 *Vollnhals*, Der Schein der Normalität, S. 213, 239 f.; vgl. zur Person Sarge, 3. Kapitel, Abschnitt D II 5.

555 *Vollnhals*, ebenda, S. 239, 240.

5. Alle anderen Beweismittel laut Anklageschrift werden entsprechend des noch zu erarbeitenden Verhandlungsplanes einbezogen. Die Beweisanlagen werden nach Auswahl des Gerichtes zu bestimmten Problemen einbezogen. Sie sind keine Beweise zur Tat des Angeklagten, sondern beweisen Mittel und Methoden des GHD.

6. Genosse Oberst Nagel sprach sich für eine andere rechtliche Würdigung der Handlung nach § 213 StGB aus. Dies müsste vollendete Erschleichung und nicht versuche Nichtrückkehr sein. Auch wurde beanstandet, dass die Ehefrau wegen gemeinschaftlichen Zollvergehens verurteilt wurde und wir dies bei Horst H. nicht angeklagt haben. Ich habe mich für rechtliche Würdigung laut Anklage ausgesprochen. Wird auch so beibehalten. Ich habe auf Zeitpunkt der Inhaftierung (11.7.1975 in Ungarn, 2.8.1975 in DDR) aufmerksam gemacht. OG wird daraufhin im Gegensatz zur Anklage 11.7.1975 angeben.

7. Ich habe auf Notwendigkeit der Einziehung orientiert. Nach unterschiedlichen Auffassungen wird so eingezogen wie im Protokoll der Handakte, Blatt 165-166 dargelegt.

8. Nach den neuesten Angaben des H. hat er von 1956-1960 nicht für BND, sondern für den amerikanischen Geheimdienst und ab 1960 für den amerikanischen GHD und den BND gearbeitet. Die dazu gemachten Aussagen sind protokolliert. Protokolle werden nachgereicht.

9. U-Organ hat noch sicherzustellen:
Wer tritt als Gutachter des MfS auf (Vorbereitung).
Beziehung der noch in Neubrandenburg befindlichen Zeugenvernehmung dieser Frau (als 'leichte Person' bekannt).
Einholen von Ermittlungsprotokollen über die Skizzen der Beschuldigtenvernehmung vom 19.11.1976 mit dem Ziel der Bestätigung, ob Skizzen mit Realität übereinstimmen.
Übergabe der Beschuldigtenvernehmung H., in der er zugibt, auch für den US-Gemeindienst gearbeitet zur haben.

10. Nächste Beratung am 17.1.1977, 15.00 Uhr, bei Genossen General Sarge.

Lohse
Oberstleutnant“[556]

Nach dem Wortlaut des Vermerks in Ziffer 7– „wird so eingezogen wie im Protokoll der Handakte xxx“– und in Ziffer 6 – „ich habe mich für rechtliche Würdigung laut Anklage ausgesprochen. Wird auch so beibehalten“ – stand das Urteil zu diesem Zeitpunkt bereits fest, obwohl der Vorsitzende des Militärkollegiums, Generalmajor Sarge, laut Ziffer 2 des Vermerks zur Erstellung des Verhandlungsplans erst noch die Akte studieren musste.[557]

Eine ähnliche Beratung lässt sich in einem Verfahren vor dem MOG Berlin nachweisen, welche am 23. November 1976 stattfand, und an der die „Genos-

556 *Wagner*, Militärjustiz, S. 119,120; *Ders*,. Dokumente Bd. 2 Nr. 23, S. 623 f.

557 Ebenda.

sen" Wagner (Leiter des MOG Berlin), Penndorf (MOG), Knoche (OG), Piper (MfS) und Lindner (MStA) teilnahmen.[558]

Zu dieser Beratung ist noch zu bemerken, dass der MfS-Mitarbeiter noch eine „Einschätzung" zu erstellen hatte, die dann gemäß § 51 StPO zum Gegenstand der Beweisaufnahme gemacht wurde.[559]

In einem Verfahren, das vor dem MOG Neubrandenburg durchgeführt wurde, lässt sich eine Absprache zwischen dem Leiter des MOG und dem Militärstaatsanwalt hinsichtlich des verwirklichten Straftatbestandes nachweisen. In der Aktennotiz der Militärstaatsanwaltschaft vom 26. März 1980 heißt es auszugsweise:

Aktennotiz v. 26.3.80

1. Rücksprache am 24.3.1980 mit Oberst Arlt, Leiter MOG-Neubrandenburg, anlässlich der Übergabe der Akten:
Die erste Besichtigung müsste unmittelbar nach Ostern organisiert werden, um das Aktenstudium entsprechend staffeln zu können; es wird versucht, den HVT etwa Mitte April festzulegen; [...],
wegen der Installation kann alles so laufen, wie mit den Genossen vom MfS abgesprochen.

2. In der Rücksprache mit Genossen Mählitz habe ich diesen heute vom Ergebnis der Aussprache informiert [...].

3. Rücksprache mit Kapitän zur See Städtke [...].

4. Gegen 13.20 Uhr rief Oberst Arlt hier an:
es wurde geklärt, dass das Verbrechen nach § 97 im Sinne der Anklage als vollendet zu beurteilen ist, dass von der Alternative „Sammeln" unter den spezifischen Aspekten des vorliegenden Falles auszugehen ist;
Ortsbesichtigung müsste für den 10.4.1980, 10.00 Uhr organisiert werden; Genosse Arlt trifft vor dem Besichtigungszeitpunkt in unserer Dienststelle ein;
voraussichtlicher HVT 17.4.1980, 8.30 Uhr (erforderlichenfalls Fortsetzung am 18.4.1980) und Urteilsverkündung 21.4.1980;
im Anschluss an die Ortsbesichtigung sind Aussprachen zur taktischen und methodischen Fragen des HVT mit mir vorgesehen.

5. Die BV MfS wird entsprechend unterrichtet und wegen des Zeitpunktes der Ortsbesichtigung auch eine Information an den Chef der 6. GK-K gegeben.

Gehrt
Kapitän zur See"[560]

---

558 *Wagner*, Militärjustiz, S. 121 ff.; Verfahren vor dem MOG Berlin – BS- 1a – 20/76 – Aktenvermerk vom 23.11.1976; *Ders*, Bd. 2, Dokument 14.1, S. 434 f.

559 Ebenda.

560 *Wagner*, Militärjustiz, Bd. 2, Dokument 13.2, S. 429 f.; *ders*., Bd. 1, S. 122 f. (Fall Bodo Strehlow).

Wie selektiv das MfS die Verfahren der Militärjustiz leitete, soll ferner ein besonderes Dokument der HA IX/ 5 – Leiter Major Pätzel – im Verfahren gegen Eberhard und Elfriede S. belegen. Es heißt hier:

> „Zur weiteren Durchführung der Strafverfahren gegen den Beschuldigten [...] sowie gegen die Beschuldigten S., Eberhard und Elfriede sind zur Prozessvorbereitung folgende Maßnahmen getroffen worden:
>
> Die Anklage gegen die genannten Personen erhebt der Leiter der Abteilung IA beim Militäroberstaatsanwalt, Genosse Major Richter, vor dem Militär-Senat beim Obersten Gericht der Deutschen Demokratischen Republik.
>
> Als Verteidiger ist der Rechtsanwalt Cheim vorgesehen.
>
> Bei der Vorbereitung dieser Maßnahmen wurde davon ausgegangen, den Personenkreis, der Einblick in dieses Verfahren erhält, so gering wie möglich zu halten und der Genosse Major Richter sowie Oberstleutnant Sarge verpflichteten sich gegenüber Major Pätzel von der Hauptabteilung IX/5, entsprechend ihrem Verantwortungsbereich alles zur Geheimhaltung dieser Verfahren zu unternehmen.
>
> Es ist geplant, die Hauptverhandlung gegen den Beschuldigten [...] am 18. und 19.11.1965 und gegen die Beschuldigten S., Eberhard und Elfriede im Zeitraum vom 20.–22.12.1965 durchzuführen.
>
> Aus taktischen Erwägungen findet zuerst die Hauptverhandlung gegen den Beschuldigten [...] statt, da in derselben der Beschuldigte S. Eberhard als Zeuge auftreten soll.
>
> Weitere Zeugen und Sachverständige werden zu den Hauptverhandlungen aus Gründen der Konspiration nicht geladen.
>
> Es ist vorgesehen, die Beschuldigten [...] und S., Eberhard zu einer lebenslänglichen Zuchthausstrafe gem. § 14 und 24 StEG zu verurteilen. Von einer Bestrafung mit der Todesstrafe soll abgesehen werden, da beide Beschuldigte später als Zeugen gegen die Agenten ... und ... benötigt werden. Die Beschuldigte S., Elfriede soll eine Zuchthausstrafe von 5–6 Jahren erhalten.“[561]

Dieses Dokument belegt nicht nur die Prozesssteuerung durch das MfS, es wird auch dokumentiert, dass zwischen den Verfahrensbeteiligten des MfS, der Militärstaatsanwaltschaft und dem Militärgericht Absprachen stattfanden. Bezeichnend ist auch die Erklärung im Vermerk, dass die Todesstrafe nicht in Betracht kommt, weil die Angeklagten noch als Zeugen benötigt werden.

Abschließend soll über die Akte Kalix berichtet werden. In dem bemerkenswerten Dokument der HA IX vom 10. November 1977 wird ein ausführlicher Vorschlag zur Durchführung eines Prozesses vor dem Militärobergericht Berlin u.a. gegen Christian Kalix unterbreitet.

Es heißt in diesem Vorschlag:

---

561 BStU, MfS, 000448, zitiert nach: Help e.V., Das gestohlene Leben, S. 250 f., 253.

> „Die Schwere der Straftaten berechtigen
>
> Jahn zu lebenslangem Freiheitsentzug
> Rietig zu 15 Jahren Freiheitsentzug und
> Kalix zu 12 Jahren Freiheitsentzug
> zu verurteilen."

Weiterhin enthält der Strafvorschlag den Hinweis:

> „Zur Hervorhebung der Rolle des Verteidigers im sozialistischen Strafverfahren wird bei Kalix eine höhere Freiheitsstrafe beantragt, um den Rechtsanwalt auf Grund einiger entlastender Momente Möglichkeiten zu geben, erfolgreich auf eine geringere Strafhöhe zu plädieren."[562]

Kalix wurde mit Urteil des MOG Berlin – 1a Strafsenat – BS 1a-16/77 MOG-Be - Str IA-90a-c/77S zu einer Freiheitsstrafe von 10 Jahren verurteilt. Der Tenor des Urteils ist im Dokumentenanhang zitiert.[563]

V. Die Hauptverhandlung

1. Öffentlichkeit der Hauptverhandlung

Die Verhandlungen vor den Strafgerichten der DDR sollten öffentlich sein (§ 83 Abs. 1 DDR-StPO 1952, 211 Abs. 1 DDR-StPO 1968). Tatsächlich wurde dies in Militärstrafsachen anders gehandhabt. Im Regelfall wurde die Öffentlichkeit aus Gründen der Gefährdung der Sicherheit des Staates ausgeschlossen (§ 221 Abs. 3 DDR-StPO).

Das MfS bestimmte insoweit die Vorgehensweise:

> „Hauptverhandlungen sind unter Ausschluss der Öffentlichkeit zu führen, wenn es die Sicherheit der Deutschen Demokratischen Republik erfordert. Das betrifft insbesondere Prozesse, in denen Arbeitsmethoden und eingeleitete Maßnahmen der Organe des Ministeriums für Staatssicherheit, der Sicherheitsorgane befreundeter Staaten dekonspiriert oder in deren Verlauf Personen und Einrichtungen gefährdet oder kompromittiert werden können. Das Gericht kann auf Antrag des Staatsanwalts die Anwesenheit einzelner Personen gestatten."[564]

2. Verhandlungen vor „erweiterter" Öffentlichkeit

Nach § 211 Abs. 4 DDR-StPO konnte das Militärgericht die Anwesenheit einzelner Personen trotz der „Nichtöffentlichkeit" des Verfahrens gestatten. Das MfS bestimmte das Prozedere und den Teilnehmerkreis:

562 BStU, MfS, HA IX, 3721, S. 29 ff.; vgl. Anhang 2, Dokument Nr. 14.

563 Vgl. Anhang 2, Dokument Nr. 15.

564 BStU, MfS, HA IX, 4981, S. 39: Richtlinie 4/59.

„Bei der Durchführung von Prozessen vor erweiterter Öffentlichkeit ist zu gewährleisten, dass die Persönlichkeit des Beschuldigten dazu geeignet ist, ein umfassendes, überprüftes Geständnis vorliegt oder die vorhandenen Beweismittel überzeugend die begangenen Verbrechen dokumentieren. Vor der Durchführung von Prozessen vor erweiterter Öffentlichkeit hat der zuständige Mitarbeiter der Untersuchungsabteilung einen Vorschlag auszuarbeiten, der folgende Punkte enthält:

- Charakteristik des Beschuldigten,
- die Anklagepunkte,
- die vorhandenen Beweismittel,
- die politische Zielsetzung,
- Ort und Zeit der Verhandlung,
- Teilnehmerkreis sowie
- die geplanten Maßnahmen zur publizistisch-agitatorischen Auswertung

Dieser Vorschlag bedarf der Genehmigung durch die Leitung der Bezirksverwaltung und ist rechtzeitig der Leitung der Hauptabteilung IX zur Kenntnisnahme und Zwecke der Bestätigung durch den Minister zuzustellen. Die Absicherung des Prozesses ist durch den Einsatz von inoffiziellen Mitarbeitern des Ministeriums für Staatssicherheit zu verstärken.“[565]

So gab es in den 60er Jahren handschriftliche Listen des MfS, die Prozessvorschläge zur Frage der Teilnahme an den Hauptverhandlungen – Prozesse vor erweiterter Öffentlichkeit – und zu Ort und Zeit der Hauptverhandlung, und zwar bevor das Gericht sie anberaumte, enthielten.[566]

Regelmäßig wurde dem Untersuchungsführer des MfS die Teilnahme an der Hauptverhandlung gestattet. Er nahm alleine durch seine Anwesenheit auf das Verfahren Einfluss. Sie sollte Druck und Kontrolle bewirken, diente aber auch der Stimmungsmache und der Schulung.[567]

Grundsätzlich wurde die Anwesenheit in der Hauptverhandlung gegen Bürger der Bundesrepublik dem Bevollmächtigten der Ständigen Vertretung der BRD nicht gestattet.[568]

Im Übrigen fanden Hauptverhandlungen auch außerhalb des Gerichtsgebäudes vor ausgewähltem Publikum statt. Auch dies diente als Druckmittel und zur Einschüchterung.[569]

---

565 Ebenda, S.38.

566 BStU, MfS, AS 97/66, Bd. 5; Liste Teilnehmerkreis „Prozesse vor erweiterter Öffentlichkeit“ Die handschriftliche Liste des MfS enthält: Prozessvorschläge, Vorschläge zu Ort und Zeit der Hauptverhandlung und Genehmigungen der Vorschläge, teilweise durch den Minister.

567 *Thiemann*, Stell dich mit den Schergen gut, S. 102, *Furian*, Der Richter und sein Lenker, S. 25, 146, 147; *Wagner*, Militärjustiz, S. 22.

568 BStU, MfS, AU 2089/79, Bd 3, S. 535.

3. Das Protokoll der Hauptverhandlung

Über die Hauptverhandlung war ein Protokoll aufzunehmen und von dem Vorsitzendem und dem Protokollführer innerhalb von 24 Stunden nach der Verkündung des Urteils zu unterschreiben (§§ 228 DDR-StPO 1952, 252 DDR-StPO 1968).

Neben dem Rubrum musste das Protokoll den Gang und den Inhalt der Hauptverhandlung im Wesentlichen wiedergeben und die Einhaltung aller zwingenden Verfahrensvorschriften nachweisen (§§ 229 Abs. 2 S. 1 DDR-StPO 1952, 253 Abs. 2 S. 1 DDR-StPO 1968).

Bei einer Überprüfung der Sachakten des Bundesbeauftragten lässt sich feststellen, dass die Protokolle der Militärjustiz regelmäßig den formellen gesetzlichen Erfordernissen entsprechen.

4. Die Beweisaufnahme

In der Beweisaufnahme, dem Kernstück der Hauptverhandlung, waren die Bestimmungen über die allseitige und unvoreingenommene Feststellung der Wahrheit und die Beweisführung durchzusetzen. Das Gericht sollte feststellen, ob und in welchem Umfang die in der Anklage und die im Eröffnungsbeschluss erhobene Beschuldigung zu Recht besteht (§ 222 StPO 1968)[570] Dass in vielen Fällen der verfassungsmäßig garantierte Grundsatz der Unmittelbarkeit der Beweisaufnahme verletzt wurde, werden die weiteren Untersuchungen des Verfassers zeigen.

5. Das Plädoyer des Militärstaatsanwalts

Es ist erwiesen, dass Plädoyers des Militärstaatsanwaltes schon vor der Hauptverhandlung in allen Einzelheiten erstellt und auch als Anlage zum gerichtlichen Protokoll genommen wurden.[571]

6. Das militärgerichtliche Urteil

Für das bundesdeutsche Strafverfahren bestimmt § 175 Abs. 1, S. 1 StPO, dass das Urteil unverzüglich schriftlich abzusetzen ist. Hat die Hauptverhandlung nicht mehr als 3 Tage gedauert, so muss das Urteil spätestens 5 Wochen

569 Vgl. § 201 DDR-StPO; *Winkel*, MfS und Justiz, S. 9, *Furian*, Mielkes Mühlen, S. 87.

570 Ministerium der Justiz, Kommentar zur Strafprozessordnung, § 222 DDR-StPO, Anm. 1.1.

571 *Wagner*, Militärjustiz, S. 169 f.; *Bookjans*, Militärjustiz, S. 149; vgl. auch die Fälle Teske, BStU, MfS, AU 26/90, Bd. 7, S. 80 ff. (Plädoyer 25 Seiten lang) sowie Fall Leisner, BStU, MfS, AU 9836/73, Bd. 17, S. 54 f. (Plädoyer 30 Seiten lang).

danach vollständig zu den Akten, d.h. auf den Weg zur Geschäftsstelle gebracht sein. Bei mehr als 3 Verhandlungstagen verlängert sich die Frist entsprechend der Dauer der Hauptverhandlung (§ 275 Abs. 1 S. 1 und 2 StPO).

Dass das Urteil bereits vollständig in das Hauptverhandlungsprotokoll aufgenommen wird, kommt in der bundesdeutschen Praxis nicht vor. Stattdessen werden die Urteilsgründe mündlich vorgetragen, das Urteil danach innerhalb der Frist des § 275 StPO schriftlich abgesetzt.

Anders war jedoch die Rechtslage in der DDR. Hier erfolgte die Verkündung des Urteils des Militärgerichts – nur – durch Verlesung der Urteilsgründe (§ 246 Abs. 2 DDR-StPO 1968). Das bedeutet, dass das mit Gründen versehene Urteil – nicht nur der Tenor– vor der Verkündung geschrieben und von allen Richtern und Schöffen unterschrieben sein musste (§ 245 Abs. 1 DDR-StPO 1968). Zur Vorbereitung der Urteilsverkündung, d.h. zur schriftlichen Absetzung des vollständigen Urteils, konnte die Hauptverhandlung bis zu 3 Tage unterbrochen werden (§ 246 Abs. 3 DDR-StPO 1968).[572] Das Urteil wurde nur zur Kenntnis gebracht und nicht ausgehändigt.[573]

---

572 *Wagner*, ebenda, S. 190 f.

573 *Fricke*, Menschen- und Grundrechtssituation, S. 56; *Furian*, Mielkes Mühlen, S. 51; vgl. auch nachstehendes Dokument Martina Kohl BStU, MfS, HA IX GH 148/86.

BStU
000051

Militärobergericht Berlin   102 Berlin, PF 47045

B e s t ä t i g u n g

Betr.: Urteil/~~[illegible]~~

gegen: K o h l, Martina

wegen: Spionage

~~[illegible]~~/das/~~[illegible]~~ gegen mich ergangene Urteil/~~[illegible]~~ des Militärobergerichts Berlin vom 13.07.79 , Az.: BS -1- 6/79 MOG-Be ist mir gemäß § 184 Abs. 5 StPO zur Kenntnis gegeben worden.

Ich habe das Urteil ~~[illegible]~~ vollständig gelesen.

Martina Kohl
Unterschrift/geb. am

Anlage

Nach Kenntnisnahme zurück an
Militärobergericht Berlin

Dass das Urteil weder dem Angeklagten noch dem Verteidiger ausgehändigt wurde, diente der Aktenkontrolle durch das MfS. Diese Praxis wurde durch das OG noch im Jahre 1985 mit der bezeichnenden Begründung sanktioniert, „es dürfe dem Gegner nicht gelingen, staatliche Dokumente über die Verfolgung von Straftaten gegen die sozialistische Staats- und Gesellschaftsordnung der DDR und anderen Straftaten in seinen Besitz zu bringen, um diese gegen die innerstaatliche Ordnung und das internationale Ansehen der DDR zu missbrauchen."[574]

VI. Rechtsmittel

Rechtsmittel gegen Entscheidungen des Militärgerichts waren der Protest des Staatsanwalts, die Berufung des Angeklagten und die Beschwerde. (§ 283 DDR-StPO 1968)

> „Rechtsmittel führen zu einer Überprüfung der Entscheidung und der Tätigkeit des erstinstanzlichen Gerichts durch das nächst höhere Gericht. Sie dienen der Kontrolle der Gesetzlichkeit und Gerechtigkeit erstinstanzlicher Entscheidungen sowie der Gewährleistung der Einheitlichkeit der Rechtsprechung und der Durchsetzung des Prinzips des demokratischen Zentralismus in der Strafrechtsprechung."[575]

Das Rechtsmittelverfahren war in der DDR ein Überprüfungsverfahren und keine zweite Tatsacheninstanz. Eine unmittelbare Beweiserhebung wie in 1. Instanz war nur unter bestimmten Voraussetzungen zulässig. Wenn das höhere Gericht eine fehlerhafte erstinstanzliche Entscheidung nicht selbst korrigierte, hatte es diese aufzuheben und die Sache – mit entsprechenden Hinweisen – zur erneuten Verhandlung und Entscheidung an das Gericht 1. Instanz zurück zu weisen.[576]

Gemäß § 293 StPO DDR konnte die Berufung ohne Hauptverhandlung durch Beschluss verworfen werden, wenn sie nach einstimmiger Auffassung des Rechtsmittelgerichts offensichtlich unbegründet war. Eine Verwerfung als offensichtlich unbegründet war aber nur dann zulässig, wenn die Überprüfung ohne Durchführung einer Hauptverhandlung unter Berücksichtigung der mit dem Rechtsbehelf vorgebrachten Einwände bereits die Richtigkeit des Urteils zweifelsfrei ergab (§ 293 Abs. 3 StPO DDR 1968).[577]

Ansonsten fand über das Rechtsmittel eine Hauptverhandlung statt. Der inhaftierte Angeklagte hatte, wenn sein persönliches Erscheinen nicht ausdrücklich angeordnet wurde, keinen Anspruch auf Anwesenheit (§ 295 Abs. 2 StPO DDR 1968). Wurde das persönliche Erscheinen eines inhaftierten Angeklagten nicht angeordnet, war ihm ein Verteidiger zu bestellen (§ 295 Abs. 3 DDR-StPO 1968). Aus den vom Verfasser eingesehenen Akten des Bundesbe-

---

574 BStU, MfS, BV Rostock, Abt. IX/ A I-16, Vertrauliche Dienstsache 32/85: Standpunkt des MKOG zur Bekanntgabe von Prozessdokumenten gegenüber dem Angeklagten.

575 Ministerium der Justiz, Kommentar zur Strafprozessordnung, Vorbemerkung vor § 283 DDR-StPO.

576 Ebenda.

577 Vgl. Anhang 2, Dokument Nr. 16.

auftragten geht hervor, dass der Angeklagte im militärgerichtlichen Verfahren in der Berufungsverhandlung nicht anwesend war. Er wurde regelmäßig durch seinen Verteidiger vertreten.

VII. Die Nachkontrolle von Urteilen durch das MfS

Als zusätzliche Sicherung führte das MfS eine Nachkontrolle der gefällten Urteile durch.[578] So sollte nach der Durchführung bedeutender Prozesse der Leitung der HA IX unverzüglich ein Prozessbericht über den wesentlichen Inhalt und den Verlauf der Hauptverhandlung übersandt werden.[579] Die Mitarbeiter der Untersuchungsabeilung und der Abteilung Agitation und Propaganda hatten insoweit in Zusammenarbeit mit den zuständigen operativen Abteilungen ständig die Möglichkeiten der Auswertung geeigneter Untersuchungsergebnisse in Betriebs- oder Einwohnerversammlungen zu nutzen. Der politische Erfolg solcher Versammlungen sollte durch Filmvorführungen, Ausstellung von Beweismitteln, Auftreten von Prozessteilnehmern wesentlich erhöht werden. In einem vom Verfasser recherchierten Dokument wird das Vorgehen der HA IX in solchen Fällen beschrieben:

„Die eingehenden Urteile werden entsprechend der Zuständigkeit von den Referaten 1 und 2 mit den vorliegenden Unterlagen verglichen. Der Vergleich bezieht sich

- auf den bis dahin bekannten Sachverhalt und die Sachverhaltsfeststellungen des Urteils sowie
- auf die rechtliche Wertung des Sachverhaltes im Schlussbericht und im Urteil.

Aus dem Urteil ersichtliche Schwächen oder Unzulänglichkeiten in der Beweisführung sind außerdem Genosse OSL Plache mitzuteilen (Untersuchungsmethodik) und der HA IX/4 bzw. dem Leiter der HA IX zur Kenntnis zu geben.

Nach diesem Vergleich der Urteile durch die Referate 1 bzw. 2 sind die Urteile – erforderlichenfalls versehen mit Hinweisen oder Bemerkungen, die rechtlich bedeutsam sind – an die AGR zu geben.

Die AGR verfolgt kontinuierlich analytisch die Entwicklung der Rechtsentwicklung mittels der Urteile und der Auswertung von Veröffentlichungen. Sie speichert rechtlich bedeutsame Probleme anhand von Urteilsauszügen und Hinweisen auf entsprechende Veröffentlichungen. Diese Speicherung erfolgt zweifach, und zwar nach Paragrafen und nach Bezirken geordnet. Die AGR hat auf dieser Grundlage aktuelle Informationen über die Entwicklung der Rechtsanwendung zu sichern und sich daraus ergebende Leitungsentscheidungen vorzubereiten. Die Urteile werden nach Auswertung durch die

---

578 *Vollnhals*, Die Macht ist das Allererste, S. 255 unter Hinweis auf HA IX/ 8: Festlegungen zur Beobachtung der Rechtsanwendung und zur Auswertung der Gerichtsurteile im Interesse der Gewährleistung der Einheitlichkeit der Rechtsprechung vom 1.8.1979, BStU, MfS, HA IX 9159, S. 153–155.

579 BStU, MfS HA IX 4981, S. 39.

AGR als Bestandteil der Vorgangsunterlagen im Referat 3 abgelegt. Sie sind zu verfilmen."[580]

In der Praxis fand die Nachbetrachtung eines Urteils wie in folgendem Beispielsfall[581] statt: Im Bericht der HA IX/1 vom 1. September 1977 wird das Urteil des Militärobergerichts Berlin – 1A Militärstrafsenat – Az: BS-1A-11/77 MOG-Be StR IA-56/77 S vom 1. September 1977 bewertet. Das MOG Berlin tagte unter Vorsitz des Militäroberrichters Oberstleutnant Warnatzsch.[582] Es verurteilte den Angeklagten Michael G. wegen Spionage gem. § 97 Abs. 2 StGB und der Sammlung von Nachrichten § 98 Abs. 1 StGB zu einer Freiheitsstrafe von 15 Jahren. In der Nachbetrachtung wird das Urteil als „ein Urteil in voller Übereinstimmung mit den Ergebnissen der Voruntersuchung" beschrieben. Gleichzeitig wird im Nachbericht festgestellt, dass ein Mitarbeiter der Ständigen Vertretung der BRD in der DDR an der Hauptverhandlung teilnehmen wollte, was aber abgelehnt wurde. Die Öffentlichkeit wurde ausgeschlossen, wobei dieser Ausschluss nicht für die Mitarbeiter des Untersuchungsorgans des MfS galt. Seitens des Berichterstatters wird eine Pressemitteilung vorgeschlagen, die mit E.H. (Erich Honecker) am 1. September 1977 abgezeichnet ist. Danach ergeht eine AND-Meldung folgenden Inhalts:

> „Spion des westdeutschen Geheimdienstes verurteilt.
>
> Das Militärobergericht Berlin verurteilte am 1.9.1977 den BRD-Bürger [...] wegen umfangreicher Spionageverbrechen und weiterer Straftaten zu 15 Jahren Freiheitsentzug."

Bei der Vorbereitung und Auswertung von Prozessen vor erweiterter Öffentlichkeit, öffentlichen Prozessen sowie Prozessen unter Ausschluss der Öffentlichkeit sollte ständig die Möglichkeit der publizistisch-agitatorischen Auswertungen geprüft werden.[583]

Konsequenterweise mussten nach Prozessabschluss alle Akten von den Gerichten über die Staatsanwaltschaft an das Untersuchungsorgan des MfS zur Archivierung übergeben werden. Selbst Abschriften sollten nicht bei den Gerichten verbleiben.[584]

---

580 BStU, MfS, HA IX, 9159, S. 153 ff.; der Vermerk der HA IX/8 datiert vom 1.8.1979.

581 BStU, MfS, AU 2089/79, Bd. 3, S 535–536; Bericht über das Urteil des MOG Berlin vom 1.9.77 in Sachen G., Michael.

582 Zur Person Warnatzsch vgl. 3. Kapitel, Abschnitt D II 7 g.

583 BStU, MfS, HA IX, 4981, S. 30, 31.

584 BStU, MfS, BV Berlin, E 208, Karton 195; Rundverfügung des Ministers der Justiz und des Präsidenten des Obersten Gerichts Nr. 12/77 in der Fassung vom 13.11.1978

VIII. Kassation

Das Rechtsinstitut der Kassation war in Anlehnung an die französische Kassation „dans l′ intérêt de la loi“ und die entsprechenden Regelungen im Recht der UdSSR geschaffen worden.[585]

Mit der Kassation konnten in der DDR rechtskräftige erst- und zweitinstanzliche Urteile aufgehoben und abgeändert werden. (Vgl. § 16 Abs. 2 GVG-DDR 1974, 311 ff. DDR-StPO 1968). Sinn der Kassation war, im staatlichen Interesse steuernd eingreifen zu können.[586] Sie erwies sich somit als Lenkungs- und Leitungsmittel der Justiz.[587]

Antragsbefugt waren für die Kassation bei dem MKOG der Präsident des OG und der Generalstaatsanwalt; die Leiter der MOG und die Militärstaatsanwälte waren für die Kassation bei den MOG zuständig (§ 312 DDR-StPO 1974; § 11 Abs. 4 MGO).

Die Kassation war kein Rechtsmittel im Sinne des § 288 DDR-StPO 1974, sondern ein prozessual besonders ausgestalteter Rechtsbehelf gegen rechtskräftige gerichtliche Entscheidungen. Sie diente der Leitung der einheitlichen Rechtsprechung durch das OG sowie der MOG, der wirksamen Bekämpfung der Kriminalität und dem Schutz der Rechte und Interessen des sozialistischen Staates und seiner Bürger.[588]

Nach der gesetzlichen Regelung des § 311 Abs. 2 DDR-StPO 1974 konnte die Kassation erfolgen, wenn die Entscheidung auf einer Verletzung des Gesetzes beruhte, die Entscheidung im Strafausspruch gröblich unrichtig war bzw. die Begründung der Entscheidung unrichtig war.

Die Entscheidung beruhte auf einer Gesetzesverletzung im Sinne des § 311 DDR-StPO 1974, wenn das Gericht seiner Pflicht zur Sachaufklärung nicht nachgekommen war oder Verfahrensvorschriften verletzt hatte. Im Strafausspruch gröblich unrichtig war eine Entscheidung, wenn die Strafe nach Art und Höhe nicht zum Schutz der sozialistischen Staats- und Gesellschaftsordnung, der Bürger und ihrer Rechte vor kriminellen Handlungen beitrug. Schließlich konnte eine Entscheidung wegen unrichtiger Begründung kassiert werden,

---

zum Umgang mit Strafverfahrensakten, die von den Untersuchungsorganen des MfS ermittelt wurden; vgl. 3. Kapitel, Abschnitt H II.

585 *Nathan*, Rechtspflegeorgane, S. 304; *Steike*, Militärjustiz, S. 125.

586 *Asche*, DDR-Justiz, S. 27.

587 *Wagner*, Militärjustiz, S. 366 f.

588 *Ministerium der Justiz*, Kommentar zur Strafprozessordnung, Vorbemerkung vor § 311 DDR-StPO.

wenn trotz eines im Ergebnis richtigen Urteilsspruchs z.B. falsche Rechtsgrundsätze aufgestellt, eine Strafe fehlerhaft allein mit der negativen Eigenschaft der Persönlichkeit des Täters begründet oder wesentliche gesellschaftliche Ereignisse und Situationen falsch beurteilt wurden. Die im Wege der Kassation vorzunehmende Änderung der Begründung des Urteils musste wesentlich und bedeutsam sein.[589]

Die Kassation war ein Kontrollinstrument insbesondere des OG bei der Anleitung der Rechtsprechung. Sie durchbrach die Schutzwirkung der Rechtskraft und das Verbot der „reformatio in peius".

> „Die Kassation bedeutet eine Auflösung des überspitzten Rechtskraftbegriffs des deutschen juristischen Positivismus. Sie ist aus rechtspolitischen Gründen besonders notwendig, um ungerechte, gegen unsere Ordnung verstoßende Entscheidungen, auch wenn sie schon rechtskräftig geworden sind, zu beseitigen."[590]

Da die Kassation nicht vom Willen einer Partei bzw. den Angeklagten abhängig war, konnte sie gezielt als Leitungsinstrument eingesetzt werden. Diese mögliche Nutzung war mit Zweck der Regelung:

> „Die Kassation als Instrument der wissenschaftlichen Leitung der Rechtsprechung ermöglicht es dem Obersten Gericht und den Bezirksgerichten über die erstinstanzlichen und Rechtsmittelverfahren hinaus anleitend tätig zu werden, die richtige Gesetzesanwendung zu demonstrieren und sich mit neu auftretenden Problemen in der Rechtsprechung politisch orientierend und vorausschauend auseinanderzusetzen."[591]

Nach Roggemann hatte die Kassation in der DDR die Funktion, nachträgliche Entscheidungskorrekturen aus rechtlichen, aber auch aus politischen Gründen zu ermöglichen.[592] Insoweit wurde die Kassation als die „wichtigste Einrichtung zur Aufhebung gesellschaftlich nicht vertretbarer rechtskräftiger Entscheidungen" angesehen und „als eine Methode der Leitung der Rechtsprechung" gezielt genutzt.[593]

Mithin war die Kassation ein politisch-ideologisches Mittel. Dies stellte auch der langjährige Leiter des MKOG und spätere Präsident des OG, Günther

---

589 Ebenda, § 311 DDR- StPO, Anm. 2, 2.3. sowie 2.4.

590 *Benjamin*, Grundsätzliches, S. 150 ff., S. 154; Sektion Rechtswissenschaft, Strafverfahrensrecht, S. 464.

591 *Toeplitz*, Grundlegende Aufgaben, S. 38.

592 *Roggemann*, Lenkungsmechanismen der DDR-Justiz, Gutachten, Dritter Teil, III Kassation.

593 *Grote*, Die DDR-Justiz vor Gericht, *S.* 62; Autorenkollektiv, Strafverfahrensrecht, S. 330 f.

Sarge, in einem Referat vor Leitungskräften der Gerichte in Wustrau vom 2. September 1986 klar. Er erklärte:

> „Ich brauche in diesem Kreis nicht besonders zu betonen, dass wir im Verhältnis zur bürgerlichen Staats- und Rechtsauffassung eine Unabhängigkeit der Richter anderer Art haben, die von der hohen Verantwortung des Richters für die Belange der sozialistischen Gesellschaft ausgeht. Bei uns gilt auch in der Rechtsverwirklichung das Primat der Politik. Und das setzen wir durch. Im tagtäglichen praktischen Gerichtsleben geht es uns darum, der Unabhängigkeit der Richter dadurch Ausdruck zu verleihen, dass in jeder Sache das politische Engagement, das juristische Können, eine hohe Berufsethik sowie die Eigenverantwortung und Entscheidungsfreudigkeit des Richters sichtbar werden. Entscheidungen des Richters, die den gesetzlichen Rahmen nicht verlassen, uns aber nicht gefallen, sind keine Disziplinarangelegenheiten oder Gegenstand von Auseinandersetzungen in Leiterberatungen im Territorium, sondern werden im Rechtsmittel- oder Kassationswege bereinigt."

Diese Aussage ist eindeutig. Als letztes Mittel der Aufhebung oder Änderung einer gerichtlichen Entscheidung hatte das OG bzw. hatten die Militärobergerichte immer noch die Institution der Kassation. Wenn ein Urteil nicht „gefiel", wurde es kassiert. So wurde die Einheitlichkeit der Rechtsprechung gewährleistet.[594]

594 Oberstes Gericht der DDR, Rechtsprechung im Dienste des Volkes, S. 47; vgl. auch *Wagner*, Militärjustiz, Kassation Statistik S 366 f.

4. Kapitel:
Die Spruchpraxis der Militärgerichte

A) Die Methodik der Steuerung in der Praxis

I. Vorbemerkung

Strafsachen im Bereich der militärischen Sicherheit wurden vor dem 1. Juli 1963 – der Gründung der Militärgerichte – vor den ordentlichen Gerichten der DDR verhandelt. In der Zeit danach waren die Militärgerichte zuständig.

Im Folgenden soll die aus den untersuchten Akten ersichtliche Spruchpraxis der Militärgerichte dargestellt werden.

Dabei geht es nicht um die statistische Erfassung der Verfahrensakten. Dies ist bei den Recherchen im Bereich des Militärarchivs – Bundesarchiv Freiburg – schon geschehen,[1] ist aber im Archiv des Bundesbeauftragten in gleicher statistischer Vollständigkeit derzeit nicht umzusetzen, weil die Vorgangsakten weder nach Gerichtsverfahren, noch nach den jeweiligen Militärgerichten, sondern nach Personen archiviert sind.

Der Verfasser bewertet die Spruchpraxis nach den einzelnen Delikten, und zwar beschränkt auf die Fälle der Spionage, der Fahnenflucht, der staatsfeindlichen Hetze, der Wehrdienstverweigerung, der Öffentlichen Herabwürdigung und des Terrors. Innerhalb der Fälle von Spionage wird in die jeweiligen Zeitabschnitte und die dabei gültige Gesetzeslage unterteilt. So wird unterschieden nach der Rechtslage bis zum Inkrafttreten des Strafrechtsergänzungsgesetzes im Jahre 1958, die Zeit der Geltung des Strafrechtsergänzungsgesetzes und des Militärstrafgesetzes – 1958–1968 – und die Zeit nach dem Erlass des Strafgesetzbuches der DDR im Jahre 1968. Die Beispiele sind selektiv nach verschiedenen Zeiträumen ausgewählt und belegen die teilweise willkürlichen und überharten Entscheidungen der Gerichte in den 50er und 60er Jahren und die etwas maßvollere Praxis in der Zeit danach.

Die vom Verfasser ausgewählten Verfahren sind nicht vordringlich danach beurteilt, ob die jeweils vorgeworfenen Straftatbestände tatsächlich nachgewiesen oder das Strafmaß angemessen war. Dies ist nicht der entscheidende Punkt. Es geht vielmehr im Sinne der Arbeit um die Untersuchung, mit wel-

1 *Wagner*, Militärjustiz, S. 204 f.; *Bookjans*, Militärjustiz, S. 151 ff.

cher Methodik, mit welchen Mitteln und in welchem Umfang das MfS die militärgerichtlichen Verfahren steuerte.

Dabei sollen zunächst anhand zweier Beispielsfälle die Mechanismen der Steuerung der Militärjustiz durch das MfS am praktischen Fall dargelegt und erläutert werden.

II. BStU, MfS, GH 11/87: Der Fall des Militärdiplomaten Horst Godehard

Am 2. September 1985 wurde der Militärdiplomat, Oberstleutnant der NVA, seit 1982 Gehilfe des Militärattaches in Polen, Horst Godehard, geb. Pingel, gem. § 85 Abs. 2 DDR-StPO durch die HA IX/1 einer Befragung unterzogen. Vorangegangen war der operative Vorgang (OV) „Baron“, durch den gegen Godehard der Verdacht der Spionage sowie der Versuch einer Fahnenflucht erarbeitet worden war.[2] Konspirative Vorermittlungen führten so im Falle Godehard zur Einleitung eines Ermittlungsverfahrens gem. § 98 DDR-StPO.[3]

In der Verfügung des MfS über die Einleitung des Ermittlungsverfahrens gem. § 98 DDR-StPO wird ausgeführt:

> „Der Beschuldigte ist dringend verdächtig, als Berufsoffizier der NVA nach entsprechenden Vorbereitungshandlungen im September 1985 den Versuch einer Fahnenflucht mit dem Ziel begangen zu haben, unter Einschaltung von Vertretern einer fremden Macht das Staatsgebiet der DDR zu verlassen. Darüber hinaus steht er im dringenden Verdacht, dass er im Zusammenhang mit diesen Kontakten zu Vertretern einer fremden Macht geheim zu haltende Nachrichten zum Nachteil der Interessen der DDR gesammelt und verraten hat. Strafbar gem. § 97 Abs. 1 StGB, § 254 Abs. 1, 2, 3 StGB.“[4]

Am 3. September 1985 wurde Godehard richterlich vernommen und es wurde Haftbefehl erlassen. Die Begründung des Haftbefehls ist inhaltlich dem Text der Einleitungsverfügung des MfS angepasst.[5] Godehard wurde in die UHA I des MfS in Berlin-Hohenschönhausen eingeliefert.

Bereits mit Bericht vom 9. September 1985 – sechs Tage nach Erlass des Haftbefehls und der Anordnung der Untersuchungshaft – wurde durch das MfS der weitere Gang des Ermittlungsverfahrens festgelegt. In diesem Bericht heißt es:

---

2 BStU, MfS 10385/86, Bd. 1, Bd. 2.

3 Ebenda, Bd. 1, S. 15, 30 f., 126 f.

4 Ebenda, Bd. 1, S 15.

5 Ebenda, Bd. 1, S. 30 f.

„Am 2.9.1985 wurden der Oberstleutnant der NVA [...] und dessen Ehefrau [...] durch die HA IX/1 einer Befragung unterzogen, da durch die HA I in Zusammenarbeit mit der HA II in OV 'Baron' der Verdacht auf geheimdienstliche Kontakte zum Zwecke des Verrats erarbeitet worden war."

„Die bisherigen Untersuchungen ergaben:
Im Mai 1985 fasste der Beschuldigte während seines Aufenthaltes in der VR Polen den Entschluss, unter Ausnutzung seiner als Gehilfe des Militärattachés bestehenden Kontakte zu Mitarbeitern der Botschaft der BRD in Warschau, nicht mehr in die DDR zurück zu kehren und seinen neuen Wohnsitz in der BRD zu nehmen. Zu diesem Zweck setzte er sich Mitte Juni 1985 in Warschau telefonisch mit dem ihm als Mitarbeiter des Gesandten der BRD bekannten Dr. X in Verbindung und vereinbarte mit ihm, sich am 18.6.1985 in der Warschauer Gaststätte 'Kuzinza' zu treffen.
Bei dieser Begegnung, an der auch der Gesandte der Botschaft der BRD, .., teilnahm, teilte Godehard mit, dass er den Entschluss zur Übersiedlung in die BRD gefasst habe und die Unterstützung der Botschaft der BRD zur Realisierung dieses Vorhabens erbitte. Gleichzeitig erklärte er, diesen Schritt ohne seine Familie vollziehen zu wollen. Um sein Vorhaben zu beschleunigen, teilte Godehard weiterhin mit, dass für ihn bis zur Rückkehr seines Vorgesetzten am 4.7.1985 aus dem Urlaub die Möglichkeit der Mitnahme von Dokumenten bestehen würde und er bereit sei, entsprechende dienstliche Unterlagen mitzubringen. Aus demselben Grund brachte Godehard zum Ausdruck, nach Möglichkeit sein Vorhaben bis zum Antritt seines Urlaubs am 23.7.1985 zu realisieren. Um sein Vorhaben nicht zu gefährden, hatte Godehard bis zu seiner Festnahme keine Personen, auch nicht seine Ehefrau, in Kenntnis gesetzt.

Schwerpunkte der weiteren Untersuchung:

1.
Weitere Klärung und Detaillierung des Gesamtumfangs der strafbaren Handlungen des Godehard, insbesondere zum Teilablauf, zur beabsichtigen oder bereits erfolgten Informationsauslieferung und zur Einbeziehung weiterer Diplomaten kapitalistischer Vertretungen.

2.
Tiefgründige Aufklärung der Ursachen und begünstigender Bedingungen im Arbeitsbereich des Godehard, insbesondere solcher, die vom Gegner für zielgerichtete Angriffe in die DDR und ihre diplomatischen Vertretungen genutzt werden können.

Im Interesse der weiteren Wahrung der Konspiration und um laufende operative Maßnahmen der HA II im diplomatischen Bereich nicht zu gefährden, wurde die Ehefrau des Godehard mit deren Einverständnis vorläufig in einem operativen Objekt untergebracht. Aus demselben Grunde wurden die Kinder [...], 22 Jahre, Offiziersschüler an der OHS 'Ernst-Thälmann' in Löbau [...], 17 Jahre, Fachschülerin für Krippenerzieher, Internat MfAA, Berlin-Treptow [...], 16 Jahre, Schülerin, Internat MfAA, Königswusterhausen, von der Inhaftierung ihres Vaters noch nicht unterrichtet.

Auf der Grundlage der Bereitschaft die [...] erforderlichen Maßnahmen des MfS zu unterstützen, wird in Abstimmung mit der HA I und der HA II vorgeschlagen:

- Frau [...] nach Hause zu entlassen, sie zu verpflichten, keine Verbindung zu Angehörigen der DDR-Botschaft in Warschau sowie ihrer Arbeitsstelle aufzunehmen und ihr eine geeignete Arbeitsstelle in der DDR zu vermitteln,
- die Kinder der [...] über die Inhaftierung ihres Vaters zu unterrichten, wobei ihnen lediglich mitgeteilt wird, dass ihr Vater die Familie verlassen und sich durch Fahnenflucht ins westliche Ausland absetzen wollte,
- den Sohn [...] die Ausbildung an einer zivilen Hochschule fortsetzen zu lassen und ihm anschließend eine berufliche Tätigkeit im zivilen Bereich zu vermitteln,
- die Umschulungen der Töchter in die territorial zuständigen Bildungseinrichtungen zu veranlassen,
- Frau [...] durch die HA I zu kontaktieren und durch operative Maßnahmen die Einhaltung getroffener Abmachungen zu überprüfen.
- Die Abwesenheit des Ehepaars Godehard in Warschau wird vorerst mit der Lösung dienstlicher Aufgaben in der DDR begründet. Die Durchsuchung der Wohn- und Diensträume des Godehard in Warschau erfolgt auch aus diesen Gründen konspirativ.“[6]

Dieser Bericht ist mit dem handschriftlichen Vermerk Mielkes „einverstanden“ versehen.[7]

Godehard wurde mit Urteil des MOG Berlin – BS 1-09/86 MOG-Be – zu einer Freiheitsstrafe von zehn Jahren verurteilt (Verbrechen gem. §§ 97 Abs. 1 und 2, 108, 254 Abs. 1 und 2, Ziff. 1 Abs. 3 DDR-StGB). Im Urteil wird ausgeführt:

> „Der Angeklagte hat aber auch seinen feierlich geleisteten Fahneneid und das in ihn gesetzte Vertrauen schändlich gebrochen und damit gegenüber seinem sozialistischen Vaterland einen verabscheuungswürdigen Treuebruch begangen. Er stellte die persönlichen vor die gesellschaftlichen Interessen und hinterging sein Kollektiv und seine Familie. Weiterhin war zu beachten, dass er seine diplomatische und militärische Dienststellung zur Herstellung und Aufrechterhaltung landesverräterischer Verbindungen missbrauchte, durch die Offenbarung seiner Verratsabsichten gegenüber den Vertretern einer fremden Macht das Ansehen der DDR im Ausland in Misskredit brachte und bis zu seiner Festnahme hartnäckig an der Ausführung der Verbrechen festhielt.“[8]

Das Ermittlungs- und Urteilsverfahren weist diverse Besonderheiten auf:[9]

---

6 Ebenda, S. 126 f.

7 Ebenda.

8 Ebenda, Bd. 5, S. 95 f.

9 Ebenda, Bd. 6, S. 21 ff.

Es ist festzustellen, dass die Konzeption der Durchführung des Verfahrens gem. Bericht vom 9. September 1985 bis zum Erlass des Urteils des MOG Berlin beachtet wurde. Im Einzelnen:

- Godehard wurde – wie auch in anderen Fällen üblich – im Verlaufe der Ermittlungen aus der NVA entlassen und aus der SED ausgeschlossen.
- Der Schlussbericht enthält den Antrag, unter Ausschluss der Öffentlichkeit zu erhandeln.
- Als Pflichtverteidiger wird Rechtsanwalt Cheim beigeordnet. Rechtsanwalt Cheim war in diversen militärgerichtlichen Verfahren als Pflichtverteidiger tätig und befindet sich auch auf der Liste der Anwälte des MfS.[10]
- Die Ladung zum Termin vor dem MOG Berlin wird Godehard lediglich zur Kenntnis gegeben; dies gilt auch für die Anklageschrift, die Godehard lediglich durchlesen konnte; der Eröffnungsbeschluss enthält eine vorweg genommene Wertung und Beweiswürdigung.[11] Im Vergleich zum Schlussbericht des MfS und der Anklageschrift der Militäroberstaatsanwaltschaft ist eine inhaltliche Überlappung festzustellen.
- Die Verhandlung wurde nicht öffentlich durchgeführt; die Teilnehmer der Verhandlung – vgl. Liste – wurden zum Stillschweigen verpflichtet; es nahmen lediglich ausgesuchte Offiziere der NVA und des MfS an der Hauptverhandlung teil.[12]

Es muss nach allem festgestellt werden, dass es sich bei dem Verfahren Godehard um ein „Zentral ermitteltes Verfahren" vor dem MOG Berlin handelte.[13] Der Vorsitzende, Oberst Werner, war „ein verlässlicher" Richter.[14]

Im Fall Godehard ist zu beachten, dass das geplante Verbrechen der Spionage und der Fahnenflucht nicht zur Ausführung kam. Es blieb im Anfangsstadium. Godehard hatte lediglich Dokumente, insgesamt 8 Stück, zur Auslieferung an einen BRD-Geheimdienst ausgewählt. Es handelte sich im Wesentlichen um Analysen und Wertungen der Partei- und Staatsführung der Volksrepublik Polen und ähnliche Dokumente. Außerdem soll er sich angeblich vorgenommen haben, weitere Geheimnisse mündlich zu offenbaren, insbesondere was die Grenztruppen der DDR etc. angeht. Das Urteil ist sehr hart. Allerdings war in dem vergleichbaren Fall Dr. Teske im Jahre 1981 noch die Todesstrafe verhängt worden.

---

10 Vgl. Anlage 2, Dokument 4.

11 Ebenda Bd. 6, S. 22.

12 Vgl. nachstehende Liste.

13 Vgl. 3. Kapitel, Abschnitt H III.

14 Vgl. 3. Kapitel, Abschnitt D II 7 c.

Teilnehmer am Prozeß gegen Godehard

Oberstleutnant Starke, Eberhard	- A 140029
Major Fiedler, Gottfried	- A 116291
Major Heinke, Jürgen	- A 120275
Major Wenzel, Heinz	- A 143091
Hptm. Thierfelder, Dieter	- A 141072
Oltn. Bemm, Michael	- A 112345
Oberst Müller, Herbert	- 74/0918370
Oberst End, Peter	- 73/499020
Oberst Niemand, Werner	- 72/000012
Oberst Leuner, Wolfgang	- 72/239826
Kpt.z.S. Schröder, Karl-Heinz	- 72/295060
OSL Albrecht, Bernd	- 74/0918371
Freg.Kpt. Weinert, Hans-Jürgen	- 72/473297
Ltn. Kromer	HA II
Ltn. Geißler	HA II
Oltn. Kolbe	HA IX/1
Major Müller	HA IX/1

(Abb. Teilnehmerliste Prozess Godehard)

Am 2. März 2012 führte der Verfasser ein Interview mit Horst Godehard. Sein Erlebnisbericht als Zeitzeuge wird vom Verfasser wie folgt zusammengefasst:

Als Grund für seinen versuchten Übertritt gibt G. an, dass er sich ab dem Jahre 1984 mit der Frage eines Übertritts in die BRD beschäftigt habe. Die ihm zugänglichen, vertraulichen Lageberichte besagten etwas anderes als was „parteioffiziell" verlautete. Er konnte „den Schwindel nicht mehr länger mit machen und hegte die Befürchtung, wegen der von ihm in Parteiversammlungen geübten Kritik aus Warschau abgezogen zu werden". Er suchte daher im Sommer 1985 Kontakt zu Diplomaten der BRD. Die letzte Begegnung fand kurz vor seinem Urlaub am 17. Juli 1985 statt und wurde offensichtlich von einem IM „belauscht". Dieses Gespräch war dann Grund für die Anlegung des OV „Baron".

Der Gesandte der BRD erklärte bei dem vorerwähnten Gespräch am 17. Juli 1985, Godehard solle Ruhe bewahren und erst einmal in Urlaub fahren. Danach werde man weiter sehen.

Den Urlaub verbrachte Godehard mit seiner Frau in Prora auf Rügen. Auf der Rückfahrt aus dem Urlaub nach Warschau am 31. August 1985 wurde Godehard festgenommen. Das MfS hatte auf der Autobahn Berlin-Frankurt/Oder eine „Autobahnkontrolle" aufgebaut. Durch das Aufstellen von Geschwindigkeitsschildern wurde eine Verkehrskontrolle vorgetäuscht, in deren Zuge G. auf einen Parkplatz geleitet und angehalten wurde.

Vom 31. August 1985 bis zu seiner offiziellen Verhaftung am 3. September 1985 sei G. vom MfS mit dem Ziel der Ablegung eines Geständnisses „Tag und Nacht" vernommen worden. Diese ersten Vernehmungen fanden in einem konspirativen Objekt statt. Spätere Vernehmungen während der Untersuchungshaft in Hohenschönhausen seien immer in der Untersuchungshaftanstalt Magdalenenstraße durchgeführt worden. G. erklärte, er sei von vorne herein davon ausgegangen, dass das MfS „etwas wusste". Er habe das weitere Verfahren bis zum Urteil wie „in Trance" erlebt.

In der Untersuchungshaft sei G. korrekt behandelt worden. Der Vernehmer, ein Oberleutnant, sei sehr sachlich und korrekt mit ihm umgegangen. Wenn die Vernehmungen einmal „stockten" wurde der Vorgesetzte des Vernehmers, ein Major, hinzugerufen. Der sei dann auch schon mal laut geworden und habe mit scharfem Ton G. veranlasst, bei der Sache zu bleiben.

Besuche während der Untersuchungshaft fanden einmal im Monat unter Aufsicht statt.

Der Verteidiger, Rechtsanwalt Cheim, sei erst nach Vorlage der Anklageschrift beigeordnet worden. Der Vernehmer habe G. befragt, welchen Anwalt er haben wolle. Da G. keinen Anwalt kannte, habe ihm der Vernehmer eine Anwaltsliste vorgelegt und den Anwalt Cheim herausgesucht.

Godehard habe während des militärgerichtlichen Verfahrens den sicheren Eindruck gehabt, „dass alles vorher fertig und abgesprochen war“. Dies gelte auch für das Strafmaß. Sein Verteidiger habe ihm schon vorher erklärt, die Strafe werde „zweistellig“. Auch der Vernehmer habe ihm das so vorhergesagt.

Die Hauptverhandlung vor dem Militärgericht habe er als inszeniertes „Schauspiel“ empfunden. Seine Strafhaft verbüßte G. ebenfalls in der Untersuchungshaftanstalt des MfS in Hohenschönhausen. Er war einem Handwerkerkommando zugeteilt, das aus ca. 20 Personen bestand. Die Unterbringung erfolgte in einem Sondertrakt. Bei dem Handwerkerkommando handelte es sich um einen „bunt gewürfelten und gemischten Haufen“. Im Kommando befanden sich Kriminelle und politische Gefangene.

G. erklärte, Gewalt sei während der Haft nicht angewendet worden. Allerdings sei die psychische Belastung äußerst stark gewesen. G. wurde am 18. Dezember 1989 im Zuge einer Amnestie für politische Gefangene aus der Haft entlassen. Nach eigenen Angaben hat er später „Haftentschädigung“ erhalten.

III. BStU, MfS, GH 148/86: Der Spionage-Fall der West-Berliner Senatsangestellten Martina Kohl

Mit Urteil des MOG-Berlin – 1. Militärstrafsenat – BS-1-6/79 MOG-Be-STR.IA-47/79S vom 13. Juli 1979 wurde Martina Kohl, geb. 28. Dezember 1953, Angestellte der Senatsverwaltung Berlin-West zu einer Freiheitsstrafe von 10 Jahren wegen Spionage gem. § 97 Abs. 2 in Verbindung mit § 108 DDR-StGB verurteilt. Der Vorsitzende war Oberst Wagner. Militärstaatsanwalt war Oberst Werner.[15] Kohl war geständig, seit November 1977 für den amerikanischen Geheimdienst tätig gewesen zu sein. Gelegentlich privater Besuchsreisen bzw. Touristenaufenthalte in der DDR führte sie Erkundungen von insgesamt sieben Kasernen der Sowjetarmee in Karl-Marx-Stadt und Frankfurt/Oder sowie einem Objekt der NVA in Bärenstein durch. Weiterhin spionierte sie Antennenanlagen des MfS in Oberwiesenthal sowie die Lage und Beschaffenheit von zwei Betrieben der Verteidigungsindustrie und einem Tanklager aus.

Martina Kohl war mit ihrem Ehemann am 18. Februar 1976 aufgrund eines Ausreiseantrages offiziell nach West-Berlin übergesiedelt. Bereits zuvor und auch nach der Übersiedlung hatte Martina Kohl Kontakt zu einem Bekannten

15 BStU, MfS, HA IX GH 148/86; zur Person Wagner und zur Person Werner vgl. 3. Kapitel, Abschnitt D II 7 b, 7 c.

aus Annaberg, den IMV des MfS „Curt Krause“. Ihm teilten die Eheleute Kohl im Jahre 1976 mit, dass eine Anwerbung durch den amerikanischen Geheimdienst erfolgt sei, „um unter Ausnutzung der vorhandenen Rückverbindungen in die DDR Spionage durchzuführen.“[16]

Das MfS – BV Karl-Marx-Stadt – legte daraufhin den Operativ-Vorgang „Koch“ an und bearbeitete Martina Kohl in der Folge „operativ“. Im 42-seitigen Abschlussbericht der BV Karl-Marx-Stadt vom 13. November 1978 heißt es, dass der IMV „Curt Krause“ auftragsgemäß Kontakt zu Martina Kohl hielt. Es habe sich eine vertrauliche Beziehung entwickelt. Durch die operative Tätigkeit des IMV in den Jahren 1976–1978 ist die Spionagetätigkeit der Martina Kohl dem MfS in allen Einzelheiten bekannt geworden. Im Bericht der BV Karl-Marx-Stadt wird dann abschließend vorgeschlagen, den Operativ-Vorgang abzuschließen, Martina Kohl bei ihrer nächsten Einreise in die DDR festzunehmen und ein Ermittlungsverfahren mit Haft durchzuführen.[17]

Auch im Falle Martina Kohl ist ein zentral ermitteltes Verfahren festzustellen. Zuständig wäre die BV Karl-Marx-Stadt gewesen. Mitarbeiter der BV Karl-Marx-Stadt führten in der HA IX/1 in Berlin die Ermittlungen durch.[18]

Im Eröffnungsbeschluss zum Hauptverfahren wird wiederum eine vorweg genommene Beweiswürdigung vorgenommen und der Tatbestand der Spionage als gegeben hingestellt. Die Öffentlichkeit im Verfahren wurde ausgeschlossen. Ausgesuchte Teilnehmer des MfS nahmen an der Hauptverhandlung teil. Das Urteil wurde Martina Kohl lediglich zur Kenntnis gegeben.[19]

Für die Hauptversammlung gab das MfS die Marschroute vor. Im Vorschlag zur publizistischen Auswertung der Hauptverhandlung vom 9. Juli 1979 heißt es wörtlich:[20]

> „Am 12.7.1979 findet unter Ausschluss der Öffentlichkeit vor dem MOG Berlin die Hauptverhandlung gegen die Bürgerin von Berlin (West) Kohl, Martina [...] wegen Spionage für den amerikanischen Geheimdienst statt.
>
> Durch den Militärstaatsanwalt wird eine Freiheitsstrafe von 10 Jahren beantragt. Die Urteilsverkündung ist für den 13.7.1979 vorgesehen.
>
> Die Kohl wurde im November 1977 vom amerikanischen Geheimdienst in West-Berlin zur Militärspionage gegen die DDR und die auf ihrem Gebiet stationierten sowjetischen Streitkräfte angeworfen, ausgebildet und ausführlich instruiert. Unter

---

16 Ebenda, Bd. 5, S. 129.

17 Ebenda, Bd. 5, S. 128 ff.

18 BStU, ebenda, Bd. 5, S. 67.

19 Ebenda, S. 30, 35 ff., 46 f., 51.

20 Ebenda, S. 59 f.

> Missbrauch des Reiseverkehrs führte sie im Jahre 1978 auftragsgemäß drei als private Besuchsreisen bzw. Touristenaufenthalte getarnte Einreisen in die DDR durch, bei denen Sie mit hoher Intensität zwanzig als Spaziergänge und Wanderungen abgedeckte Erkundungen von insgesamt 7 Kasernen der Sowjetarmee in Karl-Marx-Stadt und Frankfurt (Oder) sowie einem Objekt der NVA in Bärenstein vornahm.
>
> Weiterhin spionierte sie Antennenanlagen des MfS in Oberwiesenthal sowie die Lage und Beschaffenheit von 2 Betrieben der Verteidigungsindustrie und einem Tanklager aus. Auftragsgemäß berichtete sie ständig über das Kontrollregime bei der Grenzpassage.
>
> Die von ihr gesammelten Spionageinformationen notierte sie teilweise mit einem vom Geheimdienst erhaltenen Geheimschreibstift.
>
> Über die am 16.12.1978 erfolgte Festnahme der Kohl wurde eine ADN-Meldung veröffentlichlicht, wonach die Sicherheitsorgane der DDR eine gefährliche Spionin eines Nato-Geheimdienstes verhaftet haben.
>
> Es wird gebeten, beiliegende von der Abeilung Agitation gefertigte und mit der HA II abgestimmte Meldung zur Veröffentlichung am 13.7.1979, 17.00 Uhr, zu bestätigen."

Dieser Vorschlag ist ebenfalls mit „einverstanden Mielke" handschriftlich abgesegnet worden.

Bemerkenswert ist, dass das MfS am 9. Juli 1979 bereits feststellte, dass am 12. Juli 1979 unter Ausschluss der Öffentlichkeit vor dem MOG Berlin die Hauptverhandlung stattfinden sollte. Auch die Urteilsverkündung wurde bereits für den 13. Juli 1979 terminiert. Der Strafvorschlag von zehn Jahren entspricht dem Urteil.

Der Vorschlag des MfS vom 9. Juli 1979 befindet sich in der Gerichtsakte und lag dem MOG Berlin offensichtlich vor.

Die von Martina Kohl handschriftlich eingelegte Berufung wurde seitens des OG der DDR als „offensichtlich unbegründet" durch Beschluss zurückgewiesen. Den Beschluss unterzeichneten Oberst Nagel als Vorsitzender, Hauptmann Benkenstein sowie Oberstleutnant Knoche.[21]

---

21 BStU, ebenda Bd. 10, S. 133 f.; zu Knoche und Nagel vgl. 3. Kapitel, Abschnitt D II 3, 7 f.

IV. Spionagefälle bis zum Inkrafttreten des Strafrechtsergänzungsgesetzes 1958

1. Vorbemerkung

Eine spezielle Strafrechtsnorm für die Spionage existierte bis zum Inkrafttreten des Strafrechtsergänzungsgesetzes 1958 nicht. Regelmäßig wurde Art. 6 Abs. 2 der Verfassung der DDR 1949 in Verbindung mit der KRD 38 angewandt. Alle vom Verfasser im Archiv des Bundesbeauftragten recherchierten Spionagefälle wurden nach den vorgenannten Bestimmungen abgeurteilt.

2. Einzelfälle

BStU, MfS, AU 309/52 Möhring

Der früheste im Archiv des Bundesbeauftragten recherchierte Fall betrifft Hermann Möhring. Er war Lehrkraft an der Parteihochschule „Karl-Marx" des ZK der SED. Im Jahre 1948 flüchtete er nach West-Berlin. Am 7. November 1952 wurde er in der Berliner S-Bahn von einem „Genossen des ZK" erkannt und festgenommen. In dem von Mielke bestätigten Haftbeschluss des MfS vom 8. November 1952 heißt es:

> „Möhring ist ein alter Trotzkist, der bis zu seiner Verhaftung eine äußerst rege partei- und staatsfeindliche Tätigkeit betrieben hat. Er steht außerdem in dem dringenden Verdacht, für den amerikanischen und französischen Geheimdienst Agentendienste zu leisten."[22]

Die Einlieferungsanweisung in die Haftanstalt in Pankow am 8. November 1952 enthält den Vermerk, dass der Name „Möhring" in der Haftanstalt nicht genannt werden sollte.[23]

Nach dem Inhalt des Festnahmeberichtes vom 27. November 1952 wurde gegen Möhring umfangreiches Belastungsmaterial gesammelt. Dieses wurde mitsamt dem Häftling den „Freunden" übergeben. Die weitere Bearbeitung erfolgte durch die „Freunde".[24]

Das sowjetische Militärtribunal verurteilte Möhring am 13. Mai 1953 zu 25 Jahren Freiheitsentzug. Das Urteil begründet die Haftstrafe kurz und knapp, ohne auf eine konkrete Strafbestimmung Bezug zu nehmen.[25] Von 1952–1955 verbüßte Möhring seine Strafe in der Sowjetunion. Im Jahre 1955 wurde er in

---

22 BStU, MfS, AU 309/52, Bd. 1, S. 5.

23 Ebenda, S. 6.

24 Ebenda S. 7; Freunde sind die sowjetischen Berater und deren Militärtribunale.

25 Ebenda, Bd. 2, Gefangenenakte, S. 11, 12.

die Haftanstalt Bautzen, anschließend ab 1958 in das Zuchthaus Brandenburg verlegt. Möhring wurde erst im Jahre 1964 in die BRD entlassen.

BStU, MfS, AU 67/55 Tiemann, Karl-Albrecht

Der nächste recherchierte Fall betrifft Karl-Albrecht Tiemann. Dieser betrieb von Berlin-West aus in der DDR über ein ausgeprägtes, von ihm geschaffenes Agentennetz im Auftrage verschiedener westlicher Geheimdienste, für die er offiziell arbeitete, seit dem Jahre 1951 Spionage.[26] Die Anklage gegen den in Berlin-Wannsee wohnenden Tiemann wurde dem 1. Strafsenat des Bezirksgerichts in Cottbus am 3. Februar 1955 vorgelegt.[27] Mit Urteil des BG Cottbus,– 1 Ks 23/55– vom 3. März 1955 wurde Tiemann zum Tode verurteilt. (Art. 6, KDR 38). Im Eröffnungsbeschluss und im Urteil wurde die Zuständigkeit des BG Cottbus mit der „Weisung des MfS" begründet.

Nicht nur der „Gesetzliche Richter" wurde durch das MfS bestimmt. Das gesamte Verfahren wurde gesteuert: Im Schreiben des Generalstaatsanwaltes der DDR an den Staatsanwalt des Bezirks Cottbus heißt es: „Anliegend übersende ich die Akten zur Anklageerhebung vor dem dortigem Bezirksgericht. Bei Tiemann halte ich es für erforderlich, die Höchststrafe zu beantragen."[28]

Bemerkenswert und Beleg für die Manipulation der Verfahrens ist der Aktenvermerk der MfS vom 2. März 1955. Hier heißt es:

> „1. Mit Bezirksstaatsanwalt wurden alle Maßnahmen der Gewährleistung der strengsten Konspiration veranlasst.
>
> a. Verlässlicher Richter, Die besten Schöffen,
> b. die fortschrittlichsten Rechtsanwälte,
> c. keinerlei Auswertungen des Verfahrens innerhalb der Staatsanwaltschaft und des Gerichts,
> d. strengster Ausschluss der Öffentlichkeit
>
> 2. Mit Staatsanwalt wurden Absprachen geführt, um ihm Hinweise zur besseren Vernehmung und entsprechende Argumente gegen Tiemann zu geben.
>
> 3. In ähnlicher Form wurde dem Gericht entsprechende Hilfe gegeben."[29]

Bezeichnend ist auch die folgende Aktennotiz des MfS vom 23. Dezember 1954:[30]

---

26 BStU, MfS, AU 67/55, Bd. 3, S. 4 ff.

27 Ebenda, Bd. 4, S. 75 ff.

28 Ebenda, Bd. 7, S. 44.

29 Zitiert nach *Fricke*, Staatspartei und Staatssicherheit, S 202; vgl. auch *Engelmann*, Opposition und Widerstand, S. 308.

30 BStU, ebenda, Bd. 3, S. 243.

„Es wird gebeten, folgende Personen im Prozess gegen Tiemann u.a. nicht zu erwähnen:

a) 1. Dr.

2. V.

Beide befinden sich in West-Berlin bzw. West-Deutschland.

b) [Es folgen Aufzählungen von Personen 1–15]. Diese Personen konnten teilweise noch nicht ermittelt werden, zum Teil laufen Ermittlungsverfahren gegen sie. Es wird deshalb gebeten, die angeführten Personen zeugenschaftlich und im Prozess nicht zu verwenden."

Tiemann war am 1. August 1954 vom MfS aus West-Berlin entführt und anschließend in Untersuchungshaft genommen worden. Der Vorwurf, Verbindung zu westlichen Nachrichtendiensten gehalten zu haben, wurde von Tiemann nicht bestritten. Er verwies allerdings im Ermittlungsverfahren und auch vor Gericht darauf, dass er als Angestellter eines Geheimdienstes von West-Berlin aus legal tätig war. Tiemann trat auch vor Gericht sehr mutig auf. Zu Beginn der Verhandlung bestritt er die Rechtmäßigkeit des Verfahrens, da er auf rechtswidrige Weise mit Gewalt in die DDR gebracht worden sei.[31]

Diesem Einwand trat das Gericht entgegen, indem es auf ein Dokument – Vermerk – des MfS verwies, wonach Tiemann angeblich im „Demokratischen Sektor" der Hauptstadt der DDR festgenommen worden sei. Das Gericht wertete diesen Vermerk als „amtlichen Bericht."[32]

Außerdem sprach Tiemann davon, er sei während der Ermittlungen in der Untersuchungshaft zusammengeschlagen worden; er kritisierte auch die Vernehmungsprotokolle des MfS, die seine Aussagen nicht korrekt wiedergäben. Das ungewohnte Auftreten des Angeklagten Tiemann setzte Staatsanwalt und Richter dermaßen zu, dass sie in den Verhandlungspausen mehrfach Argumentationshilfe vom Vertreter des MfS einholen mussten.[33]

Gegen das Urteil des BG Cottbus legte Tiemann Berufung ein. Über diese verhandelte das OG – 1a Ust 46/55– in der Besetzung Oberrichter Möbius, Richter Reinwarth und Richter Kubasch am 1. April 1955. Die Berufung wurde zurückgewiesen.[34]

Das Todesurteil gegen Tiemann wurde am 26. Juli 1955 in Dresden vollstreckt.

---

31 BStU, ebenda, Bd. 3, S. 95.

32 Ebenda, S. 244

33 Ebenda, S. 94 ff.; *Engelmann*, ebenda, S. 309.

34 BStU, ebenda, S. 146 ff.

Berichterstatter im Berufungsverfahren war der Richter am OG Reinwarth. Gegen diesen Richter – die beiden anderen Richter, Oberrichter Möbius und Richter Kubasch waren zwischenzeitlich verstorben – wurde nach der Vereinigung wegen Rechtsbeugung ermittelt. Am 10. Januar 1996 verurteilte das LG Berlin – (522) 30 Js 1277/91 KLs (45/95) – Reinwarth u.a. wegen des Falles Tiemann zu einer Gesamtfreiheitsstrafe von 1 Jahr und 6 Monaten; die Vollstreckung der Strafe wurde zur Bewährung ausgesetzt.[35]

In den Urteilsgründen heißt es:

> „Der Angeklagte Reinwarth erkannte als Berichterstatter – ebenso wie der nach seinen Angabe stets gut auf die Verhandlung vorbereitete Vorsitzende Möbius – bei Durcharbeitung der Akten, dass das Bezirksgericht Cottbus, von dem er ohnehin wusste, dass es für extrem harte Strafen bekannt war, die Einlassung des damaligen Angeklagten Tiemann verdreht und falsch dargestellt hatte, um zu einer Verurteilung zu kommen und die Todesstrafe verhängen zu können. Das Bezirksgericht hatte eindeutig gegen § 220 der StPO der DDR verstoßen. Der Senat des Obersten Gerichts war zur Überprüfung des Urteils in Bezug auf genügende Aufklärung und richtige Feststellung des Sachverhalts verpflichtet (§ 280 Nr. 1 der StPO). Indem der Angeklagte nicht auf die gravierenden Mängel des Urteils hingewiesen, sondern für die Verwerfung der Berufung gestimmt hat, hat er nach Überzeugung der Kammer wissentlich gesetzwidrig zu ungunsten des Angeklagten Tiemann entschieden. Darüber hinaus erkannte der Angeklagte, der, wie er selbst gesagt hat, seit jeher ein Gegner der Todesstrafe ist und wusste, dass diese, wie er selbst zugegeben, nur für die härtesten Verfehlungen angewendet werden durfte, dass im Fall Tiemann die Verhängung der Todesstrafe ungerecht war und einen Verstoß gegen die Menschenrechte darstellte."[36]

Das Urteil gegen Reinwarth hatte auch vor dem Bundesgerichtshof und dem Bundesverfassungsgericht Bestand.[37]

Der BGH führt in seinem Urteil vom 16. November 1995 aus:

> „Bei alledem verkennt der Senat nicht, dass strafbare Spionagetätigkeit auch im Verrat nicht geheimer und für sich allein nicht bedeutsamer Erkenntnisse liegen kann, die für einen gegnerischen Geheimdienst in ihrem Zusammenhang, auch mit anderen Erkenntnissen, wesentlich sein können (vgl. Bundesverfassungsgericht BVerfGE 57, 250, 263f. zu § 99 StGB) und dass der Umfang auch derartiger Spionagetätigkeit soweit gehen kann, dass er die Wertung schwerer Kriminalität gestattet. An schwerster Schuld, die mit Rücksicht auf die angenommene Gemeingefährlichkeit von Spionage für das gegnerische System in der dargestellten Tatzeitsituation des 'kalten Krieges' eine Gleichstellung mit schweren Kapitalver-

35 Urteil des LG Berlin vom 10.1.1996, zitiert nach *Marxen / Werle*, Rechtsbeugung Bd. 5 1. Teilband, S. 347 ff.

36 Ebenda, S. 421.

37 Ebenda, S. 457 ff. und S. 183 ff.

> brechen als nachvollziehbar und damit die Verhängung der Todesstrafe als nicht rechtsbeugerisch erscheinen lässt, fehlte es gleichwohl offensichtlich. [...].
>
> Dementsprechend sind der Stil der Rechtsausführungen und die Strafzumessungserwägungen des Obersten Gerichts weithin phrasenhaft; der Angeklagte selbst hat in seiner Einlassung eingeräumt, dass einige Passagen des Urteils, die indes der seinerzeit amtierende Vorsitzende eingefügt habe, im 'Freisler'-Stil abgefasst seien."[38]

Und weiter heißt es:

> „Der Einwand Tiemanns, seine Tätigkeit sei am Ort der Handlung (West-Berlin) nicht mit Strafe bedroht gewesen, wird beantwortet mit der Erwägung, das Argument des Angeklagten stelle 'nichts anderes als eine unerhörte Anmaßung' dar, die ihn „nur einmal mehr als 'abgefeimtesten Verbrecher' charakterisiere"; [...] Ein vom Vorsitzenden eingefügter Satz lautete: 'Vor Elementen wie der Angeklagte kann sich die friedliebende Menschheit nur durch deren Austilgung wirksam schützen'. [...] In einem so begründeten Todesurteil kommen schon in der Wortwahl unmissverständlich der unbedingte Wille zur physischen Vernichtung eines politischen Gegners, ohne Rücksicht auf dessen persönliche Schuld und der Wunsch nach genereller Abschreckung auch um den Preis eines Menschenlebens zum Ausdruck. Dies ist willkürliches Töten unter dem Vorwand eines justizförmigen Verfahrens."[39]

BStU, MfS, AU 16/55 (11 Bände) Berk

Der türkische Staatsbürger Berk Alp-Kaya Cevat war angeblich Mitarbeiter des „Untersuchungsausschusses freiheitlicher Juristen".[40] Ihm wurde vorgeworfen, Boykott- und Kriegshetze betrieben zu haben und durch faschistische Propaganda sowie durch Verbreitung tendenziöser Gerüchte den Frieden gefährdet zu haben. Wohnhaft in Berlin-West wurde A.-K. vor dem BG Rostock, 1a Strafsenat, angeklagt.

Mit Urteil vom 14. Dezember 1954 – I Ks 205/54 –, Vorsitzende: Richterin am BG Schmidt, wurde A.-K. zu einer Freiheitsstrafe von 10 Jahren verurteilt. Anzuwendende Strafbestimmungen waren Artikel 6 Verfassung DDR und KDR 38 Artikel III A III.

Die Sitzung begann um 9.00 Uhr. Das Urteil wurde um 16.00 Uhr verkündet. Das Urteil mit Begründung in Maschinenschrift umfasst fünf eng beschriebene Seiten, so dass der Eindruck nicht von der Hand zu weisen ist, dass das Urteil in weiten Teilen schon vor der Verhandlung abgesetzt war.

---

38 Ebenda, S. 467 f.

39 Ebenda, S. 468.

40 BStU, MfS, AU 16/55, Bd. 2, S. 7 f.

Im Urteil wird ausgeführt, dass A.-K. Kriegshetze, Propaganda betrieben und tendenziöse Berichte verbreitet habe.

Im Strafvorschlag des Generalstaatsanwaltes an den Staatsanwalt des Bezirks Rostock wird die Anweisung gegeben, dass eine Strafe zwischen 8 – 10 Jahren erforderlich ist. Im Sitzungsbericht des Staatsanwaltes wird mitgeteilt:

> „Die Hauptverhandlung bestätigte die Richtigkeit der Anklageschrift. Der Angeklagte bestreitet alle ihm zur Last gelegten Verbrechen bis auf 2 Klebe- und Flugblattaktionen. Durch die glaubwürdigen Zeugenaussagen und durch das vorhandene Beweismaterial gilt der Angeklagte als unbedingt überführt. Sein Leugnen kann keinesfalls durchgreifen. Nur eine langjährige Freiheitsstrafe kann die friedliebende Menschheit vor diesem Verbrecher schützen. Weisungsgemäß beantragte ich 10 Jahre Zuchthaus. Rechtskräftig.“

BStU, MfS, AU 15/55 Herbert L.[41]

Dem Angeklagten Herbert L. wurde vorgeworfen, für die Spionageorganisation Gehlen tätig gewesen zu sein. Er soll Staatsbürger der DDR als Agenten angeworben und politische Spionage betrieben haben. Angeklagt wurde L. nach Artikel 6, KGR 38. Der Haftbefehl datiert vom 3. August 1954,

Der Akte ist ein Strafvorschlag vom 8. Oktober 1954– 12–15 Jahre – zu entnehmen.[42] Das Gericht verurteilte den Angeklagten mit Urteil vom 23. November 1954– I Ks 185/54 BG Rostock, Richterin am Bezirksgericht Schmidt– zu 15 Jahren Zuchthaus (Art. 6 Verf. DDR, KGR 38).

BStU, MfS, AU 60/55 Horst T.

Der Hauptmann der KVP, Horst T., wurde wegen der Nichtanzeige eines Verbrechens der Spionage gemäß § 139 DDR-StGB zu 5 Jahren Freiheitsentzug verurteilt. Teuscher war wohnhaft in Halle. Er wurde vor dem Bezirksgericht Schwerin angeklagt. Ihm wurde die Nichtanzeige einer beabsichtigten Republikflucht und der vorgesehenen Spionagetätigkeit vorgeworfen. Die Flucht der dritten beteiligten weiblichen Person in den Westen kam nicht zur Ausführung. Sie wurde vorher festgenommen.

Im Urteil des BG Schwerin I Ks 169/54 vom 25. Oktober 1954 wird festgestellt:

> „Das OG der DDR hat in seinem Urteil vom 29.9.1953 darauf hingewiesen, dass der Artikel 6 der Verfassung der DDR an die Stelle der früheren Bestimmungen über Hoch- und Landesverrat getreten ist und deshalb auch der § 139 StGB bei einem solchen Verbrechen zur Geltung kommt. Der Angeklagte war ein hoher Offi-

41 BStU, MfS, AU 15/55, Bd. 2, S. 114 ff.

42 Ebenda, Bd. 3, S. 3.

zier unserer Volkspolizei und hat das besondere Vertrauen unserer werktätigen Menschen genossen. Dieses Vertrauens hat er sich unwürdig erwiesen."[43]

BStU, MfS, AU 40/55 (4 Bände) – Egon S.

Der Offiziersschüler Egon S. desertierte Ende 1953 aus der Offiziersschule Berlin-Treptow über Berlin (West) nach Westdeutschland. Er soll westlichen Geheimdiensten Dienstgeheimnisse der Volkspolizei verraten haben.

Das BG Leipzig I a Ks 006/55 verurteilte S. am 11. Februar 1955 zu einer Freiheitsstrafe von 5 Jahren Zuchthaus gemäß Art. 6 der Verf. DDR 1949 und wegen Propaganda für den Faschismus und Militarismus nach KGR 38. Das Urteil wurde am gleichen Tage gegen 14.25 Uhr verkündet und unterschrieben. Es handelt sich um einen dreiseitigen maschinengeschriebenen Text.

BStU, MfS, AU 222/55 Harry von R.

Ein weiterer Fall der Spionage – Artikel 6 Verf. DDR 1949 – betrifft Harry von R.

Der Tatbestand im Falle von R. wird wie folgt angegeben: Er flüchtete als Volkspolizeiangehöriger nach West-Berlin und verriet in den imperialistischen Geheimdienststellen alle ihm anvertrauten und bekannt gewordenen Dienstgeheimnisse der Volkspolizei. Außerdem ließ er sich für die Fremdenlegion anwerben.

Mit Urteil des BG Leipzig, 1a Ks 040/55, vom 28. Mai 1955 wurde von R. wegen Kriegshetze und Propaganda für den Faschismus und Militarismus nach Artikel 6 Verf. DDR und KGR 38 zu 4 Jahren und 6 Monaten Zuchthaus verurteilt.

Mit Schreiben vom 21. September 1957 – nach Verbüßung der Haft – bittet von R. um die Überlassung seines Strafurteils. Folgende Aktenvermerk wurde festgestellt: „Nach Rücksprache mit dem Genossen Major Unger wird die provokatorische Forderung des R. nicht erfüllt. Der Brief bleibt unbeantwortet." Diese Verfahrensweise belegt die Geheimhaltung des militärgerichtlichen Verfahrens, die vom OG sanktioniert wurde.[44]

BStU, ZA, MfS, GH 11/87 Lichtwark

Zu erwähnen ist auch die Spionagesache Karl-Heinz Lichtwark, die oben[45] schon ausführlich dargestellt wurde. Lichtwark ist durch das BG Leipzig 1a Ks

43 Ebenda, Bd. 2, S. 286 ff.

44 Vgl. 3. Kapitel, Abschnitt H.

45 Vgl. 3. Kapitel, Abschnitt H II 3 a.

52/57 am 20.9.1957 zu 10 Jahren Zuchthaus verurteilt worden. Vorsitzender war Oberrichter Wirth. Die Verurteilung erfolgte wegen Kriegshetze nach Artikel 6 der Verf. DDR 1949 in Verbindung mit §§ 1,14 DDR-StGB. Das Verfahren belegt die Steuerung des Prozesses durch das MfS.

BStU, MfS, AU 128/57 (11 Bände) Hoffmann

Abschließend soll der Prozess gegen den Dipl.-Ing. Robert Hoffmann beschrieben werden. Hoffmann, wohnhaft in Berlin, wurde vor dem BG Frankfurt/Oder angeklagt. Das dortige Bezirksgericht eröffnete das Hauptverfahren am 3. Juli 1956. Mit Urteil des BG Frankfurt/Oder 1 Ks 87/56 vom 19. Juli 1956 wurde Hoffmann zu lebenslänglichem Zuchthaus verteilt.

In der Anklageschrift wurde Hoffmann beschuldigt, die Grundlagen der DDR angegriffen zu haben, indem er Boykott- und Kriegshetze sowie militaristische Propaganda betrieb. Der Beschuldigte war vom 1. März 1951 bis zu seiner Festnahme am 16. Februar 1956 zunächst Abteilungsleiter im Büro für Wirtschaftsfragen und später Oberst und Leiter der Abteilung Technik in der Verwaltung für Kraftfahrzeugwesen beim Stab der KVP. Die in diesen Funktionen erworbenen Kenntnisse über die Forschungs- und Entwicklungsergebnisse sowie den Stand der Produktion auf dem Fachgebiet des Kraftfahrzeugwesens in der DDR und deren Nutzanwendung für die Landesverteidigung durch die KVP übermittelte Hoffmann seit Anfang des Jahres 1953 fortgesetzt dem britischen Geheimdienst in West-Berlin.

Der im Verfahren tätige Staatsanwalt Wagenbreth hatte in der Hauptverhandlung die Todesstrafe beantragt. Mit dem Urteil „Lebenslänglich" war er nicht einverstanden. Mit Schriftsatz vom 23. Juli 1956 legte er Protest ein.

Mit Urteil des OG 1a Ust 118/56 vom 21. August 1956 – Oberrichter Möbius, Richter Skupin, Richterin Schellbach – wurde der Protest zurückgewiesen.

Die Akte enthält das Plädoyer des Staatsanwaltes, welches insgesamt 23 Seiten umfasst, und zwar maschinenschriftlich eng beschrieben; es muss schon vor der Verhandlung fertig gestellt worden sein. Im Entwurf des Plädoyers wird auf „lebenslang" plädiert. In der Verhandlung selbst hatte Wagenbreth die Todesstrafe beantragt.

Der Fall belegt, dass eine vorher mit dem MfS abgesprochene Strafe durchgesetzt wurde, selbst wenn der Militärstaatsanwalt den Strafvorschlag änderte.

V. Spionagefälle in der Zeit der Geltung des Strafrechtsergänzungsgesetzes 1958–1968 – Militärstrafgesetz vom 24. Januar 1962

1. Einleitung

Die für diese Zeit recherchierten Spionagefälle bestätigen die in den 50er Jahren geübte Spruchpraxis der ordentlichen Gerichte durch die neu geschaffenen Gerichte der Militärjustiz. An der Darstellung und Begründung der Fälle und am Strafmaß änderte sich nichts Wesentliches. Als neue Rechtsgrundlage wurde § 14 StEG herangezogen.

2. Einzelfälle

BStU, MfS, BV Potsdam, AU, 1818/63 Helmut P.

Der erste recherchierte Fall der Militärjustiz aus dem Jahre 1963 betrifft den Elektriker Helmut P. Er wurde durch das Militärobergericht Berlin – S 10/63 MOG-Be –, Urteil vom 13. August 1963, zu einer Freiheitsstrafe von zehn Jahren Zuchthaus wegen Spionage gem. § 14 StEG verurteilt. Im Urteil heißt es, dass der Angeklagte P. als angeworbener und aktiver Spion in einer außergewöhnlichen intensiven Art und Weise Militärspionage für den Bundesnachrichtendienst betrieben habe. Er habe damit schwerste Verbrechen gegen die Deutsche Demokratische Republik begangen und die Kriegstreiber in ihrem Vorhaben unterstützt.[46]

BStU, MfS, AU 11522/66 S., Heinz Joachim

In dem Urteil des MOG Berlin – Vorsitzender Militäroberrichter Ziller[47]– S 58/64 MOG-Be– vom 28. September 1964 – wurde der technische Kaufmann Heinz-Joachim S., geb. 4. Dezember 1918, wegen Spionage im schwerem Fall (§§ 14, 24 Abs. 1 StGB) zu 15 Jahren Zuchthaus verurteilt.

Das Urteil beginnt einleitend wie üblich in Spionagefällen mit einem ideologischen Vorspann, der in dieser Sache wie folgt lautet:

> „In diesem Prozess wurde erneut festgestellt, dass durch die Bonner Regierung die Spionage gegen die Deutsche Demokratische Republik auf allen Gebieten des politischen, wirtschaftlichen und gesellschaftlichen Lebens organisiert wird. Vor allem richten sich die Spionagemaßnahmen gegen die militärischen Sicherheitsvorkehrungen der Deutschen Demokratischen Republik, ihre Streitkräfte und gegen die mit ihr verbündeten sowjetischen Truppen, die zeitweilig in der DDR stationiert

46 Ebenda, Gefangenenakte, S. 8 f.

47 Zur Person Ziller vgl. 3. Kapitel, Abschnitt D II 7 a.

> sind sowie gegen die Arbeit der Sicherheitsorgane der DDR, deren Hauptaufgabe darin besteht, die Spionage und Schädlingstätigkeit der imperialistischen Geheimdienste und Untergrundorganisationen gegen die Deutsche Demokratische Republik zu durchkreuzen bzw. zu vereiteln."

S. wurde im vorliegenden Fall eine umfassende Spionagetätigkeit für den Bundesnachrichtendienst vorgeworfen. Insbesondere soll S. zur Aufklärung militärischer Objekte eingesetzt gewesen sein. Im Urteil heißt es zu der anzuwendenden Strafbestimmung:

> „Bis zum 11.12.1957 wurden die strafbaren Handlungen des Angeklagten vom Straftatbestand des Art. 6 der Verfassung der DDR erfasst. Seine weitere Spionage erfüllt den Tatbestand des § 14 StEG. Darunter fällt auch der Verrat der militärischen Tatsachen über die zeitweilig in der DDR stationierten sowjetischen Streitkräfte, soweit sie im Sachverhalt festgestellt werden [...]. Da der Straftatbestand des § 14 StEG seit dem 11.12.1957 das spezielle Gesetz für Spionageverbrechen und das StEG insgesamt gegenüber Artikel 6 der Verfassung der DDR das mildere Gesetz ist, werden die verbrecherischen Handlungen des Angeklagten bis zum 11.12.1957 gem. § 2 Abs. 2 StGB durch den § 14 StEG erfasst."

Im Falle S. bejahte das Militärobergericht auch den schweren Fall der Spionage. Es wird nicht auf die Bestimmungen des § 24 Abs. 2 StEG abgestellt. Vielmehr führt das Militärobergericht aus:

> „Dass zwar die in § 24 Abs. 2 angeführten Umstände nicht vorliegen. Da es sich aber um fakultative Bestimmungen handelt, kann der schwere Fall auch durch andere Umstände erfüllt werden. In diesem Fall ergibt sich der schwere Fall aus der über 13-Jahre andauernden Spionage, die sich auf viele Gebiete des politischen, wirtschaftlichen und gesellschaftlichen Lebens und auf wichtige, zum Schutze der DDR geheim zuhaltende Strafsachen militärischer Art bezogen haben. Besonders schwerwiegend ist der Verrat der Abwehrarbeit des MfS und die Angabe der Personen, die er in diesem Zusammenhang kennen lernte."

Der Verrat der Arbeit des MfS wurde demnach ohne gesetzliche Grundlage als schwerer Fall angesehen.

BStU, MfS, GH, 330/79 S., Joachim

Der ehemalige Unteroffizier der Bereitschaftspolizei – Grenztruppen Berlin – Joachim S., geb. 19. März 1938, flüchtete in den Westen und verriet militärische Geheimnisse. Er wurde mit Urteil des MOG Berlin, 3 S 3/66 MOG-Be vom 11. Februar 1966 wegen Spionage in Tateinheit mit Fahnenflucht zu einer Freiheitsstrafe von 11 Jahren und 6 Monaten Zuchthaus verurteilt.

Auch in diesem Fall beginnt das Gericht mit einer ideologischen Einleitung der Urteilsgründe:

> „Mit der Errichtung des antifaschistischen Schutzwalls am 13.8.1961 hat die Deutsche Demokratische Republik den reaktionären Kräften in West-Deutschland sehr deutlich die Grenzen ihrer Macht demonstriert. Mit heftigen Angriffen, die von

> gemeinen Provokationen bis zum infamen Mord an unseren Grenzsoldaten reichen, versuchen seit jener Zeit die Bonner Ultras mit Unterstützung gewissenloser Handlanger und anderer skrupelloser Elemente in West-Berlin und in West-Deutschland die Staatsgrenze der DDR 'transparent' zu machen. Hetze und Verleugnung, Spionage und Menschenhandel bestimmen dabei die Hauptrichtung der Methoden des Feindes."[48]

BStU, MfS, AU 10108/65 J., Dietmar

Mit Urteil des MOG Leipzig– S 43/64 MOG-L. – vom 14. August 1964 wurde der ehemalige Gefreite der Grenztruppen der NVA, J. Dietmar, geb. 9. Dezember 1943, zu einer Zuchthausstrafe von fünf Jahren und sechs Monaten verurteilt. Zu Grunde lag der Fall, dass J. als Gefreiter der Grenztruppen in die BRD flüchtete, dort gegenüber westlichen Geheimdiensten im beschränkten Umfang Geheimnisse offenbarte, schließlich aber freiwillig in die DDR zurückkehrte. Gleichwohl wurde J. gemäß § 14 StEG zu einer Freiheitsstrafe von fünf Jahren und sechs Monaten Zuchthaus verurteilt. Bei dieser Strafe wurde laut Urteil berücksichtigt, dass J. seine Tat im jugendlichen Alter beging und freiwillig in die DDR zurückgekehrt war.

> „Die Strafe ist jedoch auch deswegen notwendig, um den mit der Rückkehr in die DDR begonnenen Umerziehungsprozess des Angeklagten auch in seinem Interesse erfolgreich fortzusetzen."[49]

VI. Spionagedelikte nach Inkrafttreten des StGB DDR 1968

1. Einleitung

Im StGB DDR 1968 wurden die Militärstraftaten im 9. Kapitel – §§ 251–283 – zusammengefasst. Der Straftatbestand der Spionage wurde in § 97 StGB geregelt. Er erfuhr in § 97 Abs. 2 DDR-StGB 1968 zunächst eine Strafverschärfung dahingehend, dass die Mindestfreiheitsstrafe von drei Jahren auf fünf Jahre heraufgesetzt wurde. Außerdem erfolgte eine weitere Verschärfung: Es reichte nun zur Verwirklichung des Spionagetatbestandes aus, dass Nachrichten „gesammelt" wurden. Eine Auslieferung der Nachrichten war nicht mehr erforderlich. Außerdem enthielt § 97 Abs. 3 DDR-StGB 1968 völlig neue Tatbestände, die zuvor noch nicht geregelt waren. Insbesondere die Formulierung in § 97 Abs. 3 Ziffer 3 – bei Spionage in anderer Weise mitwirkt – ließ einen unbegrenzten Spielraum für die Anwendung der Spionagevorschrift zu. § 97 DDR-StGB 1974 wurde der Tatbestand zusammengefasst und durch die

48 Ebenda, Urteil, (Vorsitzender Nagel), Bd. 5, S. 131 f.

49 BStU, MfS, AU 10108/65, Bd. 2, S. 35 f.

Bestimmungen der §§ 98 ff. ergänzt, ohne dass sich wesentliche Änderungen ergaben.

2. Einzelfälle

BStU, MfS, AU, 17227/63 P.,Udo

Udo P. spionierte seit dem Jahre 1964 bis zu seiner Festnahme am 29. Dezember 1970 für den Verfassungsschutz der BRD. Er berichtete über Grenzsicherungsanlagen, die Arbeitsweise der Passkontroll- und Zollorgane an den Grenzübergangsstellen, Objekte der NVA und anderer bewaffneter Organe der DDR. Durch das MOG Neubrandenburg – S1036/72 MOG-Me Oberstleutnant Schleif als Vorsitzender[50] – wurde P. mit Urteil vom 12. Juli 1973 zu 13 Jahren Freiheitsstrafe verurteilt. Im Urteil wird argumentiert:

> „Obwohl der Angeklagte seine Spionagetätigkeit vor dem Erlass des neuen Strafgesetzbuchen beging, war er nach § 97 Abs. 2 des neuen Strafgesetzbuches zu verurteilen, weil diese Tat erst im Dezember 1970, also nach Erlass des Strafgesetzbuches beendet wurde und Spionage ein Dauerdelikt ist. (OG-Urteil vom 1.7.1968, Aktenzeichen: 1a-Ust 16/68-NJ 1968, S. 535)."[51]

BStU, MfS, AU, 3488/71 Fall S.

S. wurde mit Urteil des Militärobergerichts Berlin – S 50/70 MOG-Be – vom 2. November 1970 zu einer Freiheitsstrafe von 6 Jahren wegen Spionage verurteilt.[52]

S. war Gefreiter der Grenztruppen der DDR. Am 4. Juni 1970 versuchte S. mit einem LKW „Ural" die Grenzsicherungsanlagen in Berlin, Voßstraße, zu durchbrechen. Er wollte die Voßstraße als Anlaufstrecke benutzen, um mit hoher Geschwindigkeit gegen die Sicherungsanlagen zu fahren, um dann vom Fahrzeug aus auf Westberliner Gebiet zu gelangen. S. wurde beim Annähern an die Voßstraße von Funkstreifenwagen der Volkspolizei gestellt und festgenommen. Im Urteil heißt es:

> „Der Angeklagte war sich darüber im Klaren, das bei diesem Unternehmen Grenzsicherungsanlagen zerstört und die Sicherheit an der Staatsgrenze beeinträchtigt worden wäre. Er hatte sich sogar vorgenommen, Grenzsoldaten, die dieses Verbrechen verhindern und sich ihm in den Weg stellen würden, rücksichtslos nieder zu fahren."

Der Spionagevorwurf im Urteil wurde wie folgt begründet:

---

50 Zur Person Schleif vgl. 3. Kapitel, Abschnitt C II 2.

51 BStU, MfS, AU 17227/63, Bd. 4, Urteil S. 259 f.

52 BStU, MfS, AU 3488/71, Urteil, Bd. 6, S. 61 f.

„Der Angeklagte rechnete, dass er in West-Berlin mit imperialistischen Geheimdiensten in Verbindung kommt und zum militärischen Verrat veranlasst wird. Er beabsichtigte, die Lage, Stärke, Struktur, Bewaffnung und Ausrüstung der NVA-Dienststelle Potsdam, Berlin-Rummelsburg, Waltersdorf und Berlin-Wilhelmshagen preis zu geben. [...] Daraus ergibt sich, dass es der Angeklagte unternommen hat, Tatsachen, die zum Schutze der DDR geheim zu halten sind, an imperialistische Geheimdienste in West-Deutschland zu verraten. Die §§ 97, 101 StGB sind Unternehmenstatbestände. Somit erfüllt jeder auf die Verwirklichung dieser Verbrechen gerichtete Tätigkeit diese Gesetze.“[53]

3. Weitere Einzelfälle

Der Verfasser hat weitere Urteile der Militärgerichte aus den 70er und 80er Jahren wegen Spionage recherchiert:

Mit Urteil vom 7. Januar 1970 wurde die Rentnerin Ilse Seichter vom MOG Berlin S 45/69 zu einer Freiheitsstrafe von 10 Jahren wegen Verbrechens der Spionage (§§ 97 Abs. 2, 108 StGB) verurteilt.[54]

Mit einem weiteren Urteil vom 11. September 1970 verurteilte das MOG Berlin S 31/70 – Vorsitz Militäroberrichter Ziller – den Schlosser Erhard N., geb. 21. November 1952, wegen des Verbrechens der Spionage im schweren Fall – §§ 97 Abs. 2, 108 StGB – zu einer Freiheitsstrafe von zehn Jahren.[55]

Jörg-Ulrich S. wurde durch das MOG Berlin vom 16. August 1984 wegen Spionage zu einer Freiheitsstrafe von 6 Jahren verurteilt. S. ließ sich 1979 durch seinen in Berlin-West wohnhaften Bruder wegen der in Aussicht gestellten Zahlung zur Sammlung und Auslieferung militärischer Informationen zum Nachteil der Interessen der DDR anwerben, mit nachrichtendienstlichen Hilfsmitteln ausrüsten und nahm Spionageaufträge entgegen. Im Vermerk der HA IX vom 10. Mai 1984 wird ausgeführt:

„Im Rahmen der offiziellen Beweisführung in dem gegen den Beschuldigten S. geführten Ermittlungsverfahren ist es erforderlich, dessen Handlungsabläufe beim Suchen, Auffinden und Leeren eines toten Briefkastens in Altenburg (Bezirk Leipzig) zu rekonstruieren. Es wird gebeten, den dazu notwendigen Transport des Beschuldigten zu realisieren und abzusichern. Zur Durchführung dieser Rekonstruktion wird der 17.5.1984 als Termin vorgeschlagen.“[56]

Das MOG Berlin verurteilte am 8. Februar 1972 den Soldaten der Nationalen Volksarmee Hans-Jürgen T. – S 2/72 MOG-Be – zu einer Freiheitsstrafe von

53 Ebenda, Bd. 6, S. 66.

54 BStU, MfS, AU 4298/74.

55 BStU, MfS, AU 5315/72, Bd. 4.

56 BStU, MfS, AU 10/87.

15 Jahren wegen Spionage (§ 97 Abs. 2 StGB), Fahnenflucht im schweren Fall (§ 254 Abs. 1 und Ziffer 2, 1–3 StGB) sowie Terror im besonders schwerem Fall (§ 101 Abs. 1 und 2, 110 Ziffer 4 StGB) sowie der vollendeten und versuchten Beeinträchtigung der Einsatzbereitschaft der Kampftechnik (§ 273 Abs. 1 und 3 StGB).[57]

Der Eröffnungsbeschluss des MOG Berlin vom 17. Januar 1982 lautet auszugsweise:

> „Auf Initiative des Angeklagten...kamen er und der Angeklagte [...] und später auch der Angeklagte...überein, sich durch die Flucht nach der BRD der weiteren Ableistung des Wehrdienstes zu entziehen. In mehreren gemeinsamen Absprachen legten die Angeklagten fest, ein Flugzeug vom Typ AT-2 zu entwenden um den Flughafen Berlin-Tempelhof anzufliegen. Gemeinsam bereiteten sie am 11.6.1971 den Start der Maschine vor, entwaffneten den Flugplatzposten und den Mechaniker und gelangten so in den Besitz von 3 Maschinenpistolen und 150 Schuss Munition. Nachdem der Plan der Angeklagten in Folge unvorhergesehener Umstände gescheitert war, entschlossen sie sich, mittels Waffengewalt die Staatsgrenze der DDR nach der BRD zu durchbrechen. Bei der Entschlussfassung zur Fahnenflucht und während der gemeinsamen Absprachen waren sich alle drei Angeklagten darüber einig, nach geglückter Fahnenflucht mit imperialistischen Geheimdiensten in Verbindung zu kommen. Um persönliche Vorteile zu erlangen, waren sie bereit, das Flugzeug auszuliefern, die darin befindlichen Anlagen, einschließlich den der Geheimhaltungsstufe ‘geheime Verschlusssache’ unterliegenden Kennungsgerät zu erläutern und die Lage, Struktur und Sicherung der NVA-Dienststelle Straußberg-Nord zu verraten und über die Bewaffnung, Ausbildung sowie den politisch-moralischen Zustand und den Flugdienst zu informieren.“[58]

Ein weiterer Spionagefall betrifft Horst Hering, geb. 17. Juli 1920. Das MOG Berlin – Bs – 1 – 2/80 MOG-Be – verurteilte Hering am 5. Juni 1980 zu einer lebenslangen Freiheitsstrafe wegen des Verbrechens der Spionage im besonders schwerem Fall – §§ 97 Abs. 2 und 4 StGB, 110 Ziffer 1 StGB in Tateinheit § 63 Abs. 2 StGB mit mehrfacher Vorbereitung staatsfeindlichen Menschenhandels § 5 Abs. 1 Zif. 2 Abs. 2 StGB in Verbindung mit § 108 StGB.[59]

Gem. § 349 Abs. 1 und Abs. 2 StPO wird der weitere Vollzug der Freiheitsstrafe aus dem Urteil des MOG Berlin vom 5. Juni 1980 auf Bewährung ausgesetzt. Dieser Beschluss datiert vom 5. Mai 1982. Mit Gnadenentscheid

---

57 BStU, MfS, AU 14985/72 Bd. 1.

58 Ebenda, S. 61 f.

59 BStU, MfS, AU 3392/83, S. 169 f.

wurde die Freiheitsstrafe auf 6 Jahre herabgesetzt. Von dieser Strafe hatte Hering die Hälfte verbüßt Er war von der BRD freigekauft worden.[60]

Der Fall Hering war Gegenstand einer eigenständigen, ausführlichen Dokumentation. In dieser wird die Prozessgeschichte aufgearbeitet. Es wird u.a. ausgeführt:

> „Die gerichtliche Beweisaufnahme [...] ergab im Wesentlichen, dass Hering im Februar 1977 vom Mitarbeiter des BND [...] unter Ausnutzung seiner Bewerbung beim Parteiverlag des CSU 'Bayern-Kurier' und unter Bezugnahme auf seine zahlreichen Einreisen in die DDR und andere sozialistische Staaten zur nachrichtendienstlichen Zusammenarbeit mit dem BND angeworben wurde und den Decknamen 'Sissi' erhielt. [...] Die Zusammenarbeit der Sicherheitsorgane der sozialistischen Staaten ist von hoher Wirksamkeit, insbesondere wenn sie konkret vorgangsbezogen ausgerichtet ist. Hoher politisch-operativer Nutzen wird stets erzielt, wenn durch das gemeinsame Handeln von Mitarbeitern operativer Diensteinheiten und des Untersuchungsorgans bereits im Stadium der operativen Vorgangsbearbeitung alle politisch-operativen Maßnahmen und rechtlichen Verfahrensweisen festgelegt und so die politisch und politisch-operativ zweckmäßigsten Lösungsvarianten für die Bearbeitung und den Abschluss von Vorgängen erarbeitet werden."[61]

Ein Fall aus dem Jahre 1983 betrifft Heinz Jonsek.[62] Die Akte enthält einen Strafvorschlag: „Gegen J. wird eine lebenslängliche Freiheitsstrafe und gegen J. eine Freiheitsstrafe von 10 Jahren beantragt",[63] und einen Vorschlag zur publizistischen Auswertung. Im Vermerk vom 19. Januar 1983 (handschriftlicher Zusatz: „einverstanden Mielke") heißt es:

> „Jonsek ist seit Mai 1973 geworbener, bezahlter und umfassend instruierter Agent des US-amerikanischen Geheimdienstes. Die Anwerbung und Eingliederung seiner Ehefrau in die geheimdienstliche Tätigkeit erfolgte im August / September 1973. Im Zeitraum bis 1978 fungierten [...] und [...] arbeitsteilig als Deckadresse des US-amerikanischen Geheimdienstes und sind für den Empfang und die Weiterleitung von ca. 200 Briefen nachrichtendienstlichen Charakters aus der VR-Polen verantwortlich. Die Agententätigkeit dauerte bis zur Festnahme am 18. April 1982 an."

Mit Urteil des Militärobergerichts Berlin BS 1-23/82 MOG-Be vom 5. Juni 1980 wurde Heinz Jonsek zu lebenslanger Freiheitsstrafe gem. § 98, 108, 110 Ziff. 1 StGB verurteilt. Die Berufung wurde vom OG– OMSB-1-02/83 – mit Urteil vom 11. März 1983 zurückgewiesen.

---

60 Ebenda, S. 214 f.

61 Ebenda, S.1 f., 4, 9, 10.

62 BStU, ZA, MfS, AU 19/83.

63 Ebenda, Bd 2, S. 352 f.

G., Michael, geb. 25. August 1952 führte diverse Schleusungen aus der DDR durch. Bei den ausgeschleusten Personen handelte es sich überwiegend, wie im Urteil des MOG Berlin vom 1. September 1977 ausgeführt wird, um „hochqualifizierte Kader, darunter Ärzte“.

Das MOG Berlin BS-1a-11/77 MOG-Be unter Vorsitz von Militäroberrichter Warnatzsch verurteilte den BRD-Bürger G. wegen Verbrechen des Staatsfeindlichen Menschenhandels– § 105 Ziff. 2 StGB – tateinheitlich– § 63 Abs. 2 StGB – mit Verbrechen der Spionage – § 97 Abs. 2 StGB – und der Sammlung von Nachrichten – § 98 Abs. 1 StGB – zu einer Freiheitsstrafe von 15 Jahren.[64]

VII. Fahnenflucht gemäß § 254 DDR-StGB 1968

Zunächst ist zu verweisen auf die bereits oben beschriebenen Fälle der Spionage, die tateinheitlich mit Fahnenflucht begangen wurden.

Es soll daher nachstehend nur noch ein Fall dargestellt werden, der eine Verurteilung allein wegen Fahnenflucht zum Gegenstand hat.

Nach der einschlägigen Kommentierung zum DDR-StGB 1968 galt die Fahnenflucht als

> „eine der schwersten Militärstraftaten, die eine Militärperson begehen kann. Sie schädigt die Einsatzbereitschaft der Truppe und kann zu einer weitergehenden Beeinträchtigung der Interessen der Deutschen Demokratischen Republik führen. Der Täter offenbart in der Regel nicht nur eine negative Haltung zu seinen militärischen Grundpflichten, sondern zum sozialistischen Staat überhaupt. Daher ist die Fahnenflucht nicht schlechthin ein Delikt des militärischen Ungehorsams, sondern vom Wesen her ein Treuebruch gegenüber dem sozialistischen Vaterland.“[65]

BStU, MfS, AU 14868/65 Helmut G.

Mit Beschluss vom 25. Februar 1965 eröffnete das MOG Neubrandenburg, 1. Strafsenat – S-7/65 MOG-Ne – das Hauptverfahren und ordnete die Fortdauer der Untersuchungshaft gegen den Unteroffizier der NVA Helmut G. an. Im Beschluss wird ausgeführt:

> „Der Beschuldigte entfernte sich am 25.11.1964 von seiner Dienststelle, um sich dem Wehrdienst zu entziehen. Eine ihm zur Wachdienstdurchführung übergebene Pistole ‘Makarow’ und 16 Schuss Munition nahm er mit. Er beabsichtigte, die Grenzbefestigungsanlage nach West-Berlin zu durchbrechen. Bei Eingreifen der

64 BStU, ZA, MfS, AU 2089/79, Bd. 3, S. 98 ff.

65 Ministerium der Justiz / Akademie für Staats- und Rechtswissenschaft, Kommentar zum Strafgesetzbuch, DDR-StGB § 254, Anm. 1.

Grenzsicherungsorgane der DDR wollte er zur Durchführung seines Vorhabens von der Schusswaffe Gebrauch machen."

Das Militärobergericht verurteilte G. mit Urteil vom 18. März 1965 – S – 7/65 MOG-Ne – unter anderem wegen Fahnenflucht zu einer Freiheitsstrafe von drei Jahren und sechs Monaten.[66]

G., der sein Vorhaben nicht in die Tat umsetzte, vielmehr aufgrund einer angeordneten Fahndung verhaftet wurde, war vor Gericht geständig. Entgegen dem Antrag des Militärstaatsanwaltes – vier Jahre und sechs Monate – wurde der Angeklagte nur zu einer Freiheitsstrafe von drei Jahren und sechs Monaten verurteilt. Als Begründung gab das MOG an, dass bei der Strafzumessung zu beachten war, dass die Tat des Angeklagten zwar einen erheblichen Grad an Gesellschaftsgefährlichkeit aufweise, allerdings sei der ausgesprochene Straferziehungszweck ausreichend.

Gegen das Urteil des MOG Neubrandenburg erhob der Militärstaatsanwalt am 22. März 1965 „Protest." Gerügt wurde die Strafzumessung. Der hohe Grad der Gefährlichkeit erfordere ein härteres Urteil. Über den Protest verhandelte das OG der DDR am 13. April 1965. Vorsitzender war Militäroberrichter Hartmann. Mit Urteil vom 13. April 1965 – UMSt 8/65 – wurde das Urteil des MOG Neubrandenburg aufgehoben und die Sache an das MOG zurückverwiesen.[67] Das OG führte aus:

> „Der Protest hatte Erfolg. Das Militärobergericht hat den in der Verurteilung des Angeklagten zu Grunde liegenden Sachverhalt ausreichend aufgeklärt und im Wesentlichen auch richtig festgestellt. Es hat jedoch nicht nur, wie im Protest zutreffend ausgeführt wird, aus dem im Wesentlichen richtig festgestellten Umständen, die die Gesellschaftsgefährlichkeit des vom Angeklagten begangenen gefährlichen Verbrechens charakterisieren, nicht die erforderlichen Schlussfolgerungen für die Höhe der auszusprechenden Strafe gezogen, sondern darüber hinaus einiger solche Umstände bei der Strafzumessung falsch bewertet bzw. gar nicht beachtet."[68]

Abschließend führte das OG aus: „Das Militärobergericht wird auf eine Strafe zu erkennen haben, die nicht unter der vom Militärstaatsanwalt beantragten liegt."[69]

„Weisungsgemäß" verurteilte daraufhin das MOG Neubrandenburg, 1. Strafsenat – S-12a/65 MOG-Ne – den Angeklagten mit Urteil vom 19. Mai 1965 zu einer Freiheitsstrafe von vier Jahren und sechs Monaten.[70]

---

66 BStU, MfS, AU 14868/65; Beschluss über die Verfahrenseröffnung, Bd. 2, S. 116; Urteil, Bd. 2, S. 150 ff.

67 Ebenda, S. 174 ff.

68 Ebenda, S. 178 ff.

69 Ebenda.

Der Untersuchungsführer der HA IX/6 nahm an der Hauptverhandlung teil und berichtete anschließend über die Räumlichkeiten des MOG Neubrandenburg, in denen am 18. März 1965 die Hauptverhandlung gegen den Beschuldigten stattfand. Hier heißt es wörtlich:

> „Der Verhandlungssaal befindet sich im Gebäude des Wehrkreiskommandos, welches außerhalb der Umzäunung des Objektes vom Militärbezirk V liegt. Der Saal ist für ca. 50 Zuhörer geeignet und mit Klappstühlen, die bei der geringsten Bewegung Geräusche verursachen, ausgestattet. Die Ausgestaltung des Raumes, der einem Unterrichtszimmer gleicht, beschränkt sich auf ein Bildnis des Staatsratsvorsitzenden und auf den Wortlaut den Fahneneides, der mit einem Bilderrahmen versehen unübersichtlich an der Wand befestigt ist. Kleiderablagen sind nicht vorhanden, so dass die Teilnehmer am Prozess ihre Mäntel auf den nicht besetzten Stühlen ablegen mussten. Der Verhandlungssaal hinterließ daher einen unsauberen Eindruck und trug keineswegs dazu bei, eine entsprechende Atmosphäre unter den Prozessteilnehmern zu schaffen. Hinzu kommt, dass in den Nachbarräumen sowie in den darüber liegenden Zimmern Angehörige des Wehrkreiskommandos arbeiten, denen es möglich ist, den Verlauf der Hauptverhandlung zu verfolgen, sobald im Verhandlungssaal aufgrund der verbrauchten Luft die Fenster geöffnet werden müssen. Darüber hinaus handelt es sich beim Beratungszimmer des Gerichts um eine ehemalige Waschküche. Ausgestattet ist dieser Raum mit einem Tisch und 2 Stühlen. Nach Ansicht des Untersuchungsorgans befinden sich im Objekt des Militärbezirkes V würdigere Räumlichkeiten zur Durchführung einer Hauptverhandlung vor erweiterter Öffentlichkeit."[71]

Nicht belegt ist, ob der Bericht des Untersuchungsführers letztlich dazu geführt hat, dass das Gericht danach andere Räumlichkeiten in Anspruch genommen hat.

VIII. Hetze

BStU, ZA, MfS, Dresden, AU 2690/68, Klaus Auerswald

Klaus Auerswald war Soldat der NVA und in Dresden stationiert. Am 6. September 1968 wurde gegen ihn gem. § 98 Abs. 1 der StPO seitens der HA IX BV Dresden ein Ermittlungsverfahren eingeleitet. Noch am gleichen Tage erließ das Militärgericht Dresden – Az: AS 11/68 MG-Dr. – Haftrichter: Schütze, Major (JD) einen Haftbefehl. Danach wurde Auerswald beschuldigt,

> „die ideologischen Grundlagen der Deutschen Demokratischen Republik durch staatsfeindliche Hetze angegriffen zu haben. Der Beschuldigte hat in der NVA-Dienststelle Dresden seit Mitte 1968 gegenüber anderen Armee-Angehörigen die Politik der DDR diskriminiert. Weiterhin verherrlichte er die konterrevolutionären Umtriebe in der CSSR. Er forderte die Armee-Angehörigen auf, die Hetzsender

70 Ebenda, S. 195 ff.

71 Ebenda, S. 210, 211.

> abzuhören. Weiterhin forderte er Armee-Angehörige auf, im Falle eines Einmarsches in die CSSR, die Schlagbolzen aus der MPI zu entfernen und gegebenenfalls zu desertieren. Verbrechen gem. § 106 Abs. 1 Ziff. 1 und 2 StGB. Gem. § 122 StPO ist Fluchtverdacht begründet, weil der Gegenstand der Untersuchung ein Verbrechen ist."[72]

Die Anklage gegen Auerswald erfolgte vor dem MOG Leipzig, Vorsitzender: Hauptmann (JD) Schlappa. Mit Urteil vom 7. Februar 1969 – S 3/69 MOG-Le – wurde Auerswald wegen staatsfeindlicher Hetze gem. §§ 106 Abs. 1, Ziffer 2 und 3, 108, 63 Abs. 2 StGB zu einer Freiheitsstrafe von 1 Jahr und 8 Monaten verurteilt. Im Urteil führt das Gericht aus:

> „Obwohl der Angeklagte früher an der politischen Entwicklung wenig interessiert war, begann er im Jahre 1968 verstärkt damit, an den Ereignissen der CSSR Anteil zu nehmen und hörte öfter Sendungen des unter den Einflüssen der schleichenden Konterrevolution stehenden Senders Prag ab. Obwohl er durch die Veröffentlichungen in der Presse und die in der NVA durchgeführten Maßnahmen über den Charakter der dortigen Ereignisse informiert war, stellte er sich in vielen Gesprächen offen auf die Seite der Konterrevolutionäre. Er zog Vergleiche zur Deutschen Demokratischen Republik und behauptete u.a.: Er habe den Marxismus studiert. Der Marxismus werde in der DDR durch die SED falsch angewendet. Die Freiheit sei nicht gewährleistet. In der DDR gehe es nur noch rückwärts. Er werde durch das Tragen langer Haare in die Opposition treten und damit dazu beitragen, dass der Sozialismus in der DDR richtig angewendet werde. Dagegen werde in der CSSR der Sozialismus nach den wahren Lehren von Marx aufgebaut. Die Bevölkerung der CSSR sei mit der Diktatur nicht einverstanden und betreibe jetzt den Demokratisierungsprozess. Schon vor dem 21.8.1968 verbreitete er die Parole, dass die NVA es nicht zulassen dürfe, die Tschechen daran zu hindern, ihre Gesellschaftsordnung nach den wahren Lehren des Marxismus-Leninismus aufzubauen. Im Falle eines Einsatzes dürfe kein Angehöriger der NVA schießen. Er forderte dazu auf, in diesem Fall den Schlagbolzen bzw. das Schloss aus der Waffe zu entfernen."

Weiterhin wird ausgeführt:

> „Die dem tschechoslowakischen Brudervolk erwiesene Hilfe durch die fünf verbündeten Staaten bezeichnete er im Jargon der imperialistischen Hetzsender als 'Aggression' und 'Einmischung in die inneren Angelegenheiten der CSSR'. Er vertrat die Forderung nach Abzug der Truppen, dabei erklärte er sinngemäß die 'Russen' müssten raus aus der CSSR, denn die 'CSSR will einen anderen oder neuen Weg zum Kommunismus, nicht in Abhängigkeit der 'Russen' gehen. Es führen verschiedene Wege zum Kommunismus und den richtigen Weg haben die Tschechen gefunden und deshalb sind die 'Russen' in der CSSR, um diesen Weg zu verhindern."

Dieses Verhalten des Klaus Auerswald wurde vom Gericht wie folgt bewertet:

---

72 BStU, MfS, AU 2690/68, Bd. 1, S. 2, 3, 8.

> „Nach dem festgestellten Sachverhalt hat der Angeklagte sich bewusst dazu entschieden, gegen die Deutsche Demokratische Republik und die uns verbündete Sowjetunion aufzuwiegeln. Die Forderung, nicht zu schießen, gegebenenfalls die Waffen beschussunfähig zu machen und die Losung, die NVA dürfe die Entwicklung in der CSSR nicht durch ihr Eingreifen hindern, stellen sich als Aufforderung zum Widerstand gegen die sozialistische Staats- und Gesellschaftsordnung der DDR dar.
>
> [...] Seine Handlungen sind deshalb als Verbrechen gem. § 106 Abs. 1 Ziffer 2 StGB zu beurteilen.
>
> Die übrigen von ihm verbreiteten Losungen stellen sich als Diskriminierung der Tätigkeit staatlicher und gesellschaftlicher Organe dar. Das gilt sowohl für die Behauptungen, der Marxismus-Leninismus werde in der DDR falsch angewendet, als auch für alle anderen von ihm in die Welt gesetzten Parolen in Zusammenhang mit der konterrevolutionären Entwicklung in der CSSR. Dieses Verhalten verstößt somit gegen § 106 Abs. 1 Ziffer 3 StGB. Soweit sein Verhalten sich in diesem Zusammenhang gegen die sozialistische Sowjetunion richtete, zieht es in Verwirklichung der Prinzipien des sozialistischen Internationalismus die strafrechtliche Verantwortlichkeit nach § 108 StGB nach sich.“[73]

Die Verurteilung war politisch bedingt. Klaus Auerswald verbüßte seine Haftstrafe im Militärgefängnis Schwedt und hat über seinen Prozess und seine Haftzeit berichtet.[74]

BStU, MfS, BV Cottbus, AU 2301/78, JAK 48/78, Lutz W.

Der Soldat der Grenztruppen der DDR Lutz W. wurde vor dem 1. Militärstrafsenat des MOG Leipzig wegen staatsfeindlicher Hetze angeklagt. Mit Urteil vom 26. Juli 1978 – BS 1-10/78 MOG-Le – wurde W. wegen mehrfacher staatsfeindlicher Hetze (Verbrechen gem. § 106 Abs. 1 Ziffer 3 und 4; 108 Abs. 2 StGB) zu einer Freiheitsstrafe von 2 Jahren und 3 Monaten verurteilt. Der Vorsitzende des Senats, Oberst Arlt, führte im Urteil aus, dass W. in den Jahren 1977 und 1978 mehrfach andere Soldaten als „rote Sau“, „rotes Schwein“, „Kommunistenschwein“ und „Polensau“ bezeichnet habe. Weitere Soldaten titulierte er mit „rote Flaschen“, „rote Litfasssäulen“. Den Generalsekretär der SED diskriminierte der Angeklagte als einen „Unterstellten Breshnews“. Weiterhin äußerte er, dass die Funktionäre der SED nur auf Kosten der Arbeiter leben würden und die DDR von den Russen abhängig sei.“[75]

---

73 Ebenda, Bd. 2, S. 4 ff.

74 *Auerswald*, Schwedt; vgl. 5. Kapitel, Abschnitt C.

75 BStU, MfS, BV Cottbus, AU 2301/78, Bd. 3, S. 73 ff.

IX. Öffentliche Herabwürdigung

1. Vorbemerkung

Die Bestimmung des § 220 DDR-StGB 1974 – Öffentliche Herabwürdigung – war keine spezielle Militärstraftat. Sie wurde nämlich im 8. Kapitel des StGB – Straftaten gegen die staatliche Ordnung – aufgeführt. Eine Straftat nach der Bestimmung des § 220 StGB wurde aber auch im Bereich des Militärs verfolgt, insbesondere dann, wenn ein ausreichender Tatverdacht für die Hetze gem. § 106 StGB nicht vorlag. Die Bestimmung des § 220 StGB diente dem Schutz der staatlichen Ordnung vor Beeinträchtigung in Folge öffentlicher Herabwürdigung der Tätigkeiten oder Maßnahmen des sozialistischen Staates, seiner Organe oder gesellschaftlicher Organisationen, als auch in Folge öffentlichen Kundtuns von Äußerungen faschistischen, rassistischen, militaristischen oder revanchistischen Charakters im In- und Ausland.[76]

Dabei musste die strafbare Handlung in der Öffentlichkeit vorgenommen werden. Öffentlichkeit lag dann vor, wenn die Bekundungen mündlich in öffentlichen, staatlichen Dienststellen, Betrieben oder Genossenschaften oder diesen schriftlich zugeleitet wurden oder an Orten oder in der Weise, dass sie einem unbestimmten Personenkreis zugänglich sind, in Versammlungen oder sonstigen Zusammenkünften erklärt wurden, sofern sie außerhalb des familiären oder privaten Bereichs lagen, sowie Bekundungen in Briefen, die an mehrere Adressaten zur Versendung aufgegeben wurden. Dabei genügte es, wenn die mündliche Äußerung in öffentlichen, staatlichen Dienststellen, auch nur einer Person gegenüber abgegeben wurde.[77]

2. Einzelfälle

Auch im militärischen Bereich sind Fälle der Öffentlichen Herabwürdigung überliefert:

Bernhard W., Offiziersschüler in Stralsund, äußerte sich u.a. in privaten Briefen sehr kritisch über die NVA. So betitelte er das Offizierskorps der Volksmarine als einen „Haufen von SED-Funktionären“ und machte über Walter Ulbricht abfällige Bemerkungen. Dies reichte für das MfS, gegen den Offiziersschüler zu ermitteln. Zuvor war er bereits aus der SED ausgeschlossen und als Matrose der Reserve aus der Volksmarine entlassen worden. Das

---

76 Ministerium der Justiz / Akademie für Staats- und Rechtswissenschaft, Kommentar zum Strafgesetzbuch, § 220 DDR-StGB, Anm. 1.

77 Ebenda, § 139 DDR-StGB, Anm. 4.

Militärgericht Rostock verurteilte W. am 16. April 1969 zu einer Bewährungsstrafe von zwei Jahren.[78]

Werner P. war Angehöriger der NVA. Er meldete sich freiwillig, um anschließend Philosophie studieren zu können. In Gesprächen mit anderen Unteroffizieren vertrat P. die Meinung, dass die Arbeiterklasse nicht die führende Rolle in der Gesellschaft spielen könne, weil sie intellektuell dazu nicht in der Lage sei. Er wandte sich gegen die Meinungsmacher der SED-Propaganda und solidarisierte sich mit den aus dem DDR-Schriftstellerverband ausgeschlossenen Literaten. Das Grenzregime bezeichnete er als unmenschlich und den Schießbefehl als überflüssig. Angeklagt nach Öffentlicher Herabwürdigung gem. § 220 StGB verurteilte das Militärgericht Erfurt P. zu 18 Monaten Freiheitsentzug;[79] P. verbüßte seine Haft in Schwedt.

Frank B. wurde im November 1976 als Soldat auf Zeit zur Volksmarine einberufen. Unter Alkoholeinfluss erklärte er bei politischen Diskussionen mit seinen Kameraden, dass die Menschen in der DDR unterdrückt würden. Nur in der Bundesrepublik herrsche wahre Freiheit. Die Ideologie des Marxismus-Leninismus sei längst überholt. Daraufhin wurde der Obermatrose aus der SED ausgeschlossen; darüber hinaus verurteilte ihn das Militärgericht Rostock mit Urteil vom 9. Januar 1978 zu 6 Monaten Strafarrest.[80]

Thomas K. war seit Dezember 1980 als Bausoldat in Leipzig. Dort vertrat er kritische Meinungen über die DDR und den Sozialismus und bekundete offen seine Sympathie für die polnische Solidarność- Bewegung. Das Militärgericht Halle verurteilte K. am 29. Januar 1982 zu einer Freiheitsstrafe von zwei Jahren und sechs Monaten.[81]

Der Unteroffizier Michael H. äußerte, die Zeitung „Neues Deutschland" wäre das größte Lügenblatt und der 13. August 1961 für ihn ein Trauertag. Er machte abfällige Bemerkungen über SED-Funktionäre und Ausländer. Das

---

78 Zitiert nach *Wenzke*, Staatsfeinde in Uniform, S. 351, BArch. DVW 9/23679, S. 470–474, Urteil des MG Rostock vom 16.4.1969.

79 *Wenzke*, ebenda, S. 352, BArch. DVW 13/74578, S. 49–56, Urteil des MG Erfurt vom 8.1.1980.

80 *Wenzke*, ebenda, BArch. DVW 13/48715, Urteil des Militärgerichts Rostock vom 9.1.1978.

81 *Wenzke*, ebenda, BArch. DVW 13/67933, S. 86–93, Urteil des MG Halle vom 20.8.1982.

Militärobergericht Neubrandenburg verurteilte ihn am 11. August 1981 zu einer Freiheitsstrafe von 2 Jahren und 8 Monaten.[82]

X. Terror

Aus den vom Verfasser eingesehenen Akten ist über das Verfahren Horst H. zu berichten. H. wurde unter anderem wegen Terrors zu einer Gesamtfreiheitsstrafe von zwölf Jahren verurteilt. Im Urteil des MOG Berlin, S-1a-17/75 MOG-Be, Vorsitzender: Militäroberrichter Oberstleutnant Warnatzsch heißt es zum Vorwurf des Terrors:

> „Der Angeklagte hat sich weiterhin des Unternehmens des Terrors § 101 Abs. 1 StGB schuldig gemacht. Er hat in Kenntnis der geplanten Inbesitznahme von Waffen, der Anwendung von Waffengewalt durch konterrevolutionäre Elemente und deren Zusammenwirken mit Einheiten der Bundeswehr im Ernstfall in mehreren Fällen die dafür notwendigen Voraussetzungen geschaffen. Das Aufklären geeigneter Stellen zum Anlanden von Aggressionstruppen aus der BRD stellt ebenso das Unternehmen des Terrors dar wie die erarbeiteten Varianten zur Einnahme der Untersuchungshaftanstalt und die erkundeten Möglichkeiten zum unbemerkten Eindringen in militärische Objekte.“[83]

XI. Wehrdienstverweigerung

1. Vorbemerkung

In der DDR-Justiz galt die Wehrdienstverweigerung als Straftatbestand– § 43 Wehrdienstgesetz 1982 -, der mit aller Schärfe zu ahnden war.

In einem Dokument der HA IX wurde der 1. Entwurf eines gemeinsamen Standpunktes zu Problemen der rechtlichen Beurteilung von Bestrebungen zur Schaffung einer inneren Opposition, zur Inspirierung und Organisierung politischer Untergrundtätigkeit, zur Erzwingung der Übersiedlung dargelegt. Im Text wurde darüber berichtet, dass mit der Initiative „sozialer Friedensdienst“ versucht werden soll,

- „den Wehrdienst durch einen sogenannte sozialen Friedensdienst zu ersetzen,
- anstelle der sozialistischen Wehrerziehung an den Schulen einen Friedensunterricht einzuführen,
- kein militärischen Spielzeug zu produzieren und zu verkaufen,
- auf Demonstrationen militärischer Machtmittel, auf Übungen der Zivilverteidigung zu verzichten u.a.m.

---

82 *Wenzke*, ebenda, BArch. DVW 13/60618, Urteil des MOG Neubrandenburg vom 11.08.1981.

83 BStU, MfS, GH 34/75, Bd. 4.

> also die DDR zu entwaffnen, ihre Verteidigungskraft zu schwächen und vor allem die Verteidigungsbereitschaft der Jugend zu ersetzen."[84]

Es heißt dann weiter:

> „Zur Verhinderung der Bestrebungen des Gegners und innerer Feinde kommt es darauf an,
>
> – jegliche derartige Aktivitäten zu einem möglichst frühen Zeitpunkt, also bereits im Vorfeld feindlicher Handlungen, vor allem mit politischen Mitteln zu unterbinden [...].
>
> – Die gesamte Breite des sozialistischen Rechts – nicht nur des Strafrechts – offensiv, differenziert, konsequent und flexibel zu nutzen, um dieses Ziel zu erreichen, aber auch um Feinden zu zeigen, dass wir an der Macht nicht rütteln lassen."[85]

Als in der DDR mit Gesetz vom 24. Januar 1962 die Wehrpflicht[86] eingeführt wurde, verweigerten viele wehrpflichtige Männer den Dienst mit der Waffe. Daraufhin wurde die Bausoldatenverordnung vom 7. September 1964 erlassen.[87] In der Verordnung – § 1 Abs. 2 – wurde geregelt, dass der Dienst in den Baueinheiten Wehrersatzdienst gem. § 25 des Wehrpflichtgesetzes vom 24. Januar 1962 ist.

Gem. § 3 der Anordnung galten für die Baueinheiten die gesetzlichen und militärischen Bestimmungen, die den Grundwehrdienst bzw. den Reservistenwehrdienst in der NVA regeln, soweit nichts anderes in der Anordnung festgelegt ist.

Der Ersatzdienst dauerte 18 Monate. Die Bausoldaten brauchten zwar keinen Eid abzulegen, der sie zum Einsatz ihres Lebens verpflichtet, mussten aber in einem Gelöbnis erklären, dass sie ihren militärischen Vorgesetzten gegenüber unbedingten Gehorsam leisten. Weiterhin gelobten sie, der DDR allzeit treu zu dienen und ihre Kraft für die Erhöhung der Verteidigungsbereitschaft der DDR einzusetzen.[88]

Der Bausoldat war damit voll in der Regime der NVA eingebunden. Einen zivilen Wehrersatzdienst, wie er in der BRD praktiziert wurde, gab es bis zum Ende der DDR nicht.

---

84 BStU, MfS, HA IX, 10148, S. 1 ff., 8, 9.

85 Ebenda, S. 9.

86 GBl. I., S. 2.

87 GBl. I, S. 129; Anordnung des Nationalen Verteidigungsrates der Deutschen Demokratischen Republik über die Aufstellung von Baueinheiten im Bereich des Ministeriums für Nationale Verteidigung.

88 Ebenda, Anlage zu § 5 Abs. 2.

Für einen Teil der Wehrdienstverweigerer war der Bausoldatendienst keine echte Alternative. Besonders die Zeugen Jehovas verweigerten den Wehrdienst von Beginn an total. In den 70er und 80er Jahren kamen immer mehr Totalverweigerer hinzu.

Von den Militärgerichten wurden jährlich durchschnittlich 150 Totalverweigerer verurteilt. Unter ihnen befanden sich jeweils rund 100 Zeugen Jehovas. Die Strafen betrugen zwischen 18 und 22 Monaten Freiheitsentzug.[89] Der Tatbestand der Wehrdienstverweigerung war bis zum Jahre 1982 im Wesentlichen auf § 32 des bis zu diesem Zeitpunkt noch gültigen Wehrpflichtgesetzes von 1962 begründet worden. Mit dem neuen Wehrdienstgesetz 1982 wurde § 43 für die Strafverfolgung maßgebend. Die Anwendung von § 256 StGB 1968 konzentrierte sich dagegen vor allem auf die als Militärstraftat eingeschätzte Wehrdienstverweigerung im aktiven Dienst, also die Verweigerung von bereits vereidigten Armee-Angehörigen.[90]

2. *Einzelfälle*

Nachfolgend werden Fälle beschrieben, die die verschiedenen Formen der Wehrdienstverweigerung in der DDR und deren strafrechtliche Verfolgung dokumentieren.

Bernd S. war 1968 zur NVA einberufen worden. Im Februar 1969 lehnte er es ab, an einer größeren Truppenübung teilzunehmen, die als Drohkulisse gegen die Wahl des Bundespräsidenten in West-Berlin aufgebaut werden sollte. Er erklärte, dass er nicht mehr bereit sei, Dienst mit der Waffe in der NVA zu leisten. Als Motiv gab er an, nicht auf Menschen schießen zu können. Das MG Potsdam verurteilte ihn am 13. Mai 1969 wegen Vergehens der Wehrdienstverweigerung gem. § 256 Abs. 1 StGB zu einer Bewährungsstrafe von 1 Jahr.[91]

Hermann W. hatte sich im Jahre 1960 freiwillig zum Dienst in der Deutschen Grenzpolizei gemeldet. Er absolvierte die Offiziersschule der Grenztruppen. 1967 wurde er zum Leutnant befördert. Im November 1969 erklärte er schriftlich, dass er nicht mehr gewillt sei, den weiteren Wehrdienst abzuleisten. Befehle seiner Vorgesetzten führte er nicht mehr aus. Aufgrund seiner Haltung wurde W. kurze Zeit später aus der SED ausgeschlossen und durch den Minister zum einfachen Soldaten degradiert, sowie aus dem aktiven Dienst entlas-

89 http:/www.jugendopposition.de/index.php?ib=2889&print=1&no_cacae=1.

90 *Wagner*, Militärjustiz, S. 379.

91 Zitiert nach *Wenzke*, Staatsfeinde in Uniform, S. 380, BArch. DVW 9/23671/1

sen. Das Militärgericht Potsdam wertete das Verhalten des W. und dessen Wehrdienstverweigerung als schweren Angriff auf die Einsatz- und Gefechtsbereitschaft einer Grenzeinheit. Es schätzte die Wehrdienstverweigerung als gesellschaftsgefährlich ein. Selbst die Erklärung des W. während der Beweisaufnahme in der Hauptverhandlung, nun doch zur Ableistung des Wehrdienstes bereit zu sein, hinderte das MG Potsdam nicht, ihn mit Urteil vom 16. Januar 1970 zu einer Freiheitsstrafe von zwei Jahren und vier Monaten zu verurteilen.[92]

Die drei Wehrpflichtigen Siegfried B., Friedhelm B. und Thomas H. erhielten im Herbst 1976 Einberufungsbefehle der zuständigen Wehrkreiskommandos. Da sie den Wehrdienst verweigerten, sollten sie sich im November 1976 in der zuständigen NVA-Dienststelle zur Aufnahme des Wehrersatzdienstes in einer Baueinheit melden. Als Zeugen Jehovas leisteten sie der Einberufung keine Folge. Das Militärgericht Potsdam verurteilte sie daraufhin in einer gemeinsamen Verhandlung wegen Nichtbefolgung des Einberufungsbefehls gem. § 32 Abs. 2 des Wehrpflichtgesetzes in der Fassung des Anpassungsgesetzes vom 11. Juni 1968 zu Freiheitsstrafen von je 1 Jahr und 9 Monaten.[93]

Am 8. März 1977 schrieb der 24-jährige Betriebsschlosser Detlef Pump einen Brief an das Wehrkreiskommando Jena: „Hiermit erkläre ich, den Wehrdienst aus humanistischen Gründen mit und ohne Waffe zu verweigern.“

Seine Motive waren rein politisch und das teilte er der Wehrbehörde mit. Mitte April 1978 erhielt Pump den Einberufungsbefehl. Danach sollte er als Bausoldat ab dem 3. Mai 1978 Wehrersatzdienst leisten. Diesem Befehl kam Pump nicht nach. Er wurde festgenommen. Das Militärgericht Erfurt verurteilte Pump wegen Vergehens gem. § 32 Abs. 2 Wehrpflichtgesetz in der Fassung des Anpassungsgesetzes vom 6. November 1968 in einer knapp zweistündigen Hauptverhandlung am 8. Mai 1978 zu einer zweijährigen Freiheitsstrafe.[94]

Nur wenige Fälle totaler Wehrdienstverweigerung wurden in der Öffentlichkeit so bekannt wie der des Berliners Nico Hübner, Sohn eines SED-Funktionärs. Er hatte im Frühjahr 1977 einen Antrag auf Ausreise in die Bundesrepublik gestellt. Als das Kreiskommando ihn zum Wehrdienst in der NVA einziehen wollte und im März 1978 zur Musterung vorlud, verweigerte er. Seine Begründung: Der entmilitarisierte Status Berlins, von den Alliierten 1945 beschlossen und im 4-Mächte-Berlin-Abkommen 1971 bestätigt – gelte

92 Ebenda, S. 380,381.BArch. DVW 9/23672.

93 Ebenda, S. 380,381.BArch. DVW 9/35645.

94 http:/www.jugendopposition.de/index.php?ib=2889&print=1&no_cacae=1; BArch. DVW 13/74575, Urteil des MG Erfurt, Bd. 2, S. 23–25.

auch für den Ostteil der Stadt. Am 7. Juli 1978 verurteilte der 1. Strafsenat des Stadtgerichtes Berlin Nico Hübner zu einer fünfjährigen Freiheitsstrafe. Der vom MfS gesteuerte Prozess fand unter Ausschluss der Öffentlichkeit statt, die Zeugen wurden zum Stillschweigen verpflichtet. Das Gericht verurteilte Hübner nicht nur wegen Wehrpflichtverletzung, sondern erklärte ihn auch der Sammlung von Nachrichten und staatsfeindlicher Hetze für schuldig.[95]

Einen statistischen Überblick über die Totalverweigerer gibt die nachstehende Tabelle:

Jahr/Ausbildungsjahr	Verurteilte Personen insgesamt	davon gemäß § 256 StGB	davon gemäß § 32 (2) WPfG und § 43 (1) WDG
1964	159	7	152
1965	17	10	7
1966	148	12	136
1967	150	3	147
1968	9	5	4
1969	192	7	185
1970	190	11	179
1971	29	17	12
1972	162	8	154
1973	194	9	185
1974	32	11	21
1975	208	10	198
1976	215	11	204
1977	14	8	6
1978	200	12	188
1979	177	14	163
1980	340	18	322
1981	148	20	128
1982	272	22	250
1982/83	56	6	50
1983/84	103	2	101
1984/85	79	27	52
1985/86	16	4	12
1986/87	25	6	19
1987/88	6	2	4
1988/89	3	2	1
Gesamt	3144	264	2880

(Abb. Tab. Verurteilungen von Wehrdienstverweigerern 1964–1988/89, *Wenzke,* Staatsfeinde in Uniform? S. 370.)

XII. Sonstige Fälle

Einen besonderen Fall entschied am 13. Juli 1978 das Militärobergericht Berlin – Bs-1-22/78 MOG-Be. Der ehemalige Soldat der NVA Wolfram Beck

95 *Wenzke*, Staatsfeinde in Uniform, S. 382; http/www.mdr.de/damals/lexikon/artikel 75668.html; vgl. auch die von *Halbrock*, Bausoldaten und Totalverweigerer, S. 52 ff. beschriebenen Fälle der Totalverweigerer in der DDR.

sowie dessen Vater Walter Beck wurden vom MOG Berlin wegen Sammlung von Nachrichten, staatsfeindlicher Hetze, Versuchs des ungesetzlichen Grenzübertritts im schweren Fall und des Verrats militärischer Geheimnisse (Verbrechen gem. § 98 Abs. 1, 106 Abs. 1 Ziff. 1 und 3, Abs. 2, 22 Abs. 2 Ziff. 2, 213 Abs. 1 und 2 Ziff. 2, Abs. 3, 272 Abs. 1 und 2, 63 Abs. 2 StGB) zu einer Freiheitsstrafe von sechs Jahren und sieben Monaten – Wolfram Beck – bzw. zu einer Freiheitsstrafe von fünf Jahren und sechs Monaten – Walter Beck – verurteilt.[96]

Gegen das Urteil des MOG Berlin wurde Berufung eingelegt, die das OG der DDR – 1 OMSE 11/78 – mit Urteil vom 25. August 1978 zurückgewiesen hat. Im Berufungsurteil[97] heißt es:

> „Die vom Militärobergericht getroffenen Sachverhalts- und Schuldfeststellungen hinsichtlich der Sammlung von Nachrichten (§ 98 Abs. 1 StGB) entsprechen vollauf dem Beweisergebnis. Entgegen der Auffassung der Berufung ist zweifelsfrei nachgewiesen, dass der Angeklagte, ermuntert durch die Sendungen des 'ZDF-Magazin' im Herbst 1975 auf der Grundlage seiner verhärteten antisozialistischen Haltung des Entschluss fasste durch die 'Flucht in die Öffentlichkeit' der BRD die Staatsorgane der Deutschen Demokratischen Republik zu bestimmten Entscheidungen zu zwingen [...]. Dementsprechend berichtete er bereits im Oktober 1975 brieflich den [...] ausführlich über die Umstände des Misslingens des ungesetzlichen Grenzübertritts. In der Beweisaufnahme erklärte der Angeklagte [...], gebeten zu haben, die Durchschriften seiner Informationen an das 'ZDF-Magazin', dem 'Bundesminister für innerdeutsche Beziehungen' und anderen Einrichtungen zu schicken, so auch an die 'Zentrale Erfassungsstelle' Salzgitter. Diese Aussage wird durch die persönliche Stellungnahme des Angeklagten [...], die zum Beweis erhoben wurde, bestätigt. Danach kam es dem Angeklagten ausdrücklich darauf an, mit Hilfe [...] sich solche ausgewählten Einrichtungen in der BRD zur Nutze zu machen, von denen er wusste, dass diese seine gegen die sozialistische Staats- und Gesellschaftsordnung gerichtete Tätigkeit unterstützen. Dazu zählte er neben 'Amnesty International' und der 'Gesellschaft für Menschenrechte e.V.' auch die 'Zentrale Erfassungsstelle Salzgitter', deren grobe Einmischungspolitik in die souveränen Angelegenheiten der Deutschen Demokratischen Republik ihm hinreichend bekannt war."[98]

96 BStU, MfS, BV Halle, AU 3017/79, Bd. 18; Urteil des MOG Berlin, Vorsitzender: Militäroberrichter Oberstleutnant Penndorf, BS-1-22/78 MOG-Be – Urteil vom 13.7.1978, S. 231 ff.; vgl. zur Person Heinz Penndorf, 3. Kapitel, Abschnitt H III.

97 Ebenda, S. 280 ff., S. 284.

98 Ebenda, S. 284, 285.

B) Todesurteile

I. Vorbemerkung

In der DDR wurden diverse Todesurteile gegen Angehörige der bewaffneten Organe verhängt. Nach bisherigem Forschungsstand ist gegen insgesamt acht Angehörige der Volkspolizei und neun MfS-Offiziere vor dem 1. Juli 1963 die Todesstrafe verhängt worden. In zeitlicher Hinsicht wird deshalb auf den 1. Juli 1963 abgestellt, weil zu diesem Zeitpunkt die Militärgerichte etabliert wurden.[99] Nach dem 1. Juli 1963 verurteilten die Militärgerichte acht Personen zum Tode.[100]

Eine Rechtsgrundlage für das Verhängen der Todesstrafe war § 283 Abs. 2 DDR-StGB 1968. Da es allerdings einen gesetzlich vorausgesetzten „Verteidigungszustand" zur Zeit des Bestehens der DDR nicht gegeben hat, spielte diese Vorschrift in der Praxis keine Rolle.

Weitere Grundlagen für die Verhängung der Todesstrafe finden sich im ersten Kapitel des besonderen Teils des StGB/DDR/1968 (Verbrechen gegen die Souveränität der Deutschen Demokratischen Republik, den Frieden, die Menschlichkeit und die Menschenrechte), nämlich § 85– Planung und Durchführung von Aggressionskriegen – § 86 – Vorbereitung und Durchführung von Aggressionsakten – § 91 – Verbrechen gegen die Menschlichkeit sowie § 95 – Kriegsverbrechen. Auch diese Tatbestände blieben aber in der Spruchpraxis der DDR-Gerichte in den mit der Todesstrafe endenden Verfahren ohne Bedeutung.

Anders dagegen die Straftatbestände der im zweiten Kapitel des besondern Teils (Verbrechen gegen die Deutsche Demokratische Republik) und hier insbesondere § 97 – Spionage –, § 96 – Hochverrat – ,§ 99 – Landesverräterischer Treubruch– ,§§ 101, 202 – Terror – ,§ 103 – Diversion sowie § 104 – Sabotage –. Bei all diesen Straftatbeständen konnte die Todesstrafe verhängt werden.[101] Gesetzesgrundlage für die Todesurteile in den 50er Jahren bildete immer Art. 6 Verf. DDR in Verbindung mit KGR 38.

---

99 Vgl. 2. Kapitel, Abschnitt A III.

100 Insgesamt sind nach bisherigem Forschungsstand von DDR-Gerichten in der Zeit vom 7.10.1949 bis 1981 mindestens 231 Todesurteile ausgesprochen worden. Unklar ist allerdings, ob und ggf. wie viele dieser Urteile vollstreckt worden sind. Es bestehen Nachweise hinsichtlich von 160 Vollstreckungen, vgl. *Wagner*, Militärjustiz, S. 279.

101 Zudem konnte bei Mord (§ 112) auf Todesstrafe erkannt werden.

Die Todesurteile dienten als interne Repression und Abschreckung und sind vom Ablauf der Verfahren, die unter Regie des MfS standen, ein bemerkenswertes Beispiel für die Steuerung und Manipulation der Militärjustiz.

Das MfS machte schlichtweg mit „Verrätern" kurzen Prozess. Noch im Jahre 1982 erklärte Erich Mielke:

> „Wir sind nicht davor gefeit, dass auch mal ein Schuft unter uns sein kann. Wir sind nicht gefeit dagegen. Leider. Wenn ich das schon jetzt wüsste, dann würde er ab morgen schon nicht mehr leben. Ganz kurzen Prozess. Aber weil ich Humanist bin, deshalb habe ich solche Auffassung ... und das Geschwafel von wegen und so weiter, nicht hinrichten und nicht Todesurteil – alles Käse, Genossen. Hinrichten, wenn notwendig auch ohne Gerichtsurteil."[102]

Die Todesstrafe im Militärstrafverfahren, die unter Regie des MfS und mit nachlaufendem Gehorsam der Militärrichter verhängt wurde, sollte die innere Disziplinierung der eigenen MfS-Organisation und Mitarbeiter bewirken. Das MfS sorgte mit Hilfe der Militärjustiz dafür, dass an den für die Öffentlichkeit regelmäßig gesperrten Hauptverhandlungen diverse Stasi-Mitarbeiter teilnahmen. Anschließend wurde dafür gesorgt, dass die Todesurteile durch Befehle sämtlichen Mitarbeitern der Staatssicherheit bekannt gegeben wurden.

Diese Befehle sind in den Archiven des Bundesbeauftragten festgestellt worden. Sie haben folgenden Inhalt:

Im Befehl Wollwebers heißt es zum Fall Rebenstock:

> „Es gelang ihm nicht, der gerechten Strafe zu entgehen [...]. Für Schwankende, Feige und Verräter ist kein Platz in den Reihen der Organe der Staatssicherheit."

Und am Ende wurde dekretiert:

> „Ich befehle,
>
> 1. die Erziehung der Mitarbeiter der Staatssekretariats der Staatssicherheit zu Treue und Ergebenheit gegenüber der Partei der Arbeiterklasse und unserem Arbeiter- und Bauernstaat ist zu verstärken,
>
> 2. der Befehl ist sämtlichen Mitarbeitern des Staatssekretariats für Staatssicherheit bekannt zu geben und zum Gegenstand eine eingehende Belehrung und Erziehung zu machen."[103]

Im Fall der Eheleute Krüger lautete der Befehl Wollwebers:

---

102 Erich Mielke am 19.2.1982 auf einer erweiterten Kollegiumssitzung des MfS, zitiert nach *Bookjans*, Militärjustiz, S. 154.

103 Zitiert nach *Bästlein*, Mielke, S. 173; Bästlein nennt dem Namen Rebentisch, richtig ist aber Rebenstock.

„Jeden Verräter an unserer gerechten Sache ereilt sein verdientes Schicksal. Er wird genau wie die beiden Krüger ergriffen, auch wenn er sich in einem noch so sicheren Versteck zu befinden glaubt und entgeht in keinem Fall seiner gerechten Strafe, denn die Macht der Arbeiterklasse reicht über alle Grenzen hinaus.“

Auch in diesem Fall wurde die Bekanntgabe an alle Mitarbeiter der Staatssicherheit veranlasst. (Befehl Nr. 224/55 vom 3. Oktober 1955).

Im Falle Smolka führte der Befehl Mielkes vom 18. Juli 1960 (Befehl Nr. 357/60) folgendes aus:

„Es gibt aber keine Nachsicht mit Verrätern an der Sache des Friedens und des Sozialismus. Jeder Verräter – ganz gleich wo er sich befinden möge – wird seiner gerechten Sache nicht entgehen.“

Abschließend wurde verfügt, dass der Inhalt des Befehls allen Angehörigen des MfS bekannt zu geben und in den Diensteinheiten zum Gegenstand einer eingehenden Aussprache und Belehrung zu machen ist.

Schließlich ist in den Akten des Bundesbeauftragten der Befehl Nr. 7/79 betreffend Gerd Trebeljahr überliefert. In diesem Befehl vom 7. Mai 1979 führte Mielke aus, dass er erwarte, dass die Leiter der Diensteinheiten in enger Zusammenarbeit mit den Leitungen der TO/GO alles Erforderliche tun werden, um die tschekistische Erziehung der Angehörigen auf der Grundlage der Beschlüsse der Partei und der von mir dazu gegebenen Befehle zu vervollkommnen.[104]

Außerhalb des MfS wurde ab dem Jahre 1968 über die Verhängung der Todesstrafe und deren Vollstreckung absolutes Stillschweigen gewahrt.[105]

Der Verfasser hat erstmals alle im Archiv des Bundesbeauftragten vorhandenen Todesurteile ausgewertet. Sie sind Zeitdokumente eigener und besonderer Art. Sie belegen eindrucksvoll die Steuerung der Verfahren durch das Politbüro und das MfS. Sie zeugen von Repression, Angst, Rache, Disziplinierung, die vom MfS in und mit den Verfahren gegen die eigenen Leute ausgeübt wurde. Sie bieten im Übrigen Einblick in die Mechanik der Manipulation der MfS - gesteuerten Verfahren und werden vom Verfasser daher in den Grundzügen dargestellt.

---

104 Die Befehle haben keine Archiv-Nr. Sie sind bei dem Bundesbeauftragten unter der Nr. des Befehls einzusehen.

105 Gemeinsame Anweisung MfS-MdI, zitiert nach *Bookjans*, Militärjustiz, Seite 155; vgl. auch BStU, MfS, HA IX AU 116/90, Aktenvermerk der MOStA.

II. Todesurteile gegen Volkspolizei-Angehörige vor dem 1. Juli 1963

1. Christian Lange-Werner

Der am 23. August 1914 in Chemnitz geborene Ingenieur Christian Lange-Werner war Leutnant der Volkspolizei. Er spionierte für den amerikanischen Geheimdienst und wurde deshalb mit Urteil des BG Cottbus vom 31. Oktober 1953 zum Tode verurteilt.[106] Die Berufung des Lange-Werner hatte keinen Erfolg. Sie wurde durch das Urteil des OG vom 24. November 1953 zurückgewiesen.[107]

Aus der Akte geht hervor, dass die Staatsanwaltschaft über das Verfahren auch den Hohen Kommissar der UdSSR in Deutschland, Abteilung Justiz, zu Händen Oberst Jakupov, informierte. Mit Schreiben vom 5. Oktober 1953 wurde der Hohe Kommissar davon in Kenntnis gesetzt, dass für Christian Lange-Werner die Todesstrafe vorgesehen ist.[108]

Die Oberste Staatsanwaltschaft der DDR verfügte am 8. Oktober 1953, dass die Strafsache gegen Lange-Werner – um die dortige Zuständigkeit zu erreichen – vor dem Bezirksgericht Cottbus angeklagt und verhandelt werden sollte. Gleichzeitig wurde angeordnet, dass gegen Lange-Werner die Todesstrafe zu beantragen ist.[109] Die Anklage datiert vom 22. Oktober 1953. Die Gerichtsverhandlung fand wenige Tage später, am 30. und 31. Oktober 1953, statt.[110]

Das Urteil gegen Lange-Werner wurde vollstreckt. Der Tag der Vollstreckung geht aus der Akte des Bundesbeauftragten nicht hervor. In der Akte befindet sich aber die Todesbescheinigung, die den Todestag mit dem 20. März 1954 bezeichnet.[111]

---

106 Todesurteil des BG Cottbus vom 31.10.1953, Az: 1/472/53; Vorsitzende: Direktor am BG, Frau von Ehrenwall, Staatsanwalt: Piehl.

107 BStU, MfS, AU 60/54, Urteil Bd. 3, S. 65–83, Berufungsurteil OG S. 117–135 (mit Lange-Werner waren weitere sechs Personen angeklagt, die zu hohen Zuchthausstrafen verurteilt wurden). Das Todesurteil wurde bestätigt durch das Urteil des OG vom 24.11.1953, Az: 1a USt 582/53, Vorsitzende: Oberrichter Frau Eisermann; Staatsanwalt Schaudt; Verurteilung gemäß Art. 6 der DDR-Verf.1949, KRD 38.

108 Ebenda, Bd. 7, S. 13.

109 Ebenda, S. 16.

110 Ebenda, S. 55 ff.

111 Ebenda, S. 189.

2.

a) Horst Klinger

Der am 29. Dezember 1927 in Schwerin geborene Zahnarzt Horst Klinger war hauptamtlicher KVP-Zahnarzt im Rang eines Oberleutnants. Er wurde von dem Mitangeklagten Flegel, der ebenfalls Zahnarzt war, angeworben und zu einer Zusammenarbeit mit dem englischen Geheimdienst gebracht. Für diesen Geheimdienst führte Klinger eine Agententätigkeit durch.

Mit Urteil des BG Schwerin[112] wurde Klinger zum Tode verurteilt. In Ziffer I. des Urteils wurde – wie in vielen DDR-Urteilen üblich – propagandistisch formuliert. Hier heißt es:

> „Im großen Maß begegnen sich die imperialistischen Kriegstreiber bei der Verwirklichung ihrer Pläne solcher Menschen, die ihren Wohnsitz im demokratischen Sektor von Berlin und in der Deutschen Demokratischen Republik haben. Immer wieder finden sich Elemente, die bereit sind, Handlangerdienste für die Kriegstreiber zu leisten. Es wurde bereits eine große Anzahl solcher Agenten unschädlich gemacht. Die Entlarvung dieser Verbrecher machte deutlich mit welcher Skrupellosigkeit sie zu Verrätern an den Interessen der Werktätigen Menschen wurden. Im vorliegenden Fall hatten sich erneut derartige Elemente zu verantworten, die im besonders großen Umfang und äußerst intensiv die Machenschaften der Faschisten, Monopolisten und Militaristen unterstützten. Sie begingen Verbrechen größten Ausmaßes, für die sie sich zu verantworten hatten.“[113]

Der Angeklagte Klinger berichtete dem ausländischen Geheimdienst über Truppentransporte, sowjetische Militärfahrzeuge, Bewaffnung und Beladung. Zusätzlich händigte er den ausländischen Agenten Aufnahmen von militärischen sowjetischen Fahrzeugen und Geschützen aus. Klinger wird im Urteil als „gewissenloser Verbrecher“ bezeichnet. Es sei von einer großen Gesellschaftsgefährlichkeit auszugehen. Er sei ein gefährlicher Feind des werktätigen Volkes und habe die schwersten Verbrechen begangen. Er musste deshalb „unschädlich gemacht werden“. Das Gericht führt dann aus:[114]

> „Jeder Spion soll wissen, dass jeder, der versucht, in der Deutschen Demokratischen Republik zu spionieren, über kurz oder lang sein Schicksal ereilt. An der Wachsamkeit unser Staatsorgane und aller werktätigen scheitert jeder Versuch, die gesellschaftliche Entwicklung zum Fortschritt aufzuhalten.“

---

112 BStU, MfS, AU 52/55: Todesurteil des BG Schwerin vom 14.10.1955, Az: 1 Ks 143/55 I 164/55, Vorsitzender: Oberrichter Mai, Staatsanwalt Uhlig. Das Todesurteil wurde durch das Berufungsurteil des OG vom 11.11.1955, 1a USt 245/55 bestätigt. Vorsitzender: Oberrichter Möbius; Beisitzer: Richter Reinwarth und Kubasch; Staatsanwalt Matschke; Verurteilung gemäß Art. 6 DDR-Verf. 1949.

113 Ebenda, S. 22 f.

114 Ebenda, S.152.

b) Joachim Flegel

Der am 4. September 1925 geborene Zahnarzt Joachim Flegel war nach seinem Studium als Zahnarzt in der Poliklinik in Brandenburg und seit Dezember 1954 weiterhin zusätzlich noch im Krankenhaus Brandenburg-Görden tätig. Er war zusammen mit dem Zahnarzt Horst Klinger vor dem BG Schwerin angeklagt; mit Urteil vom 14. Oktober 1955[115] wurde Klinger zum Tode verurteilt; Flegel erhielt eine Freiheitsstrafe von 15 Jahren, weil er den Mitangeklagten Klinger als Spion für den englischen Geheimdienst geworben hatte. Gegen diese Entscheidung des BG Schwerin im Fall Flegel hat der Generalstaatsanwalt der DDR mit Schriftsatz vom 28. November 1955 die Kassation beantragt. Im Kassationsverfahren wurde das Urteil des BG Schwerin vom 14. Oktober 1955 im Falle des Angeklagten Flegel aufgehoben; die Sache wurde an das BG Schwerin zurückverwiesen.[116]

Anschließend wurde Flegel mit Urteil des BG Schwerin vom 6. Februar 1956 (Vorsitzender: Oberrichter Mai; Staatsanwalt: Uhlig) zum Tode verurteilt. Das Urteil gegen Klinger wurde am 16. Mai 1956 vollstreckt; am gleichen Tag erfolgte auch die Vollstreckung des Urteils gegen Flegel.[117]

3.

a) Ulrich Koslowsky[118]

Der am 14. August 1930 in Potsdam geborene Ulrich Koslowsky war seit dem 6. Dezember 1949 als Offizierschüler bei der Volkspolizeibereitschaft Potsdam. Dort wurde er im Rang eines Polizeimeisters nach der Ausbildung beschäftigt. Im April 1952 ist er aus dem Dienst der Volkspolizei entlassen worden. Grund hierfür war sein Fehlverhalten: Er nahm Kontakt zur „Kampfgruppe gegen die Unmenschlichkeit“ auf und wurde als Agent geworben. Er sollte künftig in regelmäßigen Abständen von zwei bis drei Wochen über die

---

115 Vgl. oben FN. 1033.

116 Ebenda, OG 1a Zst 14/55; Urteil vom 3.1.1956; Vorsitzender: Oberrichter Möbius; Beisitzer; Richter Schilde und Richter Lüders; Staatsanwalt: Löser.

117 Todesurteil des BG Schwerin vom 6.2.1956 1 Ks 6/56 – I 164/55 Vorsitzender: Oberrichter Mai, ebenda, S. 203 ff. Die Berufung wurde zurückgewiesen mit Beschluss des OG vom 16.2.1956 1a Ust 31/56, ebenda, S. 221 f.

118 BStU, MfS, BV Halle, AU 161/55, Bd. 42 und 43, S. 6, 7. Todesurteil des BG Halle vom 15.11.1955, Az: 1 Ks 383/55, Vorsitzender: Oberrichter Kretschmer; Staatsanwalt: Erpen; Todesurteil bestätigt durch OG – 1b USt 344/55 – Berufungsurteil vom 11.11.1955; Vorsitzender: Oberrichter Möbius; Beisitzer: Richter Schilde, Richter Kubasch; Staatsanwalt: Matschke. Das Todesurteil gegen K. wurde am 13.1.1956 vollstreckt.

KFZ-Schule in Apollendorf berichten. Dort war Koslowsky zuletzt als Unterkommissar tätig.

Seine Spionagetätigkeit führte Koslowsky von Mitte 1951 bis April 1952 durch. Er beschaffte die Befehle und Dienstanweisungen, welche in den Dienstbesprechungen gegeben wurden. Er verriet Ausbildungsplätze, Personallisten der Offiziere und Ausbilder und berichtete über alle personelle Veränderungen innerhalb der KVP seines Standortes. Weiterhin übernahm er die Werbung von weiteren Agenten in seiner Dienststelle, insbesondere den Mitangeklagten Heyde als höheren Offizier.

b) Walter Heyde[119]

Der Angeklagte Walter Heyde wurde am 12. Juli 1918 in Chemnitz geboren. Im Frühjahr 1949 wurde Heyde Oberkommissar der Grenzpolizei. Später war er bis Herbst 1954 im Rang eines Majors bei der KVP als Instrukteur für die KFZ-Schulen tätig. Der Angeklagte Heyde wurde von dem Mitangeklagten Koslowsky als Agent für Spionagetätigkeit angeworben. Er spionierte für den amerikanischen Geheimdienst und die KgU.

In der Akte ist vermerkt, dass das Urteil gegen Heyde am 13. Januar 1956 vollstreckt wurde. Am gleichen Tag erfolgte auch die Vollziehung des Todesurteiles gegen Koslowsky.

4. Werner Alfred Flach[120]

Flach war seit dem Jahr 1948 bei der KVP, zuletzt in der Dienststelle Prenzlau als Sachbearbeiter für Verpflegung im Rang eines Oberfeldwebels tätig. Flach spionierte für die Organisation Gehlen. Er lieferte gegen Bezahlung diverse Spionageberichte.

Flach wurde mit Urteil des BG Neubrandenburg von 7. Februar 1956 zum Tode verurteilt. Dieses Urteil ist am 11. Februar 1956 vollstreckt worden. Im Urteil des BG Neubrandenburg wird u.a. ausgeführt:

> „Zwei Deutsche Staaten stehen sich heute gegenüber. In der Deutschen Demokratischen Republik haben sich die Werktätigen von ihren imperialistischen Unterdrückern befreit. Sie bauen die Grundlagen einer Gesellschaftsordnung, die den Interessen aller schaffenden Menschen dienen, die allein ein Leben in Glück und

---

119 Ebenda.

120 BStU, MfS, GH 58/88, Bd. 7, S. 194 ff. Flach, Alfred, geb. 7.12.1924 in Syrau/Vogtland; Todesurteil des BG Neubrandenburg vom 7.2.1956, Az: 1 Ks 13/65 B-P/I 956 S. 55 f.; Vorsitzender: BG-Direktor Fleischhauer, Staatsanwalt: Haberkorn; keine Berufung; rechtskräftig seit 7.2.1956. Die Vollstreckung erfolgte am: 11.2.1956, ebenda, S. 254.

Wohlstand für alle schaffenden Menschen garantiert. Voraussetzung für die Erreichung dieses Ziels ist die Erhaltung des Friedens. Daher betreibt unsere Regierung von jeher eine Politik der Freundschaft und Verständigung mit allen friedliebenden Völkern der Welt. Die Bonner Bundesrepublik dagegen betreibt eine entgegengesetzte Politik. In ihr sind wieder diejenigen Kräfte führend, die unser Volk ausbeuteten und im Interesse ihres Profites in Raubkriege stürzten. Wieder ist ihr Ziel darauf gerichtet, einen neuen Krieg auszulösen. Um der Profite willen verschachern diese Kreise die nationalen Belange der Nation. Mit allen Mitteln versuchen sie, die Wiedervereinigung unseres Vaterlandes auf demokratischer Grundlage zu verhindern. Ihr nächstes Ziel ist daher die Deutsche Demokratische Republik zu beseitigen und die alten Zustände wiederherzustellen, um ihr Potential für die Führung des von ihnen beabsichtigten Raubkrieges gegen die Völker des Ostens zu vergrößern. Für die Erreichung dieses Zieles arbeiten unzählige Agentenzentralen. Jedes Mittel ist den Drahtziehern des Krieges recht. Sie schrecken vor gemeingefährlichen Verbrechen und Mord nicht zurück."

5. Manfred Viktor Smolka[121]

Der Offizier der Volkspolizei Manfred Viktor Smolka wurde am 26. November 1930 in Ratibor geboren. Er wurde wegen verschiedener Verstöße Ende Oktober 1958 aus der „Deutschen Grenzpolizei" entlassen. Zwei Wochen später setzte er sich in den Westen ab. Frau und Kind wollte er nachholen. Doch dabei lockte ihn ein Freund von der Grenzpolizei, den die Stasi zur Mitarbeit erpresst hatte, am 22. August 1959 an der Bayerisch-Thüringischen Grenze in einen Hinterhalt. Smolka wurde angeschossen und festgenommen. Auf einen Vorschlag des Untersuchungsorgans, ihn zum Tode zu verurteilen, schrieb Erich Mielke am 3. März 1960 „einverstanden". Damit war das später verkündete Urteil über Smolka bereits vorweg entschieden.

Das Bezirksgericht Erfurt verurteilte Smolka in der Besetzung Oberrichter Kubasch und zwei Schöffen sowie Staatsanwalt Wieseler als Vertreter der Bezirkstaatsanwaltschaft mit Urteil vom 5. Mai 1960 zum Tode.[122] Die von Smolka eingelegte Berufung wurde durch Urteil des OG vom 18. Juni 1960 zurückgewiesen.[123]

Der Fall Smolka wird in den Akten des Bundesbeauftragten ausführlich dargestellt und archiviert. Es befindet sich in der Akte der Vermerk:

---

121 BStU, MfS, GH 9/89, Bd. 4; Urteil des BG Erfurt vom 5.5.1960, Oberrichter Kubasch, Az: I Bs 34/60; mit Befehl Mielkes an das MfS bekannt gegeben; vgl. *Bästlein*, Mielke, S. 181 ff.

122 Ebenda, Bezirksgericht Erfurt AZ I. BS 34/60-I34/60.

123 Ebenda, Bd. 14: Urteil des OG vom 14.6.1960 – 1b-Strafsenat 1b OSt 62/60; Besetzung des OG: Oberrichter Möbius als Vorsitzender, Richter Reinwarth und Richter Hillmann als beisitzende Richter; als Staatsanwalt nahm der Staatsanwalt Frieden teil.

> „Rücksprache Benjamin – Maron. In diesem Verfahren ist Todesstrafe beschlossen. Es wird vertraulich durchgeführt und in den Einheiten ausgewertet werden.“[124]

6. Fritz Fehrmann[125]

Der Ehemalige Oberleutnant der Volkspolizei, Fritz Fehrmann, wurde am 25. Oktober 1923 in Alt-Landsberg geboren. Er war seit dem 15. Mai 1945 bis zu seiner Festnahme und fristlosen Entlassung aus der Volkspolizei am 21. April 1961 Angehöriger der Volkspolizei. Zuletzt war Fehrmann beim Volkspolizeiamt in Bernau als Sekretariatsleiter eingesetzt. In dieser Eigenschaft ging die gesamte Ein- und Ausgangspost einschließlich der vertraulichen Verschlusssachen durch seine Hände. Fehrmann spionierte von 1952 bis zu seiner Inhaftierung für den Amerikanischen Geheimdienst.

Mit Urteil des Bezirksgerichts Frankfurt (Oder) vom 22. September 1961 – 1 Bs 158/61 – I 160/61 wurde Fehrmann zum Tode verurteilt.[126]

In dem Vermerk der HA IX/1 vom 8. August 1961 heißt es u.a:

> „Es ist vorgesehen die Hauptverhandlung gegen die Beschuldigten unter Hinzuziehung von 35 verantwortlichen Offizieren der VP vor dem Bezirksgericht Frankfurt/Oder durchzuführen. [...] Dem MfS liegen 20 Resolutionen der Deutschen Volkspolizei vor, in denen die Todesstrafe für Fehrmann gefordert wird.“[127]

Mit Vermerk des MfS, Hauptabteilung IX/1, vom 5. August 1961 wurde die Überführung des Untersuchungshäftlings Fehrmann aus der UHA Berlin zwecks Anklageerhebung vor dem Bezirksgericht Frankfurt/Oder in die dortige U-Haftanstalt verfügt. Diese Überführung galt, wie bereits ausgeführt, der Sicherung der Zuständigkeit des Bezirksgerichts Frankfurt/Oder, an welchem der frühere Vizepräsident des OG, Ziegler, Gerichtsdirektor war. Mit einem weiteren Vermerk vom 8. August 1961 wird folgendes festgestellt:

> „Es ist vorgesehen, dass die Hauptverhandlung gegen die Beschuldigten Fehrmann, Fritz und Elisabeth, Ende August 1961 vor dem Bezirksgericht Frankfurt/Oder stattfindet. Auf Wunsch der Leitung der Hauptverwaltung Deutsche Volkspolizei und auf Anregen der Leitung der Hauptabteilung VII sollen 35 verantwortliche Offiziere der Deutschen Volkspolizei an den Prozess gegen das Ehepaar Fehrmann teilnehmen. Nach Beendigung des Prozesses werden in sämtlichen

---

124 Ebenda, Bd. 14, S.122.

125 BStU, MfS GH 13/62, Bd. 6; Urteil des BG Frankfurt/Oder vom 22.9.1961, Az: I. Bs 158/61-I 160/61.

126 Ebenda, Bd. 6, S. 108 ff.; Vorsitzender: Bezirksgerichtsdirektor Ziegler; Bezirksstaatsanwalt: Kunkel; zur Person Ziegler vgl. Anhang 1, Abschnitt III.

127 Ebenda, S. 149 ff.

> Bezirksbehörden der Deutschen Volkspolizei Dienstversammlungen durchgeführt. Wie aus 20 vorliegenden Resolutionen von Angehörigen der Bezirksbehörden der Deutschen Volkspolizei hervorgeht, fordern sie für den Beschuldigten Fehrmann, Fritz die Todesstrafe."

Vorstehende Vermerke sind Beleg für die Manipulation des „gesetzlichen Richters" und der „Gerichtsöffentlichkeit".[128]

In einer abschließenden Verfügung heißt es:

„Zur Durchführung des Prozesses wird vorgeschlagen:

1. Der Prozess findet Ende August vor dem Bezirksgericht Frankfurt/Oder statt.
2. Es nehmen 35 verantwortliche Offiziere der Volkspolizei teil.
3. Strafmaß: Todesstrafe für Fehrmann, 12 Jahre Zuchthaus für seine Ehefrau.
4. Auswertung des Prozesses in Dienstversammlungen der Bezirksbehörden der Volkspolizei."[129]

Mit Schreiben vom 6. Sebtember 1961 des Staatsanwaltes des Bezirkes Frankfurt (Oder) an die Oberste Staatsanwaltschaft der DDR, zu Händen von Staatsanwalt Wagner – Persönlich / Vertraulich – wurde folgendes ausgeführt:

> „Strafsache gegen a) Fritz Fehrmann
>
> Nach Lage der Akten habe ich weisungsgemäß folgende Strafvorschläge zu unterbreiten: '[...]'.
>
> Auch unter Berücksichtigung der vorliegenden Resolutionen aus den Reihen der Deutschen Volkspolizei, die die härteste Bestrafung des Verbrechers Fehrmann verlangen, beantrage ich für den Agenten Fritz Fehrmann die Todesstrafe zu genehmigen.
>
> Um Bestätigung meiner Strafvorschläge darf ich bitten."

Damit schließt sich der vorgeplante Kreis: Durch vorgegebene Weisung wird die Entrüstung über das Vergehen vorgezeichnet, die wiederum MfS, Staatsanwaltschaft und Gericht angeblich keine Wahl als die härteste Bestrafung lässt und im Ergebnis zur weiteren Abschreckung dienen kann.

Es folgt abschließend der bestätigende Vermerk des Staatsanwaltes Wagner, mit dem er erklärt, dass nach erfolgter Rücksprache mit dem Genossen Oberst Richter (Leiter der HA IX) und dem Genossen Windisch (Oberste Staatsanwaltschaft der DDR) die Genehmigung erteilt wird, die Todesstrafe zu beantragen. Der Vermerk datiert vom 8. September 1961.[130]

---

128 Vgl. 3. Kapitel, Abschnitte F, L II 2, V 1.

129 BStU, ebenda.

130 Ebenda, Bd. 11.

III. Todesurteile gegen Stasi-Offiziere bis zum 1. Juli 1963

1. Paul Bruno Rebenstock[131]

Paul Rebenstock wurde am 7. Dezember 1905 in Lauenburg geboren, er war Offizier des MfS und zuletzt Leiter der Kreisdienststelle Prenzlau. Er floh am 2.Februar 1953 aus einem aus disziplinarischen Gründen verhängten Gewahrsam des MfS nach Westberlin, wurde dann jedoch bei einem konspirativen Treffen im Ostteil Berlins verhaftet und in das MfS-Untersuchungsgefängnis in der Magdalenenstraße verbracht.

Das OG der DDR – 1 ZSt (I) 1/54– in der Besetzung Oberrichter Ziegler, Oberrichter Möbius und Oberrichter Rothschild, die Staatsanwaltschaft vertreten durch Staatsanwalt Piehl, verurteilte Rebenstock wegen Verbrechen gegen Artikel 6 Verf. 1949 in Verbindung mit KGR 38 Abschnitt II, A III am 3. März 1954 zum Tode.[132]

Der Tod Rebenstocks wurde vom Standesamt Dresden am 5. März 1954 mittels Totenschein bestätigt. Als Todesursache wird Herzmuskelinsuffizienz, Herzinfarkt angegeben. Das Protokoll der Hinrichtung datiert ebenfalls vom 5. März 1954.[133]

Die Akte enthält ein Schreiben an Oberst Jakupov, Hoher Kommissar der UdSSR in der DDR vom 2. Januar 1954. In diesem Schreiben wird seitens der Generalstaatsanwaltschaft festgestellt: „Es ist beabsichtigt gegen Rebenstock die Todesstrafe zu beantragen.“

Weiterhin enthält das Schreiben an Oberst Jakupov den Hinweis, dass vorgesehen ist, die Hauptverhandlung vor Mitarbeitern der Staatssicherheit in deren Dienstgebäude durchzuführen. Im Schreiben an den Hohen Kommissar – Bericht über die Hauptverhandlung – wird festgestellt, dass an der Hauptverhandlung dreihundert Mitarbeiter der MfS aus allen Teilen der DDR teilnahmen.[134]

2. Heinz Georg Ebeling

Heinz Georg Ebeling, geb. 13. September 1913, war seit dem 27. Mai 1952 Mitarbeiter des MfS. Er war zuletzt bei der Kreisdienststelle Wittenberg tätig. Er wurde aus disziplinarischen Gründen – Verletzung der Wachsamkeit und

---

131 BStU, MfS, GH 37/55.

132 Ebenda, Bd. 3, S. 138 ff.

133 Ebenda, Standesamt Bd. 7, S. 30; Hinrichtung Bd. 12, S. 114.

134 Ebenda, Bd. 12, S. 31 ff.

unmoralisches Verhalten – am 31. Juli 1953 aus dem MfS und am 14. August 1953 aus der SED ausgeschlossen. Er floh in den Westen und lieferte Informationen über das MfS an den amerikanischen Geheimdienst. Weiterhin erklärte er sich bereit, eine Spionagetätigkeit auch in Zukunft auszuüben. Er versuchte, Mitarbeiter des MfS als Agenten anzuwerben. Nach einem konspirativen Treffen wurde er verhaftet.

Mit Urteil des BG Halle vom 11. März 1955 – 1 Ks 45/55 – ist Ebeling zum Tode verurteilt worden.[135] Die Berufung wurde mit Urteil des OG der DDR – 1b Ust 67/55 vom 5. April 1945, Vorsitzender: Oberrichter Möbius, Beisitzer: Richter Kubasch, Richter Klar, Staatsanwalt Haberkorn – zurückgewiesen.[136]

Im Sitzungsbericht des Staatsanwaltes Haberkorn[137] vom 12. März 1955 wird ausgeführt, dass die Verhandlung vor erweiterter Öffentlichkeit vor einem Kreis von 700 Mitarbeitern des SfS stattfand.[138]

Ebeling wurde am 17.Mai 1955 in Dresden hingerichtet.[139]

3. Paul Köppe

Paul Köppe, geb. am 2. Dezember 1914 in Zwintschöna, war seit dem Jahr 1952 als Kraftfahrer in der Hauptabteilung I des MfS tätig. Am 27. Dezember 1953 floh Köppe nach Westberlin. Er verriet an ausländische Geheimdienste Strukturen, Arbeitsmethoden etc. des MfS.

Mit Anklageschrift vom 6. Januar 1955 – I 8/54 wird festgestellt: „Durch seine moralische Haltlosigkeit, insbesondere durch seine Trunksucht, verlor der Beschuldigte Paul Köppe jeden Halt und wurde zum Feind der Werktätigen.“

Mit Urteil vom 14. März 1955 – BG Cottbus 1. Strafsenat 1 KS 16/55 – I 8/55[140] wurde Köppe zum Tode verurteilt. Über die von ihm eingelegte Berufung entschied das OG – I a USt 50/55. An dem Urteil vom 15. April 1955, mit dem

---

135 BStU, MfS, GH 12/55 Bd. 2, S. 214 ff. Urteil unter dem Vorsitz von Oberrichter Kaulfersch und unter Mitwirkung von Staatsanwalt Haberkorn als Vertreter des Oberstaatsanwaltes der Volkspolizei. Die Verurteilung erfolgte nach Art. 6 der DDR-Verf. 1949 in Verbindung mit KRD 38 Abschnitt II, Art. III AIII. S. 102 f. enthält die Erklärung des Staatsanwaltes, gegen Ebeling die Todesstrafe zu beantragen. Das Schreiben ist gerichtet an das ZK der SED, Abteilung staatliche Verwaltung – Sektor Justiz – z. Hd. Genosse Sorgenicht.

136 Ebenda, S. 230 ff.

137 Zur Person Haberkorn vgl. 2. Kapitel, Abschnitt B, III.

138 Ebenda, Bd. 3, S. 93.

139 Ebenda, Bd. 6, S. 6.

140 BStU, MfS,GH 11/55, Bd. 2, S. 107 ff.; 238 ff.

die Berufung Köppes zurückgewiesen wurde, wirkten Oberrichter Möbius als Vorsitzender, Richter Reinwarth und Richter Kubasch mit. Die Anklage wurde durch Staatsanwalt Haberkorn vertreten. Auch das OG nimmt zur „Trunksucht“ des Köppe Stellung Im Berufungsurteil wird festgestellt:

> „Sein politisches Verhalten in der Vergangenheit hat ihm das Vertrauen der Arbeiterklasse eingebracht, entsprechend seinen Fähigkeiten ihre Interessen als Funktionär ihres Staates zu schützen und nach besten Kräften den ersten deutschen Arbeiter- und Bauernstaat bei der Durchführung seiner großen Aufgaben zu unterstützen. Der Angeklagte hat dieses Vertrauen schändlich missbraucht. Er hat seine niedrigen persönlichen Interessen in den Vordergrund gestellt und sich dem Trunke hingegeben. Seine sich immer mehr vertiefende moralische Haltlosigkeit als Ausdruck seiner inneren Lösung von den Zielen der Werktätigen hat ihn auch die letzten Hemmungen nach außen hin verlieren lassen. Für diese charakterliche Entwicklung mit ihren Folgen ist der Angeklagte ausschließlich selbst verantwortlich.“[141]

Köppe wurde am 17. Mai 1955 in Dresden hingerichtet.

4. Manfred H.[142]

Das BG Cottbus verurteilte den 19-jährigen MfS-Wachsoldaten Manfred H. durch Urteil vom 4. Juli 1955 zum Tode. Der Vorwurf lautete auf Spionage.

Durch Urteil vom 21. Oktober 1955 wandelte das OG das Todesurteil in lebenslange Haft um. Dem waren mehrere Schreiben des OG-Vizepräsidenten Ziegler an den ZK Apparat und Mielke vorausgegangen, in dem Ziegler um die Erlaubnis bat, angesichts des Alters des Verurteilten die Todesstrafe mit dem Berufungsurteil in „lebenslänglich“ umwandeln zu dürfen.

5. Johannes Schmidt

Johannes Schmidt, geb. 27. Oktober 1929 war gelernter Maschinenschlosser und zuletzt Kommissar im MfS Berlin. Er war am 25. Februar 1953 nach Westdeutschland geflohen, hatte Dokumente mitgenommen, um diese den bundesdeutschen Behörden und den westlichen Geheimdiensten zu übergeben. Am 15. Mai 1955 kehrte Johannes Schmidt freiwillig in die DDR zurück, wurde verhaftet und vor Gericht gestellt.

Staatsanwalt Haberkorn veranlasste die Verlegung des Schmidt in die Untersuchungshaftanstalt des MfS in Cottbus und ließ dort die Anklage erheben.[143]

---

141 Ebenda, S. 270, 271.

142 *Wagner*, Militärjustiz, S. 284. Das Urteil ist weder im Militärarchiv noch beim Bundesbeauftragten aufzufinden. Das Berufungsurteil soll sich in der Bibliothek des BGH befinden.

Mit Urteil des BG Cottbus vom 7. November 1955 – 1 Ks 319/55 I 44/55 S 1 – Vorsitzender: Oberrichter am BG Jähnichen,[144] wurde Schmidt zum Tode verurteilt.[145]

6. Eheleute Bruno und Susanne Krüger

Bruno Krüger war Offizier in der Untersuchungsabteilung IX der Bezirksverwaltung Schwerin; seine Ehefrau Susanne Krüger arbeitete in der dortigen Kaderabteilung. Beide flohen im August bzw. September 1953 nach West-Berlin. Sie sollen über ihre Tätigkeit beim MfS (SfS) bundesdeutsche Behörden und westliche Geheimdienste informiert haben. Beide Eheleute waren vom MfS in die DDR „zurückgeholt" worden. Mit Urteil des OG vom 4. August 1955– 1 Zst (I) 6/55 – Richter: Möbius, Reinwarth, Kubasch, Staatsanwalt Haberkorn, wurden die Eheleute Krüger zum Tode verurteilt.[146]

Nach dem Todesurteil des OG vom 4. August 1955 erklärte Wollweber:

> „Jeden Verräter an unserer gerechten Sache ereilt sein verdientes Schicksal. Er wird genau wie die beiden Krüger ergriffen, auch wenn er sich in einem noch so sicheren Versteck zu befinden glaubt und entgeht in keinem Fall seiner gerechten Strafe; denn die Macht der Arbeiterklasse reicht über alle Grenzen hinaus."[147]

7. Sylvester Murau[148]

Sylvester Murau, geb. 9. Februar 1907 in Newe-Westpreußen war Mitarbeiter des MfS. Er verzichtete für das Verfahren auf einen Rechtsanwalt. Murau war nach dem Krieg zunächst Mitarbeiter der Kreispolizei Wismar; am 15. November 1949 wurde er vom MfS übernommen; zuletzt war er Oberrat in der Landesverwaltung des MfS in Schwerin. Im April 1951 ist er aus dem MfS entlassen worden. Er machte gegenüber ausländischen Geheimdiensten Angaben über seine operative Tätigkeit im MfS. Er war darüber hinaus den Eheleuten Krüger bei der Republikflucht behilflich. Murau hatte sich danach in die Bundesrepublik abgesetzt und wurde in der Nähe von Darmstadt ansässig. Von hier ließ das MfS ihn entführen. Murau wurde mit Hilfe seiner eigenen Tochter

143 BStU, MfS, GH 27/56, Bd. 6, S. 11.

144 BStU, MfS, BV Dresden, AIM, 54/52, S. 19 f.: Jähnichen verpflichtete sich am 22.12.1950 als IM des MfS. Sein Deckname war „Langer".

145 BStU, MfS, GH 27/56, Bd. 5, Bd. 6.; vgl. auch *Bästlein*, Mielke, S. 173 f.

146 BStU, MfS, GH 108/55 Bd. 4, S. 319 ff. *Fricke*, Verräter, S. 261.

147 Ebenda, Bd. 11, S. 1 ff., vgl. auch *Bästlein*, Mielke, S. 174.

148 BStU, MfS, GH, 124/55, Bd. 8.

Brigitte Cullmann, geb. Murau und zweier Krimineller in die DDR zurückgeholt.[149]

Die Anklage wurde wieder dem BG Cottbus vorgelegt, um die dortige Zuständigkeit zu erreichen.[150] Oberrichter Jähnichen eröffnete das Hauptverfahren.[151] Das BG Cottbus verurteilte Murau mit Urteil vom 22. Februar 1956 – I Ks 30/56 – unter Vorsitz von Frau von Ehrenwall wegen Verstoßes gegen Art. 6 Abs. 3 Verf. 1949 zum Tode.[152]

Die Berufung des Murau wurde mit Urteil des OG – Ia USt 43/56 – vom 23. März 1956 in der Besetzung Möbius, Kubasch, Schellbach zurückgewiesen.[153]

Das Urteil wurde gemäß Vollstreckungsprotokoll am 16. Mai 1956 vollzogen.

8. Karl Anton Hansel

Hansel war bereits am 2. Januar 1947 in das Landeskriminalamt Sachsen, Dezernat K5/ Leiter der Untersuchungsabeilung eingetreten. Im November 1950 erfolgte die Entlassung aus der Volkspolizei. Am 8. Juni 1953 wurde Hansel erneut beim MfS eingestellt, und zwar im Dienstgrad als Hauptmann. Ab 1. Oktober 1956 war er als Oibe stellvertretender Werksdirektor und Direktor für Kader und Sicherheit im VEB Industriewerk Dresden – später VEB Flugzeugwerke Dresden. Hansel war einer der wichtigsten Funktionäre der DDR. Wegen seiner Kontakte zum US-Geheimdienst wurde er am 2. September 1960 festgenommen.[154] Über 1 Jahr saß er in Untersuchungshaft, bevor es zum Prozess kam. Hansel wurde mit Urteil des Bezirksgerichtes Neubrandenburg vom 8. September 1961 wegen Spionage im schweren Fall (§§ 14, 248 StEG) zum Tode verurteilt. Laut Verhandlungsprotokoll begann die Verhandlung vor dem Bezirksgericht Neubrandenburg um 9.00 Uhr; sie wurde um 15.30 Uhr unterbrochen; die Urteilsverkündung wurde auf 24.00 Uhr des gleichen Tages festgesetzt. Das Protokoll umfasst alleine 9 eng beschriebene Schreibmaschinenseiten. Das Urteil vom 8. September 1961 – 1 Bs 117/61 – umfasst insgesamt 26 eng beschriebene Schreibmaschinenseiten. Das Urteil muss also von 15.30 Uhr bis 24.00 Uhr geschrieben worden sein oder

---

149 Ebenda; vgl. auch *Fricke*, Verräter, S. 282.

150 Ebenda; Verfügung Haberkorn, Bd. 9, S. 12: Weisung an Staatsanwalt Schleif, in Cottbus anzuklagen.

151 Ebenda, Bd. 9, S. 24 f.

152 Ebenda, Bd. 8. S. 126 ff.

153 Ebenda, Bd. 8, S. 149 f.

154 *Wagner*, Militärjustiz, S. 285, 286; BStU, MfS, AU 20797/62, Bd. 14.

war – was wahrscheinlicher ist – in wesentlichen Teilen schon vorher konzipiert.[155]

Auch im Falle Hansel wurde die Zuständigkeit des Prozessgerichtes konstruiert: Hansel wohnte in Dresden; er war in Berlin in Untersuchungshaft. Für die Anklageerhebung in Neubrandenburg werden seitens der Militärstaatsanwaltschaft „operative Gründe“ angegeben. Die Akte enthält insoweit auch die Ankündigung des Militärstaatsanwaltes, gegen Hansel die Todesstrafe zu beantragen. Der Militärstaatsanwalt sucht um die Genehmigung der Obersten Staatsanwaltschaft der DDR nach.[156]

IV. Todesurteile der Militärgerichte nach dem 1. Juli 1963

1. Helmut Scheithauer

Helmuth Scheithauer, geb. 21. Oktober 1929 in Limbach, war Major der Verwaltung Aufklärung im MfNV. Er war Führungsoffizier für zwei IM aus Nicaragua, die er im August 1961 ermordete.[157] Der Verfasser will die Abscheulichkeit der Tat und das Urteil nicht kommentieren. Aber selbst dieser Fall wird konspirativ vertuscht und im Geheimverfahren erledigt.

Noch im Jahre 1964, nach seiner Tat, ließ sich Scheithauer als GI „Heinz Schröder“ vom MfS anwerben und verpflichten.[158]

Das OG verhängte mit Urteil vom 15. April 1967 gegen Scheithauer die Todesstrafe. Das Urteil wurde am 24. Mai 1967 in Leipzig vollstreckt.[159]

2. Wolfgang Mischner

Wolfgang Mischner, geb. am 16. September 1939 in Freital, war Oberleutnant des MfS. Der Vorwurf gegen ihn lautete, er habe seit Jahren für den BND gearbeitet und damit Spionage im besonders schweren Fall gemäß § 97 Abs. 4 in Verbindung mit § 110 Ziffer 1 StGB betrieben. Darüber hinaus wurde ihm nachgewiesen, seine Ehefrau aus niedrigen Beweggründen ermordet zu haben,

155 BStU, ebenda, S. 43 ff.

156 BStU, ebenda, Bd. 15, S. 1, 10, 11.

157 BStU MfS, HA IX 92, S. 1–43; es handelt sich hierbei um einen als „streng geheim“ deklarierten Vorgang über die Ermittlungen in der Sache S. für die Leitungskader des MfS aus Oktober 1967; die Gerichtsakten sind weder im Militärarchiv Freiburg noch bei dem Bundesbeauftragten vorhanden.

158 BStU, MfS, AIM 3561/67 – Vorschlag zur Werbung S. 104–109; Verpflichtung S. 110.

159 *Wagner*, Militärjustiz, S. 288; *Bookjans*, Militärjustiz S. 155 FN. 414.

weil sie seinem Verhältnis zu einer anderen Frau im Wege war (§ 112 Abs. 1 und 2 Ziffer 3 StGB/DDR).

Mischner stand im Mai 1972 vor dem 1a Militärstrafsenat des OG – ZMSt I – 2/72 IA – 105/71 S. Das Gericht in der Besetzung Oberst Dr. Sarge als Vorsitzender, Oberst Penndorf und Oberstleutnant. Nagel als Beisitzer verurteilte Mischner am 19. Mai 1972 zum Tode. Das Urteil wurde am 29. September 1972 in Leipzig vollstreckt.[160] Die Sterbeurkunde wurde vom Standesamt Berlin-Mitte am 2. November 1972 ausgestellt. Danach war Mischner am 29. September 1972 in Berlin verstorben.[161]Der von einem Arzt ausgestellte Totenschein gibt als Todesursache „Hypertonie" und „Diabetes Mellitus" an.[162]Auch im Falle Mischner wurde die Konspiration bis zuletzt gewahrt.

3. Manfred Horst Leisner

Manfred Leisner, geb. am 19. September 1949 in Cottbus, war Stabsmatrose, Soldat auf Zeit, in der 1. Flottille der NVA/Volksmarine. Er war auf einem Minensuch- und Räumschiff als Sperrgast eingesetzt. Im November 1970 entwendete er fünf Handgranaten, die er während seines Urlaubs in Burg/ Spreewald auf dem Grundstück seiner Großeltern versteckte. Des Weiteren beschaffte er sich im Oktober 1971 weitere Waffen und geheime Dokumente, um in die Bundesrepublik fahnenflüchtig zu werden. Auf der Flucht verletzte er zwei VP-Angehörige schwer, bevor er schließlich gestellt wurde. Leisner wurde vor dem OG angeklagt, welches ihm am 20. Juli 1972 – ZMSt I – 3/72 IA – 44/72 S – wegen Terrors im besonders schweren Fall, Spionage, zweifach versuchten Mordes und Fahnenflucht im schweren Fall (§§ 101 Abs.1 und 2, 110 Ziffer 4, 97 Abs. 2, 112 Abs. 1 und 2, Ziffer 1 und 4, Abs. 3, 254 Abs. 1 und 2 Ziffer 1 und 2, 63 Abs. 2 StGB/DDR) zum Tode verurteilte.[163] Das Urteil wurde am 17. November 1972 in Leipzig vollstreckt, wobei der Vorsitzende des Staatsrates, Walter Ulbricht, davon abgesehen hat, eine Gnadenentscheidung zu treffen.[164]

Der Fall weist einige Besonderheiten auf, wobei es dem Verfasser nicht um die Tat und die Bewertung geht, sondern um die Verfahrenssteuerung durch das MfS und die Manipulation von Ergebnissen:

160 BStU, MfS, GH 250/85; Urteil S. 92–106; Vollstreckungsprotokoll S. 290.

161 Ebenda S. 292.

162 Ebenda S. 296.

163 BStU, MfS, AU 9836/73, S. 68–80; OG in der Besetzung Oberst Dr. Sarge, Oberst Dr. Baier und Major Knoche.

164 Ebenda, Vollstreckungsprotokoll, S. 132.

Die Hauptabteilung IX/6 des MfS unterbreitete am 20. Mai 1972 einen Vorschlag zur Durchführung des Prozesses vor geladenen Offizieren der Volksmarine. Wörtlich heißt es in diesem Vorschlag:

> „In Übereinstimmung mit dem Militäroberstaatsanwalt, dem Militärkollegium beim Obersten Gericht und dem Leiter der Hauptabteilung I wird vorgeschlagen, die Hauptverhandlung gegen den Stabsmatrosen der Volksmarine Leisner, Manfred unter Ausschluss der Öffentlichkeit vor etwa 50 geladenen verantwortlichen Offizieren des Kommandos der Volksmarine und der einzelnen Flottillen durchzuführen. Der Prozess soll in der zweiten Hälfte des Monats Juni 1972 vor dem Militärkollegium des Obersten Gerichts unter Vorsitz des Genossen Oberst Dr. Sarge in den Räumlichkeiten des Militärgerichtes Rostock stattfinden. Die Anklage wird vom Militäroberstaatsanwalt, Generalmajor Leibner, vertreten... Als Verteidiger wird ein namentlich noch nicht bestimmter, als zuverlässig bekannter Rechtsanwalt bestellt."[165]

Mit Beschluss des OG vom 7. Juli 1972 wird Rechtsanwalt Alkewitz, Rostock, gemäß § 63 StPO zum Pflichtverteidiger bestellt.

Unter Ziffer 4 des Strafvorschlages des MfS wurde formuliert:

> „Aufgrund der hohen Gesellschaftsgefährlichkeit der von dem Beschuldigten begangenen Verbrechen und seiner unverändert gesellschaftsfeindlichen Einstellung ist seitens der Anklagevertretung vorgesehen, gegen Leisner die Todesstrafe zu beantragen."[166]

Am 1. Juli 1972 erstellte das Militärkollegium einen Zeitplan zur Verhandlung in der Strafsache Leisner, in dem minutiös der Ablauf der Verhandlung aufgeführt und vorgeplant wird. Das Gericht verhandelt am 19. Juli 1972 in Rostock und am 20. Juli 1972 für 10.00 Uhr wird die Urteilsverkündung vorgesehen, was tatsächlich auch so geschah.[167]

In der Akte des Bundesbeauftragten befindet sich auch der Plan der Hauptverhandlung vom 6. Juli 1972, aufgestellt vom Militärkollegium, 1a-Militärstrafsenat. Mit diesem Plan wird die Hauptverhandlung detailliert im Ablauf geplant. Auf Seite 2 des Plans ist bereits der Beschluss vorgesehen, dass die Öffentlichkeit für Dauer der Verhandlung aus Gründen der Sicherheit des Staates ausgeschlossen werden soll. Aber den Vertretern der Sicherheitsorgane und den geladenen Angehörigen der NVA ist die ständige Anwesenheit zu gestatten.[168]

---

165 Ebenda, S. 119, 120.

166 Ebenda, S. 124.

167 Ebenda, S. 58; vgl. Dokument.

168 Ebenda, S. 45; vgl. Dokument.

Bemerkenswert ist ein Aktenvermerk des Vertreters des Militäroberstaatsanwaltes, Oberstleutnant Bock vom 26. Januar 1972. Er gibt sinngemäß wieder, dass mit dem Leiter der Untersuchungsabteilung MfS abgesprochen wurde, dass die im Schreiben des Untersuchungsorgans vom 11. Januar 1972 bezeichneten medizinischen Einrichtungen nicht angeschrieben werden sollen. Diese medizinischen Einrichtungen waren von Leisner benannt worden, der sich darauf berief, psychisch krank zu sein. In den medizinischen Einrichtungen seien früher Behandlungen durchgeführt worden. Der Militäroberstaatsanwalt legt zusammen mit dem Untersuchungsorgan fest, dass eine neue psychiatrische Untersuchung, völlig losgelöst von den ursprünglichen Befunden, eingeholt werden soll. Das psychiatrische Gutachten ergab dann die volle Schuldfähigkeit des Leisner.[169] Ebenfalls von Bedeutung ist der Vermerk – ohne Datum entweder des Untersuchungsorgans oder aber des bearbeitenden Militäroberstaatsanwaltes. Mit der Überschrift „Zur Vorbereitung der Hauptverhandlung Leisner mit Genossen Dr. Sarge zu beraten:" werden verschiedene rechtliche und tatsächliche Probleme aufgeführt, die offensichtlich mit dem Vorsitzenden des Militärkollegiums vorher zu beraten waren bzw. beraten worden sind.[170]

Auch in dieser Sache wird nach der Hinrichtung des Leisner die Konspiration gewahrt: Der Totenschein vom 17. November 1972 enthält zur Todesursache die Angabe: „Schädelbasisfraktur sowie Oberarmfraktur li.". Der Tod wird anschließend für das Standesamt Potsdam urkundlich bescheinigt.[171]

Der Fall Leisner dokumentiert in bemerkenswerter Eindeutigkeit die Vorbestimmung des militärgerichtlichen Verfahrens:

- In der Absprache zwischen MOStA, MOKG = Gericht und MfS wird die Zuständigkeit des Gerichts und damit der „Gesetzliche Richter" festgelegt.
- Die Öffentlichkeit wird absprachegemäß ausgeschlossen. Es wird vor ausgesuchten Personen verhandelt.
- Es wird ein willfähriger und nach Auffassung MOStO, MKOG und MfS zuverlässiger Rechtsanwalt ausgesucht.[172]
- Die Hauptverhandlung wurde am 19. Juli 1972 in Rostock durchgeführt. Sie ist am 19. Juli 1972 um 9.00 Uhr eröffnet und um 17.40 Uhr zur Urteilsverkündung am 20. Juli 1972, 10.00 Uhr unterbrochen worden. Das Hauptverhandlungsproto-

---

169 Ebenda, Bd. 16, S. 187.

170 Ebenda, Bd. 17.

171 Ebenda, Bd. 16, S. 133, 134.

172 Der im weiteren Verfahren tätige Rechtsanwalt Alkewitz wird in der Anwaltsliste des MfS für Rostock aufgeführt, vgl. Anhang 2, Dokument 4.

koll umfasst 36 Schreibmaschinenseiten, das Urteil 13 Schreibmaschinenseiten. Der Schlussbericht des MfS ist hinter dem Urteil abgeheftet. Das Plädoyer des MStA datiert vom 13. Juli 1972 und umfasst 30 Schreibmaschinenseiten. Diese Umstände lassen die Vermutung zu, dass auch das Verhandlungsprotokoll und das Urteil zumindest in wesentlichen Teilen vorgefertigt waren.

- Der Verteidiger schloss sich in seinem Plädoyer der rechtlichen Würdigung der MOStA an, beantragte aber eine lebenslange Freiheitsstrafe.
- Mit dieser Akte wird der Nachweis geführt, dass der Gerichtsvorsitzende mit dem Untersuchungsorgan zuvor denkbare Probleme des Verfahrens im Einzelnen bespricht.
- Das Todesurteil wird unter Fälschung der Todesursache und des Sterberegisters geheim gehalten.

4. Horst Günter Dohle

Horst Günter Dohle, geb. am 19. August 1940 in Limbach, war Oberleutnant der Grenztruppen in der Grenzregion Plauen. Am 29. Oktober 1971 ermordete Dohle seine Ehefrau Rosemarie und die neunjährige Tochter Heidi. Die vier Monate alte Tochter und der zehnjährige Sohn Dohles wurden ebenfalls Opfer ihres Vaters und verletzt, konnten aber gerettet werden. Die verabscheuungswürdige Tat und die Strafe will der Verfasser nicht bewerten.

Dohle wurde mit Urteil des MOG Leipzig vom 22. Februar 1973 – S 1a – 22/22 MOG-Le Str IA – 45/72 Pä – zum Tode verurteilt. Die gegen dieses Urteil gerichtete Berufung des Dohle wurde mit Urteil des OG vom 28. Juni 1973 – 2 UMSt 4/73 S 1a – 22/72 MOG-Le IA – 45/72 Pä – unter Vorsitz von Militäroberrichter Oberst Penndorf zurückgewiesen.[173]

Das Urteil gegen Dohle wurde am 2. Oktober 1973 in Leipzig vollstreckt. Der Tod wurde auch in diesem Fall aus Gründen der Geheimhaltung nicht korrekt bescheinigt. Dohle soll hiernach in Cottbus bei einem Motorradunfall verstorben sein.[174]

5. Egon Glombik

Egon Glombik, geb. am 17. Juni 1941 in Bernsdorf, war von Beruf Bergbauingenieur und arbeitete bis zum 31. Dezember 1973 für das MfS. Er hatte den Dienstgrad Leutnant und war Offizier für Aufklärung und Leiter der MfS-Kreisdienststelle in Spremberg. Glombik spionierte für den Bundesnachrichtendienst. Er soll in insgesamt 48 übermittelten Spionageberichten dem BND geheim zu haltende Tatsachen verraten haben.

---

173 BStU, MfS, BV Karl-Marx-Stadt, AU, 3538/73, Bd. 12; Urteil MOG Leipzig S. 188–222, Berufungsurteil des OG, S. 262–271.

174 *Wagner*, Militärjustiz, S. 291, 292.

Am 25. April 1975 verurteilte ihn das OG, 1a Militärstrafsenat – Az: 1a ZMSt I-1/75 IA-08/75 S – zum Tode. Vorsitzender des Militärstrafsenates war der Militäroberrichter Oberst Nagel. Die Beisitzer waren Militärrichter Oberst Dr. Bayer sowie Militärrichter Oberstleutnant Knoche. Das Urteil wurde am 10. Juli 1975 in Leipzig vollstreckt.[175]

6. Gert Trebeljahr

Der Diplomjurist Gerd Trebeljahr, geb. am 13. Oktober 1937 in Kossa, war Major des MfS. Seit 1966 war er Referatsleiter und Leiter einer operativen Gruppe im Bereich Wirtschafts- Technologie- und Militärspionage. Er verfügte über geheimhaltungsbedürftige Kenntnisse. Ende April 1979 hatte sich Trebeljahr entschlossen, nach West-Berlin zu fliehen und seine Kenntnisse über das MfS gegnerischen Geheimdiensten zu übermitteln. Zu diesem Zweck hatte er über eine lange Zeit hinweg geheime Unterlagen gesammelt; aufgrund seiner Festnahme war es nicht zur Vollendung der Tat gekommen. Gleichwohl verurteilte ihn das OG, 1. Militärstrafsenat, am 7. Dezember 1979 – 1 OMS 01/79 Str. I.1A-88/79 S – in der Besetzung Militäroberrichter Oberst Nagel als Vorsitzender sowie Militärrichter Oberst Knoche und Militärrichter Hauptmann Benkenstein als beisitzende Militärrichter zum Tode. Der Tenor des Urteils lautete:

> „Der Angeklagte wird wegen vollendeter und versuchter Spionage im besonders schweren Fall in Tateinheit mit Fahnenflucht im schweren Fall (Verbrechen gem. § 97 Abs. 2 und 4 StGB in der Fassung von 1977, §§ 97 Abs. 1, 2 und 3, 110 Ziff. 1, 254 Abs. 1 und 2 Ziff. 1 StGB) zum Tode verurteilt."[176]

Das Gnadengesuch des Trebeljahr wurde abgelehnt. Es findet sich auf einem Prozessbericht vom 10. Dezember 1979 die handschriftliche Erklärung des Ministers Mielke: „Nach Vorlegen, Gnadengesuch abgelehnt. Genosse Streit wird diesen Bescheid Rechtsanwalt Dr. Mettin mündlich bekanntgeben. Mi. 11. Dezember 1979".[177]

Die Vollstreckungsakten zum Fall Trebeljahr sind weder im Militärarchiv noch bei dem Bundesbeauftragten aufzufinden. In der Behörde des Bundesbeauftragten befindet sich ein Vorgang aus dem Jahre 1990, mit dem nach der Vollstreckungsakte Trebeljahr geforscht wird. Ein Zeuge, ehemaliger Mitarbeiter der Untersuchungsabteilung des MfS, erklärte, er könne sich daran

---

175 BStU, MfS, AU, 148/90 Bd. 10, Urteil des OG S. 113–128 sowie BStU, MfS, AU 148/90, Sonderband SOV „Ball" II, S. 252.

176 BStU, MfS, AU 25/90, Bd. 8, S. 109–119.

177 Ebenda, S. 155.

erinnern, dass das Urteil gegen Trebeljahr in Leipzig am 13. Dezember 1979 vollstreckt wurde.[178]

Aus späterer Bewertung[179] erschien die Verhängung der Höchststrafe – Todesstrafe – gegen Trebeljahr als grob unbillig. Denn den beteiligten Justizorganen hätte bewusst sein müssen, dass die Verhängung der Todesstrafe Ausnahmecharakter hatte und auf äußerst schwerwiegende Fälle zu beschränken war. Sie war nur auszusprechen, wenn sie unumgänglich notwendig war.[180]

7. Winfried Baumann, geb. Zakrzowski

Winfried Baumann, geb. Zakrzowski, geb. am 17. Mai 1930 in Scharley, war ehemaliger Fregattenkapitän des Ministeriums für Nationale Verteidigung. Zu seiner Person enthält das Urteil des OG vom 9. Juli 1980 folgende Hinweise:

> „Am 1.9.1952 trat er den bewaffneten Organen der DDR bei und wurde Mitglied der Sozialistischen Einheitspartei Deutschlands. Nach dem Besuch einer Offizierschule und mehrjähriger erfolgreicher Tätigkeit als Polit-Offizier erfolgte im Dezember 1956 sein Einsatz in der Verwaltung Aufklärung des Ministeriums für Nationale Verteidigung. Er entwickelte sich zum Leiter einer operativen Abteilung, absolvierte ein Fernstudium als Diplomjournalist und erreichte den Dienstgrad eines Fregattenkapitäns. Erscheinungen des fortgesetzten übermäßigen Alkoholgenusses, eine ungenügend entwickelte Fähigkeit zur Selbstkritik und daraus resultierende ernsthafte Mängel in seiner Führungs- und Leitungstätigkeit führten am 31. August 1970 zu seiner Entlassung aus dem aktiven Wehrdienst.“[181]

Er versuchte in der Folgezeit – einhergehend mit seinem beruflichen und moralischen Verfall, wie es im Urteil des OG heißt – die DDR zu verlassen und in die BRD zu flüchten. Es wurden Verbindungen mit dem BND hergestellt mit dem Ziel einer Ausschleusung. Mehrere Jahre spionierte Baumann für den BND. Kurz vor einem Ausschleusungsversuch über Polen erfolgte seine Festnahme durch die Sicherheitsorgane der DDR.

Baumann wurde durch Urteil des OG – 1. Militärstrafsenat – 1 OMS 01/80 IA-51/80S, in der Besetzung Militäroberrichter Oberst Nagel, Militärrichter Oberst Knoche und Militärrichter Hauptmann Benkenstein mit Urteil vom 9. Juli 1980 zum Tode verurteilt. Der Tenor des Urteils lautet:

---

178 Ebenda, S. 187; es wird angemerkt, dass es sich dabei um den Geburtstag des Trebeljahr handelt.

179 Landgericht Berlin, (523) 29/2 Js 291/91 Ks (3/96); Urteil vom 2.7.1998, vgl. auch *Bästlein*, Mielke, S. 231.

180 Ministerium der Justiz / Akademie für Staats- und Rechtswissenschaft, Kommentar zum Strafgesetzbuch, § 60 DDR-StGB, Anm. 1.

181 BStU, MfS, AU 116/90, Bd. 11, S. 143 f.

„Der Angeklagte wird wegen Spionage in besonders schwerem Fall in Tateinheit mit mehrfach vorbereiteten ungesetzlichem Grenzübertritt im schweren Fall (Verbrechen gem. §§ 97 Abs. 2 und 4, 108, 110 Ziff. 1, 213 Abs. 1 und 2 Ziff. 2 und 3, Abs. 3 StGB in der Fassung von 1977, § 81 Abs. 1 StGB) zum Tode verurteilt.“[182]

8. Dr. Werner Teske

Der Diplom-Wirtschaftler Dr. rer. oec Werner Teske, geb. am 24. April 1942 in Berlin, war Hauptmann des MfS. Dort war er in der Hauptverwaltung A tätig. Er gab später an, von seiner dienstlichen Tätigkeit total frustriert gewesen zu sein und über Jahre hinweg mit dem Gedanken an Flucht gespielt zu haben. Zu ihrer Vorbereitung nahm er interne Unterlagen an sich und bewahrte sie zu Hause auf, und zwar Dienstdokumente, Adressenverzeichnisse etc.; er gab oder schob schließlich seine Pläne auf. Da er zwischenzeitlich in Verdacht geraten war, wurde er am 11. September 1980 festgenommen. Bei der Wohnungsdurchsuchung fand die Staatssicherheit die geheimen Materialien. Teske wurde am 11. September 1980 aus dem aktiven Dienst des MfS entlassen.[183] Es folgten 10 Monate Untersuchungshaft. Am 10. und 11. Juni 1981 hatte sich Dr. Werner Teske vor dem 1. Militärstrafsenat des OG zu verantworten. Die Anklage lautete auf Spionage und Vorbereitung zur Republikflucht. Obwohl aus Teskes Materialien nicht ein einziges Blatt Papier in die Hände des „Feindes“ gelangt war, wurde gegen ihn die Höchststrafe verhängt. Das OG – OMS-1-01/81 Str. IA-30/81S – fällte in der Besetzung Militäroberrichter Oberst Nagel als Vorsitzender, Militärrichter Oberst Knoche und Militärrichter Hauptmann Benkenstein als Beisitzer am 11. Juni 1981 das Todesurteil.[184]

Der Strafvorschlag der Hauptabteilung IX des MfS vom 22. April 1981[185] ließ die vorgeschlagene Strafe offen. Im Strafvorschlag wird aber bereits verfügt, dass Oberst Nagel die Hauptverhandlung als Vorsitzender führen wird. Weiterhin wurde geregelt, dass Oberst Kadgien die Anklage vertritt und Rechtsanwalt Cheim als Pflichtverteidiger beigeordnet werden soll.

Das OG hatte am 22. Mai 1981 die Konzeption zur Hauptverhandlung erstellt. Danach war es bereits beschlossen und verkündet, dass für den weiteren Fortgang der Hauptverhandlung die Öffentlichkeit gem. § 211 Abs. 3 StPO im Interesse der Notwendigkeit der Geheimhaltung ausgeschlossen werden

182 Ebenda.

183 BStU, MfS, HA IX, AU 26/90, Bd. 6, S. 4.

184 BStU, MfS, AU 26/90, Bd. 7, Urteil vom 11.6.1981, S. 138–149.

185 Ebenda, Bd. 6, S. 175–176.

würde.[186] Wie üblich wurde den Vertretern des Untersuchungsorgans die Anwesenheit in der Hauptverhandlung gestattet.[187]

Am 10. Juni 1981 wurde der Zeitplan für die Hauptverhandlung aufgestellt. Danach sollte an einem Tag der gesamte Fall verhandelt – 10. Juni 1981 – und für den nächsten Tag – 11. Juni 1981 – die Urteilsverkündung vorgesehen werden.[188]

Nachdem der Vorsitzende des Staatsrates der DDR von seinem Begnadigungsrecht keinen Gebrauch gemacht hatte, wurde Teske am 26. Juni 1981 in Leipzig hingerichtet. Das Standesamt Stendal stellte die Sterbeurkunde am 15. Juli 1981 aus.[189]

Auch die Verhängung der Todesstrafe gegen Dr. Teske war grob unbillig. Insoweit gilt das bereits oben im Fall Trebeljahr gesagte. Markus Wolf, Leiter der Hauptabteilung Aufklärung des MfS, bemerkte zum Urteil Teske:

> „Dass Teske vor ein Militärgericht gestellt und zum Tode verurteilt wurde, war juristisch nicht zu rechtfertigen; denn es war nicht zum Verrat gekommen. Unverständlich war dieses Urteil, das keine abschreckende Wirkung haben konnte; denn es wurde nicht bekannt gegeben. Aus diesem Grund kann ich auch nicht verstehen, warum es nicht qua Gnadenerlass außer Kraft gesetzt, sondern tatsächlich vollstreckt wurde."[190]

Auch Rudi Beckert, ehemaliger Oberrichter am OG, nimmt zum Fall Dr. Teske Stellung und erklärt, dass diese Prozesse vor dem ersten Militärstrafsenat des OG unter strengster Geheimhaltung stattfanden, von denen „selbst im eigenen Hause nur wenige gewusst haben".[191]

---

186 Ebenda, Bd. 8, S. 62.

187 Ebenda.

188 Ebenda, S. 61.

189 Ebenda, S. 173.

190 *Wolf*, Erinnerungen, S. 316; vgl. auch *Fricke*, Verräter, S. 258 ff.; *Wagner*, Militärjustiz, S. 289, 290. *Bookjans*, Militärjustiz, S. 165 verweist wegen der Rechtswidrigkeit des Urteils Teske auf das Urteil des LG Berlin (523) 29/2 Js 291/91 Ks (3/96) vom 2.7.1998, S. 30.

191 *Beckert*, Die erste und letzte Instanz, S. 72.

5. Kapitel: Der Einfluss des MfS auf den Strafvollzug in der Militärjustiz

A) Zuständigkeiten für den Strafvollzug in der DDR[1]

Wie im Rechtssystem der Bundesrepublik wurde auch in der DDR zwischen Untersuchungshaft und Strafvollzug unterschieden. Rechtsgrund für den Vollzug der Untersuchungshaft war der richterliche Haftbefehl,[2] die Voraussetzung für den Strafvollzug das rechtskräftige Urteil eines Gerichts (§ 340 StPO). Der Strafvollzugseinrichtung wurde dabei ein sog. Kurzurteil übergeben, welches nur den Tenor des Urteils enthielt.[3]

Rechtskräftige Urteile der Militärgerichte wurden vollzogen. Dabei ist danach zu unterscheiden, ob jemand trotz Verurteilung weiterhin den bewaffneten Kräften angehören konnte oder nicht. Strafen bis zu zwei Jahren oder sonstige, schwerwiegende Verstöße führten in den eigentlichen Militärstrafvollzug im engeren Sinne. Strafen über zwei Jahre hatten die Entlassung aus der Armee zur Folge.[4] Die ausgeschlossenen Militärpersonen wurden in den allgemeinen Strafvollzug überführt, der in der Folge als „Militärstrafvollzug im weiteren Sinne" bezeichnet wird. Denn eine Arbeit über den Strafvollzug im Militärbereich kann nur dann vollständig sein, wenn der Strafvollzug für alle Militärpersonen – aktive oder ehemalige – beschrieben wird.

Zum Vollzug von Freiheitsstrafen und Strafarrest an Militärpersonen bestimmte § 339 Abs. 4 StPO: „Der Vollzug von Freiheitsstrafen an Militärpersonen und von Strafarrest kann bei militärischer Notwendigkeit durch die Organe des Ministeriums für Nationale Verteidigung (MfNV) erfolgen." Militärische Notwendigkeit für den Vollzug durch die Organe des MfNV war bei allen Militärpersonen gegeben, die nach ihrer Verurteilung Angehörige der NVA bleiben.[5] Militärpersonen im Sinne des Gesetzes waren Wehrpflichtige, die

1 „Einlieferungsanzeige", Anhang 2, Dokument Nr. 17; Liste der Haftanstalten, in denen politische Gefangene untergebracht waren, Anhang 2, Dokument Nr. 18.

2 Vgl. 3. Kapitel, Abschnitt L, II 5, 6.

3 BStU, MfS, AU 3060/78, Bd. 5, S. 35 f.

4 *Wenzke*, Die Nationale Volksarmee, S. 462.

5 Ministerium der Justiz, Kommentar zur Strafprozessordnung, § 339 Ziffer 4 DDR-StPO, Anm. 4.4; vgl. auch § 58 Abs. 3 StVG; vgl. auch Anordnung des Nationalen Verteidigungsrates der Deutschen Demokratischen Republik über den Verlauf des Wehrdienstes in der Nationalen Volksarmee – Dienstlaufbahnordnung- NVA – vom

aktiven Wehrdienst, Reservistenwehrdienst oder Dienst, der der Ableistung des Wehrdienstes entspricht leisten (vgl. §§ 251 Abs. 2 StGB; 18 Abs. 1, § 33 Abs. 2 Wehrdienstgesetz).[6]

Die Strafvollzugseinrichtungen stellten einen Teil der „Bewaffneten Organe" dar und waren militärähnlich organisiert.[7]

Im Gesetz ist das Ministerium für Staatssicherheit nicht als Strafvollzugsorgan aufgeführt. Der Vollzug der Strafen mit Freiheitsentzug oblag dem MdI (§ 58 Abs. 1 StVG), bei militärischer Notwendigkeit dem MfNV (§ 58 Abs. 3 StVG). Ungeachtet dieser gesetzlichen Regelung gab es dennoch Strafgefangene in den Haftanstalten des MfS. Darüber wird im weiteren Gang der Arbeit zu berichten sein. Und auch darüber, wie das MfS den Strafvollzug kontrollierte.

B) Grundlagen, Prinzipien und Struktur des DDR-Strafvollzuges

Nach dem Kriege waren im Gebiet der späteren DDR die Angelegenheiten des Strafvollzuges zunächst der Justizverwaltung, nämlich der Deutschen Zentralverwaltung für Justiz unterstellt.

Dies änderte sich alsbald nach Gründung der DDR am 7. Oktober 1949. Denn am 16. November 1950 wurde durch Verordnung die Geschäfte des Strafvollzuges auf das Ministerium des Inneren (MdI) übertragen[8] und dort dem Dienstbereich der Deutschen Volkspolizei zugeordnet. Die Struktur war damit dem sowjetischen Vorbild angeglichen. Die Ziele des Vollzugs folgten einmal dem Gedanken der Erziehung zum und der späteren Erwartung des korrekt handelnden Menschen. Zum anderen sahen sie buchstäblich harte Arbeit als hierzu notwendiges Mittel, aber auch als Straf-Arbeit an. Neben einer sicheren Verwahrung sollte vor allem eine gründliche Veränderung der Persönlichkeit –

25.3.1982, GBl. I, S. 237, § 26: Die Entlassung konnte wegen mangelhafter Erfüllung der Dienstpflichten sowie auch aus disziplinarischen Gründen erfolgen (§ 26 Abs. 1 Buchstabe g) und h) – Dienstlaufbahnordnung); § 26 Abs. 6 der Dienstlaufbahnordnung bestimmte, dass über die Entlassung von Angehörigen der NVA in militärischen Berufen der Minister für Nationale Verteidigung oder die von ihm beauftragten entscheiden sollten.

6 Ebenda Ziffer 4.3.

7 *Marxen / Werle*, Gefangenenmisshandlung, S. XXIX.

8 GBl. I, S. 1165.

disziplinierende Erziehungskonzeption – und die Unterdrückung der betreffenden Personen erreicht werden.[9]

Konzeptionell war dies schon in Artikel 137 der DDR Verfassung vom 7. Oktober 1949 festgelegt worden: „Der Strafvollzug beruht auf dem Gedanken der Erziehung der Besserungsfähigen durch gemeinsame produktive Arbeit."[10]

Nach Übernahme der Haftanstalten durch das MdI bestand die Funktion der Strafe zunächst und vorrangig darin, die Strafgefangenen als „Feinde der DDR" die ganze Härte der Haftbedingungen spüren zu lassen.[11] Die Deutsche Volkspolizei betonte, dass die Anstalten keine Sanatorien seien[12] und kritisierte das angeblich „innige Verhältnis" zwischen Gefangenen und Personal im Justizstrafvollzug und eine „falsche Humanität"[13]

Ulbricht hatte konsequent – auf dem V. Parteitag der SED im Jahre 1958 – verkündet, dass die Umerziehung der Rechtsbrecher zu ehrlich und diszipliniert arbeitenden Menschen durch eine gut organisierte produktive Arbeit zu erreichen sei.[14]

In Ausführung dieser Parteivorgabe beschloss der Staatsrat am 30. Januar 1961, dass die weitere Entwicklung der Rechtspflege vor allem erzieherischen Wert auf kollektive und gesellschaftlich nützliche Arbeit während des Strafvollzuges zu legen habe und durch eine hohe politische Erziehung der Verurteilten zu ergänzen sei.[15]

Anfangs wurde der Strafvollzug lediglich durch interne Dienstvorschriften, Dienstanweisungen, Ordnungen[16] und Direktiven geregelt.[17] Erst im Jahre 1968 wurde er gesetzlich normiert.

---

9 *Laubenthal*, Strafvollzug, S. 61; *Budde*, Willkür, S. 239; *Fricke / Klewin*, Bautzen II, S. 10, 12; *Se'litrenny*, Doppelte Überwachung, S. 101.

10 GBl. I., S. 1

11 *Eberle*, GULag DDR? S. 115; *Finn*, Politischer Strafvollzug, S. 20.

12 *Müller*, Haftsystem, S. 1 f.

13 *Ansorg*, Politische Haft, S. 178,181; *Wunschik*, Strafvollzug als Aufgabe der Deutschen Volkspolizei, S. 74 f.; *Morré*, Strafvollzug der DDR, S. 246; *Eberle*, ebenda, S. 115.; *Müller*, Haftsystem, S. 1 f. Es fand ein umfassender Personalaustausch statt, vgl. *Ansorg*, Politischer Strafvollzug, S. 180 Der neue Anstaltsleiter des Zuchthauses Brandenburg erklärte bei seiner Einführung: „Wir müssen lernen, die Gefangenen zu hassen," vgl. *Ansorg*, ebenda, S. 180; *Wunschik*, Stafvollzug der DDR, S. 196.

14 *Se'litrenny*, Doppelte Überwachung, S.101.

15 *Se'litrenny*, ebenda; vgl. auch *Budde*, Willkür, S. 239 FN 5.

16 Vgl. FN 48 i.d.Kapitel.

17 *Fricke / Klewin*, Bautzen II, S. 15.

Danach umfasste Erziehung im Strafvollzug gemäß § 5 StVG „den Einsatz zu gesellschaftlich nützlicher Arbeit, staatsbürgerliche Schulung, Durchsetzung von Ordnung und Disziplin, allgemeine und berufliche Bildungsmaßnahmen sowie kulturelle und sportliche Betätigung." Der Strafvollzug sollte zudem eine sichere Verwahrung des Gefangenen gewährleisten (§ 4 StVG).

§ 3 Abs. 2 StVG lautete: „Die sozialistische Gesellschaft lässt sich auch im Strafvollzug konsequent von der Gerechtigkeit sowie der Achtung der Menschenwürde und der Persönlichkeit leiten." Dies sollten grundsätzliche Rechtsgarantien sein, um diskriminierende Handlungen und Willkür gegenüber Strafgefangenen auszuschließen.[18] Die Realität des DDR-Strafvollzuges war eine andere: Über die gesamte Existenz der DDR war die repressive Funktion des Strafvollzuges bestimmend.[19] Besonders politische Gefangene waren vielfältigen Repressionen ausgesetzt.[20] Dabei erfuhr der Strafvollzug nie eine öffentliche Diskussion. Anordnungen und Dienstanweisungen des Strafvollzuges galten als geheime Verschlusssache[21] und bestätigen den Eindruck eines abgeschirmten, geradezu tabuisierten Sonderbereichs.

C) Militärstrafvollzug im engeren Sinne

I. Zeitliche Darstellung

In der DDR vollzog sich ab Mitte 1952 mit der Bildung der Kasernierten Volkspolizei (KVP) der Übergang zu militärischen Strukturen. Im Zusammenhang damit erließ der Minister des Innern am 11. März 1954 einen Befehl, dass rechtskräftig zu einer Gefängnisstrafe zwischen drei Monaten und zwei Jahren verurteilte KVP- Angehörige in ein spezielles Haftarbeitslager des MdI eingewiesen werden sollten, das sich in Berndshof, Kreis Ueckermünde, befand.[22]

Die Errichtung einer speziellen Strafvollzugseinrichtung für Militärpersonen folgte zeitlich der Gründungsphase der Streitkräfte. Bereits im Befehl des Ministers für Nationale Verteidigung zur Bildung der Militärstaatsanwaltschaft vom 2. September 1957 war festgelegt worden, dass die Vollstreckung von Freiheitsstrafen an männlichen Angehörigen der NVA im Haftarbeitslager Nitzow (Altmark) erfolgen sollte, wenn der rechtskräftig Verurteilte nicht aus

---

18 *Weigt / Wittwer*, Kommentar zum Strafvollzugsgesetz, § 3 StVG, Anm. 3.

19 *Eberle*, GULag DDR? S. 140.

20 Vgl. Erfahrungsberichte politischer Gefangener, 5. Kapitel, Abschnitt D VII.

21 *Morré*, Strafvollzug, S. 248.

22 Befehl des Ministers des Innern Nr. 30/54 vom 11.3.1954, zitiert nach *Wenzke*, NVA-Soldaten hinter Gittern, S. 219.

der NVA entlassen worden war und die Freiheitsstrafe nicht über 2 Jahre betrug.[23] Da in diesem Haftarbeitslager, das dem MdI unterstand, der Vollzug der Freiheitsstrafe nicht getrennt von zivilen Strafgefangenen erfolgen konnte, ergaben sich aus Sicht der militärischen Führung wiederholt Probleme. Daher stellte das MdI im November 1963 erneut die Strafvollzugseinrichtung Berndshof bereit, in der von nun ab die mit Freiheitsentzug verbundenen Strafen an Militärpersonen vollzogen werden sollten. Dazu gehörten Freiheitsstrafen bis zu 2 Jahren sowie der Vollzug der neu eingeführten Strafart Strafarrest.[24] Da die Voraussetzungen für die Erfüllung der vorgesehenen Ausbildungsprogramme in Berndshof offenbar schon bald nicht mehr gegeben waren,[25] vereinbarten der Minister des Innern und der Minister für Nationale Verteidigung im Sommer 1968, dass Militärstrafgefangene und Strafarrestanten künftig nur noch in einer einzigen und gesonderten Strafvollzugseinrichtung ihre Strafe verbüßen sollten. Daraufhin stellte der Innenminister zur Vorbereitung und Durchführung eines wirksameren Vollzuges von Strafen mit Freiheitsentzug ausschließlich gegen Militärpersonen das Strafvollzugskommando Schwedt zur Verfügung,[26] in das in der Folge alle Militärstrafgefangenen und Arrestanten verlegt wurden.

Im Jahre 1980 regte der Minister für Verteidigung, Hoffmann, an, dass generell der Strafvollzug der zur Freiheitsstrafen und Untersuchungshaft verurteilten Armeeangehörigen unmittelbar der NVA unterstellt werden sollte, um einen durchgängigen Erziehungsprozess nach militärischen Prinzipien gewährleisten zu können. Honecker stimmte als Vorsitzender des Nationalen Verteidigungsrates (NVR) den Vorschlägen Hoffmanns zu. Daraufhin beschloss der NVR am 21. November 1980, für den Vollzug des Strafarrestes und der Freiheitsstrafe an Militärpersonen eine zentrale, nunmehr dem MfNV unterstehende militärische Einrichtung zu bilden.[27]

Für eine Umwandlung des bestehenden „Vollzugskommandos Schwedt“ in eine Einrichtung für Militärstrafgefangene war der Standort Schwedt sowohl aus Sicht des bis dahin zuständigen MdI als auch der NVA-Führung vorteilhaft. Für die NVA war wichtig, dass die neue Einrichtung ausschließlich dem Militärstrafvollzug diente und ausbaufähig war. Letzteres galt auch für die Schaffung von Möglichkeiten für eine intensivere militärische Ausbildung.

---

23 *Wenzke*, Staatsfeinde in Uniform, S. 357; *Ders.*, NVA-Soldaten, S. 217.

24 *Wenzke*, Staatsfeinde in Uniform, ebenda.

25 *Wenzke*, NVA-Soldaten, S. 223.

26 *Wenzke*, Staatsfeinde in Uniform, S. 357.

27 Vgl. Anhang 2, Dokument Nr. 19.

Auch sollte der Einfluss auf die inhaltliche Gestaltung des Strafvollzugs deutlich verstärkt werden.

In der Folge sahen sich die Militärstrafgefangenen in Schwedt einem permanenten „Umerziehungsprozess" ausgesetzt, der sich für die Insassen als totaler Zwang zur Unterordnung voller Diskriminierungen und Schikanen darstellte. Die Arbeitsordnung der Strafvollzugseinrichtung aus dem Jahre 1977 ließ dafür genügend Spielraum. Danach war der Vollzug der Strafen an Militärpersonen so zu gestalten, „dass die Gewährleistung einer hohen Sicherheit und Ordnung gegeben ist, der Vollzugsprozess unter den Bedingungen jeder Lage exakt bestimmt wird mit dem Ziel, die Militärpersonen so zu erziehen, dass sie nach der Entlassung aus dem Strafvollzug mit hoher Bewusstheit und Einsatzbereitschaft, getreu ihres Fahneneides, die Aufgaben zum Schutz unseres sozialistischen Vaterlandes erfüllen."[28]

Am 31. Oktober 1982 wurden die Übernahme und der Aufbau der Disziplinareinheit im Wesentlichen fristgerecht abgeschlossen.[29] Die NVA übernahm das Strafvollzugskommando Schwedt.

II. Disziplinareinheit und Militärgefängnis Schwedt

1. Strukturen

Die neue NVA- eigene Dienststelle trug offiziell die Bezeichnung „Disziplinareinheit 2" und erhielt die Armee-Postfachnummer 15705. Als militärische Einheit unterstand sie Oberst Reinhard Decker.[30] Sie war in militärische Hierarchien strukturiert und ihr oblag

– der Militärstrafvollzug für militärgerichtlich verurteilte Personen mit Freiheitsstrafen bis zu 2 Jahren,

– der ebenfalls von den MG verfügte Vollzug des Strafarrestes, ursprünglich bis zu drei Monaten, später in der Disziplinareinheit bis zu sechs Monaten,[31]

sowie

– im gesonderten Bereich – der Vollzug der neuen Disziplinarstrafe „Dienst in der Disziplinareinheit von 1–3 Monaten".[32] Die Disziplinarstrafe war so zu

28 Arbeitsordnung der Strafvollzugseinrichtung Schwedt vom 10.01.1977, zitiert nach *Wenzke*, NVA- Soldaten hinter Gittern, S. 224.

29 Ebenda, S. 227.

30 Vgl. FN 1152.

31 § 17 StVG: „Militärpersonen sind im Strafarrest durch eine straffe militärische Ordnung und Disziplin zur Achtung und verantwortungsbewussten Einhaltung der Rechtsvorschriften und militärischen Bestimmungen zu erziehen"; vgl. zur Dauer des Strafarrestes § 252 Abs. 3 StGB.

> gestalten, dass der disziplinarisch Bestrafte durch ein strenges militärisches Ordnungssystem, durch wirksame politische Arbeit sowie mit hoher Belastung verbundene militärische Ausbildung und Arbeit, bei eingeschränkten Rechten, zum Disziplinarverhalten erzogen wurde.[33]

Die verbüßte Straf- und Arrestzeit wurde auf den Wehrdienst nicht angerechnet, verlängerte ihn vielmehr (vgl. §§ 13 Abs. 4 Wehrpflichtgesetz 1962[34], § 28 Wehrdienstgesetz 1982, 28 Abs. 2 Dienstlaufbahnverordnung NVA 1982[35]).

Trotz Eingliederung der Einheit in die NVA erließ das MfS – HA I – am 10. September 1982 Arbeitshinweise zur politisch-operativen Sicherung des Vollzuges in Schwedt. Geregelt wurde die operative Bearbeitung von Militärpersonen im Vollzug, der Einsatz von IM und die Rückführung in die Truppenteile nach Verbüßung der Strafe.[36]

Nach der als „Vertrauliche Verschlusssache" deklarierten Information zum Stand der Organisation und Führung der politisch-operativen Arbeit in der Disziplinareinheit der NVA vom 5. Januar 1984[37] sollte die Disziplinareinheit Schwedt aus folgenden Strukturelementen bestehen:

- „Führung und Stab der Disziplinareinheit,
- 6 Kompanien (mit einer Aufnahmekapazität pro Kompanie von 100 Militärstrafgefangenen bzw. Disziplinarbestraften),
- Transport - / Versorgungszug,
- Wachzug,
- Med. Punkt,
- Personalbestand des VEB 'Instandsetzungswerk Pinnow' / Betriebsteil Schwedt/Oder und

---

33 § 45 Abs. 3 Wehrdienstgesetz vom 25.3.1982 – GBl. I., S. 221 – bestimmte, dass der Minister für Nationale Verteidigung in militärischen Bestimmungen zur Festigung der militärischen Disziplin Maßnahmen festlegen kann, die mit Freiheitsbeschränkung verbunden sind. Der Nationale Verteidigungsrat beschloss bereits am 21.11.1980 – BArch. DVW 1/39523 www.nationaler-verteidigungsrat.de/downloads/findbuch.pdf – die Einführung der Disziplinarstrafe ab Januar 1982.

33 BStU, MfS, HA I 15767, S. 5, zitiert nach *Wenzke*, Ab nach Schwedt, S. 358. Der Dienst in der Disziplinareinheit war eine Disziplinarstrafe, keine Straftat. Sie war in der Dienstvorschrift des Ministers für Nationale Verteidigung – DV 010/0/006 –, geregelt, auszugsweise zitiert bei *Wenzke*, Ab nach Schwedt, S. 449 f.; zur rechtlichen Problematik dieser Disziplinarstrafe vgl. 5. Kapitel, Abschnitt D VI.

34 GBl. I, S. 2.

35 GBl. I, S. 221; vgl. § 37 des Beschlusses des Staatsrates über den Dienst in den bewaffneten Organen und die militärischen Dienstgrade vom 10.12.1973, GBl. I, S. 555.

36 BStU, MfS, HA I, 15652, Arbeits-, Orientierungs- und Informationshinweis Nr. 11/82.

37 BStU, MfS, HA I, 15717.

- Produktionsstätte des VEB 'Leuchtenbau Pinnow'.
- Die Soll-Stärke der Disziplinareinheit sollte 262 NVA-Angehörige / Zivilbeschäftigte der NVA als Stammpersonal (33 Offiziere, 22 Fähnriche, 67 Berufsunteroffiziere, 44 Soldaten im Grundwehrdienst und 96 Zivilbeschäftigte) und 600 Militärstrafgefangene bzw. disziplinarbestrafte Militärangehörige betragen. Im Zeitpunkt des Berichtes waren die 1. und 4. Kompanie nicht formiert. Weiterhin bestanden 51 Fehlstellen an Berufskadern und Zivilbeschäftigten der NVA. Per 5.12.1983 betrug die Ist-Stärke der Disziplinareinheit, die durch Zu- und Abgänge ständig Schwankungen unterlag, beim Stammpersonal 134 Militärangehörige und 77 Zivilbeschäftigte sowie 169 Militärstrafgefangene und disziplinarbestrafte Militärpersonen."

Im Bericht über die Struktur der Einheit heißt es dann weiter:

> „Zur Organisierung und Durchführung der politisch-operativen Abwehrarbeit wurden von Anbeginn 2 Mitarbeiter der HA I / Abteilung MfNV/Unterabteilung Hauptstab eingesetzt. Major Krugenberg ist als Hauptsachbearbeiter operativ für die Führung 'der Disziplinareinheit', für das Stammpersonal der 2. und 3. Kompanie (43 Militärpersonen) sowie für die Militärstrafgefangenen dieser Kompanie (zur Zeit 124 Militärstrafgefangene – bestraft mit 3 bis 24 Monaten Freiheitsentzug bzw. mit Strafarrest von 1 bis 6 Monaten), insgesamt 167 Militärpersonen, verantwortlich. Hauptmann Knobelsdorf ist für die operative Absicherung der Angehörigen des Stabes der Disziplinareinheit, der 5. und 6. Kompanie (zur Zeit 45 disziplinar mit 1 bis 3 Monaten bestrafte Militärpersonen in den Wehrdienstverhältnissen GWD, UaZ, BU bis Stfw.), des Transport- / Versorgungszuges, des Wachzuges, des Med-Punktes sowie für den Personalbestand des VEB 'Instandsetzungswerk Pinnow' / BT Schwedt/Oder mit 91 Militärpersonen und 77 Zivilbeschäftigten als Stammpersonal, insgesamt 213 Personen, verantwortlich."[38]

Der Leiter der Disziplinareinheit Schwedt, Oberst a.D. Reinhard Decker, gibt für die Zeit von 1982–1990 die Belegungszahlen im Strafvollzug in Schwedt mit jährlich 60–80 Personen mit einer Verweildauer von durchschnittlich 12–16 Monaten an. Bei den Disziplinarbestraften ist nach seiner Aussage von 14-tägig 40–50 Personen mit einer Aufenthaltszeit von 30–40 Tagen auszugehen.[39]

Für die Jahre 1986–1987 sind die regelmäßigen Personalanalysen des OibE Manfred Riesbeck[40], Offizier für Sicherheit und Ordnung, in den Akten des Bundesbeauftragten überliefert. Riesbeck führte Buch über den Zugang an Disziplinarbestraften und Strafgefangenen. Weiterhin beschrieb er die politische Einstellung der Insassen der Disziplinar- und Strafvollzugseinheit. Aufgrund der beim Bundesbeauftragten recherchierten Dokumente können für Zeit

38 BStU, MfS, HA I, 15717, S. 2, 3.

39 *Wenzke*, Ab nach Schwedt, Interview mit Oberst Decker, S. 458.

40 Vgl. FN 1154.

ab 1. Januar 1986 verlässliche Zahlen über die Anzahl der Disziplinarbestraften bzw. der Militärstrafgefangenen präsentiert werden:

Bd. 1, II – Personalanalyse Disziplinarbestrafte

1.1.1986–31.3.1986
82 Disziplinarbestrafte zugeführt, zwischen Strafarrest 1–3 Monaten; davon 18 Disziplinarbestrafte mit politisch-negativ feindliche Grundhaltung und 56 mit politisch ungefestigter Grundhaltung.

1.1.1986–30.11.1986
39 Militärstrafgefangene, davon 18 mit Strafarrest, 14 mit Freiheitsstrafe bis ein Jahr und sieben über ein Jahr; seiben Militärstrafgefangene mit polisch-negativer feindlicher Grundhaltung; 29 ungefestigt

1.7.1986–30.11.1986
193 Disziplinarbestrafte (etwa die gleiche Zahl wie im Jahr zuvor); 23 politisch-negativ feindlich; 147 ungefestigt; lediglich 23 mit einer positiv-politischen Grundhaltung

Bd. 2 – Personalanalyse

1.12.1986 – 25.2.1987
76 Disziplinarbestrafte; 7 politisch-negativ; 60 ungefestigt; 9 positive Grundhaltung

1.12.1986 – 30.11.1987
Im Berichtszeitraum wurden der Disziplinareinheit insgesamt 324 Disziplinarbestrafte zugeführt. Damit ist gegen die letzten beiden Vorjahre eine weitere rückläufige Tendenz ersichtlich.

Waren es im Ausbildungsjahr 1984/1985 369 Disziplinarbestrafte, so wurden im Ausbildungsjahr 1985/1986 363 Disziplinarbestrafte zugeführt.

Zugeführt wurden 15 Berufsunteroffiziere, 60 Unteroffiziere auf Zeit, 11 Soldaten auf Zeit, 8 Soldaten im Reservistenwehrdienst und 230 Soldaten im Grundwehrdienst.

Eine politisch-negative Grundhaltung beziehen 33 Disziplinarbestrafte. 259 Disziplinarbestrafte haben eine ungefestigte politische Grundhaltung oder bekunden offen ein generelles politisches Desinteresse. Lediglich 32 Disziplinarbestrafte wurde in den Beurteilungen vom Truppenteil eine gefestigte politische Grundhaltung bescheinigt.

Zu beachten ist weiterhin, dass von den 324 Disziplinarbestraften 130 gleich 40 % eine negative ablehnende Haltung zur Ableistung des Wehrdienstes beziehen.

1.12.1986 bis 30.11.1987
Zuführungen von Militärstrafgefangenen im Ausbildungsjahr 1986/1987

Zugeführt wurden in der Zeit vom 1.12.1986–30.11.1987 insgesamt 75 Militärstrafgefangene. Die Tendenz ist weiter rückläufig. Die Ursache für den weiteren Rückgang für die Zuführungen im Berichtszeitraum gegenüber den Vorjahren liegt zweifelsohne im Amnestiebeschluss vom 17.7.1987, in dessen Durchsetzung 16 Urteile an Militärpersonen nicht mehr vollzogen und Ermittlungsverfahren eingestellt wurden.

Von den 75 Militärstrafgefangenen wurden 34 mit Strafarrest, 20 mit Freiheitsstrafe bis zu 1 Jahr und 21 mit Freiheitsstrafe über 1 Jahr bestraft. Der Anteil an Militärstraftaten lag im Ausbildungsjahr 1984/1985 bei 50 %, 1985/1986 bei 53 %, 1986/1987 bei 60 %. 19 der zugeführten hatten eine negative, ablehnende Haltung zur Ableistung des

Wehrdienstes. 2 Militärstrafgefangene waren Antragsteller auf Übersiedlung in die BRD. Eine politisch-negative, ja feindliche Grundhaltung bezogen 12 Militärstrafgefangene. 46 Militärstrafgefangene haben eine ungefestigte politische Grundhaltung bzw. bekunden offen ein generelles politisches Desinteresse.[41]

2. *Haftbedingungen*

Die Gefangenen waren in Baracken[42] mit einer Kapazität von 5 bis 18 Mann pro Zelle untergebracht. Sie befanden sich nahe dem Gelände des Erdölverarbeitungswerkes. Vor den Baracken war ein Appellplatz auf einem Gelände eingerichtet, das mit Stacheldraht und Wachtürmen umgeben war und zusätzlich über Laufanlagen für Schäferhunde zwischen den Stacheldrahtverhauen verfügte.[43] Eine der Baracken wurde als Speisesaal, für Polituntenricht und Kultur, z.B. für das samstäglich mögliche Fernsehen, genutzt. Dieser Baracke war ein kleiner Sanitätstrakt angeschlossen. Es existierte auch eine Bibliothek, die nach dem Erlebnisbericht von Auerswald „nicht schlecht bestückt“ war.[44] Neben den flachen Unterkunftsbaracken stand ein mehrstöckiges Steinhaus, in dem zu Beginn der Einrichtung noch zivile Gefangene untergebracht waren, die als Versorgungs- und Reinigungskräfte zum Einsatz kamen. Die Zellen waren klein, zwischen 6 bis 25 qm groß und mit 5 bis 18 Mann belegt.[45]

Maßgeblich für die Erziehung im Militärgefängnis Schwedt war die „Nur für den Dienstgebrauch“ vorgesehene Ordnung Nr. 036/9/005 des Ministers für Nationale Verteidigung über den Vollzug der Strafen mit Freiheitsentzug an Militärpersonen vom 17. Dezember 1982 – Militärstrafvollzugsordnung –,[46] die die Arbeitsordnung aus dem Jahre 1977[47] ablöste. Sie beruhte auf dem „Gesetz über den Vollzug der Strafen mit Freiheitsentzug – Strafvollzugsgesetz (StVG) vom 7. April 1977“[48] und galt für den Vollzug von Strafen mit Freiheitsentzug an nicht aus dem Wehrdienst entlassenen männlichen Militärpersonen und von Strafarrest.

---

41 Ebenda, Band 1, S. 44 f., 444 f., 461 f., Band 2, S. 27 f., S. 72 f., S. 84 f.

42 *Auerswald*, Schwedt, S. 6, 10, 44, 1969 Insasse in Schwedt, spricht von „damals drei Baracken“; so auch *Wachtel*, Delikt 220, S. 81.

43 *Auerswald*, ebenda.

44 *Auerswald*, ebenda, S. 54.

45 *Polzin*, Mythos Schwedt, S. 15.

46 BStU, MfS, HA IX, 13639, S. 96 ff.

47 Vgl. Ordnung des MdI Nr. 107/77, Teil E, Militärstraftaten, zitiert nach *Budde*, Willkür, S. 240 f. und *Wenzke*, Ab nach Schwedt, S. 176 f.

48 GBl. I., S. 109.

Die Betroffenen „sollten durch ein System disziplinierender, politischer und militärischer Maßnahmen, durch gesellschaftlich nützliche Arbeit und durch ein strenges militärisches Regime im gesamten Tagesdienstablauf, veranlasst und erzogen werden, künftig die sozialistische Gesetzlichkeit gewissenhaft zu achten, die Pflichten und Verantwortung als Militärperson bewusst wahrzunehmen, den Fahneneid zu erfüllen, die Befehle widerspruchslos durchzuführen sowie die Dienstvorschriften und anderen militärischen Bestimmungen exakt einzuhalten. Die sichere Verwahrung war zu gewährleisten."[49]

Dies führte dazu, dass in Schwedt ein strenges militärisches Regime die „Erziehung" der Militärstrafgefangenen erfolgte über harte Arbeit, insbesondere Schichtarbeit, politische Schulung, militärische Ausbildung und Drill und straffe Disziplin und Ordnung durchzusetzen suchte.[50]

> „Der Vollzug der Strafen mit Freiheitsentzug hatte getrennt nach Freiheitsstrafe und Strafarrest zu erfolgen. Die Trennung war innerhalb des Verwahrbereiches nach Kompanien, zu gewährleisten."

Innerhalb der Kompanie waren wiederum zu trennen: Erstbestrafte von Rückfalltätern und Militärstrafgefangene mit Offiziersdienstgraden von anderen Militärstrafgefangenen.[51] Wöchentlich war an einem Tag zusätzlich die politische Schulung durchzuführen.[52]

Aus dem Bericht des IM „Arnold"[53] sind Dauer und Organisation der politischen Schulung und Drill in der Strafvollzugseinheit bekannt. Danach untergliederte sich die Politschulung in monatlich 14 Stunden Unterricht, davon vier Stunden Studium, zwei Stunden Grundsatzvortrag, zwei Stunden Filmveranstaltung und sechs Stunden Seminar und schriftliche Arbeiten. Darüber hinaus wurden monatlich außer den Schulungstagen vier Stunden aktuelle Gespräche mit den Strafgefangenen durchgeführt. Aufgabe der politischen Schulung war es, durch die systematische theoretisch fundierte und lebendige Darlegung des Marxismus-Leninismus, durch die überzeugende Vermittlung der Politik der SED, besonders ihrer Militärpolitik sowie der neuen Probleme bei der Gestaltung der sozialistischen Gesellschaft und durch konsequente Auseinandersetzung mit der bürgerlichen Ideologie einen wesentlichen Beitrag zur

---

49 BStU, ebenda, S. 102,103.

50 *Polzin*, Mythos Schwedt, S. 13; BStU, ebenda, S. 113, Ziffer 25.

51 BStU, ebenda S. 109, 110.

52 Ebenda S. 114, 115 Ziffer 27, 28.

53 BStU, MfS, BV Frankfurt (Oder), Abt. VII, 206. Es handelt sich um Wolfgang Bailleu, der im Jahre 1961 vom MfS angeworben wurde und seit dem Jahre 1964 als FIM und offiziell als Offizier für politische Schulung in Schwedt tätig war.

klassenmäßigen Erziehung der Militärstrafgefangenen und damit zur Erhöhung der Kampfkraft und der Erhöhung einer ständigen Gefechtsbereitschaft zu leisten.[54]

In einem Bericht aus dem Jahre 1975 erläuterte FIM „Arnold" Verhaltensweisen einzelner Strafgefangener:

> „Es ist ja bekannt, dass einzelne Strafgefangene aus dem 3. Zug der 1. Kompanie, der sich ausschließlich aus Militärstrafgefangenen zusammensetzt mit Fahnenflucht und Staatsverleumdung, den Antrag gestellt haben, aus der DDR ausgewiesen zu werden und mit Nachdruck darauf verwiesen, dass sie nicht gewillt sind, ihrem geleisteten Fahneneid nachzukommen. Diese Erscheinungen, die sich besonders in den letzten Monaten zeigten, erschweren den Vollzugsprozess in der Hinsicht, dass sie ständig versuchen, durch ihr Verhalten auf andere Strafgefangene negativ einzuwirken. Hierzu gibt es eine klare und einheitliche Auffassung aller am Erziehungsprozess beteiligten SV-Angehörigen, den Vollzug der Freiheitsstrafe konsequent auf der Grundlage der gesetzlichen Bestimmungen so durchzuführen, dass ständig eine hohe Ordnung und militärische Disziplin gewährleistet wird und solche Erscheinungen zurück gedrängt werden, um nicht zuzulassen, dass Störungen im Erziehungsprozess auftreten können."[55]

Am 17. Mai 1976, 22. Dezember 1976 und 28. Februar 1978 berichtete FIM „Arnold" über durchgeführte Politschulungen mit den Militärstrafgefangenen der 2. Kompanie, 1. Zug. Behandelt wurde die Thematik: „Die Sowjetunion – Pionier des Menschheitsfortschritts – stärkste Macht der Welt". Es heißt dann im Bericht, dass sich von sechs Militärstrafgefangenen zwei an der Fragestellung beteiligten. Andere brachten zum Ausdruck, dass sie nicht bereit sind, auf politische Fragen zu antworten. Protokolliert werden Äußerungen von Militärstrafgefangenen wie folgt:

> „Genosse Unterleutnant, wir müssen im Sozialismus leben, weil wir nicht zum Westen hinkommen." Und „ich bin anderer Meinung als die Armee. Wir werden ja wie Kinder behandelt". Und „habe draußen nichts gesagt, werde auch hier nichts sagen. Es steht ja in meiner Beurteilung."[56]

> „Hier ist ein kleines Gefängnis, die DDR ist ein großes Zuchthaus" und „es ist grausam, was an der Grenze alles erschossen wird" und „es wird viel über Vaterland gesprochen. Wir haben hier in der DDR kein Vaterland. Wo bleibt denn unsere Freiheit. Der Schnitzler quatscht über Ideale, er ist der größte Vaterlandsverräter. Er ist von drüben abgehauen, sein Bruder ist heute noch als Kommentator in der BRD tätig und vertritt das wahre Vaterland. Die für den Kommunismus sind, das sind Verräter und nicht die anderen."[57]

---

54 BStU, MfS, A- 641/82, Bd. 2, S.162 f.

55 Ebenda, S.173.

56 Ebenda, S. 305, 306.

57 Ebenda, S. 306.

„Die DDR ist von den Russen abhängig. Wir müssen das tun, was die Russen sagen“ und „die BRD will doch den Frieden, wir rüsten doch immer auf und behaupten, wir müssten uns verteidigen. Sie müssten mal erleben, was so in den Einheiten los ist. Man versucht nur, gut über die Runden zu kommen. Bei ihm waren 4 Parteibonzen im Zimmer die haben genauso geschimpft.“[58]

„Im Tagesdienstablauf waren vom Wecken bis zum Zapfenstreich militärische Verhaltensweisen exerziermäßig zu trainieren und einheitlich durchzusetzen.“[59] Grundsätzlich waren acht Stunden Nachtruhe zu gewähren, wobei der Kommandeur bei Notwendigkeit diese Zeit einschränken konnte. Die Freizeit war zu organisieren und hatte dem Militärstrafvollzug und dem Erziehungsprozess zu entsprechen.[60]

Bis auf die Mindestruhezeiten und allenfalls unterbrochen durch Nahrungsaufnahme ergaben sich von Montag bis Samstag strikte Arbeit und militärische Ausbildung, am Sonntag Arbeiten im Objekt und wenige Stunden Freizeit.[61]

Die Erziehung der Gefangenen sollte bewusst bis zu deren Leistungsgrenze abgefordert werden: die militärische Ausbildung war mit dem Ziel durchzuführen, die Kenntnisse und Fertigkeiten der Militärstrafgefangenen in den Elementen der allgemeinen militärischen Ausbildung zu festigen und zu vervollkommnen und sie so zu organisieren und durchzuführen, dass die Militärstrafgefangenen und Arrestanten

„a) hohen Belastungen ausgesetzt sind und ihr gesamtes Auftreten von exakten militärischen Verhaltensweisen bestimmt wird,

b) durch hartes Training zu hohen Leistungs- und Widerstandsvermögen befähigt werden.“[62]

Persönliche Verbindungen, z.B. Briefe, Besuche, Besuche zwischen Ehepartnern, Empfang von Paketen, Übersendung von Paketen waren zulässig, wurden aber überwacht und konnten eingeschränkt werden, wenn dies aus Gründen der Sicherheit oder aus Erziehungsgründen notwendig war.[63] So waren Schreiben von Militärstrafgefangenen zwecks Übersiedlung in andere Staaten bzw. Westberlin unbearbeitet zu den Akten zu nehmen. In einer

58 Ebenda, S. 306.

59 BStU, MfS, HA IX, 13639 – Militärstrafvollzugsordnung - ,S 115, Zifffer 28.

60 BStU, ebenda, S. 115, Ziffer 29.

61 *Polzin*, Mythos Schwedt, S. 13.; Die Militärstrafvollzugsordnung – BStU, MfS, HA IX 13639 – bestimmte hierzu (S. 117, Ziffer 35): Die festgelegte Zeit der politischen Schulung und gesellschaftswissenschaftlichen Weiterbildung von 14 Stunden im Monat ist einzuhalten; vgl. auch § 27 StVG: Erziehung zu Ordnung und Disziplin.

62 BStU, ebenda, S. 120.

63 Ebenda S. 37, 38, Ziffer 58–60.

Aussprache mit dem Militärstrafgefangenen war ihm darzulegen, dass während des Strafvollzuges in der Disziplinareinheit sowie der Zeit der Ableistung des Wehrdienstes eine Bearbeitung nicht erfolgt. Rechtsmittel gegen Anordnungen und Einschränkungen im Strafvollzug waren nicht möglich. Der Betroffene konnte lediglich mittels Eingabe um Überprüfung bitten.[64]

Militärstrafgefangene konnten sowohl belobigt wie zusätzlich disziplinarisch eingeschränkt werden. Bei schuldhaft verursachten Disziplinverstößen konnten folgende Disziplinarstrafen verhängt werden:

a) Tadel,
b) Verweis,
c) Strenger Verweis,
d) Einschränkung von Vergünstigungen,
e) Einschränkung des monatlichen Verfügungssatzes für den Einkauf,
f) Arrest in der gesonderten Arrestanstalt bis zu 10 Tagen.[65]

Auerswald berichtet über die Zustände im Einzelarrest, wonach der Arrestant in der ca. zweimal zwei Meter großen Arrestzelle über Tag nur stehen durfte und dass die Schlafpritsche, die gerade so in die Zelle hineinpasste, erst in der Nacht bereitgestellt wurde.[66] Über einen weiteren Arrest von 10 Tagen führt Auerswald aus: „Ich bekam 10 Tage Einzelarrest. 10 Tage wieder kein Stuhl, keine sonstige Sitzgelegenheit, kein Gesprächspartner und das vitaminloseste und kalorienärmste Essen, was man sich denken konnte. Und natürlich, mein größtes Problem: keine Toilette in der Zelle."[67]

Zügellose und systematische körperliche Gewalt oder grobe Misshandlungen lassen sich für Schwedt – abgesehen von Einzelfällen[68] – nicht belegen.[69] Dies schien auch gar nicht notwendig, denn die Methodik des militärischen Haftregimes mit seinen Schikanen, Demütigungen, enormen physischen und psychischen Belastungen zeigte zweifellos Wirkung.[70] Die Gefangenen sollten bis zu

64 Ebenda, S. 84, Ziffer 139.

65 Ebenda, S. 138,139, Ziffer 67.

66 Schreiben Auerswald vom 13.2.2012 an den Verfasser.

67 *Auerswald*, Schwedt, S. 137.

68 Vgl. *Budde*, Willkür, S. 313 f.: Der Militärstrafgefangene N. erklärt: „Schwedt das Lager erinnert an ein KZ aus der NS-Zeit. Wachtürme – Stacheldraht – Hundelaufleinen – Elektrozaun;" vgl. auch *Wenzke*, Ab nach Schwedt, S. 453 f. Interview mit dem Militärstrafgefangenen St., dem körperliche Übergriffe auf Gefangene durch das Wachpersonal nicht bekannt sind; vgl. auch *Auerswald*, Schwedt. Er berichtet über Schläge mit der Faust oder mit dem Gummiknüppel (S. 33, 54, 94, 110, 136); vgl. auch *Prutean*, Drill und Arbeit in Schwedt, FN online vom 8.7.2010.

69 *Wenzke*, NVA- Soldaten hinter Gittern, S. 233.

70 *Wachtel*, Delikt 220; *Wenzke*, ebenda.

ihrer Rückkehr in die Truppe zu disziplinierten Soldaten geformt werden. Dieses Vorhaben wurde auch – gemessen an der Rückfallquote – Realität: der Anteil der rückfälligen Militärpersonen lag in den 1980er Jahren bei weniger als 1%.[71] Im Laufe der Zeit entwickelte sich der negative Mythos der Einheit in Schwedt zu einer latenten Drohung.[72]

3. Das MfS in der Disziplinareinheit Schwedt

Das MfS war auch in Schwedt aktiv, überwachte, bespitzelte, kontrollierte und war für die Sicherheit zuständig.[73] Die formelle Grundlage des Einsatzes im Bereich der Zuständigkeit der NVA ergab sich aus der Bestimmung der Militärstrafvollzugsordnung, dass alle Fragen und Maßnahmen, die die Sicherheit der Vollzugsdurchführung betrafen bzw. berührten, mit den zuständigen Organen bzw. Mitarbeitern des MfS abzustimmen waren.[74] So war der Einsatz von Militärstrafgefangenen im Arbeits- und Erziehungsbereich nur mit Zustimmung des MfS zulässig.[75]

Zeitlich zuvor – bis zur Übernahme der Strafvollzugsanstalt durch die NVA am 31. Oktober 1982 – erfolgte die Tätigkeit des MfS in Schwedt verdeckt und inoffiziell. Bis zum Sommer 1982 waren für die innere und äußere Sicherheit die Mitarbeiter der Arbeitsrichtung I/4 der Kriminalpolizei Frankfurt/ Oder zuständig. Verantwortlicher Offizier vor Ort war der Offizier des Strafvollzuges Heinz Colberg. Gleichzeitig war er inoffizieller Mitarbeiter zur politisch-operativen Durchdringung und Sicherung des Verantwortungsbereiches (IMS) des MfS, später – seit dem Jahre 1972 – inoffizieller Mitarbeiter im besonderen Einsatz (IME) des MfS. Als solcher fungierte er in der Zeit vom 1. Juni 1966 bis zu seinem Ruhestand am 30. September 1982,[76] Colberg war seit 1950 Angehöriger der Deutschen Volkspolizei und wurde am 13. März 1958

71 *Wenzke*, ebenda.

72 *Wenzke*, ebenda, S. 237.

73 Zu den grundlegenden Aufgaben vgl. *Wenzke*, ebenda, S. 233.

74 BStU, ZA, MfS, HA IX 13639, Militärstrafvollzugsordnung, Ziffer 3, S. 102.

75 Ebenda Anhang 3, S. 253; Anhang 4, S. 258, 265.

76 BStU, MfS, BV Frankfurt (Oder), Abt. VII. 208, S. 1 f.; Colberg gehörte zur BDVP Frankfurt (Oder), Abteilung. K Dezernat 1 und wird in den Kaderüberprüfungen als Hauptmann der K bezeichnet, vgl. BStU, MfS, BV Frankfurt (Oder), AOG 1430/82, S. 43, 46 f.

für eine inoffizielle Zusammenarbeit mit dem MfS unter dem Decknamen „Johannes" geworben.[77]

Als IME „Johannes" verfasste Colberg diverse Berichte für und Nachrichten an das MfS. Aus den vom Verfasser untersuchten Akten ist eine Vielzahl derartiger Berichte seit dem Jahr 1970 feststellbar. Unter seinem Decknamen meldete Colberg z.B.:

Bericht vom 7. August 1970:[78]
Colberg meldete, dass ein Strafgefangener äußerte, die DDR nach wie vor illegal verlassen zu wollen. Er empfahl eine operative Kontrolle.

Bericht vom 26. Oktober 1971:[79]
Colberg schilderte einen Sachverhalt und beschuldigte einen Militärstrafgefangenen des staatsfeindlichen Menschenhandels.

Bericht vom 5. April 1972:[80]
Colberg gab seinen Verdacht, ein Strafgefangener verleumde den Staat, weiter

Bericht vom 7. Juli 1972:[81]
Colberg teilte mit, dass ein Strafgefangener die DDR ungesetzlich verlassen wolle verbunden mit der Erklärung, er führe die operative Kontrolle fort.

Bericht vom 26. Juli 1973:[82]
Colberg gab von ihm festgestellte oder empfundene Sicherheitsmängel in der Strafvollzugseinrichtung weiter.

Bericht vom 17. August 1973:[83]
Colberg berichtete über Sicherheitsmängel und erhob Vorwürfe gegen den Stellvertreter des Kommandeurs für Vollzug, Oberstleutnant Albinus.

Alle Berichte zeigen, dass Colberg alle für die Sicherheit und Kontrolle maßgeblichen Sachverhalte kannte und dem MfS weitergab.[84]

---

77 Ebenda; Colberg wird von Auerswald mehrmals „als irgendwie von der Stasi nach Schwedt strafversetzt" und bestens informiert beschrieben, vgl. *Auerswald*, Schwedt, S. 95 f., 130, 140 f.

78 BStU, MfS, BV Frankfurt (Oder), TA 1111/79, S. 23.

79 Ebenda, S. 157.

80 Ebenda, S. 243 f.

81 Ebenda, S. 303 f.

82 Ebenda, S. 402 f.

83 Ebenda, S. 404 f.

84 Diverse Treffberichte und IME-Berichte, ebenda Bd II., S. 1 f. und BStU, MfS, BV Frankfurt/Oder, TA 70/84, Bd. 3, S. 1 f.; hier finden sich auch Berichte und Einschätzungen über Angehörige des Strafvollzuges.

Colberg war auch Führungsoffizier für eigens rekrutierte IM der K I der Volkspolizei Frankfurt/Oder und hatte auch dadurch Informationen und Einfluss.[85]

Ein weiterer exponierter offen und verdeckt arbeitender IM war der FIM Wolfgang Bailleu. Er arbeitete seit dem 26. Mai 1961 inoffiziell mit dem MfS zusammen. Seit dem Jahre 1965 war Bailleu in der Strafvollzugsanstalt Schwedt als Politoffizier tätig.[86]

Seitens des MfS, Abteilung VII, Bezirksverwaltung Frankfurt/Oder war Bailleu als FIM „Arnold" schwerpunktmäßig für die Aufgaben der

- Einschätzung der Lage und Situation im Militärstrafvollzugskommando Schwedt
- mit der Suche und Auswahl geeigneter IM-Kandidaten sowie der
- Auftragserteilung an die IM[87]

eingesetzt.

Aktenkundig sind Berichte des FIM „Arnold" seit dem Jahre 1972. Er berichtete über Verstöße gegen die Sicherheit und Ordnung. Er gab Beurteilungen von Strafgefangenen und Angehörigen der Strafvollzugskommandos ab. Er schätzte die Situation und die Stimmung in der Strafvollzugseinheit Schwedt ein. Er schilderte besondere Vorkommnisse, z.B. die Flucht einiger Militärstrafgefangener. Er berichtete über falsche Wertungen der Leitung der Strafvollzugseinheit im Sicherheitsbereich.[88]

Schließlich agierte in Schwedt der Offizier für Sicherheit und Ordnung Manfred Riesbeck. In dem Dokument vom 10. Mai 1983 wurde zu Riesbeck ausgeführt:

> „Mit der Übernahme des Militärstrafvollzuges und dem Aufbau der Disziplinareinheit durch das MfNV wurde auf Veranlassung der HA I / MfNV in der Abteilung 'Innerer Dienst' des MfNV eine Planstelle Oberoffizier Sicherheit und Ordnung der Disziplinareinheit geschaffen mit der die bisherigen Aufgaben der Arbeitsrichtung K I/4 im Strafvollzug der DDR realisiert werden sollen. Seit dem 1.2.1983 ist diese Planstelle durch den Offizier im besonderen Einsatz, Hauptmann Riesbeck, Manfred, besetzt."[89]

Riesbeck, der auch als „IME Manfred" tätig wurde, hatte in Schwedt folgende Aufgaben:

---

85 BStU, MfS, BV Frankfurt (Oder), 1430/82, S. 31f.

86 BStU, MfS, BV Frankfurt (Oder), Abteilung VII, 206; vgl. 5. Kapitel, Abschnitt C II 2.

87 BStU, MfS, A-641/82, Bd. 1, S. 143 ff.

88 Ebenda.

89 BStU, MfS, HA I, 15652, Bd. 1, S. 11, 41; vgl. *Wenzke*, NVA-Soldaten, S. 234, 235.

- „die Festlegung des Einsatz von Militärstrafgefangenen in den einzelnen Arbeitseinsatzbereichen,
- die Unterstützung bei einem schwerpunktorientierten konspirativen Einsatz von operativen Kräften und Mitteln,
- die Untersuchung bestimmter Vorkommnisse zur Unterstützung der eigenen Untersuchungstätigkeit.“[90]

Auch ansonsten waren in Schwedt IM tätig, und zwar als Strafvollzugsbedienstete und als Insassen. Die Gesamtzahl der bisher bekannt gewordenen IM in Schwedt liegt bei über 100. Im Stammpersonal waren zeitweise bis zu 5 Personen inoffiziell tätig, im separaten Wachzug bis zu 4 IM. Bei den Insassen wurden bis zu 8 IM gleichzeitig eingesetzt.[91]

D) Militärstrafvollzug im weiteren Sinne

I. Einleitung

Soweit Urteile der Militärgerichte zu vollziehen waren, die – weil mit höheren Strafen als zwei Jahre verhängt – den Ausschluss des Verurteilten aus der NVA zur Folge hatten, oblag der Vollzug von Strafen mit Freiheitsentzug – wie bereits ausgeführt – dem Ministerium des Innern (§ 339 Abs. 1, Ziffer 2 StPO, 58 StVG). Zuständig war der Dienstzweig „Verwaltung Strafvollzug“.[92]

Auch wenn der Strafvollzug formell dem Ministerium des Innern unterstand, blieben die Haftanstalten im gleichen Einflussbereich des MfS, wie er in Schwedt bestand. Wie dieser Einfluss durch die Hauptabteilung VII des MfS im Einzelnen ausgeübt wurde, wird im Folgenden beschrieben.

II. Das politisch operative Zusammenwirken zwischen dem Ministerium für Staatssicherheit und dem Ministerium des Innern

1. Dienstanweisungen

Die erste als „geheime Verschlusssache“ deklarierte Dienstanweisung Nr. 2/75 wurde am 13. März 1975 erlassen.[93]

Die Dienstanweisung bezieht sich auf die politisch-operativen Aufgaben des Ministeriums für Staatssicherheit im Strafvollzug der DDR. Sie wurde mit Dienstanweisung Nr. 5/85 zur politisch-operativen Arbeit im Organ Strafvoll-

90 Ebenda.

91 *Polzin*, Mythos Schwedt, S. 12.

92 Seit dem Jahre 1964 auch als „Organ Strafvollzug“ bezeichnet; vgl. *Wunschik*, DDR-Strafvollzug, S. 467.

93 BStU, MfS, DSt, 100884.

zug des MdI vom 3. Juni 1985 aufgehoben und neu gefasst.[94] In dieser Dienstanweisung ist u.a. bestimmt:

> „Die weitere Gestaltung der entwickelten sozialistischen Gesellschaft und ihr zuverlässiger Schutz vor allen Angriffen des Gegners sowie feindlicher Kräfte im Innern der DDR erfordern die konsequente Durchsetzung der sozialistischen Staats- und Rechtsordnung und die allseitige Gewährleistung der staatlichen Sicherheit. Eine Voraussetzung dafür ist die Gewährleistung einer hohen Sicherheit, Ordnung und Disziplin in der Verwaltung Strafvollzug des MdI, den Abteilungen Strafvollzug der BdVF / des PdVP Berlin, den Strafvollzugseinrichtungen, Jugendhäusern und Untersuchungshaftanstalten (nachfolgend Organ Strafvollzug genannt) und die Durchsetzung der sozialistischen Gesetzlichkeit beim Vollzug der Strafen mit Freiheitsentzug sowie der Untersuchungshaft. Die in diesem Zusammenhang durch die zuständigen Diensteinheiten des MfS zu lösenden politisch-operativen Aufgaben erfordern, ausgehend von der politisch-operativen Lage und den verstärkten Angriffen des Gegners gegen diesen Bereich des MdI,
>
> – die allseitige Qualifizierung der politisch-operativen Abwehrarbeit im Organ Strafvollzug und
>
> – das zielgerichtete politisch-operative Zusammenwirken mit dem Organ Strafvollzug zur Gewährleistung eines jederzeit sicheren, wirksamen und in gesellschaftlichen Erfordernissen entsprechenden Vollzuges der Strafen mit Freiheitsentzug und der Untersuchungshaft."[95]

2. Strukturelle Eingriffe und Kontrollmechanismen

Auf der Grundlage der vorgenannten Dienstanweisungen verstand es das MfS, die Verwaltung Strafvollzug wie auch die anderen Dienstzweige des Innenministeriums effektiv zu kontrollieren. Es erreichte dies durch eine Steuerung der Personalpolitik, regelrechte Kontrolleinsätze und das sogenannte politisch-operative Zusammenwirken. Eine personalpolitische Einflussnahme war möglich, weil alle dienstlich im Strafvollzug tätigen Personen, die Aufseher, Zivilbeschäftigte, Mitarbeiter der Arbeitsrichtung I/4 der Kriminalpolizei und Angehörige der Arbeitsbetriebe von der Linie VII des MfS auf (politische) Zuverlässigkeit überprüft werden sollten. Einstellungen, Beförderungen in leitende Positionen, Einsatz in geheimhaltungsbedürftigen Bereichen und sogar Delegierungen zum Fachschulstudium bedurften der „Sicherheitsüberprüfung", mithin also der Zustimmung des MfS.[96]

Durch die Bestätigung – oder auch Nichtbestätigung – der Mitarbeiter trug das MfS maßgeblich dazu bei, dass bei der Auswahl des Vollzugspersonals Si-

---

94 BStU, MfS, DSt, 103174.

95 Ebenda, S. 5.

96 Ebenda; vgl. auch *Wunschik*, DDR-Strafvollzug, S. 473.

cherheitskriterien und die politische Linientreue Vorrang vor der fachlichen Qualifikation hatten.[97]

Die Einstellungskandidaten für den Dienst im Strafvollzug sollten sich nach der Richtlinie des MdI durch „unbedingte Treue zur Arbeiter- und Bauernmacht“ sowie „Verbundenheit mit den Ländern der sozialistischen Staatengemeinschaft, insbesondere der Sowjetunion“, auszeichnen.[98]

Die Kontrolle des MfS war umfassend. Mehrfach wurden auch Leitungskader abgelöst, was auf die Einflussnahme des Staatssicherheitsdienstes bzw. auf die einer etwaigen Intervention vorauseilende Reaktion der Strafvollzugsleitung zurückzuführen war.[99]

Die Hauptabteilung VII beschränkte sich jedoch nicht nur auf die Personalpolitik. Sie beeinflusste auch die fachliche Tätigkeit im Strafvollzug. Dies geschah im Rahmen dessen, was im MfS als „politisch-operatives Zusammenwirken“ bezeichnet wurde. Abgestimmt wurden insbesondere die sicherheitsrelevanten Fragen, doch die Linie VII gab vielfach auch Hinweise zur Steigerung der Effizienz des Gefängniswesens. Durch seine offiziellen sowie inoffiziellen Kanäle stellte das MfS dabei sicher, dass die wichtigsten Entscheidungen des Organs Strafvollzug im Einklang mit den eigenen Vorstellungen standen.[100]

In unregelmäßigen Abständen inspizierte das MfS auch vor Ort die „Sicherheitslage“ in den Haftanstalten, um „Gefahrenquellen“ aufzudecken.[101] Das MfS hielt die Fäden in der Hand, überließ aber natürlich die unmittelbare Verantwortung für den Strafvollzug dem MdI bzw. der DVP. In erster Linie ist die Gewährleistung von Sicherheit und Ordnung im Strafvollzug Aufgabe des Organs Strafvollzug des MdI selbst.[102] Folglich wurde die Zuständigkeit für den Vollzug von Freiheitsstrafen auf das MdI delegiert, weil dies arbeitsöko-

97 Ebenda; *Wunschik*, ebenda, S. 474; *Finn-Fricke*, Politischer Strafvollzug in der DDR, Seite 56 f.

98 BStU, ZA, DSt, 201113: Ordnung Nr. 101/71 des MdI über die Verfahrensweise bei Einstellungen von Bürgern in die DVBP sowie die Organe Feuerwehr und Strafvollzug – Einstellungsordnung – vom 20.4.1971.

99 *Wunschik*, ebenda, S. 475; BStU, MfS, HA VII 1386 (Wg 10–13), S. 289–300; Disziplinarvorkommnisse 1981, 1986.

100 *Wunschik*, ebenda, S. 476; vgl. auch BStU, MfS, DSt. 102622, Dienstanweisung 2/79 über das politisch-operative Zusammenwirken von MfS und DVP im Strafvollzug.

101 *Hattig / Klewin / Liebold / Morré*, Bautzen II, Katalog S. 34; *Wunschik*, ebenda S. 473, 477, 483.

102 Ebenda, S. 477; Auszug aus dem unkorrigierten Manuskript der Rede von Generalleutnant Gerhard Neiber auf der zentralen Dienstkonferenz der Linie VII am 13./14.12.1984; BStU, MfS, DSt, 103133, S. 106–108, zitiert nach *Wunschik*, ebenda.

nomischen Nutzen und Vorteile in der politischen Optik versprach. Das MfS konnte sich somit etwas „zurückhalten“.[103]

Zu den strukturellen Eingriffen und Kontrollmechanismen kamen auch verdeckte, personelle Einflussnahmen hinzu: denn die zuverlässigsten konspirativen Mitarbeiter des MfS waren seine Offiziere im besonderen Einsatz. Seit 1955 hatte die HA VII solche Mitarbeiter im Innenministerium und dort in der Hauptverwaltung der Deutschen Volkspolizei platziert.[104]

Seit dem Jahr 1959 war Alfred Schönherr – OibE des MfS – Leiter der „Verwaltung Strafvollzug“. Damit hatte das MfS unmittelbaren Einfluss auf das DDR-Gefängniswesen.[105]

Zu Beginn der 70er Jahre agierten allein in der „Verwaltung Strafvollzug“ des Ministeriums in Berlin sieben OibE, darunter der Leiter der IM-führenden Abteilung IV, weitere vier operative Mitarbeiter und zwei Sekretärinnen.[106]

Inoffizielle Mitarbeiter und die gesellschaftlichen Mitarbeiter für Sicherheit (GMS) waren auch im Bereich des Strafvollzuges unverzichtbare Instrumente zur Einflussnahme auf informeller Ebene. Allein die Hauptverwaltung VII/8 in Berlin verfügte insgesamt über 152 Mitarbeiter der beiden genannten Kategorien (Stand 1988).[107]

Die Durchdringung des Strafvollzugs auch außerhalb des engeren militärischen Vollzugs in Schwedt mit Zuträgern des Staatssicherheitsdienstes war derart intensiv, dass in der „Verwaltung Strafvollzug“ also der „Schaltzentrale“ des ostdeutschen Gefängniswesens von den dort beschäftigten 59 Mitarbeitern 20 dem MfS zu Diensten waren.[108]

Die HA VII des MfS war auch für die Überwachung und Kontrolle von Strafgefangenen zuständig. Dazu setzte sie systematisch IM ein. Insbesondere politische Häftlinge standen unter ständiger Beobachtung.[109]

103 *Wunschik*, ebenda, S. 477.

104 Ebenda, S. 478; vgl. auch BStU, MfS, DSt 101257.

105 Ebenda, S. 478; *Ders.*, Stafvollzug als Aufgabe der Deutschen Volkspolizei, S. 83.

106 *Wunschik*, DDR-Strafvollzug, S.478; BStU, MfS, HA VII, 519 (Wg) 10–13, Blatt 266 f.; vgl. zum Personal und den MfS-Offizieren in Bautzen II *Fricke-Klewin*, Bautzen II, S. 48 ff.; *Hattig / Klewin / Liebold / Morré*, Bautzen II Katalog S. 140.

107 *Wunschik*, DDR-Strafvollzug, S. 479; BStU, MfS, HA VII 1359 (Wg) 10–13, S. 191–199.

108 *Wunschik*, DDR-Strafvollzug, S. 479; BStU, MfS, HA VII 1386 (Wg 10–13), S. 162–178.

109 *Wunschik*, DDR-Strafvollzug, S. 481 f., 483 f.

3. *Strafvollzugsanstalt Bautzen II*

Bautzen II war der Haftort, der zwischen 1956 und 1989 als Hochsicherheitsgefängnis für sogenannte „Staatsverbrecher" genutzt wurde. Zwar unterstand Bautzen II formal der „Verwaltung Strafvollzug" des Innenministeriums, faktisch aber war es dem MfS unterstellt.[110]

Auch in der Strafvollzugsanstalt Bautzen II war die Linie VII des MfS mit der Überwachung betraut. Konkret zuständig war die Bezirksverwaltung Dresden. Bis Ende 1989 übernahm sie die Überwachung des Personals und überprüfte Sicherheitsmängel. Die Kontrolle der Häftlinge wurde in Bautzen II ab 1963 von der Hauptabteilung IX (Untersuchung) übernommen.[111]

Die jeweiligen Zuständigkeiten in Bautzen II wurden in einer Vereinbarung vom 18. November 1975 zwischen MfS und MdI geregelt. Sie ist überschrieben mit der „Erklärung der Gewährleistung der politisch-operativen Aufgaben in der Staatsvollzugseinrichtung Bautzen II". Es heißt hier wörtlich:[112]

„Die Strafvollzugseinrichtung Bautzen II wird entsprechend der gesetzlichen Bestimmungen sowie der Befehle und Weisungen des MdI und Chefs der deutschen Volkspolizei angeleitet und geführt. Für die politisch-operative Sicherung und die Organisation der Abwehrarbeit in der Strafvollzugseinrichtung Bautzen II ist die Abteilung VII der Bezirksverwaltung Dresden in Koordinierung mit der Hauptabteilung VII verantwortlich."

„Zur Realisierung der vom Genossen Minister in der DA 2/75 gestellten Aufgaben wird vereinbart:

1. Die Abteilung VII der BV Dresden organisiert die politisch-operative Abwehrarbeit in der Strafvollzugseinrichtung Bautzen II

2. Die Hauptabteilung IX ist entsprechend der DA 2/75 des Genossen Minister verantwortlich für die politisch-operative Sicherung der Strafgefangenen der Strafvollzugseinrichtung Bautzen II.

Die Hauptabteilung IX konzentriert sich auf

- die Organisation und Durchführung der politisch-operativen Abwehrarbeit unter den Strafgefangenen sowie der weiteren operativen Kontrolle und Bearbeitung von Strafgefangenen zur Klärung von Verdachtshinweisen aus der vorangegangenen Vorgangsbearbeitung
- die Einflussnahme auf eine den operativen Erfordernissen entsprechende Unterbringung in den Verwahrbereichen und die Zusammensetzung der Arbeitskommandos

---

110 *Fricke-Klewin*, Bautzen II, S. 6, 18 f.

111 *Hattig / Klewin / Liebold / Morré*, Bautzen II Katalog, S. 34.

112 Ebenda, S. 38 f.

- die politisch-operative Sicherung der Besuchsdurchführung von Familienangehörigen und anderen Personen mit Strafgefangenen sowie die operative Überwachung und Kontrolle der durch Mitarbeiter diplomatischer Vertretungen stattfindenden Konsularbesuche
- die Einleitung strafprozessualer Maßnahmen, wenn im Ergebnis der Vorgangsmäßigen Bearbeitung der dringende Tatverdacht der Begehung von Straftaten durch Strafgefangene erarbeitet wurde
- die Übergabe von bearbeiteten politisch-operativen Informationen und Materialien an die zuständigen Diensteinheiten des MfS sowie die Festlegung von Maßnahmen der weiteren operativen Bearbeitung in Abstimmung mit diesen Diensteinheiten."[113]

In die Strafvollzugsanstalt Bautzen II wurden solche straffällig gewordenen Personen (DDR-Bürger und Ausländer) auf Veranlassung der HA IX eingewiesen, die vorwiegend aufgrund der Ermittlungen von Untersuchungsabteilungen des MfS wegen Staatsverbrechen und anderer politischer Delikte mit hoher Gesellschaftsgefährlichkeit abgeurteilt worden waren. Auch die durch die Militärgerichtsbarkeit zu mehr als zwei Jahren Freiheitsentzug verurteilten und aus der NVA ausgeschlossenen Personen zählten dazu.

In sogenannten Leitakten zu den einzelnen Haftanstalten sammelte das MfS alle wichtigen Informationen zu Personal, Inhaftierten, Zellenbelegung, Vorgangsarbeit sowie den örtlichen Sicherungsvorkehrungen. Wie in allen größeren Haftanstalten war das MfS durch eine mehrköpfige, sogenannte Operativgruppe vor Ort präsent. Die hauptamtlichen MfS-Mitarbeiter arbeiteten dort, wie es in einer Anweisung aus den 50er Jahren eindeutig hieß, unter Einhaltung der Konspiration als Angehörige der Volkspolizei. Sie trugen die Uniform der Volkspolizei. Der für die Wachmannschaften zuständige Sachbearbeiter war der Verantwortliche für das gesamte Objekt. Er hatte mit den anderen Sachbearbeitern, die unmittelbar bei den Häftlingen arbeiteten, die Arbeit zu koordinieren und anzuleiten.[114]

Für das Binnenklima des Strafvollzugs war es bezeichnend, dass nicht nur die Gefangenen bespitzelt wurden, sondern auch die Offiziere und Wachtmeister des Strafvollzugsdienstes sowie die Zivilbeschäftigten und die Meister der Arbeitseinsatzbetriebe beurteilt und erfasst waren. Auch andere MfS-Abteilungen wurden im Strafvollzug eingesetzt. Die Einheiten der Linien XVIII und XIX der Bezirksverwaltungen des MfS waren für die Überwachung der Betriebe zuständig, in denen Gefangene zur Arbeit eingesetzt wurden. Die Hauptabteilung IX identifizierte solche Gefangene, die entweder besonders

113 Ebenda, S. 38, 39.

114 *Wunschik*, DDR-Strafvollzug, S. 470, *Fricke-Klewin*, Bautzen II. S. 16.

überwacht oder die für eine Werbung als Zelleninformant für besonders geeignet gehalten wurden und avisierte sie der Hauptabteilung VII.[115]

III. Untersuchungshaftvollzug und unmittelbarer Strafvollzug durch das MfS

1. Einleitung

Das MfS betrieb eigene Haftanstalten. In jedem Bezirk der DDR gab es eine Untersuchungshaftanstalt des MfS, insgesamt also 15. Auf Ministeriumsebene in Berlin in Berlin-Hohenschönhausen, Freienwalder Straße (UHA I) sowie in der Magdalenenstraße in Berlin-Lichtenberg (UHA II) waren zwei weitere Untersuchungsgefängnisse eingerichtet. Zudem bestand seit dem Jahre 1960 in Berlin-Hohenschönhausen ein MfS-Haftkrankenhaus.[116]

In der Praxis wurden jene Häftlinge in MfS-Untersuchungshaft genommen, deren Ermittlungsverfahren vom Untersuchungsorgan der HA IX des MfS geführt wurden. Auch die Untersuchungsgefangenen der Militärjustiz zählten dazu, sofern das MfS ermittelte. Allein in den 70er und 80er Jahren waren mehr als 30000 Menschen in MfS-Haft.[117]

2. Rechtliche Grundlagen

Die Zuständigkeit für alle Formen des Strafvollzuges lag in der DDR – wie schon dargelegt – beim MdI. Dabei hielt sich das MfS Zeit seiner Existenz alle Möglichkeiten für freiheitsentziehende Maßnahmen offen. Zuständig für das Gefängniswesen war die HA XIV des MfS.[118]

Die Untersuchungshaft wurde nicht in den Haftanstalten des MdI, sondern im Gewahrsam des MfS vollzogen. Eine gesetzliche Grundlage für diesen Vollzug fehlte.[119] Nur Ordnungen und Dienstanweisungen regelten den MfS-Strafvollzug: Die erste MfS-interne Ordnung über den die Dienstorganisation und den Vollzug der Untersuchungshaft datierte vom 2. Oktober 1955.[120]

---

115 *Fricke-Klewin*, ebenda, S 17.

116 BStU, MfS, DSt. 10024: Befehl Nr. 92/60 des Ministers für Staatssicherheit vom 15.2.1960 über die Bildung der selbständigen Abteilung HK.

117 *Beleites*, Orte des Erinnerns, S. 502.

118 *Beleites*, MfS-Handbuch, S. 27, 31.

119 *Beleites*, MfS-Handbuch, S. 28, 30, 33, 35.

120 BStU, MfS, SdM 1872, S. 281–320: Dienstanweisung vom 2.10.1955 für den Dienst und die Ordnung in den U-Haftanstalten des SfS.

Am 22. Mai 1980 erging die gemeinsame Anweisung des MfS und des MdI über die Durchführung der U-Haft. Unter der Überschrift „Verantwortung für den Vollzug" hieß es, dass für die Durchführung der U-Haft das MdI und das MfS zuständig seien.[121]

Schließlich trat am 29. Januar 1986 die Dienstanweisung 1/86 in Kraft, mit der der Vollzug und die Sicherheit in den Untersuchungshaftanstalten geregelt wurden.[122]

Weiter galt für den internen Betrieb und den Umgang mit den Gefangenen die Hausordnung des MfS mit der Festlegung von Verhaltensregeln, Ordnungs- und Disziplinarmaßnahmen für die Untersuchungshaft.[123]

3. Prinzipien des Untersuchungshaftvollzuges

Grundprinzip der Verwahrung in den Untersuchungshaftanstalten des MfS war die weitestgehende Isolierung der Untersuchungshäftlinge.[124] Raschka formulierte die Ziele des MfS für die Haft wie folgt:

> „Zunächst die totale Isolation von der Außenwelt, eine Kommunikationssperre, das Gefühl, hilflos ausgeliefert zu sein und ein fast vollständiger Informationsentzug. Dies alles diente dazu, dem Untersuchungshäftling das Bewusstsein zu vermitteln, der übermächtigen MfS-Maschinerie wehrlos gegenüberzustehen und als einzigen Ausweg das geforderte Geständnis zu belassen."[125]

IV. Strafvollzug in eigener Zuständigkeit des MfS

1. Grundlagen

Auch der unmittelbare Strafvollzug durch das MfS wurde in bestimmten Fällen in den eigenen Untersuchungshaftanstalten durchgeführt. Es fehlte hierfür die gesetzliche Grundlage.[126] Auch in den geheimen Statuten wurde dem MfS keine ausdrückliche Befugnis zum Betrieb eigener Haftanstalten erteilt.

Das MfS praktizierte den eigenen Strafvollzug nicht erst seit dem Befehl Mielkes vom 3. Oktober 1986, Befehl Nr. 17/86, auf den der Verfasser später

---

121 BStU, MfS, HA XIV 63, S. 1 ff.

122 BStU, MfS, BdL-Dok. 8151, DSt 103259: Dienstanweisung 1/86 des Ministers vom 29.1.1986 über den Vollzug und die Gewährleistung der Sicherheit in den Untersuchungshaftanstalten des MfS.

123 BStU, MfS, HA XIV 82, S. 2 ff.

124 *Beleites*, MfS-Handbuch, S. 9.

125 *Raschka*, Zwischen Überwachung und Repression, S. 74.

126 *Arnold*, Strafvollzug, S. 391; *Beleites*, MfS-Handbuch, S. 28.

noch zurückkommen wird. Dem MfS wurde im Mai 1959 der Entwurf eines Befehls des MdI zur Zustimmung vorgelegt. Es ging um das Verfahren bei rechtskräftig verurteilten Angehörigen der bewaffneten Organe des Ministeriums des Innern. In der anschließenden Aktennotiz vom 29. Juni 1959 heißt es, dass sich

> „die Angelegenheit erledigt hat. Nach einer Aussprache zwischen Oberstleutnant Harm und Oberst Schönherr (Strafvollzug) sei vereinbart worden, dass ab sofort alle verurteilten Angehörige des MfS ihre Strafe in unseren Haftanstalten verbüßen sollen."[127]

Erstmals mit dem geheimen Befehl Nr. 17/86, erlassen von Mielke selbst als geheime Verschlusssache GVS-008 MfS Nr. 22/86 vom 3. Oktober 1986 wurde die Zuständigkeit des MfS für den allgemeinen Strafvollzug schriftlich festgelegt. Dieser Befehl erging „contra legem", denn StPO und StVG sahen eine solche Zuständigkeit nicht vor.

Es handelte sich dabei nicht nur um politische Straftäter, die beim MfS einen besonderen „Erziehungsvollzug" bekamen. Die Straftat selbst stand nicht im Vordergrund. Das MfS behielt sich in seinem streng geheimen Befehl vor, eine unbegrenzte Auswahl von verurteilten Straftätern für Plätze in seinen Untersuchungshaftanstalten zu reservieren. Der Befehl umschrieb das für die Verbüßung einer Freiheitsstrafe so:

> „Freiheitsstrafen sind in der Abteilung XIV zu vollziehen, wenn dies aus Gründen der Gewährleistung der Konspiration und Geheimhaltung, der Wahrung von Sicherheitserfordernissen, des Schutzes der Person oder aus anderen politisch-operativen Gründen notwendig ist."

In erster Linie war die Auswahl von einer politischen Zweckmäßigkeit bestimmt, denn sie nahm weder Bezug auf die Art und Weise der Straftat noch auf die Schwere der Tat. Eine konkrete Aufzählung der Gruppen von Strafgefangenen, die das MfS unter seiner „Obhut" wissen wollte, verdeutlicht, dass es in der Tat nicht um das Delikt selbst ging, sondern andere Interessen im Vordergrund standen. Folgende Personengruppen wurden genannt: Strafgefangene, die

- dem MfS oder anderen Schutz- und Sicherheitsorganen angehörten,
- die in staatlichen Organen, Kombinaten, Betrieben und Einrichtungen sowie gesellschaftlichen Organisationen politisch-operativ zu beachtende Funktionen inne hatten, die bedeutsame Geheimnisträger sind,
- Familienangehörige von Angehörigen des MfS sowie der anderen Schutz- und Sicherheitsorgane sind oder waren,

127 BStU, MfS, SdM 1154, S. 292–296.

- die Familienangehörige von Personen in politisch-operativ zu beachtenden Funktionen in staatlichen Organen, Kombinaten, Betrieben und Einrichtungen sowie gesellschaftlichen Organisationen sind oder waren;
- bedeutsame IM sind oder waren;
- aus anderen politisch-operativen Gründen nicht in Strafvollzugseinrichtungen des MdI einzuweisen sind."[128]

Diese Aufzählung lässt sich in drei Gruppen zusammenfassen:

a) Politische Funktionäre und deren Familienangehörige
b) Geheimnisträger und bedeutsame Spitzel
c) sonstige politisch-operative Gründe, je nach Zweckmäßigkeit im Einzelfall.

In einem weiteren nachfolgenden Abschnitt des geheimen Befehls wird noch die zusätzliche Möglichkeit eingeräumt, dass Strafgefangene in den Vollzug des MfS eingewiesen werden können, wenn „dies für den spezifischen Arbeitseinsatz in den Abteilungen XIV erforderlich" war.

In besonderen Fällen verbüßten Häftlinge ihre Strafe aus „politisch-operativen Gründen" in besonderer Isolation als sogenannte „Nummernhäftlinge" innerhalb der Untersuchungshaftanstalten des MfS. Alle verurteilten MfS-Angehörige wurden in MfS- Haftanstalten untergebracht.[129]

Die politische Notwendigkeit wurde bejaht im Fall des MfS-Offiziers Walter Thräne, zuletzt Hauptmann in der Auswertung der „Aufklärung", im Sektor Wissenschaft und Technik der Hauptverwaltung A. Er war am 1. August 1962 gemeinsam mit einer Freundin nach West-Berlin geflüchtet. Der Dienstausweis des MfS hatte einen unverdächtigen Grenzübertritt ermöglicht. Die Freiheit dauerte aber nur knapp 4 Wochen, bevor beide in der Nacht vom 4. zum 5. September 1962 in eine Falle gelockt und auf das Gebiet der DDR verschleppt wurden. Da er nach seinem Übertritt keinen Kontakt zu westlichen Geheimdiensten gesucht hatte, wurde er zwar wegen Spionage und Fahnenflucht angeklagt, aber am 24. September 1963 vor dem 1. Strafsenat des Bezirksgerichts Neubrandenburg lediglich zu einer Zuchthausstrafe von 15 Jahren verurteilt. Thräne verbüßte davon 10 ½ Jahre in Einzelhaft, in totaler Isolation als sogenannter „Nummernhäftling" in der Untersuchungshaftanstalt des MfS in Hohenschönhausen. Das bedeutete, dass neben totaler Isolation eine förmliche Anonymisierung erfolgte und der Häftling nur mit seiner Nummer angeredet werden durfte. Am 30. Januar 1972 wurde Thräne amnestiert. Ihm wurde Aufenthaltsbeschränkung in Eisenhüttenstadt auferlegt, wo

128 BStU, MfS, DSt 103319.

129 *Beleites*, MfS-Handbuch, S. 43 unter Hinweis auf BStU, MfS, SdM 1154, S. 292–296.

er als Rechnungsprüfer in einem Betrieb unter Kontrolle des MfS arbeiten musste.[130]

Der Ort der Strafverbüßung stand im Belieben einer politisch-operativen Entscheidung von Mitarbeitern des MfS selbst. So waren nach Mielkes Befehl insbesondere die Leiter der Hauptabteilungen IX, (Untersuchungsorgan, Leiter: Generalmajor Rolf Fister) VII, (Abwehrarbeit MdI/DVP, Leiter: Generalmajor Jochen Büchner) und Kader und Schulung (Leiter: Generalleutnant Günter Möller) für die Aufnahme von Strafgefangenen in die Haftanstalten des MfS vorschlagsberechtigt. Der Aufenthalt in diesen Einrichtungen wurde von den „notwendigen organisatorischen Maßnahmen", den „erforderlichen politisch-operativen Aufgabenstellungen" und „den damit verbundenen Interessen und Zielen" bestimmt. Auch in diesem Zusammenhang ist neuerlich festzuhalten, dass die unscharfe Schwammigkeit der Formulierung jedwede Beliebigkeit der Zwangsmittel rechtfertigen konnte.

2. Bereiche des allgemeinen Strafvollzuges

Der größte MfS-Strafvollzugsbereich war das „Lager X" in Berlin-Hohenschönhausen. Das „Lager X" befand sich von Anfang der 50er bis Mitte der 70er Jahre in Berlin-Hohenschönhausen in unmittelbarer Nachbarschaft zur Untersuchungshaftanstalt I. Es war ein weitgehend unbekanntes großes Arbeitslager inmitten des großen Sperrgebietes des MfS. Das MfS beschäftigte dort gleichzeitig bis zu 900 männliche Langzeitgefangene in eigenen Werkstätten. Es handelte sich bei den Gefangenen nicht nur um politische Häftlinge; Auswahlkriterien waren vielmehr die Länge der zu verbüßenden Haftstrafe und vor allem die berufliche Qualifikation; dennoch spielten auch sogenannte operative Gründe eine Rolle. So kamen auch Häftlinge ins „Lager X", die man als inoffizielle Mitarbeiter nutzen wollte. Da die Bedingungen im „Lager X" deutlich besser waren als in anderen Haftanstalten, galt eine Verlegung dorthin als Belohnung.[131]

Jede Untersuchungshaftanstalt hatte ein sogenanntes Strafgefangenenarbeitskommando, in dem ausgewählte Strafgefangene als Hausarbeiter in der Küche sowie mit Handwerker- und Reinigungsarbeiten beschäftigt wurden.[132] In einem solchen Handwerkerkommando in der Untersuchungshaftanstalt des

---

130 Vgl. *Fricke*, Verräter, S. 263; *Bästlein*, Mielke, S. 187.

131 *Beleites*, MfS-Handbuch, S. 44; *Ders.*, Orte des Erinnerns, S. 503; *Ders.*, Rolle des MfS, S. 53.

132 *Beleites*, Orte des Erinnerns, S. 503; vgl. Zeitzeugenbericht Godehard, 4. Kapitel, Abschnitt A II.

MfS in Hohenschönhausen verbüßte auch der Militärdiplomat Godehard seine Strafhaft. Godehard wurde am 19. Dezember 1989 aus der Strafhaft des MfS entlassen. Zur Wahrung der Konspiration wurde der Entlassungsschein von der Strafanstalt des MdI, Berlin-Rummelsburg, ausgestellt.[133]

Hinzu kam die Strafvollzugseinrichtung Bautzen II, die zwar formell der Verwaltung Strafvollzug des Ministeriums des Innern unterstand, faktisch aber von der Hauptabteilungen IX und der Abt. XIV des MfS dominiert wurde.[134]

3. Zelleninformatoren – IM unter den Gefangenen

In allen Strafvollzugsanstalten der DDR wurde die Richtlinie 2/81 des MfS praktiziert. Sie bezog sich auf die Zelleninformatoren, also Häftlinge, die andere Häftlinge bespitzelten.[135] In der Analyse der HA IX vom 20. Februar 1985 – vertrauliche Verschlusssache – heißt es hierzu: „Mit insgesamt 188 Werbungen wurde 1984 der größte Zugang an ZI erreicht." Und weiter wird ausgeführt:

> „Erhebliche Unterschiede bei der Suche, Auswahl und Gewinnung von ZI zeigt ebenfalls das Verhältnis von ZI zu in Bearbeitung befindlichen Beschuldigten. Innerhalb der Linie IX liegt dieses Verhältnis zu 1:7, in der HA IX bei 1:4 und in den Abteilungen IX der BV bei 1:8."[136]

In der gleichen Analyse heißt unter der Überschrift „Überwachung von Beschuldigten in Verwahrräumen" wie folgt:

> „Durch die untersuchungsführenden Abteilungen der HA IX wurden 1984 insgesamt 117 Aufträge zur Überwachung von Beschuldigten in Verwahrräumen an den Bereich Koordinierung übergeben. [...] In Realisierung der Aufträge wurden die operativ-technischen Mittel in der Gesamtheit von 1043 Tagen zu Einsatz gebracht und 20027 Stunden an Aufzeichnungen gespeichert."[137]

Zur Überwachung von Rechtsanwaltssprechern wird ausgeführt:

> „1984 wurden 763 Rechtsanwaltssprecher ton- und bildmäßig aufgezeichnet. Über 456 Sprecher wurden schriftliche Informationen an die jeweiligen Untersuchungsführenden Abteilungen übergeben."[138]

Aufschlussreich sind die Feststellungen in der Analyse für das Jahr 1984 zur politisch-operativen Abwehrarbeit unter den Strafgefangenen der StVE Bautzen II:

---

133 Vgl. den Fall Godehard, BStU, MfS, GH 11/87; Anhang 2, Dokumenten Nr. 20.

134 *Fricke-Klewin*, S. 18 f.

135 BStU, MfS, Bdl.-Dok. 003243, Richtlinie 2/81 zur Arbeit mit Zelleninformatoren (ZI).

136 BStU, MfS, HA IX, 570, S. 41, 42.

137 Ebenda, S. 44.

138 Ebenda, S. 45.

> „Am 31.12.1984 befanden sich in der Strafvollzugseinheit Bautzen II 195 Strafgefangene, davon 172 männliche und 23 weibliche. Bei den männlichen Strafgefangenen handelte es sich um 143 Bürger der DDR und 29 Ausländer. Bei den weiblichen Strafgefangenen betrug der Anteil 16 Bürger der DDR und 7 Ausländer.“[139]

Es heißt dann weiter:

> „1984 führten 13 Mitarbeiter der Ständigen Vertretung der BRD in der DDR 98 Haftbesuche durch. Weitere Haftbesuche erfolgten durch Angehörige der Botschaft Österreichs (4), Norwegens (1) und der Türkei (1). Alle Diplomatensprecher (104) standen unter Kontrolle.“[140]

Die Übersicht Nr. 8 enthält die Zusammensetzung der Strafgefangenen der StVE Bautzen II nach Delikten:

	Spionage u. Verratsdelikt	**Terror, Sabotage, Wirtschaftsverbrechen**	**Menschenhandel**	**§§ 213, 219**
Männer	55	24	9	32
Frauen	6	–	3	9

	Hetze	**VgM**	**schwere Kriminalität**	**allg. Kriminalität**
Männer	8	5	6	33
Frauen	1	–	1	3

Die Übersicht Nr. 9 gibt einen Überblick über die Zusammensetzung der Strafgefangenen der StVE Bautzen II nach der Strafhöhe:

	bis 2. J.	**bis. 5 J.**	**bis 10. J.**	**bis 15. J.**	**lebensl.**
Männer	13	59	55	23	22
Frauen	5	8	8	1	1

Dem Untersuchungsorgan des MfS – HA IX – war laut Dienstanweisung Nr. 5/85 die „Gewährleistung der politisch-operativen Abwehrarbeit unter den Strafgefangenen der StVE Bautzen II sowie die wirkungsvolle Gestaltung der inoffiziellen Tätigkeit und der zielgerichteten operativen Bearbeitung von Gefangenen übertragen.[141]

139 Ebenda, S. 46.

140 Ebenda, S. 47.

141 Vgl. 5. Kapitel, Abschnitt D, II.

Die Hauptabteilung IX baute daher in Bautzen II ein zweites Spitzelnetz auf, ein Netz von Zelleninformatoren unter den Häftlingen, um deren bestmögliche Überwachung und Kontrolle zu gewährleisten. Die vor Ort tätigen Verbindungsoffiziere waren stets um die Verpflichtung neuer ZI bemüht, die, mit unterschiedlichsten Aufträgen versehen, ihre Mithäftlinge bespitzelten und sowohl mündliche als auch schriftliche Berichte lieferten. „Die Arbeit mit ZI ist in die Durchsetzung des sozialistischen Rechts und damit des Schutzes der sozialistischen Gesellschaftsordnung und ihrer Bürger einzuordnen. Sie hat der konsequenten unvoreingenommenen und allseitigen Festlegungen der Wahrheit zu dienen.“[142]

4. Ergebnis

In der DDR existierten zwei parallele Haftsysteme, das geheime, nicht in der Rechtsordnung der DDR vorgesehene Haftsystem des MfS und das System des MdI.[143] Insgesamt hatte das MfS eine Schlüsselposition im Strafvollzug der DDR.[144]

V. Strafarrest

Gegen Militärpersonen konnte wegen von ihnen begangener Militärstraftaten auf Strafarrest erkannt werden. Hierunter verstand man eine Strafe mit Freiheitsentzug, die ausschließlich gegen Militärpersonen verhängt werden konnte. In der 2. Strafrechtsänderungsnovelle vom 7. April 1977 (GBl. I, Nr. 10) wurde die Höchststrafe des Strafarrestes von bisher 3 Monate auf 6 Monate erhöht. (§ 252 StGB DDR)

Zur erzieherischen Bedeutung des Strafarrestes hieß es in § 17 des Strafvollzugsgesetzes:

> „Militärpersonen sind im Strafarrest durch eine straffe militärische Ordnung und Disziplin zur Achtung und verantwortungsvollen Einhaltung der Rechtsvorschriften und militärischer Bestimmungen zu erziehen.“

Die Verbüßung erfolgte regelmäßig in Schwedt.

VI. Dienst in der Disziplinareinheit

Hierneben stand die Möglichkeit einer Disziplinarstrafe.

---

142 BStU, MfS, Bdl-Dok. 003243, Richtlinie 2/81.

143 *Beleites*, Rolle des MfS, S. 48; Beleites spricht insoweit von einem „doppelten“ Haftsystem.

144 *Wunschik*, „Zinker“ und „Zellenrutscher“, S. 61 f.

§ 45 des Wehrdienstgesetzes bestimmte:

> „Der Minister für Nationale Verteidigung kann in militärischen Bestimmungen zur Festigung der militärischen Disziplin Maßnahmen festlegen, die mit Freiheitsbeschränkung für Angehörige der Nationalen Volksarmee, Kürzung der finanziellen Versorgung oder Einziehung von Sachen verbunden sind.“

Die neue Disziplinarstrafe war in der Dienstvorschrift 10/6 fixiert. Sie galt ab dem 1. Oktober 1982.

Die Disziplinarstrafe war gegen Soldaten und Unteroffiziere anzuwenden, die sich „wiederholt und hartnäckig der militärischen Disziplin widersetzten und deren Handlung noch keine Straftat darstellte“.

Die Bestrafung war Sache der Kommandeure. Die Strafe in der Disziplinareinheit war in vollen Monaten zu bemessen.[145]

Der mit der Strafe verbundene Freiheitsentzug widersprach nicht nur den einschlägigen Gesetzen der DDR, sondern – wie festgestellt werden kann – auch der Verfassung der DDR und dem Völkerrecht. Zudem hatte die vom Verteidigungsminister erlassene Vorschrift schon aus formalen Gründen nicht das Merkmal einer gesetzlichen Regelung. Mit Wirkung vom 10. Dezember 1989 wurde die Dienstvorschrift 10/6 schließlich geändert. Die Disziplinarstrafe „Dienst in der Disziplinareinheit“ wurde aus der Dienstvorschrift ebenso ersatzlos gestrichen wie die Bestimmungen über die Verlängerung des Grundwehrdienstes.[146]

VII. Haftbedingungen im Strafvollzug der DDR

Wie oben bereits dargestellt, wurde in der DDR von Beginn an ein harter Strafvollzug präferiert[147] und mit den Zielen „Erziehung“ und „Disziplin“ gerechtfertigt. Die DDR hielt sich auf ihr Gefängniswesen einiges zu Gute. Es galt als Aushängeschild der modernen sozialistischen Gesellschaft. Indes belegen die Vielzahl und Intensität der bis heute zu Tage getretenen strafrechtlichen Verfehlungen, dass die Misshandlung inhaftierter Personen in der DDR zur Normalität gehörte.[148]

---

145 *Wenzke*, Ab nach Schwedt, S. 140 ff.

146 Ebenda, S. 146.

147 *Ansorg*, Politische Haft, S. 178.

148 *Marxen / Werle*, Gefangenenmisshandlung, S. XXVII.

Die Strafen wurden in Strafvollzugseinrichtungen vollzogen, „in denen unmenschliche Verhältnisse herrschten".[149] Sowohl bezogen auf die Kapazität als auch auf die Ausgestaltung der Verwahrräume – insbesondere die sanitären Einrichtungen – als auch auf die Mängel in der medizinischen Betreuung der Gefangenen bestanden Defizite. Minimalanforderungen wurden nicht erfüllt. Die Belegungskapazität betrug 3,8 m² pro Strafgefangenen. Über 10 Strafgefangene in einem Verwahrraum, der dann allerdings wesentlich kleiner als ca. 40 m² war, waren keine Seltenheit. Anzutreffen war aber auch die Unterbringung von über 30 Gefangenen in sogenannten Schlafsälen. Für diese Gefangenen stand meist nur eine einzige Toilette im selben Raum, oftmals sogar ohne Tür, zur Verfügung.[150]

Im Laufe der Jahre änderten sich die Bedingungen der politischen Haft deutlich. In der ersten Hälfte der 50er Jahre waren einfachste, von Brutalität und Willkür gekennzeichnete Haftbedingungen prägend. Berichte über Schläge, Stehkarzer, Dunkel- und Wasserzellen sowie schwere Bedrohungen zeichnen ein düsteres Bild. Später wurden die Methoden subtiler, aber nicht minder wirkungsvoll. Ein Lehrstuhl „operative Psychologie" an der JHS Potsdam sorgte für den entsprechenden Hintergrund der Vernehmer der HA IX. Seit Mitte der 60er Jahre wurden politische Häftlinge auch in größerer Zahl von der BRD „freigekauft". Viele Häftlinge versuchten, auf die Listen zu gelangen, die zwischen Vertretern der DDR und der BRD verhandelt wurden. Die Häftlinge hatten damit ein Ziel vor Augen, und das MfS verfügte über ein sehr wirksames Druckmittel. Sämtliche „Freikauf"- Entlassungen erfolgten nur mit Billigung des MfS.[151]

Es ist im Rahmen dieser Arbeit nicht abschließend möglich, die Haftbedingungen während der Zeit des Bestehens der DDR in allen Facetten objektiv zu schildern. Bei dem Bundesbeauftragten konnten zu dieser Problematik keine Akten aufgefunden werden. Es wird daher auf die Erlebnisberichte von politischen Gefangenen sowie auf die unten aufgeführte, umfangreiche Literatur zum Strafvollzug der DDR verwiesen.[152] Eine abschließende,

149 *Laubenthal*, Strafvollzug, S. 61. Die Haftbedingungen waren zumindest in den 50er Jahren katastrophal, vgl. *Ansorg*, Politische Haft, S. 188.

150 *Arnold*, Strafvollzug in der DDR, S. 393.

151 *Beleites*, Orte des Erinnerns, S. 506.

152 Bericht Berk, Alp-Kaya Cevat über Haftbedingungen, in: BStU MfS 16/55, Beiakte 4 f. Raschka, Zwischen Überwachung und Repression, S. 110, 119; *Marxen / Werle*, Gefangenenmisshandlung, Bd. 7 XXXI u XXXII, S 19; *Welsch* Die verklärte Diktatur S 198–215, 207 f; *Metzel*, Die Gedanken sind frei! *Fricke / Klewin*, Bautzen II; *Rose*, Politische Häftlinge, Haftbedingungen 1971–1989; *Möbius*, MfS-Untersuchungshaftanstalt Magdeburg; *Sager*, Vorenthaltung der Menschenrechte; Bundesminister für Ge-

wissenschaftliche, systematische Prüfung der Haftsituation in der DDR steht noch aus.

samtdeutsche Fragen, Aufzeichnung über die Verletzung der Menschenrechte; *Müller*, Die Vergangenheit lässt uns nicht los; *Arnold*, Strafvollzug in der DDR; *Help* e.V., Das gestohlene Leben; *Zahn*, Haftbedingungen; *Schulte*, Schicksal Bautzen; *Herz/ Fiege*, Untersuchungshaft; *Beleites*, MfS-Handbuch; *Ansorg*, Politische Haft; *Thiemann*, Stell dich mit den Schergen gut; *Fricke*, Menschen- und Grundrechtssituation; *Pingel*-Schliemann, Lebenswege.

6. Kapitel: Schlussbetrachtungen

A) Ergebnis der Untersuchung

> „Nicht die politische Idee des Staates als solche war das Böse, sondern ihre Gleichsetzung mit der absoluten Wahrheit. Man glaubte sich in ihrem Besitze und maßte sich an, sie jedermann aufzuzwingen und der Staatssicherheitsdienst wurde dafür das Instrument. Mit ihm verkehrte sich der moralische Anspruch der Führung in tiefste Unmoral,"

so charakterisierte der damalige Bundespräsident Richard von Weizsäcker die untergegangene DDR anlässlich des Tages der Deutschen Einheit am 3. Oktober 1990.[1]

Er beschrieb damit einen Staat, der untergehen musste, weil er auf falschen Idealen und inhumanen Praktiken beruhte.[2] Ebenso charakterisierte er damit auch die zentrale Rolle des Staatssicherheitsdienstes als gleichzeitige Schaltstelle wie auch vernetzte Organisation des ausgeübten Zwangs und seiner Kontrolle.

Die vorstehende Arbeit hat im Bereich der Militärjustiz der früheren DDR die Schemata der vollständigen Durchdringung der Verfahren nachgewiesen.

Prinzipiell kann zwar grundsätzlich nicht verwerflich sein, wenn ein Staatsgebilde nach einer den Grundsätzen des Rechts entsprechenden Einheitlichkeit der Rechtsprechung strebt. Die vom Verfasser ausgewerteten Akten belegen jedoch für den Bereich des Militärstrafrechts, dass es dem MfS nicht um eine Angleichung der Rechtsprechung durch unabhängige Richter in der Subsumtion von Sachverhalten oder angemessenen Strafrahmen gegangen ist. Entscheidend war vielmehr eine von den ersten Ermittlungsansätzen her koordinierte und gesteuerte Ablauf- und Durchführungsplanung mit dem Ziel, eine von der Partei erwartete und der Exekutive durchgesetzte Entscheidung zu erhalten und zu garantieren.

Die Auswertung der Akten erlaubt die Bestätigung der These, dass auch im Bereich des Militärstrafrechts nur ein formell formulierter Grundsatz richterlicher Kompetenz festgelegt war, den die zur Urteilsfindung berufenen Personen nur dann hätten ausfüllen können, wenn sie persönlich bereit gewesen wären,

---

1 Ansprache von Bundespräsident Richard von Weizsäcker beim Staatsakt zum „Tag der Deutschen Einheit", Berlin, 3.10.1990. www.bundespraesident.de/redenrichardvon weizsaecker; vgl. auch: *von Weizsäcker*, Einheit, S. 210.

2 *Beckert*, Die erste und letzte Instanz, S. 12.

sich außerhalb des Systems zu stellen. Neben der Möglichkeit der Abberufung – oder nicht mehr wiedergewählt zu werden – und erheblichen persönlichen Nachteilen, die in den untersuchten Fällen nahezu ausnahmslos nicht festgestellt werden konnten, hat die Stringenz des Systems derartige Abweichungen auch durch die linientreue Auswahl der handelnden Personen verhindert.

In einem solchen Szenario hat der Begriff der richterlichen Unabhängigkeit keine Bedeutung mehr. Sie war jedenfalls auf die Militärjustiz bezogen, im Verhältnis zur richterlichen Unabhängigkeit in der Bundesrepublik, nicht ein „Aliud,“[3]noch nicht einmal eine „Restgröße,“[4] sondern einfach nicht vorhanden, somit ein „Nullum“.[5]

Rudi Beckert beschrieb aus seiner Kenntnis als Oberrichter am OG (1971–1980) in einem Interview die Praxis der politischen Justiz mit den Worten: „Die Richter, die in politischen Sachen tätig waren, sind generell dazu verpflichtet und auch darauf ausgerichtet gewesen, den Willen dieser Leute zu erfüllen. Sie waren Vermittler des Willens der Staatssicherheit.“[6] In den Verhandlungen der Militärgerichte wurde den Grundsätzen der „Unmittelbarkeit der Beweisaufnahme“ und der „Fairness des Verfahrens“ nicht entsprochen. Der Ablauf des Prozesses war abgestimmt. Das Urteil stand vorher schon fest.

Zusammenfassend werden die Mechanismen des MfS zur Steuerung und Einflussnahme auf die Militärjustiz wie folgt skizziert:

1. Es kann festgestellt werden, dass das MfS im Auftrag der Partei die aus der politischen Justiz bekannten Mechanismen im Bereich der Militärjustiz stringent umgesetzt hat und auf die Verfahren nachhaltiger eingewirkt und sie geprägt hat als bisher angenommen wurde.

2. Das MfS nahm Einfluss auf die Ausbildung, die Auswahl und die Rekrutierung der Militärjuristen, somit auf die gesamte Personal- und Kaderpolitik in der Militärjustiz. Diese war durch das MfS personell unterwandert. Die Richter waren ausgesuchte und linientreue Funktionäre. Alle Militärrichter und – Staatsanwälte – waren Mitglied der SED.

3. An den wesentlichen Gesetzesvorhaben, vor allem des politischen, insbesondere militärischen, Strafrechts, war das MfS beteiligt.

---

3 *Steike*, Militärjustiz, S. 34.

4 *Baer*, Unabhängigkeit der Richter, S. 254.

5 *Wagner*, Militärjustiz, S. 467.

6 *Furian*, Der Richter und sein Lenker, S. 54.

4. Durch strikte Geheimnisabsicherung wurde die Militärjustiz kontrolliert. Zentral ermittelte Verfahren vor ausgesuchten Militärrichtern und Militärgerichten sicherten das gewünschte Verfahrensergebnis. Zudem wurden die richterlichen Funktionen durch IM und OibE verdeckt kontrolliert.

5. Geheime Anweisungen und Absprachen mit dem MfS steuerten und instrumentalisierten die Ermittlungen und das Urteil im militärgerichtlichen Prozess.

6. Durch seine Stellung als Minister für Staatssicherheit und Mitglied des Politbüros stimmte Erich Mielke mit Erich Honecker wichtige Fragen der Justiz und des MfS unter vier Augen ab. Mielke betätigte sich als Oberster Justizlenker.

7. Konspirative Vorgänge und Maßnahmen leiteten die Ermittlungsarbeit des MfS. Verhöre wurden mit Methoden geführt, die einem die Rechte des Angeklagten und der Unschuldsvermutung entsprechenden Verfahren nicht genügen konnten.

8. Rechtsmittel, Nachkontrolle von Urteilen und Kassation konnten notfalls – auch aus politischen Gründen – zur Aufhebung unliebsamer Urteile führen.

9. In der Militärjustiz gab es nominell ein Recht auf Verteidigung. Dieses war aber stark eingeschränkt. Das MfS disziplinierte und kontrollierte die Anwaltschaft. Statt Unabhängigkeit wurde Parteilichkeit gefordert. Im Übrigen waren in der Militärjustiz in den meisten Fällen ausgesuchte, linientreue, „verlässliche“ Rechtsanwälte tätig.

10. Der Strafvollzug in der Militärjustiz stand ebenfalls unter der Kontrolle und dem Einflusses des MfS. Das MfS war in der Disziplinareinheit Schwedt im Rahmen der Sicherung und Kontrolle offiziell und inoffiziell tätig. In den eigenen Untersuchungshaftanstalten des MfS wurde die Untersuchungshaft, aber auch eigener MfS-Strafvollzug vollzogen, für die keine gesetzliche Legitimation bestand. Die Haftanstalt Bautzen II war eine Sonderhaftanstalt für politische und sonstige Gefangene unter faktischer Kontrolle des MfS. Die Haftbedingungen in den Strafvollzugseinrichtungen der DDR waren in den frühen Jahren unmenschlich, aber auch bis zum Ende der DDR nicht im Entferntesten mit Haftbedingungen zu vergleichen, die Menschenwürde und Grundrechte zu respektieren haben.

B) Resümee

Die Beschäftigung mit den Aufgaben und Arbeitsweisen des MfS anhand dessen eigener Aktenbestände ist ein wesentlicher Bestandteil der notwendigen rechtlichen Auseinandersetzung mit den repressiven Verhältnissen der Lebenswirklichkeit in der DDR. Mit ebenso banalen wie rücksichtslosen und hinterhältigen Mitteln wurden Bürger ausgespäht, bespitzelt, erpresst und korrumpiert.

Das MfS gehört zu den Institutionen der DDR, die das sozialistische System maßgebend gestützt haben. Es war offizielles Untersuchungsorgan als strafrechtliche Ermittlungsbehörde mit allen entsprechenden Befugnissen. Es war steuernder Teil der Justiz, auch der Militärjustiz. Die Arbeit will zeigen, dass die Staatssicherheit als Akteur für die Justizgeschichte der DDR von großer Bedeutung gewesen ist.

Die Rolle insbesondere der Hauptabteilungen I, IX und XX des MfS bei der Umsetzung der Einflussnahme auf die Militärjustiz blieb bisher weitgehend unaufgearbeitet. Dies scheint vor allem darauf rückführbar, dass die Akten des Bundesbeauftragten bislang nicht ausreichend berücksichtigt wurden. Ohne diese Akten lässt sich die Lücke in der Bearbeitung des gesamten Einfluss-Spektrums des MfS auf die Vorgänge der Justiz nicht aufarbeiten und durch zunehmende Klärung von Einzelfällen nicht systematisch verdichten. Insoweit sind auch weitergehende und vertiefende Forschungen erforderlich.

Stand der heutigen Forschung ist die Erkenntnis, dass das MfS in Gesetzgebung, Rechtsprechung und Justiz-Kaderpolitik eine weitaus bedeutendere Rolle spielte als bislang angenommen. So sind bis heute der konspirative Teil der Untersuchungen des MfS, die drehbuchartige Vorbereitung der Strafprozesse und die mündlichen und schriftlichen Absprachen mit den Militärgerichten und der Militärstaatsanwaltschaft nur unvollständig und in Teilaspekten untersucht worden. Auch dies ist eine bestehende Forschungslücke. Für den Bereich der Militärjustiz und des Strafvollzuges in der Militärjustiz will die vorliegende Arbeit einen Beitrag zur Aufarbeitung dieser Fragen leisten.

Zum Ende der DDR kam das Oberste Gericht – Militärkollegium – zu der späten Einsicht:

> „Es darf nicht wieder möglich sein, mit strafrechtlichen Mitteln gegen Bürger vorzugehen, nur weil sie anders denken. Politische Konflikte können nur mit politischen Mitteln gelöst werden.“[7]

Ein weiteres bemerkenswertes Zeugnis aus den Tagen des Umbruchs stellt ein Thesenentwurf dar, den die Leitung der SED-Grundorganisation innerhalb der HA IX des MfS am 15. November 1989 vorlegte. In diesem Entwurf heißt es:

7 *Wagner*, Militärjustiz, Bd. 2, Dokument 24.1: Referat des Militärkollegiums vom 23.11.1989 zur Auswertung des Ausbildungsjahres 1988/89.

„Da die Politik der Parteiführung Rechtsbruch einschloss, ist die Vollstreckung von Beschlüssen der Parteiführung mit rechtlichen Mitteln durch die Linie Untersuchung prinzipiell von diesen Rechtsbrüchen nicht zu trennen.“[8]

Diese richtige Erkenntnis stammt aus der Zeit, in der die Auflösung der Herrschaftsstrukturen der Partei und des MfS unumkehrbar waren und wurde wohl nicht von den zuvor aktiv tätigen Kadern formuliert. Dennoch ist sie richtig und eine zutreffende Zusammenfassung der Verhältnisse im Bereich der Militärjustiz der DDR.

Die aufgearbeitete Problematik bezieht sich nicht auf die Frage, ob eine gesonderte Militärjustiz notwendig und sinnvoll sein kann. Aus neutraler, schweizerischer Sicht stammt die Formulierung:

„Die in der DDR getroffene Regelung der Militärgerichtsbarkeit erscheint uns nicht nur im Vergleich zu den westlichen demokratischen Staaten als extremistisch, sondern sie übertrifft in ihrer Härte und in ihrem Umfang auch die einschlägigen Vorschriften der anderen sozialistischen Staaten.“[9]

Schließen soll die Arbeit mit einer besonderen literarischen Wertung der Militärjustiz:

„Militärgerichte sind Zweckeinrichtungen, ihre Urteile sind als administrative Maßnahmen zu werten. [...] Im Übrigen ist Militärjustiz in allen Fällen vom Übel, nicht nur weil sie vom Militär kommt, sondern weil sie sich als Justiz gibt, was sie niemals sein kann.“[10]

---

8 Vgl. Schritte zur Erneuerung – Position der Leitung der Grundorganisation der HA IX vom 15.11.1989, BStU, MfS, HA IX, Bdl. 589.

9 *Czismas*, Militärjustiz,, S. 85.

10 *Kurt Tucholsky*, Französisches Militärgericht in Paris, in „Glossen und Essays 1925“, http/www.textlog.de/tucholsky-militaer-paris.html?print Ignaz Wrobel, Die Weltbühne, 10.11.1925, Nr. 45, S. 709.

ANHANG

Anhang 1: Das verantwortliche Personal der Justiz- und Militärjustizorgane der DDR und des MfS

A) Justiz

I. Justizminister

1. Max Fechner[1]

Max Fechner wurde am 27.7.1892 in Rixdorf bei Berlin geboren; er starb am 13.9.1973 in Schöneiche. Er war Minister für Justiz der DDR.

Fechner wurde als Werkzeugmacher ausgebildet. Er trat 1910 der SPD bei, war von 1917 bis 1922 Mitglied der USPD und kehrte danach zur SPD zurück. Er war von 1921 bis 1925 Bezirksverordneter des Berliner Bezirks Neukölln und von 1924 bis 1933 Abgeordneter des preußischen Landtages. Er arbeitete im Parteivorstand der SPD und war verantwortlicher Redakteur der kommunalpolitischen Zeitschrift „Die Gemeinde".

Fechner war in der Widerstandsgruppe um Franz Künstler aktiv und ab dem Jahr 1934 im KZ Oranienburg interniert; im Jahre 1944 befand er sich im KZ Sachsenhausen. Nach dem Krieg war Fechner Mitglied des Parteivorstandes bzw. Zentralkomitees der SED. Als Nachfolger von Eugen Schiffer wurde Fechner 1948 Präsident der Deutschen Zentralverwaltung für Justiz und von 1949 bis Juli 1953 war er Minister für Justiz.

Weil er sich in einem Interview der Zeitung „Neues Deutschland" am 30.6.1953 gegen eine Strafverfolgung der streikenden Arbeiter des Volksaufstands vom 17. Juni ausgesprochen hatte, wurde Fechner als Feind des Staates und der Partei seines Amtes enthoben, aus der SED ausgeschlossen und verhaftet. Nach zweijähriger Untersuchungshaft in Berlin-Hohenschönhausen wurde er am 24.5.1955 vom OG zu acht Jahren Zuchthaus verurteilt. Am 24.6.1956 ist er aus der Haft entlassen und zwei Tage später amnestiert worden. Im Juni 1958 wurde seine Parteimitgliedschaft wieder hergestellt.

2. Hilde Benjamin, geb. Lange[2]

Hilde Benjamin wurde am 5.2.1902 in Bernburg geboren; sie verstarb am 18.4.1989 in Berlin. Nach dem Jurastudium war sie von 1928 bis 1933 Rechtsanwältin in Berlin-Wedding. Da sie KPD-Mitglied war, ereilte sie nach 1933 das Berufsverbot. Sie arbeitete fortan als juristische Beraterin der Sowjetischen Handelsgesellschaft in Berlin und war ab 1939 bis 1945 als Angestellte in der Konfektionsindustrie dienstverpflichtet.

Nach dem zweiten Weltkrieg war sie als Staatsanwältin und in der Deutschen Zentralverwaltung für Justiz tätig. Im Jahre 1946 trat sie der SED bei. Von 1949 bis 1953 war sie Vizepräsidentin des Obersten Gerichts der DDR. Als solche wurde sie im Jahre 1952 Dr. jur. h.c. der Humboldt Universität zu Berlin.

Benjamin war bei den Waldheimer Prozessen beratend beteiligt. Später war sie Vorsitzende in einer Reihe weiterer Schauprozesse gegen Oppositionelle, Sozialdemokraten

---

1 *Müller-Enbergs / Wielgohs / Hoffmann*, Wer war wer in der DDR? S. 201.

2 Ebenda, S. 61.

und willkürlich angeklagte Personen und mitverantwortlich auch für Todesurteile. Deswegen wurde sie in der DDR im Volksmund auch die „Rote Hilde“ oder „Blutige Hilde“ genannt.

Ab 1953 war sie in der Nachfolge von Max Fechner Ministerin der Justiz. Sie war Abgeordnete der Volkskammer und von 1954–1989 Mitglied des ZK der SED.

Im Jahre 1967 trat sie als Justizministerin zurück; sie setzte aber ihre juristische Karriere in der DDR in gehobener Position fort: Benjamin schrieb als Leiterin der Gesetzgebungskommission beim Staatsrat der DDR mit dem Gerichtsverfassungsgesetz, dem Jugendgerichtsgesetz und der Strafprozessordnung von 1952 sowie 1963 als Vorsitzende der Kommission zur Ausarbeitung des neuen Strafgesetzbuches Rechtsgeschichte in der DDR. Von 1967 bis zu ihrem Tod war sie außerdem Professorin und Leiterin des Lehrstuhls „Geschichte der Rechtspflege“ an der Akademie für Staats- und Rechtwissenschaft der DDR in Potsdam-Babelsberg.

3. Kurt Wünsche[3]

Kurt Wünsche, geb. 14.10.1929 in Obernigk, Schlesien, war Dipl. Jurist, Dr. jur., Minister der Justiz der DDR.

Er war führend in der Blockpartei LDPD tätig. 1954 bis 1972 war er Abgeordneter der Volkskammer, zunächst als Mitglied des Jugendausschusses, dann als Mitglied des Justizausschusses und schließlich als Mitglied des Rechtsausschusses. Er war seit 1965 stellvertretender Vorsitzender des Ministerrates und seit 1967 Nachfolger von Hilde Benjamin als Minister der Justiz. Im Jahre 1972 trat er als Minister zurück.

Anschließend war er ordentlicher Professor für Gerichtsverfassungsrecht an der Humboldt-Universität zu Berlin. Vom 13.1. bis 16.8.1990 war er erneut Minister der Justiz im Kabinett von Hans Modrow und später auch bei Lothar De Maizie`re. Wünsche war als „GI Wendler“ für das MfS tätig.[4]

4. Hans Joachim Heusinger[5]

Hans Joachim Heusinger, geb. am 7.4.1925 in Leipzig, war Justizminister der DDR.

Er war gelernter Elektromechaniker und arbeitete als solcher in den Jahren von 1945 bis 1953. 1947 trat er der LDPD bei. Von 1955 bis 1960 absolvierte er ein Fernstudium an der DASR in Potsdam.

Als Mitglied der Volkskammer und einer der stellvertretenden Vorsitzenden des Ministerrates war er von 1972 bis zum 11.1.1990 DDR-Minister für Justiz. Heusinger war als „GI Knebel“ für das MfS tätig.[6]

---

3 Ebenda, S. 941, 942.

4 Vgl. 3. Kapitel, Abschnitt C, II 5.

5 Ebenda, S. 353.

6 Vgl. 3. Kapitel, Abschnitt C, II 5.

II. Ministerien und Organe der Militärjustiz

Klaus Sorgenicht[7]

Klaus Sorgenicht spielte in der Militärjustiz der DDR eine wichtige Rolle. Er wurde am 24.8.1923 in Wuppertal geboren Seit 1945 der KPD angehörend, arbeitete er in Mecklenburg als Bürgermeister von Güstrow, anschließend von 1946–1949 als Landrat des Kreises Güstrow und danach im Innenministerium des Landes Mecklenburg, kam dann in das Innenministerium der DDR, bis er 1954 zum ZK der SED wechselte. Bis zur Wende leitete er im ZK die Abteilung Staats- und Rechtsfragen, gehörte seit 1958 der Volkskammer und seit 1963 dem Staatsrat an. Im Jahre 1968 promovierte er zum Dr. rer. pol.

Sorgenicht hat maßgeblichen Anteil an der Ausarbeitung prinzipieller Beschlüsse der SED auf dem Gebiet der Justiz, aber auch an der Vorbereitung, am Verlauf und an den Ergebnissen bedeutsamer Strafprozesse des OG.

Josef Streit[8]

Josef Streit, Dr. jur., wurde am 9.6.1911 in Friedrichswald/Nordböhmen geboren. In den Apparat des ZK kam er Anfang/Mitte der 50iger Jahre. Er war u.a. als deren Leiter in der Abteilung Staats- und Rechtsfragen für Justiz zuständig, bis er 1962 als Nachfolger von Melsheimer Generalstaatsanwalt der DDR wurde. Er schied 1986 aus dem Amt.

Streit wurde von den Nazis verfolgt und war von 1938–1945 Häftling im KZ Mauthausen und Dachau. Nach dem Krieg war er zunächst Volksrichter und Staatsanwalt tätig. Jahrelang gehörte Streit dem ZK der SED als Mitglied an.

Herbert Kern[9]

Herbert Kern, geb. 14.11.1925 in Grünberg/Schlesien. Nach dem Krieg nahm er am fünften Richterlehrgang 1949 in Schloss Babelsberg teil. Danach wurde er zum Staatsanwalt in Templin ernannt. Am 17.5.1951 wurde er nach Cottbus und am 25.5.1951 nach Potsdam versetzt.

Danach war Herbert Kern Instrukteur im Sektor Justiz des ZK. Im Jahre 1962 übernahm er die Leitung der ZK-Abteilung Staats- und Rechtsfragen für Justiz in der Nachfolge von Josef Streit. Ihm unterstanden u.a. die wichtigen Abteilung Kader und Gerichte. Er leitete den Sektor bis 1974 und wirkte bis 1987 als Staatssekretär im MdJ. Herbert Kern galt als der „starke Mann" im MdJ und besaß das volle Vertrauen der SED-Führung und des MfS.[10] Ihm unterstanden u.a. die wichtigen Abteilungen Kader und Gerichte.

---

7 *Buch*, Namen und Daten, S. 120, 121; BStU, MfS, AOP 429/56; Herbert Kern wird als „die rechte Hand des Genossen Streit" bezeichnet, S. 15, 27.

8 *Buch*, ebenda, S. 309.

9 *Buch*, ebenda S. 149; zum Verhältnis Kern-MfS vgl. auch *Vollnhals*, Die Macht ist das Allererste, S. 239; *Raschka*, Militarisierung der Strafgesetzgebung, S. 424.

10 *Vollnhals*, Die Macht ist das Allererste, S. 239.

Siegfried Wittenbeck

Siegfried Wittenbeck, geb. 18.9.1931 in Zwickau, war Jurist, Dr. jur., Oberrichter am OG. Er war Vorsitzender des 2A Strafsenates und Mitglied im Präsidium. Am 1.02.1982 wurde er stellvertretender Minister der Justiz der DDR.

In einer Stellungnahme der Hauptabteilung XX/1 vom 22.7.1987 wird Dr. Wittenbeck wie folgt charakterisiert:

> „Genosse Wittenbeck ist seit dem 1.2.1982 Stellvertreter des Ministers der Justiz der DDR. In seiner bisherigen Tätigkeit zeigt er ein hohes fachliches Wissen sowie politische Klarheit und Standhaftigkeit. Für seine hervorragenden Leistungen wurde Genosse Wittenbeck mit zahlreichen staatlichen Auszeichnungen geehrt. Durch das MfS besteht zum Genossen Wittenbeck offizieller Kontakt. Die vom MfS in Zusammenarbeit mit dem Genossen Wittenbeck zu erfüllenden Aufgaben wurden durch ihn stets zuverlässig realisiert und unterstützt. 1978, zur Zeit seiner Tätigkeit als Richter am Obersten Gerichts, wurde Genosse Wittenbeck als GVS-B-Kader durch die HA XX/1 aufgeklärt und bestätigt. Im Rahmen des Bestätigungsverfahrens konnten keine operativ-relevanten Hinweise erarbeitet werden. Die erneut eingeleiteten und durchgeführten Überprüfungsmaßnahmen in den Speichern der Abteilung XII des MfS zu den Verwandten 1. Grades sowie 2. Grades erbrachten keine operativ-bedeutsamen Hinweise."[11]

Günter Kalwert[12]

Günter Kalwert, Dr. jur., Dipl.-Jurist, Generalmajor, wurde am 15.7.1930 in Stettin geboren. Seit dem Jahre 1949 SED-Mitglied war er in den 50iger Jahren überwiegend als Staatsanwalt tätig, danach – 1961–1962 – war als Leiter der Abt. Allg. Aufsicht bei dem Militäroberstaatsanwalt tätig. Von 1962–1990 war er Leiter der HAMG im MdJ und stellvertretender Minister für Justiz.

Nach Einschätzung der HA I/Abt. MfNV/1 hatte Günter Kalwert entscheidenden Anteil am Aufbau der Militärgerichtsorgane. „Sein gutes politisches und fachliches Wissen befähigt ihn, die Militärgerichte im Sinne unseres sozialistischen Rechts zu führen".[13] Kalwert stimmte die Kadervorschläge für den Einsatz der Militärrichter zu Beginn der Militärjustiz am 6.6.1962 mit dem MfS ab.[14]

---

11 BStU, MfS, AP 35896/92, S. 231.

12 *Froh / Wenzke*, Generale und Admirale, S. 120.

13 BStU, MfS HA IX 13645, S. 11.

14 BStU, MfS HA IX 13645, S. 19–21.

III. Oberstes Gericht

Kurt Schumann[15]

Kurt Schumann wurde am 29.4.1908 in Eisenach geboren. Er verstarb am 14.5.1989. Schumann war Volljurist und von 1949–1960 Präsident des OG, danach Professor für Zivilrecht an der Humboldt-Universität zu Berlin.

Schumann war im Jahre 1937 in die NSDAP eingetreten und im Krieg als Kriegsgerichtsrat tätig. Während der sowj. Kriegsgefangenschaft wurde er Mitglied der NKFD und des Bundes Deutscher Offiziere. Er kehrte im Jahre 1948 nach Ostdeutschland zurück und war vor seiner Berufung an das OG Landgerichtsrichter in Altenburg und Präsident des LG Altenburg und seit 1949 Vorsitzender der Großen Strafkammer am LG Erfurt.

Heinrich Toeplitz[16]

Heinrich Toeplitz wurde am 5.6.1914 in Berlin geboren. Er verstarb am 22.11.1998. Er war nach dem Krieg Staatssekretär im MdJ und von 1960–1986 stand Heinrich Toeplitz als Präsident an der Spitze des OG.

Walter Ziegler[17]

Als Hilde Benjamin Justizministerin wurde, folgte ihr der 1912 geborene Walter Ziegler, seit seinem 19. Lebensjahr Mitglied der KPD, im Amte des Vizepräsident des OG. Er war vor seiner Einberufung zum Kriegsdienst Referendar. Im September 1945 wurde er Richter. Bevor er im Februar 1950 als Richter des OG gewählt wurde, war er Präsident des LG Halle. Er wurde 1958 abberufen und mit der Leitung des Bezirksgerichtes Frankfurt/Oder beauftragt und nach Frankfurt/Oder versetzt. In dem Vermerk der HA X vom 21.2.1960 heißt es:

> „Die Gründe seiner Versetzung lagen darin, dass von ihm als Vize-Präsident Entscheidungen anderer Richter geduldet wurden, die fehlerhaft waren, wodurch Liberalismus in der Einschätzung und Strafzumessung bestimmter Straftaten am Obersten Gericht unterstützt wurde."[18]

In einem späteren Vermerk vom 6.10.1960 wird vorgeschlagen, dem Direktor des BG Frankfurt/Oder, Walter Ziegler, geb. 5.11.1912 von Seiten des MfS mit der Verdienstmedaille der „NVA" in Silber auszuzeichnen. Grund für die Auszeichnung war, dass alle Verfahren, die Ziegler verhandelte, allseitig gut vorbereitet, politisch und strafrechtlich richtig gewürdigt wurden. Letztendlich führte die Tätigkeit als Ge-

---

15 *Buch*, ebenda, S. 286; *Das Oberste Gericht der DDR*, Rechtsprechung im Dienste des Volkes, S. 18–20; *Müller-Enbergs / Wielgohs / Hoffmann*, Wer war wer in der DDR? S. 776.

16 *Buch*, ebenda, S. 319.

17 *Müller-Enbergs* u.a., ebenda, S. 951.

18 BStU, MfS, AKK 4628/80, Bd. 1, S. 96 ff.; S. 102 ff.

richtsdirektor in Frankfurt/Oder dazu, dass Ziegler seine Bewährungsprobe bestand und als Vize-Präsident an das Oberste Gericht zurückkehrte.[19]

Seine berufliche Karriere zeigt in doppelter Weise die Beeinflussung der Rechtsprechung durch bewusste Auswahl handelnder Personen. Sie zeigt zum einen, dass eine Persönlichkeit an verantwortungsvoller Stelle durchaus eine zeitlang unabhängige Gerichtsentscheidungen zulassen konnte. Zum anderen beweist sie, dass politisch willfähriges Verhalten durch Förderung der beruflichen Laufbahn belohnt wurde.

Günter Sarge[20]

Nachfolger Zieglers wurde Generalmajor Dr. Günter Sarge, geb. 30.12.1930. Im Jahre 1986 wurde er Präsident des OG. Vorher – 1963–1986 – war er Vorsitzender des MKOG und seit 1977 Vizepräsident des OG. Sarge reichte im Januar 1990 seinen Rücktritt ein.

IV. Generalstaatsanwaltschaft

Ernst Melsheimer[21]

Ernst Melsheimer wurde am 8.4.1897 in Neunkirchen/Saar geboren. Er verstarb am 25.3.1960. Seit dem 7.12.1949 war er Generalstaatsanwalt der DDR.

Max Berger[22]

Max Berger wurde am 11.7.1893 in Freiwaldau/Niederschlesien geboren; er war Militäroberstaatsanwalt der DDR; er verstarb am 25.5.1970. Nach Mai 1945 arbeitete Max Berger als Staatsanwalt in Berlin; 1949 wurde er Generalstaatsanwalt beim Landgericht Berlin; am 1.3.1953 ist er beauftragt worden, die Staatsanwaltschaft in den Bewaffneten Organen zu bilden. Von 1956 bis zum 30.9.1958 war er der erste Militäroberstaatsanwalt der DDR.

Josef Streit[23]

Josef Streit wurde am 9.6.1911 in Friedrichswald/Böhmen geboren. Er verstarb am 3.7.1987. Nach dem Krieg war Josef Streit als Richter tätig. Später wurde er Hauptreferent im Ministerium für Justiz, anschließend Staatsanwalt. In den Jahren 1953/1954 war er Instrukteur des Sektors Justiz der Abteilung staatliche Verwaltung des ZK der SED. Von 1954 bis 1961 war er Sektorenleiter der Abteilung Staats- und Rechtsfragen des ZK der SED; vom 24.1.1962 bis 1986 war er als Nachfolger von Ernst Melsheimer als Generalstaatsanwalt der DDR tätig. Streit promovierte 1965 an der HU Berlin zum Dr. jur.

---

19 Ebenda S. 102 ff.

20 *Müller-Enbergs* u.a., ebenda, S.726; vgl. *zu Sarge* 3. Kapitel, Abschnitt D, II 5; *Wagner*, Militärjustiz, S. 9, FN 20; *Froh-Wenzke*, Generale und Admirale, S. 170.

21 *Müller-Enbergs* u.a., ebenda, S.569.

22 Ebenda, S. 66.

23 Ebenda, S. 884.

Karl Heinz Borchert[24]

Borchert wurde am 21.4.1930 in Magdeburg geboren. Er war Parteimitglied der SED und zuletzt stellvertretender Generalstaatsanwalt der DDR.

Borchert begann sein Studium der Rechtswissenschaften im Jahre 1948. Danach war er als Kreis- und Jugendstaatsanwalt sowie Bezirksstaatsanwalt in Frankfurt/Oder tätig. Seit dem 3.10.1968 war er Erster Stellvertretender Generalstaatsanwalt der DDR.

In einer Kurzauskunft der Hauptabteilung XX/1 vom 8.12.1976 wird Borchert als überdurchschnittlicher, politischer Jurist beschrieben, der einen ausgezeichneten offiziellen Kontakt zu der Diensteinheit HA XX hält.[25]

Einer handschriftlichen Aufzeichnung zu Folge wird er als „dem MfS ergeben, einsatzbereit, intelligent" beschrieben.[26]

Borchert verpflichtete sich unter dem Decknamen „Esche" am 13.06.1952 als IM des MfS. Nachdem die Verbindung im Jahre 1953 wegen seiner hauptamtlichen Tätigkeit als Staatsanwalt und damit offizieller Mitarbeiter abbrach, wurde er am 16.09.1957 als GHI im Objekt „Justiz" vorgeschlagen und verpflichtet. Zur Begründung wird ausgeführt:

> „Die Hauptaufgabe in der Ausnutzung des GI besteht jedoch in der Qualifizierung des GI zum GHI für die aufzubauende GHI-Gruppe in den Objekten der Justiz. Aufgrund seiner gesammelten Erfahrungen in der Zusammenarbeit mit dem MfS ist der GI in der Lage, in Zukunft als GHI für uns zu arbeiten."[27]

Gernot Windisch[28]

Führend in der Militärgerichtsbarkeit war auch der am 06.05.1927 geborene Gernot Windisch, geb. in Rodewisch/Kreis Auerbach. Windisch war seit 1953 Staatsanwalt und von 1961 bis 1979 Leiter der Abt. Staatsverbrechen bei der Generalstaatsanwaltschaft.

Der IM „Otto" (Fritz Nagel) hat am 28.6.1964 Staatsanwalt Windisch wie folgt eingeschätzt:

> „Mit dem GI wurde dann kurz über eine Einschätzung des Staatsanwalt Windisch gesprochen, insbesondere über die bei ihm aufgetretenen Schwächen. Der GI („Otto") erklärte, dass Genosse Windisch als ein äußerst intelligenter Staatsanwalt einzuschätzen ist, dass jedoch deshalb Zeichen der Überheblichkeit, die es früher bei ihm gab, nicht mehr vorhanden sind. Er ist ein guter Gesellschafter, jedoch sind dem GI in dieser Hinsicht keine moralischen Schwächen des Genossen Windisch bekannt."[29]

---

24 *Buch*, ebenda, S. 29.

25 BStU, MfS, HA XX 2942, Teil 1 von 2, S. 50.

26 Ebenda, S. 52.

27 BStU, MfS, BV Frankfurt (Oder), AIM 53/65, S. 46, 47; die Verpflichtungserklärung befindet sich auf S. 32.

28 BStU, MfS, AKK 7033/81.

29 Ebenda, S. 38.

Die Hauptabteilung XX schätzte Windisch wie folgt ein:

> „Genosse Windisch, Gernot, ist Leiter der Abteilung I a (Bekämpfung von Staatsverbrechen) und als äußerst zuverlässig und treu zur Partei bekannt. Die notwendige Zusammenarbeit mit der Untersuchungsabteilung des MfS wird von der Hauptabteilung IX ebenfalls als sehr gut, zuverlässig und verschwiegen eingeschätzt.“[30]

Windisch nahm sich am 5.1.1980 in seiner Dienststelle bei dem Generalstaatsanwalt der DDR das Leben. Offensichtlich hatte er in den letzten Jahren seiner beruflichen Tätigkeit dienstliche und persönliche Schwierigkeiten, weshalb er auch als Abteilungsleiter I a im Jahre 1979 abgelöst worden ist.[31]

Alfred Leibner[32]

Leibner wurde am 16.3.1922 in Chemnitz geboren. Er verstarb am 5.11.1987. Er war Militäroberstaatsanwalt der DDR. Im Jahre 1948 kehrte er aus der sowjetischen Kriegsgefangenschaft nach Ostdeutschland zurück. Er absolvierte Anfang der 50iger Jahre einen Volksrichterlehrgang. 1955 bis 1958 absolvierte er ein Fernstudium an der ASR in Potsdam. Er war Diplom-Jurist. Von 1960–1966 sowie von 1967–1987 war er Militäroberstaatsanwalt der DDR. Im Jahre 1971 wurde er Generalmajor, 1981 Generalleutnant. Von 1981–1986 war er Stellvertreter des Generalstaatsanwaltes der DDR.

V. Militärjustiz

1. Führende Militärjuristen

Dr. Günter Sarge

Sarge war der führende Militärjurist der DDR und zuletzt Präsident des OG. Über seine Person wurde bereits ausführlich an anderer Stelle berichtet.[33]

Dr. Alfred Hartmann

Auch die Personalie Hartmann wurde bereits behandelt.[34]

Fritz Nagel[35]

Der Richter des MKOG, Fritz Nagel, geb. 30.1.1929 in Fürstenwalde, war IM des MfS. Unter dem Decknamen „Otto“ verpflichtete sich Nagel gegenüber dem MfS am 25.4.1952.[36] Nagel war bis 1954 als GI tätig; im Jahre 1963 wurde Nagel, nach der Bildung der Militärgerichte, wieder als GI übernommen. In einer Abschlusseinschät-

30 Ebenda, S. 39.

31 BStU, MfS, Allg. P. 5856/81, S. 51.

32 *Müller-Enbergs* u.a., ebenda, S. 514.

33 Vgl. 3. Kapitel, Abschnitt D, II 5.

34 Vgl. 3. Kapitel, Abschnitt D, II 1.

35 Vgl. 3. Kapitel, Abschnitt D, II 3.

36 BStU, MfS, AIM 7544/69 P, S. 30.

zung vom 15.10.1968 heißt es: „Er (Nagel) hat alle Voraussetzungen, den Personalbestand des Militärkollegiums inoffiziell abzusichern."[37]

Nach Ausscheiden des Fritz Nagel aus dem aktiven Dienst als Militärrichter verpflichtete er sich gemeinsam mit seiner Ehefrau am 19.6.1978 als IMK/KW.[38]

Bernd Wagenknecht

Wagenknecht war OiBE des MfS und stellvertretender Vorsitzender des MKOG. Über ihn wurde bereits berichtet.[39]

Lothar Penndorf

Lothar Penndorf, Dipl.-Jurist, Generalmajor, geb. 8.12.1928 in Cretzschwitz,. Eintritt in die SED: 1947; Studium 1947–1951 Universität Jena; 1952 Wissenschaftlicher Assistent Halle; 1952–1953 Gerichtsreferendar, Staatsanwaltschaft Bezirk Leipzig; 1953–1954 Referent MdJ; Eintritt bewaffnete Organe: 1.7.1954; Referent MdI, 1954–1957 Staatsanwalt; 1957–1959 Wissenschaftlicher Oberassistent bei der Militäroberstaatsanwaltschaft; 1959–1962 Militärstaatsanwalt; 1962–1966 Leiter Abteilung IIb Militäroberstaatsanwalt; 1967–1971 Leiter Abteilung Ib Militäroberstaatsanwalt; 1971–1976 Militäroberrichter, Vorsitzender Militärstrafsenat; 1976–1977 Parteihochschule KPDSU/UdSSR; 1977–1990 Vize-Präsident des Obersten Gerichts und Vorsitzender des Militärkollegiums.

Über Penndorf existiert die Personalakte MfS ZA AP 11666/56, die der Verfasser eingesehen hat; diese Akte umfasst Sicherheitsüberprüfungen bzw. Berichte über Penndorf nur bis zum Jahre 1954. Für die anschließende Zeit sind keinerlei Berichte mehr festzustellen. Dies erscheint angesichts der anschließenden beruflichen Karriere mehr als ungewöhnlich und gibt Anlass zu der Vermutung, dass die Unvollständigkeit der Akte weder Zufall noch bürokratisches Versehen ist.

2. Weitere Militärrichter

Karl Heinz Knoche

Dem MfS verbunden war auch der Militärrichter Karl Heinz Knoche, geb. 3.12.1923 in Magdeburg. Knoche wurde nebst seiner Ehefrau Ingeborg am 11.2.1986 als IMK/KW verpflichtet. Dies war zu einer Zeit, als Knoche bereits aus dem aktiven Dienst ausgeschieden war. Er wählte den Decknamen „Tierpark".[40]

In einer Einschätzung der Hauptabteilung I vom 8.1.1986 wird Knoche zu seiner Zeit als Militärrichter wie folgt beschrieben:

> „Er war Militäroberrichter im 1. Senat. Im 1. Senat werden Strafverfahren verhandelt, die durch das MfS ermittelt werden. Genosse Knoche hatte unmittelbaren Kontakt zu den Leitern und Mitarbeitern der HA IX des MfS. Zu unserem Organ

---

37 BStU, MfS, 7544/69, S. 39; Die Abschlusseinschätzung wurde von der HA I/ Mf NV verfasst.

38 BStU, MfS, 3872/91, S. 25.

39 Vgl. 3. Kapitel, Abschnitt D, II 4.

40 BStU, MfS, AIM, 4784/91, S. 41, 42; Werbung vom 20.2.1986; zuständig war die Hauptabteilung I/ MfNV;

hat Genosse Knoche eine klare parteiliche Haltung, die insbesondere in seiner Verhandlungsführung zum Tragen kam. Die gesamtstaatlichen Interessen wurden in der Verhandlungsführung durch Genosse Knoche stets berücksichtigt. ... Sein klarer Klassenstandpunkt und die erwiesene Parteiverbundenheit bilden aus meiner Sicht die Voraussetzungen für die politische Ehrlichkeit und Zuverlässigkeit gegenüber dem MfS."[41]

3. Planmäßige personelle Besetzung der MG

Die planmäßige personelle Besetzung der Militärgerichte mit Militärrichtern – Stand 1. April 1986 – wird wie folgt beschrieben:[42]

Oberstes Gericht (nach der Wahl vom 17. Juni 1986)
Vizepräsident des OG und Vorsitzender des MOKG: Generalmajor Lothar Penndorf
Vorsitzender des 1. Militärstrafsenates, zugleich Erster Stellvertreter des Vorsitzenden des MKOG: Oberst Fritz Nagel
Vorsitzender des 2. Militärstrafsenates, zugleich Stellvertreter des Vorsitzenden des MKOG: Oberst Dr. Lothar Baier
Als stellvertretende Senatsvorsitzende wurden eingesetzt:
Oberst Manfred Schütze im 1. Militärstrafsenat
Oberst Thomas Müller im 2. Militärstrafsenat.

MOG – Bereich Berlin

MOG Berlin
Leiter: OSL Dölling, Stellvertreter: Hauptmann Philipp, zwei weitere Militäroberrichter sowie ein Militärrichter

MG Berlin
Leiter: Hauptmann Neumann; Stellvertreter Oberleutnant Kühn sowie ein weiterer Militärrichter und ein Militärrichterassistent.

MG Cottbus
Leiter: OSL Müller; ein weiterer Militärrichter.

MG Magdeburg, Sitz Stendal
Leiter OSL Grunenberg, ein weiterer Militärrichter.

MOG – Bereich Leipzig
Leiter: OSL Scholz; Stellvertreter: Hauptmann Uhlitzsch sowie zwei weitere Militärrichter.

MG Halle
Leiter: OSL Löbling, ein weiterer Militärrichter.

MG Erfurt
Leiter: Major Tunze, ein weiterer Militärrichter.

MG Dresden
Leiter: OSL Merzky, ein weiterer Militärrichter.

---

41 Ebenda, S. 24.

42 BStU, MfS, HA IX 10724, S. 76–80.

MOG – Bereich Neubrandenburg
MOG Neubrandenburg
Leiter: Oberst Arlt; Stellvertreter: OSL Szewierski, ein weiterer Militäroberrichter und ein Militärrichter.

MG Neubrandenburg
Leiter: OSL Herbst; Stellvertreter: OSL Schlesinger, ein weiterer Militärrichter.

MG Potsdam
Leiter OSL Siemens

MG Rostock
Leiter: Hauptmann Kreutzmann, ein weiterer Militärrichter.

MG Schwerin
Leiter: OSL Schade, ein weiterer Militärrichterassistent.

VI. MfS

1. Minister für Staatssicherheit

Wilhelm Zaisser

Zaisser wurde am 20.6.1883 in Rotthausen bei Gelsenkirchen geboren. Er verstarb am 3.3.1958. Er war nach dem 2. Weltkrieg Innenminister in Sachsen und von 1949–1954 Volkskammerabgeordneter. Seit 1950 war Zaisser der erste Minister für Staatssicherheit der DDR. Nach dem Volksaufstand am 17.6.1953 wurde Zaisser aus dem MfS entlassen.[43]

Ernst Wollweber

Ernst Wollweber folgte Zaisser nach. Wollweber wurde am 29.10.1898 in Hannoversch-Münden geboren. Er verstarb am 3.5.1967. Wollweber wurde am 24.7.1953 Minister für Staatssicherheit. In den Jahren 1954–1958 war er Mitglied des ZK der SED und Volkskammerabgeordneter. Im Jahre 1957 wurde er „auf eigenen Wunsch“ wegen Krankheit pensioniert. Es erfolgte sein Ausschluss aus der SED.[44]

Erich Mielke[45]

---

43 *Selitrenny*, Doppelte Überwachung, S. 456; *Müller-Enbergs u.a.*, ebenda, S.. 946, 947.

44 *Selitrenny*, ebenda, S. 456; *Müller-Enbergs u.a.*, ebenda, S. 939.

45 Vgl. 3. Kapitel, Abschnitt J II; Der Sohn Mielkes, Frank, leistete seinen „Ehrendienst“ beim MfS-Wachregiment, studierte Medizin und wurde als Arzt „Offizier im besonderen Einsatz“ an der Charitè, zitiert nach *Bästlein*, Mielke, S. 32. Die Schwiegertochter Margot (auch Margots Vater arbeitete im MfS) war ebenfalls Ärztin. Sie trat in den „Medizinischen Dienst“ des MfS ein. Auch Tochter Inge fand ihren Arbeitsplatz im Ministerium des Stiefvaters. Sie wechselte 1982 als Offizier im besonderen Einsatz ins Büro der Sportvereinigung Dynamo, deren Vorsitzender Erich Mielke war; vgl. *Bästlein*, ebenda.

2. Führende MfS-Offiziere

Fister, Rolf

Rolf Fister wurde am 12.10.1929 in Großdeuben (Kreis Leipzig) geboren. Er verstarb am 19.3.2007. Fister wurde 1952 beim MfS eingestellt. Im Jahre 1953 ist er zur HA IX des MfS Berlin versetzt worden. Von 1956 bis 1960 absolvierte er ein Fernstudium an der Zentralschule der VP Arnsdorf, spätere mittlere Polizeischule Aschersleben. 1962–1966 studierte er Kriminalistik an der HU Berlin mit dem Abschluss Diplom-Kriminalist. 1965 wurde er stellvertretender Leiter der HA IX, später Hauptabteilungsleiter; 1975 promovierte er an der JHS Potsdam, 1978 wurde er Generalmajor; im Januar 1990 ist er aus dem aktiven Dienst entlassen worden.[46]

Die Vorgänger von Fister waren:
1950–1956 Alfred Scholz
1956–1964 Kurt Richter
1964–1973 Walter Heinitz

HA I, Generalleutnant Manfred Dietze

Dietze wurde am 10.12.1928 in Lindenthal, Kreis Leipzig, geboren. Er absolvierte von 1960–1965 ein Fernstudium an der JHS Potsdam-Eiche. Er schloss das Studium als Dipl.-Jurist ab. Seit 1981 war er Leiter der HA I.[47]

HA VII, Generalmajor Dr. Joachim Büchner

Büchner wurde am 5.3.1929 in Westhausen geboren. Im Jahre 1949 wurde er in die Landesverwaltung für Staatssicherheit Thüringen übernommen. Von 1965–1969 studierte er direkt, dann im Wege des Fernstudiums. JHS Potsdam-Eiche; Abschluss als Dipl.-Jurist. 1971 Promotion zum Dr.-jur. an der JHS. Im Jahre 1970 war Dr. Büchner Leiter der HA VII.[48]

HA XIV, Oberst Dr. Siegfried Rataizick

Rataizick, geb. 29.5.1931, ist seit dem 27.8.1951 Angehöriger des MfS. Seit dem 1.2.1963 war er Leiter der HA XIV.[49]

HA XX, Generalleutnant Paul Kienberg

Paul Kienberg wurde am 15.10.1926 in Mühlberg geboren. Seit dem Jahre 1950 ist er Mitarbeiter des MfS. Seit dem Jahre 1964 war er Leiter der HA XX. Von 1963–1965 sowie von 1966–1968 absolvierte Kienberg ein Fernstudium an der JHS Potsdam-Eiche mit dem Abschluss Dipl.-jur.[50]

---

46 *Müller-Enbergs u.a.*, ebenda, .S. 213.

47 Ebenda, S 153.

48 Ebenda, S. 120.

49 Ebenda, S. 681.

50 Ebenda, S. 413.

Anhang 2: Dokumente

Dokument 1

Militärgericht	**NVA**	**Grenztruppen**	**Territorium** (umfasst alle nicht näher bezeichneten Dienststellen der NVA und des Wehrersatzdienstes mit Standort in den jeweiligen Bezirken und Kreisen)
Berlin		Grenzkommando Mitte	Ost-Berlin, Bezirk Frankfurt (Oder), Kreis Königs Wusterhausen
Cottbus	1. Luftverteidigungsdivision		Bezirk Cottbus
Magdeburg		Grenzkommando Nord	Bezirk Magdeburg
Dresden	7. Panzerdivision; Unteroffiziersschule I; Kommandantur Nochten		Bezirke Dresden und Karl-Marx-Stadt
Erfurt	4. Mot.-Schützendivision	Grenzkommando Süd; Offiziershochschule der Grenztruppen	Bezirke Erfurt, Suhl und Gera
Halle	11. Mot.-Schützendivision; Pionierbataillon 3; Unteroffiziersschule III (außer Frankenberg); Kommandantur Züllsdorf		Bezirke Halle und Leipzig
Potsdam	1. Mot.-Schützendivision		Bezirk Potsdam ohne den Kreis Königs Wusterhausen
Rostock	Volksmarine		Bezirk Rostock
Schwerin	8. Mot.-Schützendivision		Bezirk Schwerin

(Wenzke, Ab nach Schwedt, S. 82, 83)

Dokument 2

Abschrift

Der Generalstaatsanwalt
der Deutschen Demokratischen Republik

Berlin, den 17.11.1956

Anordnung
des Generalstaatsanwalts der Deutschen Demokratischen Republik
über
die Schaffung der Militärstaatsanwaltschaft
der Deutschen Demokratischen Republik

Zur Festigung der sozialistischen Gesetzlichkeit in allen Organen und Einheiten

des Ministeriums für Nationale Verteidigung und
des Ministeriums für Staatssicherheit,

zur Gewährleistung der gesetzlichen Rechte aller Militärangehörigen sowie zur Unterstützung der Kommandeure der Einheiten und Verbände und Chefs der Verwaltungen bei der Festigung der inneren Ordnung und Disziplin und im Kampf gegen die Kriminalität

ordne ich an:

- 2 -

- 2 -

I.

1.) Im Einvernehmen mit dem Minister für Nationale Verteidigung und dem Minister für Staatssicherheit wird für den Bereich aller Organe und Einheiten

des Ministeriums für Nationale Verteidigung und
des Ministeriums für Staatssicherheit

zur Erfüllung aller staatsanwaltschaftlichen Aufgaben auf der Grundlage des Gesetzes über die Staatsanwaltschaft der Deutschen Demokratischen Republik vom 23. Mai 1952

die Militärstaatsanwaltschaft
der Deutschen Demokratischen Republik

mit folgenden Organen errichtet:

- der Militär-Oberstaatsanwalt
- Die Militärstaatsanwälte
  der Militärbezirke, Divisionen
  und Standortbereiche
  der Nationalen Volksarmee
- Der Militärstaatsanwalt
  der Luftstreitkräfte
- Der Militärstaatsanwalt
  der Luftverteidigungskräfte
- Der Militärstaatsanwalt
  der Seestreitkräfte
- Die Militärstaatsanwälte
  für die kasernierten Einheiten des
  Ministeriums für Staatssicherheit.

- 3 -

- 3 -

Die gesamte materielle Versorgung der Militärstaatsanwaltschaft erfolgt durch das Ministerium für Nationale Verteidigung aufgrund der vom Minister für Nationale Verteidigung bestätigten Struktur- und Stellenpläne.

2.) Die Militärstaatsanwaltschaft wird vom Militär-Oberstaatsanwalt der Deutschen Demokratischen Republik geleitet.

Er ist ein Stellvertreter des Generalstaatsanwalts der Deutschen Demokratischen Republik.

Der Militär-Oberstaatsanwalt wird auf Vorschlag des Generalstaatsanwalts vom Ministerrat der Deutschen Demokratischen Republik ernannt.

Die Stellvertreter des Militär-Oberstaatsanwalts ernennt auf dessen Vorschlag der Generalstaatsanwalt der Deutschen Demokratischen Republik.

Alle übrigen Mitarbeiter der Militärstaatsanwaltschaft werden vom Militär-Oberstaatsanwalt ernannt und abberufen.

Der Militär-Oberstaatsanwalt der Deutschen Demokratischen Republik ist der Vorgesetzte des gesamten Personals der Militärstaatsanwaltschaft der Deutschen Demokratischen Republik.

3.) Alle Generale, Offiziere, Unteroffiziere und Soldaten der Militärstaatsanwaltschaft unterliegen den Dienstlaufbahnbestimmungen und der Disziplinarvorschrift der Nationalen Volksarmee.

- 4 -

- 4 -

4.) Die Beförderungen der Offiziere der Militärstaatsanwaltschaft erfolgen auf Vorschlag des Militär-Oberstaatsanwalts im Rahmen der bestätigten Stellenpläne durch den Minister für Nationale Verteidigung.

II.

Der Militärstaatsanwaltschaft obliegen auf der Grundlage des Gesetzes über die Staatsanwaltschaft der Deutschen Demokratischen Republik vom 23. Mai 1952 und der jeweils geltenden anderen gesetzlichen Bestimmungen im Bereich ihrer Zuständigkeit folgende Aufgaben:

1.) Der Militär-Oberstaatsanwalt übt die Aufsicht aus über die strikte Einhaltung der Gesetze und Verordnungen der Deutschen Demokratischen Republik.

Diese Aufsicht erstreckt sich auf den Bereich aller Organe und Einheiten

des Ministeriums für Nationale Verteidigung,
der Nationalen Volksarmee,
des Ministeriums für Staatssicherheit,

deren Verwaltungen, Ämter, Dienststellen
und Einrichtungen und
ihre Angehörigen.

Er wacht darüber, daß die erlassenen Befehle und Anordnungen mit den Gesetzen und Verordnungen der Deutschen Demokratischen Republik im Einklang stehen.

- 5 -

- 5 -

Die Aufsicht über die Einhaltung der Gesetzlichkeit übt der Militärstaatsanwalt aus durch:

- die Prüfung der eingehenden Beschwerden und Mitteilungen über die Verletzung der Gesetzlichkeit;
- die Einsicht in Revisions- und Prüfungsunterlagen der zuständigen Kontrollorgane, in die erlassenen Befehle und andere Unterlagen, mit Ausnahme der Dokumente mit operativen Charakter;
- die Anforderung von Kopien von Befehlen, Anordnungen und anderen Unterlagen mit Ausnahme solcher operativer Art;
- die Feststellung von Gesetzesverletzungen im Zusammenhang mit der Untersuchung von Verbrechen;
- Überprüfung der Einhaltung der Gesetzlichkeit und der gesetzmäßigen Behandlung der Untersuchungshäftlinge und Arrestanten, die Disziplinarstrafen verbüßen.

Die Beseitigung festgestellter Verstöße gegen die Gesetze und Verordnungen der Deutschen Demokratischen Republik erfolgt durch den Einspruch oder durch die Vorlage beim zuständigen Chef oder Kommandeur.

2.) Dem Militärstaatsanwalt obliegt die Aufsicht über alle Untersuchungen der Untersuchungsorgane; er kann Weisungen für die Führung der Untersuchung erteilen.

- 6 -

- 6 -

3.) Der Militärstaatsanwalt hat in den Fällen, in denen in einem Strafverfahren gegen einen Beschuldigten oder Angeklagten die Untersuchungshaft angeordnet wurde, jederzeit zu prüfen, ob die Fortdauer der Haft geboten ist.

4.) Der Militärstaatsanwalt erhebt im Rahmen seiner Zuständigkeit in Strafverfahren die Anklage und vertritt sie vor Gericht.

5.) Der Militärstaatsanwalt wacht bei der Durchführung von Strafverfahren über die richtige und einheitliche Anwendung der Gesetze durch die Gerichte, indem er von den gesetzlichen Rechtsmitteln und Rechtsbehelfen Gebrauch macht.

6.) Der Militärstaatsanwalt übt die Aufsicht über den Vollzug der Untersuchungshaft und den Vollzug der Strafe in den Fällen aus, in denen er die Untersuchung geführt bzw. die Anklage erhoben hat.

7.) Der Militär-Oberstaatsanwalt ist in seiner Eigenschaft als Vertreter des Generalstaatsanwalts der Deutschen Demokratischen Republik berechtigt, in den gesetzlich zulässigen Fällen bei dem zuständigen Senat des Obersten Gerichtes der Deutschen Demokratischen Republik die Kassation zu beantragen.

8.) Der Militärstaatsanwalt kann zur Wahrung der sozialistischen Gesetzlichkeit in Zivilverfahren, an denen Dienststellen, für die er zuständig ist, beteiligt sind, mitwirken, indem er Schriftsätze einreicht und an Gerichtsverhandlungen teilnimmt.

- 7 -

- 7 -

9.) Dem Militärstaatsanwalt obliegt die Pflicht zur Popularisierung der Gesetze und Verordnungen der Deutschen Demokratischen Republik in den Dienststellen, für die er zuständig ist.

Er hat Sprechstunden zur individuellen Beratung in Rechtsfragen durchzuführen.

III.

Jeder Staatsanwalt ist dem ihm übergeordneten Staatsanwalt unterstellt und verantwortlich.

Die Staatsanwälte sind verpflichtet, ihre Tätigkeit im engsten Kontakt mit den Kommandeuren und Politorganen der von ihnen zu betreuenden Einheiten und Verbände in Übereinstimmung mit den Gesetzen und Verordnungen der Deutschen Demokratischen Republik und den Direktiven der Regierung der Deutschen Demokratischen Republik durchzuführen.

IV.

Diese Anordnung tritt an Stelle meiner Anordnung vom 24. April 1954 über die Errichtung der Staatsanwaltschaft der Volkspolizei beim Ministerium des Innern.

Die Anordnung vom 24. April 1954 tritt außer Kraft.

Berlin, den 17. November 1956

gez. Dr. M e l s h e i m e r /

F.d.R.d.A.
Appelfeld

(Quelle: BStU, MfS, Rechtsstelle Nr. 1072)

Dokument 3

HA IX/8-AGR Berlin, den 3. 12. 1975

Konzeption für die Linie IA der Militärgerichte für zentral ermittelte Verfahren (HA IX)

1. Der bereits begonnene Aufbau der IA-Linie MG Berlin / MOG Berlin / Militärkollegium des Obersten Gerichts soll konsequent weiter und zu Ende geführt werden.
Damit werden gleichzeitig Fragen der Erhöhung der Sicherheit unserer Verfahren und Fragen unmittelbarer Anleitung und Kontrolle durch den IA-Bereich des Militärkollegiums, des Militäroberstaatsanwaltes sowie dem MfS gewährleistet.
Unter Berücksichtigung neuer kaderpolitischer Maßnahmen in der NVA ergeben sich folgende Veränderungen.

2. Das MG Berlin wird allein für zentral ermittelte Verfahren zuständig.
Das bedeutet, daß das MG Potsdam keine zentral ermittelten Verfahren mehr erhält und eine Tätigkeit ausübt, wie alle anderen Militärgerichte.
Kadermäßig verantwortlich für MfS-Verfahren ist der Gen. Benkenstein und der Gen. Osterloh, wobei einer von beiden Genossen hauptverantwortlich, der andere in Vertretung tätig wird.
Der Leiter des Militärgerichts, Gen. Hans, ist nur im Rahmen seiner allgemeinen Aufgaben hinsichtlich seiner Leitungstätigkeit für die Genossen Benkenstein und Osterloh verantwortlich.

3. Beim MOG Berlin ist für die IA-Verfahren zur Zeit der Gen. Keim und ab Jahresende 1976 an seiner Stelle der Gen. Penndorf (bisher MG Potsdam) sowie der Gen. Warnatzsch voll und allein verantwortlich.
Obwohl beide Oberrichter eine gleichberechtigte Stellung haben, sollte einer dieser Genossen vorbereitet werden, der große komplizierte Prozesse durchführt; außerdem müßte klargestellt werden, wer Rechtsmittelsachen macht.

- 2 -

Der Leiter und der Stellvertreter des MOG Berlin hat sich aus den IA-Verfahren herauszuhalten und nur im Rahmen seiner Leitungstätigkeit zu engagieren.

4. Die politisch-operative und rechtspolitische Anleitung erhalten diese Genossen durch den IA-Strafsenat des Militärkollegiums des Obersten Gerichts, insbesondere durch den Gen. Nagel, der gleichzeitig die inhaltliche Anleitung für die Militärobergerichte Leipzig und Neubrandenburg auf der IA-Strecke macht.

   Die HA Militärgerichte hat sich aus der inhaltlichen Anleitung und Kontrolle für die IA-Linie herauszuhalten und ist ausschließlich (und das nur mit Abstimmung des Militärkollegiums) für Kaderfragen verantwortlich.

5. Gen. Dr. Sarge ist bereit, zwecks Einarbeitung den Gen. Penndorf 4 Wochen und den Gen. Osterloh 6 Wochen beim IA-Strafsenat des Militärkollegiums in Vorbereitung ihrer neuen Funktionen zu qualifizieren.

6. Das Vorhaben der HA Militärgerichte und des Militärkollegiums zur Anhebung der Gehälter der IA-Kader um 50,- bis 100,- Mark sollte unterstützt werden.

Durch die vorstehend genannten Maßnahmen ist es möglich, ein in sich geschlossenes System im IA-Bereich zu erreichen und damit wichtige Teilfragen der Gewährleistung der Sicherheit zu lösen.
Vom Zeitfaktor her gesehen sollten die vorgesehenen Maßnahmen binnen Jahresfrist abgeschlossen sein; bei gleichzeitiger Lösung der Frage "wer ist wer?".
Es ist mit großer Sicherheit anzunehmen, daß der Gen. Dr. Sarge, der Gen. Dr. Kalwert und der Gen. Mehner bereit sind, einer solchen Konzeption zuzustimmen.

Lohmann
Oberstltn.

(Quelle: BStU, MfS, HA IX, 3866)

Dokument 4

Hauptabteilung IX/8 - AGR Berlin, den 01. 09. 1976

Aufstellung von Rechtsanwälten

R	=	Reisekader NSW
M	=	Einsatz als Pflichtverteidiger für MG und MOG
M 1a	=	Einsatz als Pflichtverteidiger für MG und MOG in 1a-Sachen
D	=	Geeignet für ausländische Botschaften und andere diplomatische Vertretungen
V	=	als Vertrauensanwälte (Korrespondenzanwälte des RA-Büros für internationale Zivilrechtsvertretungen) vorgesehen
S	=	Sprachkenntnisse

==

1. Hauptstadt der DDR, Berlin

Name, Vorname	R	M	M1a	D	V	S
Cheim, Hans-Gerhard		x	x			
Dr. Creuzburg, Harry		x	x			
Gebes, Erika		x	x			
Gysi, Gregor	x	x				
Häusler, Gerhard	x			x	x	engl.
Irmscher, Edgar	x	x	x	x		engl.,span.
Prof. Dr. Kaul, K.-Friedrich	x			x		
Kossack, Suzanne	x			x		engl.
Möller, Friedrich	x	x		x		ital.
Dr. Noack, Joachim	x	x	x	x		
Starkulla, Dieter	x	x	x	x		
Stegmann, Maximilian		x	x	x		
Dr. Vogel, Wolfgang	x	x	x	x		
Witt, Ernst		x		x		
Wolff, Friedrich	x	x	x	x	x	engl., franz.
Wünsche, Manfred	x	x	x	x	x	

HA IX 1834

→ Lf

- 2 -

2. Cottbus

Name, Vorname	R	M	M1a	D	V	S
Krolopp, Helmut	x	x	x	x		
Seidel, Herbert	x	x	x	x		

3. Dresden

Name, Vorname	R	M	M1a	D	V	S
Dr. Baier, Erich		x	x			
Förster, Werner		x	x			
Kehrer, Stefan		x	x			
Kluge, Günther				x		
Krüger, Hans	x	x	x			
Schott, Manfred		x	x			

4. Erfurt

Name, Vorname	R	M	M1a	D	V	S
Heinrichs, Rudolf				x	x	engl., fran span., schwe
Müller, Joachim		x	x			
Dr. Schubert, Hans-Joachim	x	x	x			
Dr. Vetterlein, Herbert	x	x	x	x		

5. Frankfurt/Oder

Name, Vorname	R	M	M1a	D	V	S
Bleuler, Heinz	x	x	x			
Diener, Heinz					x	engl.

- 3 -

6. Gera

Name, Vorname	R	M	M1a	D	V	S
Jacobi, Dieter	x	x	x			
Bauer, Hugo	x	x	x	x		

7. Halle

Name, Vorname	R	M	M1a	D	V	S
Dr. Fiedler, Herbert		x	x			
Koch, Karl-Heinz	x	x	x	x	x	
Noack, Herbert		x	x			

8. Karl-Marx-Stadt

Name, Vorname	R	M	M1a	D	V	S
Mothes, Werner	x	x	x			
Schellenberger, Gotthard		x	x			
Kußmann, Tilo	x	x	x	x		

9. Leipzig

Name, Vorname	R	M	M1a	D	V	S
Dr. Hartisch, Helmut	x			x	x	
Jarosch, Lothar		x	x			
Dr. Kost, Walter	x	x	x			
Scholz, Franz		x	x			

- 4 -

10. Magdeburg

Name, Vorname	R	M	M1a	D	V	S
Goldberg, Josef	x	x	x			
Lentze, Christian		x	x			
Lilie, Klaus	x			x	x	engl.
Reimann, Fritz		x	x			

11. Neubrandenburg

Name, Vorname	R	M	M1a	D	V	S
Fitzer, Horst	x	x	x	x	x	
Hamann, Wolfgang	x	x	x			
Riehn, Herbert		x	x			
Stüß, Herbert		x	x			

12. Potsdam

Name, Vorname	R	M	M1a	D	V	S
Dr. Hartmann, Alfred	x	x	x			
Langer, Hans		x	x			

13. Rostock

Name, Vorname	R	M	M1a	D	V	S
Alkewitz, Helmut	x	x	x	x	x	
Camenz, Heinz		x				
Schnur, Wolfgang		x	x			
Dr. Stein, Horst		x				
Wolf, Willy	x	x	x	x		

- 5 -

14. Schwerin

Name, Vorname	R	M	M1a	D	V	S
Groth, Karl-Heinz	x	x	x			
Sander, Bruno	x	x	x	x	x	
Seiler, Gerhard		x	x			
Stecker, Waltraut		x	x			
Streit, Roland		x	x			

15. Suhl

Name, Vorname	R	M	M1a	D	V	S
Schreiber, Dorothea		x	x			

(Quelle: BStU, MfS, HA XX, Bdl. I 1008)

(Quelle: BStU, HA IX/8, AGR 1634)

Dokument 5

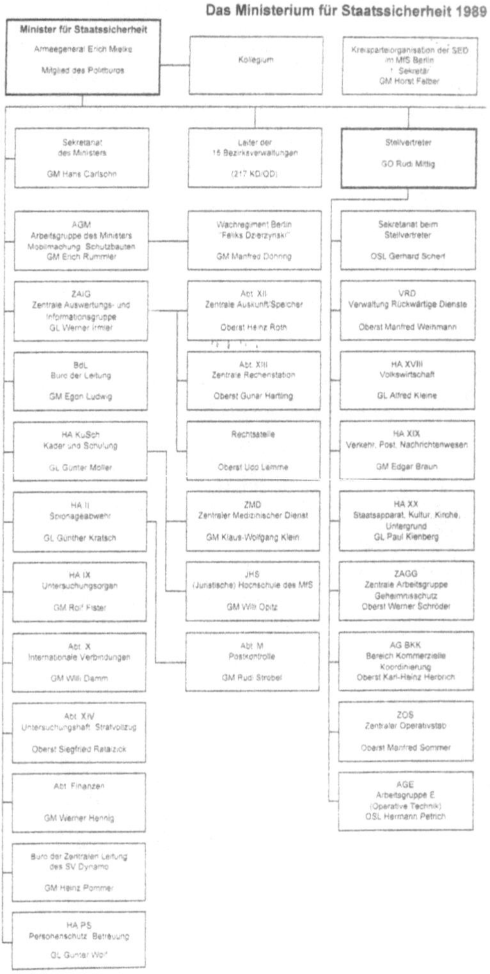
Das Ministerium für Staatssicherheit 1989
Minister für Staatssicherheit
Armeegeneral Erich Mielke
Mitglied des Politburos
Kollegium
Kreisparteiorganisation der SED im MfS Berlin
1. Sekretär
GM Horst Felber
Sekretariat des Ministers
GM Hans Carlsohn
Leiter der 15 Bezirksverwaltungen
(217 KD/OD)
Stellvertreter
GO Rudi Mittig
AGM
Arbeitsgruppe des Ministers
Mobilmachung, Schutzbauten
GM Erich Rummler
Wachregiment Berlin "Feliks Dzierzynski"
GM Manfred Döring
Sekretariat beim Stellvertreter
OSL Gerhard Schert
ZAIG
Zentrale Auswertungs- und Informationsgruppe
GL Werner Irmler
Abt. XII
Zentrale Auskunft/Speicher
Oberst Heinz Roth
VRD
Verwaltung Rückwärtige Dienste
Oberst Manfred Weihmann
BdL
Buro der Leitung
GM Egon Ludwig
Abt. XIII
Zentrale Rechenstation
Oberst Gunar Hartling
HA XVIII
Volkswirtschaft
GL Alfred Kleine
HA KuSch
Kader und Schulung
GL Günter Moller
Rechtsstelle
Oberst Udo Lemme
HA XIX
Verkehr, Post, Nachrichtenwesen
GM Edgar Braun
HA II
Spionageabwehr
GL Günther Kratsch
ZMD
Zentraler Medizinischer Dienst
GM Klaus-Wolfgang Klein
HA XX
Staatsapparat, Kultur, Kirche, Untergrund
GL Paul Kienberg
HA IX
Untersuchungsorgan
GM Rolf Fister
JHS
(Juristische) Hochschule des MfS
GM Willi Opitz
ZAGG
Zentrale Arbeitsgruppe Geheimnisschutz
Oberst Werner Schröder
Abt. X
Internationale Verbindungen
GM Willi Damm
Abt. M
Postkontrolle
GM Rudi Strobel
AG BKK
Bereich Kommerzielle Koordinierung
Oberst Karl-Heinz Herbrich
Abt. XIV
Untersuchungshaft, Strafvollzug
Oberst Siegfried Rataizick
ZOS
Zentraler Operativstab
Oberst Manfred Sommer
Abt. Finanzen
GM Werner Hennig
AGE
Arbeitsgruppe E
(Operative Technik)
OSL Hermann Petrich
Buro der Zentralen Leitung des SV Dynamo
GM Heinz Pommer
HA PS
Personenschutz, Betreuung
GL Gunter Wolf

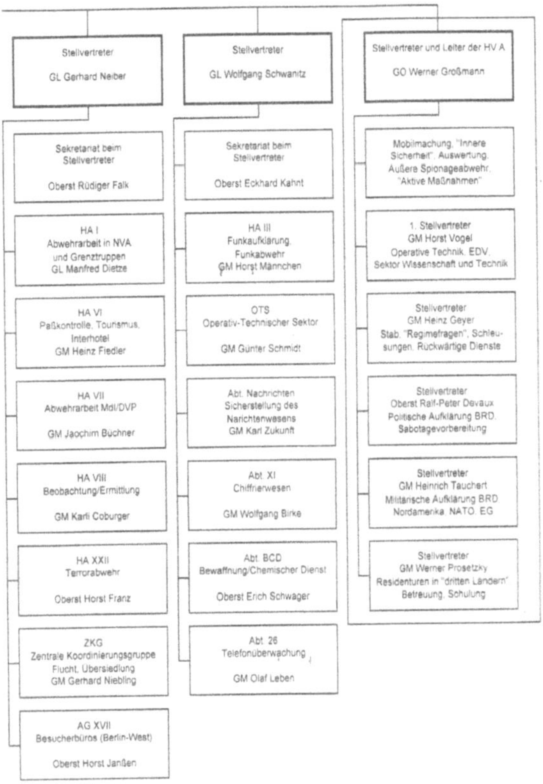

(Quelle: Wiedmann, MfS-Handbuch, Anhang S. 406 f.)

Dokument 6

MfS/BV Hauptabteilung I
Diensteinheit Abt. Äußere Abwehr /UA-2
Mitarbeiter Major Heinke

Berlin, 16. Juli 1985
Reg.-Nr. XVIII 2974/85

3

BStU
000004

…rkungen

Beschluß

über das Anlegen

eines operativen Vorganges/~~zentralen operativen Vorganges~~[1]

1. Deckname " B a r o n "
2. Tatbestand gem. §§ 97 StGB

eines Untersuchungsvorganges

Tatbestand gem. §§ ______ StGB
(nur bei Ermittlungsverfahren ohne Haft/gegen Unbekannt/bei Übernahme von anderen Organen)

eines Sicherungsvorganges

einer Feindobjektakte/Kontrollobjektakte/Zentralen Feindobjekt- bzw. Kontrollobjektakte[1]

1. Deckname
2. Bezeichnung des Objektes

Heinke – Major
Mitarbeiter[2]

Bestätigt am 26.7.85

Dietze – Generalmajor
Bestätigungsberechtigter[2]
Leiter der HA I

[1] Nichtzutreffendes streichen
[2] Zusätzlich Name und Dienstgrad mit Maschine angeben

(Quelle: BStU, MfS 10385/86, Bd. 1, S. 4)

Dokument 7

L/E 617/85

BStU 000028

000027

Bezirksverwaltung für
Staatssicherheit Dresden
Abteilung IX

Dresden, den 09.02.1985
müh-hö

Aktenvermerk zu Abschlußmaßnahmen im Verfahren gegen [redacted]

Am 07.02.1985 wurde dem Leiter der Abteilung IX durch den Stellvertreter des Leiters der HA IX, Genossen Oberst HERZOG mitgeteilt, daß zu [redacted] eine zentrale Entscheidung zu seiner Entlassung aus der Staatsbürgerschaft der DDR getroffen wurde. In diesem Zusammenhang avisierte er für den 08.02.1985 Genossen Oberstleutnant BRÖMME, Mitarbeiter der Arbeitsgruppe des Genossen Oberst EMKE, der mit allen Vollmachten ausgestattet sei und beauftragt ist, diese Maßnahmen durchzuführen. Oberstleutnant BRÖMME erschien am 08.02.1985, führte die erforderlichen Unterlagen zur Aberkennung der Staatsbürgerschaft, Identitätsbescheinigung und Entlassung aus der Haftanstalt bei sich. Er regelte weitere Fragen in einem Gespräch mit [redacted] und übernahm diesen am 08.02.1985 gegen 12.00 Uhr aus der UHA der BV Dresden und transportierte ihn an die Grenzübergangsstelle Wartha. Durch die HA IX und HA VI waren entsprechende Maßnahmen festgelegt, damit [redacted] am 08.02.1985 gegen 15.00 Uhr über diese GÜst die DDR verläßt. Genossen Oberstleutnant BRÖMME wurde durch die Abteilung IX entsprechende Unterstützung zur Durchführung seiner Aufgabe gegeben.

Leiter der Abteilung

i.V. Hölzel
Major

(Quelle: BStU, MfS, AU 547/85)

Dokument 8:

BStU
000015

MINISTERRAT
DER DEUTSCHEN DEMOKRATISCHEN REPUBLIK
Ministerium für Staatssicherheit

Berlin, den 11. 9. 1980

Verfügung

Gemäß § 98 der Strafprozeßordnung wird gegen den/~~die~~

Name Dr. TESKE

Vorname Werner, Siegfried

geboren am 24. 4. 1942 in Berlin

Beruf Dipl.-Wirtschaftler zuletzt Berufssoldat

Wohnanschrift 1156 Berlin-Lichtenberg, [redacted]

aus den unten angeführten Gründen die Einleitung/Erweiterung eines/des*) Ermittlungsverfahrens angeordnet.

Gründe:

Dr. TESKE ist dringend verdächtig, geheimzuhaltende Nachrichten zum Nachteil der Interessen der Deutschen Demokratischen Republik an eine fremde Macht verraten und ausgeliefert sowie Vorbereitungen zur Fahnenflucht nach der BRD getroffen zu haben.

Strafbar gemäß § 97 (1), StGB
§ 254 (1), (2) 1, (3) StGB

DEUTSCHE DEMOKRATISCHE REPUBLIK
Siegel
Ministerium für Staatssicherheit
9

Dr. Fister, Generalmajor
Leiter des Untersuchungsorgans

*) Nichtzutreffendes streichen

Form 502 041 1277 20.0

Den Untersuchungsvorgang zur Bearbeitung übernommen:

Berlin, den 11. 9. 1980

Brock
Name

Hauptmann
Dienstgrad

Den Untersuchungsvorgang zur Bearbeitung übernommen:

........................, den .... 19........

Name

Dienstgrad

Die Benachrichtigung des Staatsanwalts erfolgte am 12. 9. 1980

durch U-Organ

(Quelle: BStU, MfS, AU 26/90)

Dokument 9

13

BStU
000031

Das Militär- gericht Berlin

Aktenzeichen: R-1-120/85 MG-Be

Berlin , den 3. September 1985

Strafsache

Anwesend

Neumann
Richter als Vernehmender

Kunze
als Protokollführer

gegen GODEHARD, geb. Pingel, Horst

wegen Spionage und Fahnenflucht

Beginn der Vernehmung:

Der Haftbefehl des Militär gerichts Berlin

vom 3. 9. 85 Az. R-1-120/85 MG-Be

wurde ih m am 3. 9. 1985 16.30 Uhr

bekanntgegeben.

Er/Sie wurde über das Recht sowie Form und Frist der Einlegung der Haftbeschwerde belehrt. *)

Vorgeführt erscheint d er Beschuldigte/XXXXXXX. Ih m wurde eröffnet, was ih m zur Last gelegt wird. Er/XX wurde über seine/XXX Rechte (§§ 15, Abs. 2, 61 StPO) belehrt. Befragt, was er/XX zu der gegen ihn/XX erhobenen Beschuldigung zu sagen habe, erklärte er/XX

1. Zur Person:

Vor- und Familiennamen: [redacted], geb. [redacted]
(Rufname unterstreichen – ggf. auch Bei- oder Geburtsname angeben)

geboren am [redacted] in Jabelitz Kreis Bezirk

Familienstand: verheiratet Staatsangehörigkeit: DDR

Letzter Wohnort: 1144 Berlin, [redacted]

Beruf und Arbeitsverhältnis: ohne/Militärdiplomat

Festgenommen am: 3. 9. 1985 Uhr:

...e und Anschrift des gesetzlichen Vertreters
...Jugendlichen der Eltern und sonstigen Erziehungsberechtigten)

...Nr. 220 n1

BStU
000032

2. Zur Sache:

Mir wurde soeben der Haftbefehl verkündet. Ich habe dessen Inhalt und die erfolgte Belehrung über mein Beschwerderecht verstanden. Ich erkenne an, wessen mich der Staatsanwalt beschuldigt. Ich hatte mich im Juni 1985 gegenüber zweier Mitarbeiter der Botschaft der Bundesrepublik Deutschland in der Volksrepublik Polen offenbart. Ich hatte diesen Mitarbeitern gegenüber erklärt, daß ich die Absicht habe, in die Bundesrepublik überzutreten. Gleichzeitig erklärte ich, daß dies ohne meine Ehefrau geschehen soll. Zur Verwirklichung dieses Entschlusses bat ich um Unterstützung durch diese Personen. Während dieses und weiteren Gespräche wurden keine geheimzuhaltenden Informationen übermittelt bzw. gefertigt, damit meine ich weder mündlich noch schriftlich mitgeteilt. Andere Zusammentreffen als die von mir genannten gab es nicht. Ich hatte die Absicht, nach meinem Dienstantritt in der Botschaft der DDR in Polen wie mit den Vertretern der BRD-Botschaft vereinbart auf einen Anruf zu warten. Mit dem Anruf sollte mir mitgeteilt werden, wie es weitergeht. Mir war klargeworden, daß ich mich im Juni ausgeliefert hatte und einen großen Fehler begangen hatte. Im Stillen hoffte ich, daß der Anruf nicht erfolgen würde. geschlossen.

3. Zur weiteren Beweiserhebung stellt der Beschuldigte / ~~Angeklagte~~ folgende Anträge:

zur Zeit keine

4. Von der Verhaftung des Beschuldigten / ~~Angeklagten~~ sollen benachrichtigt werden:

meine Ehefrau [redacted] wohnhaft: 1144 Berlin, [redacted]

Es wird anliegender Haftbefehl verkündet.

Er / Sie wird über das Recht sowie Form und Frist der Einlegung der Haftbeschwerde belehrt. *)

Vorgelesen, genehmigt und unterschrieben:

am 3.9.1985 17.00

Vernehmender

Protokollführer

[redacted] Beschuldigte / Angekl.

*) Nichtzutreffendes ist zu streichen.

(Quelle: BStU, MfS, GH 11/87)

Dokument 10

5

Das Kreis - gericht
Plauen-Land

Plauen, den 24.8.1967
Fernruf 6921

BStU
000009

Aktenzeichen: Pl L As 186/67
(Bei Eingaben stets anführen)

Haftbefehl

Der am [redacted] in Breslau geborene, in Rudolstadt, [redacted] wohnhafte beschäftigungslose [redacted]
ist in Untersuchungshaft zu nehmen.

Er wird beschuldigt, ohne staatliche Genehmigung die Staatsgrenze der DDR in Richtung CSSR überschritten zu haben, in der Absicht, die Grenze CSSR / Westdeutschland zu durchbrechen, in dem er am 21.8.1967 von seinem Wohnort sich nach Erlbach begab und dort am 22.8.1967 die Staatsgrenze zur CSSR ohne Reisegenehmigung überschritt. An der Grenze CSSR / Westdeutschland wurde er in der Nähe von Cheb durch die Sicherungsorgane der CSSR festgenommen.

- Vergehen gemäß § 8 Absatz 1 Passgesetz -

Der Beschuldigte ist dieser Straftat dringend verdächtig und Fluchtverdacht bedarf bei der Natur des Delikts keiner besonderen Begründung.

Gegen diesen Haftbefehl ist binnen einer Woche das Rechtsmittel der Beschwerde zulässig

Ausgefertigt:

.........................., den .... 19......

(Lindner)
Richter

Best.-Nr. 220 16 Haftbefehl – I. Instanz – (§§ 141 ff. StPO) VLV Spremberg Ag 310-66-DDR-5133 1-5-20 1235

Dokument 11

[Sta]dtbezirksgericht Mitte
Haftrichter

Berlin, den 3.8.1954

Aktenzeichen:
Hs.C. 183/54
(Bei Eingaben stets anzuführen)

Fernsprecher:

BStU
000114

Haftbefehl

Der [redacted], [redacted] geb. am [redacted] in Berlin
wohnhaft: Berlin-Adlershof, [redacted]

ist zur Untersuchungshaft zu bringen.

Er wird beschuldigt, in nicht rechtsverjährter Zeit in Berlin im Auftrag einer westberliner Spionageagentur tätig geworden zu sein.
Er stand dabei in Verbindung mit einem Agenten in Westberlin, in dessen Auftrag er mehrere Personen der erwähnten Agentur zwecks Spionagetätigkeit zuführte.
~~Damit~~ Damit hat er den Frieden des deutschen Volkes erheblich gefährdet.
Strafbar gem. Dir. 38 III A III.

Er ist dieser Straftat dringend verdächtig und wegen der Höhe der zu erwartenden Strafe besteht Fluchtgefahr.

Stadtbezirksgericht Mitte A 80

Gegen diesen Haftbefehl ist das Rechtsmittel der Beschwerde zulässig.

(K. Krautter)
Richter

Best.-Nr. StP. 4 Haftbefehl (§ 14 ff. StPO)
7359 S VLV Erfurt Ag 140/II/976 (79) 5

Dokument 12

Das Militärgericht Berlin

Aktenzeichen: R-1-120/85 MG-Do
(Bei Eingaben stets anführen)

Berlin, den 3. 9. 1985
Fernruf

Str. IA-2000-53/85 S

BStU
000030

Haftbefehl

Der Oberstleutnant der NVA [redacted], geb. [redacted], geb. am [redacted] in Jabelitz, whft.: 1144 Berlin, [redacted]

ist in Untersuchungshaft zu nehmen.

Er wird beschuldigt, Spionage und den Versuch der Fahnenflucht im schweren Fall begangen zu haben.
Im September 1985 hat der Beschuldigte versucht, sich durch Fahnenflucht dem Wehrdienst in der Nationalen Volksarmee zu entziehen und unter Einschaltung von Vertretern einer fremden Macht das Staatsgebiet zu verlassen.
Darüber hinaus ist er dringend verdächtig, im Zusammenhang mit den Kontakten zu den Vertretern einer fremden Macht geheimzuhaltende Nachrichten zum Nachteil der Interessen der DDR gesammelt, verraten und ausgeliefert zu haben.

~~Vergehen~~/Verbrechen gem. §§ 254 (1), (2) 1, (3) und 97 (1) StGB
Er/~~Sie~~ ist dieser Straftat en dringend verdächtig.
Die Anordnung der Untersuchungshaft ist gemäß § 122 (1) 1 und 2, (2) 1 StPO
gesetzlich begründet, weil Verbrechen den Gegenstand des Verfahrens bilden und sich der Fluchtverdacht aus dem Charakter der Straftaten ergibt. Die Anordnung der Untersuchungshaft ist gemäß § 123 StPO unumgänglich.

Gegen diesen Haftbefehl ist das Rechtsmittel der Beschwerde zulässig (§ 127 StPO).
Sie ist binnen einer Woche nach Verkündung des Haftbefehls bei dem unterzeichneten Gericht zu Protokoll der Rechtsantragstelle oder schriftlich durch den Betroffenen oder einen in der DDR zugelassenen Rechtsanwalt einzulegen (§§ 305, 306 StPO).

Deutsche Demokratische Republik – Militärgericht

Neumann
Leiter des Militärgerichts

Best.-Nr. 220 16 Haftbefehl – §§ 124, 127, StPO
Vordruckbetrieb Demos Osterwieck

Ag 305/DDR/81/705

Dokument 13

18

Militärobergericht Berlin
- 1. Militärstrafsenat -

Az.: BS-1-06/79 MOG-Be
Str. IA-47/79 S

Berlin, den 14.06.1979

Ausfertigung

B e s c h l u ß

Die Stenotypistin
K o h l , Martina geb. Huscheck
geboren am 28.12.1953 in Schwallungen
wohnhaft: Berlin (West) 20, [redacted]
seit dem 16.12.1978 in Untersuchungshaft - UHA MfS Berlin -

ist hinreichend verdächtig,
durch Spionage die Grundlagen der Deutschen Demokratischen Republik angegriffen zu haben.

Die Angeklagte wurde im November 1977 in Berlin (West) vom amerikanischen Geheimdienst angeworben. Sie ist nachrichtendienstlich geschult worden und erhielt den Decknamen "Maria".
Sie reiste auftragsgemäß dreimal in die DDR ein und sammelte der Geheimhaltung unterliegende Tatsachen über sieben Kasernen der sowjetischen Streitkräfte in Karl-Marx-Stadt und Frankfurt/Oder, eine Brücke in Bärenstein und ein dort befindliches Objekt der NVA, fünf Antennenanlagen mit spezifischem Charakter in Oberwiesenthal, zwei Betriebe der Verteidigungsindustrie in Wiesa und Geyer, ein Treibstofflager, örtliche Kampfgruppen und über die von ihr benutzten Grenzübergangsstellen.
Weiterhin hat sie in sieben Fällen auf dem Bahnhofsgelände Frankfurt/Oder Truppenbewegungen der sowjetischen Streitkräfte erkundet.

- 2 -

Für die Realisierung der Aufträge wurde sie vom amerikanischen Geheimdienst mit rund 2.900,- DM entlohnt.

Verbrechen gemäß §§ 97 Abs. 2, 108 StGB

Die Untersuchungshaft hat aus den Gründen des Haftbefehls des Militärgerichts Berlin vom 17.12.1978 fortzudauern, weil ein Verbrechen den Gegenstand des Verfahrens bildet.

Auf Antrag des Militär-Oberstaatsanwalts - Abteilung IA - wird das Hauptverfahren vor dem 1. Militärstrafsenat des Militärobergerichts Berlin

e r ö f f n e t .

Wagner	Stünzner	Handke
Oberst	Major	Oberleutnant

Ausgefertigt:
Berlin, den 14.06.79
Sekretär Sachgebiet 1

(Quelle: BStU, MfS, GH 148/86)

Dokument 14

Berlin, den 10. 11. 1977

BStU
000029

VORSCHLAG

zur Durchführung eines Prozesses vor dem Militärobergericht Berlin

Es wird vorgeschlagen, in der Zeit vom 21. bis 23. November 1977 vor dem Militärobergericht Berlin die Hauptverhandlung gegen drei geworbene Agenten des Bundesnachrichtendienstes (BND) durchzuführen, die seit Jahren eine systematische Militärspionagetätigkeit gegen die DDR und die auf ihrem Territorium stationierten sowjetischen Streitkräfte betrieben haben.
Es handelt sich um

1. den BRD-Bürger
   J A H N , Horst
   geb. am [redacted] in Dahme
   Beruf: Speditionskaufmann
   zuletzt: Speditionskaufmann
   wohnhaft: Asperg, [redacted]
   in U-Haft seit dem 13. 07. 1977
2. den Ständigen Einwohner von Berlin (West)
   R I E T I G , Wolfgang
   geb. am [redacted] in Würgsdorf
   Beruf: Großhandelskaufmann/Diplompsychologe
   zuletzt: seit November 1976 arbeitslos
   wohnhaft: 1 Berlin (West) 30, [redacted]
   in U-Haft seit dem 12. 04. 1977
3. den BRD-Bürger
   K A L I X , Christian
   geb. am [redacted] in Veerßen
   Beruf: Einzelhandelskaufmann
   zuletzt: Maschinenarbeiter
   wohnhaft: 3110 Uelzen 1, [redacted]
   in U-Haft seit dem 20. 06. 1977

- 2 -

Die durch zwei Militärstaatsanwälte der Abteilung I A des Militäroberstaatsanwaltes der DDR vertretene Anklage erfolgt bei allen drei Personen wegen Verbrechen gemäß § 97 (2) (Spionage) und § 108 StGB (Staatsverbrechen, die gegen ein anderes sozialistisches Land gerichtet sind).
JAHN wird außerdem gemäß § 110 StGB (besonders schwerer Fall) angeklagt.

Die Schwere der Straftaten berechtigen

	J A H N	zu lebenslangem Freiheitsentzug,
	R I E T I G	zu 15 Jahren Freiheitsentzug
und	K A L I X	zu 12 Jahren Freiheitsentzug

zu verurteilen.

Zur Hervorhebung der Rolle des Verteidigers im sozialistischen Strafverfahren wird bei KALIX eine höhere Freiheitsstrafe beantragt, um dem Rechtsanwalt aufgrund einiger entlastender Momente Möglichkeiten zu geben, erfolgreich auf eine geringere Strafhöhe zu plädieren.

Die Hauptverhandlung erfolgt unter Ausschluß der Öffentlichkeit, vor einem ausgewählten Personenkreis (Angehörige der Sicherheitsorgane und ADN-Vertreter).
Auswertungsmaßnahmen werden durch die Agitationskommission des ZK in Zusammenarbeit mit dem MfS vorgenommen.
Westlichen Journalisten und Mitarbeitern der Ständigen Vertretung der BRD in der DDR wird als Entgegnung auf ähnliche Praktiken gegenüber DDR-Korrespondenten in der BRD die Prozeßteilnahme nicht gestattet.

- 3 -

I.

Das Ziel des Prozesses besteht darin, nachzuweisen, daß durch den BND als ein der Bundesregierung unterstehendes Organ systematisch, vorsätzlich und im großen Umfang durch die Organisierung und Durchführung von Spionagetätigkeit gegen die DDR

- das Abkommen zwischen der Regierung der DDR und der Regierung der BRD über den Transitverkehr von zivilen Personen und Gütern zwischen der BRD und Berlin (West) ständig verletzt wird

- die im Ergebnis des Grundlagenvertrages über die Beziehungen zwischen der DDR und der BRD vom 8. 11. 1972 und der Schlußakte der KSZE von Helsinki durch die Regierung der DDR Bürgern kapitalistischer Staaten gewährten großzügigen Einreisemöglichkeiten fortgesetzt mißbraucht werden

- und Berlin (West) ständig unter Verletzung des Vierseitigen Abkommens zum Ausgangspunkt für Militärspionage gegen die DDR genommen wird.

Des weiteren sollen besonders die raffinierten Mittel und Methoden des BND bei der Durchführung von militärischer und politischer Spionage gegen die DDR, seine u. a. durch den Einsatz von Jugendlichen und alten gebrechlichen Personen als Agenten gekennzeichnete Skrupellosigkeit, die Demagogie bei der Werbung von BRD-Bürgern und die Verleitung von DDR-Bürgern zu feindlichen Handlungen gegen ihren sozialistischen Staat entlarvt werden.
Ferner ist beabsichtigt, daß dieser Prozeß zur Verunsicherung des BND sowie seiner noch tätigen Agenturen mit dem Ziel der Einschränkung und Behinderung der von ihm ausgehenden Spionagetätigkeit gegen die DDR beiträgt.

- 4 -

II.

Zu 1.:
JAHN wurde Anfang 1968 durch einen Mitarbeiter des BND zur Militärspionage gegen die DDR und die sowjetischen Streitkräfte mit der Begründung, dadurch einer "Gefahr aus dem Osten" vorbeugen zu wollen, angeworben, nachdem zuvor unter der Legende eines "Meinungsforschungsinstituts" der Kontakt zu ihm aufgenommen worden war. Der ihn steuernde BND-Mitarbeiter war Angehöriger der faschistischen Luftwaffe gewesen.
In der Folgezeit bis 1971 führte JAHN auftragsgemäß unter Ausnutzung seiner damaligen beruflichen Tätigkeit als Kraftfahrer insgesamt ca. 500 Fahrten auf den Transitstraßen der DDR zwischen der BRD und Berlin (West) durch, um unter Mißbrauch des Transitverkehrs Informationen über die an den Strecken befindlichen Militärobjekte der Nationalen Volksarmee und Sowjetarmee sowie unterwegs festgestellte Militärtransporte zu sammeln und von Berlin (West) oder der BRD aus telefonisch und durch persönliche Zusammenkünfte an seine Auftraggeber zu übermitteln.
In der Zeit von 1971 bis 1975 wurde JAHN vom BND zur Anlegung von insgesamt 7 sogenannten "Toten Briefkästen" in Berlin, Dresden und Leipzig eingesetzt, die nachrichtendienstliche Hilfsmittel und Geld für andere Agenten enthielten. Mehrfach nutzte JAHN dabei instruktionsgemäß die erleichterten Einreisebedingungen zur Leipziger Messe aus.
Seit 1976 hatte JAHN vom BND den Auftrag, die großzügig erleichterten Einreisemöglichkeiten für Bürger der BRD in die DDR zu mißbrauchen, indem er bei als Besuchsreisen getarnten Erkundungsfahrten in seinem ehemaligen Wohnort Luckau dort in der Umgebung befindliche Militärobjekte der sowjetischen Streitkräfte, wie Kasernen, Flugplätze, Truppenübungsplätze, Radaranlagen aufzuklären hatte. Auftragsgemäß führte JAHN bisher zwei derartige Spionagezwecken dienende Reisen durch, wobei 1977 seine Festnahme erfolgte.
JAHN hatte darüber hinaus den ständigen Auftrag, Informationen über die Art und Weise der Kontrollen an den Grenzübergangsstellen

- 5 -

der DDR sowie über die Stimmung der Bevölkerung der DDR hinsichtlich politischer Ereignisse, der Versorgungslage, des Preisgefüges sowie von Mängeln und Mißständen zu übermitteln.
Bei der Erfüllung seiner Spionageaufträge wurde JAHN von seiner gleichfalls inhaftierten Ehefrau JAHN, [redacted] unterstützt.

Zu 2.:
RIETIG wurde unter Ausnutzung seiner damaligen ungünstigen finanziellen Lage als Student Anfang 1970 durch einen Mitarbeiter einer widerrechtlich in Berlin (West) etablierten Dienststelle des BND unter dem Vorwand, damit der Sicherung des Friedens zu dienen, zur Spionagetätigkeit gegen die DDR und die sowjetischen Streitkräfte angeworben. Der Kontakt zu ihm erfolgte aufgrund einer Zeitungsannonce, die eine gutbezahlte Nebenbeschäftigung anbot.

Schwerpunktmäßig wurde RIETIG zur Erkundung der an Transitstrecken der DDR gelegenen militärischen Objekte der in der DDR stationierten sowjetischen Streitkräfte, der Nationalen Volksarmee und Deutschen Volkspolizei eingesetzt. In Erfüllung dieses Spionageauftrages führte er den zwischen der Regierung der DDR und der Regierung der BRD vertraglich geregelten Transitverkehr zwischen der BRD und Berlin (West) mißbrauchend seit 1970 bis zu seiner Festnahme im April 1977 insgesamt ca. 250 Erkundungsfahrten mit der Eisenbahn, vor allem zwischen den Grenzübergangsstellen Griebnitzsee - Marienborn, und zum Teil mit PKW, besonders zwischen den Grenzübergangsstellen Drewitz - Marienborn, durch, wobei er systematisch Informationen über insgesamt 17 Militärobjekte sammelte und bei persönlichen Zusammenkünften in Berlin (West) sowie telefonisch seinen Auftraggeber auslieferte.
Des weiteren erstattete RIETIG dem BND über etwa 110 beobachtete Militärtransporte auf Schiene und Straße sowie über Brückenbauten Bericht.
Auftragsgemäß erkundete er darüber hinaus bei seinen Spionagefahrten stets den Ablauf der Paß- und Zollkontrollen an den Grenzübergangsstellen der DDR zwischen der BRD und Berlin (West).

- 6 -

<u>Zu 3.:</u>
KALIX wurde im Sommer 1971 als 17jähriger vom BND unter Ausnutzung seiner jugendlichen Unerfahrenheit und Abenteuerlust mit der Begründung, einer "Gefahr aus dem Osten" zuvorzukommen, zur Spionagetätigkeit gegen die DDR und die auf ihrem Gebiet stationierten Streitkräfte der Sowjetarmee angeworben.
Auch zu ihm war unter der Legende "Meinungsforschungsinstitut" der Kontakt aufgenommen worden.
Der ihn bis zur Festnahme steuernde Mitarbeiter des BND war faschistischer Jagdflieger und nimmt gegenwärtig noch an Traditionstreffen des Geschwaders "Richthofen" der Bundesluftwaffe teil.
Auftragsgemäß spionierte KALIX unter Mißbrauch der vor allem in Verwirklichung der Schlußakte der KSZE großzügig gewährten Einreisemöglichkeiten für Bürger kapitalistischer Staaten in die DDR im Verlaufe von insgesamt 8 Einreisen 9 militärische Objekte der sowjetischen Streitkräfte im Raum Brandenburg und Ziesar aus, indem er diese systematisch unter Kontrolle hielt und bei den persönlichen Zusammenkünften über alle Feststellungen seinen Auftraggebern Meldung machte.
Des weiteren übermittelte er dem BND Informationen über eine Vielzahl von Militärtransporten und klärte ein neuerbautes Staatsreservelager auf.
Entsprechend eines ständigen Auftrages zur Erkundung der inneren Lage in der DDR sollte KALIX den BND interessierende Informationen über negative politische Gruppierungen, über Antragsteller auf Übersiedlung in die BRD, über Personen, die ungesetzlich die DDR verlassen wollen, über die Wirkung der Massenmedien der BRD auf die Bevölkerung der DDR, über die Stimmung der DDR-Bürger zu aktuellen politischen Ereignissen und über die Versorgungslage sammeln.
Außerdem berichtete er jeweils über den Ablauf der Kontrollen an den Grenzübergangsstellen und übergab nach jeder Reise dem BND die ihm verbliebenen Reisedokumente zur nachrichtendienstlichen Auswertung.

- 7 -

Vom BND-Mitarbeiter hatte er gesprächsweise erfahren, daß der BND Ausschleusungen von DDR-Bürgern durchführt.
Zur Erhöhung der Intensität seiner Spionagetätigkeit warb KALIX im Auftrage des BND Mitte 1974 ein ihm bekanntes Ehepaar aus der DDR als "Unterquelle" an und steuerte als Kurier und Instrukteur in der Folgezeit dessen Einsatz, der in unterstützenden Handlungen bei der Informationssammlung und dem Aufsuchen militärischer Objekte bestand.
Beide DDR-Bürger stellten sich später den Sicherheitsorganen und arbeiteten mit ihnen zusammen.

III.

Die Straftaten aller drei Beschuldigten werden durch detaillierte eigene Aussagen, persönliche Niederschriften und zum Teil durch bei der Festnahme sichergestellte Aufzeichnungen über Telefonnummern des BND und gesammelte Spionageinformationen bewiesen.
Als unmittelbare Tatzeugen zur Bestätigung der Aussagen sind die Ehefrau von JAHN und die von KALIX angeworbene DDR-Bürgerin vorgesehen.
Da eine wichtige Grundlage der Beweisführung das Vergleichen mit den Ergebnissen anderer Ermittlungsverfahren gegen Spione des BND darstellt, ist beabsichtigt, die noch in Untersuchungshaft befindlichen BRD-Bürger

[redacted]
geb. am [redacted] Ludwigslust
Beruf Lehrer
zuletzt: Rentner
in U-Haft seit 29. 06. 1977

und dessen Ehefrau

[redacted]
geb. am [redacted] Münster
zuletzt: Hausfrau
in U-Haft seit 29. 06. 1977

- 8 -

BStU
000036

in der Hauptverhandlung als Sachzeugen auftreten zu lassen.
[redacted], der 1963 vom BND angeworben wurde, betrieb bis zu seiner Festnahme unter Mißbrauch der Einreisemöglichkeiten in die DDR im Verlaufe von 27 Besuchsaufenthalten eine umfangreiche Spionagetätigkeit gegen im Bezirk Schwerin befindliche Objekte der Landesverteidigung und zur Aufklärung der inneren Lage in der DDR sowie der Kontrollen an den Grenzübergangsstellen zur BRD.
Zur Intensivierung seiner Spionage setzte der BND die teilgelähmte Ehefrau des [redacted] mit ein, damit sie durch die Führung des PKW bei den Spionagefahrten in der DDR die Informationssammlungsmöglichkeiten von [redacted], der keine Fahrerlaubnis besitzt, bedeutend erweitert.
Zur Bestätigung der widerrechtlichen Ausnutzung Westberlins durch Mitarbeiter des BND sowie der Methodik der unter systematischem Mißbrauch des Transitverkehrs betriebenen Spionagetätigkeit wird als weiterer Sachzeuge

[redacted], [redacted]
geb. am [redacted] in Schönow
Beruf: ohne
zuletzt: Student
wohnhaft: in Berlin (West) 42,
[redacted]
in U-Haft seit dem 19. 06. 1977

geladen.
[redacted] wurde 1973 in Berlin (West) vom BND geworben und führte bis zu seiner Festnahme mit der Eisenbahn auf der Transitstrecke der DDR zwischen Berlin (West) und Hannover ca. 110 Spionagefahrten zur Beobachtung der an der Strecke gelegenen militärischen Objekte der Sowjetarmee und Nationalen Volksarmee durch. Die Berichterstattung erfolgte telefonisch und bei persönlichen Zusammentreffen mit seinen Auftraggebern in Berlin (West).

(Quelle: BStU, MfS, HA IX, 3721, S. 29 ff.)

Dokument 15

Militärobergericht Berlin
– 1 a Strafsenat –
Az.: BS-1a-16/77 MOG-Be
Str. IA-90 a-c/77 S

I M N A M E N D E S V O L K E S !
In der Strafsache

gegen

1. den Speditionskaufmann
J a h n , Horst
geb. am [redacted] in Dahme
wohnhaft: 7144 Asperg/BRD, [redacted]
seit 13. 07. 1977 in Untersuchungshaft in der UHA des MfS Berlin

2. den Großhandelskaufmann/Diplom-Psychologe
R i e t i g , Wolfgang
geb. am [redacted] in Würgsdorf
wohnhaft: 1 Berlin 30, [redacted]
seit 12. 04. 1977 in Untersuchungshaft in der UHA des MfS Berlin

3. den Einzelhandelskaufmann
K a l i x , Christian
geb. am [redacted] in Veerßen
wohnhaft: 3110 Uelzen 1 (BRD), [redacted]
seit 20. 06. 1977 in Untersuchungshaft in der UHA des MfS Berlin

wegen 1. und 2. Spionage im besonders schweren Fall
3. Spionage

hat der 1a Strafsenat des Militärobergerichts Berlin in seiner Hauptverhandlung am 21., 22. und 23. November 1977, an der teilgenommen haben:

- 2 -

Militäroberrichter Oberstleutnant Penndorf
als Vorsitzender,

Oberstleutnant Schröder
Oberstleutnant Richter
als Militärschöffen,

Militärstaatsanwälte Oberstleutnant Lohse und Müller
als Vertreter des Militär-Oberstaatsanwaltes,

Rechtsanwalt Dr. Vogel,
Rechtsanwalt Starkulla
für die Angeklagten Jahn und Rietig
als Wahlverteidiger,

Frau Rechtsanwalt Erdmann
für den Angeklagten Kalix
als Wahlverteidiger,

Oberfeldwebel Leymann
als Protokollführer

für Recht erkannt:

Es werden verurteilt:

1. Der Angeklagte J a h n wegen gemeinschaftlich begangener Spionage im besonders schweren Fall (Verbrechen gemäß §§ 97 Abs. 2 und 4, 110 Ziff. 1, 108, 22 Abs. 2 Ziff. 2 StGB)
zu einer
l e b e n s l a n g e n Freiheitsstrafe.

2. Der Angeklagte R i e t i g wegen Spionage im besonders schweren Fall (Verbrechen gemäß §§ 97 Abs. 2 und 4 , 110 Ziff. 1, 108 StGB) zu einer Freiheitsstrafe von
15 - fünfzehn - Jahren.

3. Der Angeklagte K a l i x wegen Spionage (Verbrechen gemäß §§ 97 Abs. 2, 108 StGB) zu einer Freiheitsstrafe von
10 - z e h n - Jahren.

- 3 -

4. Gemäß § 56 Abs. 1 StGB werden e i n g e z o g e n :

4.1. vom Angeklagten J a h n
- 1 PKW "Mercedes Benz 230", amtl. Kennzeichen:
LB-[redacted] mit Zubehör

- die im Band I auf Bl. 21 unter der laufenden Nummer
2 bis 6 aufgeführten Gegenstände.

4.2. vom Angeklagten R i e t i g
- 1 PKW "Renault R 5", amtl. Kennzeichen: B-[redacted]
mit Zubehör

- die im Band IV auf Blatt 30 und 31 unter der laufenden
Nummer 2 bis 5 und 11 bis 12 aufgeführten Gegenstände.

4.3. vom Angeklagten K a l i x
- die im Band VI auf Blatt 16 unter der laufenden Nummer
1 bis 2 aufgeführten Gegenstände.

5. Gemäß § 57 Abs. 3 StGB werden vom Angeklagten Rietig die im Band IV auf Bl. 30 unter der laufenden Nummer 6 - 10 aufgeführten Vermögenswerte
- 1 Autoradio "Blaupunkt"
- 1 Antenne
- 1 Kugellautsprecher
- 1 Kassettengerät "Blaupunkt"
- 1 Drehzahlmesser

e i n g e z o g e n .

6. Die Auslagen des Verfahrens einschließlich der weiteren durch die Strafverfolgung (Vollzug der Untersuchungshaft, Verwirklichung der erkannten Maßnahmen der strafrechtlichen Verantwortlichkeit) entstehenden Auslagen haben die Angeklagten zu tragen.

(Quelle: BStU, MfS, HA IX, 3721, S. 29 ff.)

Dokument 16

Nb 1

Oberstes Gericht
der
Deutschen Demokratischen Republik
1. Militärstrafsenat

Berlin, den 27. Juli 1979

BStU
000133

Az.: 1 OMSB 06/79
BS-1-6/79 MOG-Be
Str. IA - 47/79 S

B e s c h l u ß

In der
Strafsache

gegen die Einwohnerin von Berlin (West)
K o h l, Martina geborene Huscheck
geboren am 28. Dezember 1953 in Schwallungen
wohnhaft: Berlin (West) 20, [redacted]
seit dem 16. Dezember 1978 i[redacted]uchungshaft
z.Z. UHA des MfS Berlin

wird die Berufung der Angeklagten gegen das Urteil des Militärobergerichts Berlin vom 13. Juli 1979 (BS-1-6/79 MOG-Be) als offensichtlich unbegründet

v e r w o r f e n .

Die Auslagen des Rechtsmittelverfahrens trägt die Angeklagte.

G r ü n d e :

Das Militärobergericht verurteilte die Angeklagte wegen Spionage (Verbrechen gemäß § 97 Abs. 2 in Verbindung mit § 108 StGB) zu einer Freiheitsstrafe von 10 Jahren.
Mit der gegen diese Entscheidung eingelegten Berufung wird die Verurteilung zu einer niedrigeren Freiheitsstrafe angestrebt.
Die Berufung hatte keinen Erfolg.
Im Ergebnis der Überprüfung der angefochtenen Entscheidung ist zunächst festzustellen, daß das Militärobergericht den Sachverhalt umfassend aufgeklärt, richtig festgestellt und rechtlich zutreffend gewürdigt hat.
Auch die vom Militärobergericht ausgesprochene Strafe ist nicht zu beanstanden. Sie beruht auf der hohen Gesellschaftsgefährlichkeit des begangenen Spionageverbrechens.

-2-

62

BStU
000134

- 2 -

Die Angeklagte war als eine fest in das System eines amerikanischen Geheimdienstes integrierte Agentin feindlich gegen die Deutsche Demokratische Republik tätig. Sie entwickelte eine große Intensität bei der Durchführung ihrer Spionageaufträge. Zielstrebig und mit einem erheblichen physischen Aufwand hat sie in einem relativ kurzen Zeitraum militärische Objekte in einem eng begrenzten Territorium der Deutschen Demokratischen Republik wiederholt aufgesucht und aufgeklärt. Ihre auf eigene Initiative zustande gekommene Zusammenarbeit mit dem imperialistischen Geheimdienst war darauf gerichtet, die Aufträge zur Zufriedenheit ihrer Auftraggeber zu erfüllen.

Zutreffend würdigte das Militärobergericht die vorstehenden, das Maß der Strafe bestimmenden objektiven und subjektiven Umstände. Gleichzeitig berücksichtigte es gemäß § 61 StGB tatbezogen die bisherige Persönlichkeitsentwicklung sowie die Geständnisbereitschaft der Angeklagten.

Aus den genannten Gründen war in Übereinstimmung mit dem Antrag des Militär-Oberstaatsanwalts die Berufung gemäß § 293 Abs. 3 StPO als offensichtlich unbegründet zu verwerfen.

Die Entscheidung über die Auslagen des Rechtsmittelverfahrens beruht auf § 367 Abs. 3 StPO.

Nagel	Benkenstein	Knoche
Oberst	Hauptmann	Oberstltn.

310

(Quelle: BStU, MfS, GH 148/86)

Dokument 17

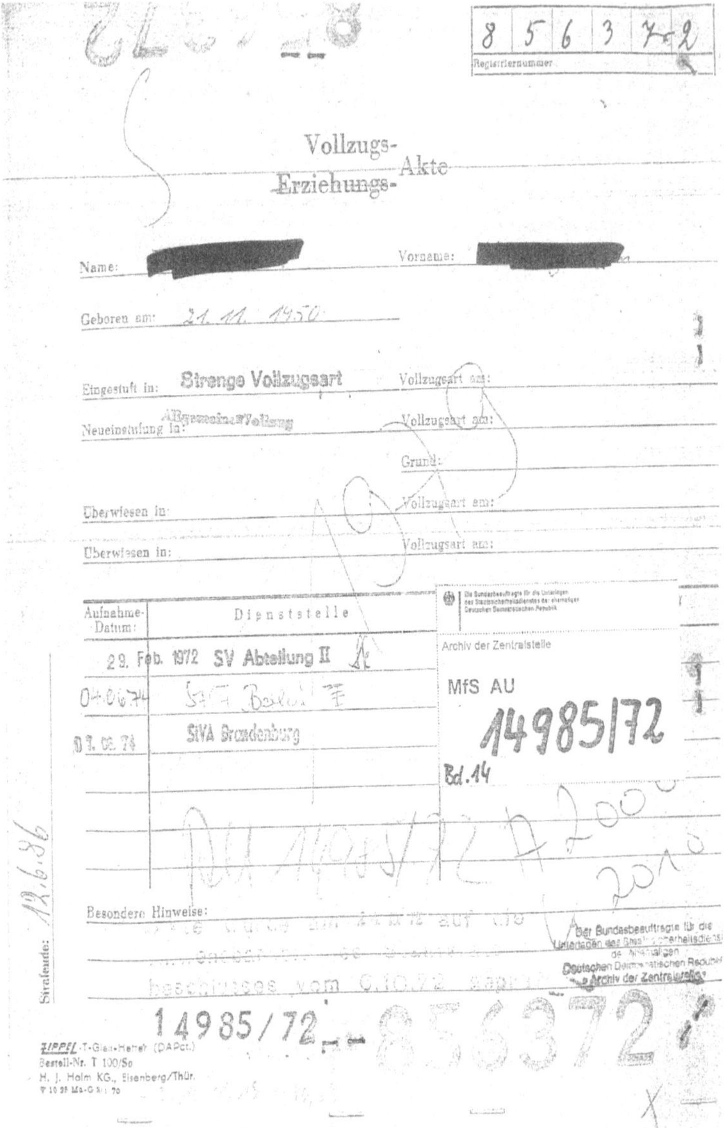

8563722

Registriernummer

Vollzugs-
Erziehungs- Akte

Name: [redacted] Vorname: [redacted]

Geboren am: 21. 11. 1950

Eingestuft in: Strenge Vollzugsart Vollzugsart am:

Neueinstufung in: Allgemeiner Vollzug Vollzugsart am:

Grund:

Überwiesen in: Vollzugsart am:

Überwiesen in: Vollzugsart am:

Aufnahme-Datum:	Dienststelle
29. Feb. 1972	SV Abteilung II
04.06.74	StVA Berlin
07. 06. 74	StVA Brandenburg

Archiv der Zentralstelle

MfS AU 14985/72

Bd. 14

Besondere Hinweise:

Strafende: 12.6.86

Der Bundesbeauftragte für die Unterlagen des Staatssicherheitsdienstes der ehemaligen Deutschen Demokratischen Republik – Archiv der Zentralstelle

14985/72 – 856372

ZIPPEL-T-Glas-Hefter (DAPct.)
Bestell-Nr. T 100/So
H. J. Holm KG., Eisenberg/Thür.

BStU
SV 1 [illegible] 000004

Aufnahmebogen

8 5 6 3 7 2
Registriernummer

[redacted]
Familienname

[redacted]
Vorname

Geburtsdatum [redacted]

Ort Ammendorf/Saalkreis

Staatsangehörigkeit DDR

Nationalität deutsch

Soziale Herkunft Arbeiter

Wohnsitz

Bezirk 3023 Magdeburg

Kreis

Ort

Straße [redacted]

Familienstand verheiratet

Unterhaltsberechtigte vorhanden ja/nein

PA abgesandt

Nr.

am

an

VPKA Abt. PM

verständigt am

Aufenthaltsbeschränkung ja/nein
für

Erstzuziehender/Rückkehrer ja/nein

Erstzuzug am

Rückkehrer erstmalig am

Rückkehrer mehrmalig am

Verbindung nach WD/WB
kap. Ausland ja/nein

Im Aufnahmeheim

am .... um Aufnahme ersucht

Aufnahmeverfahren – nicht – abgeschlossen

Bei mehrmaliger Rückkehr – Aufenthaltsort und -dauer außerhalb der DDR

Allgemeinbildung

Universität / Hochschule / Fachschule
Abschluß 10 Klasse / Jahr d. Abschl.
Sonderschule (Hilfsschule)

Beruf ohne

erlernt Dreher-

vorwiegend ausgeübt anlerner

Berufsausbildung

keine / abgeschlossene Berufsausbildung / mit 2. Beruf / in Berufsausbildung befindlich / Schüler / Student

Letzte Arbeitsstelle Thälmann-Werk Magdeburg

Bereich: Kranbau-Dreherei

Arbeitsrechtsverhältnis gekündigt / nicht gekündigt

Arbeitsrechtsverhältnis

ständiges / Arbeitsbummelant / nicht berufstätig / Rentner / Invalidenrentner

als Wehrpflichtiger erfaßt am

Festnahmedatum 13.6.1971

Einlieferung / Selbststeller

am 13.6.1971

von

Aufn.-SVE UHA MfS BerlinII
SVU Berlin

Mittäter

Verteidiger

Fahndungsbuch überprüft am

12.06.74 [illegible]

Verurteilungen

Verurteilender Gericht		MDG Berlin		
Aktenzeichen	StA	Sr.IA-15/71 (L)		
	Gericht	–		
Tag des Urteils		8.2.72		
Straftat		§§ 101, 110, 254 StGB		
Dauer und Art des FE		15 Jhr FS		
Anzurechn. U-Haft				
FE	Beginn TB	13.6.71		
	Ende TE	12.6.86	F.	
Neuer Entlassungstag		22.03.75	§ 345	

Vermerke

Eingestuft nach § 12 SVWG

in [illegible]
(Vollzugsart)

Einzuweisen in

StVE [illegible]
(Strafvollzugseinrichtung)

Ltr. Vollzugs-GSt (Name, Dienstgr.)

Ltr. bzw. 1. Stellv. (Name, Dienstgr.)

Überprüft von SVE

[illegible]
(Name, Dienstgrad)

Überweisung nach § 20 SVWG in

....
(Vollzugsart)

Blatt .... der Vollzugsakte

Begleitakte angefordert am

bei

Im Anschluß einweisen in:

Sonstige Festlegungen des Gerichts:

Maßnahmen nach § 47 StGB vor der Entlassung zu prüfen ja/nein

SV 1 (67/11) Ag 106/2765/61

Vorstrafen lt. Strafregisterauszug

.........X Freiheitsstrafe
.........X Freiheitsstrafe Jgdl.
.........X Arbeitserziehung
.........X Haftstrafe
.........X Einweisung Jugendhaus
.........X Jugendhaft
.........X Verurteilung auf Bewährung
davon als Jgdl. X
.........X Geldstrafe / öffentl. Tadel

letzte Verurteilung
wegen

einschlägig vorbestraft ja/nein

in anderen Staaten vorbestraft ja/nein
(eigene Angaben des Inhaftierten)
wann
wegen

Jahr der 1. Verurteilung
Alter der 1. Verurteilung

Tauglichkeitsstufe

Tätigkeit in bewaffneten Organen (Dauer, Organ)
Dienststellung Mechaniker
3.11.69–13.6.71 LV
Spezialkenntnisse Triebwerk/Zelle

sonstige Spezialkenntnisse

Besondere Merkmale

Zugehörigkeit zu Parteien u. Massenorganisationen
FDJ, FDGB, DTSB

Familienverhältnisse

geordnet / nicht geordnet
Ehegatten leben zusammen { normale Eheverhältnisse / zerrüttete Eheverhältnisse
Ehegatten leben getrennt { berufliche Gründe, kein Wohnraum, / zerrüttete Eheverhältnisse

Wohnverhältnisse

Wohnung vorhanden / nicht vorhanden / Wohnung bei Eltern / eigene Wohnung / Untermiete / Wohnlager / Wohnheim / Internat / ohne Wohnung
letzte Entlassung aus SV am
Grund SVE

Unterhaltsberechtigte

Name	Geb.-Datum	Anschrift	Stellung z. Inhaftierten	Höhe d. Beitrages lt. Beschluß, Urteil usw.
Ivonne T.	11.3.70	gl. Anschr.	Tochter	

Aufnahmeverhandlung

Der/Die [redacted] wurde zu Beginn der Verhandlung ermahnt, nur wahrheitsgemäße Angaben zu machen. Er/Sie erklärt darauf: Ich bestätige, daß die Angaben, die ich hier über meine Person gemacht habe, richtig sind. Ich habe kein...... unversorgte...... Kind...... in meiner Wohnung in 3023 Magdeburg, [redacted] zurückgelassen.

Ich möchte den Post- und Berufsverkehr durchführen mit:

[redacted], gl. Anschr. Ehefrau
(Name) (Anschrift) (Beziehung zum Inhaftierten)

Über die sozialversicherungsrechtliche Stellung während der Haft wurde ich belehrt. Die Strafzeit wurde mir bekanntgegeben.

Geschlossen:

Vorgelesen, genehmigt u. unterschrieben:

[redacted]

(Name, Dienstgrad)

(Quelle: BStU, MfS, AU 14985/72, Bd. 14)

Dokument 18

POLITISCHE GEFANGENE IN DER DDR – EINE ENQUETE (1975/76) der Arbeitsgemeinschaft 13. August

Ort	Form der Unterbringung	ca–Belegung
Altenburg	AEK	30
Altstrelitz	StVA	10
Athensleben	AEK	10
Bautzen I und II	S, UHA (MfS), StVA, HK	350
Berlin	S, S, UHA (MfS), UHA (MfS), UHA (MfS), UHA (MdI), UHA (MdI), StVA, FStVA,	1.550
Berndshof	MStVK	120
Bitterfeld	UHA (MfS), LStVK	20
Brandenburg-Görden	UHA (MfS), StVA	800
Bützow-Dreibergen	FStVA, HK	250
Cottbus	S, UHA (MfS), UHA (MdI)	450
Dessau	FStVA, JStVA	100
Dresden	UHA (MfS), UHA (MdI)	50
Eisenach	UHA (MfS)	20
Erfurt	UHA (MfS), StVA	120
FRankfurt/Oder	UHA (MfS), UHA (MdI), StVA	60
Gera	UHA (MfS), UHA (MdI)	20
Görlitz	UhA (MfS), FStVA, HK, JStVA	80
Gotha	UHA (MfS)	40
Halle	UHA (MfS), UHA (MdI), StVA	120
Hoheneck	FStVA	250
Ichtershausen	JStVA	20
Jena	UhA (MfS)	20
Karl-Marx-Stadt	UHA (MfS), UHA (MdI), StVA	50
Königswusterhausen	HK	20
Kyritz	UHA (MdI)	10
Leipzig	UHA (MfS), StVA	50
Luckau	JStVA	100
Magdeburg	UHA (MfS), StVA, LStVK	50
Magdeburg-Sudenburg	UHA (MfS), UHA (MdI), StVA	80
Mansfeld	LStVK	30
Markkleeberg	FAEK	50
Merseburg	UHA (MfS)	20
Meusdorf	HK	50
Naum burg	StVA	50
Neubrandenburg	UHA (MfS), UHA (MdI), StVA	10
Neustrelitz	UHA (MfS)	30
Oranienburg	UHA (MdI)	10
Parchim	MStVK	120
Plauen	UHA (MfS), StVA	20
Potsdam	UHA (MfS), UHA (MdI), StVA	110
Prora (Rügen)	UHA (MfS)	10
Quedlinburg	FAEK	20
Rackwitz	AEK	50
Rassnitz	AEK	60
Regisbreitingen	LStVK, AEK	100
Riesa	LStVK, AEK	80
Rossleben	LStVK HAL (1972)	50
Rostock u. Rost.–Berenshop	UHA (MfS), UHA (MdI), AEK	80
Rüdersdorf	LStVK	10
Sollstedt	AEK	30
Suhl	UHA (MfS), UHA (MdI)	50
Schwarze Pumpe	LStVK	100
Schwedt	MStVK	80
Schwerin	UHA (MfS), UHA (MdI), StVA	50
Stassfurt	AEK	20
Stendal	UHA (MdI)	10
Stralsund	UHA (MdI), LStVK	10
Thale	AEK	20
Torgau	JStVA	80
Untermassfeld	StVA	100
Unterwellenborn	AEK	50
Volkstedt	AEK	30
Waldheim	StVA, HK	250
Warnemünde	AEK	100
Wismar	UHA (MfS), UHA (MdI)	30
Zwickau	UHA (MfS), AEK	50
weitere ca. 50 kleinere Haftanstalten oder U-Haftanstalten		200
Ergebnis der Einzelbefragungen 1975/76		7.070

Dokument 19

DVW 1/39523

Nationaler Verteidigungsrat der DDR
Protokolle und Tagesordnungen
1980

Bereitstellendes Archiv:	Bundesarchiv
Findbuch:	Nationaler Verteidigungsrat der DDR
Bestand:	Protokolle und Tagesordnungen
Überschrift:	1980
Bestellsignatur:	DVW 1/39523
Titel:	62. Sitzung des NVR am 21. November 1980
Enthält/Darin:	Dem NVR liegen Berichte über die NATO-Herbstmanöver "HERBSTSCHMIEDE - 80" sowie zum Manöver der Warschauer Paktstaaten "WAFFENBRÜDERSCHAFT - 80" vor. Den NATO-Staaten werden nach wie vor Aggressionsabsichten unterstellt. Darauf bauen die Übungen des Warschauer Paktes auf. Einladungen von DDR-Beobachtern zu den NATO-Manövern wurden nicht angenommen. Mit der Kriegsmeldeordnung wird eine weitere Vorschrift für den Kriegsfall bestätigt. Dem NVR liegen zur Beschlussfassung das Grenzgesetz, die Grenzverordnung und die Grenzordnung sowie eine Durchführungsverordnung über die Erweiterung der Territorialgewässer der DDR vor. Diese Rechtsvorschriften werden 1982 von der Volkskammer verabschiedet. Es wird ein Beschluss zur Verhinderung von Luftraumverletzungen gefasst. Darin sind sowohl die Verletzungen von westlicher Seite als auch die von Flugzeugen der DDR dokumentiert. Ein weiterer Beschluss betrifft die Schaffung der Disziplinarstrafe "Dienst in der Disziplinareinheit". Dem Ministerium für Nationale Verteidigung wird ab Januar 1982 die Übernahme der Strafverfolgung, des Strafarrestes und der Untersuchungshaft in einer zentralen militärischen Einheit in Schwedt/Oder übertragen. Mit Wirkung vom 1. Januar 1981 tritt die Direktive über "Rolle, Platz, Aufgaben, Organisation und Ausbildung der Kampfgruppen" in Kraft. Sie soll die Entwicklung der Kampfgruppen bis 1990 bestimmen. Der NVR stellt fes, dass die Ersatzteilversorgung für die bewaffneten Kräfte nicht ausreichend gesichert ist. Er beschließt Maßnahmen zu deren Verbesserung. Das Ministerium für chemische Industrie legt eine Entwicklungskonzeption für die Eigenproduktion von Sprengstoffen bis 1990 vor, die vom NVR gebilligt wird. Den "Grundsätzen über die Ausübung der Justiz und die Tätigkeit der Justizorgane im Verteidigungszustand" wird zugestimmt. Die Grundsätze höhlen die Grundrechte der Menschen weiter aus. Grundsätze zur Arbeit mit Kirchen und Religionsgemeinschaften im Verteidigungszustand sollen die Kirchen zur Erfüllung humanitärer Aufgaben heranziehen. Es werden Regelungen zum Schutz des Kulturgutes getroffen.
Enthält/Darin:	**Tagesordnung:** 1. Inhalt und Ergebnisse der NATO-Herbstmanöver 1980 - 2. Bericht über die gemeinsame operativ-strategische Übung der Vereinten Streitkräfte "WAFFENBRÜDERSCHAFT 80" - 3. Kriegsmeldeordnung der DDR - 4. Rechtsvorschriften über die Staatsgrenze der DDR (gemäß Beschluss des NVR vom 20. September 1977) a) Gesetz über die Staatsgrenze der DDR - Grenzgesetz - b) Durchführungsverordnung zum Grenzgesetz - Grenzverordnung - c) Anordnung über die Ordnung in den Grenzgebieten und den Seegewässern der DDR - Grenzordnung - d) Durchführungsverordnung zum Grenzgesetz über die

Territorialgewässer der DDR (Varianten 1 bis 3) - 5. Analyse der Handlungen gegen Verletzer des Luftraumes der DDR und der Rechtslage zu ihrer Abwehr - 6. Grundsätze zur Schaffung der Disziplinarstrafe " Dienst in der Disziplinareinheit", zur Übernahme des Strafvollzugs und der Untersuchungshaft an Militärpersonen durch das MfNV sowie zur Einziehung von Sachen (Schwedt) - 7. Direktive des Vorsitzenden des NVR über Rolle, Platz, Aufgaben, Organisation und Ausbildung der Kampfgruppen der Arbeiterklasse der DDR und Festlegung der Anzahl der Einheiten und personellen Stärke der Kampfgruppen der Arbeiterklasse sowie Höhe und Staffelung der Vorräte - 8. Information über die Ersatzteilversorgung der bewaffneten Organe und die sich daraus ergebenden Maßnahmen zur Steigerung der Ersatzteilproduktion - 9. Bericht über Stand und Probleme der perspektivischen Absicherung des Bedarfs an Kfz-Instandsetzungen, insbesondere an Spezialtechnik für die bewaffneten Organe der DDR im Frieden und im Verteidigungszustand - 10. Konzeption zur Entwicklung der Sprengstoffindustrie der DDR bis 1990 zur Sicherstellung der Landesverteidigung - 11. Grundsätze für die Erarbeitung gesamtstaatlicher Regelungen zur Vorbereitung des Schutzes des Kulturgutes bei bewaffneten Konflikten - 12. Grundsätze über die Ausübung der Justiz und die Tätigkeit der Justizorgane im Verteidigungszustand - 13. Grundsätze zur Arbeit mit Kirchen und Religionsgemeinschaften in einer Spannungsperiode und im Verteidigungszustand - 14. Kaderfragen

Provenienz: Ministerium für Nationale Verteidigung der DDR (MfNV)

|< << >> >|

296

Geheime Kommandosache
27 (persönlich!) 27 39/80

01. Ausfertigung • 11 Blatt

Eingereicht von:	Minister für Nationale Verteidigung, Genossen Armeegeneral H. H o f f m a n n

TOP – 6

Beschlußvorlage

für den Nationalen Verteidigungsrat
der Deutschen Demokratischen Republik

Inhalt:	Grundsätze zur Schaffung der Disziplinarstrafe "Dienst in der Disziplinareinheit", zur Übernahme des Strafvollzugs und der Untersuchungshaft an Militärpersonen durch das Ministerium für Nationale Verteidigung sowie zur Einziehung von Sachen
Erarbeitet von:	Stellvertreter des Ministers für Nationale Verteidigung und Chef des Hauptstabes, Genossen Generaloberst F. S t r e l e t z
Zugestimmt haben:	Minister für Staatssicherheit, Genosse Armeegeneral E. M i e l k e
	Minister des Innern und Chef der Deutschen Volkspolizei, Genosse Generaloberst F. D i c k e l

zu TOP 6: Grunds□tze zur Schaffung der Disziplinarstrafe "Dienst in der Disziplinareinheit", zur □bernahme des Strafvollzugs und der Untersuchungshaft an Milit□rpersonen durch das MfNV sowie zur Einziehung von Sachen [= Milit□rgef□ngnis Schwedt]

Dokument 20

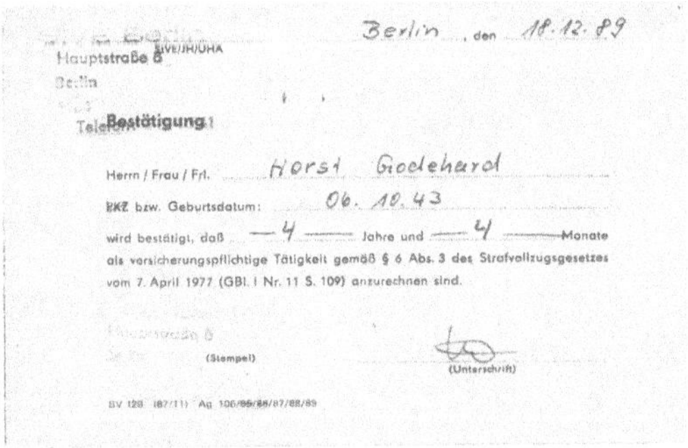

Berlin, den 18.12.89

BVE/JH/UHA
Hauptstraße 8
Berlin

Telefon

Bestätigung

Herrn / Frau / Frl. Horst Godehard

PKZ bzw. Geburtsdatum: 06.10.43

wird bestätigt, daß —4— Jahre und —4— Monate als versicherungspflichtige Tätigkeit gemäß § 6 Abs. 3 des Strafvollzugsgesetzes vom 7. April 1977 (GBl. I Nr. 11 S. 109) anzurechnen sind.

(Stempel)

(Unterschrift)

BV 128 (87/11) Ag 106/85/86/87/88/89

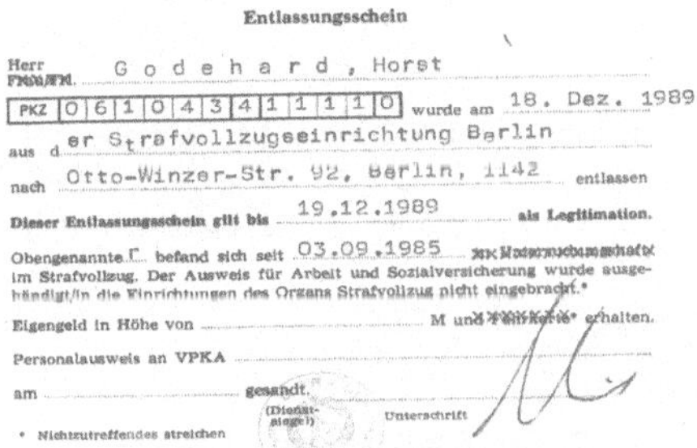

Entlassungsschein

Herr ~~Frau/Frl.~~ G o d e h a r d , Horst

PKZ 0 6 1 0 4 3 4 1 1 1 1 0 wurde am 18. Dez. 1989

aus der Strafvollzugseinrichtung Berlin

nach Otto-Winzer-Str. 92, Berlin, 1142 entlassen

Dieser Entlassungsschein gilt bis 19.12.1989 **als Legitimation.**

Obengenannte r befand sich seit 03.09.1985 ~~in Untersuchungshaft~~ im Strafvollzug. Der Ausweis für Arbeit und Sozialversicherung wurde ausgehändigt/in die Einrichtungen des Organs Strafvollzug nicht eingebracht.*

Eigengeld in Höhe von .... M und ~~Fahrkarte~~* erhalten.

Personalausweis an VPKA

am .... gesandt.

(Dienstsiegel) Unterschrift

* Nichtzutreffendes streichen

(Quelle: Privatarchiv des Verfassers)

Dokument 21

56

OMS-1-01/81 Berlin, den 22.05.1981

BStU
000062

K o n z e p t i o n
zur Hauptverhandlung

1. Eröffnung
08.3o Uhr HV vor dem 1. Militärstrafsenat des Militärkollegiums des Obersten Gerichts eröffnet.
Verhandelt wird gegen den ehemaligen Hptm. des MfS Dr. Teske, Werner
aus der U-Haft vorgeführt
Verteidiger RA Cheim, lt. Beschluß
Zeugen nicht geladen
militärischer Sachverständiger OSL Kienast, MfS

2. Senatsbesetzung
Vorsitz Militäroberrichter Oberst Nagel
mitwirkende Militärrichter Oberst Knoche
Hptm. Benkenstein
i.V. des MOStA
MStA Oberst Kadgien

Protokoll führt Fhr. Pott

3. b.d.V.

Für den weiteren Fortgang der Hauptverhandlung wird die Öffentlichkeit gem. § 211 Abs. 3 StPO im Interesse der Notwendigkeit der Geheimhaltung ausgeschlossen.
Nach § 212 Abs. 2 StPO wird allen Anwesenden die Geheimhaltung aller in der Hauptverhandlung zur Sprache kommenden Tatsachen zur Pflicht gemacht.
Den anwesenden Vertretern des U-Organs wird die weitere Anwesenheit gestattet.

– 2 –

4. <u>Personalien des Angeklagten</u>

Bd. I	Dr. T e s k e, Werner, Siegfried
S. 32	geb. am 24.04.1942 in Berlin
	wohnhaft 1156 Berlin-Lichtenberg, [redacted]
	verheiratet
	DDR-Bürger (Staatszugehörigkeit)
S. 6	lt. Strafregister nicht vorbestraft

5. <u>Vortrag des Militäroberstaatsanwalts</u>
08.40 Uhr

6. <u>Verlesung des Eröffnungsbeschlusses</u>
08.50 Uhr Hptm. Benkenstein

7. <u>Beweisaufnahme</u>
09.00 Uhr

- <u>Belehrung des Sachverständigen</u>
  gem. § 40 Abs. 2 StPO <u>Pflichten</u>: Gutachten gewissenhaft und wahrheitsgemäß zu erstatten;
  strafrechtliche Folgen eines vorsätzlich falschen oder unvollständigen Gutachtens;
  ständige Anwesenheit;
  Recht nach § 229 StPO Fragen zu stellen.

- <u>Belehrung des Angeklagten</u>
  nach § 224 Abs. 1 StPO das Recht, Tatsachen über Straftat mitzuteilen, den bestehenden Verdacht zu beseitigen, entlastende Umstände vorzubringen und Beweisanträge zu stellen. Nach § 229 Abs. 3 StPO auch Fragerecht an Sachverständigen.

a) <u>Zur Person</u>

S. 37	<u>berufliche Entwicklung</u>
	Sohn einer Arbeiterfamilie
	ohne Elternliebe aufgewachsen
S. 39	EOS 1960 beendet
S. 40	Finanzökonomie studiert – Humboldt-Uni

58

- 3 -

S. 43 1960-1964 Diplom-Wirtschaftler Abschluß

S. 44 Ab 1.9.64 wissenschaftlicher Assistent
Institut für Finanzen
Humboldt-Uni

S. 45 1966 Oktober: wissenschaftl. Oberassistent

S. 46 7.?.69 Dissertation - Dr. rer. oec.
Wunsch - Wissenschaftler

S. 46 Einstellung im MfS - 1.9.69

<u>politische Entwicklung</u>

S. 38 erst ab 1956
S. 39 aus FDJ-Arbeit politische Interessiertheit
S. 40 politische Einsätze in WB
aber noch ungefestigt - Einflüsse von WB
S. 41 stellv. FDJ-Sekretär, Seminarsekretär
S. 45 Oktober 1966 Mitglied der SED
gesellschaftl. engagiert mit Funktionen
Zirkelleiter im Parteilehrjahr
S. 46 freiwillige Arbeit des MfS unterstützt
S. 53 z.B. Informationspolitik bezweifelt
Preispolitik, Lohnpolitik
S. 55 westlichen Massenmedien zugänglich
S. 58 betrachtete das als Informationsfrage
S. 59 Zweifel an Parteipolitik - ideologische Aufweichung
S. 60 westliches Konsumdenken entwickelt
überheblich, weil gute soziale Lage
unehrlich

<u>Entwicklung im MfS</u>

S. 47/65 Ltn. eingestellt - op. Dienst
22.9.69 Fahneneid
S. 47/65 seit 1975 Hptm.
Geldprämien, Verd.Med. NVA Bronze u. Silber
August 1978 strenger Verweis wegen Täuschung
und Belügen von Vorgesetzten, 1.10.79 gelöscht

S. 47/66 Inhalt der Verpflichtung - sh. Mitte S. 47
S. 47/66 Aufgaben - grundsätzlich - sh. danach S. 47
Geheimhaltungscharakter

DStU
000065

59

\- 4 -

S. 48 Nach Anfangserfolgen - Unlust, oberflächlich-
S. 46/67 keit, dienstliche Verfehlungen, ideologische Aufweichung

S. 51 Bekanntgabe der Degradierung zum Soldaten und Aberkennung der Auszeichungen vom 30.3.81

familiäre Entwicklung

S. 60 2.10.70 geheiratet

S. 61 seit 1975 Streit - Konflikte [redacted]
\- Frau konnte nicht wirtschaften

über die Verhältnisse gelebt

1978/79 hatte Frau [redacted]

Frau war erfolgreicher - er fühlte sich als Versager

S. 67 alles vor sich hergeschoben - Angst - Leben verpfuscht

S. 50 Gem. § 51 StPO wird die Erklärung des Angeklagten vom 22.9.69 zum Gegenstand der Beweisaufnahme gemacht.
Oberst Knoche verlesen

S. 63/64 Beurteilung verlesen - § 51 StPO
Hptm. Benkenstein

[illegible]

Fragen?

10.00 - 10.30 Uhr P a u s e

b) Zur Sache

Komplex Fahnenflucht

S. 68/73 Fahnenfluchtgedanken seit 1976 Herbst
Ausgangspunkt Analyse der Auslandseinsätze seit 1974
Ursache politisch aufgeweicht
ständig dienstliche Verfehlungen waren Anlaß

S. 69 wollte evtl. nach Österreich

S. 70 ab 1975 Stagnation und Rückgang im Erfolg in der Arbeit

BStU 000066 60

\- 5 -

S. 71	"Ostforschung" gewollt - Renegaten waren Vorbild
S. 72	Ehe durch MfS Wünsche zerstört - Aufdeckung gescheut, MfS hielt mich nicht zurück, allein nur die Familie
S. 72	mit der Entscheidung zur Fahnenflucht auch zum Verrat entschieden
S. 73	wollte S-Bhf.-Aufenthalt nutzen Entschluß Herbst 1976 zur Fahnenflucht und zum Verrat
S. 74	Anfang 1978 infolge Verschärfung der Ehekonflikte Absicht verschärft
S. 99	WB-Polizei sollte weiterleiten
S. 75	1977 Personalien eingeprägt

weiter sh. Verrat pauschal
1. Informationen eingeprägt
2. schriftliche Dokumente entwendet
3. bereit zum mündlichen Verrat

S. 77/78	Abschiedsbrief geschrieben - Inhalt
S. 80	17./18.8.78 als Tag für Fahnenflucht vorgesehen
S. 81	am 17.8.78 ohne dienstliche Dokumente auf S-Bhf. dienstliche Aufgabe erfüllt, aber nicht fahnenflüchtig geworden
S. 80	17.8.78 - Bedenken, Fahnenflucht nicht realisiert
S. 82	auf Bahnsteig gewankt !
S. 83	November 78 nochmals S-Bhf. - Gedanken ja, aber geblieben!
S. 84	Fahnenflucht nicht aufgegeben

Komplex Verrat

11.oo Uhr

S. 74	entschloß sich, kleine Personalien von Patrioten einzuprägen zum Verrat
S. 75	von 18 Patrioten Name, Alter, Wohnanschrift berufliche Tätigkeit, Arbeitsstellen eingeprägt. Wie?

61

- 6 -

BStU
000067

S. 74	wollte Dienstdokumente abgeben GHD sollte glauben
S. 75	Anfang 1978 Entschluß, auch dienstliche Dokumente mitzunehmen und auszuliefern!
S. 73	geistige Auseinandersetzung mit Folgen Patrioten gefährdet
S. 75	Sammlung von dienstlichen Unterlagen zur Auslieferung
S. 76/110	Grund: Juli 78 Dienstvergehen entdeckt; um sich der Verantwortung zu entziehen, entschlossen <u>August 78</u> Aufenthalt in Friedrichstr. für Fahnenflucht zu nutzen, um Dokumente mitzunehmen
S. /111	Ausgewählt zur Erhöhung der Beweiskraft - Filmmaterial mit über 1000 Aufnahmen von wichtigen Unterlagen
S. 77	(Beweis für 4 sehr wichtige Patrioten) - Zettel mit Angaben über 7 Patrioten gefertigt (Personalangaben) - 2 fiktive Dokumente von 2 Patrioten - 1 Visitenkarte von 1 Patriot - Belege mit Unterschriften von Patrioten - dokumentarisches Material eines Patrioten, der wieder in der DDR war. - Dazu sollten DA. Dokumente zum Betreten, Petschaft, Schlüssel, Dienstgeld, Kfz.-Papiere mitgenommen werden. - Dokumente mit Pseudonymen
S. 85/111	Mai 79 } weitere Dokumente Ende 79/Anfang 80 } mitgenommen
/111	ausreichend aktualisiert !
/112	kannte Verbrechen des Stiller!
S. 100	Er hätte es schlauer angestellt! Nicht verurteilt!
S. 102	Dienstliche Dokumente in Anrichte und Kleiderschrank versteckt - Frau und Tochter zugänglich 3.9.80 im Waschkessel der Waschküche eingelagert.

62

- 7 -

S. 104	Anlaß: Betrug in op. Arbeit, Aussprachen am 28.8. beurlaubt wollte Verbrechen decken - zunächst vernichten
S. 105/106	hoffte aber noch auf Fahnenfluchtmöglichkeit
S. 107	Legende war, daß er alles zur Dienststelle zurückgebracht hätte Versteck als sicher angesehen
S. 108	Dokumente sollten als Preis gelten, in BRD zu gelangen Cousine aus BRD war dazu vorgesehen bis 10.9.80 an Legende gehalten
S. 110	Dienstliche Unterlagen zur Mitnahme ausgewählt - beweiskräftig zur eigenen Tätigkeit - wollte Mißtrauen des GHD abbauen
S. 112/113	Kenntnisse über Praktiken der GHD, auch über Schäden für DDR - Folgen für Patrioten gewollt Rachegefühle gegen MfS

Gemäß § 51 StPO wird Bildmaterial zum Gegenstand der Beweisaufnahme gemacht

a) hinsichtlich Versteck

S. 115-117	<u>Vorsitzender</u>
S. 141/144	Gemäß § 51 StPO werden die vorliegenden Dokumente, die der Angeklagte gesammelt hat, in die Beweisaufnahme einbezogen Angeklagten bestätigen lassen
S. 152	Aufstellung über sichergestellte Dokumente (lt. Gutachten)
S. 153/154	Inhalt, Orientierung über ...
S. 159 bis 167	Aufstellung über aufgefundene Dokumente letztes Datum 20.8.80 (S. 166)

63

- 8 -

S. 125 weiterer Verrat

S. 126 Inhalt - Umfang
aus MfS-Tätigkeit

S. 127 weitere Informationen

S. 128
- 76 Dienststellen des MfS über Lage, Aussehen, Beschaffenheit, Verwendung, Absicherung, Einrichtung
- Kenntnis über 30 Dienstbereiche davon 3 konkret mit spezifischer Aufgabenstellung, insbesondere Zielobjekte außerhalb der DDR

S. 129
- 13 Dienstbereiche mit innerer Struktur, Aufgabenstellung, ebenfalls Zielobjekte außerhalb der DDR
- 14 Dienstbereiche mit globaler Aufgabenstellung
- 368 Mitarbeiter davon 55 mit Namen, Alter, Tätigkeit, Beruf Diensteinheit, Dienststellung, Dienstgrad, Wohnanschrift, Familienverhältnisse, Arbeitsleistung, Neigungen und moralische Schwächen
- 19 Wohngebiete
- Wohnobjekte von 3 leitenden Mitarbeitern

S. 130
- 18 spezielle Arbeitsmethoden zur Informationsgewinnung
- 16 Patrioten aus der BRD mit Namen, Alter, Wohnanschrift, berufliche Tätigkeit, Arbeitsstelle
- Kontakte zu 9 DDR-Patrioten, die im westlichen Ausland eingesetzt sind, kleine Personalien, Beruf, Arbeitsstelle, Verbindung, Parteizugehörigkeit ...
- 14 spezielle Räumlichkeiten zu Treffs, Lage, Beschaffenheit, Einrichtung, Betreuung

S. 131
- 14 gegenständliche Arbeitsmittel, insbesondere für Zusammenarbeit mit Patrioten, Einsatz, Verbindung und Sicherheit, Information, Schulung und Ausbildung

 64

- 9 -

- Probleme der inneren Sicherheit des eigenen Dienstbereichs
  Verantwortlichkeit, Verfahrensabläufe, DV, Mängel und Fehler
  60 Dienstanweisungen

S. 132 - Angaben über Suche, Auswahl und Zusammenarbeit mit Patrioten, ihre Ausbildung, den Einsatz ...

S. 132 - 16 op. Dienstdokumente
  35 Dienstformulare zu beschreiben
- 8 Telefonanschlüsse

S. 133 - Anzahl und Details der Auslandseinsätze von sich und weiteren 12 Mitarbeitern
- Einzelheiten über Hochschule und 2 op. Schulen

S. 134 - Bewaffnung strukturmäßig
  Lage von 4 Waffenkammern
  Empfang, Schußwaffengebrauchsbestimmung
  militärische Spezialausbildung für E-Fall
  4 spezielle Ausbildungs-Objekte
- Details über materielle Sicherstellung
- Alarmierungssystem
- Verbindung der Diensteinheit zu 5 staatlichen Einrichtungen der DDR

S. 135 - 2 sowjetische Genossen
- Veränderungen aufgrund des Verrats von Stiller
- Erkenntnisse über gegenerische Abwehrtätigkeit

S. 136 - Parteiarbeit
- 3 Ferienobjekte
- über 7 Einsäœe bis 1969 in BRD zur Unterstützung des MfS

S. 137 weitere Kenntnisse

Weitere Fragen?

12.3o - 13.3o Uhr M i t t a g s p a u s e

65

\- 10 -

13.30 Uhr <u>Weitere Fragen?</u>

Militärischer Sachverständiger
S. 148 zum Gutachten
S. 157 über Gefährlichkeit - Geheimhaltungscharakter

<u>Weitere Fragen?</u>

<u>Schluß der Beweisaufnahme</u>

15.00 - 15.30 Uhr P a u s e

8. 15.30 Uhr <u>Plädoyer des Militäroberstaatsanwalts</u>

9. 16.00 Uhr <u>Verteidiger</u>

10. <u>Angeklagter</u>
a) zur Verteidigung
b) letztes Wort

Die Hauptverhandlung wird unterbrochen

Urteilsverkündung am 11.06.81 um 15.30 Uhr

11. 11.06.81
15.30 Uhr Urteilsverkündung

Öffentlichkeit wieder herstellen
Tenor verkünden

<u>b.u.v.</u>
für die Verlesung der Urteilsgründe wird die Öffentlichkeit aus Gründen der Geheimhaltung gem. § 211 Abs. 3 StPO wieder ausgeschlossen.
Verpflichtung nach § 212 StPO gilt

<u>Weitere Verlesung</u>

<u>b.u.v.</u>
Gem. § 184 Abs. 5 StPO erfolgt keine Zustellung, sondern nur Kenntnisnahme der Entscheidung.

Das Urteil ist rechtskräftig.

Abführen

(Quelle: BStU, MfS, AU 26/90, Bd. 8, S. 62)

Dokument 22

55

OMS-1-01/81

Zeitplan

10. Juni 1981

08.3o – 08.4o Uhr	Eröffnung der HV bis Feststellung der Personalien
08.4o – 08.5o Uhr	Vortrag der Anklage
08.5o – 09.oo Uhr	Verlesung des Eröffnungsbeschlusses
	Beweisaufnahme
09.oo – 10.oo Uhr	Zur Person
10.oo – 10.3o Uhr	P a u s e
	Zur Sache
10.3o – 11.oo Uhr	a) Fahnenflucht
11.oo – 12.3o Uhr	b) Verratskomplexe
12.3o – 13.3o Uhr	M i t t a g s p a u s e
13.3o – 15.oo Uhr	Fortsetzung der Vernehmung zur Sache Beweiserhebung und Ausführungen des Sachverständigen Schluß der Beweisaufnahme
15.oo – 15.3o Uhr	P a u s e
15.3o – 16.oo Uhr	Plädoyer des MOStA
16.oo – 16.3o Uhr	Zur Verteidigung einschließlich letztes Wort

11. Juni 1981

15.3o – 16.oo Uhr	Urteilsverkündung

(Quelle: BStU, MfS, AU 26/90, Bd. 8, S. 61)

Dokument 23

BStU
000052

Der Generalstaatsanwalt
der Deutschen Demokratischen Republik
— Militär-Oberstaatsanwalt —
Staatsanwalt des Bezirkes
Kreises

Berlin, den 3.10.1979

Aktenzeichen:

Sprechgenehmigung für Verteidiger

Der Rechtsanwalt Dr. Harry M e t t i n

ist Verteidiger für U-Häftling TREBELJAHR, Gert

Er hat das Recht, mit dem U-Häftling jederzeit zu sprechen, jedoch nur unter den folgenden Bedingungen:

a) Bei dem Besuch muß ein Angehöriger der Haftanstalt zugegen sein.

b) Bis auf Widerruf darf nicht über Einzelheiten der Straftat gesprochen werden.

c)

Diese Bescheinigung gilt nur in Verbindung mit dem Rechtsanwalts- und dem Personalausweis. Bei Niederlegung der Verteidigung ist diese Sprechgenehmigung sofort zurückzugeben.

(Stempel)

Ka.
Kadgien
Militär-Staatsanwalt

Best.-Nr. 360 11 Sprechgenehmigung für Verteidiger (StA 11) VLV Spremberg Ag 310-68/DDR/0.001 – 12-13-1 – 134 Sp.

18

(Quelle: BStU, MfS, AU 25/90)

Anhang 3: Literaturverzeichnis

Ansorg, Leonore: *Politische Haft* in zwei Diktaturen. Das Zuchthaus Brandenburg-Görden, in: Klewin, Silke, Reinke, Herbert / Sälter, Gerhard (Hrsg.): *Hinter Gittern.* Zur Geschichte der Inhaftierung zwischen Bestrafung, Besserung und politischem Ausschluss vom 18. Jahrhundert bis zur Gegenwart. Leipzig 2010.

Arnold, Jörg: „*Strafvollzug* in der DDR". Ein Gegenstand gegenwärtiger und zukünftiger Forschung, in: Monatsschrift für Kriminologie und Strafrechtsreform, 1993, S. 390–404.

Asche, Rolf Daniel: Die *DDR-Justiz* vor Gericht. Eine Bestandsaufnahme, Jur. Diss., Göttingen 2008.

Auerswald, Klaus: ... sonst kommst du nach *Schwedt*! Bericht eines Militärstrafgefangenen. Rudolstadt, Berlin, 2010.

Autorenkollektiv: Lehrbuch – Grundlagen der *Rechtspflege*, 2. Auflage 1986., erschienen im Staatsverlag der DDR.

Autorenkollektiv: *Das Oberste Gericht* der DDR – Rechtsprechung im Dienste des Volkes, Berlin 1989.

Autorenkollektiv: *Rechtslexikon*, herausgegeben vom Staatsverlag der DDR, Berlin 1988.

Autorenkollektiv: *Strafverfahrensrecht* – Lehrbuch, 2. Auflage. Berlin (Ost) 1982.

Baer, Andrea: *Die Unabhängigkeit der Richter* in der Bundesrepublik Deutschland und in der DDR. Berlin 1999.

Baier, Lothar / Breitenstein, Rolf-Dieter: *Rechtssicherheit* – Wesensmerkmal unserer sozialistischen Gesellschaft, in: Militärwesen, Zeitschrift für Militärpolitik und Militärtheorie, 7/1989, S. 45–48.

Bästlein, Klaus: Der Fall *Mielke*. Die Ermittlungen gegen den Minister für Staatssicherheit der DDR. Baden-Baden 2002.

Beckert, Rudi: *Die erste und letzte Instanz*. Schau- und Geheimprozesse vor dem Obersten Gericht der DDR, Goldbach 2000.

Beckert, Rudi: *Glücklicher Sklave*. Eine Justizkarriere in der DDR. Berlin 2011.

Behlert, Wolfgang: Organisation und sozialer Status der *Richter und Rechtsanwälte* in der DDR, in: Kritische Justiz 1991, S. 192.

Behlert, Wolfgang: Die *Generalstaatsanwaltschaft*, in: Rottleuthner, Hubert (Hrsg.): Steuerung der Justiz in der DDR, Köln 1994, S. 287–349.

Beleites, Johannes: Die *Rolle des MfS im Bereich des Untersuchungshaft- und Strafvollzugs* der DDR, in: Horch und Guck, Heft 24/1998, S. 46–55.

Beleites, Johannes: Abteilung XIV: Haftvollzug *(MfS-Handbuch),* herausgegeben vom Bundesbeauftragten, Berlin 2009, http:/www.nbn-resolving.org/urn:nbn:de:0292-97839421301106.

Beleites, Johannes: Die Rolle des MfS in der politischen Justiz der DDR, in: *Orte des Erinnerns*, S. 522–526.

Benjamin, Hilde: Neue Bestimmungen zum Schutze der *Kampfkraft der Nationalen Volksarmee*. Neue Justiz 1973, S. 109–110.

Benjamin, Hilde: *Grundsätzliches* zur Methode und zum Inhalt der Rechtsprechung, in: Neue Justiz 1951, S. 150–156.

Benjamin, Hilde: *Fragen der Verteidigung* und des Verteidigers, in: Neue Justiz 1951, S. 51–54.

Benjamin, Hilde: *Die Kader entscheiden alles*, Neue Justiz 1953, S. 262–267.

Bericht der Enquete-Kommission: Aufarbeitung von Geschichte und Folgen der SED-Diktatur in Deutschland vom 31.5.1994, Deutscher Bundestag 12. Wahlperiode, Drucksache 12/7820.

Birthler, Marianne: Die „*Stasimethoden* waren Diabolisch", in: Fokus-Gespräch 36/2010 vom 6.9.2010, S. 92–96.

Birthler, Marianne: Freiheit ist Einsicht in die Akte, in: Suckut, Siegfried / Weber, Jürgen (Hrsg.), *Stasi-Akten* zwischen Politik und Zeitgeschichte: Eine Zwischenbilanz, München 2003, S. 27–44.

Bookjans, Jan-Henrik: Die *Militärjustiz* in der DDR 1963 bis 1990, eine empirisch gestützte strafrechtliche Untersuchung, jur. Diss., Clausthal-Zellerfeld 2006.

Booß, Christian: Aufsatzkonzept: Sündenfall der organisierten Rechtsanwaltschaft, Stand 22. September 2011; Privatarchiv des Verfassers.

Boyer, Christoph: „Die *Kader* entscheiden alles...". Kaderpolitik und Kaderentwicklung in der zentralen Staatsverwaltung der SBZ und der frühen DDR (1945–1952). Dresden 1997.

Brandt, Peter-Andreas: *Der Rechtsanwalt* und der Anwaltsnotar in der DDR. Köln, Berlin, Bonn, München 1985.

Bröckermann, Heiner: *Landesverteidigung und Militarisierung*. Militär- und Sicherheitspolitik der DDR in der Ära Honecker 1971–1989. Berlin 2011.

De Bruyn: *Vierzig Jahre*. Ein Lebensbericht. 2. Auflage, Frankfurt am Main 1996.

Buch, Günther: *Namen und Daten* wichtiger Personen der DDR. 3. Auflage Berlin, Bonn 1962.

Budde, Heidrun: *Willkür*! Die Schattenseite der DDR. Rostock 2002.

Bundesbeauftragter für die Unterlagen des Staatssicherheitsdienstes der ehemaligen Deutschen Demokratischen Republik (Hrsg.): *Feind* ist, wer anders denkt, 2. Aufl. Berlin 2009.

Bundesbeauftragter: Dokumente. Das *Wörterbuch der Staatsicherheit*. Definitionen des MfS zur „politisch-operativen Arbeit". 2. Auflage, Berlin 1993.

Bundesbeauftragter: Anatomie der Staatssicherheit. Geschichte, Struktur und Methoden – MfS-Handbuch –, *Grundsatzdokumente des MfS*, herausgegeben von

Siegfried Suckut, Ehrhart Neubert, Walter Süß, Roger Engelmann, Bernd Eisenfeld, Jens Gieseke, Berlin 2004

Bundesministerium der Justiz (Hrsg): *Im Namen des Volkes*? Über die Justiz im Staat der SED. Ausstellung des Bundesministeriums für Justiz I. Katalogband, II. Dokumentenband, III. Wissenschaftlicher Begleitband, Leipzig 1994.

Bundesministerium für Gesamtdeutsche Fragen Bonn und Berlin (Hrsg.): *Partei-Justiz*. Eine vergleichende Dokumentation über den nationalsozialistischen und kommunistischen Rechtsmissbrauch in Deutschland 1933–1963. Zusammengestellt vom Untersuchungsausschuss freiheitlicher Juristen. Berlin 1964.

Bundesminister für Gesamtdeutsche Fragen: Aufzeichnung über die Verletzung der Menschenrechte in der sowjetischen Besatzungszone Deutschlands. Bonn und Berlin 1966.

Bundesministerium für Innerdeutsche Beziehungen (Hrsg.): DDR Handbuch. Band 1, A–L, 3. Auflage, Bonn 1985

Csizmas, Michael: Die *Militärjustiz* in der DDR, in: Information für die Truppe: IFTD; Zeitschrift für innere Führung, Streitkräfteamt, Informations- und Medienzentrale (Hrsg.). S. 72–85.

Diedrich, Torsten: Gegen Aufrüstung, Volksunterdrückung und politische Gängelei. *Widerstandsverhalten* und politische Verfolgung in der Aufbau- und Konsolidierungsphase der DDR- Streitkräfte 1948 bis 1968,in: Wenzke, Rüdiger (Hrsg.), Staatsfeinde in Uniform. Berlin 2005.

Diedrich, Torsten / Ehlert**,** Hans / Wenzke**,** Rüdiger (Hrsg): *Im Dienste der Partei*, Handbuch der bewaffneten Organe der DDR, Berlin 1998.

Diedrich,Torsten / Wenzke**,** Rüdiger: *Die getarnte Armee*. Geschichte der Kasernierten Volkspolizei der DDR 1952 bis 1956. 2. Aufl. Berlin 2003.

Diedrich, Torsten / Ehlert, Hans / Wenzke, Rüdiger: *Die bewaffneten Organe* der DDR im System von Partei, Staat und Landesverteidigung. Ein Überblick, in: dieselben (Hrsg.), Im Dienste der Partei, Handbuch der bewaffneten Organe der DDR, S. 1–64.

Eberle, Henrik: *GULag DDR?* – Ökonomische Aspekte des Strafvollzuges in den 50er und 60er Jahren, in: Timmermann, Heiner (Hrsg.) Die DDR – Recht und Justiz als politisches Instrument, Berlin 2000, S. 111–140.

Ehlert, Hans / Rogg**,** Matthias (Hrsg.): *Militär, Staat und Gesellschaft* in der DDR. Forschungsfelder, Ergebnisse, Perspektiven. April 2004.

Eisenfeld, Bernd: *Das Ministerium für Staatssicherheit* und die Anwaltschaft. Die Rolle der Staatssicherheit im Justizsystem der DDR, in: Anwaltsalltag in der DDR. Rechtsgeschichte und Rechtsgeschehen / Kleine Schriften, Münster 2005, S. 33–62.

Eisenfeld, Bernd: Rolle und Stellung der *Rechtsanwälte* in der Ära Honecker im Spiegel kaderpolitischer Entwicklungen und Einflüsse des MfS, in: Engelmann, Roger / Vollnhals / Clemens (Hrsg.), Justiz im Dienste der Parteiherrschaft. Rechtspraxis und Staatssicherheit in der DDR. 2. Auflage, Berlin 2000, S. 347–373.

Eisenfeld, Bernd: Widerständiges Verhalten im *Spiegel von Statistiken* und Analysen des MfS, in: Henke, Klaus-Dietmar / Engelmann, Roger, Aktenlage. Die Bedeutung der Unterlagen des Staatssicherheitsdienstes für die Zeitgeschichtsforschung, Berlin 1995, S. 157–176.

Eisert, Wolfgang: Zu den Anfängen der Geschichte der *Militärjustiz*, in: Im Namen des Volkes? Über die Justiz im SED-Staat. Wissenschaftlicher Begleitband zur Ausstellung des Bundesministeriums der Justiz. 2. Auflage Leipzig 1996, S. 113–119.

Engelmann, Roger: *Staatssicherheitsjustiz* im Aufbau, in: Engelmann, Roger / Vollnhals, Clemens, Justiz im Sinne der Parteiherrschaft. Rechtspraxis und Staatssicherheit in der DDR. 2. Aufl. Berlin 2000.

Engelmann, Roger / Florath, Bernd / Heidemeyer, Helge / Münkel, Daniela / Polzin, Arno / Süß, Walter (Hrgs.): Das *MfS-Lexikon*. Begriffe, Personen und Strukturen der Staatssicherheit der DDR. Berlin 2011.

Engelmann, Roger / Joestel, Frank: *Grundsatzdokumente des MfS*. MfS-Handbuch, Teil V/5. BStU, Berlin 2004.

Engelmann, Roger: Karl-Albrecht Tiemann, in: Fricke, Karl-Wilhelm / Steinbach, Peter / Tuchel, Johannes (Hrsg.), *Opposition und Widerstand* in der DDR, Politische Lebensbilder. München 2002, S. 305–310.

Engelmann, Roger: Zum *Quellenwert* der Unterlagen des Ministeriums für Staatssicherheit, in: Henke, Klaus-Dietmar / Engelmann, Roger, Aktenlage. Die Bedeutung der Unterlagen des Staatssicherheitsdienstes für die Zeitgeschichtsforschung. Berlin 1995, S. 23–39.

Eppelmann, Rainer (Hrsg.): Bilanz und Perspektiven der *DDR-Forschung*. Paderborn 2003.

Erler, Peter: *Besatzungsjustiz* in der SBZ/DDR. Zur Geschichte der Sowjetischen Militärtribunale (SMT) 1945 bis 1955, in: Fein, Elke / Leonhard, Nina / Niederhut, Jens / Höhne, Anke / Decker, Andreas (Hrsg.), Von Potsdam nach Workuta, Potsdam 2002, S. 15–29.

Finn, Gerhard: *Politischer Strafvollzug* in der DDR, unter Mitarbeit von Karl-Wilhelm Fricke. Köln 1981.

Forster, Thomas M.: Die *NVA*. Kernstück der Landesverteidigung der DDR, Köln 1963.

Frank, Mario: Das *Justizministerium* der DDR. Jur. Diss., Regensburg 1988.

Fricke, Karl Wilhelm: *Kaderpolitik und Staatssicherheit* in der DDR, in: Voigt, Dieter (Hrsg.): Die Gesellschaft der DDR. Untersuchungen zu ausgewählten Bereichen. Berlin 1984, S. 47–64.

Fricke, Karl Wilhelm: „*Schild und Schwert der Partei*." Das Ministerium für Staatssicherheit – Herrschaftsinstrument der SED, in: Aus Politik und Zeitgeschichte, Beilage zur Wochenzeitung Das Parlament, B 21/92, 15. Mai 1992, S. 3–10.

Fricke, Karl Wilhelm: *Die DDR-Staatssicherheit*, 3. Aufl., Köln 1989.

Fricke, Karl Wilhelm: *MfS intern*: Macht, Strukturen, Auflösung der DDR-Staatssicherheit. Analyse und Dokumentation, Köln 1991.

Fricke, Karl Wilhelm: Zur *Menschen- und Grundrechtssituation* politischer Gefangener in der DDR. Köln 1986.

Fricke, Karl Wilhelm: *Politik und Justiz* in der DDR. Zur Geschichte der politischen Verfolgung 1945–1968. Bericht und Dokumentation, 2. Auflage, Köln 1990.

Fricke, Karl Wilhelm: „Jeden *Verräter* ereilt sein Schicksal". Die gnadenlose Verfolgung abtrünniger MfS-Mitarbeiter, in: Deutschland Archiv 3/1994, S. 258–265.

Fricke, Karl Wilhelm: *Praxis der Anwaltstätigkeit* in der SBZ und der DDR. Rahmenbedingungen und Organisationsstruktur der Anwaltschaft in Ostdeutschland von 1945–1990, in: Anwaltsblatt 2010, S. 829–836.

Fricke, Karl Wilhelm: Zur politischen *Strafrechtssprechung des Obersten Gerichts* der DDR. Vortrag: 21.3.1994. Heidelberg 1994 (Juristische Studiengesellschaft Karlsruhe, Heft 213).

Fricke, Karl-Wilhelm: *Opposition und Widerstand*, in: Ploetz. Die Deutsche Demokratische Republik. Daten, Fakten, Analysen, herausgegeben von Alexander Fischer, Köln, 2004, S. 166–171.

Fricke, Karl Wilhelm: *Akten-Einsicht*. Rekonstruktion einer politischen Verfolgung. 3. Auflage. Berlin 1996.

Fricke, Karl Wilhelm: *Das MfS als Instrument* der SED am Beispiel politischer Strafprozesse, in: Suckut, Siegfried / Süß, Walter (Hrsg.), Staatspartei und Staatssicherheit. Zum Verhältnis von SED und MfS. Berlin 1997, S. 199–212.

Fricke, Karl Wilhelm / **Klewin**, Silke: *Bautzen II*. Sonderhaftanstalt unter MfS-Kontrolle 1956 bis 1989. Bericht und Dokumentation. 3. Auflage, Dresden 2007.

Froh, Klaus / **Wenzke**, Rüdiger: Die *Generale und Admirale* der NVA. Ein biografisches Handbuch. Berlin 2007.

Furian, Gilbert: *Der Richter und sein Lenker*. Politische Justiz in der DDR. Berichte und Dokumente, Berlin 1992.

Furian, Gilbert: Mehl aus *Mielkes Mühlen*. Schicksale politisch Verurteilter. Berichte, Briefe, Dokumente. Berlin 1991.

Gauck, Joachim: Die *Stasi Akten*. Das unheimliche Erbe der DDR. Reinbek bei Hamburg 1991.

Gängel, Andreas: *Das Oberste Gericht der DDR* – Leitungsorgan der Rechtsprechung – Entwicklungsstationen, in: Rottleuthner, Hubert, Steuerung der Justiz in der DDR. Einflussnahme der Politik auf Richter, Staatsanwälte und Rechtsanwälte, Köln 1994, S. 251–286.

Geiger, Hans-Jörg: *Justizakten* in den Beständen des ehemaligen Ministeriums für Staatssicherheit (MfS) der DDR, in Wissenschaftlicher Begleitband, S. 37–43.

Giese, Daniel: Die *SED und ihre Armee*. Die NVA zwischen Politisierung und Professionalismus 1956 bis 1965. München 2002.

Gieseke, Jens: *„Genossen erster Kategorie"*: Die hauptamtlichen Mitarbeiter des Ministeriums für Staatssicherheit als Elite, in: Hübner, Peter (Hrsg.): Eliten im Sozialismus, Beiträge zur Sozialgeschichte der DDR. Köln 1999, S. 201–240.

Gieseke, Jens: *Die DDR-Staatssicherheit.* Schild und Schwert der Partei. Bonn 2000.

Gieseke, Jens: *Das Ministerium für Staatssicherheit* (1950–1990), in: Friedrich, Thorsten / Ehlert, Hans / Wenzke, Rüdiger (Hrsg.), Im Dienste der Partei, Handbuch der bewaffneten Organe der DDR. Berlin 1998, S. 371–422.

Gieseke, Jens: *Die Stasi* 1945–1990, München 2011.

Gill, David / Schröter, Ulrich: Das *Ministerium* für Staatssicherheit. Anatomie des Mielke-Imperiums. Berlin 1991.

Gräf, Dieter: *Rekrutierung und Ausbildung* der Juristen in der SBZ/DDR, in: Materialien der Enquete-Kommision, Aufarbeitung von Geschichte und Folgen der SED Diktatur in Deutschland, herausgegeben vom Deutschen Bundestag, Baden-Baden 1995, Bd. IV, S. 399–450.

Graefrath, Bernhard: *Das Juristische Studium* nach dem neuen Studienplan, in: Neue Justiz 1951, S. 291–294 ff.

Glaeßner, Gert-Joachim: Herrschaft durch *Kader.* Leitung der Gesellschaft und Kaderpolitik in der DDR am Beispiel des Staatsapparates. Wiesbaden 1977.

Grote, Martin: *Die DDR-Justiz vor Gericht* – Rechtsbeugung durch Richter der ehemaligen DDR im Spiegel bundesdeutscher Unrechtsaufarbeitung –. Jur. Dissertation, Hannover 1999.

Haferkamp, Hans-Peter / Wudtke, Torsten: *Richterausbildung* in der DDR, in: forumhistoriaejuris (fhi), http:/www.rewi.hu-berlin.de/FHI/97_10/hafrkp_t.htm.

Halbrock, Christian: *Bausoldaten und Totalverweigerer* in der DDR. Anmerkungen zu einem Kompromiss und zur Wehrdienstverweigerung, der deutlicheren Form des „Neins", in: Horch & Guck, 2004, S. 52–59.

Hattenauer, Hans: Über *Volksrichterkarrieren*, Hamburg 1995.

Hattig, Susanne / Klewin, Silke / Liebold, Cornelia / Morre', Jörg: Stasi-Gefängnis *Bautzen II* 1956–1989. *Katalog* zur Ausstellung der Gedenkstätte Bautzen, herausgegeben von der Stiftung Sächsische Gedenkstätten. Dresden 2008.

Heider, Paul: Die *Gesellschaft für Sport und Technik* (1952–1990), in: Diedrich, Thorsten / Ehlert, Hans / Wenske, Rüdiger (Hrsg.), Im Dienste der Partei, Handbuch der bewaffneten Organe der DDR, Berlin 1998, S. 169–199.

Henke, Klaus-Dietmar / Engelmann, Roger (Hrsg.): *Aktenlage.* Die Bedeutung der Unterlagen des Staatssicherheitsdienstes für die Zeitgeschichtsforschung. Berlin 1995.

Herrmann, Rudolf / Schüsseler, Rolf: Inhalt und Bedeutung der *Unabhängigkeit des Richters* in der DDR, in: Neue Justiz 1963, S. 129–135.

Heitmann, Clemens: Das Deutsche Rote Kreuz der DDR und die „*sozialistische Landesverteidigung*" in: Deutschland Archiv 4/2005, S. 667–674.

Help e.V. Hilfsorganisation für die Opfer politischer Gewalt in Europa (Hrsg.): *Das gestohlene Leben.* Dokumentenerzählungen über politische Haft und Verfolgung in der DDR. 2. Auflage. Berlin 2003.

HERZ, Andrea: Die Erfurter Untersuchungshaftanstalt der DDR-Staatssicherheit 1952 bis 1989. Erfurt 2006.

HEUER, Uwe-Jens (Hrsg.): *Die Rechtsordnung der DDR*: Anspruch und Wirklichkeit. Baden-Baden 1995.

HILGER, Andreas / PETROW, Nikita: „Im Namen der Union der sozialistischen Sowjetrepubliken". *Sowjetische Militärjustiz* in der SPZ/DDR von 1945 bis 1953, in: „Erschossen in Moskau ... ."/ Die deutschen Opfer des Stalinismus auf dem moskauer Friedhof Donskoje 1950 bis 1953; herausgegeben von Arsenij Roginskij, im Auftrag von Memorial International Moskau, Fects & Fiels – Historisches Forschungsinstitut Berlin und der Stiftung zur Aufarbeitung der SED-Diktatur, Berlin 2006, S. 19–36.

HUSSOCK, Peter-Alexander: *Der „Graf von Monte Christo" der Stasi*, in: Help e.V. (Hrsg.), Das gestohlene Leben, Dokumentenerzählung über politische Haft und Verfolgung in der DDR, 2. Auflage. Berlin 2003, S. 250–261.

JOESTEL, Frank (Hrsg.): *Strafrechtliche Verfolgung politischer Gegner durch die Staatssicherheit im Jahre 1988*. Der letzte Jahresbericht der MfS-Hauptabteilung „Untersuchung". BStU-Dokumente, Reihe A, Berlin 2004.

JORDAN, Carlo: *Kaderschmiede Humboldt-Universität* zu Berlin. Aufbegehren, Säuberungen und Militarisierung 1945–1989, Berlin, 2001.

JUDT: Matthias (Hrsg.): *DDR-Geschichte* in Dokumenten. Beschlüsse, Berichte, interne Materialien. Alltagszeugnisse. Bonn 1998.

KASCHKAT, Hannes: *Militärjustiz* in der DDR, in: Materialien der *Enquete*-Kommission „Aufarbeitung von Geschichte und Folgen der SED-Diktatur in Deutschland (12. Wahlperiode des Deutschen Bundestages), herausgegeben vom Deutschen Bundestag, Band IV, Recht, Justiz und Polizei, Baden-Baden, Frankfurt am Main 1995. S. 585–603.

KIRCHHEIMER, Otto: *Politische Justiz*. Verwendung juristischer Verfahrensmöglichkeiten zu politischen Zwecken, Neuauflage 1993.

KLEWIN, Silke / REINKE, Herbert / SÄLTER, Gerhard (Hrsg.): *Hinter Gittern*. Zur Geschichte der Inhaftierung zwischen Bestrafung, Besserung und politischem Ausschluss vom 18. Jahrhundert bis zur Gegenwart. Leipzig 2010.

KLUGE, Gerhard / MEINEL, Reinhard: MfS und FSU. *Das Wirken des Ministeriums für Staatssicherheit an der Friedrich-Schiller-Universität Jena*, herausgegeben vom Landesbeauftragten des Freistaates Thüringen für die Unterlagen des Staatssicherheitsdienstes der ehemaligen DDR, Erfurt 1997.

KNABE, Hubertus: Die *Rechtsstelle* des MfS, in: Engelmann, Roger / Vollnhals, Clemens (Hrsg.), Justiz im Dienste der Parteiherrschaft. Rechtspraxis und Staatssicherheit in der DDR. 2. Auflage, Berlin 2000, S. 329–345.

KNABE, Hubertus: *Strafen ohne Strafrecht*. Zum Wandel repressiver Strategien in der Ära Honecker, in: Timmermann, Heiner (Hrsg.), Die DDR – Recht und Justiz als politisches Instrument, Berlin 2000, S. 91–109.

KNABE, Hubertus: *„Zersetzungsmaßnahmen"*, in: Dümmel, Karsten / Schmitz, Christian (Hrsg.), Was war die Stasi? – Einblicke in das Ministerium für Staatssicherheit der DDR (MfS), St. Augustin 2002.

KOLLEKTIV DER MILITÄRAKADEMIE DER NATIONALEN VOLKSARMEE „FRIEDRICH ENGELS": *Deutsches Militärlexikon.* 2. Auflage. Berlin 1962.

KUBINA, Michael: Von Utopie, Widerstand und Kaltem Krieg. Das unzeitgemäße Leben des Berliner Rätekommunisten Alfred Weiland (1906–1978), Bd. 1, Berlin, Münster, Wien, Zürich, London, 2001.

LAUBENTHAL, Klaus: *Strafvollzug.* 3. Auflage, Berlin, Heidelberg, New York, 2003.

LAUFS, Adolf: *Recht und Unrecht der DDR.* Versuch einer Bilanz.

LEONHARD, Wolfgang: Die *Revolution* entlässt ihre Kinder, Köln / Berlin 1955.

LUDZ, Peter-Christian: Die soziologische Analyse der *DDR-Gesellschaft*, in: Wissenschaft und Gesellschaft in der DDR, eingeleitet von Peter-Christian Ludz, 2. Auflage, München 1971, S. 11–23.

LOCHEN, Hans-Hermann: *„Nachwuchskader"* – Zur Auswahl und Ausbildung von Juristen in der DDR, in: Bundesministerium der Justiz (Hrsg.), Im Namen des Volkes? Über die Justiz im Staat der DDR, Wissenschaftlicher Begleitband zur Ausstellung des Bundesministerium der Justiz, Leipzig 1994, S. 123–136.

LORENZ, Thomas: *Die Rechtsanwaltschaft in der DDR.* Berlin 1998.

LORENZ, Thomas: Über das Verhältnis von MfS und Justiz, in: Gysi, Gregor / Heuer, Uwe-Jens / Schumann, Michael (Hrsg.), *Zweigeteilt.* Über den Umgang mit der SED-Vergangenheit. Hamburg 1992, S. 120–126.

MAMPEL, Siegfried: Das Ministerium für Staatssicherheit der ehemaligen DDR als *Ideologiepolizei.* Zur Bedeutung einer Heilslehre als Mittel zum Griff auf das Bewusstsein für das Totalitarismusmodell. Berlin 1996.

MAMPEL, Siegfried: *Recht und Rechtspflege*, in: Ploetz. Die Deutsche Demokratische Republik. Daten, Fakten, Analysen, herausgegeben von Alexander Fischer, Köln 2004, S. 151–156.

MARXEN, Klaus / WERLE, Gerhard: Die strafrechtliche Aufarbeitung von *DDR-Unrecht.* Eine Bilanz. Berlin / New York 1999.

MARXEN, Klaus / WERLE, Gerhard (Hrsg.), Strafjustiz und DDR-Unrecht, Dokumentation. Band 5, *Rechtsbeugung*, unter Mitarbeit von Burghardt, Boris, Hohoff, Ute, Schäfter, Petra, Berlin, New York, Teilband 1, 2007 und Teilband 2, 2007

Band 7, *Gefangenenmisshandlung*, Doping und sonstiges DDR-Unrecht, unter Mitarbeit von Piel, Mario, Schäfter, Petra Berlin, New York, 2009.

MARXEN, Klaus: *„Recht"* im Verständnis des Ministeriums für Staatssicherheit der DDR. In: Engelmann, Roger / Vollnhals, Clemens (Herausgeber) Justiz im Dienste der Parteiherrschaft. Rechtspraxis und Staatssicherheit in der DDR. 2. Auflage, Berlin, 2000, S. 15–24.

MATERIALIEN DER ENQUETE-KOMMISSION: Aufarbeitung von Geschichte und Folgen der SED-Diktatur in Deutschland (12. Wahlperiode des Deutschen Bundestages), herausgegeben vom Deutschen Bundestag, 9 Bände in 18 Teilbänden, Baden-Baden, Frankfurt am Main, 1995.

Meinerzhagen, Ulrich: Der Stand der Verfahren wegen *Rechtsbeugung* und die Kritik der Öffentlichkeit, in: Weber, Jürgen / Piazolo,Michael, Eine Diktatur vor Gericht. Aufarbeitung von SED-Unrecht durch die Justiz. München / Landsberg, S. 115–136.

Metzel, Eberhard: „Die Gedanken sind frei... aber.... Widerstand von Schülern und Studenten in den frühen Jahren der DDR 1953–1960. Weimar 2008.

Mielke, Erich: *Sozialismus und Frieden* – Sinn unseres Kampfes. *Ausgewählte Reden* und Aufsätze, Berlin 1987.

Mierau, Johannes: Die juristischen Abschluss- und Diplomprüfungen in der SBZ/DDR. Ein Einblick in die *Juristenausbildung* im Sozialismus. Frankfurt am Main 2001.

Militärgeschichtliches Institut der Deutschen Demokratischen Republik – Autorenkollektiv: Wörterbuch zur Deutschen *Militärgeschichte*. Bd. 1 und 2, Berlin 1985.

Ministerium der Justiz / Akademie für Staats- und Rechtswissenschaft der DDR (Hrsg.) Strafrecht der Deutschen Demokratischen Republik. *Kommentar zum Strafgesetzbuch*. Berlin 1987.

Ministerium der Justiz (Hrsg.) Strafprozessrecht der DDR, *Kommentar zur Strafprozessordnung*. Berlin 1987.

Möbius, Sascha: „Grundsätzlich kann von jedem Beschuldigten ein Geständnis erlangt werden.“ Die MfS-Untersuchungshaftanstalt Magdeburg-Neustadt von 1957 bis 1970. 2. Auflage, Magdeburg 2002.

Morre´, Jörg: Vom Niedergang des Erziehungsgedankens im *Strafvollzug der DDR*, in: Klewin, Silke / Reinke, Herbert / Sälter, Gerhard (Hrsg.), Hinter Gittern, S. 241–254.

Müller, Klaus-Dieter: Bürokratischer *Terror*. Justitielle und außerjustitielle Verfolgungsmaßnahmen der sowjetischen Besatzungsmacht 1945–1956, in: Engelmann, Roger / Vollnhals, Clemens, Justiz im Dienste der Parteiherrschaft. Rechtspraxis und Staatssicherheit in der DDR, 2. Aufl. Berlin 2000, S. 59–92.

Müller, Klaus-Dieter / **Stephan**, Annegret (Hrsg.): Die Vergangenheit lässt uns nicht los. Haftbedingungen politischer Gefangener in der SBZ/DDR und deren gesundheitliche Folgen. Berlin 1998.

Müller, Hans-Peter: *„Parteiministerien“* als Modell politisch zuverlässiger Verwaltungsapparate. Eine Analyse der Protokolle der SED-Innenministerkonferenzen 1946–1948, in: Wilke, Manfred (Hrsg.): Die Anatomie der Parteizentrale. Die KPD/SED auf dem Weg zur Macht. Berlin 1998, S. 337–411.

Müller, Jörg: Das *Haftsystem* der SBZ/DDR von 1945 bis zum Mitte der 1970er Jahre unter besonderer Berücksichtigung der Haftbedingungen politischer Häftlinge, in: www.stiftung-aufarbeitung.de/uploads/pdf/mueller-joerg.pdf

MÜLLER-ENBERGS, Helmut (Hrsg.): *Inoffizielle Mitarbeiter* des Ministeriums für Staatssicherheit. Richtlinien und Durchführungsbestimmungen. 2. Aufl. Berlin 1996.

MÜLLER-ENBERGS, Helmut: *IM-Statistik* 1985–1989, Berlin 1993 = BF informiert, 3/93.

MÜLLER-ENBERGS, Helmut: *Garanten* äußerer und innerer Sicherheit, in: Judt, Matthias (Hrsg.), DDR-Geschichte in Dokumenten. Beschlüsse, Berichte, interne Materialien und Alltagszeugnisse, Bonn 1998, S. 431–492.

MÜLLER-ENBERGS, Helmut / WIELGOHS, Jan / HOFFMANN, Dieter (Hrsg.): *Wer war wer* in der DDR? Ein biographisches Lexikon. Berlin 2000.

NATHAN, Hans: Die Obersten *Rechtspflegeorgane* der DDR, in: Neue Justiz 1949, S. 303–305

NEUBERT, Erhart: *Politische Justiz* und die Opposition in den achtziger Jahren, in: Engelmann, Roger / Vollnhals, Clemens (Hrsg.), Justiz im Dienste der Parteiherrschaft. Rechtspraxis und Staatssicherheit in der DDR, 2. Auflage. Berlin 2000, S. 375–409.

OBERSTES GERICHT DER DDR: Das Oberste Gericht der DDR – *Rechtsprechung im Dienste des Volkes*. Berlin 1989.

Otto, Wilfriede: *Erich Mielke*. Aufstieg und Fall eines Tschekisten. Berlin 2000.

PENNDORF, Lothar / KALWERT, Günter: Sozialistische Gesetzlichkeit und Landesverteidigung. Interview zur 25jährigen Wiederkehr des Gründungstages der *Militärgerichte*, Neue Justiz. 1988, S. 141–144

PINGEL-SCHLIEMANN, Sandra: *Lebenswege...* im Schatten des Staatssicherheitsdienstes, herausgegeben vom Landesbeauftragten für Mecklenburg-Vorpommern für die Unterlagen des Staatssicherheitsdienstes der ehemaligen DDR, Schwerin 2008.

PLOETZ: *Die Deutsche Demokratische Republik*. Daten, Fakten, Analysen, herausgegeben von Alexander Fischer. Köln 2004.

POLZIN, Arno: *Mythos Schwedt*, in: Horch und Guck 4/2010, S. 10–15.

PRINZ, Oliver: *Heeresverfassung und Militärstrafrecht* der ehemaligen DDR, in: Bauer, Andreas / Theisen, Frank / Welker, Karl H. L. (Hrsg.), Studien zur Rechtsgeschichte. Liber discipulorum. Professor Dr. Wulf Eckart Voß zum 60. Geburtstag. Göttingen 2005, S. 203–241.

RASCHKA, Johannes: Paragraphen für den Ausnahmezustand. Die *Militarisierung der Strafgesetzgebung* in der DDR, in: Ehlert, Hans / Rogg, Matthias (Hrsg.), Militär, Staat und Gesellschaft in der DDR. Forschungsfelder, Ergebnisse, Perspektiven. Berlin 2004, S. 419–438.

RASCHKA, Johannes: *Zwischen Überwachung und Repression* – politische Verfolgung in der DDR 1971 bis 1989, herausgegeben von Eberhard Kuhrt in Verbindung mit Hanssjörg F. Buck und Gunter Holzweißig, Im Auftrag des Bundesministeriums des Innern: Am Ende des realen Sozialismus (5). Opladen 2001.

RASCHKA, Johannes: *Justizpolitik im SED-Staat*. Anpassung und Wandel des Strafrechts während der Amtszeit Honeckers. Köln, Weimar, Wien 2000.

RASCHKA, Johannes: Die *Entwicklung des politischen Strafrechts* im 1. Jahrzehnt der Amtszeit Honeckers, in: Engelmann, Roger / Vollnhals, Clemens (Hrsg.), Justiz im Dienste der Parteiherrschaft. Rechtspraxis und Staatssicherheit in der DDR. 2. Auflage, Berlin 2000, S. 273–302.

RAT DER VORSITZENDEN DER KOLLEGIEN DER RECHTSANWÄLTE SOWIE DER HANS SOLDAN GMBH (Hrsg.): *Anwaltverzeichnis 1990.* Verzeichnis der in der Deutschen Demokratischen Republik zugelassenen Rechtsanwälte sowie Justizorgane und Vertragsgerichte, Stand März 1990.

ROGG, Matthias: *Militärgeschichte* der DDR – mehr als eine Fußnote?, in: Zeithistorische Forschungen / Studies in Comtemporary History, Online-Ausgabe, 2 (2005), H. 1, www.Zeithistorische-Forschungen.de /16126041-Rogg-1-2005.

ROGGEMANN, Herwig: *Lenkungsmechanismen der DDR-Justiz*, insbesondere im Hinblick auf die Richter und Staatsanwälte, in den siebziger Jahren. Gutacherliche Stellungnahme in der Strafsache LG Frankfurt/Oder gegen Havemann. u.a. 23 Kls 36/94, in: Rottleuthner, Hubert (Hrsg.), Das *Havemann-Verfahren.* Das Urteil des Landgerichts Frankfurt/Oder und die Gutachten der Sachverständigen Prof. H. Roggemann und Prof. H. Rottleuthner, Baden-Baden 1999, S. 209–334.

ROSE, Norman: Politische Häftlinge in der Untersuchungshaft des MfS. Haftbedingungen von 1971 bis 1989. Hamburg 2002.

ROTTLEUTHNER, Hubert: (Hrsg.): *Steuerung* der Justiz in der DDR, Köln 1994.

ROTTLEUTHNER, Hubert: Zum *Aufbau* und zur Funktionsweise der Justiz in der DDR, in: Engelmann, Roger / Vollnhals, Clemens (Hrsg.), Justiz im Dienste der Parteiherrschaft. Rechtspraxis und Staatssicherheit in der DDR. 2. Aufl. Berlin 2000, S. 25–42.

ROTTLEUTHNER, Hubert: Die *Lenkung der Justiz* in der DDR – institutioneller Rahmen / allgemeine Erkenntnisse, in: Materialien der Enquete-Kommission „Aufarbeitung von Geschichte und Folgen der SED-Diktatur in Deutschland (12. Wahlperiode des Deutschen Bundestages), herausgegeben vom Deutschen Bundestag, Band IV, Recht, Justiz und Polizei, Baden-Baden, Frankfurt am Main 1995, S. 123–137; 178–183.

ROTTLEUTHNER, Hubert (Hrsg.): Das *Havemann-Verfahren.* Baden-Baden 1999.

ROTTLEUTHNER, Hubert: Die *Lenkung der Jusitz* in der DDR – Institutioneller Rahmen/Allgemeine Erkenntnisse, in: Materialien der Enquete-Kommission „Aufarbeitung von Geschichte und Folgen der SED-Diktatur in Deutschland" (12. Wahlperiode des Deutschen Bundestages), herausgegeben vom Deutschen Bundestag, Bd. IV, Recht, Justiz, Polizei, S. 123–137, 178–189, Baden-Baden, Frankfurt am Main, 1995.

RÜHMLAND, Regina: *Militärgerichtsbarkeit* in der DDR, in: Neue Zeitschrift für Wehrrecht 1980, S. 41–57.

RÜHMLAND, Ullrich: *NVA* Nationale Volksarmee der DDR in Stichworten, 5. Auflage Bonn 1977.

SÄLTER, Gerhard: *Interne Repression.* Die Verfolgung übergelaufener MfS-Offiziere durch das MfS und die DDR-Justiz (1954–1966). Dresden 2002.

SAGER, Peter: Die Vorenthaltung der Menschenrechte in Untersuchungshaft und Strafvollzug der DDR. SOI-Sonderdruck 25, herausgegeben vom schweizerischen Ost-Institut. Bern 1986.

SARGE, Günter: Das *Militärstrafgesetz* vom Januar 1962 und die Aufgaben der Kommandeure, in: Militärwesen 4 (1962), S. 525–530.

SARGE, Günter: *Aufgaben der Rechtsprechung* und ihrer Leitung nach dem XIV. Parteitag der SED, in: Neue Justiz 1986, S. 350–352.

SARGE, Günter / BEIER, Lothar: 50 Jahre sowjetische *Militärgerichtsbarkeit*, in: Neue Justiz 1968, S. 757–759.

SCHABOWSKI, Günter: *Das Politbüro*. Ende eines Mythos. Eine Befragung. Reinbek bei Hamburg, 1990.

SCHLECHTE, Klaus-Dieter: *Militärwesen*, in: Ploetz Die Deutsche Demokratische Republik. Daten, Fakten, Analysen, herausgegeben von Alexander Fischer, Köln, 2004, S. 172–179.

SCHROEDER, Friedrich-Christian: Das *Strafrecht* des realen Sozialismus. Eine Einführung am Beispiel der DDR. Opladen 1983.

SCHROEDER, Friedrich-Christian: Die *Entwicklung* des politischen Strafrechts, in: Im Namen des Volkes? Über die Justiz im Staat der SED. Wissenschaftlicher Begleitband zur Ausstellung des Bundesministeriums für Justiz, Leipzig 1996, S. 107–111.

SCHROEDER, Friedrich-Christian / GRÄF, Dieter: *Geheime Rechtsprechungsanweisungen* in der DDR, in: Recht in Ost und West, S. 291–294.

SCHRÖDER, Heinz / WILKE, Jürgen: *Politische Strafgefangene* in der DDR. Versuch einer statistischen Beschreibung, in: HSR VOL. 23-1998-Nr. 4, 3-78. http://hsr-trans.zhsf.uni-koeln.de/hsrretro/docs/artikel/hsr/hsr1998_470.pdf. Historical Social Research, Vol. 23 — 1998 — No. 4, 3-78

SCHULLER, Wolfgang: *Geschichte* und Struktur des politischen Strafrechts der DDR bis 1968, Ebelsbach 1980.

SCHUTE, Claudia (Hrsg.): Schicksal Bautzen. Politische Häftlinge der SBZ/DDR erzählen – Junge Journalisten portraitieren. St. Augustin 1999.

SCHWAN, Heribert: *Erich Mielke. Der Mann, der die Stasi war*. München 1997.

SCHWARZENBACH, Rudolf: Die *Kaderpolitik der SED* in der Staatsverwaltung. Ein Beitrag zur Entwicklung des Verhältnisses von Partei und Staat in der DDR (1945–1975), Köln 1976.

Se´LITRENNY, Rita: Die schriftlichen *Hinterlassenschaften aus dem DDR-Untersuchungshaft- und- Strafvollzug*, in: Deutschland Archiv, 5/2001, S. 794–801.

Se´LITRENNY, Rita: *Doppelte Überwachung*. Geheimdienstliche Ermittlungsmethoden in den DDR-Untersuchungshaftanstalten. Berlin 2003.

SEKTION RECHTSWISSENSCHAFT DER HUMBOLDT-UNIVERSITÄT ZU BERLIN (Hrsg.): *Strafverfahrensrecht*. Lehrbuch. 1. Auflage. Berlin 1977.

SORGENICHT, Klaus: *Die SED* – Die Partei der Gesetzlichkeit, in: Neue Justiz 1986, S. 126–128.

SUCKUT, Siegfried / WEBER, Jürgen: *Stasi-Akten* zwischen Politik und Zeitgeschichte. Eine Zwischenbilanz. München 2003.

SUCKUT, Siegfried / SÜß, Walter (Hrsg.): *Staatspartei und Staatssicherheit.* Zum Verhältnis von SED und MfS. Berlin 1997.

STAADT, Jochen: *Furchtbare Juristen* des SED-Staates zur Rolle der DDR-Generalstaatsanwaltschaft im Unrechtsstaat – Teil III, in: Zeitschrift des Forschungsverbundes SED-Staat, 27/2010, S. 71–83.

STAATLICHE ZENTRALVERWALTUNG FÜR STATISTIK (Hrsg.): *Statistisches Jahrbuch* 1979 der Deutschen Demokratischen Republik, Berlin 1979.

STALIN, Josef: *Fragen des Leninismus*, Berlin 1950.

STATISTISCHES AMT DER DDR (Hrsg.): *Statistisches Jahrbuch 1990* der Deutschen Demokratischen Republik, Berlin 1990.

STEIKE, Jörn: Die Steuerung der *Militärjustiz* der DDR. Jur. Diss. München 1997.

STEIKE, Jörn: *Die DDR-Militärjustiz*, in: NJW 1998, S. 2576–2577.

SIEBERT, Horst: *Auf dem Weg zum neuen Menschen* – Pädagogik und *Bildungspolitik in der DDR*, in: Wissenschaft und Gesellschaft in der DDR, eingeleitet von Peter Christian Ludz, 2. Aufl. München 1971, S. 208–231.

STOLLEIS, Michael: *Sozialistische Gesetzlichkeit.* Staats- und Verwaltungsrechtwissenschaft in der DDR. München 2009.

STREIT, Josef: Die *Justizorgane* sind wichtige Hebel bei der sozialistischen Umgestaltung der Landwirtschaft, in: Neue Justiz 1959 S. 789.

STREIT, Josef: Einige Gedanken zur Vorbereitung der *Richterwahl*, in: Neue Justiz, 1959, S. 37–39.

STREMPEL, Dieter: Politische *Steuerung der Justiz* in der Deutschen Demokratischen Republik, in: Timmermann, Heiner (Hrsg.): Die DDR – Recht und Justiz als politisches Instrument, Berlin 2000, S. 27–36.

SYWOTTEK, Arnold: Zum politisch-historischen *Selbstverständnis der DDR*, in: Ploetz Die Deutsche Demokratische Republik. Daten, Fakten, Analysen, herausgegeben von Alexander Fischer, Köln, 2004, S. 24–32.

THIEMANN, Ellen: *Stell dich mit den Schergen gut.* Für mein Kind durch die Hölle des Frauenzuchthauses Hoheneck, 2. Auflage, München 2008.

TIMMERMANN, Heiner (Hrsg.): Die DDR – *Recht und Justiz* als politisches Instrument, Berlin 2000.

TOEPLITZ, Heinrich: Die grundlegenden Aufgaben der Gerichte bei der Verwirklichung der sozialistischen Verfassung, in: Neue Justiz 1967, S. 33–39.

ULBRICHT, Walter: Zur Geschichte der deutschen *Arbeiterbewegung.* Band III, Berlin-Ost 1953.

VOLLNHALS, Clemens: *Nomenklatur und Kaderpolitik*, Staatssicherheit und „Sicherung" der DDR-Jusitz, in: Weber, Jürgen / Piazolo, Michael (Hrsg.), Justiz im Zwielicht, Ihre Rolle in Diktaturen und die Antwort des Rechtsstaates, München 1998, S. 213–240.

VOLLNHALS, Clemens: *„Die Macht ist das Allererste"*. Staatssicherheit und Justiz in der Ära Honecker in: Engelmann, Roger / Vollnhals, Clemens (Hrsg.), Justiz im Dienste der Parteiherrschaft. Rechtspraxis und Staatssicherheit in der DDR, Berlin 1999, S. 227–272.

VOLLNHALS,Clemens: *Denunziation und Strafverfolgung* im Auftrag der „Partei". Das Ministerium für Staatssicherheit in der DDR, in: Vollnhals, Clemens / Weber, Jürgen (Hrsg.), Der Schein der Normalität. Alltag und Herrschaft in der SED-Diktatur, München 2002, S. 113–156.

VOLLNHALS, Clemens: *Der Schein der Normalität*. Staatssicherheit und Justiz in der Ära Honecker, in: Suckut, Siegfried / Süß, Walter (Hrsg.), Staatspartei und Staatssicherheit. Zum Verhältnis von SED und MfS. Berlin 1997, S. 213–247.

VORMBAUM, Thomas: Einführung in die moderne *Strafrechtsgeschichte*. Berlin, Heidelberg 2009.

VORMBAUM, Thomas: *„Politisches" Strafrecht*, in: Zeitschrift für die gesamte Strafrechtswissenschaft 1995, S. 734–760.

VORMBAUM, Thomas / WELP, Jürgen: Das *Strafgesetzbuch*. Sammlung der Änderungsgesetze und Neubekanntmachungen. Supplementband 2: Das Strafgesetzbuch der DDR, Berlin 2006.

WACHTEL, Stefan: *Delikt 220*. Bestimmungsort Schwedt. Gefängnistagebuch. Rudolstadt 1991.

WAGNER, Heinz Josef: Die *Militärjustiz* der DDR. Unter besonderer Berücksichtigung der Rechtsprechung der Militärgerichte.Bände I und II, Berlin 2006

WEBER, Jürgen / PIAZOLO, Michael (Hrsg.): Parteisoldaten in Richterrobe. Diktaturen gegen Menschenrechte, in: dieselben (Hrsg.), *Justiz* im Zwielicht. Ihre Rolle in Diktaturen und die Antwort des Rechtsstaates. München 1998, S. 11–22.

WEBER, Hermann: Die *DDR* 1945 – 1990. 4. Auflage, München 2006.

WECK, Jörg: *Wehrverfassung* und Wehrrecht der DDR, Köln 1970.

WEIGT, Hubert / WITTWER, Helmut: Kommentar zum *Strafvollzugsgesetz*, Ministerium des Innern, Publikationsabteilung, Berlin-Ost 1980.

WEINKE, Annette: *Stasi und Strafrecht*: Ein dunkles Kapitel, in: Timmermann, Heiner (Hrsg.), Die DDR- Recht und Justiz als politisches Instrument, Berlin 2000, S. 141–161.

WEIZSÄCKER von, Richard: Der Weg zur *Einheit*. München 2009.

WENTKER, Hermann: *Justiz und Politik* in der DDR, in: Eppelmann, Rainer (Hrsg.), Bilanz und Perspektiven der DDR-Forschung, Paderborn 2003, S. 126–132.

WENTKER, Hermann: *Justiz im Übergang*: Die sowjetische Besatzungsmacht, die deutschen „Täter" und die Anfänge der politischen Strafjustiz in der SBZ/DDR, in:

Weber, Jürgen / Piazolo, Michael, Justiz im Zwielicht. Ihre Rolle in Diktaturen und die Antwort des Rechtsstaates, München 1998, S. 171–190.

WENZKE, Rüdiger (Hrsg.): *Staatsfeinde in Uniform*? Widerständiges Verhalten und politische Verfolgung in der NVA, Berlin 2005.

WENZKE, Rüdiger: *NVA-Soldaten* hinter Gittern. „Schwedt" und der militärische Strafvollzug in der DDR, in: Klewin, Silke / Reinke, Herbert / Sälter, Gerhard (Hrsg.), Hinter Gittern. Zur Geschichte der Inhaftierung zwischen Bestrafung, Besserung und politischem Ausschluss vom 18. Jahrhundert bis zur Gegenwart. Leipzig 2010, S. 219–240.

WENZKE, Rüdiger: *Ab nach Schwedt.* Die Geschichte des DDR–Militärstrafvollzugs. Berlin 2011.

WENZKE, Rüdiger: *Wehrpflicht* und Wehrdienst in der DDR. Aspekte ihrer historischen Entwicklung, in: Wissenschaft und Frieden, www.wissenschaft-und-frieden.de/seite.php?artikelD=1031.

WENZKE, Rüdiger: *Die Nationale Volksarmee* (1956–1990), in: Diedrich, Thorsten / Ehlert, Hans / Wenzke, Rüdiger (Hrsg.), Im Dienste der Partei, Handbuch der Bewaffneten Organe der DDR, S. 423–535.

WERKENTIN, Falco: Die *Reichweite politischer Justiz* in der Ära Ulbricht, in: Bundesministerium der Justiz (Hrsg): *Im Namen des Volkes*? Über die Justiz im Staat der SED. Ausstellung des Bundesministeriums für Justiz I. Katalogband, II. Dokumentenband, III. Wissenschaftlicher Begleitband, Leipzig 1994, S. 179 – 196.

WERKENTIN, Falco: *Rechtsprechungseingriffe und Deliktfabrikate* in der Justizgeschichte der DDR – Konsequenzen für Rehabilitierungsverfahren, in: Gedenkstätte für die Opfer politischer Gewalt in Sachsen-Anhalt, Magdeburg, Friedrich-Ebert-Stiftung, Landesbüro Sachsen-Anhalt, Konrad-Adenauer-Stiftung, Bildungszentrum Wendgräben (Hrsg.), Die Steuerung der Justiz im SED-Staat, Magdeburg 1994, S. 7–39.

WERKENTIN, Falco: *Politische Strafjustiz* in der Ära Ulbricht. Berlin 1995.

WERKENTIN, Falco: *„Souverän* ist, wer über den Tod entscheidet". Die SED-Führung als Richter und Gnadeninstanz bei Todesurteil, in: Engelmann, Roger, Vollnhals, Clemens (Hrsg.): Justiz im Dienste der Parteiherrschaft. Rechtspraxis und Staatssicherheit in der DDR, Berlin 1999, S. 181–204.

WERKENTIN, Falco: *Gelenkte Rechtssprechung* – zur Strafjustiz in den frühen Jahren der DDR, in: Neue Justiz 1991, 483.

WIEDMANN, Roland: Anatomie der Staatssicherheit. Geschichte, Struktur und Methoden. Die Organisationsstruktur des Ministeriums für Staatssicherheit 1989 – *MfS-Handbuch* –, herausgegeben von Klaus-Dietmar Henke, Siegfried Suckut, Clemens Vollnhals, Walter Süß, Roger Engelmann, BStU Berlin 1996.

WIERLING, Dorothee: *Die Stasi in der Erinnerung*, in: Gieseke, Jens (Hrsg.), Staatssicherheit und Gesellschaft. Studien zum Herrschaftsalltag in der DDR, Göttingen 2007, S. 187–208.

WINKEL, Matthias: *MfS und Justiz* im Strafprozess, in: Horch und Guck, 1994, S. 7–15

Wörterbuch zur Deutschen Militärgeschichte: Schriften des militärgeschichtlichen Instituts der DDR, Berlin 1985.

Wolf, Markus: Spionagechef im geheimen Krieg. *Erinnerungen*. München 1997.

Wolle, Stefan: Die heile Welt der *Diktatur*. Alltag und Herrschaft in der DDR 1971–1989, Berlin 1998.

Wunschik, Tobias: Der politische *Strafvollzug* der DDR. Ein „deutscher Sonderweg" im „Jahrhundert der Lager"? in: Klewin, Silke / Reinke, Herbert / Sälter, Gerhard (Hrsg.): *Hinter Gittern*. Zur Geschichte der Inhaftierung zwischen Bestrafung, Besserung und politischem Ausschluss vom 18. Jahrhundert bis zur Gegenwart. Leipzig 2010, S. 193–217.

Wunschik, Tobias: Der *Strafvollzug* als Aufgabe der Deutschen Volkspolizei in den fünfziger Jahren, in Archiv für Polizeigeschichte 3/1997, S. 74–91.

Wunschik, Tobias: *Der DDR-Strafvollzug* unter dem Einfluss der Staatssicherheit in den siebziger und achtziger Jahren, in: Engelmann, Roger / Vollnhals, Clemens (Hrsg.), Justiz im Dienste der Parteiherrschaft, Rechtspraxis und Staatssicherheit in der DDR, 2. Auflage. Berlin 2000, S. 467–493.

Wunschik, Tobias: *„Zinker" und „Zellenrutscher"*. Die inoffiziellen Mitarbeiter der Staatssicherheit im Strafvollzug der DDR, in: Horch & Guck, 2003, S. 61–70.

Yonan, Gabriele (Hrsg.): Im Visier der Stasi. *Jehovas Zeugen* in der DDR. Niedersteinbach 2000.

Zahn, Hans-Eberhard: *Haftbedingungen* und Geständnisproduktion in den Untersuchungshaftanstalten des MfS – Psychologische Aspekte und Biografische Veranschaulichung. 3. Auflage, Berlin 2001.

Ziegler, Walter: *„Die Rechtsprechung des Obersten Gerichts auf dem Gebiet der Staatsverbrechen"*, in: Oberstes Gericht der DDR – Höchstes Organ wahrhaft demokratischer Rechtsprechung, herausgegeben vom Obersten Gericht der DDR, Berlin-Ost 1970.

Ziehm, Herbert: Die *Einflussnahme* des Ministeriums für Staatssicherheit auf gerichtliche Entscheidungen, in: Gedenkstätte für die Opfer politischer Gewalt in Sachsen-Anhalt, Magdeburg, Friedrich-Ebert-Stiftung, Landesbüro Sachsen-Anhalt, Konrad-Adenauer-Stiftung, Bildungszentrum Wendgräben (Hrsg.), Die Steuerung der Justiz im SED-Staat, Magdeburg 1994, S. 69–114.

Zimmermann, Hartmut: Überlegungen zur *Geschichte der Kader und der Kaderpolitik* in der SBZ/DDR, in: Kaelble, Hartmut / Kocker, Jürgen / Zwahr, Hartmut (Hrsg.), Sozialgeschichte der DDR. Stuttgart 1994, S. 322–356.

Juristische Zeitgeschichte

Herausgeber: Prof. Dr. Dr. Thomas Vormbaum, FernUniversität in Hagen

Abteilung 1: Allgemeine Reihe

1 *Thomas Vormbaum (Hrsg.):* Die Sozialdemokratie und die Entstehung des Bürgerlichen Gesetzbuchs. Quellen aus der sozialdemokratischen Partei und Presse (1997)
2 *Heiko Ahlbrecht:* Geschichte der völkerrechtlichen Strafgerichtsbarkeit im 20. Jahrhundert (1999)
3 *Dominik Westerkamp:* Pressefreiheit und Zensur im Sachsen des Vormärz (1999)
4 *Wolfgang Naucke:* Über die Zerbrechlichkeit des rechtsstaatlichen Strafrechts. Gesammelte Aufsätze zur Strafrechtsgeschichte (2000)
5 *Jörg Ernst August Waldow:* Der strafrechtliche Ehrenschutz in der NS-Zeit (2000)
6 *Bernhard Diestelkamp:* Rechtsgeschichte als Zeitgeschichte. Beiträge zur Rechtsgeschichte des 20. Jahrhunderts (2001)
7 *Michael Damnitz:* Bürgerliches Recht zwischen Staat und Kirche. Mitwirkung der Zentrumspartei am Bürgerlichen Gesetzbuch (2001)
8 *Massimo Nobili:* Die freie richterliche Überzeugungsbildung. Reformdiskussion und Gesetzgebung in Italien, Frankreich und Deutschland seit dem Ausgang des 18. Jahrhunderts (2001)
9 *Diemut Majer:* Nationalsozialismus im Lichte der Juristischen Zeitgeschichte (2002)
10 *Bianca Vieregge:* Die Gerichtsbarkeit einer „Elite". Nationalsozialistische Rechtsprechung am Beispiel der SS- und Polizeigerichtsbarkeit (2002)
11 *Norbert Berthold Wagner:* Die deutschen Schutzgebiete (2002)
12 *Miloš Vec:* Die Spur des Täters. Methoden der Identifikation in der Kriminalistik (1879–1933), (2002)
13 *Christian Amann:* Ordentliche Jugendgerichtsbarkeit und Justizalltag im OLG-Bezirk Hamm von 1939 bis 1945 (2003)
14 *Günter Gribbohm:* Das Reichskriegsgericht (2004)
15 *Martin M. Arnold:* Pressefreiheit und Zensur im Baden des Vormärz. Im Spannungsfeld zwischen Bundestreue und Liberalismus (2003)
16 *Ettore Dezza:* Beiträge zur Geschichte des modernen italienischen Strafrechts (2004)
17 *Thomas Vormbaum (Hrsg.):* „Euthanasie" vor Gericht. Die Anklageschrift des Generalstaatsanwalts beim OLG Frankfurt/M. gegen Werner Heyde u. a. vom 22. Mai 1962 (2005)
18 *Kai Cornelius:* Vom spurlosen Verschwindenlassen zur Benachrichtigungspflicht bei Festnahmen (2006)
19 *Kristina Brümmer-Pauly:* Desertion im Recht des Nationalsozialismus (2006)
20 *Hanns-Jürgen Wiegand:* Direktdemokratische Elemente in der deutschen Verfassungsgeschichte (2006)
21 *Hans-Peter Marutschke (Hrsg.):* Beiträge zur modernen japanischen Rechtsgeschichte (2006)

22 *Katrin Stoll:* Die Herstellung der Wahrheit (2011)
23 *Thorsten Kurtz:* Das Oberste Rückerstattungsgericht in Herford (2014)
24 *Sebastian Schermaul:* Die Umsetzung der Karlsbader Beschlüsse an der Universität Leipzig 1819–1848 (2013)

Abteilung 2: Forum Juristische Zeitgeschichte

1 *Franz-Josef Düwell / Thomas Vormbaum (Hrsg.):* Themen juristischer Zeitgeschichte (1) – Schwerpunktthema: Recht und Nationalsozialismus (1998)
2 *Karl-Heinz Keldungs:* Das Sondergericht Duisburg 1943–1945 (1998)
3 *Franz-Josef Düwell / Thomas Vormbaum (Hrsg.):* Themen juristischer Zeitgeschichte (2) – Schwerpunktthema: Recht und Juristen in der Revolution von 1848/49 (1998)
4 *Thomas Vormbaum:* Beiträge zur juristischen Zeitgeschichte (1999)
5 *Franz-Josef Düwell / Thomas Vormbaum:* Themen juristischer Zeitgeschichte (3), (1999)
6 *Thomas Vormbaum (Hrsg.):* Themen juristischer Zeitgeschichte (4), (2000)
7 *Frank Roeser:* Das Sondergericht Essen 1942–1945 (2000)
8 *Heinz Müller-Dietz:* Recht und Nationalsozialismus – Gesammelte Beiträge (2000)
9 *Franz-Josef Düwell (Hrsg.):* Licht und Schatten. Der 9. November in der deutschen Geschichte und Rechtsgeschichte – Symposium der Arnold-Freymuth-Gesellschaft, Hamm (2000)
10 *Bernd-Rüdiger Kern / Klaus-Peter Schroeder (Hrsg.):* Eduard von Simson (1810–1899). „Chorführer der Deutschen" und erster Präsident des Reichsgerichts (2001)
11 *Norbert Haase / Bert Pampel (Hrsg.):* Die Waldheimer „Prozesse" – fünfzig Jahre danach. Dokumentation der Tagung der Stiftung Sächsische Gedenkstätten am 28. und 29. September in Waldheim (2001)
12 *Wolfgang Form (Hrsg.):* Literatur- und Urteilsverzeichnis zum politischen NS-Strafrecht (2001)
13 *Sabine Hain:* Die Individualverfassungsbeschwerde nach Bundesrecht (2002)
14 *Gerhard Pauli / Thomas Vormbaum (Hrsg.):* Justiz und Nationalsozialismus – Kontinuität und Diskontinuität. Fachtagung in der Justizakademie des Landes NRW, Recklinghausen, am 19. und 20. November 2001 (2003)
15 *Mario Da Passano (Hrsg.):* Europäische Strafkolonien im 19. Jahrhundert. Internationaler Kongreß des Dipartimento di Storia der Universität Sassari und des Parco nazionale di Asinara, Porto Torres, 25. Mai 2001 (2006)
16 *Sylvia Kesper-Biermann / Petra Overath (Hrsg.):* Die Internationalisierung von Strafrechtswissenschaft und Kriminalpolitik (1870–1930). Deutschland im Vergleich (2007)
17 *Hermann Weber (Hrsg.):* Literatur, Recht und Musik. Tagung im Nordkolleg Rendsburg vom 16. bis 18. September 2005 (2007)
18 *Hermann Weber (Hrsg.):* Literatur, Recht und (bildende) Kunst. Tagung im Nordkolleg Rendsburg vom 21. bis 23. September 2007 (2008)
19 *Francisco Muñoz Conde / Thomas Vormbaum (Hrsg.):* Transformation von Diktaturen in Demokratien und Aufarbeitung der Vergangenheit (2010)
20 *Kirsten Scheiwe / Johanna Krawietz* (Hrsg.): (K)Eine Arbeit wie jede andere? Die Regulierung von Arbeit im Privathaushalt (2014)

Abteilung 3: Beiträge zur modernen deutschen Strafgesetzgebung. Materialien zu einem historischen Kommentar

1 *Thomas Vormbaum / Jürgen Welp (Hrsg.):* Das Strafgesetzbuch seit 1870. Sammlung der Änderungen und Neubekanntmachungen; Vier Textbände (1999–2002) und drei Supplementbände (2005, 2006)
2 *Christian Müller:* Das Gewohnheitsverbrechergesetz vom 24. November 1933. Kriminalpolitik als Rassenpolitik (1998)
3 *Maria Meyer-Höger:* Der Jugendarrest. Entstehung und Weiterentwicklung einer Sanktion (1998)
4 *Kirsten Gieseler:* Unterlassene Hilfeleistung – § 323c StGB. Reformdiskussion und Gesetzgebung seit 1870. (1999)
5 *Robert Weber:* Die Entwicklung des Nebenstrafrechts 1871–1914 (1999)
6 *Frank Nobis:* Die Strafprozeßgesetzgebung der späten Weimarer Republik (2000)
7 *Karsten Felske:* Kriminelle und terroristische Vereinigungen – §§ 129, 129a StGB (2002)
8 *Ralf Baumgarten:* Zweikampf – §§ 201–210 a.F. StGB (2003)
9 *Felix Prinz:* Diebstahl – §§ 242 ff. StGB (2003)
10 *Werner Schubert / Thomas Vormbaum (Hrsg.):* Entstehung des Strafgesetzbuchs. Kommissionsprotokolle und Entwürfe. Band 1: 1869 (2002); Band 2: 1870 (2004)
11 *Lars Bernhard:* Falsche Verdächtigung (§§ 164, 165 StGB) und Vortäuschen einer Straftat (§ 145d StGB), (2003)
12 *Frank Korn:* Körperverletzungsdelikte – §§ 223 ff., 340 StGB. Reformdiskussion und Gesetzgebung von 1870 bis 1933 (2003)
13 *Christian Gröning:* Körperverletzungsdelikte – §§ 223 ff., 340 StGB. Reformdiskussion und Gesetzgebung seit 1933 (2004)
14 *Sabine Putzke:* Die Strafbarkeit der Abtreibung in der Kaiserzeit und in der Weimarer Zeit. Eine Analyse der Reformdiskussion und der Straftatbestände in den Reformentwürfen (1908–1931), (2003)
15 *Eckard Voßiek:* Strafbare Veröffentlichung amtlicher Schriftstücke (§ 353d Nr. 3 StGB). Gesetzgebung und Rechtsanwendung seit 1851 (2004)
16 *Stefan Lindenberg:* Brandstiftungsdelikte – §§ 306 ff. StGB. Reformdiskussion und Gesetzgebung seit 1870 (2004)
17 *Ninette Barreneche †:* Materialien zu einer Strafrechtsgeschichte der Münchener Räterepublik 1918/1919 (2004)
18 *Carsten Thiel:* Rechtsbeugung – § 339 StGB. Reformdiskussion und Gesetzgebung seit 1870 (2005)
19 *Vera Große-Vehne:* Tötung auf Verlangen (§ 216 StGB), „Euthanasie“ und Sterbehilfe. Reformdiskussion und Gesetzgebung seit 1870 (2005)
20 *Thomas Vormbaum / Kathrin Rentrop (Hrsg.):* Reform des Strafgesetzbuchs. Sammlung der Reformentwürfe. Band 1: 1909 bis 1919. Band 2: 1922 bis 1939. Band 3: 1959 bis 1996 (2008)
21 *Dietmar Prechtel:* Urkundendelikte (§§ 267 ff. StGB). Reformdiskussion und Gesetzgebung seit 1870 (2005)
22 *Ilya Hartmann:* Prostitution, Kuppelei, Zuhälterei. Reformdiskussion und Gesetzgebung seit 1870 (2006)

23 *Ralf Seemann:* Strafbare Vereitelung von Gläubigerrechten (§§ 283 ff., 288 StGB). Reformdiskussion und Gesetzgebung seit 1870 (2006)

24 *Andrea Hartmann:* Majestätsbeleidigung (§§ 94 ff. StGB a.F.) und Verunglimpfung des Staatsoberhauptes (§ 90 StGB). Reformdiskussion und Gesetzgebung seit dem 19. Jahrhundert (2006)

25 *Christina Rampf:* Hausfriedensbruch (§ 123 StGB). Reformdiskussion und Gesetzgebung seit 1870 (2006)

26 *Christian Schäfer:* „Widernatürliche Unzucht“ (§§ 175, 175a, 175b, 182, a.F. StGB). Reformdiskussion und Gesetzgebung seit 1945 (2006)

27 *Kathrin Rentrop:* Untreue und Unterschlagung (§§ 266 und 246 StGB). Reformdiskussion und Gesetzgebung seit dem 19. Jahrhundert (2007)

28 *Martin Asholt:* Straßenverkehrsstrafrecht. Reformdiskussion und Gesetzgebung seit dem Ausgang des 19. Jahrhunderts (2007)

29 *Katharina Linka:* Mord und Totschlag (§§ 211–213 StGB). Reformdiskussion und Gesetzgebung seit 1870 (2008)

30 *Juliane Sophia Dettmar:* Legalität und Opportunität im Strafprozess. Reformdiskussion und Gesetzgebung von 1877 bis 1933 (2008)

31 *Jürgen Durynek:* Korruptionsdelikte (§§ 331 ff. StGB). Reformdiskussion und Gesetzgebung seit dem 19. Jahrhundert (2008)

32 *Judith Weber:* Das sächsische Strafrecht im 19. Jahrhundert bis zum Reichsstrafgesetzbuch (2009)

33 *Denis Matthies:* Exemplifikationen und Regelbeispiele. Eine Untersuchung zum 100-jährigen Beitrag von Adolf Wach zur „Legislativen Technik“ (2009)

34 *Benedikt Rohrßen:* Von der „Anreizung zum Klassenkampf“ zur „Volksverhetzung“ (§ 130 StGB). Reformdiskussion und Gesetzgebung seit dem 19. Jahrhundert (2009)

35 *Friederike Goltsche:* Der Entwurf eines Allgemeinen Deutschen Strafgesetzbuches von 1922 (Entwurf Radbruch) (2010)

36 *Tarig Elobied:* Die Entwicklung des Strafbefehlsverfahrens von 1846 bis in die Gegenwart (2010)

37 *Christina Müting:* Sexuelle Nötigung; Vergewaltigung (§ 177 StGB) (2010)

38 *Nadeschda Wilkitzki:* Entstehung des Gesetzes über Internationale Rechtshilfe in Strafsachen (IRG) (2010)

39 *André Brambring:* Kindestötung (§ 217 a.F. StGB). Reformdiskussion und Gesetzgebung seit 1870 (2010)

40 *Wilhelm Rettler:* Der strafrechtliche Schutz des sozialistischen Eigentums in der DDR (2010)

41 *Yvonne Hötzel:* Debatten um die Todesstrafe in der Bundesrepublik Deutschland von 1949 bis 1990 (2010)

42 *Dagmar Kolbe:* Strafbarkeit im Vorfeld und im Umfeld der Teilnahme (§§ 88a, 110, 111, 130a und 140 StGB). Reformdiskussion und Gesetzgebung seit dem 19. Jahrhundert (2011)

43 *Sami Bdeiwi:* Beischlaf zwischen Verwandten (§ 173 StGB). Reform und Gesetzgebung seit 1870 (2014)

44 *Michaela Arnold:* Verfall, Einziehung und Unbrauchbarmachung (§§ 73 bis 76a StGB). Reformdiskussion und Gesetzgebung seit dem 19. Jahrhundert (im Erscheinen)

Abteilung 4: Leben und Werk. Biographien und Werkanalysen

1 *Mario A. Cattaneo:* Karl Grolmans strafrechtlicher Humanismus (1998)
2 *Gerit Thulfaut:* Kriminalpolitik und Strafrechtstheorie bei Edmund Mezger (2000)
3 *Adolf Laufs:* Persönlichkeit und Recht. Gesammelte Aufsätze (2001)
4 *Hanno Durth:* Der Kampf gegen das Unrecht. Gustav Radbruchs Theorie eines Kulturverfassungsrechts (2001)
5 *Volker Tausch:* Max Güde (1902–1984). Generalbundesanwalt und Rechtspolitiker (2002)
6 *Bernd Schmalhausen:* Josef Neuberger (1902–1977). Ein Leben für eine menschliche Justiz (2002)
7 *Wolf Christian von Arnswald:* Savigny als Strafrechtspraktiker. Ministerium für die Gesetzesrevision (1842–1848), (2003)
8 *Thilo Ramm:* Ferdinand Lassalle. Der Revolutionär und das Recht (2004)
9 *Martin D. Klein:* Demokratisches Denken bei Gustav Radbruch (2007)
10 *Francisco Muñoz Conde:* Edmund Mezger – Beiträge zu einem Juristenleben (2007)
11 *Whitney R. Harris:* Tyrannen vor Gericht. Das Verfahren gegen die deutschen Hauptkriegsverbrecher nach dem Zweiten Weltkrieg in Nürnberg 1945–1946 (2008)
12 *Eric Hilgendorf (Hrsg.):* Die deutschsprachige Strafrechtswissenschaft in Selbstdarstellungen (2010)
13 *Tamara Cipolla:* Friedrich Karl von Strombeck. Leben und Werk – Unter besonderer Berücksichtigung des Entwurfes eines Strafgesetzbuches für ein Norddeutsches Staatsgebiet (2010)
14 *Karoline Peters:* J. D. H. Temme und das preußische Strafverfahren in der Mitte des 19. Jahrhunderts (2010)

Abteilung 5: Juristisches Zeitgeschehen Rechtspolitik und Justiz aus zeitgenössischer Perspektive

Mitherausgegeben von Gisela Friedrichsen („Der Spiegel“)
und RA Prof. Dr. Franz Salditt

1 *Diether Posser:* Anwalt im Kalten Krieg. Ein Stück deutscher Geschichte in politischen Prozessen 1951–1968. 3. Auflage (1999)
2 *Jörg Arnold (Hrsg.):* Strafrechtliche Auseinandersetzung mit Systemvergangenheit am Beispiel der DDR (2000)
3 *Thomas Vormbaum (Hrsg.):* Vichy vor Gericht: Der Papon-Prozeß (2000)
4 *Heiko Ahlbrecht / Kai Ambos (Hrsg.):* Der Fall Pinochet(s). Auslieferung wegen staatsverstärkter Kriminalität? (1999)
5 *Oliver Franz:* Ausgehverbot für Jugendliche („Juvenile Curfew“) in den USA. Reformdiskussion und Gesetzgebung seit dem 19. Jahrhundert (2000)
6 *Gabriele Zwiehoff (Hrsg.):* „Großer Lauschangriff“. Die Entstehung des Gesetzes zur Änderung des Grundgesetzes vom 26. März 1998 und des Gesetzes zur Änderung der Strafprozeßordnung vom 4. Mai 1998 in der Presseberichterstattung 1997/98 (2000)

7 *Mario A. Cattaneo:* Strafrechtstotalitarismus. Terrorismus und Willkür (2001)
8 *Gisela Friedrichsen / Gerhard Mauz:* Er oder sie? Der Strafprozeß Böttcher/ Weimar. Prozeßberichte 1987 bis 1999 (2001)
9 *Heribert Prantl / Thomas Vormbaum (Hrsg.):* Juristisches Zeitgeschehen 2000 in der Süddeutschen Zeitung (2001)
10 *Helmut Kreicker:* Art. 7 EMRK und die Gewalttaten an der deutsch-deutschen Grenze (2002)
11 *Heribert Prantl / Thomas Vormbaum (Hrsg.):* Juristisches Zeitgeschehen 2001 in der Süddeutschen Zeitung (2002)
12 *Henning Floto:* Der Rechtsstatus des Johanniterordens. Eine rechtsgeschichtliche und rechtsdogmatische Untersuchung zum Rechtsstatus der Balley Brandenburg des ritterlichen Ordens St. Johannis vom Spital zu Jerusalem (2003)
13 *Heribert Prantl / Thomas Vormbaum (Hrsg.):* Juristisches Zeitgeschehen 2002 in der Süddeutschen Zeitung (2003)
14 *Kai Ambos / Jörg Arnold (Hrsg.):* Der Irak-Krieg und das Völkerrecht (2004)
15 *Heribert Prantl / Thomas Vormbaum (Hrsg.):* Juristisches Zeitgeschehen 2003 in der Süddeutschen Zeitung (2004)
16 *Sascha Rolf Lüder:* Völkerrechtliche Verantwortlichkeit bei Teilnahme an „Peace-keeping"-Missionen der Vereinten Nationen (2004)
17 *Heribert Prantl / Thomas Vormbaum (Hrsg.):* Juristisches Zeitgeschehen 2004 in der Süddeutschen Zeitung (2005)
18 *Christian Haumann:* Die „gewichtende Arbeitsweise" der Finanzverwaltung. Eine Untersuchung über die Aufgabenerfüllung der Finanzverwaltung bei der Festsetzung der Veranlagungssteuern (2008)
19 *Asmerom Ogbamichael:* Das neue deutsche Geldwäscherecht (2011)
20 *Lars Chr. Barnewitz:* Die Entschädigung der Freimaurerlogen nach 1945 und nach 1989 (2011)
21 *Ralf Gnüchtel:* Jugendschutztatbestände im 13. Abschnitt des StGB (2013)
22 *Helmut Irmen:* Stasi und DDR-Militärjustiz. Der Einfluss des Ministeriums für Staatssicherheit auf Strafverfahren und Strafvollzug in der Militärjustiz der DDR (2014)
23 *Zekai Dağaşan:* Das Ansehen des Staates im türkischen und deutschen Strafrecht (2014)

Abteilung 6: Recht in der Kunst

Mitherausgegeben von Prof. Dr. Gunter Reiß

1 *Heinz Müller-Dietz:* Recht und Kriminalität im literarischen Widerschein. Gesammelte Aufsätze (1999)
2 *Klaus Lüderssen (Hrsg.):* »Die wahre Liberalität ist Anerkennung«. Goethe und die Juris prudenz (1999)
3 *Bertolt Brecht:* Die Dreigroschenoper (1928) / Dreigroschenroman (1934). Mit Kommentaren von Iring Fetscher und Bodo Plachta (2001)
4 *Annette von Droste-Hülshoff:* Die Judenbuche (1842) / Die Vergeltung (1841). Mit Kommentaren von Heinz Holzhauer und Winfried Woesler (2000)
5 *Theodor Fontane:* Unterm Birnbaum (1885). Mit Kommentaren von Hugo Aust und Klaus Lüderssen (2001)

6 *Heinrich von Kleist:* Michael Kohlhaas (1810). Mit Kommentaren von Wolfgang Naucke und Joachim Linder (2000)
7 *Anja Sya:* Literatur und juristisches Erkenntnisinteresse. Joachim Maass' Roman „Der Fall Gouffé" und sein Verhältnis zu der historischen Vorlage (2001)
8 *Heiner Mückenberger:* Theodor Storm – Dichter und Richter. Eine rechtsgeschichtliche Lebensbeschreibung (2001)
9 *Hermann Weber (Hrsg.):* Annäherung an das Thema „Recht und Literatur". Recht, Literatur und Kunst in der NJW (1), (2002)
10 *Hermann Weber (Hrsg.):* Juristen als Dichter. Recht, Literatur und Kunst in der NJW (2), (2002)
11 *Hermann Weber (Hrsg.):* Prozesse und Rechtsstreitigkeiten um Recht, Literatur und Kunst. Recht, Literatur und Kunst in der NJW (3), (2002)
12 *Klaus Lüderssen:* Produktive Spiegelungen. 2., erweiterte Auflage (2002)
13 *Lion Feuchtwanger:* Erfolg. Drei Jahre Geschichte einer Provinz. Roman (1929). Mit Kommentaren von Theo Rasehorn und Ernst Ribbat (2002)
14 *Jakob Wassermann:* Der Fall Maurizius. Roman (1928). Mit Kommentaren von Thomas Vormbaum und Regina Schäfer (2003)
15 *Hermann Weber (Hrsg.):* Recht, Staat und Politik im Bild der Dichtung. Recht, Literatur und Kunst in der Neuen Juristischen Wochenschrift (4), (2003)
16 *Hermann Weber (Hrsg.):* Reale und fiktive Kriminalfälle als Gegenstand der Literatur. Recht, Literatur und Kunst in der Neuen Juristischen Wochenschrift (5), (2003)
17 *Karl Kraus:* Sittlichkeit und Kriminalität. (1908). Mit Kommentaren von Helmut Arntzen und Heinz Müller-Dietz (2004)
18 *Hermann Weber (Hrsg.):* Dichter als Juristen. Recht, Literatur und Kunst in der Neuen Juristischen Wochenschrift (6), (2004)
19 *Hermann Weber (Hrsg.):* Recht und Juristen im Bild der Literatur. Recht, Literatur und Kunst in der Neuen Juristischen Wochenschrift (7), (2005)
20 *Heinrich von Kleist:* Der zerbrochne Krug. Ein Lustspiel (1811). Mit Kommentaren von Michael Walter und Regina Schäfer (2005)
21 *Francisco Muñoz Conde / Marta Muñoz Aunión:* „Das Urteil von Nürnberg". Juristischer und filmwissenschaftlicher Kommentar zum Film von Stanley Kramer (1961), (2006)
22 *Fjodor Dostojewski:* Aufzeichnungen aus einem Totenhaus (1860). Mit Kommentaren von Heinz Müller-Dietz und Dunja Brötz (2005)
23 *Thomas Vormbaum (Hrsg.):* Anton Matthias Sprickmann. Dichter und Jurist. Mit Kommentaren von Walter Gödden, Jörg Löffler und Thomas Vormbaum (2006)
24 *Friedrich Schiller:* Verbrecher aus Infamie (1786). Mit Kommentaren von Heinz Müller-Dietz und Martin Huber (2006)
25 *Franz Kafka:* Der Proceß. Roman (1925). Mit Kommentaren von Detlef Kremer und Jörg Tenckhoff (2006)
26 *Heinrich Heine:* Deutschland. Ein Wintermährchen. Geschrieben im Januar 1844. Mit Kommentaren von Winfried Woesler und Thomas Vormbaum (2006)
27 *Thomas Vormbaum (Hrsg.):* Recht, Rechtswissenschaft und Juristen im Werk Heinrich Heines (2006)

28 *Heinz Müller-Dietz:* Recht und Kriminalität in literarischen Spiegelungen (2007)

29 *Alexander Puschkin:* Pique Dame (1834). Mit Kommentaren von Barbara Aufschnaiter/Dunja Brötz und Friedrich-Christian Schroeder (2007)

30 *Georg Büchner:* Danton's Tod. Dramatische Bilder aus Frankreichs Schreckensherrschaft. Mit Kommentaren von Sven Kramer und Bodo Pieroth (2007)

31 *Daniel Halft:* Die Szene wird zum Tribunal! Eine Studie zu den Beziehungen von Recht und Literatur am Beispiel des Schauspiels „Cyankali" von Friedrich Wolf (2007)

32 *Erich Wulffen:* Kriminalpsychologie und Psychopathologie in Schillers Räubern (1907). Herausgegeben von Jürgen Seul (2007)

33 *Klaus Lüderssen:* Produktive Spiegelungen: Recht in Literatur, Theater und Film. Band II (2007)

34 *Albert Camus:* Der Fall. Roman (1956). Mit Kommentaren von Brigitte Sändig und Sven Grotendiek (2008)

35 *Thomas Vormbaum (Hrsg.):* Pest, Folter und Schandsäule. Der Mailänder Prozess wegen „Pestschmierereien" in Rechtskritik und Literatur. Mit Kommentaren von Ezequiel Malarino und Helmut C. Jacobs (2008)

36 *E. T. A. Hoffmann:* Das Fräulein von Scuderi – Erzählung aus dem Zeitalter Ludwigs des Vierzehnten (1819). Mit Kommentaren von Heinz Müller-Dietz und Marion Bönnighausen (2010)

37 *Leonardo Sciascia:* Der Tag der Eule. Mit Kommentaren von Gisela Schlüter und Daniele Negri (2010)

38 *Franz Werfel:* Eine blaßblaue Frauenschrift. Novelle (1941). Mit Kommentaren von Matthias Pape und Wilhelm Brauneder (2011)

39 *Thomas Mann:* Das Gesetz. Novelle (1944). Mit Kommentaren von Volker Ladenthin und Thomas Vormbaum (2013)

40 *Theodor Storm:* Ein Doppelgänger. Novelle (1886) (2013)

41 *Dorothea Peters:* Der Fall Kaspar Hauser als Kriminalfall und als Roman von Jakob Wassermann (2014)

42 *Jörg Schönert:* Kriminalität in der Literatur (im Erscheinen)

43 *Klaus Lüderssen:* Produktive Spiegelungen. Recht im künstlerischen Kontext. Band 3 (2014)

44 *Franz Kafka:* In der Strafkolonie. Erzählung (1919). Mit Kommentaren von Roberto Bartoli und Renate Werner (2014)

Abteilung 7: Beiträge zur Anwaltsgeschichte

Mitherausgegeben von Gerhard Jungfer, Dr. Tilmann Krach und Prof. Dr. Hinrich Rüping

1 *Babette Tondorf:* Strafverteidigung in der Frühphase des reformierten Strafprozesses. Das Hochverratsverfahren gegen die badischen Aufständischen Gustav Struve und Karl Blind (1848/49), (2006)

2 *Hinrich Rüping:* Rechtsanwälte im Bezirk Celle während des Nationalsozialismus (2007)

Abteilung 8: Judaica

1 *Hannes Ludyga:* Philipp Auerbach (1906–1952). „Staatskommissar für rassisch, religiös und politisch Verfolgte“ (2005)
2 *Thomas Vormbaum:* Der Judeneid im 19. Jahrhundert, vornehmlich in Preußen. Ein Beitrag zur juristischen Zeitgeschichte (2006)
3 *Hannes Ludyga:* Die Rechtsstellung der Juden in Bayern von 1819 bis 1918. Studie im Spiegel der Verhandlungen der Kammer der Abgeordneten des bayerischen Landtags (2007)
4 *Michele Sarfatti:* Die Juden im faschistischen Italien. Geschichte, Identität, Verfolgung (2014)

Kolibri 360 GmbH
Ferdinand-Jühlke-Straße 7
99095 Erfurt, Deutschland
produktsicherheit@kolibri360.de